U0000074

百衲本二十四史

後漢書

上海涵芬樓影印宋
紹興本原闕五卷半
借北平圖書館藏本
配補焉書板高營造
尺七寸寬五寸七分

唐章懷太子賢注

蘇章
　郎顗　楊厚
　襄楷

《後漢列傳二十上》

蘇章字伯況扶風平陵人也平帝世章以
明易為博士講書祭酒（上卿海經各一人章為諸尚書祭酒善圖緯能通百家之言王莽置六經祭酒秩上卿海經各一人章為）
歆等共典校書拜章代郡中尉時匈奴擾亂
北邊多罹其禍章終寧輯一郡光武即位
就拜代郡太守使固塞以拒匈奴建武五（卓受）
年冬盧芳略得北邊諸郡帝使偏將軍隨
弟屯代郡（隨姓弟名）章病篤以兵屬弟詣
京師謝罪拜侍中數月以病免初延岑護
軍鄧仲況擁兵據南陽陰縣為寇（陰縣名屬南陽）
而劉歆兄子襲為其謀主（歆時在南陽與襲）
書曉之曰君執事無恙（爾雅曰走僕也走謂馳走之僕人謙稱也猶）

司馬遷與任少卿書云牛馬走之類也說文曰（編次也削謂簡也一曰書刀反）與國（劉歆為王莽竊自研音午見反）
師公從事出入校定秘書（國師公也）
依依未由自遠蓋聞君子愨同類而傷不
志然後求名昔智果見智伯窮兵必亡故（與韓魏共圍趙襄子動而喜背君矣不如殺之智伯不聽智果乃更其姓為輔氏遂去不與智伯同禍三分其地果或作過）陳
平知項王為天所棄故歸心高祖皆智之（陳平初事項羽後知羽必敗乃後覽悟樓遲）
至也（陳平乃杖劍度河歸漢見前書也詩小雅曰或棲遲偃仰）聞君前覽悟樓遲時
屈節北回延牙（爾雅曰棲遲息偃息偃也俗謂延牙事也乃後延牙偃仰）養德（復事延牙）
數子又何以加（謂智果也陳平也君處陰中土多賢）
士若以須史之閒研考異同揆之圖書測
之人事則得失利害可陳於目何自負畔
亂之困也世之俗儒末學醒醉不分而稽論
其反也世之俗儒末學醒醉不分而稽論何
當世疑誤視聽或謂天下迷興未知誰是

稱兵據土可圖非其或曰聖王未啓宜觀

時變倚彊附大顧望自中二者之論豈其

然乎夫孔丘祕經爲漢赤制

玄包幽室文隱事明

且火德承堯雖昧必重兇

承積世之

祚握無窮之符王氏雖乘閒偸甚而終嬰

皇天所以

【後漢列傳二十上】

大戮支分體解宗氏屠滅非其効歟

不本之於天參之於聖很以師曠雜事輕

自眩惑說士作書亂夫大道爲可信哉

卷顧跔躔蔓漢子孫者也　論者若

失衆天時諛錯　諸儒或曰今五星

過度熒惑進退見能鎮星繞帶天街歲星

不舍氏房　以爲諸如此占歸之國家蓋炎不

之是變　常也

徒設皆應之分野各有所王夫房心即宋

之分東海是也　尾爲燕分

漁陽是也　東海董憲迷惑

未降漁陽彭寵逆亂擁兵王赫斯怒命將

並征故熒惑應此憲寵受殃太白辰星自

亡新之末失行筭度以至于今或守東井或

或没羽林　帝宮傍

襄回藩屏或蹢躅帝宮　或經天反明或潛藏父沈或

上下不去也　【後漢列傳二十上】

衰微闇昧或煌煌北南或盈縮成鉤或僵

塞不禁　之祥聖帝應符之兆也賊臣亂子往往錯

互指麾妄說傳相壞誤由此論之天文安

得遵度哉乃五月甲申天有白虹自子

加午廣可十丈長可萬丈　正臨倚彌彌

即黎丘秦豐之都也　蓋秦豐黎丘是時月入

于畢畢爲天網宿　王網羅無道之君

故武王將伐紂上祭于畢求助天也　周武王

上

即位九年上祭于岱
東觀兵于孟津也（夫仲夏甲申為八魁 法歷
春三月巳巳丁丑夏三月甲申壬辰秋三
月巳亥丁未冬三月甲寅壬戌為八魁）上
帝開塞之將也主退惡懷逆流星狀似虫八魁
尤旗或曰營頭或曰天槍出奎而西北行
至延牙管上散為數百而滅奎為毒螫主
庫兵（主武庫之兵也）此二巂郡中及延牙
士眾所共見也是故延牙遂之武當（今均
也託言發兵實避其殃今年比卦部歲坤 州縣）
主立冬坎主冬至水性滅火南方之兵受
歲禍也（此卦坤下坎上坎為水也德在中宮刑在木木勝）
土刑制德今年兵事畢巳中國安寧之効
也五七之家三十五姓彭秦延氏不得豫（春秋運計樞曰五七
焉（三十五人皆共一德）如何怪惑依而恃之 詩大雅曰葛藟施于
葛藟之詩求福不回其若是乎（襄蔂蔂施于木之枝而起也言不違
之分去就之決不可不察無忽鄙言夫同（先道）（圖讖之占眾驗之明善惡）（史記曰周
公之善康叔以不從管蔡之亂也（公以戒王

下

命伐殺放蔡叔以
殷餘人封康叔為衛君
從吳濞之畔也（濟北王志高帝孫齊王肥之子也）景帝之悅濟北以不
封為淄（川王也）自更始以來孤恩負逆歸義向善
臧否粲然可不察歟良醫不能救無命彊
梁不能與天爭（扁鵲之見相桓侯王之敷漢祖也）故天之所
壞人不得支（支持也左傳曰晉秦汝覽見之所壞不可支報之天之所干也）
宜密與太守劉君共謀降議仲尼棲棲（班固曰楚昭王失國屠羊說
子遑遑憂人之甚也（焦不煥墨突不黔也孔）
羊救楚（莊子曰楚昭王失國屠羊說走而從於王昭王反國屠羊賞）非要爵祿
諫之文多不載於是仲況與龔遂隆龔勝
孟公長安人善論議扶風馬援班彪並器
重之（三輔決錄注曰唯有孟公論可觀者班叔皮終身不用）與京兆
忠愽愛之誠憤滿不能巳耳又與仲況書 盡
作記誨篇及文章傳於世年七十卒于家
心為固實瑚璉之寶也（器宗廟之寶也）終不伐其功潛樂道術

楊厚字仲桓

廣漢新都人也祖父春卿善
圖讖學為公孫述將漢兵平蜀春卿自殺
臨命戒子統曰吾綈袠中〔說文曰綈厚繒也綈音提〕有先
祖所傳祕記為漢家用爾其修之統感父
遺言服闋辭家從犍為周循學習先法又
就同郡鄭伯山受河洛書及天文推步之
術〔益部耆舊傳曰統字仲通曾祖父仲桑河東方正拜祁令甚有德惠人為立祠樂益部風俗因圖家新都代修儒學〕
以夏侯尚書相傳建初中為彭城令一州大
旱統推陰陽消伏縣界蒙澤太守宗湛使

《後漢列傳卅上》 七

統為郡求雨亦即降澍〔泰山松書曰統在縣休徵曉序風雨得節 林作〕
自是朝廷災異多以訪之統
作家法章句及內讖二卷解說位至光祿
大夫為國三老年九十卒統生厚厚母初
與前妻子博不相安厚年九歲思令和親
乃託疾不言不食母知其旨懼然改意〔懼音瞿〕
恩養加篤〔九具〕後至光祿大夫厚少學
統業精力思述初安帝永初二年太白入
北斗洛陽大水〔續漢志曰時正月己亥太白入此又京師及郡〕

〔鄧太后專政也〕
時統為侍中厚隨在京師朝
廷以問統統對曰年老耳目不明子厚曉讀
圖書粗識其意鄧太后使中常侍問
之厚對以諸王子多在京師容有非常
宜亟發遣各選本國〔力反〕太后從之星尋
滅不見又剋水退期日皆如所言除為中
郎太后特引見問以圖讖厚對不合其旨
〔泰山松書曰鄧太后問厚曰大將軍鄧騭應輔臣以不對曰不應以此不合其旨〕
犍為不應州郡三公之〔命〕方正有道公車

《後漢列傳卅上》 八

特徵皆不就永建二年順帝特徵詔告郡
縣督促發遣厚不得已行到長安以病自
上因陳漢三百五十年之厄〔春秋命歷序曰漢四百年之間閉陽閉星州有兵亂五十載歲當順帝新除〕
宜蠲法改憲之道〔蠲明也〕又消伏災
異凡五事制書襃述有詔太醫致藥太官
賜羊酒及至拜議郎三遷為侍中特蒙引
見訪以時政四年厚上言今夏必盛寒當
有疾疫蝗蟲之害是歲果六州大蝗疫氣

流行後又連上西北二方有兵氣宜備邊
寇車駕臨當西巡感厚言而止至陽嘉三
年西羌寇隴右明年烏桓圍度遼將軍耿
華永和元年復上京師應有水患又當火
炎三公有免者蠻夷當反畔是夏洛陽暴
水殺千餘人至冬承福殿災太尉龐參免
荊交二州蠻夷賊殺長吏寇城郭又言陰
臣近戚妃黨當受禍陰私也明年宋阿母與
官者襄信侯李元等遘姦廢退阿母順帝乳母山陽君宋娥也

後二年中常侍張逵等復坐誣罔大
將軍梁商專恣悉伏誅每有災異輒上
消救之法而閹官專政言不得信時大將
軍梁冀威權傾朝遣弟侍中不疑以車馬
珍玩致遺於厚欲與相見厚不荅固稱病
求退帝許之賜車馬錢帛歸家修黃老教
授門生上名錄者三千餘人太尉李固病
薦言之太初元年梁太后詔備古禮以聘
厚古禮謂以束帛加璧安車蒲輪等遂辭疾不就建和三年

太后復詔徵之經四年不至年八十二卒
於家策書吊祭鄉人謚曰文父門人為立
廟郡文學掾史春秋饗射常祠之

後漢書列傳卷第二十上

唐章懷太子賢注

郎顗　襄楷

〔後漢列傳二十下〕

郎顗字雅光北海安丘人也父宗字仲綏學京氏易善風角星筭六日七分京氏易傳曰風角謂候四方四隅之風以占吉凶也星筭天文筭歷也易覽圖曰甲子卦氣起中孚六日八十分日之七郎玄注云六以候也七分為一卦也能望氣占候吉凶常賣卜自奉音扶安帝徵之對策時卒有

為諸儒表後拜吳令　吳縣名屬會稽郡令蘇州縣也

暴風宗占知京師當有大火記識時日遣人參候果如其言諸公聞而表上以博士徵之宗恥以占驗見知聞徵書到夜縣印綬於縣廷而遁去遂終身不仕顗少傳父業兼明經典隱居海畔延致學徒常數百人晝研精義夜占象度勤心銳思朝夕無倦州郡辟召舉有道方正不就順帝時災異屢見陽嘉二年正月公車徵顗乃詣闕拜章曰臣聞天垂妖象地見災符所以譴

告人主責躬修德使正機平衡流化興政也易內傳曰凡災異所生各以其政則除消之亦除　易稽覽圖曰凡異所生災所以然各以其政變之則除其不可變則施之亦除鄭玄注云改其政者謂失火令則行水令則火災除去也不可變謂殺賢者也施之者使得血食謂封禄其子孫則災除也復生封禄謂其子孫使得血食則火令除去也躬日吳之聽溫三省之勤　論語曾子曰吾日三省吾身也過念咎務消祇悔　九日無祇悔元論三省二俗奢佚淺恩薄義夫救奢必於儉約拯薄無若敦厚安上理人莫善於禮修禮遁約蓋惟上興革文變薄事不在下故周南之德關雎政本　周南詩序曰關雎風之始所以風天下而正夫婦也故夫婦為政本也本立道生風行草從澄其源者流清濁也其本者末濁天地之道其猶鼓籥以虛為其猶橐籥虛而不屈動而愈出伏見往年以來園陵數災德自近及遠者也　籥如笛六孔鼓籥其形內虛建元元年秋茂陵園寢災元年冬恭陵百丈廡災永建易天人應曰君子不思遵利茲謂無澤厥災尊火燒其官又曰君高臺府犯陰侵陽

厭炎火又曰上不儉下不節炎火並作燒
君室自頃繕理西苑修復太學永建六年官
殿官府多所措飾昔盤庚遷殷去奢即儉
帝王紀曰盤庚以耿在河北迫近山川自祖辛以來
奢淫不絕乃度河將徙都亳地人咨嗟相怨不
欲徙盤庚乃作書三篇以告喻之
今尚書盤庚三篇是也亳在偃師
夏后卑室盡
又魯人
平戴冕甲室而致美
力致美 論語孔子曰禹吾無間然矣卑宮室而盡力乎溝洫
為長府閔子曰仍舊貫何必改作 長府魯之府名也仍
可省減槀邮貧人賑贍孤寡此天之意也
因也貫事也言因萬事非改更作見論語
臣愚以為諸所繕修事
人之慶也仁之本也儉之要也焉有應天
卓茂
養人為仁為儉而不降福者哉土者地祇
陰性澄靜宜以施化之時敬而勿擾竊見
正月以來陰闇連日易内傳曰久陰不雨
亂氣也蒙之比也蒙者君臣上下相冒亂
也易豬覽圖曰日食之比陰得陽蒙之比也陰冒陽
也鄭玄注云蒙氣冒日也邪臣謀覆冒其君
先霧從夜昏起或從半旦君不覺悟下又曰
中不解遂成君復下蒙君悟上下音庇又曰
欲德不用厭異常陰夫賢者化之本雲者
雨之具也得賢而不用猶久陰而不雨也

後漢列傳三十下 三

又頃前數日寒過其節冰既解釋還復凝
合夫寒往則暑來暑往則寒來之文也易繫詞此
言日月相推寒暑相避以成物也今立春
之後火卦用事當温而寒違反時節由功
賞不至而刑罰必加也宜須立秋順氣行
罰臣伏案飛候參察眾政京房作以為立
夏之後當有震裂漏水之害又比熒惑失
度盈縮往來涉歷輿鬼環繞軒轅與鬼南方
之宿軒轅黃龍體火精南方夏之政也政有
失禮不從夏令則熒惑失行 熒惑南方主夏 郭璞
女主後宮之象也 後漢列傳三十下 四
視失不行夏今則熒 熒惑為禮為視禮
惑遵道行也見天文志 正月三日至乎九日三公
卦凡卦法一為元士二為大夫三為諸侯
於坎卦外六十四卦更直用事以風雨寒温為候
音義六爻王位六為宗廟前書曰梁人焦延壽字贛為
三公之 三公上應台階下同元首 包曰魁下命
六星兩兩而比曰三台前書音義曰泰階者天之三階也又
黃帝泰階六符經曰泰階者天之三階也上階為天子三
子中階為諸侯公卿大夫下階為士庶人三階平則
陰陽和風雨時尚書曰君為元首臣作股肱官以三
與人君同體也 上象天之台階下 政失其道則寒陰反節節
彼南山詠自周詩 樹小雅曰節彼南山維石巖巖
毛詩赫赫師尹人具爾瞻注云

【上欄】

師尹三公也言三公之位天下之人共瞻視之也喻三公之仕人所高嚴也赫赫顯盛股肱良哉著於虞典而今之人在位競託高虛納累鐘之奉忘天下之憂傳曰四十曰鐘六斛四斗曰鐘左豆萬區四區為釜四金為鐘也得賜錢即復起矣何疾之易而愈之速以棲遲偃仰寢疾自逸被策文

州郡有失豈得不歸責舉者而陛下崇之牧守委任三府三公長吏不良既各州郡此消伏災眚興致升平其可得乎今選舉弥優自下慢事愈甚所謂大網疏小網數 後漢列傳二十下 五 王忠

所以發憤忘食懇懇不已者誠念朝廷欲謂緩於三公切於州郡也三公非臣之仇臣非狂夫之作致興平非不能而與之也臣生長草野不曉禁忌披露肝膽書不擇言伏鑕鼎鑊死不敢恨謹詣闕奉章伏待重誅書奏帝復使對尚書更就對也使就尚書顗對曰臣聞明王聖主好聞其過忠臣孝子言無隱情臣備生人倫視聽之類而稟性愚懇不識忌諱故出死忘命懇懇重言也 重再 誠欲陛下修乾坤之

【下欄】

德開日月之明披圖籍案經典覽帝王之務識先後之政如有闕遺退而自改本文武之業擬堯舜之道攘災延慶號令天下此誠臣顒區區之願夙夜夢寐盡心所計謹條序前章暢其旨趣所上章詣闕也 條便宜

七事具如狀對

一事陵園至尊神攷馮而災火炎赫迫近寢殿魂而有靈猶將驚動尋官殿官府近始永平歲時未積便更修造又西苑之設禽畜是處離房別觀本不常居而皆當務精土木營建無已消功單賄巨億為計易内傳曰人君奢侈多飾宮室其時旱其災火是故魯僖遭旱修政自敕下鐘鼓之縣休繕治之官 後漢列傳二十下 六 林仁

春秋考異郵曰僖公三年春夏不雨於是僖公憂閔之服避舍釋更衞之遺罷軍宼之誅去苛峻文慘毒之敢所彊浮今四十五事曰方今天旱野無生稼人害以身塞無狀願撫萬人害以何謗不敢頌人蒲命願齊南郊雨大尉也身雖則不寧而時雨自降六月雨左傳僖公由此言之天之應人敏於景響也敏疾今月十七日戊午衝日也嘉陽

二年正月日加申日在申時也風從寅來丑時而止丑
寅申皆徵也不有火災必當爲旱南方爲徵故爲火及旱也
願陛下校計繕修之費永念百姓之勞
罷將作之官減彫文之飾損庖廚之饌退
宴私之樂易中孚傳曰陽感天不旋日易中孚傳曰陽感天不旋日諸侯不旋時大夫不過朞鄭玄注云陽者天子爲善一日天立應以善爲惡一日天立應以惡諸侯爲善一時天立應以善爲惡一時天立應以惡大夫爲善一歲天亦立應以善爲惡一歲天亦立應以惡一說云不旋日立應之不過時三辰閒不過朞從今且至明日日也陽即指天子也如
是則景雲降集眚沴息矣景雲五色雲也一曰慶雲孝經援神契曰德至山陵則景雲出顗以陵園火災故引之也眚沴謂災氣

二事去年已來兌卦用事類多不効易傳
曰有貌無實佞人也有實無貌道人也寒
溫爲實清濁爲貌易稽覽圖曰有實無貌屈道人也有貌無實佞人也鄭玄注曰有寒溫無貌濁清靜此賢者屈道仕于不肖君也有貌濁清靜無寒溫此佞人以便巧仕於世也
今三公皆令色足恭外厲內荏以虛事上
無佐國之實故清濁效而寒溫不效也是
以陰寒侵犯消息易稽覽圖曰侵消息者或陰專政或陰侵陽鄭玄注溫卦以溫侵寒卦以寒侵陽者君也陰者臣也專君政事亦陰侵陽也占曰日乘則

有妖風日蒙則有地裂如是三年則致日
食陰侵其陽漸積所致立春前後溫氣應
節者詔令寬也其後復寒者無寬之實也
夫十室之邑必有忠信率土之人豈無貞
賢未聞朝廷有所賞拔非所以求善贊務
弘濟元元宜採納良臣以助聖化
三事臣聞天道不遠三五復反春秋合誠圖曰至道不遠三五而反宋均注云三三正也五五行也三正五行王者改代之際會也能於此際自新如初則通無窮也
今年少陽之歲法當乘起恐後年已往

將遂驚動涉歷天門災成戊己戊亥之間爲天門也今
春當旱夏必有水臣以六日七分候之可
知夫災眚之來緣類而應行有玷缺則氣
逆于天精感變出以戒人君王者之義時
有不登則損滋徹膳數年以來穀收稍減
家貧戶饉歲不如昔百姓不足君誰與足
水旱之災雖尚未至然君子遠覽防微慮
萌老子曰人之飢也以其上食稅之多也
故孝文皇帝綈袍革舃木器無文前書曰孝文帝身衣

彈糾足履草蹻，兵木無刃，衣緼無文。

約身薄賦，時致升平。全陛下聖德中興，宜遵前典，節惟約惟

享福　高宗躬王武丁也。尚書大傳曰：武丁祭成湯，有雉飛升鼎耳而呴。祖巳曰：雉者野鳥，升于鼎耳，已以思先王之道。三年，編緝重驛來朝者六國。孔子反之，于曰：吾於高宗彤日，見德之有報者。百歲之疾也。帝王紀曰：高宗饗國五十有九年，百歲乃崩。

以延年　呂氏春秋曰：宋景公時熒惑在心，召子韋問焉。子韋曰：禍當君，雖然可移於宰相。公曰：宰相所與理國家也。可移於歲。曰：歲飢人餓，人餓必死，為人君而殺以自活，誰以我為君。可移於民。曰：民死誰為君。子韋曰：君有至德之言三，天必三賞君。熒惑必退三舍，君延二十一年矣。

〔宋景〕

揚賜

感果退三舍也

四事：臣竊見皇子未立，儲宮無主，仰觀天

文，太子不明也。洪範五行傳曰：心之大星天王，前星太子也，後星庶子也。熒

感以去年春分後十六日在妻五度。襄西方宿也。

推步三統，熒惑今當在翼九度。襄南方宿也。今

反在柳三度。柳南方宿也。則不及五十餘度。言變感行也。今

過也。去年八月二十四日戊辰，熒惑歷興鬼

東入軒轅，出后星北，此東去四度，此旋復還

軒轅者後宮也。熒惑者至陽之精也。天之

使也。熒惑南方火盛陽之精也。天文志要集曰：天有五帝，五星為之使。天文曰：天道無親。而出入軒轅

繞還往來，易曰：天垂象，見吉凶。其意昭然

可見矣。禮，天子一娶九女，嫡媵畢具。今宮

人侍御，動以千計，或生而幽隔，人道不通，

鬱積之氣，上感皇天，故遣熒惑入軒轅理

人倫，垂象見異，以悟主上。昔武王下車出

尚書大傳曰武王入殷

傾宮之女，表商容之閭。表商容之閭歸傾宮

女 以理人倫，以表賢德，故天授以聖子成

王，是也。今陛下多積宮人，以違天意，故皇

嗣多夭，嗣體莫寄。詩云：敬天之怒，不敢戲

豫。詩大雅板篇之文也　方今之福，莫若廣嗣。

廣嗣之術，可不深思。宜簡出宮女，恣其姻

嫁，則天自降福，子孫千億。惟陛下丁寧再

三留神於此，左右貴倖，亦宜惟慎　臣之言以

悟陛下。蓋善言古者合於今，善言天者合

於人。前書武帝詔曰善言天者必有徵於人善言古者必有驗於今　願訪問百

僚，有違臣言者，臣當受苟言之罪。論語孔子於

其言無所苟而已矣

五事臣竊見去年閏十月十七日己丑夜
有白氣從西方天苑趨左足入玉井數日
乃滅

纜漢志曰時客星白氣廣二尺長五丈起天苑西南天官書曰九星曲九星三嬴羅一曰天旗二曰天苑三曰九游參星下小星爲玉井其外四星左右肩股也

春秋昭十七年有星孛于大辰

星孛于大辰大辰者何大火也

北極亦爲大辰所以孛一宿而

伐又爲大辰

龍星明者可以爲時候故曰大辰

曰北極謂之北辰李巡曰北極天心也居此方正四時謂之北辰故曰大辰廣雅曰大辰房心尾也孫炎曰

大火爲大辰雅關

春秋曰有

連三宿者言北辰王者之宮也凡中官無

《後漢列傳二十》 陳忠

也罰者白虎其宿主兵其國趙魏

變見在秋節入玉井是西方白氣

故白虎下有三星曰罰爲斬刈之事變見日西方白氣亦天官書爲

節政教亂逆威武衰微則此三星以應之

天官書參爲

應三輔者金氣之變也

臣恐立秋以後趙魏關西將有羌

寇畔戾之患宜豫宣告諸郡使敬授人時

輕徭役薄賦斂勿安繕起堅倉獄備守衛

回選賢能以鎮撫之

上司詩外傳曰司馬也建武二十七年攺爲太尉轉

上司謂司馬也主天陰陽不調星辰失度責

之司馬故云責歸上司也

宜以五月丙午遣太尉服干戚

建井旗以火勝金故也西方主兵故太尉執持楯旗以火勝金氣故畫井南方火宿也鳥隼曰旗之文於旗而建之也書玉板之策引白氣之

於西郊責躬求愆謝咎皇天

奧玉板也書視解薛於

消滅妖氣蓋以火勝金轉禍爲福也以五月丙午日

火勝金氣也

六事臣竊見今月十四日乙卯巳時白虹
貫日凡日傍氣色白而純者名爲虹貫日
中者侵太陽也見於春者政變常也方今

《後漢列傳二十》 林芳

中官外司各各考事

考勤其所考者或非

急務又恭陵火災主名未立

立猶定也時考問延火者姓名未定也

未定多所收捕備經考毒尋火爲天戒以

悟人君可順而不可違可敬而不可慢嘆

下宜恭巳內省以備後災凡諸賢考案并須

立秋又易傳曰公能其事序賢進士後必

有喜反之則白虹貫日以甲乙見者則譴

在中台

譴責也司馬也轉詩外傳三公者何司空司徒甲乙東方

陰陽不調星辰失度責之司空五穀不蕃草木不茂責之司徒甲乙東方

03-473

主春生殖五穀之時也而白虹貫在司徒也　自司徒居位陰

以甲乙日見明責在司徒也

陽多謬陽時劉崎為司徒至　久無虛已進賢之

策天下興議異人同咨　容差　且立春以來

金氣再見　謂元年閏十二月已丑夜有白氣入至　歉也　白虹貫日此金氣再

見金能勝木必有兵氣宜黜司徒以應天

意陛下不早攘之將負臣言遺患百姓

七事臣伏惟漢興以來三百三十九歲於

詩三基高祖起亥仲二年今在戌仲十年

基當作朞謂以三朞之法推之也詩氾歷樞曰凡推
其數皆從亥之仲起此天地所定位陰陽氣周而復

為革政午亥為革命神在天門出入候聽

故王命一節為之十歲之始　詩氾歷樞曰卯酉

始萬物死而復蘇大統之始

宋均注云神陽氣象也天門戌亥之間乾所據者　言神在戌亥司候帝

王興衰得失歐善則昌歐惡則亡於易雄

雌祕歷今值困乏凡九二困者眾小人欲

共困害君子也　易困卦經曰困而不失其所唯

君子乎　之辭也　唯獨賢聖之君遭困遇險

能致命遂志不去其道也

下兌上坎為水兌為澤水在澤下以致命遂志謂君子委命固窮不離於道也

【後漢列傳三十下】　十三　恭廉

陛下乃者潛龍養德幽隱屈居　謂順帝為

陰王即位之元紫宮驚動歷運之會時氣　為濟陰王即位之元　太子時廢

巳應然猶恐妖祥未盡君子思患而豫防

之臣以為戌仲已音來年入季文帝改法

除肉刑之罪　漢法肉刑三謂黥劓刖也左右趾者笞　文帝除之當黥者髡鉗城旦舂當劓者笞三百

者笞三百當　至今適三百載　自文帝十三年除肉刑至今
合三百年也

號興服器械事有所更變大為小去奢就

儉機衡之政除煩為簡改元更始招求

宜因斯際大蠲法令官名稱

隱舉方正徵有道博採異謀開不諱之路

臣陳引際會恐犯忌諱書不盡言未敢究

暢臺誥顗曰對云白虹貫日政變常也朝

廷率由舊章何所變易常以致炎或

大蠲法令革易官號或云陽嘉初建復欲改元

據何經典其以實對顗對曰方春東作布

德之元陽氣開發養道守萬物王者因天視

聽奉順時氣宜務崇溫柔遵其行令　月令

【後漢列傳三十下】　十四　恭廉

南春天子命相布德和令行慶施惠下及兆人仲春
安萌牙養幼少存諸孤行慶施惠下及兆人
令也
而今立春之後考事不息秋冬之政
行乎春夏故白虹見臣掩蔽日曜凡邪氣
萊陽則虹蜺在日斯皆臣下執事刻急所
致殆非朝廷優寬之本此其變常之咎也
又今選舉皆歸三司非有周召之才而當
則哲之重〔尚書曰知人則哲〕每有選用輒參三
公府門巷賓客填集送去迎來財貨
無巳其當遷者競相薦謁各遣子弟充屬
〔後漢列傳平下〕
道路開長姦門興致浮僞非所謂率由舊
章也尚書職在機衡宮禁嚴密〔此為機星第五為喉舌〕
為衡於天文為喉舌李固對策曰陛下
私曲之意羌不得通偏黨之恩或無所
用選舉之任不如還在機密專掌選也臣誠
愚戇不知折中斯固遠近之論當今之宜
又孔子曰漢三百載計歷改憲
天帝為北辰氣成於三以立五神三五
為一德五德千五百二十歲五行更用

鑑度孔子曰立德之數先立木金水火土德各三百
四歲五德備凡四千五百二十歲太終復初故曰五行
更用也
省刑適三百年而輕微之禁漸已〔自文帝〕
絳者也禮記月令孟春天子衣青衣服
易者之法辟猶江河當使易從易避而難犯也故
易曰易則易知簡則易從天下之
理得矣今去奢即儉以先天下改名號
隨事稱謂易曰君子之道或出或處同歸
殊塗一致百慮是知變常而善可以除災
變常而惡必致於異今年仲竟來年入季
仲終季始歷運變改故可改元所以順天
道也臣愚蔽不足以荅聖問顓又上書
薦黃瓊李固弁陳消災之術曰臣前對七
事要政急務宜於今者所當施用誠知愚
淺不合聖聽人賤言廢當受誅罰〔論語孔子曰不以人〕
廬征營惶怖靡知厝身臣聞刻舟剡楫將以
欲濟江海也〔易曰黃帝刻木為舟剡木為楫〕
安天下也昔唐堯在上羣龍為用〔聘賢選佐將以〕〔羣龍喻賢臣也〕

鄭玄注易乾卦云文肯體乾卦龍之象

舜既受禪禹興稷契各縣之屬並在朝　文武創德

周召作輔是以能建天地之功增日月之

耀者也詩云赫赫王命仲山甫將之邦國

若否仲山甫明之　詩大雅也將行也若順也否猶臧否謂善惡也言國有

甫能明之宣王是賴以致雍熙陛下踐祚以

善惡仲山甫宣王是賴以致雍熙陛下踐祚以

來勤心庶政而三九之位未見其人　三公九卿也

是以災害屢臻四國未寧　四方之國也臣考之

典驗之聞見莫不以得賢為功失士為敗

且賢者出處翔而後集　論語色斯舉矢翔而後集　爵以

《後漢列傳二十下》　十七　陳敏

德進則其情不苟然後使君子恥貧賤而

樂富貴矣若有德不報有言不讎來無所

樂進無所趨　無爵則皆懷歸藪澤修其故

志矣夫求賢者上以承天以為人不用

之則逆天統達人望逆天統則災眚降違

人望則化不行災眚降則下呼嗟化不行

則君道虧四始之缺五際之尼其咎由此

四始謂關雎為國風之始鹿鳴為小雅之始文王為

大雅之始清廟為頌之始缺猶廢也具奉傳曰易有

陰陽五際孟康曰辭詩外傳云五際卯酉午戌

亥也陰陽終始際會之歲於此則有變改之政　豈可

不剛健篤實於矜矜慄慄以守天功盛德大

業乎　易繫詞曰日新之謂盛德富有之謂大業　臣伏見光祿大夫

江夏黃瓊耽道樂術清亮自然被褐懷寶

含味經籍　家語子路問於孔子曰有人於此被褐而懷玉何如子曰國無道隱之新也

朝廷前加優寵賓于上位瓊入朝日淺謀

希聲大器晚成　督震宇內謂之大音其動有時故希聲也無所不容謂之大器

謨未就因以喪病致命遂志老子曰大音

加隆崇之恩極養賢之禮徵反京師以慰

廷有此良人而復怪其不時還任陛下宜

天下又處士漢中李固年四十通游夏之

藝履顏閔之仁絜白之節情同曒日忠貞

之操好是正直卓冠古人當世莫及元精

所生王之佐臣　元為天精謂之精氣春秋演孔圖曰正氣為帝閒氣為臣商為佐

秀氣為人也　天之生固必為聖漢宜蒙特徵以

示四方夫有出倫之才不應限以官次昔

顏子十八天下歸仁

復禮天下 論語曰顏回問仁 孔子曰
歸仁焉 子奇稱齒化阿有聲 克己復禮爲仁一日克己
宰出倉廩以振貧乏 子奇齊人年十八爲阿邑
已内大化見說苑

若還瓊徼固住以時政
伊尹傅說不足爲比則可垂景光致休祥
矣臣顓明不知人伏聽衆言百姓所歸臧
否共歎願況問百僚冀數其名行有一不合
則臣爲欺國惟留聖神不以人廢言謹復
條便宜四事附奏於左

一事孔子作春秋書正月者敬歲之始也
王者則天之象
李勣
公羊傳曰元年春正月年者何歲之始也春者何歲之始也
君之始年也

因時之序宜開發德號爵賢命士流寬大
之澤垂仁厚之德
禮記正月迎春於東郊還乃
布德和令行慶施惠下及
兆人慶賞遂行無有不當賞公卿諸侯大夫於朝命相
如此則天文昭爛星辰顯列五緯循軌四助元氣含養庶類
時和睦五星不則太陽不光天地溷濁時
氣錯逆霜霧蔽日雨師爲雹而自立春以來
累經旬朔未見仁德有所施布但聞罪罰
考掠之聲夫天之應人疾於景響而自從

入歲常有蒙氣月不舒光日不宣曜日者
太陽以象人君政變於下日應於天清濁
之占隨政抑揚天之見異事無虛作豈獨
陛下倦於萬機帷幄之政有所闕歟謂讒
謀之也何天戒之數見也臣願陛下發揚乾
剛援引賢能勤求機衡之寄以獲斷金之
利心其利斷金臣之所陳輒以太陽爲先者
明其重臣言雖約其旨甚廣惟陛下卷臣
其不可久閒急當改正其異雖微其事
章深留明思
後漢列傳二十
王充

二事孔子曰雷之始發大壯始君弱臣彊
從解起今月九日至十四日大壯用事消
息之卦也於此中雷當發聲發聲
周書時訓曰春分之日玄
鳥至又五日雷乃發聲
則歲氣和王道興業也
先王以作樂崇德殷薦
易曰雷出地奮豫豫卦坤下震上坤爲地震爲雷
豫喜豫也雷出地奮豫雷者所
不發聲諸 易曰雷出地奮豫
疾失人也 地豫在地上故曰豫出地豫喜樂
也萬物進出地上帝天帝也
以開發萌牙辟除害萬物須雷而解資
之上帝 動萌地萬物昌豫作樂之象
動萌盛也豫
萬物須雷者所

雨而潤 易解卦曰天地解而雷雨作雷雨作而百果草木皆甲坼也 故經曰

雷以動之雨以潤之卦文 王者崇寬大順

春令則雷節不則發動於冬當震反潛

故易傳曰當雷不雷太陽弱也今蒙氣不

除日月變色則其效也天網恢恢疏而不

失也 天地合其德與日月合其明

也老子之 隨時進退應政得失大人者與

璇璣動作與天相應雷者號令其德生

養號令殄廢當生而殺則雷反作其時無

歲則歲飢也 陛下若欲除災昭祉順天致

宜察臣下之酷害者驅加斥黜以安黎

元則太皓悅和而雷聲乃發 太皓 天皓

三事去年十月二十日癸亥太白與歲星

光芒交接房心者天帝明堂布政之宮

合於房心太白在北歲星在南相離數寸

元命包曰房 四星心三星 孝經鉤命決曰歲星守心年穀

豐 歲星守心為宜 尚書洪範記日月行中

道移節應期德厚受福重華留之 天官書曰歲星

【後漢列傳二十下】 二十 李善 春秋

一曰顓頊 重華者謂歲星在心也今太白
曰重華也 從之交合明堂金木相賊而反同合
房心東方其國主宋 此以陰陵陽臣下專權之異也歲星
木俱東歲星在南是為有年出左恐年今穀不成
後妖異可消五緯順序矣
宋人飢也陛下宜審詳明堂布政之務然
四事易傳曰陽無德則旱陰僭陽
無德者人君恩澤不施於人也陰僭春
祿去公室臣下專權也自冬涉春訖無嘉
澤數有西風反逆時節 春當東
廣為禱祈薦祭山川暴龍移市 董仲舒春
物不為偽動災變應人要在責己若令雨
臣聞皇天感

【後漢列傳二十下】 二十一

可請降水可壤止則歲無隔并太平可待
然而災害不息者患不在此也
以來未見朝廷賞錄有功表顯有德存問
孤寡賑恤貧弱而但見洛陽都官奔車東
西收繫纖介牢獄充盈
之咎丁丑大風掩蔽天地風者號令天之
威怒皆所以感悟人君忠厚之戒又連月
無兩將害宿麥若一穀不登則飢者十三

明此天災非人
臣聞恭陵火處比
【後漢列傳二十下】 二十三 李杏

四矢下誠宜廣被恩澤貸贍元元昔堯
遭九年之水人有十載之蓄者簡稅以應
為其方也 願陛下早宣德澤以
天功若臣言不用朝政不改者立夏之後
乃有澍雨於今之際未可望也若政變於
朝而天不雨則臣為誣上愚不知量分當
鼎鑊書奏特詔拜郎中辭病不就即去歸
家至四月京師地震遂陷
其夏大旱秋鮮甲入馬邑城破

洛陽地陷是月旱也

代郡兵明年西羌寇隴右
略如頴言後復公車徵不行同縣孫頴者
積惡凶暴好游俠與其同里人常慕頴名
德欲與親善頴不顧以此結怨遂為禮所
殺

襄楷字公矩平原隰陰人也
陽之術相帝時官專朝政刑暴濫又比
失皇子災異尤數延熹九年楷自家詣闕
上疏曰臣聞皇天不言以文象設教堯舜
雖聖必歷象日月星辰察五緯所在故能
享百年之壽為萬世之法
二歲言百臣竊見去歲五月熒惑入太微犯
帝坐出端門不軌常道
其閏月更辰太白入房犯心小星震動中
耀中耀天王也傍小星者天王子也夫太
微天廷五帝之坐而金火罰星揚光其中
熒惑逆秋令傷金氣罰見太白故金火並為罰星也

【後漢列傳二十下】 二十四 卓受

於占天子凶又俱入房心法無繼嗣今年

歲星又守太微逆行西至披門還切執法 太時

天官書曰端門左右星爲掖門太微南四星爲執法切謂迫近也 歲爲木精好

生惡殺而淹留不去者各在仁德不修誅

罰太酷前七年十二月熒惑與歲星俱入

軒轅逆行四十餘日而鄧皇后誅其冬大

寒殺鳥獸害魚鱉城傍竹柏之葉有傷大

者 臣聞於師曰柏傷竹 陽城傍竹柏枯有傷者 續漢志曰延熹九年雒

枯不出三年天子當之今洛陽城中人夜

無故叫呼云有火光人聲正誼 續漢志曰桓帝延熹九年

三月京師有火光 於占亦與竹柏枯同自春

轉行人相驚謀

夏以來連有霜雹及大雨雷而臣作威作

福刑罰急刻之所感也太原太守劉瓆南

陽太守成瓆志除姦邪其所誅罰皆合人

望謝承書曰劉瓆字文理平原人遷太原郡

別帥役之所臧匿主人悉坐伏誅瓆相帝幼平弘農人遷宗室不忍致之于刑使自殺成瓆字怡愔築貴帝旺捕子禁付宛獄笞殺之殺張子禁怡愔築貴帝

死瓆音質廷尉下獄 而陛下受闇豎之譖乃遠

（後漢列傳三十上 章顓 二十五）

加考逮三公上書乞哀瓆等不見採察

尉陳蕃司徒劉矩司空劉茂共上書訟瓆等帝不納 而嚴被譴讓憂國之

臣聞遂杜口矣臣聞殺無罪誅賢者禍及

三世 黃石公三略曰傷賢者殃及三世蔽賢者身不全

自陛下即位以來頻行誅伐梁寇鄧並

見族滅 梁冀寇榮鄧萬世等也

感悟聖朝 時弘農五官掾杜衆傷雲以忠諫獲罪遂上書云願與李雲同日死也

李雲上書明主所不當諱杜衆乞死諒以

無赦宥而并被殘戮天下之人咸知其冤

（後漢列傳三十下 章英 二十六）

漢興以來未有拒諫誅賢用刑太深如今

者也永平舊典諸當重論皆須冬獄先請

後刑所以重人命也頃數十歲以來州郡

翫習又欲避請讞之煩 有疑讞者讞之謂獄疑從讞尉也

輒託疾病多死牢獄長吏殺生自已死者

多非其罪魂神冤結無所歸訴淫厲疾疫

自此而起 淫過也淫寒疾陽淫熱疾

致十子 史記曰大姒文王正妃也其長子伯邑考

次武王次周公旦次管叔鮮次蔡叔度

次曹叔振鐸次成叔武次霍叔處次

康叔封卅季載同母兄弟十人也 今宮女數千

未聞慶育宜臣修德省刑以廣螽斯之祚國詩
風序曰螽斯后妃子孫衆多也言若螽斯不妬忌則
子孫衆多也注云螽蟖也凡有情慾者無不妬
而生子故以喻焉祚福也

又七年六月十三日

河內野王山上有龍死長可數十丈
山松書曰長...可百餘尺
延熹七年也

帝王以為符瑞
位故以飛龍喻焉尚書中候曰大人天子也乾卦九五曰飛龍在天大人造也九五天子之

龍形狀不一小大無常故周易況之大人夫
扶風有星隕為石聲聞三郡夫
或聞河內龍死

譁以為蛇夫龍能變化蛇亦有神皆不當

死昔秦之將喪華山神操璧以授鄭客曰
今年祖龍死
使祖龍謂秦始也樂資春秋後傳曰
馬曰吾華山君願以一璧致高池君之咸陽過滈池見一大梓樹有文以扣樹當有應者以書與者之鄭客如其言見宮關如王者居受書入有項云今年祖龍死
池君者水神也鄭玄曰祖龍謂秦始皇也

於沙丘
史記曰始皇崩於沙丘平臺在今邢州平鄉縣東此
始皇逃之死

二年訛言黃山宮有死龍之異
訛言黃龍懷
王恭傳曰時黃龍懷
後漢誅

恭光武復興虛言猶然況於實邪夫星辰
麗天猶萬國之附王者也下將畔上故星

亦畔天石者安頹隆者失執春秋五石隕
宋其後襄公為楚所執
左傳魯僖公十六年隕石于宋五隕星也至二
十年諸侯會宋公于孟於是諸侯會宋公于孟
於是楚執宋公以伐宋楚執宋公以伐宋
始皇三十六年有墜星下東郡至地為石人或刻其
石曰始皇帝死而地分始皇聞之因取石旁舍人誅之因
燔其石

諸侯位也
秋以來及古帝王未有河清及學門自壞
者也延熹五年太學西門自壞八河水清也臣以為河者
春秋援神契曰五岳視三公四瀆視諸侯也
高帝諸陵相近也

清者屬陽濁
者屬陰河當濁而反清者陰欲為陽諸侯
欲為帝也太學天子教化之宮其門無故
自壞者言文德將喪教化廢也京房易傳
曰河水清天下平今天垂異地吐妖人厲

疫三者並時而有河清猶春秋麟不當見
而見孔子書之以為異也
公羊傳曰西狩獲麟麟非中國獸也何以書記異也何以

合明聽
國賦也

今陰扶風與先帝園陵相近也
于鄢鄢屬扶風與高帝諸陵相近也
不有大喪必有畔逆竊案春秋七年隕石延熹七年隕石

今隕扶風與先帝園陵相近也

一卷也
十七臣聞布穀鳴於孟夏蟋蟀吟於始秋
千姓吉名也神書即今道家太平經也其
經以甲乙丙丁戊己庚辛壬癸為部海部
琅邪宮崇受于吉神書不

物有微而志信人有賤而言忠

蠮螉促織也春秋考異郵曰孟夏戴勝降立秋促織鳴言雖微物不失信也維音女林反

布穀一名戴維一名戴勝……臣雖

至賤誠願賜清閒極盡所言書奏不省十
餘日復上書曰臣伏見太白北入數日復
出東方其占當有大兵中國弱四夷疆臣
又推步熒惑今當出而潛必有陰謀皆由
獄多冤結忠臣被戮德星所以久守執法
亦爲此也〔德星歲星也〕

陛下宜承天意理察冤獄

爲劉瓆成瑨虧除罪辟追錄李雲杜眾等

〔後漢列傳卅七〕 二十九

子孫夫天子事天不孝則日食星隕比年
日食於正朝〔延嘉八年正月辛巳朔日食九年正月辛卯朔日食〕三光不
明五緯錯戾前者宮崇所獻神書專以奉
天地順五行爲本亦有興國廣嗣之術其
文易曉參同經典而順帝不行故國胤不
興

太平經興帝王篇真人問神人曰吾欲使帝王立致太平立致太平元氣有三名太陽太陰中和形體有三名天地人天有三名日月星北極爲中也地有三名爲山川與平土人有三名爲君臣人此三名常相得腹心不失其政令太平延年不疑也善哉子之言也但施曰……今何故其生子少也天師曰善哉子之言也但施使不……

聞之得主所好自非正道神爲生虐故周
衰諸矦以力征相尚於是夏育申休宋萬
彭生任鄙之徒生於其時並多力之人夏育申休萬鈞之力也

宋人殺湣公遇大夫仇牧於門批而殺之范雎以任鄙之力
彭生齊人拉魯桓公幹而殺之

爲而死申休未詳何世也

紂紂納以爲妻常與沈酒於酒事見列女傳

子張見魯哀公不禮七日君子好士似葉公之窺頭於牖……有之葉公子高好龍……之降見葉公子高好龍而非好真龍而走……

葉公好龍真龍游廷〔美女也〕

紂好色妲已是出〔妲已蘇人之妻紂〕

孝沖孝質頻世短祚臣又〔……天地……〕

三十

今黃門常侍天刑之人陛下愛待兼倍常
寵係嗣未兆豈不爲此天官若星不在
紫宮而在天市明當給使主市里也〔山陽公載記曰〕
官者四星唯供市買之事也〔今乃反處常伯〕

之位實非天意〔尚書曰常伯常任〕
又聞宮中立黃

03-482

【上欄】

老浮屠之祠（浮屠即佛陁但聲轉耳並謂佛也解見楚王英傳也）此道清

虛貴尚無為好生惡殺省慾去奢今陛下

嗜欲不去殺罰過理既乖其道豈獲其祚

哉或言老子入夷狄為浮屠（或聞言當時言老子西入夷）

狄之化（始為浮屠者不經）

精之至也（宿便即移去示無愛戀之心也）天神遺

浮屠不三宿桑下不欲久生恩愛

以好女浮屠曰此但革囊盛血遂不眄之　其守一如此乃能

成道令陛下婬女麗天下之麗甘肥（佛佛言此是革囊盛眾穢繞耳）

（四十二章經天神獻玉女於）

《後漢列傳三十下》（三十）

歆美單天下之味奈何欲如黃老乎書上（李璋）

即召詔尚書問狀楷曰臣聞古者本無官（帝元）

臣武帝末春秋高數游後宮始置之耳

（明任官者石顯為中書令別將軍蕭望之等曰尚書百官之本宜以公正處之武帝游宴後廷故用官者非古制也宜罷中書官應古不近刑人之法）後稍見任至於順帝遂

益蕃熾令陛下爵之十倍於前至今無繼

嗣者豈獨好之而使之然乎平尚書上其對

詔下有司處正尚書承旨奏曰其官上

官非近世所置漢初張澤為大謁者佐絳

【下欄】

疾誅諸呂（張澤閹人也絳侯周勃誅諸呂乃迎立文帝左右執戟不能兵有數立去人不肯去官者令張喻告之乃見前書）此其佐誅諸呂之功

參乘而子孫昌盛（伏車前使宦官者趙談參乘爰盎而下車文帝笑而昌盛也）孝文使趙談

（鋸鈴人藏於是上笑推下趙談談泣後車帝生景帝其後昌盛也）楷不正辭理

拍陳要務而析言破律違背經藝假借星（造合私意誣上罔事）

宿偽託神靈（神書也）楷

請下司隸正楷罪法收送洛陽獄帝以（謂刑二歲刑也）初順帝時琅邪宮崇

言雖激切然皆天文恒象之數故不誅猶

司寇論刑（前書曰司寇二歲刑）《後漢列傳二十》（三十一）

詣闕上其師干吉於曲陽泉水上所得神

書百七十卷皆縹白素朱介青首朱目號（毛附）

太平清領書（今潤州有曲陽山有神溪水出曲陽城北有羽潭水壽州有曲陽縣人益東海有曲陽是也太平經曰吾道迺丹青吾書中善道者悉使青首丹目號太平青領書以此為其文也）

（琅邪有羽並琅邪人並介道首為青道紆使青下而為青下而於青道首標也太平經曰吾書中善道者悉使青首丹目謂之丹青也）

（仁而作作待拜客以療病盛香讀道書制作符書拜客以療病盛先生亦事之樓）

（之二者悉使婦女不可殺之策曰皆南陽張津為上制作符書拜客婦女不見策苛詞請止之母謂策即令收之三郡城社燒香讀道書制作符書以惑百姓諸將賓客往來者諸事）

（交助軍作福醫護將士前聖典訓慶漢家之策律常著絳祖頭鼓為）

採枝香讀邪俗道書云以助化卒爲蠻夷所殺此甚
無益諸君但未悟耳今此子已在鬼錄勿復費紙筆
縣首於市也即催斬之

觀雜語

太平經曰天失陰陽則亂其財人失陰
陽則亂其道不理五行四時失陰陽則絕其後君臣失陰
陽則其道不理五行四時失陰陽則爲災今天垂象
爲人法故當承順之也又曰天上有常神聖要語時
神下授人以言用使神吏應氣而往來也人從得之謂
神呪也呪也百中百十中十其呪有可使神爲除災
害無不愈也
有司奏崇所上妖妄不經乃收藏
之後張角頗有其書焉及靈帝即位以措
書爲然頗有其書焉陳蕃舉方正不就鄉里宗之
每太守至輒致禮請中平中與荀爽鄭玄
俱以博士徵不至卒于家

論曰古人有言善言天者必有驗於人
武帝篡茂而張衡亦玄天文歷數陰陽占候
全所宜急也郎顗襄楷能仰瞻俯察參諸
人事禍福吉凶旣應引之敎義亦明此蓋
道術所以有補於時後人所當取臨鑒者也
然而其敝好巫故君子不以專心焉
贊曰仲桓術深蒲車屢尋
不至蘇貢飛書

後漢書列傳卷第二十下

清我舊陰　陰縣屬南陽與光武
由政涅　同鄉故云我舊也　襄郎災戒寔

唐章懷太子賢注

郭伋　杜詩
孔奮　張堪
廉范　王堂
蘇章　族孫不韋
羊續　賈琮
陸康

郭伋字細侯扶風茂陵人也高祖父解〔前書云解字翁伯河内軹人徙茂陵也陳伸〕武帝時以任俠聞父梵為蜀郡太守伋少有志行哀平間辟大司空府三遷為漁陽都尉王莽時為上谷大尹〔王莽改大尹為太守〕遷并州牧更始新立三輔連被兵寇百姓震駭強宗右姓〔右姓猶高姓也〕各擁眾保營莫肯先附更始素聞伋名徵拜左馮翊鎮撫百姓世祖即位拜雍州牧再轉為尚書令數納忠諫爭建武四年出為中山太守明年彭寵滅轉為漁陽太守漁陽既離王莽之亂重以彭寵之敗〔雞猶遭也〕民多猾惡寇賊充斥〔杜預注左傳曰充滿斥見也〕伋到示以信賞糾戮渠帥盜賊銷散時匈奴數抄郡界邊境苦之伋整勒士馬設攻守之略匈奴畏憚遠迹不敢復入塞民得安業在職五歲戶口增倍後潁川盜賊群起九年徵拜潁川太守召見辭謁〔謁見也〕帝勞之曰賢能太守去帝城不遠河潤九里〔莊子曰河潤九里澤及三族　後漢列傳三十一〕君雖精於追捕而山道險也阮自關當一士耳深宜慎之伋到郡招懷山賊陽夏趙宏〔陽夏縣名屬陳國夏公雅反〕襄城召吳等數百人皆束手詣伋降伋悉遣歸附農因吳等黨與聞伋威信遠自江南或從幽冀劾專命〔謂擅放降賊也〕帝美其策不以咎之後宏不期俱降駱驛不絕〔駱驛連續〕十一年省朔方剌史屬并州帝以盧芳據北土乃調伋為并州牧過京師謝恩帝即引見并召皇太子諸王宴語終日賞賜車馬衣服什物伋因

言選補眾職當簡天下賢俊不宜專用南
陽人帝納之俊前在并州素結恩德及後
入界所到縣邑老幼相攜逢迎道路所過
問民疾苦聘求耆德雄俊設几杖之禮朝
夕與參政事（禮記曰謙於長者必操几杖以從者始至行部次到）
西河美稷有童兒數百各騎竹馬道次迎
拜俊問見曹何自遠來（曹章對曰聞使君）
送至郭外問使君何日當還俊謂別駕從（也）
到喜故來奉迎俊辭謝之及事訖諸見復
遠信於諸見遂止于野亭須期乃入是時（陳敏）
朝廷多舉俊可為大司空帝以并部尚有
盧芳之儆（儆急也且匈奴未安欲使久於其）
事故不召俊知盧芳鳳賊（鳳舊難卒以力）
制常嚴烽候明賞賜以結寇心芳將隋昱
遂謀脅芳降俊乃亡入匈奴俊以老病
上書乞骸骨二十二年徵為太中大夫賜
宅一區及帷帳錢穀以充其家俊輙散與

【後漢列傳三十】三

宗親九族無所遺餘明年辛時年八十六
帝親臨弔賜冢塋地
杜詩字公君河內汲人也少有才能仕郡
功曹有公平稱更始時辟大司馬府建武
元年歲中三遷為侍御史安集洛陽時將
軍蕭廣放縱兵士暴橫民閒百姓惶擾詩
勑曉不改遂格殺廣還以狀聞世祖召見
賜以棨戟
之河東誅降逆賊楊異等詩到大陽（大陽縣名）
（屬河東郡）聞賊規欲北度乃與長史急焚其船
部勒郡兵將突騎趣擊斬異等賊遂滅
拜成皋令（今洛州氾水縣是）視事三歲舉政
尤異再遷為沛郡都尉轉汝南都尉所在
稱治七年遷南陽太守性節儉而政治清
平以誅暴立威善於計略省愛民役造作
水排鑄為農器用力少見功多百姓便之又修治

【後漢列傳三十】四

陂池廣拓土田郡內比室既足時人方於召信臣〔比室猶比屋也前書曰召信臣字翁卿九江壽春人也遷南陽太守為人興利務在〕高之開通溝洫凡十數處故南陽為之語曰前有召父後有杜母詩自以無勞不安久居大郡求欲降避功臣乃上疏曰陛下亮成天工克濟大業偃兵脩文羣帥反旅班師也萬世蒙福天下幸甚唯匈奴未譬聖德威侮二垂〔也二垂謂西與此也〕陵虐中國邊民虛耗不能自守臣恐武猛之將雖勤亦未得解甲櫜弓也〔櫜韜也音高詩曰載櫜弓失也〕亦怨勞而不休亦怨恨之 夫勤而不息內郡〔休足止然後即戎出命不敢有恨臣〕臣伏觀將帥之情功臣之望異一休於愚以為師克在和不在眾陛下雖垂念北邊〔鷩鷩也湯武順天應人其所征討皆弔伐而已故無〕亦當頗泄用之御眾故無忿鷙之師卒烏見薄〔言其和睦歡悅如〕今若使公卿郡守

〈後漢列傳三十一〉 五

出於軍壘則將帥自厲〔軍壘軍壁士卒之復比〕於宿衛則戎士自百〔復謂優寬也音福纊漢志曰羽林郎秩比三百石掌〕其宜臣詩伏自惟忖本以史吏一介之才〔史吏謂初為郡功曹書曰如其一介臣也遭陛下創制大業賢俊〕必因人心今猥用愚懷薄功臣之望誠非辭其勞則烽火精明守戰堅固聖王之政旅之臣重復厚賞加於父役之士如此緣邊屯戍之師競而忘死乘城拒塞之吏不用無以勸也陛下誠宜虛飭數郡以俟振命大臣以下咸懷樂土不雜其功而屬其在外空乏之開超受大恩收養不稱奉職無効久竊祿位令功臣懷慍誠惶誠恐臣年上書乞避功德陛下殊恩未許放退臣詩蒙恩尤深義不敢苟冒虛請誠不勝至願願退大郡受小職及臣齒壯力能經營劇事如使臣詩必有補益復受大位雖斫珪授爵所不辭也惟陛下哀矜帝惜其能

〈後漢列傳三十〉 六

遂不許之詩雅好推賢數進知名士清河
劉統及魯陽長董崇等初禁網尚簡但以
璽書發兵未有虎符之信詩上疏曰臣聞
兵者國之凶器聖人所慎舊制發兵皆以
虎符其餘徵調竹使而已符合乃聽之

（說文曰符信也漢制以竹長六寸分而相合前書文帝二年初與郡守為銅虎符竹使符音義曰銅虎符第一至第五發兵遣使鐫刻篆書亦第一至第五也）

大信所以明著國命斂持威重也

璽書或以詔令如有姦人詐偽無由知覺
（閒者發兵但用）
愚以為軍旅尚興賊虜未殄徵兵郡國宜
有重慎可立虎符以絕姦端昔魏之公子
威傾鄰國猶假兵符以解趙圍若無姬
之仇則其功不顯

陵君其姊為趙惠文王弟平原君夫人
（邯鄲魏昭王之子無忌號信陵君）
公子書請救於魏魏王使將軍晉鄙將十萬眾救趙
實持兩端以觀望平原君使者相屬謂公子曰勝所
以自附於嬴者以公子能急人之困今邯鄲旦暮降
秦而魏救不至獨不憐公子姊邪公子患之
過屢開之嬴屏人語曰嬴聞晉鄙兵符常在王臥
內而如姬最幸力能竊之如姬父為人所殺
公子使客斬其仇頭如姬為公子死無所辭公子
誠一開口請如姬如姬必諾公子從其計如姬果
盜晉鄙兵符與公子於道遂矯魏王令事見史記也

事有煩而

不可省費而不得已蓋謂此也書奏從之
詩身雖在外盡心朝廷讜言善策隨事獻
納視事七年政化大行十四年坐遣客為
弟報仇被徵會病卒司隸校尉鮑永上書
言詩貧困無田宅喪無所歸詔使治喪郡
（邸賻絹千匹）

孔奮字君魚扶風茂陵人也曾祖霸元帝
（時為侍中奮少從劉歆受春秋左氏傳歆）
稱之謂門人曰吾已從君魚受道矣
（言君魚之 陳仲）

遭王莽亂與老母幼弟避兵河西
（道已過於已也）
建武五年河西大將軍竇融請奮署議
曹掾守姑臧長八年賜爵關內侯時天下
擾亂唯河西獨安而姑臧稱為富邑通貨
羌胡市日四合
（古者為市一日三合周禮曰大市日側而市百族為主朝時而市商賈為主夕時而市販夫販婦為主今姑臧為市夕一日四合也）

盈數月輒致豐積奮在職四年財產無所
增事母孝謹雖為儉約奉養極求珍膳躬
率妻子同甘菜茹（茹廣雅曰食也）時天下未定士多

不修節操而奮力行清絜爲衆人所笑或
以爲身處脂膏不能以自潤徒益苦辛耳
奮既立節治貴仁平大守梁統深相敬待
不以官屬禮之常迎於大門引入見毋隴
蜀既平河西守令咸被徵召財貨連載彌
竟川澤唯奮無資單車就路姑臧縣蒙恩
羌胡更相謂曰孔君清廉仁賢舉縣蒙恩
如何今去不共報德送相賦斂牛馬器物

千萬以上追送數百里奮謝之而已一無 九 孔奮連
所受既至京師除武都郡丞時隴西餘賊
隗茂等夜攻府舍殘殺郡守賊畏奮追急
乃執其妻子欲以爲質奮年已五十唯有
一子終不顧望遂窮力討之吏民感義莫
不倍用命焉郡多氐人便習山谷其大豪
齊鍾留者爲羣氐所信向奮乃率厲鍾留
等令要遮鈔擊共爲表裏賊窘懼迫急乃
推奮妻子以置軍前㝫當退却而擊之愈
屬送禽滅茂等奮妻子亦爲所殺世祖下

詔襃美拜爲武都太守奮自爲府丞巳見
敬重及拜太守舉郡莫不改操爲政明斷
甄善疾非 甄明 見有美德愛之如親其無
行者忿之若讎 讎 郡中稱爲清平弟奇游學
洛陽奮以奇經明當仕上病去官守約鄉
閭卒于家奇博通經典作春秋左氏刪 定 刪
其義 說猶今也 其義
奮晚有子嘉官至城門校尉作左氏 定 刪
氏

張堪字君游南陽宛人也爲郡族姓堪早 十 嘉傳
孤讓先父財數百萬與兄子年十六受
業長安志美行嘉諸儒號曰聖童世祖微
時見堪志操常嘉焉及即位中郎將來歙
薦堪召拜郎中三遷爲謁者使送委輸縑
帛并領騎七千四詣大司馬吳漢伐公孫
述在道追拜蜀郡太守時漢軍餘七日糧
陰具船欲遁去堪聞之馳往見漢說述必
敗不宜退師之策漢從之乃示弱挑敵述
果自出戰死城下成都既拔堪先入據其

03-489

城擄閱庫藏收其珍寶悉條列上言秋毫
無私〈詗細也〉慰撫吏民蜀人大悅在郡二年
徵拜騎都尉後領驃騎將軍擊破
匈奴於高柳拜漁陽太守捕擊姦猾賞罰
必信吏民皆樂為用匈奴嘗以萬騎入漁
陽堪率數千騎奔擊大破之郡界以靜乃
於狐奴開稻田八千餘頃勸民耕種以致
殷富百姓歌曰桑無附枝麥穗兩歧張君
為政樂不可支視事八年匈奴不敢犯塞
〈後漢列傳十一〉李賢
帝嘗召見諸郡計吏問其風土及前後守
令能否蜀郡計掾樊顯進曰漁陽太守張
堪昔在蜀其仁以惠下威能討姦顯能討
述破時珍寶山積捲握之物足富十世〈握猶掌握也謂珠玉之類也〉而堪去職之日乘折轅車布被
囊而已帝聞良久歎息〈甚〉拜顯為魚復
長〈魚復縣屬巴郡故城在今蘷州人復縣北赤甲城是〉方徵堪會病卒帝
深悼惜之下詔褒揚賜帛百匹
廉范字叔度京兆杜陵人趙將廉頗之後

也漢興以廉氏豪宗自苦陘徙焉〈苦陘縣屬中山國章帝更名漢昌〉
世為邊郡守或葬隴西襄武故因
仕焉曾祖父襄成哀閒為右將軍祖父丹
王莽時為大司馬庸部牧〈州為庸部〉皆有名
前世范父遭喪亂客死於蜀范遂流寓西
迎父喪蜀郡太守張穆丹之故吏乃重資
西州〈蜀謂巴西也西州〉載船觸石破沒范抱持
送范范無所受與客步負喪歸葭萌〈葭萌縣名〉
屬廣漢郡今利州益昌縣即漢葭萌地也
棺柩遂俱沈溺眾傷其義鉤求得之療救
僅免於死穆聞復馳遣使持前資物追范
范又固辭歸葬服竟詣京師受業事博士
薛漢〈漢字公子見儒林傳〉京兆隴西二郡更請召皆不
應永平初隴西太守鄧融備禮謁請范為功
曹也會融為州所舉案〈舉其罪案驗之〉范知事
譴難解欲以權相濟乃託病求去融不達
其意大恨之范於是東至洛陽變名姓求
代廷尉獄卒居無幾融果徵下獄范遂得

衞待左右盡心勤勞融怪其貌類范而殊

不意乃謂曰卿何似我故功曹邪范詞之

曰君困厄脅迫邪詫目不明之兒語遂絕融

繫出困病范隨而養視及死竟不言身自 〔鄭玄注禮記曰〕

將車送喪致南陽葬畢乃去後辟公府會 〔詫目不明之兒〕

薛漢坐楚王事誅 〔謀反也〕 故人門生莫敢

視范獨往收斂之吏以聞顯宗大怒召范

入詰責曰薛漢與楚同謀交亂天下范

公府掾不與朝廷同心而反收斂罪人何

也范叩頭曰臣無狀愚戇以為漢等皆已 〔十三〕

伏誅不勝師資之情罪當萬坐 〔老子曰善人〕〔不善人之〕

〔師人之資也〕 帝怒稍解問范曰卿廉頗後邪 〔資也〕

與右將軍褱大司馬丹有親屬乎范對曰

褱臣之曾祖丹臣之祖也帝曰怪卿志膽

敢爾因貰之 〔貰赦〕 由是顯名舉茂才數月

再遷為雲中太守會匈奴大入塞烽火日

通故事虜人過五千人移書傍郡吏欲傳

檄求救范不聽自率士卒拒之虜眾盛而

范兵不敵會日暮令軍士各交縛兩炬三 〔三〕

頭爇火營中星列 〔用兩炬交縛如十字爇其三〕〔頭手持一端使敵人望之疑〕

虜遙望火多謂漢兵救至大驚待旦 〔爇食亦反起也〕

將退范乃令軍中蓐食晨往赴之 〔食然蓐草起〕

斬首數百級虜自相轔藉死者千餘人 〔轔轢也藉蹈藉也〕

由此不敢復向雲中後頻歷武威

武都二郡太守隨俗化導各得治耳建初

中遷蜀郡太守其俗尚文辯好相持短長 〔相轔藉〕

范每屬以淳厚不受偷薄之說成都民物

豐盛邑宇逼側舊制禁民夜作以防火災 〔後漢列傳二十一〕

而更相隱蔽燒者日屬范乃毀削先令 〔十四〕

嚴使儲水而已百姓為便乃歌之曰廉叔

度來何暮不禁火民安作平生無襦今五

絝 〔作協韻音則護反〕 在蜀數年坐法免歸鄉里范

世在邊廣田地積財粟悉以賑宗族朋友

肅宗出朋范奔走阡陌乘小車塗深馬死不

章弔國俱會於路麟乘時廬江郡掾嚴麟奉

能自進范見而愍然命從騎下馬與之不

告而去麟事畢不知馬所歸乃緣蹤訪之
或謂麟曰故置郡太守廉叔度好周人窮
急今奔國喪獨當是耳麟亦素聞范名以
為然即牽馬造門謝而歸之世伏其好義
范與洛陽慶鴻為刎頸交時人稱曰前有
管鮑後有慶廉鴻慷慨有義節位至琅邪
會稽二郡大守范范皆以氣俠立名觀其振危
論曰張堪廉范之臨財范之忘施
亦足以信意而感物矣

召蘇布 樂布梁人為人所略賣為奴梁王彭越贖之
以為梁大夫使於齊漢召彭越以謀反夷三
族詔有收視者輒捕之布還奏事彭越頭下祠而哭
吏捕以聞上召布欲烹之布曰今漢一
人人自危也上乃釋布拜為都尉
若夫高祖之 明帝之引廉

范加怒以發其壯志就戮更延其寵聞義能
徙誠君道所尚然情理之樞亦有開塞之
感焉
范堂字敬伯廣漢郪人也初舉光祿茂才

光祿舉茂才之也
遷轂城令治有名迹 故城縣屬東郡故城在今滄州
縣東 永初中西羌寇巴郡為民患詔書遣
中郎將尹就攻討連年不剋三府舉堂治
劇拜巴郡太守馳兵赴賊斬虜千餘級
巴庸清靜吏民生為立祠 城在今房州清水故
縣西也 刺史張喬表其治能遷右扶風安帝
西巡阿母王聖中常侍江京等並請屬於
堂堂不為用掾吏固諫之堂曰吾蒙國恩
豈可為權寵阿意以死守之 阿曲即日遣

家屬歸開閤上病果有誣奏堂者會帝崩
京等悉誅堂以守正見稱永建二年徵入
為將作大匠四年坐公事左轉議郎 議郎秩六
百石無員志曰續漢
復拜魯相政存簡一至數年無
辭訟遷汝南太守搜才禮士不苟自專乃
教掾吏曰古人勞於求賢逸於任使故能
化清於上事緝於下 其憲章朝有簡覈才
職委功曹陳蕃臣政理務拾遺補闕任主
簿應嗣庶循名責實察言觀效焉自是委

誠求當不復妄有辭教郡內稱治時大將
軍梁商及尚書令秦湯以求屬不行並恨
之後廬江賊迸入弋陽界堂勒兵追討即
使奔散而商湯猶因此風州奏堂在任無
警免歸家年八十六卒遺令薄斂瓦棺以
葬子稗清行不仕曾孫商益州牧劉焉以
為蜀郡太守有治聲

帝時為右將軍

蘇章字孺文扶風平陵人也八世祖建武

〔前書曰建以校尉從大將軍青
奴封平陵矦中子武封 陳伸知〕

〔七〕

祖父純字桓公有高名性強切而持毀
譽論謂品集其臧否
士友咸憚之至乃相謂
曰見蘇桓公患其教責人不見又思之三
輔號為大人 〔大人長老之稱〕言身事之也
都尉賞固軍出擊北匈奴車師有功封中
陵鄉矦官至南陽太守章少博學能屬文
安帝時舉賢良方正對策高第為議郎數
陳得失其言甚直出為武原令 〔武原縣屬楚國故城在今〕 永平中為奉車

〔泗州下邳縣北〕 時歲饑輒開倉廩活三千餘戶順帝

時遷冀州刺史故人為清河太守章行部
案其姦藏乃請太守為設酒肴陳平生之
好甚歡太守喜曰人皆有一天我獨有二
天章曰今夕蘇孺文與故人飲者私恩也
明日冀州刺史案事者公法也遂除其
罪州境知章無私望風畏肅換為并州刺
史以摧折權豪忤旨坐免隱身鄉里不交
當世後徵為河南尹不就時天下日敝民
多悲苦論者舉章有幹國才朝廷不能復
用卒于家兄曾孫不韋

吳佑

〔十八〕

不韋字公先父謙初為郡督郵時魏郡李
暠為美陽令與中常侍具瑗交通貪暴為
民患前後監司畏其執援莫敢糾問及謙
至部案得其臧論輸左校謙累遷至金城
太守去郡歸鄉里漢法免罷守令自非詔
徵不得妄到京師而謙後私至洛陽時暠
為司隸校尉收謙詰掠死獄中暠又因刑
其屍以報昔怨不韋時年十八徵詣公車

會謙見殺不韋載喪歸鄉里瘞而不葬仰
天嘆曰伍子胥獨何人也乃藏母於武都山中遂變名姓盡以家
財募劍客邀昌於諸陵間不剋會昌遷大
司農時右校掾在寺北垣下不韋與親從兄弟潛入庿中夜則鑿
地書則逃伏如此經月遂得傍達昌之寢
室出其牀下值昌在廁因殺其妾并及小
兒留書而去昌大驚懼乃布棘於室以板
籍地一夕九徙雖家人莫知其處每出輒
劍戟隨身壯士自衛不韋知昌有備乃日
夜飛馳徑到魏郡掘其父阜冢斷取阜頭
以祭父墳又標之於市曰李君遷父阜頭
匿不敢言而自上退位歸鄉里私掩塞冢
槥捕求不韋歷歲不能得憤恚感傷發病
歐血死不韋後遇赦還家乃始改葬行喪
士大夫多譏其發掘冢墓歸罪枯骨不合

古義唯任城何休方之伍員太原郭林宗
聞而論之曰子胥雖云逃命而見用強吳
憑闔廬之威因輕悍之衆雪怨舊邦曾不
終朝而但鞭墓戮屍以舒其憤音無手刃
後主之報豈如蘇子單特立廟因廢資
強讎豪援據位九卿城關天阻宮府幽絕
埃塵所不能過霧露所不陷族禍門雖不
燋盧出於百死冒觸嚴禁不韋毀身
獲遂為報已深況復分骸斷首以毒生者
使昌懷怨結不得其命猶假手神靈
以斃之也力唯匹夫功隆千乘比之於貟
不以優乎議者於是貴之後太傅陳蕃辟
不應為郡五官掾初弘農張奐睦於蘇氏
而武威段熲與昌素善後奐熲有隙及熲
為司隸以禮辟不韋不韋懼之稱病不詣
熲既積憤於奐因發怒乃追咎不韋前報
昌事以為昌表治謙事被報見誅君命天
也而不韋仇之又令長安男子告不韋多

將賓客奪舅財物遂使從事張賢等就家
殺之乃先以鴆與賢父曰若賢不得不韋
便可飲此到扶風郡守使不韋奉謁迎
賢即時收執并其一門六十餘人盡誅滅
之諸蘇以是衰破及叚頴為陽球所誅天
下以為蘇氏之報焉

羊續字興祖大山平陽人也其先七世二
千石卿校祖侵安帝時司隸校尉父儒
桓帝時為太常續以忠臣子孫拜郎中去

【後漢列傳王】 續

官後辟大將軍竇武府及武敗坐黨事禁
錮十餘年幽居守靜及黨禁解復辟太尉
府四遷為盧江太守後揚州黃巾賊攻舒
（安風縣屬盧江郡）
焚燒城郭續發縣中男子二十以上皆持
兵勒陳其小弱者悉使負水灌火會集數
萬人并執力戰大破之郡界平後安風賊
（盧江郡）續復擊破之斬首
戴風等作亂
三千餘級生獲渠帥其餘黨悉原為平民
（也原免）賦與佃器使就農業中平三年江夏

兵趙慈反叛殺南陽太守秦頡攻沒六縣
拜續為南陽太守當入郡界乃羸服間行
侍童子一人觀歷縣邑采問風謠然後乃
進其令長貪濁及吏民姦猾悉逆知其狀郡
（損於人曰病 益於人曰利）
內驚竦莫不震慴乃發兵與荊州刺史王
敏共擊斬之獲首五千餘級屬縣餘賊
並詣續降續為上言宥其枝附賊既清平
乃班宣政令候民病利百姓歡

【後漢列傳王】 續 陳從

服時權豪之家多尚奢麗續深疾之常敝
衣薄食車馬羸敗府丞嘗獻其生魚續受
而懸於庭丞後又進之續乃出前所懸者
以杜其意續妻後與子秘俱往郡舍續閉
門不內妻自將秘行其資藏唯有布衾敝
袛裯鹽麥數斛而已（說文曰袛裯短衣也廣雅云即襜褕也袛音丁奚反裯音丁牢反）
（顧勑秘曰吾自奉若此何以資爾）
母乎使與母俱歸六年靈帝欲以續為太
尉時拜三公者皆輸東園禮錢千萬令中
使督之名為左騶（騶騎士也）其所之往輒迎致

禮秩厚加賵賻賜續乃坐使人於單席舉縕
袍以示之　縕故絮也

曰臣之所資唯斯而已左驂
白之帝不悅以此故不登公位而徵為太
常未及行會病卒時年四十八遺言薄斂
不儉遵續先意一無所受詔書襃美勑太
守以府賻錢賜續家云　聊城令　博州縣

賈琮字孟堅東郡聊城人也　舉孝
廉再遷為京兆令有政理迹舊交阯土多
珍產明璣翠羽犀象瑇瑁異香美木之屬
莫不自出　說文曰璣珠之不圓者異物志曰翠鳥赤而青其羽可以為飾廣
雅曰璣珥形似龜　出南海巨延州也
前後刺史率多無清行上
承權貴下積私略財計盈給輒復求見遷
代故吏民怨叛中平元年交阯屯兵反執
刺史及合浦太守自稱柱天將軍靈帝特
勑三府精選能吏有司舉琮為交阯刺史
琮到部訐其反狀咸言賦斂過重百姓莫
不空單京師遙遠告冤無所民不聊生自

活故聚為盜賊琮即移書告示各使安其
資業招撫荒散蠲復徭役誅斬渠帥為大
害者簡選良吏試守諸縣歲間蕩定百姓
以安巷路為之歌曰賈父來晚使我先反
今見清平吏不敢飯在事三年為十三州
最徵拜議郎時黃巾新破兵凶之後郡縣
重斂因緣生姦詔書沙汰之後郡更
選清能吏乃以琮為冀州刺史舊典傳車
驂駕垂赤帷裳迎於州界及琮之部升車
言曰刺史當遠視廣聽糾察美惡何有反
垂帷裳以自掩塞乎乃命御者褰之百城
聞風自然竦震其諸藏過者望風解印綬
去唯癭陶長濟陰董昭觀津長梁國黃就
當官待琮於是州界翕然靈帝崩大將軍
何進表琮為度遼將軍卒於官

陸康字季寧吳郡吳人也祖父續在獨行
傳父襃有志操連徵不至康少仕郡以義
烈稱刺史臧旻舉為茂才除高成令　高成縣屬

渤海縣在邊垂舊制令戶一人具弓弩以
郡也

備不虞不得行來〔行來猶往來也〕長吏新到輒發

民繕修城郭至皆罷遣百姓大悅以恩

信爲治寇盜亦息州郡表上其狀光和元

年遷武陵太守轉守桂陽樂安二郡所在

稱之時靈帝欲鑄銅人而國用不足乃詔

調民田畝斂十錢而比水旱傷稼百姓貧

苦康上疏諫曰臣聞先王治世貴在愛民

省傜輕賦以寧天下除煩就約以崇簡易

〔後漢列傳二十一〕 李芳

故萬姓從化靈物應

易曰乾以易知坤以簡能而天下之理得矣

德末世衰主窮奢極侈造作無端興制非

一勞割自下以從苟〔勞苦割剝於下人也〕故黎民吁

嗟陰陽感動陛下聖德承天當隆盛化而

卒被詔書敕斂田錢鑄作銅人伏讀悁悵

悼心失圖夫十一而稅周謂之徹〔孟子曰夏五十而貢殷人七十而助周人百畝而徹其實皆十一也〕

微者通也言取其法度

可通萬世而行也故魯宣公無恩信於人人不肯盡力於公田起履畝蝗蟲蝝行

生

二十五

擇其敏毅好者
稅取之蠹多也公羊傳冬此
言蝝生何上聚古易常也注云上謂易公蠹易公田欲

哀公增賦而孔子非之

舊制而
稅斂
訪諸仲尼仲尼私於冉有曰法則周公之典在若欲苟而行之又何訪焉

有聚斂民物以營無用之銅人捐捨聖戒

豈

自踣亡王之法哉〔謂秦始皇鑄銅人十二卒致滅亡也〕傳曰君

舉必書書而不法後世何述焉陛下宜留

神省察改斂從善以塞北民怨恨之望大

奏內倖因此譖康援引亡國以譬聖明大

不敬檻車徵詣廷尉侍御史劉岱典考其

〔後漢列傳二十二〕 康傳 二十六

事代岱為表陳解釋免歸田里復徵拜議郎

會盧江賊黃穰等與江夏蠻連結十餘萬

人攻沒四縣拜康廬江太守康申明賞罰

擊破穰等餘黨悉降帝喜其功拜康孫尚

爲郎中獻帝即位天下大亂康蒙險遠遣孝

廉計吏奉貢朝廷詔書策勞加忠義將軍

秩中二千石時袁術屯兵壽春部曲飢餓

遣使求委輸兵甲康以其叛逆閉門不通

內修戰備將以禦之術大怒遣其將孫策

生
公無恩信於人人不肯盡力於公田起履畝蝗蟲蝝行

03-497

攻康圍城數重康圍守吏士有先受休假
者皆遁伏還赴暮夜緣城而入受敵二年
城陷月餘發病卒年七十宗族百餘人遭
飢兄死者將半朝廷愍其守節拜子儁
爲郎中少子續仕吳爲鬱林太守博學善
政見稱當時幼年曾謁袁術懷橘墮地者

並有名稱 續字公紀 吳志有傳

贊曰 伋牧湖藩 信立童昏 詩守南楚 民作
謠言舊馳 單車乘堪 駕邁范汜得其朋

【後漢列傳廿一】

二蘇勁烈 羊賈廉能 季子寧拒策

城陷衝輄 協韻音普勝反

得朋廉范巴蜀郡太守百姓堂任良肱 謂羹任功
便之蜀在西南故云得朋也 曹康蕃主 易曰西南
中大化也 劉康 西南

二十七

後漢書列傳卷第二十一

樊宏　子儵
族曾孫準

陰識　弟興

《後漢列傳十二》

樊宏字靡卿南陽湖陽人也世祖之舅其
先周仲山甫封于樊因而氏焉〔樊今襄州
安養縣也〕
鄉里著姓父重字君雲世善農稼好貨殖
重性溫厚有法度三世共財子孫朝夕禮
敬常若公家其營理產業物無所棄課役
童隸各得其宜故能上下勠力財利歲倍
至乃開廣田土三百餘頃其所起盧舍皆
有重堂高閣陂渠灌注〔鄧元水經注曰湖水丈
餘分東北為樊氏陂陂東西
十里南北五里亦謂之九亭陂東陂故
滅庚氏取其陂故諺曰陂汪汪下田良樊氏
氏昌其陂至今猶名為樊陂失業庚
祖今鄧州新野縣之西南也〕
又池魚牧畜有求
必給當欲作器物先種梓漆時人嗤之然
積以歲月皆得其用向之笑者咸求假焉
貲至巨萬而賑贍宗族恩加鄉閭外孫何
氏兄弟爭財重恥之以田二頃解其忿訟

縣中稱美推為三老年八十餘終其素所
假貸人開數百萬遺令焚削文契責家聞
者皆慙爭往償之〔責音側吏反〕諸子從勑竟不
肯受宏少有志行王莽末義兵起劉伯升
與族兄弟賜俱將兵攻湖陽城守不下賜女
弟為宏妻子欲殺其妻子令出辟
伯升宏因留不反湖陽由是收繫宏妻子父
長吏以下共相謂曰樊重子父禮義恩德
行於鄉里雖有罪且當在後會漢兵日盛

《後漢列傳十二》

湖陽惶急未敢殺之遂得免脫更始立欲
以宏為將宏叩頭辭曰書生不習兵事竟
得免歸與宗家親屬作營壍自守老弱歸
之者千餘家時赤眉賊掠唐子鄉多所殘
殺欲前攻宏營宏遣人持牛酒米穀勞遺
赤眉赤眉長老先聞宏仁厚皆稱曰樊君
素善且今見待如此何心攻之引兵而去
遂免寇難世祖即位拜光祿大夫位特進
次三公建武五年封長羅侯〔長羅縣名屬陳
留郡故城在今〕

渭州臣城
縣東北 十三年封弟丹為射陽侯陽水經注
曰沘水西南流射水注之水出射城北建武十三年
封樊重少子丹為射陽侯即其國也案臨淮郡別有
射陽縣疑達連武縣也

十五年定封宏壽張族兄子尋立鄉侯忠更父兄
陵過湖陽祠重墓追爵謚為壽張敬侯立
廟於湖陽車駕每南巡常幸其墓賞賜大

曰富貴盈溢未有能終者吾非不喜榮執
會宏為人謙柔畏慎不求進常戒其子

也天道惡滿而好謙前世貴戚皆明戒也
人道惡盈而好謙也
易曰天道虧盈而益謙

保身全己豈不樂哉

每當朝會輒迎期先到俯伏待事時至乃

起帝上便宜及言得失輒手自書寫毀削
草本公朝訪逮不敢衆對宗族深其化未

宏所聞之常勒驕騎臨朝乃告令豫到

嘗犯法帝甚重之及病困車駕臨視留宿

問其所欲言宏頓首自陳無功享食大國
誠恐子孫不能保全厚恩令臣魂神慙負

黃泉願還壽張食小鄉亭帝悲傷其言而

音不許二十七年卒遺勒薄葬一無所用
以為棺柩一臧不復見如有腐敗傷孝
子之心使與夫人同墳異臧帝善其令以

書示百官因曰今不順壽張侯意無以彰
其德且吾萬歲之後欲以為式贈錢千萬
布萬匹益為恭侯贈以印綬車駕親送葬
子倏嗣帝悼宏不已復封少子茂為平望
侯平望縣屬北海郡故城在今青
州北海縣西北俗名平望臺也 樊氏族者兄
族

五國明年賜倏弟鮪及從昆弟七人合錢
五千萬

論曰昔楚頃襄王問陽陵君曰君子之富
何如對曰假人不德不責不使不役
假貸人者不自以為德不
責其報迎食善人者不使
親戚愛之衆人善之說苑
曰楚王問莊辛之言也

訟其庶幾君子之富乎分地以用天道實
以崇禮節管子曰倉廩
實而知禮節取諸理化則亦可

慮以施於政也與夫愛而畏者何殊閒哉

曰是以其人畏而愛之何殊
閒哉言不異也閒音古莧反

儵字長魚，謹約有父風。事後母至孝，及母卒，哀思過禮，毀病不自支。世祖常遣中黃門朝暮送饘粥。〔饘，麋也〕服闋，就侍中丁恭受公羊嚴氏春秋。〔嚴彭祖也〕建武中，禁網尚闊，諸王既長，各招引賓客。以儵外戚，爭遣致之，而儵清靜自保，無所交結。及沛王輔事發，貴戚子弟多見收捕，以儵不豫得免。帝崩，儵為復土校尉。〔復土校尉主葬事，復土於壙也〕永平元年，拜長水校尉，與公卿雜定郊祠禮儀，以讖記正五經異說。北海周澤、琅邪承宮並海內大儒，儵皆以為師友而致之於朝。上言郡國舉孝廉率取年少能報恩者，耆宿大賢多見廢棄，宜勅郡國簡用良俊。又議刑辟宜須秋月以順時氣。顯宗並從之。二年，以壽張國益東平王，從封儵燕。〔戾屬東郡，其後名〕其後廣陵王荊有罪，帝以至親悼傷之，詔儵與羽林監南陽任隈雜理其獄。事竟，奏請誅荊。引見宣明殿，帝怒曰：諸卿以我弟故欲

誅之，即我子，卿等敢爾邪？儵仰而對曰：天下高帝天下，非陛下之天下也。春秋之義，君親無將，將而誅焉。〔公羊傳之文也。將者〕是以周公誅弟，季友鴆兄。〔經傳大之〕〔蔡叔，周公之弟管…〕〔注云…〕弟牲下，留聖心，加惻隱，故敢請耳。如今陛下，子臣等專誅而已。〔專謂不請也〕帝歎息良久。〔章懷〕儵益以此知名。其後弟鮪為子賞求楚王英女勋鄉公主，儵聞而止之曰：建武時，吾家並受榮寵，一宗五戾。〔謂宏封長羅戾弟丹射…〕時特可以尚主。〔宏為…〕但以貴寵過盛，即為禍患。〔又封壽張戾宏也…〕特進一言，女可以配王男。〔兄忠更父戾宏也…〕不從。十年，儵卒，賜贈甚厚，諡曰哀戾。帝遣故不為也。且儵一子，柰何棄之於楚乎？鮪小黃門張音問所遺言。先是河南縣亡失官錢，典貴者〔典謂主典欠負〕坐死及罪徙者甚衆。

遂委責於人以償其耗鄉部吏司因此為

姦姦憚常疾之人野王歲獻甘醪青餳〔醴醇〕

〔宰相〕每輒攝人吏以為利儵並欲奏罷之〔將也〕疾病未及得上音歸具以聞帝覽之而悲

歎勅二郡並令從之長子汜嗣以次子郴

梵為郎其後楚事發覺帝追念惻以為梵又

聞其止鮪婚事故其諸子得不坐焉惻慎

文高為郎二十餘年三署服其重慎〔三署解見〕

悉推財物二千餘萬與孤兄子官至〔李膺〕

大鴻臚汜卒子時嗣時卒子建嗣建卒無

子國絕永寧元年鄧太后復封建弟盼盼

辛子尚嗣初儵刪定公羊嚴氏春秋章句

世號樊氏學教授門徒前後三千餘人弟

子潁川李脩九江夏勤皆為三公勤字伯

宗為宛二縣令零陵太守所在有理能

稱安帝時位至司徒

淮字幼陵宏之族曾孫也〔準或作淮　父瑞好黃〕

老言清靜少欲準少勵志行修儒術以先

父產業數百萬譲孤兄子永元十五年和

帝幸南陽準為郡功曹召見帝器之拜郎

中後車駕還官特補尚書郎鄧太后臨朝〔尚書曰召〕

儒學陵替準乃上疏曰臣聞賈誼有言人

君不可以不學故雖大舜聖德孳孳為善〔孟子曰雞鳴而起孳孳為善者舜之徒〕

及光武皇帝受命中興羣〔政為善者周公為師公為保周公為師相成王為左右也〕〔王賢主崇明師傅〕

雄崩擾攘旗亂野東西誅戰不遑啓處然

猶投戈講藝息馬論道至孝明皇帝兼天

地之姿用日月之明庶政萬機無不簡心

而垂情古典游意經藝每饗射禮畢正坐

自講諸儒並聽四方欣欣關里之化嬰〔孔子闕里人也〕

相之事誠不足言〔禮記云孔子射於矍相之圃蓋觀者如堵牆也〕

又多徵名儒以充禮官如沛國趙孝琅邪

承宮等或安車結駟告歸鄉里〔安車坐乘之車也告解謂休假歸也〕

或豐衣博帶從見宗廟其餘以經術

見優者布在廊廟故多蟠蟠之良華首

之老〔蟠蟠白首貌也音步河反蟠蟠良士華首謂白首也〕每議會則論

難衍衍衍共求政化　詳覽羣言響如

朝者進而思政罷者退而

備問小大隨化雅雅可嘉期門羽林介冑

之士悉通考經博士議郎一人開門徒衆

伊秩訾王大車且渠來入就學八方肅清

化自聖躬流及蠻荒匈奴遣

上下無事是以議者每稱盛時咸言永平

今學者蓋少遠方尤甚博士倚席不講儒

者競論浮麗忘寡賽之忠習議議之辭議

文吏則去法律而學讖

銳錐刀之鋒斷刑辟之重德陋俗

薄以致苛刻

竇后性好黃老而清靜之化流景武之間

臣愚以為宜下明詔博求幽隱發揚嚴究

罷進儒雅有如孝宮者徵詣公車以俟聖

上講習之期公卿各舉明經及舊儒子孫

進其爵位使續其業復召郡國書佐使讀

律令如此則延頸者日有所見傾耳者月

有所聞伏願陛下推述先帝進業之道易

太后深納其言是後屢舉方正敦

樸仁賢之士洴御史中丞永初之初

連年水旱災異郡國多被飢困準上疏曰

臣聞傳曰飢而不損兹曰太厥災水行傳之

穀不登謂之大侵大侵之禮百官備而不

羣神禱而不祠　禱請而已由是

言之調和陰陽宜在儉節朝廷雖勞心元

元事從省約而在職之吏尚未奉承夫建

化致理由近及遠故詩曰京師翼翼四方

上林池籞諸官實減無事之物

都官吏京師作者

如此則化及四方人勞

省息伏見被災之郡百姓凋殘恐非賑給
所能勝贍雖有其名終無其實可依征和
元年故事武帝征和元年詔曰當今務在禁苛暴止擅賦力本農桑無乏武備而已遣
使持節慰安尤困乏者徙置荊揚孰郡既
省轉運之費且令百姓各安其所令雖有
西屯之役先是零羌斷隴道大為寇害遣車騎宜先東州之急
富人守其舊土轉尤貧者過所衣食誠父
母之計也衣音於既反食音飲願以臣言下公卿平議

【後漢列傳王】 陳俌 十一

太后從之悉以公田賦與貧人即擢準與
將軍鄧隲征西校尉任尚討之故曰西屯役也
議郎呂倉並守光祿大夫準使冀州倉使
兖州準到部開倉廩食給廩食慰安生業流人
咸得蘇息還拜鉅鹿太守時飢荒之餘人
庶流进家且盡準課督農桑廣施方略
暮年閒穀粟豐賤數十倍而趙魏之郊數
為羌所鈔暴準外禦寇虜内撫百姓郡境
以安五年轉河內太守時羌復屢入郡界

準輒將兵討逐修理塢壁說文曰塢小障也 威名大
行視事三年以疾徵三轉為尚書令明習
故事遂見任用元初三年代周暢為光祿
勳五年卒於官
陰識字次伯南陽新野人也光烈皇后之
前母兄也其先出自管仲七世孫修
自齊適楚為陰大夫因而氏焉秦漢之際
始家新野及劉伯升起義兵識時游學長
安聞之委業而歸率子弟宗族賓客千餘

【後漢列傳王】 十二 王申

人往詣伯升伯升乃以識為校尉更始元
年遷偏將軍從攻宛別降新野淯陽杜衍
冠軍胡陽五縣並屬南陽郡也二年更始封識陰德矦
行大將軍事建武元年光武遣使迎陰貴
人於新野并徵識識隨貴人至以為騎都
尉更封陰鄉矦二年以征伐軍功增封識
叩頭讓曰天下初定將帥有功者衆臣託
屬掖廷仍加爵邑不可以示天下帝甚美
之以為關都尉鎮函谷遷侍中以母憂辭

歸十五年定封原鹿侯〔原鹿縣屬汝南郡 俗本鹿作慶者誤〕及

顯宗立為皇太子以識守執金吾輔導于東

宮帝每巡郡國識常留鎮守京師委以禁

兵雖極言正議及與賓客語未嘗及國

事帝敬重之常指識以勑貴戚激厲左

右帝識所用掾史皆簡賢者如虞延傅寬

薛愔等多至公卿校尉顯宗即位拜為執

金吾位特進永平二年卒贈以本官印綬

謚曰貞侯子躬嗣躬卒子璜嗣永初七年〔十三〕

【後漢列傳至】〔李膺〕

為奴所殺無子國絕永寧元年鄧太后以

璜弟淑紹封淑卒子鮪嗣躬弟子綱女為

和帝皇后綱封吳房侯位特進三子軼輔

敞皆黃門侍郎后坐巫蠱事廢綱自殺輔

下獄死軼敞徙日南識弟興

興字君陵光烈皇后母弟也為人有謀力

建武二年為黃門侍郎守期門僕射典將

武騎從征伐平定郡國興每從出入常操

持小蓋障翳風雨躬履塗泥率先期門光

武所幸之處輒先入清宮甚見親信雖好

施接賓猶然門無俠客與同郡張宗上谷鮮

于褧不相好知其有用猶稱所長而達之

友人張汜杜禽與興厚善以為華而少實

但私之以財終不為言是以世稱其忠平

第宅苟完裁蔽風雨九年遷侍中賜爵關

內侯帝後召興欲封之印綬於前興固

讓曰臣未有先登陷陣之功而一家數人

並蒙爵土今天下敫望誠為盈溢〔敫音羌 志反訓〕〔吳佐〕

【後漢列傳至】〔古〕

厚富貴已極不可復加至誠不願帝嘉興

之讓不奪其志貴人問其故興曰貴人不

讀書記耶亢龍有悔〔易乾卦上九爻曰亢龍有 悔窮之災也亢極也龍以 喻君言居上體之極 則有悔吝之災也〕

夫外戚家苦不知謙退

嫁女欲配侯王取婦眄睨公主愚心實不

安也富貴有極人當知足夸奢益為觀聽

所譏貴人感其言深自降挹卒不為宗親

求位十九年拜衛尉亦輔導皇太子明年

夏帝風眩疾後以興領侍中受顧命於雲臺廣室〔尚書曰成王將崩命召公作顧命孔安國注云臨終之命曰顧命洛陽南宮有〕德殿會疾瘳召見興欲以代吳漢為大司馬興叩頭流涕固讓曰臣不敢惜身誠虧損聖德不可苟冒至誠發中感動左右帝遂聽之二十三年卒時年三十九興素親臨問以政事及羣臣能不興頓首曰臣與從兄嵩不相能然敬其威重興疾病帝愚不足以知之然伏見議郎席廣謁者陰嵩並經行明深蹈於公卿興沒後帝思其言遂擢廣為光祿勳嵩為中郎將監羽林十餘年以謹勅見幸顯宗即位拜長樂衛尉遷執金吾永平元年詔曰故侍中衛尉關內侯興典領禁兵從平天下當以軍功顯受封爵又諸舅比例應蒙恩澤興皆固讓安平里巷輔導朕躬有周昌之直〔前書昌沛人也為御史大夫為人強力敢直言極諫也〕在家仁孝有曾閔之行不幸早卒朕甚傷之賢者子孫宜加優

異其以汝南之銅陽封興子慶為銅陽侯〔銅陽故城在今豫州新蔡縣北在銅水之陽也音紂〕慶弟博為濦強侯〔濦強縣屬汝南郡音紂〕博弟員丹並為郎慶推田宅財物悉與貞帝以慶義讓擢為黃門侍郎慶卒子琴嗣建初五年興夫人卒肅宗使五官中郎將持節即墓賜策追諡興曰翼嗣父封宣恩侯後改封為新陽侯〔新陽縣屬汝南縣〕疾卒卒子萬全嗣萬全卒子桂嗣就五官中郎將就善談論朝日莫及然性剛〔郡故城在今豫州真陽縣西南〕懍不得衆譽顯宗即位以就為少府位特進就子豐尚酈邑公主〔光武公主女也〕豐亦狷急〔狷疾也音絹〕永平二年遂殺主被誅父母當坐皆自殺國除帝以舅氏故不極其刑陰氏侯者凡四人初陰氏世奉管仲之祀謂為相君宣帝時陰子方者至孝有仁恩臘日晨炊而竈神形見〔雜五行書曰竈神名禪字子郭衣黃衣夜被髮從竈中出知其名呼之可除凶惡宜市豬肝近竈令婦孝子方〕有黃羊因以祀之自是已後暴至巨富田

有七百餘頃與馬僕隸比於邦君子方常

言我子孫必將彊大至識三世而逐繁昌

故後常以臘日祀竈而薦黃羊焉

贊曰權族好傾后門多毀樊氏世篤陰亦

戒侈恂恂苗胤傳龜襲紫恂恂恭順皃也公族皆紫綬金印龜

鈕見應劭
漢官儀

後漢列傳卷第二十二

後漢列傳三十二　　十七　　余中

唐章懷太子賢注

朱浮　馮魴　虞延

鄭弘　周章

朱浮字叔元沛國蕭人也初從光武為大
司馬主簿遷偏將軍從破邯鄲光武遣吳
漢誅更始幽州牧苗曾乃拜浮為大將軍
幽州牧守薊城遂討定北邊建武二年封
舞陽矦食三縣浮年少有才能頗欲厲風
迹 迹風化之迹也 《後漢列傳二十三》 一
之屬以為從事 牧士心辟召州中名宿涿郡王岑 梁州牧為及王莽時故吏 王仲
不從其令浮性矜急自多 矜誇自大也
千石皆引置幕府乃多發諸郡倉穀稟贍
其妻子漁陽太守彭寵以為天下未定師
旅方起不冝多置官屬以損軍實 謂甲兵糧儲也
左傳曰軍實
頗有不平因以峻文詆之 峻嚴切也 詆訕也 寵亦很
強兼負其功嫌怨轉積浮密奏寵遣吏迎
妻而不迎其母又受貨賄殺害友人多聚

兵穀意計難量寵既積怨聞遂大怒而舉 質正曰蓋聞知者
兵攻浮浮以書質責之 也
順時而謀愚者逆理而動常竊悲京城太
叔以不知足而無賢輔卒自棄放鄭而大 曰鄭武公娶于申曰武姜生莊公及共叔段莊公寤生驚姜氏故名寤生遂惡之愛共叔段欲立之請京使居謂之京城大 左傳
轉食前後不絕 光武及圍邯鄲寵轉穀前後不絕也 歸人親職愛惜倉庫而 彭寵字伯通漁陽人也 名寵字顯著此義共也
浮秉征伐之任欲權時救急二者皆為國 漢初鎮河北寵發步兵三千人 有佐命之功 光武初
耳即疑浮相譖何不詣闕自陳而為族滅 通以名字典郡 伯通以名字典京郡
之計乎朝廷之於伯通恩亦厚矣委以大
郡任以威武 光武賜寵號大將軍故云任以威武 故云任以威武事有柱石之
寄情同子孫之親 柱石以屋之 四夫媵母尚能
致命一餐 左傳曰趙盾田於首山舍於翳桑見靈輒餓問之曰不食三日不食矣食之後晉靈公 豈有身帶三綬
職典大邦 寵為漁陽太守故帶三綬大將軍 而不顧恩義生
心外畔者乎伯通與吏人語何以為顏行
步拜起何以為容坐臥念之何以為心引

【上半頁】

鑑窺影何施眉目舉措建功何以爲人惜

平棄休令之嘉名造梟鴟之逆謀（梟鴟即

說文云不孝鳥也　其子適大還食其母也）捐傳世之慶祚招破敗之

重災高論堯舜之道不忍桀紂之性生爲

世笑死爲愚鬼不亦哀乎伯通與耿况（侠遊耿况字也况爲上谷太守初與寵結謀共歸光）

俱起佐命同被國恩（而伯通）

自伐以爲功高天下往時遼東有豕生子（武侠遊謙讓屢有降挹之言也挹損）

白頭異而獻之行至河東見羣豕皆白懷（王案）三

慙而還若以子之功論於朝廷則爲遼東

豕也今乃愚妄自比六國六國之時其勢

各盛廓土數千里勝兵百萬故能據國

相持多歷年世今天下幾里列郡幾城奈

何以區區漁陽而結怨天子此猶河濱之

人捧土以塞孟津多見其不知量也方今

天下適定海內願安士無賢不肖皆樂立

名於世而伯通獨中風狂走自捐盛時內

聽驕婦之失計外信讒邪之諛言（浮密奏寵上衙之寵）

【下半頁】

【後漢列傳二十三】

發忿公子以一言而立信耳（左傳曰楚莊王使申舟無畏聘于齊）四

有分職臣正之大義也莊王但爲爭強而

子顧朋友之要觸冒強秦之鋒夫楚魏非

庶莊王以宋執其使遂有投袂之師魏公

子（……）

不能救之乃上疏曰昔楚宋列國俱爲諸

將軍鄧隆陰助浮浮懷懼以爲帝急於敵

浮以爲天子必自將兵討之而但遣游擊

守張豐亦舉兵反時二郡畔戾北州憂恐

寵得書愈怒攻浮轉急明年涿郡太（愈猶益也）

舉事無爲親厚者所痛而爲見讎者所快

雠勿以前事自誤願留意顧老母幼弟凡

永爲功臣臨戒豈不誤哉定海內者無私

議吏寵皆怨浮勸寵止不應輒也

妻勸寵無應徵文與所親信計　章敏

長爲羣后惡法

臣誠惑之昔高祖聖武天下既定猶身自

征伐未嘗寧居（高祖定天下之後猶自征匈奴陳豨黥布等也）海內未集而獨逸豫不顧北垂百

姓遑遑無所繫心三河冀州竭足以傳後

哉今秋稼已熟復為漁陽所掠張豐狂悖

姦黨日增連年拒守吏士疲勞甲冑生蟣

蝨弓弩不得弛救護仰希陛下生活之恩詔報曰往年赤

眉跋扈長安（跋扈猶暴橫也）吾策其無穀必東果

來歸今度此反虜執無久全其中必有（須待）

內相斬者全軍資人相食會上谷太守耿況遣

浮城中糧盡乃得遁走南至良鄉其兵長（兵長兵之長師也）

騎來救浮浮不得脫乃下馬刺兵長

反遮之其妻僅以身免城降於寵尚書令屢奏

浮敗亂幽州構成寵罪徒勞軍師不能死

節罪當伏誅帝不忍以浮代賈復為執金

吾徒封父城侯後豐寵竝自敗帝以二千

石長吏多不勝任時有纖微之過者必見

斥罷交易紛擾百姓不寧六年有日食之

異浮因上疏曰臣聞日者眾陽之所宗君

為上之位也凡居官治民據郡典縣皆為陽

為上為尊為長若陽上不明尊長不足則

干動三光垂示王者（千犯也日月星也三光五典紀國）

家之政（禮記曰溫柔敦厚詩教也疏通知遠書教也屬辭比事春秋教也絜靜精微易教也恭儉莊敬禮教也）鴻範別災異之文

（鴻範尚書篇名箕子為武王陳政道也）皆宣明天道以徵來事者也

（陰陽之法災異即各徵之類也）秋犯斗日月星也三光

（衡也）陛下哀愍海內新離禍毒保宥生人

（宥寬也）使得蘇息而今牧人之吏多未稱職

（哉）小遠理實輒見斥罷豈不粲然黑白未分明

盛猶加三考（考謂考其功最也尚書舜典曰三載考績三考黜陟幽明也）然以堯舜之

漢之興亦累功效吏皆積久養老於官至

名子孫因為氏姓（前書武帝時漢有天下已七十餘年者長子孫居官至名子孫為氏姓者以為姓號人人自愛而重犯法令倉氏庫氏以為姓）

者以為姓號人人自愛而重犯法

之後也即倉庫吏之後也當時吏職何能悉理論議之徒

豈不誼諤蓋以為天地之功不可倉卒艱
難之業當田累日也而聞者守宰數見換易
迎新相代疲勞道路尋其視事日淺未足
昭見其職既加嚴道□□□各相顧望
無自安之心有司或因睚眦以聘私怨苟
求長短媚上意二千石及長吏迫於舉
劾懼於刺議故爭飾詐偽以希虛譽斯皆
羣陽騷動日月失行之應夫物暴長者必
夭折功卒成者必亟壞如摧長久之業而

復漢列傳卅三　七　王中

造速成之功非陛下之福也天下非一時
之用也海內非一旦之功也願陛下游意
後仁見論語
於經年之外望化於一世之後孔子曰如
王者必代而
天下幸甚帝下其議羣臣多同於
浮自具牧守易代頗簡舊制州牧奏二千
刺舉也州牧即　浮復上
石長吏不任位者事皆先下三公三遣
掾史案驗然後黜退帝時用明察不復委
任三府而權歸刺舉之吏
疏曰陛下清明履約率禮無違自宗室諸

王外家后親皆奉遵繩墨無黨勢之名至
或乘牛車齊於編人斯固法令整齊下無
作威者也求之於事宜以和平而災異猶
見者而當徒然天道信誠不可不察竊見
陛下疾往者上威不行下專國命即位以
來不用舊典信刺舉之官黜鼎輔之任至
於有所劾奏便加退覆案不關三府罪
罪
謹不蒙澄察陛下以使者為腹心而使者
以從事為耳目是為尚書之平決於百石
王莽
之吏　使者刺史也續漢志曰海州有從事秩百石耳目謂令采察也平決也
下苛刻各自為能兼以私情容長憎愛
職皆貟張空虛以要時利故有罪者心不
厭服無辜者坐被空文不可經盛衰貽後
重猶愛也
王也　貽遺　夫事積久則吏自重惜也
安則人自靜傳曰五年再閏天道乃備
周天
除小月六日即一度四分度之一日行一度十二
三百六十五度四分度之一一歲三百五十四日是為每歲日行
天餘十一度四分度之一匹一年餘十
分日之故三年即餘三十三日四分日之三閏月
又小是五年再閏　夫以天地之靈猶五載以成其

化況人道哉臣浮愚戇不勝惓惓願陛下

留心千里之任省察偏言之奏七年轉太

僕浮又以國學既興宜廣博士之選乃上
劉歆移書
太常曰夫

書曰夫大學者禮義之宮教化所由興也

陛下尊敬先聖垂意古典宮室未飾千戈

未休而先建大學進立橫舍
橫學也或作比
雍和也書曰黎人於
尋博士之官為

日車駕親臨觀饗將以弘時雍之化顯也

進之功也
變時雍乃勉勸也

天下宗師使孔聖之言傳而不絕舊事策
【後漢列傳二十三】 九 楊政

試博士必廣求詳選爰自幾夏延及四方

是以博舉明經唯賢是登
學者精勵遠
嚴王嚴夏華也
漢官儀曰博士秦
官也武帝初置五經博士後增至十四人太常差
有聰明威重一人為祭酒總領綱紀其舉狀曰生事
愛物喪沒如禮通易尚書孝經論語兼綜載籍窮微
闡奧隱居樂道不求聞達身無金疾痼疾世六屬

近同慕伏聞詔書更試五人唯取見在洛

陽城者臣恐自今以往將有所失求之密

邇容或未盡而四方之學無所勸樂凡策

試之本貴得其真非有期會不及遠方也

又諸所徵試皆私自發遣非有傷費煩擾

於事也語曰中國失禮求之於野
劉歆移書
太常曰夫
文不猶愈於野古臣浮幸得與講圖讖與音

故敢越職帝然之二十年代寶融為大司

空三十二年坐賣弄國恩免二十五年徙

封新息侯帝以浮陵轢同列每銜之
惜其功能不忍加罪永平中有人單辭
告浮車者
單辭謂無證據之詞也
震懼也
偕獸也陵陵陵
書曰明清於單辭顯宗大怒賜浮

死長水校尉樊儵言於帝曰唐堯大聖兆
業遺

人獲所
獲得尚優遊四凶之獄厭服海內
【後漢列傳二十三】 十

之心優遊謂優柔也四凶者鯀共工驩兜三苗左傳
尚書曰四罪 四凶族今云堯者舜為堯臣而流之也
而天下咸服 殛誅也極力反
使天下咸知然後殛罰 紀力反

浮事雖昭明而未達人聽宜下廷尉章著

其事帝亦悔之

論曰吳起與田文論功文不及者三朱買

臣難公孫弘十策弘不得其一終之田文

相魏公孫宰漢誠知宰相自有體也
史記

相田文吳起不悅謂田文
曰可起曰將三軍使士卒樂死敵國不敢謀子孰與

起田文不如子吳起曰理百官親萬人實府庫子
孰與起曰不如子吳起曰守西河秦人不敢東
向韓趙賓從子孰與起曰不如子吳起曰此三
者皆出吾下而位加吾上何也田文曰少國疑
大臣未附百姓不信方是之時屬之於子乎屬
之於吳起乎田文曰屬之子矣吳起默然良久曰屬之
子矣田文曰此乃吾所以居子之上也吳起乃自
知弗如田文此策也

公孫弘諫以為罷黜以安百姓其亦難發十一策也
公孫弘此也吳起時方自以其功少
得弘

故曾子曰君子所貴乎道者三動容
貌正顏色出辭氣斯遠鄙倍矣見論語
務有司所主也論語

邊豆之事則有司存也小細之
而光武明帝躬好吏事亦以
課敷三公覈其殿最其人或失而其禮稍薄
至有誅斥詰辱之累任職責過一至於此
▶後漢列傳十三 陳奇

追感賈生之論不亦篤乎 賈誼曰廉恥禮節
以繩君子故有賜
死而無戮辱是以黥劓之罪不及大夫以其離主上
不遠也是時人告周勃謀反繫長安卒無事故誼以
此譏上也

朱浮譏諷奇察欲速之弊然矣 論語子
曰聖主君即見上問君何以化勃海郡太守王生謂曰君宜
日無欲速無見小利欲速則不達見小利則大事不成以光武明察煩刻故引之
則大事不成 前書龔遂為勃海郡太守王生言
者之言哉 之力非小臣之力也王生言天子之悦曰君安得長
者之言而稱之對如此王生言天子之悦曰君安得長

馮魴字孝孫南陽湖陽人也其先魏之支
別食菜馮城因以氏焉 東觀記曰其先魏之別封曰華族華族孫長卿
秦滅魏遷于湖陽為郡族
馮魴父名楊也

獻之魴作色曰吾老親弱弟皆賊城中今
以死任之卿為何言遂與俱歸季曰蒙
長卿日我與季雖無素故士窮相歸要當
其營道逢都尉從弟長卿來欲執季魴叱
殺其兄謀滅季族季亡歸魴將季欲還而
都尉反城稱兵先與同縣申屠季有仇而
作營壍以待所歸 待真是
姓王莽末四方潰畔魴乃聚賓客招豪桀
時湖陽大姓虞都尉

恩得全死無以為報恩有牛馬財物願悉
以死任之卿為何言遂與俱歸季曰蒙
其衆唯魴自守兼有方略光武聞而嘉之
固時天下未定而四方之士擁兵矯稱者
復言魴自是為縣邑所敬信故能據營自
日相與尚無所顧何云賊物乎季慙不敢
建武三年徵詣行在所見於雲臺 即南宮
拜虞令 虞縣屬梁國本虞國舜後所封之邑今宋州虞城縣也 為政敢殺
代以威信稱遷郟令後車駕西征隗囂潁
川盜賊群起郟賊延襃等衆三千餘人攻
圍縣舍魴率吏士七十許人力戰連日考

矢盡城陷魴乃遁去帝聞郡國反即馳赴
潁川魴詣行在所帝案行闞處知魴力戰
乃嘉之曰此健令也所當討擊勿拘州郡
襄等聞帝至皆自髡剔〔剔音他歷反髡類曰剔亦賜字音他計反謂〕將其衆請罪帝
且赦之使魴轉降諸聚落縣中平定詔乃
悉以襄等還魴責讓以行軍法皆
叩頭曰今日受誅死無所恨魴曰汝知悔
過伏罪今一切相赦聽各反農桑爲作

耳目皆稱萬歲是時每有盜賊並爲襄等
所發無敢動者縣界清靜十三年遷魏郡
太守二十七年以高第入代趙憙爲太僕
中元元年從東封岱宗行衞尉事還代張
純爲司空賜爵關内侯二年帝崩使魴持
節起原陵更封楊邑鄉矦食三百五十戶
永平四年坐考隴西太守鄧融聽任姦吏
策免削爵土六年顯宗幸魯復行衞尉事
七年代陰萬爲執金吾魴性矜嚴公正在

位數進忠言多見納用十四年詔復爵土
明年東巡郡國留魴宿衞南宮〔東觀記曰勑
將緹騎宿衞武門簾道上領南宮
吏士保給淋席子孫得到魴所〕建初三年以老
病乞身肅宗許之其冬爲五更詔魴朝賀
就列矦位元和二年卒時年八十六子柱
嗣尚顯宗女獲嘉長公主少爲侍中以恭
肅謹約稱位至將作大匠柱卒子定嗣官
至羽林中郎將定卒無子國除定弟石襲
母公主封獲嘉矦亦爲侍中稍遷衞尉能

取悅當世爲安帝所寵帝嘗幸其府留飲
十許日賜駮犀具劍佩刀〔以斑犀飾劍也〕紫艾綬〔即
蒼綠色也其色似艾〕玉玦各一〔半環曰玦以飾帶也〕拜子世爲黃門
侍郎世弟二人皆郎中自永初兵荒王矦
租秩多不充於是特詔以它縣租稅足石
今如舊制限〔足音即喻反〕歲入穀三萬斛錢四萬
遷光祿勳遂代楊震爲太尉及北鄉矦立
〔章帝孫濟北惠王壽之子懿也〕遷太傅與太尉東萊劉喜參
錄尚書事順帝既立石與喜皆以阿黨閒

顯江京等策免復爲衛尉卒子代嗣代卒

弟承嗣爲步兵校尉石弟琉光和帝時

詔封楊邑矦亦以石寵官至城門校尉卒

子肅嗣爲黃門侍郎

虞延字子大陳留東昏人也東昏縣故城在今沛州陳留縣

戶牖聚長時王莽貴人魏氏魏氏以椒房

寸要帶十圍力能扛鼎說文曰扛橫關對舉也音江少爲

練遂上升天占者以爲吉及長長八尺六

之以此見怨故位不外性敦朴不拘小節

之寵咸賓客放從延率吏卒突入其家捕傾郡縣

又無鄉曲之譽王莽末天下大亂延常嬰

甲申擁衛親族扞禦鈔盜賴其全者甚眾

延從女弟年在孩乳其母不能活之棄於

溝中延聞其號聲哀而收之養至成人書曰養育成人以

陽令在今潁州汝陰縣西北每至歲時伏臘建武初仕執金吾府除細

飄休遣徒繫各使歸家並感其恩德應期

而還有囚於家被病自載詣獄既至而死

延率掾吏殯于門外百姓感悅之後去官

還鄉里太守富宗聞延名召署功曹富宗姓名

宗性奢靡車服器物多不中節延諫曰昔

晏嬰輔齊鹿裘不完

貧也奚衣季文子相魯妾不衣帛

馬不食粟以約失之者鮮矣宗不悅延即辭

退居有頃宗果以後從被誅臨當伏刑

涕而歎曰恨不用功曹虞延之諫光武聞

而奇之二十年東巡路過小黃高帝母昭

靈后園陵在焉

郵詔呼引見問園陵之事延進止從容占

拜可觀其陵樹株蘗皆諳其數株根也蘗代生也

俎豆犧牲頗曉其禮帝善之勅延從駕到

魯還經封丘城門門下小不容羽蓋

州縣

帝怒使捷侍御史延因下見引咎以
為罪在督郵言辭激揚有感帝意乃制詔
曰以陳留督虞延故貫御史罪也貫放延
從送車駕西盡郡界賜錢及劒帶佩刀還
郡於是聲名遂振二十三年司徒王況辟

馬 謝承書曰況字文伯京兆杜陵人也代為三輔名
族該總五經志郡高亮為陳留太守性聰敏善行
兗豫過陳留界行
飛逝不集五穀獨豐章和元年詔以況為司徒王姓
德散永平十五年蝗蟲起泰山

問之即日召拜公車令明年遷洛陽令是
時元正朝賀帝望而識延遣小黃門馳

宿音

時陰氏有容馬成者常為姦盜延收考之

陰氏屢請獲一書輒加箠二百 箠極也 信陽
音彭

戾陰就 就光烈皇后弟也 乃許帝譴延多所
冤枉帝乃臨御道之館親錄囚徒延陳其
獄狀可論者在東無理者居西成乃回欲
趨東延前執之謂曰兩人之巨蠹久依城

社不畏熏燒 齊景公問晏子曰理國何患對曰患社鼠對曰社鼠不可 今考實未竟且當盡法成大
熏人君之左右也 亦國之社鼠也

呼稱枉陛戟郎以戟刺延叱使置之 續漢志曰見郎

官皆主執
戟宿衛也

帝知延不私謂成曰汝犯王法身
自取之呵使速去後數日伏誅於是外戚
斂手莫敢干法在縣三年遷南陽太守永
平初有新野功曹鄧衍以外戚小矣每預
朝會而容姿趨步有出於衆顯宗目之顧
左右曰朕之儀貌豈若此人特賜輿馬衣
服延以衍雖有容儀而無實行未嘗加禮
帝既異之乃詔衍令自稱南陽功曹詣闕

謝承書曰帝賜與馬衣服劒佩刀錢二萬南陽計吏
歸具以啓延知衍華不副實行不配容積三年不

既到拜郎中遷 立武司
馬

謝承書曰帝賜與馬衣
稱南陽武官功曹詣闕
馬立武官之北門也每官城門皆
有司馬一人秩千石見續漢志

衍在職不服
父喪帝聞之乃歎曰知人則哲惟帝難之
信哉斯言衍慚而退由是以延為明三年
徵代趙憙為太尉八年代范遷為司徒歷
位二府十餘年無異政績會楚王英謀反
陰氏欲中傷之使人私以楚謀告延延以
英藩戚至親不然其言又欲辟幽州從事

公孫弘 郡國有從事主督促文書察舉非法皆州
自辟除故通為百石即功曹從事理中從

事之類是也以弘交通楚王而止並不奏聞

及英事發覺詔書切讓延遂自殺家至清

貧子孫不免寒餒（餒餓也謝承書曰延身沒之後家貧空子孫同衣而出并日而食）

延從曾孫放字子仲少為太尉楊震門

徒及震被譖自殺放字仲少為尚書（初放詣闕追訟震）令放孝

罪由是知名相帝時為尚書後為司空坐水災免

性疾惡宦官遂為所陷靈帝初與長樂少

府李膺等俱以黨事誅

【後漢列傳卅三】　李勝

鄭弘字巨君會稽山陰人也（孔靈符會稽記曰射的山南有白鶴山此鶴為仙人取箭漢太守鄭弘嘗采薪得一遺箭頃有人覓弘還之問何所欲弘識其神人也曰願旦南風暮北風後果然故至今猶呼為鄭公風也）從祖吉

宣帝時為西域都護（都尉武帝時徙強宗大姓不得族居因遂家長沙中尉西域都護中二千石本齊國臨淄人官至蜀郡屬國都尉移居宛縣宛屬南陽州里謝承書曰其曾祖父本齊國人）

弘少為鄉嗇夫（謝承書曰弘為鄉嗇夫太守第五倫行春見奇其言曰此人如何愛人如子除惡如仇理劇為役先後知人太守常以春行所主縣勸人農桑振救乏絕見續漢志也）

太守第五倫行春

見而深奇之召署督郵舉孝廉弘師同郡

河東太守焦貺楚王英謀反發覺以疏引

貺也（謝承書）貺被收捕疾病於道亡沒妻子閉

繫詔獄掠考連年諸生故人懼相連及皆

改變名姓以逃其禍弘獨髡頭負鑕詣

闕上章為貺訟罪顯宗覺悟即赦其家屬

弘躬送貺喪及妻子還鄉里由是顯名拜

為騶令（騶兗州縣也謝承書曰弘消息政教不煩苛行弘猷問之騶令曰弘勤行德化求主教也）政有仁惠民稱蘇息遷淮

陰太守（謝承書曰早隨車致雨而政化大行弘猷問曰弘消息方道俠政不煩苛行弘怪問使詔書以為不然遣使案行如言也）

尚書令舊制尚書郎限滿補縣長令史丞

尉弘奏以為臺職雖尊而酬賞甚薄至於

開選多無樂者（樂音五孝反）請使郎補千石令

史為長帝從其議弘前後所陳有補益王

政者皆著之南宮以為故事出為平原相

徵拜侍中建初八年代鄭眾為大司農舊

交阯七郡貢獻轉運皆從東冶（東冶縣屬會稽郡太康地）

理志云漢武帝名為東冶後
改為東候官今泉州閩縣是

阻沈溺相係弘奏開零陵桂陽嶠道於是　沈海而至風波艱
夷通嶠嶺也至今遂為常路畢時也在職二
年所息省三億萬計時歲天下遭旱邊方
有警人食不足而帑藏殷積說文曰帑金布所藏之府弘
又奏宜省貢獻減徭費以利飢人帝順其
議為司空
元和元年代鄧彪為太尉時舉將第五
倫為司空班次在下毋正朝朝見弘曲躬
而自卑帝問知其故遂聽置雲母屏風分
隔其間以雲母飾屏風也由此以為故事

年又奏尚書張林阿附侍中竇憲而素行臧
穢又上洛陽令楊光憲之賓客在官貪殘
並不宜處位書奏吏與光故舊因以告之
光報憲憲奏弘大臣漏泄密事帝詰讓弘
收上印綬弘自詣廷尉詔勑出之因乞骸骨
骨歸未許病篤上書陳謝并言竇憲之短
帝省章遣醫占弘病比至已卒臨歿悉還
賜物勑妻子褐巾布衣素棺殯殮以還鄉里

周章字次叔南陽隨人也叔或作升初仕郡為
功曹時大將軍竇憲免封冠軍侯就國章
從太守行春到冠軍太守猶欲謁之章進
諫曰今日公行春豈可越儀私交且憲椒
房之親勢傾王室而退就藩國禍福難量
明府剖符大臣千里重任杜詩傳剖符解見舉止
進退其可輕乎太守不聽遂便升車章前
拔佩刀絕馬鞅於是乃止及憲被誅公卿

以下多以交關得罪章太守幸免以此重章
舉孝廉六遷為五官中郎將延平元年為
光祿勳永初元年代魏霸為太常其冬代
尹勤為司空是時中常侍鄭眾蔡倫等皆
秉執豫政章數進直言初和帝崩鄧太后
以皇子勝有痼疾癲猶廢也不可奉承宗廟貪
殤帝孩抱養為己子故立之
及殤帝崩羣臣以勝疾非錮意咸歸之
王及殤帝崩羣臣以勝為平原
太后以前既不立恐後為怨乃立和帝兄

延感歸囚鄭實怨偶代相爲仇 左傳曰怨周

章反道小智大謀 易曰智小而謀大力少 而任重鮮不及矣也

清河孝王子祐是爲安帝章以衆心不附

遂密謀閉宮門誅車騎將軍鄧騭兄弟及

鄭衆蔡倫劫尚書廢太后於南宮封帝爲

遠國王國也遙遠之而立平原王事覺勝策免章

自殺家無餘財諸子易衣而出并日而食

論曰孔子稱可與立未可與權 論語載孔子之詞也權者何權立功立事也者反常者也 者反常後有善

也將從反常之事必資非常之會 會際使

夫舉無違安志行名全周章身非負圖之

託武帝欲立昭帝爲太子乃德乏萬夫之望云詩

顯顯昂昂萬夫之望 主無絕天之執地有既安之執

書曰紂自絕於天結怨于人也而創慮於難圖希功於理絕

不已悖乎悖逆也如今君器易以下議即斗

苟必能叨天業狂夫豎臣亦自奮矣孟軻

有言曰有伊尹之心則可無伊尹之心則

篡矣 孟子曰公孫丑問曰伊尹放太甲於桐官人大悦太甲賢又反之大悦賢者之爲人臣也其君不賢故可放也 於戲方來之人戒之哉

贊曰朱定北州激成寵尤鮪用降斃 帝厉

唐章懷太子賢注

梁統（千竦　曾孫商　玄孫冀）

梁統字仲寧安定烏氏人晉大夫梁益耳
即其先也（東觀記曰其先與秦同祖出於伯益
別封於梁梁益耳見左傳氏音支）
高祖父子都自河東遷居北地子都子橋
（東觀記橋子溥溥子延以明
軍謀特除西域司馬延生統）
至哀平之末歸安定統性剛毅而好法律
以貲千萬徙茂陵
初仕州郡更始二年召補中郎將使安集
涼州拜酒泉太守會更始敗赤眉入長安
統與竇融及諸郡守起兵保境謀共立帥
初以位次咸共推統統固辭曰昔陳嬰不
受王者以有老母也（前書曰陳嬰故東陽令史
少年殺其令相聚數千人
欲立嬰為王嬰母謂曰吾
自為汝家婦聞先故未
嘗貴今暴得大名不祥不如
有所屬嬰乃不敢為王）
之遂共推融為河西大將軍更以統為武
威太守為政嚴猛威行鄰郡建武五年統
今統內有尊親又德薄能寡誠不足以當
等各遣使隨竇融長史劉鈞詣闕奉貢願

得詔行在所詔加統宣德將軍八年夏光
武自征隗囂統與竇融等將兵會車駕及
隗囂敗封統為成義侯同產弟騰並
為關內侯拜騰酒泉典農都尉采遣還河
西十二年統與融等俱詣京師以列侯
朝請更封高山侯拜太中大夫融四子為
郎統在朝廷數陳便宜以為法令既輕下
姦不勝宜重刑罰以遵舊典乃上疏曰臣
竊見元哀二帝輕殊死之刑以一百二十
（東觀記曰元帝初元五年輕殊死刑八十
一事其四十二事手殺人者減死一等
自是
三事手殺人者減死一等（後漢列傳三十四）
三十四事哀帝建平元年輕殊死刑
一事其四十二事手殺人者減死一等）
後著為常準故人輕犯法吏易殺人臣聞
立君之道仁義為主仁者愛人義者政理
愛人以除殘為務政理以去亂為心刑罰
在衷無取於輕是以五帝有流殛放殺之
誅（唐堯時流共工放驩兜服三苗
殛鯀竟為五帝之一故舉言焉）
三王有大辟
刻肌之法（大辟罪之大者謂死刑墨劓剕宮
刻肌之法）故孔子稱仁
者必有勇（論語載孔子之言也）義而化而能用肉刑以正俗是為勇也

又曰理財正辭禁民爲非曰義
易繫詞曰何
何以聚人曰財理財正辭人爲義以守位曰作
非曰義繫詞亦孔子作故稱又曰
平蕩天下約令定律誠得其宜
高帝受命誅暴
令文帝寬惠柔克遭世康平柔克能也言以律俗也尚武帝
無革舊章肉刑并相坐律令仍舊不頌
值中國隆盛財力有餘征代遠方軍役數
與豪桀犯禁姦吏并法故重首匿之科著
知從之律
凡首匿者爲謀首藏匿罪人至宣帝時立見以破
朋黨以懲隱匿宣帝聰明正直總御海内
臣下奉憲無所失墜因循先典天下稱理
至哀平繼體而即位日淺聽斷尚寡承律王嘉
王喜輕爲穿鑿虧除先帝舊約成律字王喜公羊
年之間百有餘事或不便於理或不厭民
心謹表其尤害於體者傳奏於左傅音附也體政體也
伏惟陛下包元履德權時撥亂撥理也公羊傳曰撥亂代

反之功踰文武德侔高皇誠不宜因循季
末衰微之軌回神明察量得失宜詔有
司詳擇其善定不易之典施無窮之法天
下幸甚事下三公廷尉議者以爲隆刑峻猶釐
法非明王急務施行日久並一朝所釐
也統今所定不宜開可統復上言曰有司
以臣今所言不可施行尋臣之所奏非曰
嚴刑竊謂高帝以後至平孝宣其所施行
多合經傳宜比方今事驗之往古聿遵前陳寵
典事無難改不勝至願願得召見若對尚
書近臣曰陳其要帝令尚書問狀統對曰
聞聖帝明王制立刑罰故雖堯舜之盛猶尚書
誅四凶經曰天討有罪五刑五庸哉尚書
謹之詞也庸用也言天以五又曰爰制百姓于刑之中孔安國愛
刑討有罪也庸用五刑必當也尚書呂刑云百姓于刑之中孔安國愛
刑之衷注云刑獄於刑之中孔作愛
也義亦通衷音丁仲反
孔子曰刑罰不衷則人無
所厤手足也厤置也
也春秋之誅不避親戚周公殺管叔夫豈不愛

故也所以防患救亂全安眾庶當無仁愛
之恩貴絕殘賊之路也自高祖之興至于
孝宣明臣忠謀謀深博猶因循舊章不
輕改革海內稱理斷獄益少至初元建平
所減刑罰百有餘條　而盜賊
浸多歲以萬數開者三輔從橫羣輩並起
至燔燒茂陵火見未央其後隴
西北地西河之賊越州度郡萬里交結攻
取庫兵劫略吏人詔書討捕連年不獲

記統對尚書狀曰嘉二年三輔盜賊羣輩並起至
燔燒茂陵邑煙火見未央宮前代未嘗所有其後隴
西新興北地任崔況越州度郡萬里
交結或從遠方四面會合遂攻取庫兵劫略吏人
法家開封侯僅能破散以軍

安平而狂狡之執猶至於此皆刑罰不衰
是時以天下無難百姓
愚人易犯大患惠加姦軌而害及良善也故
作反生大患惠加姦軌而害及良善也故
臣統願陛下采擇賢臣孔光師丹等議　光孔
字子夏師丹字仲並哀帝時丞相光明習漢制及
法令丹初以論議深博徵入為光祿大夫皆有議見
議上遂寢不報　　後出為九江太

守定封陵鄉族統在郡亦有治迹吏人畏
愛之卒於官子松嗣
松字伯孫光武女舞陰長公主
再遷虎賁中郎將松博通經書明習故事
與諸儒脩明堂辟雍郊祀封禪禮儀常與
論議寵幸莫比光武崩受遺詔輔政永平
元年遷太僕松數為私書請託郡縣二年
發覺免官遂懷怨望四年冬乃縣書誹
謗下獄死國除

以恭懷皇后從兄永元中擢為黃門侍郎
歷位卿校尉溫恭謙讓亦敦詩書永初中
為長樂少府松弟竦
竦字叔敬少習孟氏易
能教授後坐兄松事與弟恭俱徙九真既
徂南土歷江湖濟沅湘
原以非辜沈身乃作悼騷賦繫玄石而沈
之弘衍雖離讒以鳴邑兮卒暴誅於兩觀

勳德兮豈太甲而俱寧兮奉命兮拔
紫名兮雖吞刀兮以
殖兮可信顏兮王
泯沒兮後辟亦
人兮入疆嗣不長辟兮
樂兮越嗣不長辟兮
爾兮賴歷蒼梧兮
之神林兮奔走兮
躬路兮孝悼兮何
恨之悠悠指丹海以為期顯宗後詔聽還本郡竦閉
門自養以經籍為娛著書數篇名曰七序
班固見而稱曰孔子著春秋而亂臣賊子
懼<small>左傳書齊豹曰盜三叛人名以懲不義善人勸</small>
焉<small>涇人懼焉孟子云仲尼成春秋亂臣賊子懼</small>
梁竦作七序而竊位素餐者慙性好施不
事產業長嫂舞陰公主贍給諸梁親踈有
序特重敬竦雖衣食器物必有加異竦悉
分與親族自無所服<small>服猶也</small>竦生長京師不
樂本土自負其才鬱鬱不得意嘗登高遠
望歎息言曰大丈夫居世生當封侯死當
廟食<small>禮記曰諸侯五廟卿大夫三廟士一廟</small>如其不然閑居可
以養志詩書足以自娛州郡之職徒勞人

耳後辟命交至並無所就有三男三女蕭
宗納其二女皆為貴人小貴人生和帝寶
皇后養以為子而竦家私相慶後諸竇聞
之恐梁氏得志終為己害建初八年遂諧
殺二貴人而陷竦等以惡逆詔使徙新城家
屬復徙九眞
守鄭據傳考竦罪死獄中家知和帝梁氏生
辭語連及舞陰公主坐徙新城使者護守
者永元九年竇太后崩松子扈遣從兄禪<small>音壇</small>
<small>新城今洛州伊闕縣也</small>
<small>伊闕縣也</small>
<small>禮古禪字也</small>
奏記三府以為漢家舊典崇貴母
氏而梁貴人親育聖躬不蒙尊號求申
議謚<small>謚之也</small>
後召見白檀奏記之狀帝感慟良久曰
太尉張酺引禮評問事理會
於君意若何酺對曰春秋之義母以子貴
<small>武記</small>
漢興以來母氏莫不隆顯臣愚以母以子貴
<small>解見光</small>
為宜上尊號追慰聖靈存錄諸舅以明親
親帝悲泣曰非君孰為朕思之會貴人姊
南陽樊調妻嫕<small>懸音於</small>上書自訟曰妾同

產女弟貴人前充後宮蒙先帝厚恩得見
寵幸皇天授命誕生聖明而為寶憲兄弟
所見讒訴使妾父竦冤死牢獄骸骨不掩
老母孤弟遠徙萬里獨妾遺脫逸伏草野
常恐沒命無由自達今遭值陛下神聖之
運親統萬機羣物得所憲兄弟姦惡既伏
辜誅統海內曠然各獲其宜妾得蘇息挍目
太宗即位薄氏蒙榮（文帝即位尊薄太后為皇太后封弟昭為軹侯）
更視乃敢昧死自陳所天（臣以君為天故云所天）妾聞
宣帝繼統史族復興（史良娣母貞君養視為宣帝初生宣帝祖母王夫人死無）
所歸史良娣母貞君養視為宣帝初即位以舊恩封（史恭三子高為樂陵侯曾為將陵侯支為平臺侯）
門雖有薄史之親獨無外戚餘恩誠自悼
傷妾父既冤不可復生母氏年殊七十（殊猶）
也過及弟棠等遠在絕域不知死生願乞收
竦朽骨使母弟得歸本郡則施過天地存
歿幸賴帝覽章感悟乃下中常侍披庭令
驗問之嬺辭證明審遂得引見具陳其狀

乃留嬺止宮中連月乃出賞賜衣被錢帛
弟宅奴婢旬月之間累資千萬嬺素有行
擢帝益愛之加號梁夫人擢樊調為羽林
左監帝調光祿大夫宏兄曾孫也（宏光武於）
是追尊恭懷皇后其父 制詔三公大鴻臚
欲報之德昊天罔極（詩小雅也毛萇注云鞠養也腹厚也鄭玄注云）
撫我畜我長我育我顧我復我出入腹我（詩云父兮生我母兮鞠我）
曰夫孝莫大於尊親尊親之義一也（禮記曰）
（正祖欄尊尊也下 正子孫親親也）
敢興事覽于前世太宗中宗實有舊典 朕不（太宗文帝也中宗宣帝也）
皇太后父竦為襄親愍侯比靈文順成侯（宗宣帝也）
宗宣帝 追命外祖以篤親親其追封謚
文帝母趙媼好帝即位追封媼為順成侯（昭帝母趙媗妤帝即位追封媗妤父為順成侯各置園廟宣）
而有靈嘉斯寵榮好爵顯服以慰母心遭
中謁者與嬺及屍備槽西迎竦喪（嬺死漢陽獄故）
西迎 詣京師改殯賜東園畫棺玉匣衣衾（東園署名主知棺槨漢儀注王侯葬腢巳下王為札長尺廣二寸半為匣下至足繢以黃金鏤為之匣字）

建塋於恭懷皇后陵傍，帝親臨送葬，百官畢會。徵還竦妻子，封子棠爲樂平侯〔咸作押也〕，棠弟雍乘氏侯，雍弟瞿單父侯，棠邑各五千戶。位皆特進，賞賜弟宅、奴婢、車馬、兵弩什物以巨萬計，寵遇光於當世。諸梁内外，以親踈並補郎、謁者。棠官至大鴻臚，雍少府。棠卒，子安國嗣，延光中爲侍中，有罪免官。諸梁爲郎吏者皆坐免。

商字伯夏，雍之子也。少以外戚拜郎中，遷黃門侍郎。永建元年，襲父封乗氏侯。三年，順帝選商女及妹入掖庭，遷侍中、屯騎校尉。陽嘉元年，女立爲皇后，妹爲貴人，加商位特進，更增國土，賜安車駟馬。其歲拜軺金吾。二年，封子冀爲襄邑侯，商讓不受。三年，以商爲大將軍，固稱疾不起。四年，使太常桓焉奉策就第，即拜，商乃詣闕受命。明年，夫人陰氏薨，追號開封君〔開封縣故城在今汴州浚儀縣南〕，贈印綬。商自以戚屬居大位，每存謙柔，

虞己進賢，辟漢陽巨覽、上黨陳龜爲掾屬，李固、周舉爲從事中郎。於是京師翕然，稱爲良輔，帝委重焉〔東觀漢記：商少持韓詩，兼讀衆書傳記，天資聰敏明達……在朝廷儼恪矜莊，威儀而不猛，退食自公，交禮接賓待客，寬和……憂人之憂，樂人之樂，足卒歲……〕。每有飢饉，輒載租穀於城門，賑與貧餒，不宣己惠。檢御門族，未曾以權盛干法。而性慎弱，無威斷，頗溺於内堅（豎）。以小黃門曹節等用事於中，遂遣子冀〔尚方令傳福宂從，光石，内者署名令一人，秩六百，見漢官儀也〕之。永和四年，中常侍張逵、蘧政、楊定等，不疑與爲交友，然宦者已忌商寵任，反欲陷之，僕射杜永連謀，共譖商及中常侍曹騰、孟賁，云欲徵諸王子，圖議廢立，請收商等案罪。帝曰：「大將軍父子我所親愛，騰、賁我所愛，必無是，但汝曹共妒之耳。」逵等知言不用，懼迫，遂出矯詔收縛騰、賁於省中。帝聞震怒，勑宦者李歆急呼騰、賁釋之，收逵等悉

伏誅辭所連染及在位大臣商懼多侵枉
乃上疏曰春秋之義功在元帥罪止首惡

春秋經虞師晉師滅下陽公羊傳曰虞微國也易
為序也大國之上使虞首惡虞虞首惡易為序虞首惡受
略假滅國者故賞不僭溢刑不淫濫五帝三
道以取正焉　王崇

王所以同致康乂也
左傳曰善為國者賞不僭而刑不濫賞僭則懼及淫
不幸而過寧僭無濫竊聞考中常侍張逸等
父繫繼微成大言久繫則細微之非所以順迎
和氣平政成化也　禮記月令孟春之月天子親帥
三公九卿諸侯大夫以迎春於
東郊命相布德和令行　宜早訖竟以止逮捕之
慶施惠下及之非人也
煩速及即追捕之也　帝乃納之罪止坐者六年
秋商病篤勑子異等曰吾以不德享受多
福生無以輔益朝廷死必耗費妨殤衣衾
飯唅玉匣珠貝之屬何益朽骨　唅口實也白
飯以玉唅以貝士唅以貝也　百僚勞擾華道路祗增
塵垢雖云禮制亦有權時　權時謂不依禮也　方今
邊境不寧盜賊未息豈宜重為國損氣絕
之後載至冢舍即時殯斂斂以時服皆以

故衣無更裁制殯已開冢開即葬即葬祭食
如存無用三牲孝子善述父志不宜違我
言也　禮記曰孝子善述父之事善成人之事
欲從其誨朝廷不聽賜以東園朱壽之器
銀鏤黃腸玉匣什物二十八種　朱飾之以銀
鏤之前書音義曰以柏木黃心為槨曰黃腸也
　壽器棺也以銀
賜諡忠矦中宮親親臨喪諸子
后錢五百萬布萬四及葬贈輕車介士
兵車也介士甲士也　賜諡忠矦中宮親臨喪
士　每城門皆有亭部
宜陽門之亭也　錢二百萬布三千四皇
亭　　瞻望車騎　東觀記云初
古　　子奠嗣

云忠矦不聞其音背去國都　　子奠嗣
故宅陰幽居真真靡所且窮也　帝作誄曰初
冀字伯卓為人寫肩豺目　鳶肩也鳶肩上竦
士甲士也　　鳶鵰也鳶肩上竦
洞精矘眄　洞通也矘音它莽反　目豎上竦
　能明裁能書計少為貴戚逸游自恣性嗜
酒能挽滿彈棊　挽滿猶引強也棊經曰彈棊兩
相當更先彈也　格五　六甲各六枚先列棊兩
其行棊相塞謂之簺也音素代反格五謂之簺
行棊簺謂之簺白乘白　博王逸注云投六著行六棊
故云六博　鮑宏博經曰用十二棊六著行六棊
楚詞曰琨蔽象棊有六簺白黑各六著行六棊白
白投六是也至五即格五不得行故謂之簺也
行棊相塞謂之簺也六箸行六棊故云六博
　璂瑍謂之璂　　　　　　六博
　擲頭謂之白　刻為三畫刻者謂之一畫刻者謂之黑
畫者謂之白　刻為三畫刻者謂之一畫一邊
不刻者五為兩　邊不刻者五為簺

蹴鞠之戲 劉向別錄曰蹴鞠者傳言黃帝所作或曰起戰國之時蹴鞠兵勢也何承天暴文曰詭憶億一日射意一日射數即蹹錢也 又好之關謂之五塞讙武知有村也

臂鷹走狗騎馬鬪雞初為黃門侍郎轉侍中虎賁中郎將越騎步兵校尉執金吾永和元年拜河南尹冀居職暴恣多非法父商所親客洛陽令呂放頗與商言及冀之短商以譲冀冀即遣人於道刺殺放而恐商知之乃推疑於放之怨仇請以放弟禹為洛陽令 安慰放家欲以滅口 使捕之盡滅其宗親賓客百餘人商薨未及葬順帝乃拜冀為大將軍弟侍中不疑為河南尹及帝崩沖帝始在襁褓太后臨朝詔冀與太傅趙峻太尉李固參錄尚書事冀雖辭不肯當而後暴滋甚沖帝又崩冀立質帝少而聰慧知冀驕橫嘗朝羣臣目冀曰此跋扈將軍也 跋戾貌也強梁也 冀聞深惡之遂令左右進鴆加煑餅帝即日崩復立桓帝而枉害李固及前太尉杜喬海內嗟懼語在李固傳建和

後漢列傳三十四　十五

元年益封冀萬三千戶增大將軍府舉高第茂才官屬倍於三公 漢官儀三公一人令及御屬三十六人也又封不疑為潁陽侯不疑弟蒙西平侯冀子胤襄邑侯各萬戶和平元年重增封冀萬戶并前所襲合三萬戶弘農人宰宣素性邪欲取媚於冀乃上言大將軍有周公之功今既封諸子則其妻宜為邑君詔遂封冀妻孫壽為襄城君兼食陽翟租歲入五千萬加賜赤紱比長公主 長公主王解見皇后紀 壽色美而善為妖態作愁眉啼粧墮馬髻折腰步齲齒笑 風俗通曰愁眉細而曲折者也啼粧薄拭目下若啼處也墮馬髻作一邊折腰步足不在體下若齲齒者側身俯仰齒痛不忻然皆冀家所為京師翕然皆放效之所始自冀家所起音近為反 興服之制作平上軿車 鄭玄注周禮云軿猶屏蔽隱也蒼頡篇云衣車也制上平軿車形也 折上巾 之上角也蓋折其巾也 擁身扇 大扇 狐尾單衣 後裙曳地也若狐尾也 知冀 ... 制御冀冀甚寵憚之初父商獻美人友通

後漢列傳三十四　十六

期於順帝　友姓也東觀　記述作支　通期有微過帝以歸

商商不敢留而出嫁之冀即遣客盜還通

期會商覽異行服於城西柏與之居冀伺

異出多從倉頭燾取通期歸截髮刮面答

掠之欲上書告其事冀大恐頓首請於壽

母壽亦不得已而止冀猶復與私通生子

伯玉匿不敢出壽尋知之使子胤誅滅奴

氏異廬壽害伯玉常置複壁中冀愛監奴

秦宮官至太倉令得出入壽所壽見宮輒　陳玉

屏御者託以言事因與私焉官內外兼寵　後漢列傳二十四　十一

威權大震刺史二千石皆謁辭之冀用壽

言多斥奪諸梁在位者外以謙讓而實崇

孫氏宗親冒名而為侍中卿校尉郡守長

吏者十餘人皆貪淫各遺私客籍屬　籍謂疏錄之也

縣富人被以它罪閉獄掠拷使出　掣虞三輔決錄注曰

錢自贖貨物少者至於死徙扶風人士孫

奮居富而性吝冀因以馬乘遺之　從貸錢五千

十萬奮字景卿少為郡五官掾起家　得錢貫至一億七千萬富聞京師也

萬奮當似三千萬與之冀大怒乃告郡縣認

奮母為其守藏婢云盜白珠十斛紫金千　後漢列傳二十四　十八

斤以叛遂收考奮兄弟死於獄中悉沒貲

財億七千餘萬於冀　一也　第　上　乘輿乃其次馬吏

先輸上第於冀調發歲時貢獻皆　第四方

人齎貨求官請罪者道路相望異又遣客

出塞交通外國廣求異物因行道路發取

妓女御者而使人復乘執橫暴略婦女

毆擊吏卒所在怨毒異乃大起第舍而壽

亦對街為宅殫極土木互相誇競堂寢皆　劉仲

有陰陽奧室　奧深室也　洞通也謂洞通房戶相當也　連房洞戶　柱壁　閣小也

雕鏤加以銅漆窗牖皆有綺疏　綺疏謂鏤為綺文而以青飾之也　青瑣　窗牖也

圖以雲氣仙靈臺閣　架虛為橋

周通更相臨望飛梁石蹬陵跨水道

汗血名馬又廣開園圃採土築山十里九　也若飛　二嵎州永寧縣西北

坂以像二崤　深林絕澗有若　二崤山在今洛

自然奇禽馴獸飛走其間冀壽共乘輦車

張羽蓋飾以金銀游觀第內多從倡妓鳴
鍾吹管酗謳音路或連繼日夜以騁娛恣
客到門不得通皆請謝門者門者累千金
又多拓林苑禁同王家西至弘農東界滎
陽南極魯陽北達河淇包含山藪遠帶丘
荒周旋封域殆將千里又起菟苑於河南
城西經亘數十里發屬縣卒徒繕修樓觀
數年乃成移檄所在調發生菟刻其毛以
為識人有犯者罪至刑死嘗有西域賈胡

【後漢列傳三十四】 十九 梁冀傳

不知禁忌誤殺一兔轉相告言坐死者十
餘人冀二弟嘗私遣人出獵上黨冀聞而
捕其賓客一時殺三十餘人無生還者冀
又起別第於城西以納姦亡或取良人悉
為奴婢至數千人名曰自賣人元嘉元年
帝以冀有援立之功欲崇殊典乃大會公
卿共議其禮於是有司奏冀入朝不趨劍
履上殿謁讚不名禮儀比蕭何 [事見王悉初冀恭傳也]
以定陶陽成餘戶增封為四縣比鄧禹

封襄邑襄封東氏更 [以定陶陽成是四縣別也]
賞賜金錢奴婢綵帛車
馬衣服甲第比霍光以殊元勳母朝會與
三公絕席 [絕席別也] 十日一入平尚書事 [謂平章事議也]
宣布天下為萬世法冀猶以所奏禮薄意
不悅專擅威柄凶恣日積機事大小莫不
諮決於宮衛近侍並所親樹 [樹置也] 禁省起
居纖微必知百官遷召皆先到冀門牋檄
謝恩然後敢詣尚書下邳人吳樹為宛令

【後漢列傳三十四】 二十 李膴

之官辭冀冀賓客布在縣界以情託樹
對曰小人姦蠹比屋可誅明將軍以椒房
之重處上將之位宜崇賢善以補朝闕宛
為大都士之淵藪自侍坐以來未聞稱一
長者而多託非人誠非敢聞冀嘿然不悅
樹到縣遂誅殺冀客冀由是深怨之樹後
為荊州刺史臨去辭冀冀
為設酒因鴆之樹出死車上又遷東太守
矦猛初拜不調冀託以它事乃要斬之時
郎中汝南袁著年十九目冀凶縱不勝其

03-529

〔後漢列傳三四〕

憤乃詣闕上書曰臣聞仲尼歎鳳鳥不至河不出圖自傷卑賤不能致也今陛下居得致之位又有能致之資（此董仲舒對策之詞著引而略之也）而和氣未應賢愚失序者勢分權臣上下雍隔之故也夫四時之運功成則退（易繫辭曰寒往則暑來暑往則寒來寒暑相推而歲功成焉功成者老子曰功成名遂身退天之道也）高爵厚寵鮮不致災今大將軍位極功成可為至戒宜遵高枕頤神（薛廣德為御史大夫乞骸骨賜安車駟馬縣其車傳子孫欲令冀遵致仕之禮也）傳曰木實繁者披枝害心若不抑損權盛將無以全其身矣左右聞臣言將側目切齒臣特以童蒙見拔故敢忘忌諱昔舜禹相戒無若丹朱（尚書禹謂帝惟舜亡若丹朱傲慢遊戲好酒德哉周公戒成王無若殷王紂受之迷亂酗于酒德哉）願除誹謗之罪以開天下之口書得奏御冀聞而密遣掩捕著乃變易姓名後託病偽死結蒲為人（廉察陰求得答也）市棺殯送冀廉問知其詐殺之隱蔽其事學生桂陽劉常當世名儒

素善於著冀召補令史以辱之時太原郝絜胡武皆危言高論（謂危峻也亦高士業）與著友善先是絜等連名奏記三府薦海內高士而不詣冀冀追怒之又疑為著黨勅中都官移檄捕前奏記者並殺之遂誅武家死者六十餘人絜初逃亡知不得免因輿櫬奏書闕門書入仰藥而死家乃得全詔以禮祀著等冀諸忍己皆此類也不疑好經書善待士冀陰疾之因中常侍白帝轉為光祿勳又諷眾人共薦其子胤為河南尹胤一名胡狗時年十六容貌甚陋不勝冠帶道路見者莫不蚩笑焉不疑自恥兄弟有隙遂讓位歸第與弟蒙閉門自守冀不欲與賓客交通陰使人變服至門記往來者南郡太守馬融江夏太守田明初除過謁不疑冀諷州郡以他事陷之皆髡笞徙朔方融自刺不殊明遂死於路永興二年封不疑子馬為潁陰侯胤子桃為

城父侯冀一門前後七封侯三皇后六貴
人二大將軍夫人女食邑稱君者七人尚
公主者三人其餘卿將尹校五十七人在
位二十餘年窮極滿盛威行內外百僚側
目莫敢違命天子恭己而不得有所親豫
帝既不平之延熹元年太史令陳授因小
黃門徐璜陳災異日食之變咎在大將軍
冀聞之諷洛陽收考授死於獄帝由此發
怒初掖庭人鄧香妻宣生女猛

【後漢列傳二十四】 二十三
香蓋掖庭署人之名也
林仠

香卒宣更適梁紀梁紀者冀妻壽之舅也
壽引進猛入掖庭見幸為貴人冀因欲認
猛為其女以自固乃易猛姓為梁時猛姊
壻邴尊為議郎冀恐算沮敗宣意
欲殺宣家在延熹里與中常侍侍表赦相
比比也冀使刺客登赦屋欲入宣家覺
之相鄰
敗宣意不從其改梁姓也乃結刺客於偃城刺殺尊而又
恐遂與中常侍單超具琇唐衡左悺徐璜

沮壞也
恐算壞也

等五人成謀誅冀語在宦者傳冀心疑超
等乃使中黃門張惲入省宿以防其變具
瑗敕吏收惲以輒從外入欲圖不軌帝因
是御前殿召諸尚書入發其事使尚書令
尹勳持節勒丞郎以下皆操兵守省閤斂
諸符節送省中使黃門令具琇將左右廄
騶虎賁羽林都候劍戟士合千餘人與司隷
校尉張彪共圍冀第冀使光祿勳袁
節收冀大將軍印綬徙封比景都鄉侯冀
及妻壽即日皆自殺悉收子河南尹胤叔
父屯騎校尉讓及親從衛尉淑越騎校尉
忠長水校尉戟等諸梁及孫氏中外宗親
送詔獄無長少皆棄市不疑蒙先卒其它
所連及公卿列校刺史二千石死者數十
人故吏賓客免黜者三百餘人朝廷為空
唯尹勳桑旰及廷尉邯鄲義在焉是時事
卒從中發 使者交馳公卿失其度

【後漢列傳二十四】 二十四
章明
人秩六百石主劍戟士徽僗
宮中及天子有所收考也
續漢志曰左
右都候各一
合千餘人與司隷
詔音七
卒從中發
音丁

官府市里鼎沸數日乃定百姓莫不稱慶

收冀財貨縣官斥賣合三十餘萬萬以充

王府用減天下稅租之半散其苑囿以業

窮民錄誅冀功者封尚書令尹勳以下數

十人

論曰順帝之世梁商稱為賢輔豈以其地

於道則易以興政乘於務則難乎御物商 元上極之名

夫宰相運動樞極感會天人 樞謂斗樞也 極北極也中

居元滿而能以願謹自終者乎 也願懇也

協回天之執屬彤弱之期而臣朝郵患未 丘冋

聞上術憔悴之音載誑人口雖與粟盈門 阻難也書曰黎人阻飢也

何救阻飢之尼 尸官猶尸祿於

尸官之尤 制謂薄葬也 況乃傾側尊臣 遷

傳寵凶嗣以至破家傷國而 異不疑與曹節 等為交友也

豈徒然哉

贊曰河西佐漢統亦定筹 謂統初與竇融 定計歸光武 襄

親幽憤升高累歡商恨善柔冀遂貪亂 承善

失刑斷之道也

張純　子奮　曹襃

鄭玄

張純字伯仁，京兆杜陵人也。高祖父安世（安世昭帝元鳳六年以右將軍宿衛忠謹封富平侯今此言宣帝封誤也宣帝即位但益封萬戶耳），宣帝時為大司馬衛將軍，封富平侯。放為成帝侍中，王莽時至列卿。遭值篡偽，多亡爵土，純以敦謹守約，保全前封。建武初，先來詣闕，故得復國。五年，拜太中大夫，使潁川突騎，安集荊、徐、揚部，督委輸（督促也委輸輸轉運也監諸）。將營後又將兵屯田南陽，遷五官中郎將。有司奏列侯非宗室不宜復國，光武曰：「張純宿衛十有餘年，其勿廢。」更封武始侯（武始縣屬魏郡富平縣屬平原郡也），食富平之半。純在朝歷世，明習故事。建武初，舊章多闕，每有疑議，輒以訪純，自郊廟、婚、冠、喪紀禮儀，多所正定。帝

甚重之，以純兼虎賁中郎將，數被引見，一日或至數四（過三以至於四也）。純以宗廟未定昭穆失序，十九年，乃與太僕朱浮共奏言：「陛下興於匹庶，蕩滌天下，誅鉏暴亂，興繼祖宗。竊以經義所紀，人事眾心，雖實同創革，而名為中興，宜奉先帝，恭承祭祀者也。元年以來，宗廟奉祠高皇帝為受命祖，孝文皇帝為太宗，孝武皇帝為世宗，皆如舊制。又立親廟四世，推南頓君以上盡於舂陵節侯（南頓令欽即光武之父也）。禮為人後者則為之子（禮為人後者則為之子），既事太宗，則降其私親（太宗謂元帝也據代數相推故高祖為元帝八代光武即高帝九代孫以代數相推算算為祖父故繼體元帝故曰自元帝以上祭於洛陽成帝又其義明矣降其私親謂舂陵已下不別序昭穆）。今禘祫高廟，陳序昭穆，而舂陵四世君臣並列，以甲乙推求宗室，以陛下繼統者，安得復顧私親違禮制乎？昔高帝以自受命，不由太上；宣帝以孫後祖，不敢私親，故為父立

廟獨羣臣侍祠臣愚謂宜除今親廟以則
二帝舊典顧下有司博採其議詔下公卿
大司徒戴涉大司空竇融議宜以宣元成
哀平五帝四世代今親廟宣元皇帝尊為
祖父祠以親奉尊祠成帝以下有司行事別為
是時宗廟未備自元帝以上祭於洛陽高
廟成帝以下祠於長安高廟其南頓四世

【後漢列傳二十五】 三 陳徐

廟所在而祭焉明年純代朱浮為太僕二
十三年代杜林為大司空在位慕曹參之
迹務於無為 曹參惠帝時代蕭何為相遵蕭何法無所變更 選辟掾
史皆知名大儒明年上穿陽渠引洛水為
漕渠 在音時丈反陽渠在洛陽城南 百姓得其利二十六年詔
純曰禘祫之祭不行已久矣三年不為禮
禮必壞三年不為樂樂必崩 論語宰我之言也宜
據經典詳為其制純奏曰禮三年一祫五
年一禘春秋傳曰大祫者何合祭也毀廟

及未毀廟之主皆登合食乎太祖五年而
再殷 殷者何合祭也 周禮三年一祫五年一禘又公羊傳曰大祫者何合祭也毀廟之主陳於太祖未毀廟之主皆升合食於太祖五年而再殷漢舊制三年一祫五年一禘又公羊傳曰大祫
元始五年諸王公列侯廟會始為禘祭 臣賢案平帝元始五年春祫祭明堂諸侯王列侯宗室助祭賜爵金帛今純及司馬彪書並云禘祭蓋祫禘俱可通也
又前十八年親幸長安亦行此禮 續漢書曰十八年上幸長安詔太常行禘禮於高廟序昭穆父為昭南向子為穆北向禘禮說禮說

【後漢列傳二十五】 四 卓爽

三年一閏天氣小備五年再閏天氣大備
故三年一祫五年一禘禘之為言諦諦定
昭穆尊卑之義也禘祭以夏四月夏者陽
氣在上陰氣在下 言陽氣在上也四月乾卦用事故
甲之義也祫祭以冬十月冬者五穀成孰
物備禮成故合聚飲食也斯典之廢於茲
八年 自十八年至此謂可如禮施行以時定議帝從
之自是禘祫遂定時南單于及烏桓來降
邊境無事百姓新去兵革歲仍有年家給
人足 仍頻也 純以聖王之建辟雍所以崇尊

禮義既富而教者也

論語曰子適衛冉子僕子曰庶矣哉又何加焉曰富之既富矣又何加焉曰教之也

乃案七經讖明堂圖臨議

書業解見光武紀七經讖之說也

太山明堂制度

平帝時議

未及上會博士桓榮言宜立辟雍明堂

章下三公太常而純議同榮乃命而帝治

十年純奏上【宜封禪曰自古受命而帝治

世之隆必有封禪以告成功焉

雅治人風成於頌

之開郊配封禪皆可見也書曰歲二月東

巡狩至于岱宗則封禪之義也臣伏見陛

下受中興之命平海內之亂修復祖宗撫

存萬姓天下曠然咸蒙更生恩德雲行惠

澤雨施施品物流形黎元安寧夷狄慕義詩

云受天之祜四方來賀

今攝提之歲倉龍甲寅德在東

宮甲寅時歲德在東宮前書音義曰倉龍太歲也

宜及嘉時遵唐帝之典繼孝武之業以二

月東巡狩封于岱宗明中興勒功勳復祖

統報天神禪梁父祀地祇傳祚子孫萬世

之基也中元元年帝乃東巡岱宗以純視

御史大夫從

武帝元封元年封禪儀令侍中皮弁搢紳射牛行事

封廣丈二高九尺有玉牒書秘其事皆禁

天子親拜上黃江淮間一茅三脊為神

籍五色土雜封縱遠方奇獸飛禽之屬也

謚曰節侯子奮嗣

舊字釋通父純臨終勒家丞奮曰司空無功

於時猥蒙爵土身死之後勿議傳國記曰東觀

家丞奮兄根少被病光武詔奮嗣爵奮稱名歙

純遺勅固不肯受帝以奮違詔勅收下獄

奮惶怖乃襲封永平四年隨例歸國奮少

好學節儉行義常分損租奉

宗親雖至傾匱而施與不怠十年儻耳降

附即今儻州武帝置故城也

奮來朝上壽引見宣

平殿應對合音顯宗異其才以爲侍祠矦

名臣子孫侍祠封
矦解見鄧禹傳

建初元年拜左中郎將轉
五官中郎將遷長水校尉七年爲將作大
匠章和元年免永元元年復拜城門校尉
四年遷長樂衛尉明年代桓郁爲太常六
年代劉方爲司空時歲災旱祈雨不應乃
上表曰比年不登人用飢匱今復久旱秋
稼未立也 民爲本民以穀爲命政之急務憂之重者

陽氣垂盡歲月迫促夫國以
立成

也臣蒙恩尤深受職過任夙夜憂懼章奏
不能叙心願對中常侍疏奏

後漢列傳二十五 七

疏猶條也 即時
錄也

引見復口陳時政之宜明日和帝召太尉
司徒幸洛陽獄錄囚徒收洛陽令陳歆即
大雨三日奮在位清白無它異績
病罷在家上疏曰聖人所美政道至要本
在禮樂五經同歸而禮樂之用尤急孔子
曰安上治民莫善於禮移風易俗莫善於
樂又曰揖讓而化天下者禮樂之謂也

李郃

禮記

樂記孔子 先王之道禮樂可謂盛矣孔子謂

之辭也

子夏曰禮以修外樂以制内丘已矣夫

又曰禮樂
命

不興則刑罰不中刑罰不中則民無所厝
其手足臣以爲漢當制作禮樂是以先帝
聖德數下詔書愍傷崩缺而衆儒不達議
多駁異臣累世台輔
忘寢食臣犬馬齒盡誠冀先死見禮樂之

後漢列傳二十五 八

奮七代祖湯武帝時爲御
史大夫六代祖子孺宣帝
時爲衛將軍領尚書
父綂光武時爲司空

定 十三年更召拜太常復上疏曰

先死謂未
死之前也

漢當改作禮樂圖書著明

見曹褒傳 王者化定

制禮功成作樂

禮樂記
之文也功成化定同

條禮樂異議三事願下有司以時考定昔

謹

者孝武皇帝光武皇帝封禪告成而禮樂
不定事不相副先帝已詔曹褒

章帝物曹褒於東觀次序

禮事依準舊典几百五十篇奏之也 今陛下但奉而成之猶周
公斟酌文武之道

酌文武之美德爲之節制誠無所疑

制禮皆斟酌文武之節制不自述也今先
帝已詔襄襄非陛下出意何所疑而不爲也詩頌曰

於乎不顯文王之德之純假以溢我我其收
之駿惠我文王又曰無競維烈也久執

謙謙令大漢之業不以時成非所以章
祖宗功德建太平之基為後世法帝雖善顯

之猶未施行其冬復以病罷明年卒於家

子甫嗣官至津城門候【津城門洛陽南面西門也當洛水浮橋漢官儀】

甫卒子吉嗣永初三年吉卒無【安帝張】

子國除自昭帝封安世至吉傳國八世【經歷篡 楊氏】

嗣無子國除此言八代者除自安世始封也

世字子孺昭帝時為右將軍始封富平侯卒子延壽嗣卒子勃嗣卒子臨嗣卒子放嗣卒子純嗣建武初改封武始侯卒子甫嗣卒子吉嗣卒子武嗣卒子昭嗣卒子武嗣六百石也【侯一人秩】

《後漢列傳二十九》

亂二百年間【篡亂謂王莽也張子孺嗣昭帝元鳳六年封至永初三年合一百八十二年】故曰未嘗謙黜封者莫與為比

曹褒字叔通魯國薛人也父充持慶氏禮【前書沛人慶普字孝公為東平太傅受禮於后蒼號慶氏禮也】建武中為博士從巡狩岱宗定封禪禮還受詔議立七郊【太見明帝紀】

三雍大射養老禮儀【五帝及天地為七郊三雍以下解見明帝紀】宗即位充上言漢再受命仍有封禪之事

而禮樂崩闕不可為後嗣法五帝不相沿樂三王不相襲禮【禮記正文也言 大漢自制 損益不同也】

禮以示百世帝問制禮樂云何充對曰河
圖括地象曰有漢世禮樂文雅出尚書琁
機鈐曰有帝漢出德洽作樂名予帝善之

下詔曰今且改太樂官曰太予樂詩曰操操【操猶言也言操曲也劉向別錄曰君子因雅琴之適故謂之操言遇災害不失其操也】以俟君子【拜充侍中作章句辯難於】

是遂有慶氏學褒少篤志有大度結綬傳
業博雅疏通尤好禮事常感朝庭制度
未備慕叔孫通為漢禮儀晝夜研精沈吟

《後漢列傳二十五》

專思寢則懷抱筆札行則誦習文書當其【章賈】

念至忘所之適初舉孝廉再遷圉令【圉縣屬陳留郡】

盜徒五人來入圉界吏捕得之陳留太守
馬嚴聞而疾惡風殺之褒勅吏曰夫絕

人命者天亦絕之皋陶不為盜制死刑管
仲遇盜而升諸公【禮雜記云孔子曰管仲遇盜取二人焉上以為公臣注云此人但居惡人之中使犯法耳今承曰而殺之是逆天心順 盜徒⋯⋯留故城在今沁州雍丘縣南也】

府意也其罰詞重矣如得全此人命而身坐

之吾所願也遂不爲殺嚴奏襄兾弱免官
歸郡爲功曹徵拜博士會肅宗欲制定禮
樂元和二年下詔曰河圖稱赤九會昌十
世以光十一以興〔九謂光武十一謂章帝也〕尚書琁
機鈐曰述堯理世平制禮樂放唐之文〔宋均注云述堯理代平制禮樂放唐之文本〕
小子託于數終曷以纘興崇弘祖宗仁濟
元元帝命驗曰順堯考德題期立象〔注宋均曰三篇〕
竟巡省於河洛得龜龍之圖書舜受禪後習堯禮得〔之演以爲考河命題五德〕
于頑陋無以克堪雖欲從之末由也已每
見圖書中心恧焉襄知帝百欲有興作乃
上疏曰昔者聖人受命而王莫不制禮作〔三皇步五帝驟〕
樂以著功德功成作樂化定制禮所以救〔孝經鈎命決云三王馳宋均注云步謂德隆道用日月爲步時事彌順日月亦驟勤思不已日月乃馳是優劣也〕
世俗致禎祥爲萬姓僥福於皇天者也今
皇天降祉嘉瑞並臻制作之符甚於言語〔白也 言明〕
宜定文制著成漢禮丕顯祖宗盛德

〈後漢列傳〉二五　十一

之美章下大常巢堪以爲一世大典
非襄所定不可許帝知羣僚拘攣難與圖
始〔拘攣猶拘束也前書鄒陽傳云被攣拘而莫能越拘攣之語也〕朝廷禮憲宜時刊
立明年復下詔曰朕以不德膺祖宗弘烈
乃者鸞鳳仍集麒龍並臻甘露宵降嘉穀〔赤草即朱草也大戴禮曰朱草日生〕
滋生赤草之類紀于史官〔一葉至十五日十六日落一葉周而復始也〕
于先功下無以克稱靈物漢遭秦餘禮壞〔朕夙夜祇畏上無以彰〕
樂崩且因循故事未可觀省有知其說者
各盡所能襄省詔乃歎息謂諸生曰昔堯〔二 楊賜〕
斯頌魯〔韓詩曰新廟弈弈奚斯所作薛君傳云是詩公子奚斯所作也〕考甫詠〔正考甫孔子之先夫人臣〕
玄武司馬班固〔玄武司馬主玄武闕繽漢志云官被門每門司馬一人秩比千石也〕夫人臣依義顯君竭忠〔般也作商頌十二篇〕
從駕南巡既還以事下三公未及奏詔召
上疏具陳禮樂之本制改之意拜侍中
彰主行之之美也當仁不讓吾何辭哉遂復
問改定禮制之宜固曰京師諸儒多能說
禮宜廣招集共議得失帝曰諺言作舍道

〈後漢列傳〉二五

03-538

邊三年不成會禮之家名為聚訟〔言相爭不定也〕

互生疑異筆不得下昔堯作大章一夔足

矣〔夔舜樂官也呂氏春秋曰魯哀〕公問於孔子曰樂正夔正聲〔章和元年正〕

月乃召襄詣嘉德門令小黃門持班固所

上叔孫通漢儀十二篇勅襄曰此制散略〔踈略猶今宜依禮條正使可施行〕

於南宮東觀盡心集作襄既受命乃次序

禮事依準舊典雜以五經讖記之文撰次

天子至於庶人冠婚吉凶終始制度以為〔郭橋〕

百五十篇寫以二尺四寸簡其年十二月〔十三〕

奏上帝以衆論難一故但納之不復令有

司平奏會帝崩和帝即位襄乃為作章句〔漢〕

帝遂以新禮二篇冠擢襄監羽林左騎〔官〕

後太尉張酺尚書張敏等奏襄擅制漢禮〔儀曰羽林左騎秩六百永元四年遷射聲校尉石領羽林屬光祿勳也〕

遂不行襄在射聲營舍有停棺不葬者百

破亂聖術宜加刑誅帝雖寢其奏而漢禮

餘所襄親自履行問其意故吏對曰此等

多是建武以來絕無後者不得埋掩襄乃

愴然為買空地悉葬其無主者設祭以祀

之遷城門校尉將作大匠時有疾疫襄巡

行病徒為致醫藥經理饘粥多蒙濟活七

年出為河內太守時春夏大旱糧穀踊貴

襄到乃省吏并職退去姦殘澍雨數降其

秋大孰百姓給足流冗皆還後坐上災害

不實免有頃徵再遷復為侍中襄博物識

古為儒者宗十四年卒官作通義十二篇〔李賢〕

演經雜論百二十篇又傳禮記四十九篇〔十四〕

教授諸生千餘人慶氏學遂行於世〔後漢列傳三十五〕

論曰漢初天下創定朝制無文叔孫通頗

採經禮參酌秦法雖適物觀時有救崩敝

然先王之容典蓋多闕矣〔容禮容也謂行禮容儀佹仰之容親也大帝時魯徐生以容為禮官孫襄亦善為容容或作宏義亦通也謂行禮威儀佹是以賈誼〕

仲舒王吉劉向之徒懷憤歎息所不能已〔賈誼等以叔孫通禮制踈略並上書對策請更改官孫襄亦善圖白大漢女曠大義改〕

也〔賈誼等以不從所以歎息也〕此賈誼仲舒王吉劉向之徒所為發憤而增歎也見前書〔資文宣之遠圖明〕

懲美而終莫或用

孝章永言前王明發作

復墜矣 謂張酺等奏褒擅制禮遂不行也

事焉 專命禮臣撰定國憲洋洋乎盛德之

王不相襲禮五帝不相沿樂所以咸韺異

調中都殊絕 業絕天箏議黜異端斯道音

度未足定其滋章

運遷回情數萬化制則不能隨其流變品

謝泉蘇而制令歐易

當損益者也且樂非蔓襄而新音代起律

修補舊文獨何猜焉

云禮云曷其然哉

鄭玄字康成北海高密人也八世祖崇哀

帝時尚書僕射玄少為鄉嗇夫

收賦稅也 得休歸常詣學官不樂為吏父數怒

之不能禁

師事京兆第五元先始通京氏易公羊春

秋三統歷九章筭術

書以山東無足問者乃西入關因涿郡盧

植事扶風馬融融門徒四百餘人升堂進

者五十餘生融素驕貴玄在門下三年不

得見乃使高業弟子傳授於玄玄日夜尋

誦未嘗怠倦會融集諸生考論圖緯聞玄

善筭乃召見於樓上玄因從質諸疑義問

畢辭歸融喟然謂門人曰鄭生今去吾道

東矣

十餘年乃歸鄉里家貧客耕東萊學徒相

隨已數百千人及黨事起乃與同郡孫嵩

等四十餘人俱被禁錮

【上欄】

經業杜門不出時任城何休好公羊學遂

者公羊墨守歐難如墨翟之守城也

室操吾子以伐我乎初中興之後范升陳

緘膏肓起廢疾休見而歎曰康成入吾

穀梁廢疾玄乃發墨

左氏膏肓

聞而辟之

是古學遂明靈帝末黨禁解大將軍何進

北地太守劉瓛及玄咎何休義據通深由

元李育賈逵之徒爭論古今學後馬融荅

年六十弟子河內趙商等自遠方至者數

優玄不受朝服而以幅巾見一宿逃去時

脅玄不得已而詣之進爲設几杖禮待甚

千後將軍袁隗表爲侍中以父喪不行國

相孔融深敬於玄屐履造門

告高密縣爲玄特立一鄉曰昔齊置

士鄉士嘗仲相相公制國爲二十一鄉工商士也事見國語　越

有君子軍皆異賢之意也

鄭君好學

【下欄】

實懷明德昔大史公廷尉吳公謁者僕射

鄧公皆漢之名臣又南山四皓有園公夏

仁德之正號不必三事大夫也今鄭君鄉

宜曰鄭公之鄉昔東海于公僅有一節猶或

戒鄉人侈其門閭

黃公綺光隱耀世嘉其高皆悉稱公吳公文

子孫必有興者也

廣開門衢令容高車號爲通德門董卓遷

都長安公卿舉玄爲趙相道相不至

會黃巾寇青部乃避地徐州徐州牧陶謙

接以師友之禮建安元年自徐州還高密

道遇黃巾賊數萬人見玄皆拜相約不敢

入縣境玄後嘗疾篤自慮以書戒子益恩

曰吾家舊貧爲父母昆弟所容去斯役之

游學周秦之都往來幽并究豫之

域獲觀乎在位通人處逸大儒得意咸從

捧手有所受焉（處逸謂處士逸謂奧士遂博稽六藝粗覽傳記時覩祕書緯術之奧年過四十乃歸供養假田播殖以娯朝夕遇閨尹擅執）

坐竇禁錮十有四年而蒙赦令舉賢良方正有道辟大將軍三司府公車再召比朦（言連牒齊名被召者並爲宰相也）惟彼數公懿德大雅克堪王臣故（世併名早爲宰相比朦猶連牒也）宜式序（式用也吾自忖度無任於此但念述）

序列也 後漢列傳二五 十九 李業

先聖之元意思整百家之不齊亦庶幾以（步鼎反也）竭吾干故聞命罔從而黄巾爲害萍浮南（也曲禮曰七十老而傳）北復歸邦鄉入此歲來已七十矣宿素衰落仍有失誤案之禮典便合傳家（禮家事任子孫 傳客謂家）今我告爾以老歸爾以事將閑居以安性覃思以終業自非拜國君之命問族親之憂展敬墳墓觀省野物胡嘗扶杖出門乎家事大小汝一承之咨爾黨党一夫曾無同生相依其昌求君子之道研

鑽勿替敬愼威儀以近有德（詩大雅人勞顯篇之言也）譽成於僚友德行立於已志若致聲稱亦有榮於所生可不深念邪可不深念邪吾雖無綬冕之緒頗有讓爵之高（謂頻被辟自就也前）樂論贊之功庶不遺後人之羞末所憤憤者徒以亡親墳壠未成所好羣書率皆腐敝不得於禮堂寫定傳與其人（著此書傳之其人也）書司馬遷曰僕誠已著此書傳之其人曰西方暮其可圖乎家今

姜多於昔勤力務時無恤飢寒菲飲食澹衣服節夫二者尚令吾寞恨若忽忘不識亦已焉哉時大將軍表紹總兵冀州遣使要玄大會賓客玄最後至乃延升上坐身長八尺飲酒一斛秀眉明目容儀温偉紹客多豪俊並有才說見玄儀者未以通人許之競設異端百家互起玄依方辯對咸出問表皆得所未聞莫不嗟服時汝南應劭亦歸於紹因自贊曰故太山太守應中遠此面稱弟子何如玄笑曰仲尼之門考

以四科 四科謂德行言語政事文學顏淵閔子騫及子游子夏並見論語也 回賜之

徒不稱官閥勼有懟色紹乃舉玄茂才表

為左中郎將皆不就公車徵為大司農給

安車一乘所過長吏送迎玄乃以病自乞

還家五年春夢孔子告之曰起起今年歲 北齊劉晝高才不遇傳論玄夢孔子曰起起今年歲在辰來年歲在巳

在辰來年歲在巳 日辰為龍巳為蛇歲至龍蛇賢人嗟玄以讖合之蓋謂此也 既寤以讖合之知命當終有

頃寢疾時袁紹與曹操相拒於官度 官度津名在今鄭州中牟縣北前書音義曰於滎陽下引河東南為洪溝以通宋鄭淮泗即令官度 令其

縣疾篤不進其年六月卒年七十四遺令

薄葬自郡守以下嘗受業者縗絰赴會千

餘人門人相與撰玄荅諸弟子問五經依

論語作鄭志八篇凡玄所注周易尚書毛

詩儀禮禮記論語孝經尚書大傳中侯乾

象歷又著天文七政論魯禮禘祫義六蓺

論毛詩譜駁許慎五經異義荅臨孝存周

禮難凡百餘萬言 索謝承書載玄所注孝經唯此書獨有注孝經唯此書獨有

也玄質於辭訓通人頗譏其繁至於經傳

洽孰稱為純儒齊魯閒宗之其門人山陽

郗慮至御史大夫東萊王基清河崔琰著

名於世又樂安國淵任嘏 嘏音假淵字子尼 時並

童幼玄稱淵為國器嘏有道德其餘亦多

所鑒拔皆如其言玄唯有一子益恩孔融

在北海舉為孝廉及融為黃巾所圍益恩

赴難隕身有遺腹子玄以其手文似己名

之曰小同 魏氏春秋曰小同甞詣司馬文王文王有密疏未之屏也如廁還問之曰卿見吾疏乎荅曰不文王曰寧我負卿無卿負我遂酖之

◎後漢列傳五十五

論曰自秦焚六經聖文埃滅 埃塵也漢興諸

儒修藝文及東京學者亦各名家而守

文之徒滯固所稟

端紛紜互相詭激遂令經有數家家有數

說章句多者或乃百餘萬言學徒勞而少

功後生疑而莫正鄭玄括囊大典網羅衆

家 括結也易坤卦曰括囊無咎也 刪裁繁誣刊改漏失自是

學者略知所歸王父豫章君每考先儒經訓而長於玄也（王父祖父也爾雅曰父之父為王父範舉祖父犨字武子晉武帝時為）每以玄為長也常以為仲尼之門不能過也及傳授生徒並專以鄭氏家法云（言犨教授崇鄭學也）

贊曰富平之緒承家載世（載重也易師曰大君有命開國承家）伯仁先歸釐我國祭（釐理也言緝釐理秭拾之祭也）義乘喪修禮缺孔書遂明漢章中輟（經也輟止也中輟謂曹褒禮不行也）（玄定孔書謂六）

後漢列傳卷第二十五

列傳卷第二十六　范曄　後漢書三十六

唐章懷太子賢注

鄭興　子眾

范升

陳元　子晧　賈逵

張霸　子楷　楷子陵　陵弟玄

鄭興字少贛河南開封人也少學公羊春
秋晚善左氏傳遂積精深思通達其旨同
學者皆師之　東觀記曰興從博士金子嚴為左氏春秋也
將門人從劉歆講正大義　左氏義也　天鳳中年也
使撰條例章句傳詁及校三統歷　說文曰詁訓古言也
歆撰謂夏殷周歷也　更始立以司直李松行
丞相事先入長安以興為長史令還奉
迎遷都更始都洛陽
興說更始曰陛下起自荊楚權政未施
起南陽屬荊州故曰荊楚也　一朝建號而山西雄桀爭誅
王莽開關郊迎者何也　山西謂陝州已西也　此天下同苦
王氏虐政而思高祖之舊德也今久不撫
之臣恐百姓離心盜賊復起矣春秋書齊

小白入齊不稱侯未朝廟故也　小白齊桓公小
白入于齊公羊傳曰曷為以國氏當國也其言入何纂辭也　今議者欲先定
赤眉而後入關是不識其本而爭其末恐　言若不早都關中有人先
國家之守轉在函谷　入則國家鎮守轉在函谷
雖臥洛陽庸得安枕乎　庸用也　更始曰朕
反者攻殺郡守時赤眉入關東道
不通興乃西歸隗囂虛心禮請而興恥為
朝方涼益三州還拜涼州刺史會天水有
西汧矣興為諫議大夫使安集關西及
之屈稱疾不起囂矜已自飾常以為西伯
復作也西伯文王乃與諸將議自立為王興聞
而說囂曰春秋傳云口不道忠信之言為
嚚耳不聽五聲之和為聾　左傳富辰諫襄王之辭也　今者
諸將集會無乃不道忠信之言大將軍之
聽無乃阿而不察乎昔文王承積德之緒
加之以睿聖三分天下尚服事殷　論語孔子
下有其二　以服事殷　及武王即位八百諸侯不謀同會
皆曰紂可伐矣武王以未知天命還兵待

時史記曰武王觀兵孟津諸侯不期而至者八百人敎比干囚箕子乃告諸侯曰汝未知天命乃還師後聞紂庶以伐之故曰待時者也

高祖征伐累年猶以沛公行師令今德雖明世無宗周之祚威略雖振未有高祖之功而欲舉未可之事速禍患無乃不可乎惟將軍察之嚚竟不稱王後遂廣置職位以自尊高興復止嚚之器非人臣所當制也孔子曰唯器與名不可以假人也左傳杜預注曰器車服名爵體也

[侯漢列傳二十六] 三 董宣

亦不可以假於人也無益於實有損於名非尊上之意也嚚器病之而止病猶難也及嚚遭子恂入侍將行興因求歸葬父母嚚不聽而徙舍益其秩禮興入見嚚曰前遭赤眉之亂以將軍僚舊故敢歸身明德幸蒙覆載之恩復得全其性命興聞事親之道生事之以禮死葬之以禮祭之以禮親之以周旋弗敢失墜之性命興聞事親之道生事之以禮死葬為涼州刺史嚚為西州將軍故曰僚舊也幸蒙覆載之恩猶遭奉也左傳季文子曰先大夫臧文仲敎行父事君之禮奉以周旋弗敢失墜也今為父

母未葬乞骸骨若以增秩徙舍中更停留是以親為餌也餌猶釣也無禮甚矣將軍擁之嚚曰嚚將不足留故邪興曰將軍據七郡之地七郡天水隴西武威張掖酒泉敦煌金城也擁羌胡之眾以戴本朝德莫厚焉威莫重焉居則為專命之使入必為鼎足之臣興從俗者也不敢求入何患不親此興之計不逆將軍者也深居屏處因將軍求進不患不達因將軍葬將軍又何猜焉嚚曰幸甚促為辦裝遂興業為父母請不可以已願留妻子獨歸

[後漢列傳一十夫] 四 李恂

今與妻子俱東時建武六年也侍御史杜林先與興同寓隴右乃薦之曰竊見河南鄭興執義堅固敦悅詩書左傳趙襄曰立而不從敦厚也聞鄰毅之言矣好古博物見疑不惑有公孫僑觀射父之德左傳子產辨黃熊晉侯聞之曰博物君子也觀射父楚大夫也對楚昭王周燕寔宣王而詩人悅喜左傳君子也觀射父楚昭王張仲周宣王時賢臣也燕樂也冀敬也時賢以重黎羲和之事見國語冀侍惺惺典職機密昔張仲在小雅曰侯誰在矣張仲孝友惟陛下留聽少察以助萬分

乃徵爲太中大夫明年三月晦日食興因
上疏曰春秋以天反時爲災地反物爲妖〔御也地反物爲妖謂羣物失性也〕
人反德爲亂亂則妖災生〔往年以來謫咎連見意者〕〔左傳晉伯宗之辭天反時爲災謂寒暑易〕
執事頗有闕焉案春秋昭公十七年夏六
月甲戌朔日有食之〔杜預注曰日在周爲六月純陽用事陰氣未動而侵陽〕傳曰日過分而未至〔未言及春分而夏至曰〕三辰
有災〔三辰日月星也〕於是百官降物君不舉
盛避移時〔避正寢過日食時也〕樂奏鼓 祝用幣〔用幣於社〕

史用辭〔辭以自責也此以上皆左傳〕今孟夏〔戴以魯太史蔡季平子之詞也〕 陳興
純乾用事陰氣未作其災尤重夫國無善
政則讁見日月薄食之來不可不懼其要〔無政不用善則自取也〕
在因人之心擇人處位也〔左傳晉士伯曰國無〕 堯知鯀不
可用而用之者是屈己之明因人之心也
齊桓反政而相管仲晉文歸國而任郄縠〔見于史記日相公即位爭位奔莒〕
者是不私其私擇人處位也〔使管仲將兵遮道射相公鉤帶及相公即位任政於管仲也又晉文公自秦歸國懷公故臣郄芮謀燒公〕

今公卿大夫多舉漁陽太守郭伋可〔宮殺文公官者勅親告之後文公以郄芮爲中軍帥郄芮之族文公不以爲辭而任爲言唯賢是用不私其私即郄芮之族也〕
大司空者而不以時定道路流言咸曰朝
廷欲用功臣功臣用則人位謬矣願陛下
上師唐虞下覽齊晉以成屈己從衆之德
以濟羣臣讓善之功也〔濟成〕 夫日月交會數
應在朝而頃年日食每多在晦先時而合
皆月行疾也日君象而月臣象君元急則
臣下促迫故行疾也今年正月繁霜自爾

以來率多寒〔正月夏之四月〕此亦急咎之罰〔書曰急恆寒若〕 李鬱
天犲賢聖之君猶慈父之於孝子也丁寧
申戒欲其反政故日食災變仍見此乃國之福
也今陛下高明而羣臣惶促宜留思柔剋〔剋能也柔剋謂和柔而能立事也尚書洪範曰高明〕
之政垂意洪範之法〔立事也〕
帝嘗問興郊祀事曰吾欲以讖斷之何如
興對曰臣不爲讖帝怒曰卿之不爲讖非
之邪興惶恐曰臣於書有所未學而無所

非也帝意乃解興數言政事依經守義文

章溫雅然以不善諷故不能任九年使監

征南積弩營於津鄉　傅俊屯津鄉以拒公孫述

會征南將軍岑彭為剌客所殺興　征南將軍岑彭積弩將軍傅俊屯津鄉以拒公孫述　津鄉在今荊州也

領其營遂與大司馬吳漢俱擊公孫述

死詔與留屯成都頃之侍御史舉奏興

方欲築城郭修禮教以化之會以事免興

使私買奴婢坐左轉蓮勺令　蓮勺縣屬左馮翊故城在今明

栢譚衛宏之屬莫不斟酌焉　斟酌謂取其意揗也　世言

好古學尤明左氏周官長於歷數自杜林　七　〔後漢列傳二十六〕

左氏者多祖於興而賈逵自傳其父業故

有鄭賈之學與去蓮勺後遂不復仕客授　李賢

閭鄉　閭音閻古字也閭三公連辟不肯應卒于建安中改作閻

家子衆

衆字仲師年十二從父受左氏春秋精力

於學明三統歷作春秋難記條例兼通易

詩知名於世建武中皇太子及山陽王荊

因虎賁中郎將梁松以縑帛聘請衆欲為

通義引籍出入殿中衆謂松曰太子儲君

無外交之義漢有舊防蕃王不宜私通賓

客遂辭不受松復風衆以長者意不可逆　梁松坐

衆曰犯禁觸罪不如守正而死太子及荊

聞而奇之亦不強也及梁氏事敗　誹謗下獄死事見梁統傳也

永平初辟司空府以明經給事中是時　實客多坐之唯衆不染於辭

復留給事中再遷越　劉仲

騎司馬　漢官儀曰越騎司馬一人秩千石也　後漢列傳二十六　八

北匈奴遣使求和親八年顯宗遣衆持節

使匈奴衆至北庭虜欲令衆拜不為屈軍

于大怒圍守閉之不與水火欲脅服衆衆

拔刀自誓單于恐而止乃更發使隨衆還

京師朝議復欲遣使者衆上疏諫曰臣

伏聞北單于所以要致漢使者欲以離南

單于之衆堅三十六國之心也　武帝開通西域本三十六國

又當揚漢和親誇示鄰敵令西域欲歸化

者局足狐疑懷土之人絕望中國耳漢使

既到便偃蹇自信〔信音申〕若復遣之虜必自
謂得謀其羣臣駮議者不敢復言〔駮議謂單于歸漢〕
如是南庭動搖烏桓有離心矣南單于久
居漢地具知形執萬分離析旋爲邊害今〔將軍屯王原曼柏〕
爲惠〔明帝八年初置度遼〕帝不從復遣衆爲
幸有慶遼之衆揚威北垂雖勿報荅不敢
故遣兵圍臣仝復銜命必見陵折臣誠不
因上言臣前奉使不爲匈奴拜單于惠恨
忍持大漢節對氈裘獨拜如令匈奴遂能
服臣將有損大漢之強帝不聽衆不得已〔後漢列傳二六 九〕
既行在路連上書固爭之詔切責衆追還〔陳彥〕
繋廷尉會赦歸家其後帝見匈奴來者問
衆與單于爭禮之狀皆言匈奴中傳衆意
氣壯勇雖蘇武不過乃復召衆爲軍司馬
使與虎賁中郎將馬廖擊車師至敦煌拜
爲中郎將發兵救之遷武威大守謹修邊
備虜不敢犯遷左馮翊政有名迹建初六
已校尉衆發兵救之遷左馮翊政有名迹建初六

年代鄧彪爲大司農是時蕭宗議復鹽鐵
官衆諫以爲不可〔武帝時國用不足刀賣鹽鐵置官以主之昭帝罷之今議〕刪
欲復詔數切責至被奏劾衆執之不移帝
不從在位以清正稱其後受詔作春秋刪
十九篇八年卒官子安世亦傳家業爲長
歷等共正議諫爭及順帝立安世巳卒追〔後漢列傳二六 十〕
太子爲齊陰王安世與太常相爲大僕來〔樂未央廐令 續漢志曰廐令一人秩六百石 延光中安帝廢〕
賜錢帛除子玄爲郎衆曾孫公業自有傳
議曹日史時恭頻發兵徵賦歛與外乃奏
後生〔宣帝時梁丘賀之易也〕王莽大司空王邑辟外爲
歲通論語孝經及長習梁丘易老子教授
范升字辯卿代郡人也少孤依外家居九〔章明〕
臣以下不非其君上爲忠
記邑曰外聞子以人不聞於其父母爲孝
其父母兄弟之言聞非也言子孝人子孝〔論語孔子曰孝人子孝人非於〕
君言人無非之者忠臣事君有過則諫在下無〔其父母昆弟之言聞非也言子之孝人不聞於其父母昆弟之言非之者 在下無〕
忠臣也今衆人咸稱朝聖皆曰公明蓋明者
無不見聖者無不聞今天下之事昭昭於

則元元焉所呼天公以爲是而不言則過
小矣知而從令則過大矣二者於公無可
以免乎天下歸怨於公矣朝以遠者不
服爲至念乎以近者不悅爲重憂今動與
時戾事與道反馳騖覆車之轍探湯敗事
之後論語曰見不善如探湯後出益可怪晚發
愈可懼耳方春歲首而動發遠役葠藑不
充田荒不耕穀價騰躍斛至數千吏人陷

〈後漢列傳卅六〉 十 李芳

於湯火之中非國家之人也如此則胡貊
守關靑徐之寇在於帷帳矣〈部爲寇號靑徐二〉
昇外有一言可以解天下倒縣免元元之〈賦〉
急不可書傳願蒙引見極陳所懷邑雖然
其言而竟不用昇稱病乞身邑不聽令乘
傳使上黨外遂與漢兵會因留不還建武
二年光武徵詣懷宮拜議郎遷博士上疏
諫曰臣與博士梁恭山陽太守呂羌俱修
梁丘易二且年並者艾經學深明而臣不

以時退與恭並立深知羌學又不能達〈進〉
憨負二老無顏於世誦而不行知而不言
不可開口以爲人師願推博士以避恭羌
帝不許然由是之重之數詔引見每有大議
輒見訪問時尚書令韓歆上疏欲爲費氏
易左氏春秋立博士〈費直字長翁善易長〉〈於卦筮見前書易〉
議四年正月朝公卿大夫博士見於雲臺
帝曰范博士可前平說昇起對曰左氏不
祖孔子而出於丘明師徒相傳又無其人

〈後漢列傳卅六〉 十二 李弈

且非先帝所存無因得立遂與韓歆及太
中大夫許淑等互相辯難日中乃罷昇退
而奏曰臣聞主不稽古無以承天臣不述
舊無以奉君桓帝下愍學微缺勞心經藝
存博聞故異端競進近有司請置京氏易
博士羣下執事莫能據正京氏既立費氏
怨望左氏春秋復以比類亦希置立京費
已行次復高氏〈沛人高相善易與〉〈費直同時見前書〉
又有騶夾〈夾前書曰騶氏無師〉〈夾氏未有其書也〉 如今 左氏費氏

03-550

信以示反本明不專已天下之事所以異
者以不一本也易曰天下之動貞夫一也〔易繫之文也〕
又曰正其本萬事理〔今易無此文也〕五經之
本自孔子始謹奏左氏之失凡十四事時
難者以太史公多引左氏及左氏春秋不可錄
達戾五經謬孔子言〔左氏春秋故曰別也〕
三十一事詔以下博士後歆為出妻所告
坐繫得出還鄉里永平中為聊城令坐事
免卒於家

陳元字長孫蒼梧廣信人也〔廣信故城在今梧州蒼梧縣〕
父欽習左氏春秋事黎陽賈護與劉歆同〔賈護字〕
時而別自名家〔元父欽字子佚以左授王莽故曰別也賈護〕
〔字季君也見前書也〕王莽從欽受左氏學以欽為猒難
將軍〔猒一反〕元少傳父業為之訓詁銳精覃
思至不與鄉里通以父任為郎建武初元
與桓譚杜林鄭興俱為學者所宗時議欲
立左氏傳博士范升奏以為左氏淺末不
宜立元聞之乃詣闕上疏曰陛下撥亂反

得置博士高氏驟夾五經奇異並復求立
各有所執乖戾分爭從之則失道不從則
失人將恐陛下必有猒倦之聽孔子曰博
學約之弗叛矣夫〔論語孔子之言也叛言不違道也〕夫學而
不約必叛道也顏淵曰博我以文約我以
禮孔子可謂知敎顏淵可謂善學矣夫老子
曰學道日損猶顏淵約也又曰絕學無憂絕
末學也今費左二學無有本師而多反異
先帝前世有疑於此故京氏雖立輒復見

廢疑道不可由疑事不可行詩書之作其
來已久孔子尚周流遊觀至于知命自衛
反魯乃正雅頌〔孔子以魯哀公十一年自衛還魯是時道衰樂廢孔子來還乃正之〕
故雅頌各得其所見史記　今陛下草創天下紀綱未定雖
設學官無有弟子詩書不講禮樂不修奏
立左費非政急務孔子曰攻乎異端斯害
也已〔攻偶習也異端謂奇技也〕傳曰聞疑傳疑聞信傳信
而堯舜之道存〔穀梁傳曰信以傳信疑以傳疑公羊傳曰君子闕為春秋樂堯〕
〔舜之道也〕願陛下疑先帝之所疑信先帝之所

03-551

正文武並用（撥理也語）

見公羊傳　深愍經藝謬雜具

僞錯亂每臨朝日輒延羣臣講論聖道知丘明至賢親受孔子而公羊穀梁傳聞於後世故詔立左氏博詢可否示不專己盡之羣下也今論者沈溺所習蔽守舊聞固執虛言傳受之辭以非親見實事之道左氏孤學少與（黨也）遂爲異家之所覆冒夫至音不合衆聽故伯牙絶弦（伯牙善鼓琴鍾子期善聽相與鼓琴以時人莫之能聽也見呂覽）

至寶不同衆

好故卞和泣血（卞和得寶玉獻楚武王王示玉人曰石也刖其右足武王歿後獻其璞子乃使玉尹攻之果得寶玉遂平宋衞困於）

仲尼聖德而不容於世（見韓子）況於竹帛餘文其能察之臣乎（仲尼去魯斥齊困於陳蔡之間見史記）

固其宜也非陛下至明孰能爲雷同者所排見博士范升等所議奏左氏春秋不可立及太史公違戾凡四十五事案外等所言

前後相違皆斷截小文媒嬻微辭以年數（媒狎也嬻垢濁也音丁括反　遺脫纖微）

小差擬爲巨謬（擬拾也音）

指爲大九扶瑕摘釁（扶音於決反）

掩其弘美所

謂小辯破言小言破道道者也（大戴記小辯篇孔子曰小辯破）

言小言破義　小義破道

衞太子好穀梁於是獨學之及即位爲石（外等又曰先帝不以左氏爲經）

渠論而穀梁氏興（石渠閣以藏祕書在未央殿北宣帝甘露三年詔諸儒韓）

論五經於石渠也（玄成梁丘賀等講）

至今與公羊並存此先帝（論語孔子曰麻）

後帝各有所立不必其相因也（冕禮也今也純）

儉吾從衆至於拜下則違之（何晏注云麻冕緇布冠也古績麻三十升以爲之）

儉吾從衆拜下禮也今拜乎上泰也雖違衆吾從下（然後時易成故從儉於上拜今從下禮之恭也）

者獨見不惑於朱不爲巧眩移目（離朱黃帝時明目者）

濁故離朱不惑於朱紫聽者獨聞不謬於清（一號離婁慎子曰）

公羊不得受穀梁孝宣皇帝在人閒時聞帝好公羊衞太子好穀梁有詔詔太子受

雖朱之明察
末於百步之外
師曠不為新聲易耳

師曠知音衞靈公將
晉召師消告之曰為我聽寫
晉平公饗之酒酣靈公曰有新聲願奏之乃令
師消鼓琴未終師曠止之曰此亡國之聲也

方今
干戈少弭戎事略戢留思聖藝眷顧儒雅
者之累惑

白黑建立左氏解釋先聖之積結洮汰學
採孔子拜下之義卒淵聖獨見之旨分明
言如得以褐衣召見俯伏庭下
無復狐疑則天下幸甚臣元愚鄙冒傳師
使基業垂於萬世後進
洮汰猶
洗濯也
誦孔氏之正道理五明之宿寃若辭不合
經事不稽古退就重誅雖死之日生之年
也書奏下其議范升復與元相辯難凡十
餘上帝卒立左氏學太常選博士四人元
為第一帝以元新忿爭乃用其次司隸從
事李封於是諸儒以左氏之立論議讙譁
自公卿以下數廷爭之會封病卒左氏復
廢元以才高著名辟司空李通府時大司
農江馮上言宜令司隸校尉督察三公事

〈後漢列傳二十六 十七〉

下三府元上疏曰臣聞師臣者帝賓臣者
霸
言以臣為師以臣為賓也
故武王以太公為師齊相以
夷吾為仲父孔子曰百官總已聽於冢宰
論語
近則高帝優相國之禮
太宗孝文也帝賜劍履上殿
蕭何為相上朝
及亡新王莽遭漢
入朝
太宗假宰輔之權
丞相坐府召太中大夫
中衰專操國柄以偷天下
況已自喻
不信羣臣奪公輔之任損至乃陪僕告其君長子
舉為明徵詐為直
岡密法峻大臣
弟襲其父兄
王恭時開吏告其主
無所措手足然不能禁董忠之謀身為世
戮
董忠為大司
故人君患在自驕
不惠驕臣失在自任不在任人是以文王
有日吳之勞周公執吐握之恭
尚書曰文王
自朝至于日
務督察也方今四方尚擾天下未一百姓
觀聽咸張耳目陛下宜修文武之聖典襲

〈後漢列傳三十六 十八〉

祖宗之遺德勞心下士屈節待賢誠不宜

使有司察公輔之名帝從之宜下其議（察司）

也李通罷元後復辟司徒歐陽歙府數

陳當世便事郊廟之禮帝不能用以病去

年老卒於家子堅卿有文章

賈逵字景伯扶風平陵人也九世祖誼文（為文帝子采王損之傅也曾祖父光為）

常山太守宣帝時以吏二千石自洛陽徙

焉父徽從劉歆受左氏春秋兼習國語

為父徽從劉歆受左氏春秋兼習國語為之

官又受古文尚書於塗惲（風俗通曰塗姓塗山氏之後惲字子真）

學毛詩於謝曼卿作左氏條例（胡常見前書）

二十一篇達悉傳父業弱冠能誦左氏傳

及五經本文以大夏侯尚書教授雖為古

學兼通五家穀梁之說（五家謂尹更始劉向周慶丁姓王彥等皆）

自為見童常在太學不通人間事

身長八尺二寸諸儒為之語曰問事不休

賈長頭性愷悌多智思俶儻懍有大節（愷悌樂易也言有和樂簡易之德也傳儻卓異也）

尤明左氏傳國語為之解

詁五十一篇（左氏三十篇國語二十一篇也）

之顯宗重其書寫藏祕館時有神雀集宮（永平中上疏獻）

殿官府冠羽有五采色帝異之以問臨邑

侯劉復復不能對薦（臨邑東郡縣也王伯升孫北海王興子武復不能對）

逵博物多識帝乃召見問之對曰昔武（宣帝威懷戎狄神雀再見故以為年號匈奴數降服呼韓入朝）

王終父之業（王曰周之興也獄為驚鳴于岐山事見國語也）

集此胡降之徵也（仍類也宣帝時神雀仍集大夫內史過對周惠）

帝勅蘭臺給筆札使作神雀頌拜為郎

與班固並校祕書應對左右肅宗立降意

儒術特好古文尚書左氏傳建初元年詔

逵入講北宮白虎觀南宮雲臺帝善逵說

使發出左氏傳大義長於二傳者逵於是

具條奏之曰臣謹摘出左氏三十事尤著

明者斯皆君臣之正義父子之紀綱其餘

同公羊者什有七八或文簡小異無害大

體至如祭仲紀季伍子胥叔術之屬左氏（左傳宋人執鄭祭仲曰不）

義深於君父公羊多任於權變（鄭祭仲曰）

立突將死祭仲許之遂出昭公而立屬公杜預注云
祭仲之如宋非會非聘見誘被拘而廢長立少故書名
罪之公羊傳曰祭仲者何知權者也知權者何宋人執之
謂之曰為我出忽而立突不從其言則君必死國必亡
從其言則君可以生易死國可以存亡易亡
之日以怨報君也而可以存易亡何賢乎祭仲以為
不可父受誅子復讎推刃之道也吳師入于郢卒以
可以廢子之孝子復讎雖吳師入于郢亦不可滅也
是父不父子不慎以地叛雖黑肱以濫來奔亦不可滅名
日父不深受父之罪也左傳曰冬黑肱以濫來奔貴其
不肯為紀季也何以知其賢乎紀季者紀侯之弟也
大去其國齊人殺之曷為不言齊殺之不忍言也
肯見其君與其罪以為紀季也以存國賢則書名
有權者召忽雖死吳師亦罪無可免也何以書國亡
必從其言則君可以存國可以存國賢必死
之亡從其言則君可以生易死國可以存亡古人
何賢乎祭仲以為知權也左傳曰冬黑肱以濫來奔
地以名其君也故書其名以叛書黑肱以濫來奔

河內太守從是攻擊左氏遂為重讎至光
武皇帝奮獨見之明興立左氏穀梁會二
家先師不曉圖讖故令中道而廢凡所以
存先王之道者要在安上理民也今左氏
崇君父卑臣子彊幹弱枝勸善戒惡至明
至切至直至順也臣傳曰翼戴天子以令
人雖微必折尾大不掉彊幹弱枝
乃辟也父敦子何以事君又曰崇君父卑臣子
矣以有無序也何可以委尾大不掉彊幹弱枝
污懟善勤善非聖人誰能修之史記曰孔子
庭人雖微必折尾大不掉彊幹弱枝
日我欲載之空言見之行事深切著明也
歐陽復有大小夏侯
三傳之異亦猶是也又五經家皆無以證
所採易有施孟復立梁丘　尚書
代異物損益隨時故先帝博觀異家各有
圖讖明劉氏為堯後者而左氏獨有明文
龍事孔甲范氏其後自秦遷晉其處者為劉
春秋晉大夫蔡墨曰陶唐氏既衰其後有劉累學擾
氏明漢承五經家皆言顓頊代黃帝而堯不
竟後也
項代黃帝以土德王即顓頊當時五經家同為此說若以
水德堯為火德漢承堯後竟後自然不得為火德也左氏
得為火德史記曰黃帝其孫昌意之子立是為
之論其義諸博士不肯置對歆乃移書太常以責之
故被排擯孝哀皇帝重違眾心故出歆為

以為少昊代黃帝即圖讖所謂帝宣也〔左氏傳曰黃帝氏以雲紀少昊氏以鳥紀是以少昊代黃帝也河圖曰大星如虹下流華渚女節意感生白帝朱宣也朱宣宋均注曰朱宣少昊氏也〕為赤其所發明補益實多竪下通天然之如今堯不得為火則漢不得明建大聖之本改元正歷垂萬世則謂改之機綜微靡不審敷數也猶朝夕恪勤遊情六觀研瑞雜遝〔麟遝言多也章帝時鳳皇見百三十九麒麟五十二白虎二十九黃龍三十四神雀比六百四十九黃白燕等史官不可勝紀見東觀記〕廣聖見庶幾無所遺失矣〔廢學謂左氏傳也〕是以麟鳳百數嘉〔建初九年為元和元年正月始用四分歷也謂元和二年始用四分歷也〕帝嘉之賜布五百四衣一襲令遂自選公羊嚴顏諸生高才者二十人教以左氏〔公羊嚴彭祖顏安樂俱受公羊春秋故公羊有嚴顏之學見前書也〕簡紙經傳各一通〔紙竹簡也〕欲加賜以校書例多特以錢二十萬使潁陽侯馬防與之謂防曰賈逵母病此子無人事於外〔無人事謂不廣交通也〕屬空則從孤竹之子於首陽山矣〔竹謂之子也隱於首陽山卒餓死也空乏也史記曰伯夷叔齊孤竹之子也〕

書奏帝嘉之朱明

達數為帝言古文尚書與經傳爾雅詁訓相應詔令撰歐陽大小夏矦尚書古文同異集為三卷帝善之復令撰齊魯韓詩與毛氏異同并作周官解故撰齊〔轄固齊人也為毛詩韓嬰為韓詩毛萇為魯詩故謂事之指意也毛遷為衛士令北官人也見續漢志也〕高才生受左氏穀梁春秋古文尚書毛詩〔衛士令一人掌南北官秩比六百石見續漢志也〕由是四經遂行於世皆拜達所選弟子及門生為千乘王國郎〔千乘王伉章帝子伉也〕朝夕受業黃門署學者皆欣欣羨慕焉和帝即位永元三年以逵為左中郎將八年復為侍中領騎都尉內備帷幄兼領祕書近署甚見信用達薦東萊司馬均陳國汝郁帝即徵之並蒙優禮信誠行乎州里鄉人有所計授不應辟命信誠行平州里鄉人有所計爭輒令祝少賓〔祝詛也東觀記曰爭曲直者輒祝少賓平心不直者終無敢言位至侍中以老病乞身帝賜以大夫祿歸鄉里郁字叔異性〕不直者終無敢言位至侍中以老病乞身帝賜以大夫祿歸鄉里郁字叔異性

仁孝東觀記曰郁年五歲母病不能食郁常抱持
啼泣亦不食母憐之強爲飯宗親共異之回
字曰及親歿遂隱處山澤後累遷爲魯相
以德教化百姓稱之流人歸者八九千戶
所著經傳義詁及論難百餘萬言又作
詩頌誄書連珠酒令凡九篇學者宗之後
世稱爲通儒　應劭風俗通義曰授先王之制立當時之事綱紀國體原本要化此通儒也
然不修小節當世以此頗譏焉故不至
大官永元十三年卒時年七十二朝廷愍
惜除兩子爲太子舍人

▌後漢列傳二十六　三十五　林東

論曰鄭賈之學行乎數百年中遂爲諸儒
宗亦徒有以焉爾　言賈鄭雖爲儒宗而不爲帝所重故曰亦徒有以焉爾
桓譚以不善讖流亡鄭興以遜辭僅免賈
逵能附會文致最差貴顯　賈逵附會文致謂引左氏明漢爲堯也
也世主以此論學悲矣哉　言時主不重經而重讖也

張霸字伯饒蜀郡成都人也年數歲而知
孝讓雖出入飲食自然合禮鄉人號爲張
曾子七歲通春秋復欲進餘經父母曰汝
小未能也霸曰我饒爲之故字曰饒焉　猶饒也

益也　後就長水校尉樊鯈受嚴氏公羊春秋
遂博覽五經諸生孫林劉固叚著等慕之
各市宅其傍以就學焉舉孝廉光祿主事
稍遷　光祿勳之主事也見漢官　永元中爲會稽太守後爲潁川太
郡人處士顧奉公孫松等其餘有業行
者皆見禮用郡中爭厲志節習經者以千
守松爲司隸校尉並有名稱
數道路但聞誦聲初霸以樊鯈刪嚴氏春
秋猶多繁辭乃減定爲二十萬言更名張

▌後漢列傳二十六　二六　陳序

氏學霸始到越賊未解郡界不寧乃移書
開賊明用信賞賊遂束手歸附不煩士卒
之力童謠曰弃我戟捐我矛盜賊盡吏皆
休視事三年謂掾史曰太守起自孤生致
位郡守蓋日中則移月滿則虧　辭也記蔡澤之辭也易豐卦
日日中則昃月盈則食也　老氏有言知足不辱遂上病後
徵四遷爲侍中時皇后兄虎賁中郎將鄧
騭當朝貴盛聞霸名行欲與爲交霸逡巡
不荅衆人笑其不識時務後當爲五更會

疾卒年七十遺勑諸子曰昔延州使齊子

死言脱博因坎路側遂以葬焉〔延陵季子適齊其長子死於嬴博之間因葬焉〕

可止此葬足藏髮齒而已今蜀道阻遠不宜歸塋〔嬴博二縣名屬泰山郡禮記曰〕

本心人生一世但當畏慎於人若不善加

已直為受之諸子承命葬於河南梁縣因

遂家焉將作大匠翟酺等與諸儒門人追

錄本行諡曰憲文中子指

指字公超通嚴氏春秋古文尚書門徒常

百人賓客慕之自父黨凥儒俱造門焉車〔後漢列傳二十六　二十七　王先〕

馬填街徒從無所止黃門及貴戚之家皆

起舍巷次以候過客往來之利指疾其如

此輒徙避之家貧無以為業常乘驢車至

縣賣藥足給食者輒還鄉里司隸舉茂才

除長陵令不至官隱居弘農山中學者隨

之所居成市後華陰山南遂有公超市五

府連辟舉賢良方正不就〔五府太傅太尉司徒司空大將軍也〕

漢安元年順帝特下詔告河南尹曰故長

陵令張指行慕原憲操擬夷齊〔原憲魯人字子思孔子弟子清約守節即貧而樂道〕

獨拔羣俗前比徵命盤桓未至將主者駭

習於常優賢不足使其難進歟郡時以禮

發遣指復告疾不到性好道術能作五里

霧時關西人裴優亦能為三里霧自以不

如指從學之指避不肯見帝即位遂

行霧作賊事覺被考引指言從學術指坐

繫廷尉詔獄積二年恒諷誦經籍作尚書〔後漢列傳二十六　二十八　河南〕

安車備禮聘之辭以篤疾不行年七十終〔注後以事無驗見原還家建和三年下詔〕

於家子陵

陵字處沖官至尚書元嘉中歲首朝賀大

將軍梁冀帶劍入省陵呵叱令出勑羽林

虎賁奪異劍異跪謝陵不應即劾奏異請

廷尉論罪有詔以一歲俸贖而百僚肅然

初冀六弟不疑為河南尹舉陵孝廉不疑疾

陵之奏異因謂曰昔舉君適所以自罰也

陵對曰明府不以陵不肖誤見擢序今申
公憲以報私恩不疑有愧色陵弟玄
玄字處虛沈深有才略以時亂不仕司空
張溫數以禮辟不能致中平二年溫以車
騎將軍出征涼州賊邊章等將行玄自田
廬被褐帶索要說溫曰天下寇賊雲起豈
不以黃門常侍聞中貴人公卿
巳下當出祖道於平樂觀明公總天下威
重握六師之要若於中坐酌酒鳴金鼓整
行陣召軍正執有罪者誅之引兵還屯都
亭以次翦除中官解天下之倒縣報海內
之怨毒然後顯用隱逸忠正之士則邊章
之徒宛轉股掌之上矣溫聞大震不能對
良久謂玄曰處虛非不悅子之言顧吾不
能行如何玄乃歎曰事行則為福不行則
為賊今與公長辭矣即仰藥欲飲之溫前
執其手曰子忠於我我不能用是吾罪也
子何為當然且出口入耳之言誰今知之

（左傳曰言出於余口入於爾耳）

玄遂去隱居魯陽山中（山在今汝州南）
及董卓秉政聞之辟以為掾舉侍御史不
就卓臨之以兵不得巳彊起至輪氏道病（輪氏縣屬潁川郡故城在今洛州洛陽縣城西南）
終

贊曰中世儒門賈鄭名學衆馳一介爭禮（介單使也左傳曰君亦不使一介...）
氍毹（一介單使也左傳曰君亦不使一介...氍毹謂匈奴也）
經義偏情較霸貴知止辭交戚里公超善
術所舍成市

後漢書列傳卷第二十六

唐章懷太子賢注

榮　子郁　孫焉　曾孫鸞　玄孫典　玄孫彬

丁鴻

桓榮字春卿沛郡龍亢人也〔續漢書曰榮本齊相之後也拒公用其謚立族命氏焉〕

習歐陽尚書事博士九江朱普〔朱普字公文　少學長安〕

尤盛見前書　貧寠無資〔寠空也　常客傭以自〕

給精力不倦十五年不闚家園至王莽篡

位乃歸會朱普卒榮奔喪九江貧土成墳〔卓茂〕

因留教授徒眾數百人莽敗天下亂榮抱

其經書與弟子逃匿山谷雖常飢困而講

論不輟後復客授江淮閒建武十九年年

六十餘始辟大司徒府時顯宗始立爲皇

太子選求明經乃擢榮弟子豫章何湯爲

虎賁中郎將以尚書授太子世祖從容問

湯本師爲誰湯對曰事沛國相榮〔謝承書曰何湯字仲引豫章南〕

帝即召榮令說尚書甚善之〔容從音七〕

昌人也榮年四十餘人湯爲高第以才明知名

榮以才明知名之後拜郎中守開陽門候上微行夜

還湯開門不納更從中東門入明旦召詰太官賜食諸門候皆奪其稟請兩洛陽令車收繫即日赦免令於中郎將上疏請帝乃推榮車駕數幸太學賜榮五更封關內侯之謂也湯以明經尚書授太子世祖從容問何湯之力也

常言曰此皆何湯之力也〔仲引之力也〕

太子每朝會輒令榮於公卿前敷奏經書

帝稱善曰得生幾晚會歐陽博士缺帝欲

用榮榮叩頭讓曰臣經術淺薄不如同門

生郎中彭閎揚州從事皐弘帝欲〔李賢〕

並用榮榮相善子徽至司徒長史也因拜榮爲博士引〔續漢書曰閎字和諧此官謝承書曰皐弘字泰卿吳郡人也〕

詣諧〔續漢書曰閎字作明俞然也然其所舉物令往言〕

於削榮被服儒衣溫恭有蘊籍〔博有餘也蘊〕

閎弘爲議郎車駕幸大學會諸博士論難

辯明經義每以禮讓相厭不以辭長〔音於問反〕

勝人儒者莫之及〔獸服也音一葉反〕特加賞賜又

詔諸生雅吹擊磬盡日乃罷〔吹管奏雅頌也〕後榮

入會庭中詔賜奇果受者皆懷之榮獨舉

手捧之以拜帝笑指之曰此真儒生也以

是愈見敬厚常令止宿太子宮積五年榮
薦門下生九江胡憲侍講乃聽得出旦一
入而已榮嘗寢病太子朝夕遣中傅問病
賜以珍羞帷帳奴婢謂如有不諱無憂
家室也（不諱謂死也死者人之常故言不諱也）後病愈復入侍講
二十八年大會百官詔問誰可傅太子者
羣臣承望上意皆言太子舅執金吾原鹿
疾陰識可（言可任也）博士張佚正色曰今陛下
立太子為陰氏乎為天下即為陰氏則
陰氏可為天下則固宜用天下之賢才帝
稱善曰欲置傅者以輔太子也今博士不
難正朕況太子乎即拜佚為太子太傅而
以榮為少傅賜以輜車乘馬榮大會諸生
陳其車馬印綬曰今日所蒙稽古之力也
可不勉哉榮以太子經學成畢上疏謝曰
臣幸得侍帷幄執經連年而智學淺短無
以補益萬分今皇太子以聰叡之姿通明
經義觀覽古今儲君副主莫能專精博學

三　林懷

若此者也斯誠國家福祐天下幸甚臣師
道已盡皆在太子謹使掾臣氾再拜歸道
（續漢書曰三公東西曹掾四百石餘掾北二百石餘猶謝也）太子報書曰莊
以童蒙學道九載而典訓不明無所曉識
夫五經廣大聖言幽遠非天下之至精豈
能與於此（此上二句周易之繫辭與音預）況以不才敢承命
昔之先師謝弟子者有矣上則通達經旨
分明章句（前書曰丁寬受學於田何學成何謝寬寬東歸何謂門人曰易東矣是先師謝弟子）今蒙
子下則去家慕鄉求謝師門（韓詩外傳曰孔子行見皋魚哭）
（孔子曰子非有喪何哭悲也皋魚曰吾少而好學周流諸侯以沒吾親撅欲靜而風不止子欲養而親不待往而不可追者年往也不見者親也吾請從此辭子曰弟子識之於是門人辭歸者有三也）今蒙
下列不敢有辭願君慎疾加餐重愛玉體
（史記曰伏開太后玉體不安）三十年拜為太常
榮初遭倉卒與族人桓元卿同飢厄而
講誦不息元卿嗤榮曰但自苦氣力何時
復施用乎榮笑不應及為太常元卿歎曰
我農家子豈意學之為利乃若是哉（東觀記曰）顯宗
（生笑曰榮為太常元卿來候榮榮諸弟子謂曰我安能知此哉）

四

即位尊以師禮甚親重拜二子爲郎榮
年踰八十自以衰老數上書乞身輒加賞
賜乘輿嘗幸太常府令榮坐東面設几杖
會百官驃騎將軍東平王蒼以下及榮門
生數百人天子親自執業每言輒曰大師
在是既罷悉以太官（東觀記曰時執經自爲下說而讓曰太師在是乃避位）
供具賜太常家其恩禮若此永平二年三（雍前書音義曰明堂靈臺碑雍也三雍宮也謂明堂靈臺辟雍）
雍初成拜榮爲五更（三雍五更解見明紀五）每大射養老禮畢帝輒引
雍和之氣爲之故謂（之也）
乃封榮爲關內侯食邑五千戶（東觀記曰榮授朕以尚書十有餘年詩云日就月將示我顯德行乃封之）榮每疾病帝輒遣使者
存問太官太醫相望於道及篤上疏謝恩
讓還爵土帝幸其家問起居入街下車擁
經而前撫榮垂涕賜以牀茵帷帳刀劍衣
被良久乃去自是諸族將軍大夫問疾者
不敢復乘車到門皆拜牀下榮卒帝親自
憂服臨喪送葬賜家塋于首山之陽（首陽山在）

（今偃師縣也 西北也）除兄子二人補四百石都講生八
人補二百石其餘門徒多至公卿（華嶠書曰榮第子丁）
鴻學最高子郁嗣（華嶠書曰榮長子雍早卒小子郁嗣）
論曰張佚許之陰矣以取高位危言犯衆
義動明后知其直有餘也若夫一言納賞
志士爲之懷恥（秦兵圍趙時魯仲連在趙因說平原君趙乃以千金爲仲連壽仲連笑曰所貴於天下之士者能排患解紛而無取也取者是商賈之事也連不忍爲也遂去終身不復見）
（已斯云風人猶詩人也）
引史記云受爵不讓至於己而佚廷議戚援自居全
德（佚諫云居全德當用天下之賢子而乃自當其任故曰鉅全德也）
意者以廉不足乎昔樂羊食子有功見疑
西巴放麑以罪作傳（吳漢傳見）
本乎其情君人者能以此察則真邪幾矣
辨矣（鉅近也音幾依反）
業以尚書教授門徒常數百人榮卒郁當
郁字仲恩少以父任爲郎敦厚篤學傳父
襲爵上書讓於兄子汎顯宗不許不得已
受封悉以租入與之帝以郁先師子有禮

讓甚見親厚常居中論經書問以政事稍
遷侍中年為議郎遷侍中◯帝自制五家要說
章句令郁定於宣明殿

監虎賁中郎將永平十五年入授皇太子
經遷越騎校尉詔勅太子諸王各奉賀致
禮郁數進忠言多見納錄賜郁鞍馬刀劍

以侍中

乃上疏皇太子曰伏見太子體性自然包含今古謙
允恭天下共見郁父子受恩無以明益夙夜顛懼
誠思

以母憂乞身詔聽以侍中行服◯肅宗即位郁
二年遷屯騎校尉和帝即位富於春秋侍
中竇憲自以外戚之重欲令少主頗涉經
學上疏皇太后曰禮記云天下之命懸於
天子天子之善成乎所習習與智長則切
而不勤化與心成則中道若性昔成王幼

小越在襁褓周公在前史佚在後太公在
左召公在右中立聽朝四聖維之是以慮
無遺計舉無過事

孝昭皇帝八歲即位大臣
輔政亦選名儒韋賢蔡義夏侯勝等入授
於前平成聖德◯近建初元年張酺魏

應召訓亦講禁中

下躬天然之姿宜漸教學而獨對左右小
臣未聞典義昔五更桓榮親為帝師子郁
結綬敷尚繼傳父業故冊以校尉入授先
帝父子給事禁省更歷四世今白首好禮
經行篤備又宗正劉方宗室之表善為詩
經先帝所襄宜令郁並入教授以崇本
朝光示大化由是遷長樂少府復入侍講
頃之轉為侍中奉車都尉永元四年代丁
鴻為太常明年病卒郁經授二帝恩寵甚

篤賞賜前後數百千萬顯於當世門人楊

震朱寵皆至三公

書位至
太尉

初榮受朱普學章句四十萬言浮

辭繁長多過其實　亮反　長音直　及榮入授顯宗

減為二十三萬言復删省定成十二萬

言由是有桓君大小太常章句普嗣傳

爵至曾孫郁中子焉能世傳其家學　書曰華喬
孫蕃為曾孫彬

郁六子普延焉俊豐良普嗣爰傳圉
至曾孫絶爰良子孫皆博碑有才能

並知名

後漢列傳二十七

九

吳伓

焉字叔元少以父任為郎明經篤行有名

稱永初元年入授安帝三遷為侍中步兵

校尉永寧中順帝立為皇太子以焉為太

子少傅月餘遷太傅以母憂自乞聽以大

夫行喪踰年詔使者賜牛酒翠服即拜光

禄大夫遷太常時廢皇太子為濟陰王焉

與太僕來歷廷尉張晧諫不能得事已具

來歷傳順帝即位拜太傅與太尉朱寵並

錄尚書事焉復入授經禁中因讜見建言

宜引三公尚書入省事　省視　帝從之以焉

前廷議守正封陽平侯固讓不受視事三

年坐辟召禁錮者為吏免復拜光禄大夫

陽嘉二年代來歷為大鴻臚數日遷為太

常永和五年代王龔為太尉漢安元年以

日食免明年卒於家弟子傳業者數百人

黃瓊楊賜最為顯貴焉孫典
子順
順

典字公雅復傳其家業　華喬書曰典
父母事叔母如事親

以尚書教授潁川門徒

十　李尭

數百人與孝廉為郎居無幾會國相王吉

以罪被誅故人親戚莫敢至者典獨弃

官收斂歸葬服喪三年貞土成墳為立祠

堂盡禮而去辟司徒府舉高第拜侍

御史是時宦官秉權典執政無所回避常

乘驄馬京師畏憚為之語曰行行且止避

驄馬御史及黃巾賊起榮陽典奉使督軍

賊破還以糧官官賞不行在御史七年不

子曄

上半

調作十年　後出為郎靈帝崩大將軍何進

遷平津都尉鉤盾令羽林中郎將也　乘政典與同謀議三遷羽林中郎將　華嶠曰

何進謀誅閹官功雖不遂忠義炳著詔拜　獻帝即位三公奏典前與

家一人為郎賜錢二十萬從西入關拜御史中丞賜爵關內侯車駕都許遷光祿勳

建安六年卒官

竈字始春焉弟子也　東觀記曰竈父良龍舒侯相也　性著乎幼沖學覽六十一

行禠袍糟食不求盈餘　東觀記曰竈食醋飧也

經莫不貫綜推財孤寡分賄友朋泰於待賢俠扶養已常著大布袍糟食醋飧也　以世濁　王康

州郡多非其人恥不肯仕年四十餘時太守向苗有名迹乃舉竈孝廉遷為膠東令

始到官而苗卒竈即去職奔喪終三年然後歸淮汝之間高其義後為巳吾汲二縣

令　東觀記曰陳留巳吾長甚有名迹諸公並薦河內汲令

復徵辟拜議郎上陳五事舉賢才審授用

黔陬倖省苑囿息役賦書奏御悟內豎故

不省以病免中平元年年七十七卒于家

下半

子曄

曄字文林　一名嚴　東觀記嚴作礦　尤修志介姑為

司空楊賜夫人初礦卒姑歸寧赴將至

止於傳舍整飾從者而後入曄心非之及

姑勞問終無所言號哭而已賜遣吏奉祠

因縣發取祠具其曄拒不受每至京師未

嘗舍宿楊氏其貞恡若此　賓客從者

皆祗其志行一餐不受於人仕為郡功曹

後舉孝廉有道方正茂才三公並辟皆不　王仲

應初平中天下亂避地會稽遂浮海客交

阯服所乏者悉不受後東適會稽住山陰縣故魯相鍾離意振給飢民衣

相鍾離去之際太守王朗餉粮食布帛牛羊無所不漏移居揚州從事屈豫室中庭橘樹一株實犯不移當臨去之宜屋室中尺王朗餉給飢民衣

以竹蒲樹四面風吹落兩賈以繩繫著樹枝每當覆兔乃

亡之急其志彌固蒲樹風落兩賈

客從者皆蕭其志彌固實也　越人化其節至閭里不

爭訟為凶人所誣遂死于合浦獄

才惠　華嶠書曰鄧生麟也　桓帝初為議郎入侍講禁

柟字彥林焉之兄孫也父麟字元鳳早有

中以直道悟左右出為許令　州許縣名令許昌縣也　病

免會毋終麟不勝喪未祥而卒年四十一

所著碑誄讚說書凡二十一篇　者十八篇有碑九首誄七首說一首沛相郭府君書一首

名初舉孝廉拜尚書郎時中常侍曹節女壻馮方亦為郎彬屬志操與左丞劉歆右丞杜希同好交善未嘗與方共酒食之會方深怨之遂章言彬等為酒黨事下尚書令劉猛雅善彬等不舉正其事節大怒劾奏猛以為阿黨請收下詔獄在朝者為之寒心猛意氣自若旬日得出免官禁錮彬遂以廢光和元年卒於家年四十六諸儒莫不傷之所著七說及書凡三篇蔡邕等共論序其志僉以為彬有過人者四鳳智早成岐嶷也學優文麗至通也仕不苟祿絕高也操也乃共樹碑而頌焉

劉猛琅邪人相帝時為宗正直道不容自免歸家靈帝即位大傅陳蕃大將軍竇武輔政復徵用之

論曰伏氏自東西京相襲為名儒以取爵位　中興而桓氏尤盛自榮至典世宗其道父子兄弟代作帝師受其業者皆至卿相顯乎當世子曰古之學者為己今之學者為人　為人者憑譽以顯物為己者因心以會道榮之業世見宗焉其為己乎

丁鴻字孝公潁川定陵人也父綝字幼春王莽末守潁陽尉世祖略地潁陽潁陽城守不下綝說其宰遂與俱降世祖大喜厚加賞勞以綝為偏將軍因從征伐綝將兵先度河移檄郡國攻營略地下河南陳留潁川二十一縣建武元年拜河南太守及封功臣帝令各言所樂諸將皆占豐邑美縣唯綝願封本鄉或謂綝曰人皆欲縣子獨求鄉何也綝曰昔孫叔敖勑其子受封必求墝埆之地

〔利地也棲越之間有廢立者甚眾可長有以食也見呂氏春秋也〕

得鄉亭厚矣帝從之封定陵新安鄉侯食〔今綝能薄功微〕邑五千戶後更封陵陽侯鴻年十三從桓榮受歐陽尚書三年而明章句善論難為都講遂篤志精銳布衣荷擔不遠千里初綝從世祖征伐鴻獨與弟盛居憐盛幼小而共寒苦及綝卒鴻當襲封上書讓國於盛不報既葬乃挂縗絰於家廬而逃去留書與盛曰鴻貪經書不顧恩義弱而隨師〔也〕生不供養死不飯唅皇天先祖並不祐助身被大病不任茅土也〔住懺〕前上疾狀願辭爵仲公〔仲公盛之字也〕章寢不報迫且當襲封謹自放棄逐求良醫如遂不瘳永歸溝壑鴻初與九江人鮑駿同事〔桓榮〕相友善與駿遇於東海陽狂不識駿駿乃止而讓之曰昔伯夷與吳札亂世權行故得申其志耳〔伯夷孤竹君之子讓其弟叔齊餓死於首陽之山吳札吳壽夢之季子也札讓其國季子乃舍其室而耕皆見權時所行非常之道也伯夷當斜時吳札當周之末故言亂時吳札當周之末故言亂〕

〔也春秋衛宣公卒孫桓立父然則父立子立〕春秋之義不以家事廢王事〔者昌為崩讀之子然則無道靈公逐之而輒立輒〕以兄弟私恩而絕父不滅之基可謂智乎〔周平王東遷洛邑晉文侯優有輔佐之功平王以漢續〕鴻感悟垂涕歎息乃還就國開門教授鮑駿亦上書言鴻經學至行顯宗甚賢之〔伏見丁鴻經明行修志節清白由是上賢之也〕永平十年詔徵鴻至即召見說文侯之命篇〔書載駿書曰聞武王克封比干之墓表商容之閭二人無功下車先封之表善顯仁為國之務獨也〕頃之拜侍中十三年兼射聲校尉建初四年從封魯陽鄉侯〔東觀記曰魯陽鄉在魯陽郡也〕與廣平王羨及諸儒樓望成封桓郁賈逵等論定五經同異於北宮白虎觀〔廣平王羨明帝子也成封屯騎校尉桓郁衛尉之子也白虎觀名次門立觀因以名之〕使五官中郎將魏應主承制問難〔東觀記曰與太常樓望少府成封屯騎校尉桓郁衛士令賈逵等集議也白虎門名〕薄于恭奏上帝親稱制臨決鴻以才高論侍中

難最明諸儒稱之帝數嗟羨焉時人嘆曰

殿中無雙丁孝公〔東觀記曰上嘆嗟其才號之曰殿中無雙丁孝公賜錢二十萬〕〔續漢書亦同而此書獨作時人歎也〕

數受賞賜權徙校書遂代成封為少府門下由是益盛遠方至者數千人彭城劉愷徙封北海巴茂九江朱張皆至公卿元和三年徙封馬亭鄉矦〔東觀記曰元和二年車駕東巡狩鴻以少府從上奏曰臣聞古之帝王望太山嘉澤降澍柴祭之日白氣上與燎煙合黃氣又上善焉〕

和帝即位遷太常永元四年代袤安為司徒是時寶太后臨政憲兄弟各擅威權鴻因日食上封事曰臣聞日者陽精守實不虧君之象也月者陰精盈毀有常臣之表也故日食者臣乘君陰陵陽月滿不虧下驕盈也昔周室衰季皇甫之屬專權於外黨類強盛侵奪主威則日月薄食〔黨也詩謂幽王時也詩小雅曰皇甫卿士番惟司徒家伯維宰仲允膳夫其類非一故言之屬也〕

故詩曰十月之交朔月〔以盧江郡為六安國所以徙封為馬亭矦〕〈後漢列傳廿七〉

辛卯日有食之亦孔之醜〔十月之交詩小雅篇也孔甚也醜惡也〕

周之十月夏之八月也八月朔日月交而日為君辰為臣辛金也卯木也又以卯侵金故甚惡也〈後漢列傳廿二〉

春秋日食三十六殺君三十〔劉與上書云弒君三十六今春秋〕

二變不空生各以類應夫威柄不以放下利器不可假人〔劉向上書云弒君三十六〕諸生置本皆云三十二〔蓋誤也威柄即禮之八柄即爵祿之屬子奪廢誅殺也利器謂國之權執假借之八柄左傳曰唯器與名不可以假人也〕

禍靡不由之是以三相專魯田氏擅齊六卿分晉呂握權統嗣幾移哀平之末廟不血食〔三桓謂季孫氏仲孫氏叔孫氏三家皆出魯桓公故言三相並專權魯國至會〕

覽觀往古近察漢興傾危之〔秋與上書云秋三十六今春秋〕

公遂為季氏所逐平王乃攝行君事田氏後因自陳奔齊改為田氏遂執齊政至田和乃纂齊六卿謂晉之智氏中行氏范氏韓氏趙氏魏氏並執晉政韓趙魏卒三分晉國也諸呂謂呂產呂祿並專漢劉氏韓領南軍韓領北軍謀危劉氏故曰祿統嗣幾移

故雖有周公之親而無其德不得行其執也

伊尹之心則篡也〔言親賢兼重方可軌政孟子曰有伊尹之志可子曰有伊尹之心則無〕

差然而天下遠近皆惶怖今大將軍雖欲勑身自約不敢借石初除謁辭求通待報雖奉符璽受臺勑不敢便去久者至數十日背王室向私門〈陳從〉

此乃上威損下權盛也人道悖於下效驗

見於天雖有隱謀神照其情垂象見戒以

告人君聞者月滿先節過望不虧其〔易曰天垂象見吉凶〕

故言見戒也月滿先節謂未及望而滿也〔東觀記亦作先節俗本作失節字之誤也〕

溢背君專功獨行也陛下未深覺悟故天〔此臣驕〕

重見戒誠宜畏懼以防其禍詩云敬天之〔詩大雅也雷震驚天怒也戲豫〕

怒不敢戲豫〔猶逸豫也〕

勒政責躬杜漸防萌則　妖銷減害除福〔敬天之怒故不敢自逸所以弭天也〕

湊矣夫壞崖破巖之水源自涓涓干雲蔽

【後漢列傳卅七】〔尤〕

日之木起於蔥青禁微則易救末者難人

莫不忽於微細以致其大恩不忍誨義不

忍割去事之後未然之〔此臣愚以為〕

左官外附之臣〔前書左官附益阿黨之法設左官〕〔者人道尚右舍天子而事諸侯為〕〔正法而附私家〕

媚者宜行一切之誅開者大將軍弁出威〔依託權門傾覆詔諛以求容〕

振州郡莫不賦斂吏人遣使貢獻大將軍

雖云不受而物不還主部署之吏無所畏

懼縱行非法不伏罪辜故海內貪猾競為

姦吏小民吁嗟怨氣滿腹臣聞天不可以

不剛不剛則三光不明〔三光日月星也天道尚〕〔剛德〕

因大變改政匡失以塞天意畫奏十餘日〔剛德為王不可以不彊不彊則宰牧從橫宜〕〔剛周易曰乾健也左傳〕

帝以鴻行太尉兼衛尉屯南北宮於是收

竇憲大將軍印綬憲及諸弟皆自殺時大

郡口五六十萬舉孝廉二人小郡口二十

萬并有蠻夷者亦舉孝廉二人帝以為不均下

公卿會議鴻與司空劉方上言凡口率之〔王中〕

科宜有階品蠻夷錯雜不得為數自今郡

國率二十萬口歲舉孝廉一人四十萬二〔後漢列傳卅七〕〔廿〕

人六十萬三人八十萬四人百萬五人百

二十萬六人不滿二十萬二歲一人不滿

十萬三歲一人帝從之六年鴻薨賜贈有

加常禮子湛嗣卒子浮嗣浮卒子夏嗣〔記及續漢書〕〔夏字作蒙也〕

論曰孔子曰大伯三以天下讓民無得而〔此上論語戴孔子之言也鄭玄注云大伯周大〕〔王之長子次子仲雍次子季歷大王見季歷賢〕

稱焉

又生文王，有聖人衆，故欲立之，而未有命。大王疾，大
伯因適吳越採藥。大王殁而不返，季歷為喪主，一讓
也。季歷卒而來奔喪，二讓也。免喪之後，遂斷髮文
身，三讓也。三讓之美皆蔽隱，故人無得而稱焉。

未嘗故有求讓之名。故大伯稱至德，伯夷稱賢。
率性清潔，超然去國。

孟子曰：聞伯夷之風者，貪夫廉，懦夫有立
志。若乃大伯以天下而遜周，伯夷率絜情
以去國，並未始有其讓也。

人後世聞其讓而慕其風，徇其名而昧其
致，所以激詭行生而取與妄矣。

至夫鄧彪、劉愷，讓其弟以取義，使
弟受非服而已，厚其名於義，不亦薄乎？

君子立言非苟顯其身，將以啟天下之
方；悟者立行非獨善其身，將以訓天下之
方。動者言言之所開塞，可無慎哉！丁鴻
之心，主於忠愛乎？何其終悟而從義也。異
夫數子類乎徇名者焉。

贊曰：五更待問，應若鳴鍾。

如撞鐘扣之以小者則小鳴，扣之以大者則大
鳴，待其容而後盡其聲，不善問者反此也。

輳駕堂修禮容，穆穆帝則，擁經以從。

丁鴻翼翼，謙讓而不飾。高論白虎，深言日食。

後漢書列傳卷第二十七

范曅　後漢書三十八

唐章懷太子賢注

張宗

　滕撫

　度尚

　楊琁

法雄

馮緄

張宗字諸君南陽魯陽人也王莽時為縣
陽泉鄉佐〔續漢書曰鄉佐主佐鄉收稅賦〕會莽敗義兵起宗
乃率陽泉民三四百人起兵略地西至長
安更始以宗為偏將軍宗見更始政亂因
安定河西征定河
東宗詣禹自歸禹聞宗素多權謀乃表為
偏將軍禹軍到拘邑赤眉大衆且至禹以
拘邑不足守欲引師進就堅城而衆人多
畏賊追懼為後乃書諸將名於竹簡
署其前後亂著筩中令各探之〔筩以竹為之鄭玄注禮記
云圜曰筩〕宗獨不肯探曰死生有命張宗豈
辭難就逸乎禹歎息謂曰將軍有親弱在
營奈何不顧宗曰愚聞一卒畢力百人不

當萬夫致死可以橫行宗今擁兵數千以
承大威何遽其必敗乎遂留為後距諸營
既引兵宗方勒屬軍士堅壘壁以死當之
禹到前縣方議曰以張將軍之衆當百萬之
師猶以小雪投沸湯雖欲戮力其埶不全
也乃遣步騎二千人反還迎宗宗引兵始
發而赤眉卒至宗與戰卻之乃得歸營於
是諸將服其勇及還到長安宗夜將銳士
入城襲赤眉中矢貫胛〔胛肩上也髆閒又轉攻諸
營保為流矢所激皆幾至於死及鄧禹徵
還光武以宗為京輔都尉〔秦置郡有尉一人景帝更名
都尉武帝元鼎四年置京輔都尉典禁景帝更名
都尉各一人二千石見前書也〕將突騎與征西
大將軍馮異共擊關中諸營保破之遷河
南都尉建武六年都尉官省拜太中大夫
八年潁川桑中盜賊羣起宗將兵擊定之
後青冀盜賊屯聚山澤宗以謁者督諸郡
兵討平之十六年琅邪北海盜賊復起宗
督二郡兵討之乃設方略明購賞皆悉破

散於是沛楚東海臨淮羣賊懼其威武相捕斬者數千人青徐震慄後遷琅邪相其政好嚴猛敢殺伐永平二年卒於官

法雄字文彊扶風郿人也齊襄王法章之後秦滅齊子孫不敢稱田姓故以法爲氏法章齊湣王子也法章子宣帝時徙三輔世爲二千石雄初仕郡功曹續漢志曰郡皆置諸曹掾史功曹史主選署功勞善政事好發摘姦伏盜賊辟太傅張禹府舉雄高第除平氏長縣屬南陽郡故城今唐州平氏縣也平氏稀發吏人畏愛之南陽太守鮑得上其理狀遷冀陵令永初三年海賊張伯路等三千餘人冠赤幘服絳衣自稱將軍寇濱海九郡殺二千石令長初遣侍御史龐雄督州郡兵擊伯路等乞降尋復屯聚明年伯路復與平原劉文河等三百餘人稱使者攻厭次城殺長吏厭次今棣州縣是也轉入高唐高唐燒官寺出繫囚渠帥皆稱將軍共朝謁伯路伯路冠五梁冠佩印綬漢官儀曰諸梁鄉大夫尚書二千石冠兩梁千石以下至小吏冠一梁無五梁制者也黨眾寖盛乃

三

遣御史中丞王宗持節發幽冀諸郡兵合數萬人乃徵雄爲青州刺史與王宗并力討之連戰破賊斬首溺死者數百人餘皆奔走收器械財物甚衆會赦詔到賊猶以軍甲未解不敢歸降於是王宗召刺史太守共議皆以爲當遂擊之雄曰不然兵凶器戰危事史記范蠡之詞若乘船浮海深入遠島攻之未易也及有赦令可且罷兵以慰誘其心勑必解散然後圖之可不戰而定也宗善其言即罷兵賊聞大喜乃還所略人而東萊郡兵獨未解甲賊復驚恐遁走遼東止海島上五年春乃復抄東萊開雄率郡兵擊破之賊逃還遼東遼東人李久等共斬平之於是州界清靜雄每行部錄囚徒察顏色多得情僞長吏不奉法者皆解印綬去在州四年遷南郡太守斷獄省少戶口益增郡濱

四

帶江沔 水經曰沔水出武都沮縣東狼谷中 又有
雲夢數澤 至江夏沙羨縣北南入于江羨音夷 雲夢澤今在安州 永初中多虎狼之暴前
太守賞募張捕及為所害者甚衆雄乃移
書屬縣曰凡虎狼之在山林猶人之居城
市古者至化之世猛獸不擾 禮記曰大道之行四靈以為畜 皆由恩信
寬澤仁及飛走太守雖不德敢忘斯義記
到其毀壞檻穽不得妄捕山林 檻謂捕獸之機也穽謂穿 義記
是後虎害稍息人以獲安在郡數歲 地陷是也 獸也
歲常豐稔 稔熟也 元初中卒官子真在逸人傳
滕撫字叔輔北海劇人也初仕州郡稍遷
為涿令有文武才用太守以其能委任郡
職兼領六縣 續漢志涿郡領七縣除涿以外有遒故安范陽良鄉北新城方城六縣侯 撫兼領之
風政修明流愛于人在事七年道不
拾遺順帝末揚徐盜賊羣起磐牙連歲不
連結建康元年九江范容周生等相聚反 謂相連結 歷陽和州縣今為江淮巨患遣御史
亂屯據歷陽 歷陽今和州縣 為江淮巨患遣御史
中丞馮緄將兵督揚州刺史尹耀九江太

守鄧顯討之耀顯軍敗為賊所殺又陰陵
人徐鳳馬勉等復寇郡縣殺略吏人鳳衣
絳衣帶黑綬稱無上將軍勉皮冠黃衣帶
王印稱黃帝築營於當塗山中 合肥故城在今盧州北也 當塗縣之山今在宣州
乃建年號置百官遣別帥黃虎攻沒合肥
明年廣陵賊張嬰等復聚衆數
千人反據廣陵朝廷求將帥三公舉撫
有文武才拜為九江都尉與中郎將趙序
助馮緄合州郡兵數萬人共討之又廣開
賞募錢邑各有差梁太后慮羣職屯結諸
將不能制又議遣太尉李固未及行會撫
等進擊大破之斬馬勉范容周生等千五
百級徐鳳遂將餘衆攻燒東城縣 東城縣故城在今豪
縣定遠下邳人謝安應募率其宗親設伏 州東南
中郎將督揚徐二州事撫復進擊張嬰斬
擊鳳斬之封安為平鄉矦邑三千戶拜撫
獲千餘人趙序坐畏懦不進詐增首級徵
還弃市又歷陽賊華孟自稱黑帝攻九江

殺郡守撫乘勝進擊破之斬孟等三千八
百級虜獲七百餘人牛馬財物不可勝筭
於是東南悉平振旅而還以撫為左馮翊
除一子為郎撫所得賞賜盡分於麾下性
方直不交權埶官懷忿及論功當封太
尉胡廣時錄尚書事承旨奏黜撫天下怨
之卒於家

馮緄字鴻卿巴郡宕渠人也（宕渠縣故城在今／渠州東北緄音古／瓦　又下）

少學春秋司馬兵法（謝承書曰緄學公羊春／秋史記曰司馬穰苴者）

【後漢列傳三十八】　七　陳興

父煥安帝時為幽州刺史疾忌姦惡數
致其罪時玄菟太守姚光亦失人和建光
元年怨者乃詐作璽書譴責煥光賜以歐
刀又下遼東都尉龐奮使速行刑奮即斬
光收煥煥欲自殺緄疑詔文有異止煥曰
大人在州志欲去惡實無它故必是凶人
安詐規肆姦毒願以事自上甘罪無晚煥
從其言上書自訟果詐者所為徵奮抵罪

【後漢列傳三十八】　八　章明

會煥病死獄中帝愍之賜煥光錢各十萬
以子為郎中緄由是知名家官田好施賑趙
窮急為州里所歸愛初舉孝廉七遷為廣
漢屬國都尉拜御史中丞順帝末以緄為
持節督揚州諸郡軍事與中郎將滕撫擊
破羣賊賊遷隴西太守後鮮甲寇邊以緄
遼東太守曉喻降集虜皆弭散（弭止也）徵拜
京兆尹時轉司隸校尉所在立威刑遷廷尉
太常時長沙蠻寇益陽也聚積父至延熹

五年羣盜盛而零陵蠻賊復反應之合二
萬餘人攻燒城郭殺傷長吏又武陵蠻夷
悉反寇掠江陵間荊州刺史劉度南郡太
守李肅並奔走荊南皆沒於是拜緄為車
騎將軍將兵十餘萬討之詔策曰蠻夷
猾夏父不討攝（猾亂也夏華夏也攝持也書曰蠻夷猾夏猾）
蹈籍官人州郡將吏死職之臣相逐奔竄
曾不反顧可愧言也將軍素有威猛是以
擢授六師（六師猶六軍也詩云整我六師以脩我戎也　前代陳湯馮）

傳之徒以實擊眾 陳湯字子公山陽瑕丘人也元帝時為西域副校尉懸發於豪桀斬馬奉車字明以節諭諸國客到伊修城時者字明久以節告諸國王發兵五千人擊莎車殺漢使 王傳首詣長安傳以西北地人昭樓蘭國為名至樓蘭漢王與介子飲士卒齎金幣以賜時乃令壯士二人剌殺之持首詣闕

郅支夜郎樓

外國為名至樓蘭漢王與介子飲士卒齎金幣以賜時
又論誅戎夷傳此蓋衛霍北征功列金石是
迂責困興頭索夜郎王不從京師殺之者陳立立
數責困興頭索夜郎王不從命祥柯太守陳立行縣至夜郎召興郅興數十人見陳立立斬首七萬餘級次到

斬首七萬餘級次到
狼居胥山遐遠也
國門也遠郊門也關門也
事不復內御 一猶專也言出郊以外不復由內制御也祖道祭也鄭玄注禮記云天子九門路門也近郊
迹進赴之宜權時之策將軍一之出郊之 今非將軍誰與修復前
敷敦准濆仍執醜虜將軍其勉之 當周宣王也詩大雅也王
數敦准濆仍執醜虜將軍其勉之
時徐方准夷反叛宣王乃進其虎猛之臣謂方叔仍就召
虎之類也醜眾也醜虜怒聲也醜眾布也獶眾仍仍
因也言布兵敦逼准水之涯因也
執得眾虜引許誠緄今其勉也 時天下飢饉幣

皆將軍所究臨見也 至實顏山斬首九千級去青
衛青霍去病俱出擊匈奴 【後漢列傳二十八】

蘭之戎頭縣都街

詩不云乎進厥虎臣闞如虓虎
詩大雅也

章英 九

藏虛盡每出征伐常公卿奉祿假王矣
祖賦前後所遣將帥官官輒陷以折耗軍
資往往抵罪緄性烈直不行賄賂懼為所
中乃上疏曰執得容姦伯夷可疑苟曰無
猜盜跖可信 莊子曰孔子與柳下季為友柳下季之弟名曰盜跖從卒九千人橫行侵暴諸矦故樂羊陳功文矦示以 史記曰魏將樂羊將中山三年拔之樂羊反而論功文矦示之 故樂羊陳功文矦示以
謗書 攻中山樂羊再拜曰此非臣之功也
費尚書朱穆奏緄以財自嫌失大臣之節
降 管州縣道今道也 進擊武陵蠻夷斬首四千餘
級受降十餘萬人荊州平定詔書賜錢一
億固讓不受振旅還京師推功於從事中
郎應奉薦以為司隸校尉而上書乞骸骨
朝廷不許監軍使者張敞承官官旨奏緄
將傳婢二人戎服自隨又輒於江陵刻石
紀功請下吏案理尚書令黃雋奏議以為
罪無正法不合致糾會長沙賊復起攻桂

【後漢列傳二十八】 十

劉仲

陽武陵緡以軍還盜賊復發檄免頃之拜
將作大匠轉河南尹上言舊典中官子弟
不得爲牧人職帝不納復爲廷尉時山陽
太守單遷以罪繫獄緡考致其死遷車
騎將軍單超之弟中官相黨遂共誹章誣
緡坐與司隷校尉李膺大司農劉祐俱輸
左校緡復爲廷尉卒於官緡弟允清白有孝行
尉復爲廷尉善推步之術
能理尚書善推步之術
度尚字博平山陽湖陸人也家貧不修學
降虜校尉終於家
覽視田得爲郡上計吏拜郎中除上虞長
爲政嚴峻明於發擿姦非吏
人謂之神明
行不爲鄉里所推舉
安此遇時疾疫穀貴人飢尚開倉廩給營
東比縣

〔後漢列傳天〕 謝承書曰緡子鸞

積困窮乃爲官者同郡庶
于略與此不同
越州餘姚縣兩
上虞縣故城在今

救疾者百姓蒙其濟時奧州刺史朱穆舉行
部見尚甚奇之延憙五年長沙零陵賊合
七八千人自稱將軍入桂陽蒼梧南海交
阯交阯刺史及蒼梧太守望風逃奔二郡
皆沒遣御史中丞盛修募兵討之不能剋
豫章艾縣人六百餘人應募而不得賞直
怨恚遂反焚燒長沙郡縣寇益陽
督荊州刺史劉度擊之軍敗睦度奔走桓
帝詔公卿舉任代劉度者尚書朱穆舉尚
自右校令擢爲荊州刺史尚躬率部曲與
同燊殄逸廣募雜種諸蠻夷明設購賞進擊
大破之降者數萬人桂陽宿賊渠帥上陽
潘鴻等畏威烈尚欲擊之追數百
里遂入南海破其三屯多獲珍寶而陽鴻
等黨衆猶盛尚欲擊之而士卒驕富莫有
鬪志尚計緩之則不戰遍之必逃亡乃宣
言上陽潘鴻作賊十年習於攻守今兵寡

〔後漢列傳天〕

益陽縣在
益水之陽
故城在今潭州益陽縣東
州益陽縣

少未易可進當須諸郡所發悉至爾乃并
力攻之申令軍中恣聽射獵兵士喜悅大
小皆相與從禽尚乃密使所親客潛焚其
營珍積皆盡獵者來還莫不涕泣尚人人
慰勞深自各責因曰上陽等財寶足數
世諸鄉但不并力耳所亡少少何足介意
衆聞咸憤踊尚勅令秣馬蓐食明旦徑赴
賊屯陽鴻等自以深固不復設備吏士乘
銳遂大破平之尚出兵三年羣寇悉定七

【後漢列傳二十六】 十三 李業

年封右鄉侯遷桂陽太守明年徵還京師
時荊州兵朱蓋等征戍役久財賞不贍恣
憙復作亂與桂陽賊胡蘭等三千餘人復
攻桂陽焚燒郡縣太守任胤弃城走賊衆
遂至數萬轉攻零陵太守陳球固守拒之
於是以尚為中郎將將幽冀黎陽烏桓步
騎二萬六千人救球又與長沙太守抗徐
等發諸郡兵并執計擊大破之斬蘭等首
三千五百級餘賊走蒼梧詔賜尚錢百萬

餘人各有差時抗徐與尚俱為名將數有
功徐字伯徐丹陽人鄉邦稱其膽智初試
守宣城長悉發深林遠藪椎髻鳥語之人
置於縣下（宣城縣故城在今宣州南陵縣東椎髻…鳥語謂語聲似鳥也書）
曰島吏 卻服克 由是境內無復盜賊後為中郎將
（烏程今…湖州縣）遷太山都尉寇盜望風奔亡及在
之斬首三千餘級封烏程東鄉侯五百戶
宗資別部司馬擊大山賊公孫舉等破平
長沙宿賊皆平卒於官桓帝下詔追增封

【後漢列傳二十八】 十四

徐五百戶并前千戶復以尚為荊州刺史
尚見胡蘭餘黨南走蒼梧懼為已負乃為
上言蒼梧賊入荊州界於是徵交阯刺史
張盤君下廷尉辭狀未正會赦見原盤不肯
出獄方更牢持械節獄吏謂盤曰天恩曠
然而君不出何平磐因目列曰前長沙賊
胡蘭作難荊州餘黨散入交阯斬殄渠帥餘盡鳥
竄冒違遁還奔荊州刺史度尚懼譴先言怖

畏罪尸 〔庚亦罪也〕 伏奏見誣般石備位方伯為國

爪牙 〔爪牙以猛獸為喻言為國之扞衛也詩曰祈父予王之爪牙也〕 而為尚所

枉受罪牢獄夫事有虛實法有是非般石實

不幸赦無所除如忍以苟免永受侵辱之

恥生為惡吏死為敝鬼乞傳尚詣廷尉面

對曲直足明具偽尚不徵者般埋骨牢檻

終不虛出望塵受枉廷尉以其狀上詔書

徵尚到廷尉辭窮受罪以先有功得原般

字子石丹陽人以清白稱終於盧江太守

戰破之戎狄憚畏年五十延熹九年卒於

官

楊琁字機平會稽烏傷人也高祖父茂本

河東人從光武征伐為威寇將軍封烏傷

新陽鄉侯建武中就國傳封三世有罪國

除因而家焉父扶交阯刺史有理能名兄

喬為尚書容儀偉麗數上言政事桓帝愛

其才見詔妻以公主喬固辭不聽遂閉口

不食七日而死琁初舉孝廉稍遷靈帝時

為零陵太守是時蒼梧桂陽猾賊相聚攻

郡縣賊眾多而琁力弱吏人憂恐琁乃特

制馬車數十乘以排囊盛石灰於車上 〔排音蒲拜反〕囊

〔即今囊筴也〕 繫布索於馬尾又為兵車專殺 〔囊〕

弓弩剋共會戰乃令馬車居前順風鼓灰

賊不得視因以火燒布然馬驚奔突賊陣

因使後車弓弩亂發鉦鼓鳴震羣盜波駭

破散追逐傷斬無數梟其渠帥郡境以清

而妄有其功琁與相章奏凱有黨助遂檻 〔也〕

車徵琁防禁嚴密無由自訟乃噬臂出血 〔襄縣也〕

書衣為章具陳破賊形執及言凱所誣狀

潛令親屬詣闕通之詔書原琁拜郎 〔荊州刺史趙凱誣奏琁實非身破賊〕

反受誣人之罪後尚書令張溫特表薦之 〔凱〕

有異政拜尚書僕射以病乞骸骨卒於家

徵拜尚書僕射以病乞骸骨卒於家

論曰安順以後威稍薄寇攘橫緣陳

而生剽人盜邑者不關時月也關息假署皇

王者蓋以十數或託驗神道或矯安晃服

然其雄渠魁長未有聞焉猶至壐盈四郊壐軍壁也禮記曰四郊多壐卿大夫之

奔命首尾屢奔命謂有命即奔赴之左傳曰余必使爾罷於奔命也

若夫數將者並宣力勤慮以勞定功禮記曰以勞定國則祀之

膚受之言互及景風之賞未甄膚受謂得皮膚之言而受之不深

而景風之賞未甄

而推政道難乎

以免使難乎免於今之世矣論語孔子曰不有祝鮀之佞

知其情猿者也孔子曰不有祝鮀之佞可謂明矣受之然不行焉

十七　後漢列傳二十八

李最

江淮海低

賛曰張宗祕禹敢殿後拒殿音丁見反

虞劉寇阻虞劉皆殺也其誰清之雄尚綑撫琁能

用譎亦云振旅

後漢書列傳卷第二十八

范曄　唐章懷太子賢注

劉平　趙孝
淳于恭　江革
劉般 子愷　周磐
趙咨

孔子曰夫孝莫大於嚴父嚴父莫大於配天則周公其人也　配天謂宗祀文王於明堂以配上帝

哉貧也生無以養死無以葬子曰啜菽飲水孝也　事見禮記 啜音昌悅　夫鍾鼓非樂云之本而器不可去　論語孔子曰樂云樂云鍾鼓云乎　三牲非致孝之主而養不可廢　以孝經曰雖日用三牲猶為不孝言孝者 去鍾鼓而忘音言呂反　存器而忘本樂之遁也　遁失也言盛飾以忘務三牲之器而忘甘肓 可闕也　調器以和聲樂之成也崇養以傷行孝之累也　不義而崇養更為行孝之累也　親憂是孝之累也　樂之本也失之大也故言能大養則周公之祀致四海之祭言以義養則仲由之菽甘於東鄰之

牲　易曰東鄰殺牛不如西鄰之禴祭也 夫患水菽之薄於祿以求養者是以恥祿親也　干求也謂不以道求祿故可恥也　存誠以盡行孝積而祿厚者此能以義養也中興

廬江毛義少節家貧以孝行稱南陽人張奉慕其名往候之坐定而府檄適至以義為守令　檄召書也東觀記曰義為安陽尉府檄到當守令也　之坐而入喜動顏色奉者志尚士也心賤之自恨來固辭而去及義母死去官行服數辟公府為縣令進退必以禮後舉賢良公車徵遂不《後漢列傳二九》二

至張奉歎曰賢者固不可測　往者固不可測性日之喜乃為親屈也斯蓋所謂家貧親老不擇官而仕者也　韓詩外傳曾子曰任重道遠不擇官而仕 建初中章帝下詔襃寵義賜穀千斛常以八月長吏問起居加賜羊酒壽終于家安帝時汝南薛包孟嘗好學篤行喪母以至孝聞及父娶後妻而憎包分出之包日夜號泣不能去至被歐杖不得已廬於舍外旦入而洒掃父怒又逐之乃廬於里門昏晨不廢

積歲餘父母慊而還之後行六年服喪過
平哀既而弟子求分財異居包不能止乃
中分其財奴婢引其老者曰與我共事久
若不能使也田廬取其荒頓者曰頓猶廢也
少時所理意所戀也器物取朽敗者曰我
素所服食身口所安也弟子數破其產輒
復賑給建光中公車特徵至拜侍中包性
恬虛稱疾不起以壽終

禮如毛義 告請假也漢制吏病滿三月當免天子優賜其告使得帶印綬將官屬歸家養病謂之賜告也

誠以為行行信於心而感於人以成名受
祿致禮斯可謂能以孝養也若夫江革劉
般數公者之義行猶斯志也撰其行事著
于篇 自此已上並略

年八十餘以壽終若二子者推至

劉平字公子楚郡彭城人也本名曠顯宗 彭城國
後改為平士喬時為郡吏守菑丘長 菑丘縣屬
政教大行其後母屬縣有劇賊輒令 彭城國
平守之所至皆理由是一郡稱其能更始

〔後漢列傳二十九〕 三 林仁

時天下亂平弟仲為賊所殺其後賊復忽
然而至平扶侍其母奔走逃難仲遺腹女
始一歲平抱仲女而棄其子母欲還取之
平不聽曰力不能兩活仲不可以絕類遂
去不顧與母俱匿野澤中平朝出求食逢
餓賊將亨之平叩頭曰今旦為老母求菜老
母待曠為命願得先歸食母畢還就死 飦音
既食母訖白曰屬與賊期義不可欺遂 飦飼
還詣賊眾皆大驚相謂曰常聞烈士乃今
見之子去矣吾不忍食子於是得全建武 李昇
初平狄將軍龐萌反於彭城攻敗郡守孫
萌平時復為郡吏冒白刃伏萌身上被七
創困頓不知所為號泣請曰願以身代府
君賊乃斂兵止曰此義士也勿殺遂解去
萌傷其氣絕有頃蘇渴求飲平傾其創血
以飲之後數日萌竟死平乃裹創扶送萌
喪至其本縣後舉孝廉拜濟陰郡丞太守

〔後漢列傳二十九〕 四

劉育甚重之任以郡職上書薦平會平遭

父喪去官服闋拜全椒長〔全椒縣屬九江郡也〕政有恩

惠百姓懷感人或增貲就賦或減年從役

刺史太守行部獄無繫囚人自以得所不

知所問〔作何唯〕班詔書而去後以病免顯

宗初向書僕射鍾離意上書薦之及琅邪

王望東萊王扶皆年七十執性恬淡所居

劉曠東萊王扶曰臣竊見琅邪王望楚國

之處邑里化之脩身行義應在朝次臣誠

〔五 陳者〕

不足知人竊慕推士進賢之義書奏有詔

徵平等特賜辦裝錢至皆拜議郎並數引

見平再遷侍中永平三年拜宗正數薦達

名士承宮郇恁等〔憑字君大見黃憲 傳憑音人甚反〕在位八

年以老病上踈乞骸骨辛於家王望字慈

鄉客授會稽自議郎遷青州刺史甚有威

名是時州郡災旱百姓窮荒望行部道見

飢者裸行草食五百餘人愍然哀之因以

便宜出所在布粟給其廩糧爲作襜衣褲

注淮南子曰楚人謂袍爲短褐

事畢上言帝以望不先表請

章示百官詳議其罪時公卿皆以爲望之

專命法有常條鍾離意獨曰昔華元子反

楚宋之良臣不稟君命擅平二國春秋之

〔義以爲美談 春秋楚子圍宋宋人及楚人平公羊
已也何大其平乎已莊王圍宋此何以書大其平乎
不勝將去而歸爾於是使司馬子反乘堙而闚宋
宋華元亦乘堙而出見之子反曰子之國何如
曰憊矣曰何如曰易子而食折骸而炊之子反曰
去之吾聞之也圍者柑馬而秣之使肥者應客
諾吾今取此然後而歸爾子反曰嘻甚矣憊雖然
無乎爾子反曰子之王謂師而去之故君子大其平
也以告莊王莊王曰諾舍而止〕

〔六 莊王〕

今望懷義忘罪當仁不讓若繩之以

法忽其本情將乖聖朝愛育之旨帝嘉意

議赦而不罪王扶字子元掖人也〔掖今兼州縣也〕

脩節行客居琅邪不其縣所止聚落化其

德〔小黃鄉曰聚廣 雅曰落居也〕

致之遂杖策歸鄉里連請固病不起太傅

鄧禹辟不至後拜議郎會見恂恂似不能

言〔恂恂順之兒〕然性沈正不可干以非義當世高

〔復光武兄伯升之孫〕

之永平中臨邑侯劉復〔北海王興之子也〕著

漢德頌盛稱扶為名臣云

趙孝字長平沛國蘄人也（蘄音機）

時為田禾將軍（王恭時置田禾將軍屯田北邊）任孝為郎每告歸常白衣步擔當從長安還欲止郵亭亭長先時聞孝當過以有長者（華嶠曰曹日不辭也）長不肯內因問曰間田禾將軍子當從長安來何時至乎孝曰尋到矣於是遂去（舉報云三）

及天下亂人相食孝弟禮為餓賊（林志選一）所得孝聞之即自縛詣賊曰禮久餓羸瘦不如孝肥飽賊大驚並放之謂曰可且歸更持米糒來就求不能得復往報賊顧就（就音）事衆異之遂不害鄉黨服其義州郡辟召進退必以禮舉孝廉不應永平中辟太尉府顯宗素聞其行詔拜諫議大夫遷侍中又遷長樂衛尉復徵拜禮為御史中丞禮亦恭謙行已類於孝孝帝嘉其兄弟篤行欲寵異之詔禮十日一就衛尉府大官送供

具令共相對盡歡數年禮卒帝令孝從官屬送喪歸葬後歲餘復以衛尉賜告歸卒于家孝無子拜禮兩子為郎時汝南有王琳巨尉者年十餘歲喪父母因遭大亂百姓奔逃唯琳兄弟獨守塚廬號泣不絕弟（琳自縛）季出遇赤眉將為所哺（哺食之也）請先季死賊矜而放遣由是顯名鄉邑後辟司徒府薦士而退琅邪魏譚少閒者時亦為飢寇所獲等輩數十人皆束縛以次當身賊見譚似謹厚獨令主藏幕輒執縛賊有夷長公（夷姓也）特哀念譚密解其縛語曰汝曹皆應就食急從此去對曰譚為諸君主藏恒得遺餘人皆茹草菜不如食我長公義之相曉敕遣並得俱免譚永平中為主家令（公主家令也）又齊國兒萌子明（萌音）梁郡車成子威二人兄弟並見執於赤眉將食之萌成叩頭乞以身代賊亦哀而兩釋焉

淳于恭字孟孫北海淳于人也 （今在密州安丘縣東北淳于縣故城也）
敢善說老子清靜不慕榮名家有
山田果樹人或侵盜輒助為收採又見偷
刈禾者恭念其愧因伏草中盜去乃起
落化之王恭末歲飢兵起恭兄崇將為盜
所耳恭請代得俱免後崇卒恭養孤幼教
誨學問有不如法輒反用杖自箠以感悟
之見懇而改過初遭賊寇百姓莫事農桑
恭常獨力田耕鄉人止之曰時方清亂死
生未分何空自苦為恭曰縱我不得它人
何傷墾輟不輟後州郡連召不應遂幽居
養志潛於山澤舉動周旋必由禮度建武
中郡舉孝廉司空辟皆不應客隱琅邪黔
陬山遂數十年 （在黔陬縣之山也黔陬故城在今密州諸城縣東北也） 建初
元年肅宗下詔美恭素行告郡賜帛二十
匹遣詣公車除為議郎引見極日訪以政
事遷侍中騎都尉禮侍甚優其所薦名賢
無不徵用進對陳政皆本道德帝與之言

未嘗不稱善五年病篤使者數存問卒於
官詔書襃歎賜穀千斛刻石表閭除子孝
為太子舍人 （中親奉錢以助供養也）
江革字次翁齊國臨淄人也少失父獨與
母居遭天下亂盜賊並起革負母逃難備
經阻險常採拾以為養數遇賊或劫欲將
去革輒涕泣求哀言有老母辭氣願款有
足感動人者 （款誠也愿謹也） 賊以是不忍犯之或乃
指避兵之方 （華嶠書曰臨淄令楊音高行告郡以避兵道地） 遂得俱全於難革
轉客下邳窮貧裸跣行傭以供母便身之
物莫不必給建武末年與母歸鄉里每至
歲時縣當案比 （案驗以比之也猶今兒閱也） 革以母老不欲
搖動自在轅中輓車不用牛馬由是鄉里
稱之曰江巨孝 （巨大也華嶠書曰臨淄令楊音之設特席顯異巨孝於鄉閭廣泉）
太守嘗備禮召革以母老不應
及母終至性殆滅哀寢伏冢廬服竟不忍
除郡守遣丞掾釋服因請以為吏永平初
舉孝廉為郎補楚大僕月餘自劾去楚王

英馳遣官屬追之遂不肯還復使中傳贈
送辭不受後數應三公命輒去建初太
尉牟融舉賢良方正再遷司空長史肅宗
甚崇禮之遷五官中郎將每朝會帝常使
虎賁扶侍及進拜恒目禮焉（之也）時有疾
不會輒大官送醪膳恩寵有殊於是京師
貴戚衛尉馬廖侍中竇憲慕其行各奉書
致禮革無所報受（華嶠書曰終不報書一無所受）帝聞而益
善之後上書乞骸骨轉拜諫議大夫賜告
歸因謝病稱篤元和中天子思革至行制
詔齊相曰諫議大夫江革前以病歸今起
居何如夫孝百行之冠衆善之始也國家
每惟志士未嘗不及革以見穀千斛賜
巨孝常以八月長吏存問致羊酒以終厥
身（華嶠書曰致羊一頭酒二斛）如有不幸祠以中牢由是
巨孝之稱行於天下及卒詔復賜穀千斛
劉般字伯興宣帝之玄孫也宣帝封子囂
於楚是為孝王孝王生思王衍衍生王紆

紆生般自囂至般積累仁義世有名節而
紆尤慈篤早失母同産弟原鄉侯平尚幼
紆親自鞠養常與共臥起飲食及成人未
嘗離左右平病卒紆哭泣歐血數月亦殞
初紆襲王封因值王莽篡位廢為庶人因
家於彭城般數歲而孤獨與母居王莽敗
天下亂太夫人（太夫人般之母）聞更始即位
復興般轉側兵中西行上隴遂流至武
威般雖尚少而篤志修行講誦不怠其母
及諸舅以為身寄絕域死生未必（必或作分也）不
宜苦精若此數以曉般般猶不改其業建
武八年隗囂敗河西始通般即將家屬東
至洛陽修經學於師門明年光武下詔封
般為菑丘侯奉孝王祀使就國後以國屬
楚王徙封杼秋侯（杼音是與反）十九年行
楚沛詔問郡中諸侯行能太守薦言般東
脩至行為諸侯師（東脩謂脩謹東脩絜也）帝聞而嘉之乃

03-585

國般常將長水胡騎從帝嘗欲置常平倉　故多以宗室肺腑居之〔肺腑天子之親屬也〕　顯職閑而府寺寬敞輿服光麗伎巧畢給　陽還為朝矦明年兼屯騎校尉時五校官　顯宗嘉之十年徵般行執金吾事從至南　薦般在國口無擇言行無怨惡宜蒙旌顯　復隨諸矦就國數年楊州刺史恂〔居巢縣屬〕　矦永平元年以國屬沛從徙封居巢矦〔盧江郡也〕　駕會沛因從還洛陽賜穀什物留為侍祠　賜般綬錢百萬繒二百四二十年復與車

〔後漢列傳二九〕　十三　陳忠

是時下令禁民二業〔謂農者不得商賈也〕又以郡國牛　為姦小民不能得其平置之不便帝乃止　有利民之名而內實侵刻百姓豪右因緣　公卿議者多以為便般對以常平倉外　宣帝時大司農耿壽昌請令邊郡皆築倉以穀賤時增其價而糴之以利農穀貴時減價而糶之名曰常平

疫通使區種增耕〔氾勝之書曰上農區田入區方深各六寸間相去一尺　敵三千七百區丁男女種十畝至秋收區田法方九十深六寸間相去一尺　得百斛中農區田法方七十步深六寸間相去二尺一　敵千二十七區丁男女種十畝秋收粟畝得五十一　石下農區田法方九十深六寸間相去三尺秋收敵一〕

即以水沃之〔得二十八石舉而吏下檢結多失其實百姓　患之般上言郡國以官禁二業至有田者　不得漁捕令濱江湖郡率少贅蟲桑民資漁　採以助口實且以冬春閑月不妨農事夫　漁獵之利為田除害有助穀食無關二業　也又郡國以牛疫水旱墾田多減故詔勑　區種增進頃畝以為民也而吏舉度田欲　令多前〔多於前歲〕至於不種之處亦通為租可　申勑刺史二千石務令實覈其有增加皆〕

〔後漢列傳二九〕　十四　陳忠

使與奪田同罪帝悉從之〔華嶠書曰肅宗即　伍以為長樂少府建初二年遷宗正般妻　卒厚加賻贈及賜冢塋地於顯節陵下般　在位數言政事其收恤九族行義尤著時　人稱之年六十建初三年卒子憲嗣憲卒　子重嗣憲兄愷　愷字伯豫以當襲般爵讓與弟憲遁逃避　封久之章和中有司奏請絕愷國肅宗美　其義特優假之〔假借也〕愷猶不出積十餘歲

至永元十年有司復奏之侍中賈逵因上
書曰孔子稱能以禮讓為國乎從政乎何
有（論語之文也何有者言善無有也）竊見居巢侯劉般嗣子
愷素行孝友謙遜絜清謙封弟憲潛身遠
迹有司不原樂善之心而繩以循常之法（原本也繩政也）
懼非長克讓之風成含弘之化前
世扶陽侯韋玄成（玄成字少翁韋賢子兄弘宇少卿韋賢慶讓封於弟弘宇弘讓帝高其節以為河南太守）
近有陵陽侯丁鴻鄧彪（鄧彪國爭弟荆鳳明帝時為太尉彪音盲）並以
高行絜身辭爵未聞貶削而皆登三事今
愷景仰前脩有伯夷之節（景猶慕也詩云前脩前賢行行止此前脩前賢）
宜蒙矜宥全其先功以增聖朝
尚德之美和帝納之下詔曰故居巢侯劉
般嗣子愷當襲般爵而稱父遺意致國弟
憲遁亡七年所守彌篤蓋王法崇善成人
之美其聽憲嗣遭事之宜後不得以為
比乃徵愷拜為郎稍遷侍中愷之入朝在
位者莫不仰其風行遷步兵校尉十三年

遷宗正復拜侍中遷長水校尉永初元
年代周章為太常愷性篤古貴處士每有
徵舉必先嚴究論議引正辭氣高雅永初
六年代張敏為司空元初二年代夏勤為
司徒舊制公卿二千石刺史不得行三年
喪由是內外眾職並廢喪禮元初中鄧太
后詔長吏以下不為親行服者不得典城
選舉時有上言牧守宜同此制詔下公卿
議者以為不便愷獨議曰詔書所以為制
服之科者蓋崇化厲俗以弘孝道也今刺
史一州之表二千石千里之師（即前書杜欽曰以二千石守千里之地任兵馬之重不宜去郡也）職在辯章百姓
俗（尚書曰九族既睦辯章百姓別也章明也）尤宜尊重典禮
以身先之而議者不尋其端至於牧守則
云不宜是猶濁其源而望流清曲其形而
欲景直不可得也（前書曰今逞僻之化流而欲黎庶敦樸猶濁其源而求流清也）太后從之時征西校尉任尚以姦利被
徵抵罪尚曾副大將軍鄧隲隲黨護之而

太尉馬司空李郃承望旨不復先請

即獨解尚書臧錮愷不肯與議後尚書案其

事二府並受譴咎（二府即馬英李郃）朝廷以此稱之

視事五歲永寧元年稱病上書致仕有詔

優許焉加賜錢三十萬以千石祿歸養河

南尹常以歲八月致羊酒時安帝始親政

事朝廷多稱愷之德帝乃遣問起居厚加

賞賜會馬英策罷尚書陳忠上疏薦愷曰

臣聞三公上則台階下象山岳（前書音義曰泰階者天之）

元首鼎足居職（易曰鼎折足覆公餗鼎足三公之象五品五常之教也三公）協和陰陽

調訓五品（懷理陰陽勸數五教也）考功量才以

序庶條遭烈風不迷遇迅雨不惑位莫重

焉（尚書納舜於大麓烈風雷雨不迷史記曰堯使舜入山林川澤暴風雨舜行不迷堯以爲聖也）

今上司鈇職未議其人臣竊差次諸卿考

合眾議咸稱太常朱倀少府荀遷臣父寵

前添司空倀遷並爲掾屬具知其能倀能

說經書而用心褊狹遷嚴毅剛直而薄於

藝文伏見前司徒劉愷沈重淵懿道德博

備克讓爵土致祚弟躬浮雲之志兼皓

然之氣（孔子曰不義而富於我如浮雲孟子曰我善養浩然之氣而無怨害則塞乎天地之）

間也言愷有仲尼孟軻之德也（司空爲司徒）頻歷二司舉動得禮

以疾致仕側身里巷約思純進退有度

百僚景式海內歸懷（景慕以爲法式）往者孔光師

丹近世鄧彪張酺皆去宰相復序上司（光孔光成帝時承相哀帝時免以日食策詔公車復爲承相丹哀帝時代爲大司馬後爲大司空鄧彪明帝時爲太尉章帝時代王恭爲大司徒張酺和帝永元五年爲太尉後）

策免十六年復爲司徒誠宜簡練卓異以獣眾望書奏

詔引愷拜太尉安帝初清河相叔孫光坐

臧抵罪遂增錮二世豐及其子（二代謂父子俱禁錮是）

時居延都尉范邠復犯臧罪詔下三公廷

尉議司徒楊震司空陳褒廷尉張皓議依

光比（此類也鎬及子也以邠類叔孫光亦比音庇）愷獨以爲春秋之

義善善及子孫惡惡止其身所以進人於

善也（公羊傳曰曹公孫會自鄸出奔宋畔也君子之善善也長惡惡止其身善善及子孫賢者子孫故君子）

為其
尚書曰上刑挾輕下刑挾重〔今尚書呂刑篇本情刑適輕下服下刑適重上服謂二罪俱發原其情罪刑挾輕挾重意亦不殊但與今尚書不同耳〕

懼及善人〔左傳曰刑濫則懼及善人也〕如今使藏吏禁錮子孫以輕從重
事三年以疾乞骸骨父乃許之〔下河南尹〕非先王詳刑之意也有詔太尉議是視
禮秩如前歲餘卒于家詔使者護喪事賜
東園祕器錢五十萬布千匹少子茂字叔
盛亦好禮讓歷位出納〔出納謂尚書奏言舌之官也出謂受上言宣於下劉仲〕
　　〔後漢列傳十九〕
　　　　　　　　　　九
等抵罪而南陽太守成瑨太原太守劉瓆
下獄當死茂與太尉陳蕃司徒劉矩共上
書訟之帝不悅有司劾奏三公茂遂
坐免建寧中復為太中大夫卒於官
言傳於上桓帝時為司空會司隸校尉李膺
周磐字堅伯汝南安成人徵士燮之宗也
少游〔自祖父業建武初為天水太守磐少游〕
京師學古文尚書洪範五行左氏傳好禮
有行非典謀不言諸儒宗之居貧養母儉

薄不充嘗誦詩至汝墳之卒章慨然而歎〔韓詩曰汝墳辭章也其卒章曰魴魚赬尾王室如燬雖則如燬父母孔邇蓋魴魚勞則尾赤君子仕於亂世其心勞苦則顏色變似魴魚之尾赤也以王室政敎如烈火矣猶鮒冒而仕者以父母甚迫近飢寒之憂為此祿仕之士也〕
乃解章帶就孝廉之舉〔陽夏屬淮南郡重合屬勃海郡〕和帝初拜謁者
除任城長遷陽夏重合令〔賈山上書曰布衣韋帶之士也〕
授門徒常千人公府三辟皆以有道特徵〔陳興二十〕
歷三城皆有惠政後思母弃官還鄉里及
母沒哀至幾於毀滅服終遂廬于冢側敎
榮利滑其生術〔齒愛惜也滑亂也列仙傳曰方回堯時隱人也堯聘以爲閭士練食雲母隱於五柞山至夏啓末爲人所劫閉之室中從求道回於戶下以泥塗之遂去高士傳曰支父堯舜各以天下讓支父支父曰適有勞憂之病方且療之未暇理天下也莊子作支伯〕
磐語友人曰昔方回支父齧神養和不以
何為遂不應物猶〔物猶事也〕建光元年年七十三歲
朝會集諸生講論終日〔歲朝因令其二子〕
曰吾曰者夢見先師東里先生與我講於
陰堂之奧〔東南隅謂之奧陰堂幽暗象也室又入其奧死之象也〕既而長歎
豈吾齒之盡乎若命終之日桐棺足以周

03-589

身外捍足以周棺斂形懸封灌衣幅巾
衣浣衣也不更新制幅巾不加冠也封音空 編二 形發
謂衣覆其形懸封謂直下棺不為斜道也濯
尺四寸簡寫堯典一篇并刀筆各一以置
棺前示不忘聖道其月望日無病忽終學
者以為知命焉般君同郡蔡順字君仲亦以
至孝稱 汝南先賢傳曰蔡順事母至孝并枯槁朽
老藤生繞之 在母生年上而順憂不敢理之戚而有扶
遂堅固焉
即心動弃薪馳歸跪問其故母曰有急客
至 辛音千 母望不還乃噬其指 噬齒也 順
順少孤養母嘗出求薪有客卒
求吾噬指以悟汝耳母年九十以壽終未
及得葬里中災火將逼其舍順抱伏棺柩
號哭叫天火遂越燒它室順獨得免太守
韓崇召為東閤祭酒母平生畏雷自亡後
每有雷震順輒圜冢泣曰順在此崇聞之
每雷輒為差車馬到墓所後太守鮑眾舉
孝廉順不能遠離墳墓遂不就年八十終
于家
趙咨字文楚東郡燕人也 燕故城今滑州胙城
縣也古南燕之國也

父暢為博士咨少孤有孝行州郡召舉孝
廉並不就延熹元年大司農陳奇舉咨至
孝有道仍遷博士靈帝初太傅陳蕃大將
軍竇武為閹官所誅咨乃謝病去太尉楊
賜特辟使飾巾出入請與講議 以幅巾為首飾不加冠冕
舉高第累遷敦煌太守以病免還躬率子
孫耕農為養盜嘗夜往劫之咨恐母驚懼
乃先至門迎盜因請為設食謝曰老母八
十疾病須養居貧朝夕無儲乞少置衣糧 後漢列傳卅九 李悭
妻子物餘一無所請盜皆慙歎跪而辭曰
所犯無狀干暴賢者言畢奔出咨追以物
與之不及由此益知名徵拜議郎辭疾不
到詔書切讓州郡以禮發遣前後再三不
得已應召復拜東海相之官道經滎陽令
敦煌曹暠咨之故孝廉也 時薦暠為孝廉迎
路謁候咨不為留暠送至亭次望塵不及
謂主簿曰趙君名重今過界不見必為天
下笑即弃印綬追至東海謁咨畢辭歸家

其為時人所貴若此咨在官清簡計日受
奉豪黨畏其儉節視事三年以疾自乞徵
拜議郎抗疾京師將終告其故吏朱祇蕭
建等使薄斂素棺籍以黃壤　籍其屍也　欲
令速朽早歸后土不聽子孫改之乃遺書
勑子胤曰夫舍氣之倫有生必終蓋天地
之常期自然之至數是以通人達士鑒茲
性命以存亡之為晦明死生為朝夕故其生
也不為娛亡此不知戚夫亡者元氣去體生
貞魂游散反素復始於無端也　元氣天之氣也貞正也復
已消什還合糞土為弃物豈有性情而
欲制其厚薄調其燥溼邪但以生者之情
不忍見形之毀乃有掩骼埋窆之制易曰
古之葬者衣以薪藏之中野後世聖人易
之以棺椁　棺椁之造自黃帝始
　棺椁之作自黃帝始案禮記曰殷人棺椁蓋至殷而加飾　爰自陶唐逮于
虞夏猶尚簡樸或瓦或木及至殷人而有

後漢列傳三九

加焉
室因之制兼二代復重以牆翣之飾
葬宅兆之期
識之　招復含斂之禮
表以旌銘之儀
棺椁周重之制
衣衾稱襲之數其事煩
賤殊等自成康以下其典稍乖至於戰國
而宮室實品物碎而難備然而秩爵異級貴
漸至積陵　戰國當春秋時也
雜綵使晉侯請隧　頹陵謂積廢陵遲也
法度衰毀上下僭
傳晉文公朝于襄王請隧不許　秦伯殉葬國
人哀之為賦黃鳥之詩也　陳大夫設參門之

後漢列傳二九

03-591

木宋司馬造石椁之奢〔宋司馬桓魋也自為石椁三年不成孔子曰若是其靡也死不如速朽之愈也見禮記〕

爰暨暴秦違道廢德滅

三代之制興淫邪之法國貲糜於三泉窀〔窀厚也窆夜也厚夜猶長夜也秦始皇初即位營驪山役徒七十餘萬人下錮三泉宮觀百官奇器珍怪徙藏滿之以水銀為百川江河大海……以人魚膏為燭……皆下不及泉上無遺臭……〕

力單於冀墓玩好窮於冀土伎巧費於窀窆

自生民以來厚終之敝未有若此者

雖有仲尼重明周禮〔謂周公制禮之後仲尼自衛返魯又定之也〕

子勉以古道猶不能禦也〔禦止也言猶不能止其奢侈墨子曰古者〕

聖人制為葬埋之法棺衣衾三領足以朽體〔衣衾三領足以覆惡堯葬卬之山……舜葬蒼梧市禹葬會稽〕〔墨子曰古者〕是以華夏之士爭相陵

實單家竭財以相營赴廢事生而營終亡

替所養而為厚葬也〔替廢也〕豈云聖人制禮之

意平記曰喪雖有禮哀為主矣又曰喪與其易也寧戚今則不然并棺合椁以為孝〔載梁傳曰衣衾吾所與〕

尚達禮之本事禮之末務禮之華棄禮之

愷豐貴重襚以昭惻隱〔襚音遂〕

取也昔舜葬蒼梧二妃不從〔二妃娥皇女英也禮記曰舜葬〕

於贊棺蓋二妃未之從也〔……〕豈有匹配之會守常之所乎聖

主明王其猶若斯況於品庶禮所不及古

人時同即會〔謂曰望與太師死葬於周其子封於齊此五代皆反葬於周此時同則會也〕

時乖則別〔……〕皆

宜王孫裸葬〔王孫者楊王孫也死葬於囊盛尸入地七尺既下從〕

足脫其囊以身親土〔墨夷露骸者墨夷謂夷之欲見之〕

孟子曰吾聞墨之治喪也以薄為其道上世嘗有不葬其親者

達於性理貴於速朽壞梁伯鸞父沒卷席而〔梁伯鸞父也護寓於北地而卒……〕葬身亡不反其尸

辛葬於吳〔……〕彼數子豈薄至親之恩亡忠孝之〔席而葬鴻後出關適吳及〕

道邪況我鄙聞不德不敢薄意内昭志有

所慕〔薄微也〕上同古人下不為咎果必行之

勿生疑異恐爾等目眩所見耳譁所議必

欲改殯以乖吾志故遠采古聖近揆行事

以悟爾心但欲制坎令容棺椁歸即葬

歸郡〔郡也〕東平地無墳欲制坎令容棺椁歸即葬

墓側無起封樹於戲小子其勉之哉吾

復有言矣朱祇蕭建送喪到家〔謝承書曰咨……在京師病困〕

故吏蕭建經營之咨豫自買小素棺使人取乾黃土
細擣篩之聚二十石臨卒謂建曰亡後自著所有故
巾單衣先置土於棺內以擁其上子湛不忍父體與土并合
欲更改殯祇建甓以顧命也譬曉於是奉行

時稱咨明達

贊曰公子長平臨寇謀生淳于仁悌巨孝
以名居巢好讀遂承家祿伯豫逡巡方迹
孤竹文楚薄終喪朽惟速周能感親神
養福感恩也謂詩至汝墳恩養親而求仕也薔
神養福謂不應辟召以壽終也左傳曰能者
養之以福

後漢書列傳卷第二十九

後漢列傳二十九　毛　朱明

范曄 後漢書四十

班彪 子固

唐章懷太子賢注

班彪字叔皮扶風安陵人也祖況成帝時
為越騎校尉父稺哀帝時為廣平太守
彪性沈重好古年二十餘
更始敗三輔大亂時隗囂擁眾天水彪乃
避難從之囂問彪曰往者周亡戰國並爭
天下分裂數世然後定意者從橫之事復
起於今將承運迭興在於一人也願生
試論之對曰周之廢興與漢殊異昔周爵
五等諸侯從政本根既微枝葉彊大故其
末流有從橫之事勢然也漢承秦制改
立郡縣主有專己之威臣無百年之柄至
於成帝假借外家哀平短
王氏擅朝因竊號位危自上起也傷不及下
漢德無害於百姓是以即真之

後天下莫不引領而歎十餘年間中外搔
擾遠近俱發假號雲合咸稱劉氏不謀同
辭方今雄桀帶州域者皆無
七國世業之資而百姓謳吟思仰漢德已
可知矣
見愚人習識劉氏姓號之故而謂漢家復
興矣疎昔秦失其鹿劉季逐而羈之時人
復知漢乎
言又傷時方艱乃著王命論以為漢承
堯有靈命之符王者興祚非詐力所致欲
以感之而囂終不寤遂避地河西河西大
將軍竇融以為從事深敬待之接以師友
之道彪乃為融畫策事漢總西河以拒隗
囂及融徵還京師光武問所上章奏誰
與參之融對曰皆從事班彪所為帝雅聞
彪才因召入見舉司隸茂才拜徐令以病
免後數應三公之命輒去
彪既才高而好述作遂專心史籍之間武

帝時司馬遷著史記自太初以後闕而不
錄（太初武帝年號）後好事者頗或綴集時事然多（好事者謂楊雄劉歆陽城衡褚少孫史孝山之徒也）
鄙俗不足以踵繼其書
彪乃繼採前史遺事傍貫異聞作後傳
數十篇因斟酌前史而譏正得失其略論
曰唐虞三代詩書所及世有史官以司典
籍（禮記曰動則左史書之言則右史書之以二始單四時以記萬事也見趙岐孟子注）暨於諸侯國自有史（左傳魯哀李孫召外見史掌惡臣備史華也見）
故孟子曰楚之檮杌晉之

▲後漢列傳三十上（三）

乘魯之春秋其一也（乘者與於田賦乘馬之類興罷凶之類也）
左氏傳三十篇又撰異同號曰國語二十
一篇由是乘檮杌之事遂闇（也其書今亡不行於時為闇）
而左氏國語獨章又有記錄黃帝以來至
春秋時帝王公侯卿大夫號曰世本一十
五篇春秋之後七國並爭秦并諸侯則有
戰國策三十三篇漢興定天下太中大夫

（之閒 哀定公也 定哀 朱安明）

陸賈記錄時功作楚漢春秋九篇孝武之
世太史令司馬遷採楚漢列國時事上自黃帝下訖獲
麟（武帝太始二年登隴首獲白麟於此年也作本紀世家列傳書表凡百三十篇）而十篇缺焉（十篇謂遷殁之後亡者傳言三王世家龜策列傳斯列傳是也）
分散百家之事其多踈略不如其本務欲
以多聞廣載為功論議淺而不篤其論術
學則崇黃老而薄五經（黃帝老子道家也遷序傳曰道家使人精神專一動合無形贍足萬物此謂薄五經也）
序貨殖則輕仁義而羞貧窮（史記貨殖傳序曰貧親老子妻如此此謂羞貧窮也）
道游俠則賤守節而貴俗功（史記游俠傳序）
此其大敝傷道所以遇
極刑之咎也（極刑謂腐刑也遷與任安書曰最下腐刑極矣）然善述

▲後漢列傳三十上（四）林俊

序事理辯而不華質而不野文質相稱蓋
良史之才也誠令遷依五經之法言同聖
人之是非意亦庶幾矣　夫百
家之書猶可法也若左氏國語世本戰國
策楚漢春秋太史公書今之所以知古後
之所由觀前聖人之耳目也司馬遷序帝
王則曰列傳又進項羽陳涉而黜淮南衡
山子孫相繼著為世家淮南衡山漢室之王
起則曰列傳又進項羽本紀又陳涉起於壟畝數月被殺無

《後漢列傳三十五》五

細意委曲條例不經若之
之精作採獲古今貫穿經傳至廣博也
著作時之人不記其字至蕭曹陳平之屬及董仲
舒並時之人不記其字或縣而不郡者蓋
辭多不齊一
舉郡縣著其字至蕭曹陳平之屬及董仲
不暇也
慎覈其事整齊其文不為世家唯紀傳而
巳傳曰殺史見極平易正直春秋之義也

陳壽

彪復辟司徒玉況府　時東宮初建諸
王國竝開　而官
屬未備師保多闕彪上言曰孔子稱性相
近習相遠也
不能無為善猶生長於齊不能無齊言也
習與惡人居不能無為惡猶生長於楚而戒
慎所習昔成王之為孺子出則周公邵公
太公史佚入則大顛閎夭南宮括散宜生
左右前後禮無違者故成
王一日即位天下曠然太平是以春秋愛
子教以義方不納於邪
子言武王之謀遺子孫也
也
導太子以法術
之遺其孫以善謀武王以安徹漢興太宗使鼂錯
子言
誼教梁王以詩書

《後漢列傳三十五》六

及至中宗亦令劉向王襃蕭望之周
堪之徒以文章儒學保訓東宮以下
莫不崇簡其人就成德器今皇太
子諸王雖結髮學問脩習禮樂而傅相未
值賢才官屬多闕舊典宜博選名儒有威
重明通政事者以為太子太傅東宮及諸
王國備置官屬又舊制太子食湯沐十縣
設周衞交戟五日一朝因坐東箱省視膳
食其非朝日使僕中允旦旦請問而已明
不媟黷廣其敬也
明不媟黷所以廣敬也太子僕
制勑主官尚食宰吏其非朝日使僕一人
人四百石主
門備徼巡
書奏帝納之後察司徒廉為望
都長吏民愛之
建武三十年年五
十二卒官所著賦論書記奏事合九篇二
子固超超別有傳
論曰班彪以通儒上才傾側危亂之閒行
不阿方
言不失正仕不

急進貞不違人數文華以緯國典六守賤薄
而無悶容彼將以世運未弘非所謂賤焉
恥乎何其守道恬淡之篤也
言彪當中興之初時運未泰故不以貧賤為恥
何忡道清靜之固也恬淡猶清靜也篤固也
博貫載籍九流百家之言無不窮究
所學無常師不為章句舉大義
而已性寬和容眾不以才能高人諸儒以
此慕之
永平初
固字孟堅年九歲能屬文誦詩賦及長遂
東平王蒼以至戚為驃騎將軍輔政開東
閤延英雄時固始馹冠奏記說
將軍以周邵之德立乎
本朝承休明之策建威靈之號
在周公令也將軍詩書所載未有三此者
也
傳曰必有非常之人然後有
非常之事有非常之事然後有非常之功
固幸得生於清明之世豫在視聽
之末私以蝼螘窺觀國政
誠美將

軍擁千載之任踵先聖之蹤

戴也先重體弘懿之姿據高明之執博晉庶（千載謂自周公至明帝時千餘）

事服膺六藝白黑簡心求善無猒（淮南子曰聖人見是）

之議漸之諫菇廊廟之言也（左傳曰求善不猒也／非若白黑之別狀目顯顯也）

廣延羣俊四方之士顛倒衣裳（詩曰東方未明顛倒衣裳）

總攬賢才收集明智爲國得人以靈本朝（竊見幕府新開）

薦遺羣俊茲無窮竊見故司空掾桓梁宿（將軍宜詳唐虞之舉審伊皐之／令遠近無偏幽隱必達期茲）

儒盛名冠德州里七十從心行不踰矩（孔子曰七十而縱心所欲不踰矩／言恣心之所爲皆闇合於法則）

則將軍養志和神優游廟堂光名宣於當（九／蓋清廟之光／論語）

世遺列著茲無窮竊見故

暉當世之俊彥也

黙自守古人之美行時俗所莫及扶風掾

酒晉馮結綬修身白首無違好古樂道玄

李育（青字元春見儒林傳）經明行著教授百人客居

〈後漢列傳三十上〉

杜陵茅室土階京兆扶風二郡更請徒以

家貧數辭病去溫故知新論議通明廉清

修絜行能純備雖前世名儒國家所器宜令

平孔翟無以加焉

考績以參萬事京兆督郵郭基孝行著茲

州里經學稱於師門政務之績有絕異之

效如得及明時秉事下僚進有羽翮奮之

之用退有杞梁一介之死

士而輿衆爲舟人吉桑對曰

不知門下左右客千人亦有六翮之用

凉州從事王雅躬下嚴之

節文之以術藝

雍者也古者周公一舉則三方怨曰奚爲

而後已

及府開以慰遠方弘農功曹史朗肅

民達學洽聞，才能絕倫，誦詩三百，奉使專對。此六子者，皆有殊行絕才，德隆當世。如蒙徵納，以輔高明，此山梁之秋，夫子所歎也。〔秋猶時也，論語孔子曰，山梁雌雉，時哉時哉〕昔卞和獻寶以離斷趾〔離被也，斷趾刖也〕，屈原〔屈原字靈均，納忠終於沈身，沈於汨羅之水而死〕，而和氏之璧千載垂光，屈子之篇萬世歸善。願將軍隆照微之明，信日昊之聽〔信音申〕，少屈威神，咎嗟下問，令塵埃之中永無荊山汨羅之恨，蒼納之父。

彪卒，歸鄉里。固以彪所續前史未詳，乃潛精研思，欲就其業。既而有人上書顯宗，告固私改作國史者，有詔下郡，收固繫京兆獄，盡取其家書。先是扶風人蘇朗偽言圖讖事，下獄死。固弟超恐固為郡所覈考，不能自明，乃馳詣闕上書，得召見，具言所著述意，而郡亦上其書。顯宗甚奇之，召詣校書部〔前書固敘傳曰，永平中為郎，典校秘書〕，除蘭臺令史〔漢官儀曰，蘭臺令史六人，秩百石，掌書劾奏〕，與前睢陽令陳宗、長陵令

尹敏、司隸從事孟異共成世祖本紀。遷為郎，典校秘書。固又撰功臣、平林、新市、公孫述事，作列傳、載記二十八篇，奏之。帝乃復使終成前所著書。固以為漢紹堯運，以建帝業，至於六世，史臣〔六代謂武帝，史遷也，謂司馬遷也〕乃追述功德，私作本紀，編於百王之末，廁於秦項之列〔史記起自黃帝，歷唐虞三代而入秦項，最居其末也〕。太初以後，闕而不錄，故探撰前記，綴集所聞，以為漢書。起元高祖，終于孝平王莽之誅，十有二世，二百三十年〔高惠呂后文景武昭宣元成哀平十二代也，并王莽合二百三十年〕，綜其行事，傍貫五經，上下洽通，為春秋考紀、表、志、傳，凡百篇〔音義曰，紀十二，表八，志十，列傳七十，合百篇。前書〕。固自永平中始受詔，潛精積思二十餘年，至建初中乃成，當世甚重其書，學者莫不諷誦焉。自為郎後，遂見親近。時京師脩起宮室，濬繕城隍，而關中耆老猶望朝廷西顧。固感前世相如、壽王、東方之徒造搆文辭，終以諷勸〔相如作上林子虛賦，壽王作，東方朔作士〕

大夫論及驃騎將軍東方朔作客難及非有先生論其辭並以諷喻為主也

賦盛稱洛邑制度之美以折西賓淫侈之乃上兩都

論其辭曰有西都賓問於東都主人曰

固以光武都洛陽故以東都為主而謂西都為賓也

蓋聞皇漢之初經營也

嘗有意乎都河洛矣

光武都洛陽其中小不過數百里四面受敵非用武之國也張良之國關中金城千里天府之國也此為主人即上都也

輟而弗康寔用西遷

輟止也康安也弗康寔用西遷謂止而不安寔用西遷也

作我上都主人聞其故而觀其制乎

尚書曰皇大子

願賓攄懷舊之蓄念發思古之幽情

廣雅曰攄舒也

博我以皇道弘我以漢京

論語曰博我以文

賓曰唯唯漢之西都在於雍州寔曰長安

前書音義曰高祖都長安本秦之鄉名高祖都焉

左據函谷二崤之阻表以太華終南之山

傅曰殽有二陵其南陵夏后皐之墓其北陵文王之所避風雨也太華終南山並在華陰南山詩云節南山中南也其名詩曰華山中南也

右界褒斜隴首之險帶以洪河涇渭之川

褒斜谷名南口曰褒北口曰斜隴首山名在今梁州隴首山名在今秦州洪大也

華實之毛則九州之上腴焉

左傳曰食土之毛前書曰秦地九州青腴尚書曰雍州厥田上上防禦之阻謂關禁也揚雄衛尉箴曰設置山險固為防禦奧深也言秦之區域

防禦之阻則天下之隩區焉

謂草木也

（右界褒斜）

是故橫被六合三成帝畿

前書音義曰六合天地四方上下為六合高為横被猶言遍也注云四方上下為六合高誘注云四方上下為六合

周以龍興秦以虎視

龍興虎視皆喻盛彊也孔安國尚書序曰及秦始皇滅先代典籍亦始建都者周漢

及至大漢受命而都之也

龍興虎視易曰見龍在田又曰虎視眈眈

仰寤東井之精俯協河圖之靈

前書音義曰秦地於天官東井又秦鈴出軫五星聚於東井秦之分野劉季起兵入關至霸上五星聚於東井沛公至霸上元年冬十月五星聚於東井高祖之興五星聚東井是其應也河圖曰帝劉季日角戴勝斗胷龍股長七尺八寸昌光出軫五星聚井期之分也天授圖地出道予張良奉春君也春秋合誠圖曰奉春君亦始建策者春秋元命苞

奉春建策留侯演成天人合應以發皇明乃眷

西顧寔惟作京

天謂五星聚東井也人謂高祖也西顧謂秦嶺也詩曰乃眷西顧於足睎秦嶺睋北阜挾酆灞據龍首

圖皇基於億載度宏規而大起

西顧詩曰乃眷西顧演者引也謂入關也詩曰天謂五星聚東井人謂高祖也

於是睎秦嶺睋北阜挾酆灞據龍首

睎望也睋視也秦嶺北阜即今三原縣南山豐水出鄠縣南山東北流入渭水酆谷水尾連樊川在傍也灞水出藍田谷東西橫渡記曰龍首山北阜即今三原縣北有高阜龍首山在長安北三原南是也豐水出鄠縣南山龍首山長六十里頭入渭尾達樊川

圖皇基於億載度宏規而大起

據上曰圖皇基於億載度宏規而大起

肇自高而終平世增飾以崇麗歷十二之延祚

肇始也始自高祖終於平帝始於高祖終十二代也

故窮奢而極侈

建金城

建金城而萬雉

呀周池而成淵

披三條之廣路立

其萬雉呀周池而成淵披三條之廣路立十

十二之通門

金城言堅固也張良曰金城千里為雄宇也林曰呀大空也火加反周禮國方九里旁三門每門有大路故曰三條鄭玄注周禮云天子城十二門也二子通也內則街衢洞達閭閻且千九市開杜頭注左傳云方丈為堵三堵為雉門也在道西三也且千言多也漢宮闕疏曰長安九市其六在道東隧道也鄭玄注禮記曰廛市物邸也於是既庶且富娛樂無疆都人士女殊場貨別隧分人不得顧車不得旋闐城溢節慕原嘗名亞春陵連交合眾騁騖其郭傍流百廛紅塵四合煙雲相連中遨俊游俠謂朱家解涉之類也原嘗春陵謂春中異乎五方游士擬於公侯列肆侈於姬姜君黃歇信陵君也字林曰闐盈也閶閭也里門也詩小雅又曰旣庶矣哉曰彼都人士毛萇注云城郭之域曰都五方謂四何加焉曰富論語子適衛冉有僕子曰庶矣哉富之詩周頌云惠我無疆疆境也方謂之域郭之域曰郭鄭玄注周禮曰四鄙若乃觀其四郊浮游近縣鄉曲豪俊游俠之雄卓史十五及中央也前書曰奉地五方雜錯郊五方謂君臣則南望杜霸北眺五陵名都對郭邑居相左傳云姜大國之女也杜元凱注蕃陵謂春陵中君黃歇信陵君也承英俊之域轂冕所興冠蓋如雲七相五無忌也故招致天下士也客名高天下也蕃陵謂春陵謂春中公浮游謂周流也杜陵安陵茂陵平陵謂杜陵陵茂陵平陵在渭北故曰北眺也五陵謂杜陵安眺也血從人以置縣邑故云其所從者皆秦右之富賈吏二千石故多

英俊冠蓋之人如雲言多也詩曰出其東門有女如雲英俊冠蓋之人及相車千秋長陵人黃霸王商並車霸陵人五公謂田蚡韋賢平陵人張安世博陵人朱博杜陵人太尉長平陵人張安世博陵人朱博杜陵人大司空匡衡大司馬並平陵人也大同馬並平陵人也與平州郡之豪築五都之貨殖三選七遷充奉陵邑蓋以彊幹弱枝隆上都而觀萬國前書音義曰五都謂洛陽邯鄲臨菑宛成都也三選之家於諸陵蓋以彊幹弱枝非獨幹彊為奉山陵也見選之家於諸陵蓋以彊幹弱枝前書曰秦地於元帝已後故唯七遷爾七遷謂或為徙義亦通雅曰觀指示也選或爲徙義亦通土千里遠舉諸夏兼其所有封畿之內厥前書曰秦地野千里人以富其陽則崇山隱天鏡遠舉猶超絕也遠音卓舉諸夏謂中國也音呂角反諸夏謂中國也枝隆上都而觀萬國

幽林穹谷陸海珍藏藍田美玉商洛綠其穹谷深谷也河此謂天下陸海之地也芭子計然曰玉出藍田商洛其南此謂天下陸海之地也前書曰藍田出美玉又曰商洛上洛皆縣名也南山曲杜二縣名近南山之足爾雅山足云麓山之足也園芳草甘木郊野之富號曰近蜀孔安國尚書注曰陂障曰陵停水曰池前書曰巴蜀土地肥美有山林竹樹蔬食果實之饒今南山亦有竹近蜀謂雅近蜀也巴蜀相類故曰日郊外曰野隈蕚林杜濱其足源泉灌注陂池交屬竹林果南及上洛皆縣名也濱近也郭杜二縣名近泉乃有靈宮起乎其中秦漢之所極觀淵其陰則冠以九嵏陪以甘障曰陵停水曰池前書曰巴陰謂此也九嵏山云乃有靈宮起乎其中秦漢之所極觀淵雲之所頌歎於是乎存焉尤高峻故稱九嵏冠云

甘泉山在雲陽北秦始
皇於上置林光宮漢又起甘
泉宮益壽延壽館通天
臺故云泰漢之所極觀王
襃作甘泉賦故云雲頌歎

之源隄封五萬疆場綺分溝塍刻鏤原隰
下有鄭白之沃衣食

龍鱗汎渠降雨成雲五穀垂頴桑麻
敷棻……史記曰韓使水工鄭國說秦令引涇水為渠……

東郊則有通溝大漕潰渭洞河泛舟山東

控引淮湖與海通波……西郊則有上圍禁苑

餘里離宮別館三十六所神池靈沼往往

林麓藪澤陂池連乎蜀漢繚以周牆四百

而在……

翻黃圖曰上林有建章承光等二十五凡三十六所……
其中乃有九眞之麟大宛之馬

黃支之犀條枝之鳥踰崑崙越巨海殊方

異類至三萬里……

體象乎天地經緯乎陰陽據坤靈之正位

放泰紫之圓方

樹中天之華闕豐冠山之朱堂因瑰材而

究奇抗應龍之虹梁列棼橑以布翼荷棟

桴而高驤……

楶栱以景彰……

裁金壁以飾瑠璃發五色之渥采光爛朗

於是左城右平重軒三階

閨房周通門闥洞開列鍾虡於中庭立金

人於端闈仍增崖而衡閎臨峻路而啟扉

以崇臺閒館煥若列星壓宮是環常高也閒

徇以離殿別寢承

清涼宣溫神

仙長年金華玉堂白虎麒麟區宇若兹不

可彈論

增槃業峨登降炤爛珠形詭

制每各異觀乘茵步輦唯所息宴

后妃之室合歡增成安處常寧若椒房

披香發越蘭林蕙草鴛鴦飛翔之列

昭陽特盛隆

平孝成屋不呈材牆不露形裏以藻繡

以綸連隨侯明月錯落其間金釭銜璧

為列錢翡翠火齊流耀含英懸黎垂棘夜

光在焉

於是玄墀釦切玉階彤庭

硬碬采緻琳珉青熒珊瑚碧樹周阿而生

紅羅颯纚綺組繽紛精曜

華燭俯仰如神

更盛送貴處乎斯列者蓋以百數

後宮之號十有四位窈窕繁華

左右廷中朝堂百僚之位

蕭曹魏邴謀謨乎其上 蕭何曹參並沛人魏相字弱翁濟陰人邴吉字少卿魯國人邴相並爲丞相

佐命則垂統輔翼則成化流 李陵書曰命功成作樂其功著者

漢之愷悌蕩亡秦之毒螫大 郭愔

于黎庶 其樂和前書曰蕭何爲法較若畫一曹參代之之守而勿失祖宗謂高祖中宗也 孔叢子曰古之帝王功成作樂其功著者

之聲作畫一之歌功德著於祖宗膏澤洽 故令斯人揚樂和 又有天祿石

渠典籍之府命夫諄誨故老名儒師傅講 又有承

論乎六藝稽合乎同異 三輔故事曰天祿石渠閣名在未央宮北以閣名在未央宮北詩大雅曰諄諄六藝謂六經也 又有承

明金馬著作之庭大雅宏達於茲爲羣 承

元元本本殫見洽聞啓發篇章校理祕文 承明之廬在石渠閣外 女注云我教告王口語謂然也 詩書禮樂易春秋也 前書甘露中與諸儒講五經同異 平奏其議

詔者皆居之廬也金馬大也元其元本祕文也

丘撰鉤祕文也 詔決曰周以鉤陳之位衛以嚴更之

署總禮官之甲科羣百郡之廉孝 周環也前書音義曰鉤陳紫宮外星也衛宮也禮官奉常也有博士掌試策考其優劣爲甲乙之科前書曰太常以公孫弘爲下第又曰興廉舉孝 虎賁贅

衣闥尹閽寺陛戟百重各有攸司 前書音義曰虎賁宿衛也百官衆全數前書又曰謁者掌賓贊受事員七十人 周廬千列徼道綺錯

輦路經營脩涂飛閣 前書音義曰周廬宿衛也千列言多也史記曰衛綰以戲車爲郎中尉郎中署也徼巡繞也綺錯交錯也涂亦塗也古字通用

之鳳闕上觚棱而棲金爵 自未央而連桂宮北彌明光而亙長樂

陵墱道而超西墉混建章而外屬設璧門 宮在此言飛閣相連也墱陛級也前書曰鄧太后臨城西屬連也前書曰武帝起建章宮其東則鳳闕高二十餘丈其南有玉堂璧門三輔故事曰建章宮北有太液池中有漸臺二十丈

之鳳闕上抵棲而接金爵 未央宮在西長樂宮在東桂宮明光宮在城中記曰未央宮東有桂宮

眇麗巧而竦擢張千門而立萬戶順陰陽 三輔故事曰建章宮度爲千門萬戶前書曰別風嶕嶢高也雌音焦嶢音堯 內則別風之嶕嶢

以開闔 三輔故事曰建章宮東有折風闕一名別風嶕嶢高也雌音焦嶢音堯闔音記門扇也闢一折風闕闔中記

正殿崔巍層構厥高臨乎未央經駘盪而 前書曰建章宮度爲千門萬戶蘇曰闔門扇也闢謂之陽易曰闔戶謂之坤闢戶謂之乾陰爾乃

出駊娑洞枿詭與天梁上反宇以蓋戴激日景而納光

攀井幹而未半目眴轉而意迷舍檻

而上躋轑於太半虹霓回帶於棼楣

雖輕迅與僄狡猶愕眙而不敢階

巡回涂而下低

檻而郤倚若顛墜而復稽魂怳悅以失度

既懲懼於登望降周

流以彷徨步甬道以縈紆又杳窱而不見

陽淮南子曰甬道相連高誘注云甬道飛閣複道也

既剏宇於渺茫

游目於天表似無依之洋洋

揚波濤於碣石激神嶽之嶈嶈瀛洲與

方壺靈蓬萊起乎中央

草冬榮神木叢生巖峻崔嵬金石峻嶒於是靈

瑤之混濁鮮顯氣之清英

抗仙掌與承露擢雙立之金莖軼埃

實列仙之攸館匪吾人之所寧

利之所刑庶松喬之羣類時游從乎斯庭

騁文成之丕誕馹五

觀奮大武乎上圃因兹以威戎奮伐燿威

爾乃盛娛游之壯

而講事

使起鳥詔梁野而驅獸毛羣內闃飛羽上

前唐中而後太液攬滄海之湯湯

覆接翼側足集禁林而屯聚 荆州江湘之地其俗冒於捕鳥

故使起之梁野巴漢之人其俗冒於逐獸故使使其人驅之閨音田聚音才諭反 水衡虞人

理其營表種別羣分部曲有署 前書曰上林苑屬水衡都尉虞人掌山澤之官周禮曰虞人萊所以識正行列也虞漢書將軍領軍皆

苑門 蔡邕獨斷曰天子至尊不敢渫瀆言之故託之於乘輿天子車駕有大駕法駕有小駕大駕則公卿奉引備千乘萬騎法駕公不在鹵簿中唯執金吾鄭司農曰表所以識正行列武帝所作前書音義曰吾葦引侍中驂乘飛廉館名也

於是乘鑾輿備法駕帥羣臣披飛廉入 鄭玄注禮記曰鹿頭如雀有角曰飛廉神禽能致風氣身似鹿頭如雀有角而蛇尾文如豹文於館上作之因以名焉 逐繞 陳仲

絡野列卒周帀星羅雲布 鄭曰罘音浮紘罘罔也 網

豐鎬歷上蘭六師發罔百獸駭殫震爝 鄭丈王所都在鄠縣鎬武王所都在上林苑東 爝武觀尚書曰司馬既震言震爝也車騎齍音多

爝雷奔電激草木塗地山淵反覆蹂躪其 中三輔黃圖云上林苑有上蘭觀塗污也反覆傾動踐轢也音波九反蹂躪轢也音力

十二三乃拗怒而少息 爾乃期門佽飛列 政統六師又曰百獸率舞驊驒言驊驒也奔走之貌狀塗汙也及視之眩有似傾動且抑六師猶抑也拗言抑之也音於六反言也拗而少停也

刃鑕鏃要跌追鳥驚觸絲獸駭值鋒機 刃反

不虛挍弦不再控矢無單殺中必疊雙䮙

【後漢列傳三十上】 二十五

颲紛紛贈繳相纏風毛雨血灑野蔽天 武帝與北地良家子期門伏飛射士音義飲飛本秦左弋官也武帝改為伏羽謂之鐵之鏃也蒼頡篇曰鏃箭鏃也鏃本秦左弋官也紡贈繳弋也贈通爾雅曰金鏃箭曰鏃牙曰說文曰金鏃箭曰金鏃贈飛義又曰募飛

平原赤勇士屬獟犺 爾乃

失木犿狼慔寬 郭璞注山海經曰狼似黑蒼頡書曰犺大而以

移師趨險並蹈潛藏窮虎奔突往兒觸歷 滇蔡也蔡謂榛蕪之林虎兒似牛郭璞注爾雅曰魋如小熊竊毛牛郭璞曰一角青色重千斤廣雅曰魋跳也音居衛反

反 許少施巧秦成力折挍僄狡拕猛噬脫 許少秦成並未挍挍捷者說文曰挍捕也手博殺之爾雅曰暴虎徒搏也脰頸也折挍空挍空挍謂空拳也僄捷也挍反李奇曰校虎之

角挫脰徒搏獨殺

豹拖熊螭頓犀鬃曳豪羆超迴蹙越峻崖 師子也說文曰拖曳也音徒可反虎獸形郭璞注山海經曰螭螭形似熊而黃黑色出西南徼外蹙盡也夷猶殺也羆山石高嵼嶵巖鉅石隤在頂上一在額

歷嶓嶵巖鉅石隤松栢什叢林摧草木無餘 雅曰羆似熊而黃白色出西南徼外蹙盡也夷猶殺也

禽獸殄夷 師子也說文曰拖曳也可反經曰犀似牛豬頭黑色出犀似牛而豬頭雅曰犀似熊黑色南山出石高嵼嶵巖鉅在頂上一在額

屬王之館歷長揚之榭覽山川之體觌魵觀 於是天子乃登

二十六 李賢

三軍之殺獲，原野蕭條，目極四奇。禽相鎮厭，獸相枕藉。

行包騰酒車而斟酌，鮮野食，舉燧命爵。與襄回集乎豫章之宇，臨乎昆明之池。然後收禽會眾，論功賜胙，陳輕騎以饗。賜畢，勞逸齊，大輅鳴鸞容。

左牽牛而右織女，似雲漢之無崖。茂樹蔭蔚，芳草被堤，蘭苣發色，曄曄猗猗，若搞錦布繡，燭燿平其陂。

《後漢列傳三十七》
二十七
東漢

於是後宮乘輦路，登龍舟，張鳳蓋，建華旗，袪翰鏡清流靡。微風澹澹，淡浮。輦翔魚鷗闚淵。下雙鶄，揄文竿，出比目。撫鴻幢，御繒繳，方舟並鷙，俛仰極樂。

遂風韡雲搖，浮遊普臨，兒前乘秦領後。越九崚，東薄河華，西涉岐雍，宮館所歷，百有餘區，行所朝夕儲不改供。所用採遊童之歡謠，第從臣之嘉頌，協風嵦襀。供禮上下，而接山川，究休祐之……

《後漢列傳三十八》
二十八
東漢

王襄張子僑等並待詔所幸宮館輒為歌頌第其高下以差賜帛焉于斯之時都都相望邑邑相屬國籍十世之基家承百年之業士食舊德之名氏農服先疇之畎畝商修族世之所鬻工用高曾之規矩綮乎隱隱各得其所

十代百年近舉全數也易曰食舊德貞厲終吉穀梁傳曰古者有士人商人農人工人淮南子曰古者至德之時賈便其肆農安其業大夫安其職而處士修其道也

若臣者徒觀迹乎舊壚閭之乎故老什分而未得其一端故不能徧舉也

班彪　子固　唐章懷太子賢注

主人喟然而歎曰痛乎風俗之移人也子
實秦人矜夸館室保界河山信識昭襄而
知始皇矣惡睹大漢之云爲乎

喟歎貌也前書曰人有剛柔緩急音聲不同繫水土之風氣謂之風好惡取舍謂之俗保守也謂守河山也昭襄王也惡安也音烏

夫大漢之開原也奮布
衣以登皇極縣數甚而創萬世蓋六籍所
不能談前聖靡得而言焉

漢高祖曰吾以布衣提三尺劍取天下高

當此之時功有橫而當天計有逆而順
也

祖起兵五年而即帝位故云由數菁四時日昔萬代盛言之也六籍六經也

人故婁敬度勢而獻其說蕭公權宜以拓
其制時豈泰而安之哉計不得以已也

胡孟反　橫音　李善

以爲定計不得止而都西京也

吾子賈不是

睹顧耀後嗣之末造不亦闇乎

顧反也耀眩也耀吾子

曾不睹覆瓚揍宜之由而反眩耀後嗣
之所造非其盛揍武帝成帝神仙昭陽之事也
子孫末代今

將語子以建武之理永平之事監乎泰清

淮南子曰太清之化也和順以寂

以戁子之或志

李善

亡鬼神泯絕壁無完柩郭閭遺室原野獸
六合相滅事共相誅

天人謂天意之所
漢賢真于時之亂生民幾

之肉川谷流人之血泰項之災猶不克
半書契已來未之或紀也

往者王莽作逆漢祚中缺天人致誅
人者神之主生人飢故鬼神亦絕也

而上愬上帝懷而降鑒致命于聖皇

聖皇光武也懷猶愍念下人之上愬故下視四海可以爲君者而致命於

於是聖皇乃握乾符闡坤珍披皇圖

子法言曰秦將白起長平之戰院四十萬人原野獸人之肉川谷流人之血也

後漢列傳三十下二

稽帝文赫爾發憤若與雲霆發昆陽馮
怒雷震

乾符坤珍皇圖帝籙緯書坤靈圖曰皇圖帝文謂圖籙也發於昆陽謂破王尋

遂超大河跨北嶽立號高

王邑憑盛也言光武度河據北嶽登高邑也如雷之震跨踰越也

邑建都河洛

即位於鄗

王之荒屯因造化之蓋滌體元立制繼天
紹百

而作
紹繼也屯難也高誘注淮南子云造化天地也孫除也作起也杜預注左傳云凡人君即位欲體元以居正故云正體元者天也繼天者君也系唐統接漢緒

茂育羣生恢復疆宇勳兼平在昔事勤平
后辟君也險易猶理勳謂之功也王非直一言光武帝也

三五唐帝言光武能繼唐堯之統業也恢大也三五帝兼共前代百王非直一聖帝也

豈特方軌並迹紛綸后辟理近古之
軌轍也紛綸衆跡也關雅曰循

所務路一聖之險去爾也
一後漢列傳三十下　三

之元天地革命四海之內更造夫婦肇有
謂之四海基始也帝王紀曰庖犧氏下九夷七戎六蠻號庖犧後或謂宓戲

父子君臣初建人倫寔始斯乃宓犧氏之
夫婦懷言光武更造之也

造界城斯軒轅氏之所以開帝功也
分州土立市朝作舟車　黃帝號軒也

轘氏前書曰昔在黃帝畫野分州易繫辭曰神農氏沒黃帝堯舜氏作刳木為舟剡木為楫服牛乘馬引重致遠以利天下弦木為弧剡木為矢弧矢之利以威天下如軒轅也

襲行天罰應天順民斯乃湯武之所以昭
尚書武王曰今予惟襲行天之罰易曰湯武革命順乎天而應乎人言光武征伐如湯武也

王業也遷都改邑有殷室中興之則焉即土
湯武者也尚書曰盤庚遷于者也

之中有周成隆平之制焉
尚書曰盤庚遷于殷史記曰殷帝陽甲崩弟盤庚立自河北度河南復居湯之故地行湯之政然後殷道復興上帝自服于土中孔安國曰洛邑地勢中也命歷序曰成康之隆泉湯出言都洛陽如殷宗周如殷宗春秋緯曰河來紹周吳佐

不階尺土一人之柄同符乎高祖
其後其有志克己曰紂已去古未久也莫非其有也一人莫非其臣也又曰舜文王相去千有餘歲若合符節孟子克

已復禮以奉終始允恭乎孝文
復禮仁也孫卿子曰生人之始也死人之終也始終俱善人道畢矣左傳仲尼曰

憲章稽古封岱勒成儀炳乎世宗
則也禮記曰仲尼憲章文武尚書若稽古帝堯言能順考古道而行之也封太山勒石以記成功也其禮憲章言躬自儉約同於文

制成之　四
帝紂去之也

案六經而校德妙古昔而論功仁聖
六經謂詩書禮樂易春秋妙猶美也

三雍之上儀修袞龍之法服敷洪藻信景
至于永平之際重熙而累洽盛

武儀明乎
武帝也　案六經而校德妙古昔
一後漢列傳三十下

之事既該帝王之道備矣
或作胁遠也詼備也

序既肅
熙光也洽浹也三雍謂明堂辟雍靈臺也

鑠揚世廟正子樂人神之和允洽君臣之
光明也永平二年正月宗祀光武帝於明堂禮畢登靈臺也

先王即袞冕三雍謂明堂辟雍靈臺也
公卿列辟始服冕衣裳鄭玄注曰袞冕衣裳布詔於天下如建明堂立辟雍於明堂之後布詔於天下如建明堂立辟雍於永平二年

讀曰申景大也鑠美也揚代廟謂上導號光武廟曰信雍起信景大也鑠美也揚代廟謂上導號光武廟也信

〔後漢列傳三十下〕五

方巡狩窮覽萬國之有無考聲教之所被 乃動大路遵皇衢省

散皇明以燭幽

皇城之內宮室業光明闕庭神麗奢不可踰 是以

翩翩魏顯顯翼翼光漢京于諸夏惣八

然後增周舊修洛邑

方而為之極

流泉而為沼發蘋藻以潛魚豐圉草以毓

儉不能侈 外則因原野以作苑順

獸制同乎梁騶義合乎靈圉

若乃順時節而蒐狩簡車徒以講武

則必臨之以王制考之以風雅

正儀乘輿乃出 歷嶺虞覽四驪嘉車攻采吉日禮官

〔後漢列傳三十下〕六

魚鏗華鍾登玉輅乘時龍鳳蓋颯灑和鸞

玲瓏天官景從後填威盛容

山靈護野屬御方神雨

師汜灑風伯清塵千乘雷起萬騎紛紜元

戎竟野戈鋋彗雲羽旄掃寬雄旗拂天

燎山日月為之奪明丘陵為之搖震

炎炎焱焱揚光飛文吐爛生風吹野

遂集平中圍陳

師案屯駟部曲列校隊勒三軍誓將帥

【後漢列傳三十下】

圓中也 續漢志曰大將軍營五部校尉一人部下有曲曲下有屯長一人百人為隊鄭玄周禮注云天子六軍三居一偏故此言勒三軍周禮注云軍吏聽誓于鼓斬牲以徇陳軍也不用命者斬之鄭玄注云軍吏將帥也

輕車霆發驍騎電騖游基發射范氏施御 然後舉烽代鼓以命三驅 杜預注左傳曰此

弦不失禽轡不詭遇 飛者未及翔走者未及去 穀梁傳曰三驅之禮一為乾豆二為賓客三為充君之庖 趙岐孟子注云楚王游獵使養由基射之矢未發而彄引滿白鹿從遊麑子也使養由基射之一發而獲王曰天下之善射者唯范氏與養由基是也 十弦不失禽謂由基也 轡不詭遇謂范氏也 指顧倏忽獲車已實樂於 周清

不極般殺不盡物馬踠餘足士怒未泄先 驅復般屬車案節 高唐賦曰龍功先得獲車已 實爾雅曰泄歇也漢官儀大駕屬車八十一乘子虛賦曰案節徐行也 左

是薦三犧效五牲禮神祇懷百靈御明堂 臨辟雍揚緝熙宣皇風登靈臺考休徵 俯仰平乾坤參象 鄭玄注禮記曰三犧天地宗廟之牲也五牲麋鹿麏狼兔也三犧祭天地宗廟之牲也五牲祭百神也詩大雅曰懷柔百神鄭玄謂朝日神也地神祇禮記曰天子立靈臺以觀雲物也左傳 諸侯祀於明堂詩大雅曰維清緝熙文王之典鄭玄注朝日也 孔安國熙光明也尚書曰休徵鄭玄注云叙美行之驗也

平聖躬目中夏而布德瞰四裔而抗棱 北動幽崖南趣朱垠 西溢河源東瞻海涘 能征孝宣所不能臣莫不陸讋水慄奔走 而來賓 殊方別區界絕而不鄰自孝武所不 同漢京是日也天子受四海之圖籍膺萬 國之貢珍內撫諸夏外接百蠻 乃盛禮樂供 帳置平雲龍之庭陳百僚而贊羣后究皇 儀而展帝容 列金罍班玉觴嘉珍御大牢饗 於是庭實千品旨酒萬鍾

朱安明

春王三朝會

【後漢列傳三十下】 八

曰我姑酌彼金罍珍八珍也
太牢牛羊豕也饗協韻音香也

師奏樂陳金石布絲竹鍾鼓鏗鎗管絃
煜食舉為當食舉樂也蔡邕禮樂志曰食舉樂詩有鹿鳴承天嘉至於雍徹論語曰三家者以雍徹也師樂官也周禮大師掌六律六同以合陰陽之聲也鍾音苦鐘反周禮大師

詩以徹樂六律六同論語曰三家者以雍徹舞者也庚反曄音育煜音育
抗五聲極六律歌九功舞八
左傳晏子曰五聲五音宮商角徵羽也尚書曰九功惟敘九功六律杜預
詩國風曰漢廣德及

黃鍾太蔟姑洗蕤賓夷則無射尚宮尚商尚角尚徵尚羽謂金木水火土穀正德利用厚生惟和九功俏舞

俏韶武備太古畢
所及令休兆離罔不具集
萬樂備百禮暨皇歡浹
羣臣醉降烟煜調元氣然後撞鍾告罷百
僚遂退
萬方之歡娛久沐浴乎膏澤懼其侈心之
將萌而急於東作也
申舊章下明詔命有司班憲度昭節儉示 乃
大素
詩大雅曰率由舊章鄭玄注左舊典文章左傳藏哀伯曰大路越席大羹不致昭其儉也

列子曰大素者質之始也
去後宮之麗飾損乘輿之服御
除工商之淫業與農桑之上務遂令海內
弃末而反本背伪而歸真女脩織紝男務
耕耘器用陶匏服尚素玄恥纖靡而不服
賤奇麗而不珍捐金於山沈珠於淵
溫積而鏤至清形神寂漠耳目不營嗜欲
之原滅廉正之心生莫不優游而自得王
潤而金聲
上歌蹈德詠仁
如林庫序盈門獻酬交錯俎豆莘莘下舞
是以四海之內學校
登降飲宴之禮既畢因相與嗟歎玄德
謹言弘說咸合和而吐氣頌曰盛哉乎斯
於是百姓滌瑕

世
詩曰飲酒之飲毛萇注云不脫屨升堂謂之飲飲
私也尚書曰玄德升聞宇林曰謚美言也音黨

今論者但知誦虞夏之書詠殷周之詩講
義文之易論孔氏之春秋罕能精古今之
清濁究漢德之所由 孔子作春秋清濁猶善惡
也唯子頗識舊典又徒馳騁乎末流溫故
知新已難而知德者鮮矣 諸子也前書曰溫故
入於道放縱於末流論語孔子曰溫故
知新可以為師矣又曰由知德者鮮矣
且夫碎

界西戎險阻四塞俯其防禦執與慮乎土
中平夷洞達萬方輻湊 辟遠也音匹亦反戰國
策蘇秦說孟嘗君曰秦

【後漢列傳三十下】十一 王甲
四塞之國也高誘注云四面有山關之固故曰四
塞之固也防禦謂關禁也輻湊如車輻之湊轂也前書武

帝詔吾丘壽王曰子在中岳為南岳
朕荊吾繫辭曰河出圖洛出書也
圖曰天有四表以布精暉威
也嵩山為中岳衡山為南岳華山為
太山為東岳

若四瀆五岳帶河汧洛圖書之淵 四瀆江河
淮濟也圖書爛
秦領九嵕涇渭之川曷

列仙躭與靈臺明堂統和天人 館御謂設臺以
進御神仙
之圃曷若辟雍海流道德之富 辟雍 三輔黃圖曰
辟雍水四周
也岳嵩山為中岳衡山
也易繫辭曰河出圖洛出書也
建章甘泉館御
太液昆明鳥獸

之圃曷若辟雍海流道德之富
考觀天人之際法陰陽之會也
也禮含文嘉曰禮天子靈臺以
四海也游俠踰侈犯義侵禮躭與同履法度
其外象

翼翼濟濟也 游俠即西賓去鄉曲豪俊游俠之
雄蹱脩謂列肆脩於妶姜等也隅
造天而不知京洛之有制也識函谷之可 子徒習秦阿房之
關而不知王者之無外也 史記曰秦始皇作阿
無外也 主人之辭未終西都
房宮造宮王也公羊傳
巡降階而慄然意下捧手欲辭主人曰復位
今將喻子五篇之詩 說文曰嘽視邊之貌音許
音徒反喻告也 賓既卒業乃稱曰美哉乎
此詩義正平楊雄事實乎相如非唯主人
之好學蓋乃遭遇乎斯時也 楊雄作長楊羽
獵賦司馬相如
作子虛上林賦竝文雖藻麗其事
透誕不如主人之言義正事實也 小子狂簡不知
所裁既聞正道請終身誦之其詩曰 論語孔子
曰吾黨之小子狂簡斐然成章不知所以裁
之又曰不怨不求何用不臧子路終身誦之

【後漢列傳三十下】十二 吳佳

明堂詩
於昭明堂明堂孔陽聖皇宗
祀穆穆煌煌 於音烏數美之詞也詩周頌曰我
朱孔陽聖皇宗祀謂祭光武於明堂也國風曰
穆穆煌煌宜君宜王禋祀猶美也煌煌猶美也
宴饗五位時序誰其配之世祖光武 前書
神貴者太一佐曰五帝五位五帝也河圖曰蒼
帝靈威仰赤帝赤熛怒黃帝含樞紐白帝白招拒黑

03-614

其職祷與絪熙允懷多福　詩小雅曰溥天之下莫非王土率土之賓莫非王臣溥亦普也孝經曰四海之內各以其職來助祭詩商頌曰祷歟那歟祷美也允信也懷來也雅曰君子樂胥受天之祐詩小雅曰與雨祁祁尚書考靈燿曰景風順也

帝叶光紀揚雄河東賦曰靈衹既饗五位時敘謂各依其方而祭之普天率土各以

辟雍詩

迤流辟雍辟雍湯湯聖皇莅　湯湯水流貌也莅臨也詩小雅曰方叔莅止大雅曰迤迤辟雍毛萇注云天子尊事三

蟠蟠國老迤父迤兄抑抑　謂辟雍國老迤父迤兄也詩周頌曰我客庚庚

威儀孝友光明　說文曰蟠蟠老人貌也詩曰威儀抑抑反孝經援神契曰天子尊事老兄事五更抑抑美也詩曰威儀抑抑又兄弟為友

《後漢列傳三十下》

我漢行灋化惟神永觀厥成　於赫歎美也大雅上謂太古立德太濩大德馳於心化如神詩周頌曰我客庚何　於赫太上示（宗）

十三

靈臺詩

迤經靈臺靈臺既崇帝勤時　詩大雅曰經始靈臺靈臺崇高也時

登麥考休徵　詩以時登之休美也衡驗也

宣精五行布序胃胃祥風祁祁甘雨　宣布也精明也五行水火金木土布序謂各順也詩小雅曰胃胃谷風禮斗風禮斗風祁祁至宋均注曰靈燿曰景風也日三月三光

百穀溱溱庶卉蕃蕪屢惟豐年於皇　行甘雨時也

敞浮雲寶鼎見兮色紛緼煥其炳兮被龍　靈臺謂河洛之書也固集此題篇發皓

文　光武說文曰敞高也敞出貌音火驕反史記曰秦武

寶鼎詩　頌曰緩萬邦屢豐年又曰於皇時周於音烏詩小雅曰君子樂胥受天之祐注云古胥有才智之名

嶽修貢兮川效珍吐金景兮　謂永平六年王雒山得寶鼎廬江太守獻之景象也

樂胥　百言非一也尚書洪範曰百穀用成溱溱盛貌也尚書曰庶草蕃蕪爾雅曰屢豐也詩周頌曰君子樂胥受天之祐注云古胥有才智之名

登祖廟兮享聖神昭靈德兮彌　時明帝詔曰其以初祭之日陳鼎於廟以備

億年勑天之休　器用彌終也萬萬曰億尚書曰公其以予萬億年

億年　億年勑天之休也

《後漢列傳三十下》　十四　李芳

白雉詩　啟靈篇兮披瑞圖獲白雉兮

效素烏　白雉素烏歌故兼言效素烏也發皓

羽兮舊翺英容絜朗兮於淳精　王與孟悦舉龍文之精包曰烏者陽之精也章明也王皓白也翹尾也春秋元命

章皇德兮侔周成永延長兮膺天　孝經援神契曰周成王時起裳衣白雉慶讀

慶　成王時伴等也孝經援神契曰周及蕭宗雅

好文章固愈得莘數入讀書禁中或連日

繼夜每行巡狩輒獻上賦頌朝廷有大議

使難問公卿辯論於前賞賜恩寵甚渥固

自以二世才術位不過郎　彪及固謂二代

楊雄自論以不遭蘇張范蔡之時作賓戲

以自通焉　東方朔苔容難曰使生曾不得掌故安敢望侍郎乎楊雄解嘲

遷玄武司馬　苑蔡於許史之間則狂矣固所作賓戲最見前書　後續漢志曰宮掖門每門司馬一人秩比千石玄武司馬主玄武門　天

子會諸儒講論五經作白虎通德論令固

撰集其事　章帝建初四年詔諸王諸儒會白虎觀講議五經同異　時比單于

遣使貢獻求欲和親詔問羣僚議者或以　南匈奴也

爲匈奴叛詐之國無內向之心徒以畏漢

威靈遍憚南虜　故希望報命以安其

離叛今若遣使恐失南虜親附之歡而成

〔後漢列傳三十下〕　十五　林芳

比狄猜詐之計不可固議曰竊自惟思漢

興已來曠世歷年兵纏夷狄尤事匈奴綏　文帝與匈奴通關市妻

御之方其塗不一或脩文以和之或用武　之以漢女增厚其略也

以征之或甲下以就之　宣帝時匈奴稽首入侍

所因時異然未有拒絕弃放不與交接者　雖屈申無常

也故自建武之世復脩舊典數出重使前

後相繼　建武二年日逐王遣使詣漁陽請和親使中郎將李茂報命二十六年遣中郎將段郴授南單于印綬

至於其末始乃暫絕永平八年

復議通之而廷爭連日異同紛回多執其

難少言其易先帝聖德遠覽膽前顧後遂　先帝謂明帝也永平八年遣越騎司馬鄭眾報使北匈奴

復出使事同前世

以此而推未有一世闕而不脩者也今烏

奴離就闕稽首譯官康居月氏自遠而至　桓

誠國家通於神明自然之徵也臣愚以爲

宜依故事復遣使者上可繼五鳳甘露致

遠人之會　宣帝五鳳三年單于名王將眾五萬餘　人來降稱臣朝賀甘露元年匈奴呼韓

〔後漢列傳三十下〕　十六　卓受

邪遣子右賢王入侍

再來然後一往既明中國主在忠信且知

聖朝禮義有常豈同逆詐示猜孤其善意

平絕之未知其利通之不聞其害設後

虜稍疆能爲風塵　相侵攝則風塵起

將何所及不因今施惠爲策近長固又

作典引篇述叙漢德　堯典謂堯故述漢以續堯典

以爲相如封禪靡而不典　文雖靡麗而其事虛實

美新典而不實　體雖典則而其事虛實　蓋自謂得　楊雄

03-616

其致焉其辭曰太極之原兩儀始分烟烟

爅爅有沈而奧有浮而清

沈浮交錯庶類混成

肇命人主五德初始同于草昧玄混之中

縄越契寂寞而亡詔者系不得而綴也

厥有氏號紹天闡繹者

文詣系謂易辭曰上古結繩而治後代聖人易之以書契百官以治萬民以察蓋取諸夬也

書猶可得而脩也

莫不開元於大昊皇初之首上哉夐乎其

通夒神化函光而未曜

若夫上稽乾則降承龍翼而

炳諸典謨以冠德卓蹤者莫崇乎陶唐

亞斯之世

乾等天也論語孔子唯天為大唯堯則之龍翼易乾上九曰用九見羣龍無首吉

股肱既周天乃歸功元首將授漢劉

恒文乖暴倫戰而舊章缺

承三季之荒末值亢龍之災彝象暗而

亮洪業表相祖宗贊揚迪哲備哉燦爛真

神明之式也

莫衡旦密勿之輔比兹福矣是以高光

二聖辰居其域時至氣動乃龍見淵躍

虞虞亦命夏后稷羿熙載越成湯武

陶唐舍胄而禪有

故先命玄聖使綴學立制宏

孔子曰譬如北辰居其所而眾星共之時至氣動謂
高祖聚彤雲於錫山光武發佳氣於白水易乾九
二見龍在田九四曰或躍在淵此喻漢初起

拊翼而未舉則威靈紛

紘海內雲蒸雷動電熛胡紞恭分不蒞其
誅

正位度宗有于德不台淵穆之讓靡號師
矢敦奮攄之容

〈後漢列傳三十下〉
十九
李賢

蓋以膺當天之正
統受克讓之歸運於炎上之烈精蘊孔佐
之弘陳玄爾

若德帝者之上儀詎哲所不及已
洋洋乎

其頤可探也

服弈世勤民以伯戚之威用討韋顧黎崇之不

命賜彤弧黃戚之威用討韋顧黎崇之不

格

平三五華夏京遷鎬亳遂自北面虎離其

師革滅天邑

義士偉而不敢武稱未盡護有斬德不其

然輿

03-618

猶於穆猗那翁純皦繹以崇嚴祖考殷薦
宗祀配帝發祥流慶對越天地者爲弈乎
千載豈不克自神明哉

渝耳

後漢列傳三十

誣略有常審言行於篇籍光藻朗而不

朗明而不變也

沂測其源乃先孕虞育夏甄殷陶周

殊異不能及於漢

知夫赫赫聖漢巍巍唐基

先祖並嘗為堯臣

然後宣二祖之重光龍襲四宗之緝

熙神靈日燭光被六幽仁風翔乎海表威

靈行於鬼區匪亡迥而不泯微胡璟而不

頤養細者何小而不養也

故夫顯定三才昭

登之績匪兆不興舖聞遺策在下之訓匪

漢不弘

辟功君百王榮鏡宇宙算無與抗皇家歷

矣

元內浸豪芒性類循理品物咸亨其已久

嚴道至乎經緯乾坤出入三光外運混

乃始虞躉勞讓兢兢業業貶成

抑定不敢論制作

至令遷正黜色賓監之事焕揚宇內而禮

官儒林屯朋篤論之士而不傳祖宗之仿

佛雖古優慎無乃蒽歟

無禮則蒽鄭玄注

於是三事獄牧之僚僉爾而進曰陛
下仰監唐典中述祖則俯踏宗軌也
躬奉天經惇睦辯章之化洽
羣神之禮備
鱻寡之惠浹
皇來儀集羽族於觀魏肉角駢毛宗於外
困擾繼文皓質於郊圭黃暉采鱗於沼甘
露宵零於豐草三足軒翥於茂樹

《後漢列傳三十下》 二十三

是以鳳

州羡溢乎要荒
有素雉朱烏玄秬黃鬟之事耳君臣動色昔姬
左右相趨濟濟翼翼峨峨如也
福亦以寵靈文武貽燕後昆覆以懿鑠豈
其為身而有頌辭也
勤德旅力以充厥道啓恭館之金縢御東
序之祕寶以流其占若然受之宜亦

《後漢列傳三十下》 二十四

夫圖書亮章天哲也孔猷先命聖孚

體行德本正性也逢吉丁辰景命也

性以和神荅三靈之繁祉展故唐之明文

順命以創制定

豈茲清朝懼勗天乎

茲事體大而允寤寐次于聖心瞻前顧後

〈後漢列傳三十下〉 二十五

考自遂古乃降戾爰茲作者七十有四人

有不俾而假素聞光度而遺章今其如台

而獨闕也

伊

聖上固已垂精游神包舉藝文屢訪羣儒

諭咨故老與之平斟酌道德之淵源肴覈數

是時

李賢

仁義之林藪以望元符之臻焉

既成羣后之讜辭羣又悉經五緯之碩

芳烈矢而愈新用而不竭汪汪乎丕天之

大律其疇能亘之哉唐哉皇哉唐哉

慮矣將辮萬嗣燦洪暉奮景炎扇遺風播

〈後漢列傳三十下〉 二十六

後以母喪去官永元初大將軍竇憲出征

匈奴以固為中護軍與參議北單于聞漢

軍出遣使款居延塞欲脩呼韓邪故事朝

見天子請大使竇上遣固行中郎將事將

數百騎與虜使俱出居延塞迎之會南匈

奴掩破北庭

私渠海聞虜中亂引還及竇憲敗固坐

免官固不教學諸子諸子多不遵法度吏

人苦之初洛陽令种兢嘗行固奴干其車

郭博

騎吏摔呼之奴醉罵兢大怒畏憲不敢發
心銜之及竇氏賓客皆逮考兢因此捕繫
固遂死獄中時年六十一詔以譴責兢抵
主者吏罪固所著典引賓戲應譏詩賦銘
誄頌書文記論議六言在者凡四十一篇
論曰司馬遷班固父子其言史官載籍之
作大義粲然著矣議者咸稱二子有良史
之才遷文直而事覈固文贍而事詳若固
之序事不激詭不抑抗〔激揚也譏毀也抑退也抗進也〕
不穢詳而有體使讀之者亹亹而不猒信
哉其能成名也〔爾雅曰亹亹猶勉勉也〕彪固譏遷以爲
是非頗謬於聖人〔言遷所是非皆與聖人乖謬〕即崇黃老而薄五經輕仁義
而賤守節〔…〕然其論議常排死節否正直而不叙
殺身成仁之爲美〔…〕
節愈甚也〔…〕固傷遷博物洽聞不能以智
免極刑〔…〕然亦身陷大戮〔…〕智及

〔左側小註〕

之而不能守之〔論語孔子之言也言有鳴呼古
人所以致論於目睫也〕
〔…史記齊…〕

贊曰二班懷文裁成帝墳
〔沈約宋書曰初謝…暐改爲帝墳…〕
兼麗卿雲〔楊子雲〕彪識皇命固迷世紛

唐章懷太子賢注

第五倫　曾孫種

宋均　族子意

　　　鍾離意

　　　寒朗

第五倫字伯魚京兆長陵人也其先齊諸田氏（史記曰陳公子完字敬仲以陳字為田氏改姓田氏諸田徙園陵者多故以次第為氏）倫少介然有義行

王莽末盜賊起宗族閭里爭往附之倫乃依險固築營壁有賊輒舊屬其眾引彊持滿以拒之（引彊謂引弩之多力者）

屬前後數十輩皆不能下（東觀記曰時米石萬錢人相食倫獨收養孤兒外孫外姪共食之）倫始以營長詣郡尹鮮于褎（鮮字于朝王莽篡簒因氏焉為襄）見而異之署為吏後褎坐事左轉高唐令，（高唐縣屬平原郡故城在今博州祝阿縣西）臨去握倫臂訣曰恨相知晚（東觀記曰倫上堂見母曰今我出相對以為記焉）鄉嗇夫平徭賦理怨結得人歡心自以為久官不達遂將家屬客河東變名姓自稱

王伯齊載鹽往來太原上黨所過輒為糞除而去（冀除也）鄉人不知其處數年鮮于襃薦之於京兆尹閻興興即召倫為主簿時長安市未有平錢鑄錢多姦巧（東觀記曰長安市無平又鑄錢官姦輕所集無能整理之者興署倫督鑄錢掾領長安市其後小人爭訟皆云第五掾所平）乃署倫為督鑄錢掾領長安市（東觀記曰時市無姦枉）倫平銓衡正斗斛市無阿枉百姓悅服每讀詔書常歎息曰此聖主也一見決矣等輩笑之曰說將尚不能動萬乘乎（華嶠書曰蓋延代鮮于襃為馮翊多非法謂州將謂州將）倫數切諫延恨之故帶延恨之故舉孝廉補淮陽國醫工長隨王之國光武召見其異之二十九年從王朝京師隨官屬得會見帝問以政事倫因此酬對政道帝大悅明日復特召入與語至夕帝戲謂倫曰聞卿為吏篣婦公不過從兄飯寧有之邪倫對曰臣三娶妻皆無父少遭飢亂實不敢妄過人食（華嶠書曰上復曰聞卿為市掾人有遺母一笥餅者卿從）

外家見之聲母簡擇口中辭信呼倫對曰　實無此衆人以臣愚戇故爲生是語也

倫出有詔以爲扶夷長（扶夷縣屬零陵郡故城在今邵州武剛縣東北）帝大笑

未到官追拜會稽太守雖爲二千石躬自斬芻養馬妻執炊爨受俸裁留一月糧餘皆賤貿與民之貧羸者會稽俗多淫祀好卜筮民常以牛祭神百姓財産以之困匱其自食牛肉而不以薦祠者發病且死先爲牛鳴前後郡將莫敢禁倫到官移書屬縣曉告百姓其巫祝有依託鬼神詐怖愚民皆案論之有妄屠牛者吏輒行罰民初頗恐懼或祝詛妄言倫案之愈急後遂斷絶百姓以安永平五年坐法徵老小攀車叩馬號呼相隨日裁行數里不得前倫乃僞止亭舍陰乘船去衆知復追之及詣廷尉吏民上書守闕者千餘人是時顯宗方案梁松事亦多爲松訟者帝惡之詔公車諸爲梁氏及會稽太守上書者勿復受會帝幸廷尉錄囚徒得免歸田里身自耕種

〈後漢列傳三十一〉　三　李芳

不交通人物數歲拜爲宕渠令（宕渠縣故城在今渠州流江縣東北）顯拔鄉佐玄賀後爲九江沛二郡守以清絜稱所在化行終於大司農倫在職四年遷蜀郡太守蜀地肥饒人吏富實掾史家貲多至千萬皆鮮車怒馬（怒馬謂馬之肥壯其氣憤怒也）以財貨自達　倫多簡其豐贍者遣還之更選孤貧志行之人以處曹任於是爭賕抑絕（以財相貨曰賕音其虬反又音求）文職修理所舉吏多至九卿二千石時以爲知人視事七歲

〈後漢列傳三十一〉　四　周清

肅宗初立擢自遠郡代牟融爲司空帝以明德太后故尊崇舅氏馬廖兄弟並居職任廖等傾身交結冠蓋之士爭赴趣之倫以后族過盛欲令朝廷抑損其權上疏曰臣聞忠不隱諱直不避害不勝愚狷昧死自表（狷狂也）書曰臣無作威作福其害于而家凶于而國（尚書洪範之文也）傳曰大夫無境外之交（穀梁傳之文也束帛脩脯也饋遺也）后雖友愛天至而卒使陰就歸國徒廢陰東脩之饋（脩脯也饋遺也）

興賓客其後梁竇之家互有非法明帝即
位竟多誅之自是洛中無復權戚書記請
託一皆斷絕又譬諸外戚曰（譬曉諭也）苦身待
士不如為國戴盆望天事不兩施（戴盆何以望天也　心也紳謂大帶垂之三尺　論語曰子張書諸紳也　司馬遷書曰僕以為刻著五藏謂銘之於）而今之議者復以馬
氏為言竊聞衛尉廖以布三千四城門校
尉防以錢三百萬私贈三輔衣冠不
知莫不畢給又聞臘日亦遺其在洛中者

錢各五千越騎校尉光臘用羊三百頭米
四百斛肉五千斤臣愚以為不應經義惶
安之臣今言此誠欲上忠陛下下全后家
恐不敢不以聞陛下情欲厚之亦知所以
裁蒙省察（裁與同）征西羌倫又上疏曰臣愚以為貴戚可封
侯以富之不當職事以任之何者繩以法
則傷恩私以親則違憲伏聞馬防今當西
征臣以太后恩仁陛下至孝恐卒有纖介

難為意愛（恐卒然有小過愛而不罰則廢法也）聞防請杜篤為
從事中郎多賜財帛所居客居
美陽女弟為馬氏妻特此交通在所縣令
苦其不法收繫論之今來防所議者咸致
疑怪況乃以為從事將恐議及朝廷令宜
為選賢能以輔助之不可復令防自請人
有損事望（望望物也）苟有所懷敢不自聞並不
見省用倫雖直（峭峻也）然常疾俗吏苛刻
及為三公值帝長者屢有善政乃上疏襄

稱盛美因以勸成風德曰陛下即位躬天
然之德體晏晏關雅曰（晏晏溫和也）出入四年前歲誅刺史二千（尚書考靈耀曰竟文）
石負殘者六人（東觀漢記曰去年伏誅者刺史一人減死罪二人几六人）
斯皆明聖所鑒非群下所及然詔書每下
寬和而政急不解務存節儉而奢侈不止
者各在俗敝羣下不稱故也光武承王莽
之餘頗以嚴猛為政後代因之遂成風化
郡國所舉類多辨職俗吏殊未有寬博之

選以應上求者也陳留令劉豫冠軍令駟

協並以刻薄之姿臨人宰邑專念掠殺務

為嚴苦吏民愁怨莫不疾之而今之議者

反以為能違天心失經義誠不可不慎也

非徒應坐豫協亦當〔宜遣舉者也遣責務進〕

仁賢以任時政不過數人則風俗自化矣

臣嘗讀書記知秦以酷急勤懇懇實在於此

又聞諸王主賓戚驕奢踰制京師尚然何

芬亦以苛法自滅故勤〔論語孔以〕〔章句〕

以示遠故曰其身不正雖令不行〔子之言以〕

身教者從以言訟夫陰陽和歲乃豐〔□〕

〔人後漢列傳三十〕 七

君臣同心乃成世其刺史太守以下拜

除京師及道出洛陽者宜皆召見可因博

問四方兼以觀察其人諸上書言事有不

合者可但報歸田里不宜過加喜怒以明

在覽臣愚不足採及諸馬得罪歸國而實

氏始貴倫復上疏曰臣得以空虛之質當

輔弼之任素性駑怯位尊爵重拘迫大義

思自策厲雖遭百死不敢擇地又況親遇

危言之世哉〔論語曰邦有道危言危行邦無道危〕

〔行言遜過鄭玄云危猶高也據時高言〕

故以為論也〔今承百王之敝人尚文巧咸趣〕

邪路莫能守正伏見虎賁中郎將竇憲椒

房之親〔繁衍以椒塗錺取其□□多子故曰椒房〕

省闥年盛美甲謙善此誠其好士交

結之方然諸出入貴戚者類多瑕釁禁錮

之人尤少守約安貧之節士大夫無志之

徒更相販賣雲集其門眾響飄山聚蚊成

〔後漢列傳三十一〕

雷〔靖王之言蓋驕佚所從生也〕三輔論議者

至云以貴戚廢錮當復以貴戚浣濯之猶

解醒當以酒也〔病酒曰醒〕臣愚願陛下中宮嚴勑憲等

親近〔蒼頡篇曰誠俟諮也〕

開門自守無妄交通士大夫防其未萌慮

於無形令憲永保福祿君臣交歡無纖介

之隙此臣之至所願也倫奉公盡節言事

無所依違諸子或時諫止輒叱遣之使人

奏記及便宜者亦并封上其無私若此性

〔陳忠〕

質愍少文采在位以身白稱時人方之前

朝貢禹人也以明經絜行著聞〔前書曰貢禹字少翁瑯邪然少蘊藉不音也〕

修威儀〔簿籍猶亦以此見輕或問倫曰公有寬博也〕

私乎對曰昔人有與吾千里馬者吾雖不

受每三公有所選舉心不能忘而亦終不

用也吾兄子常病一夜十往退而安寢吾

子有疾雖不省視而竟不眠若是者豈

可謂無私乎平連以老病上蹟乞身元和三〔王森 九〕

年賜策罷以二千石奉終其身加賜錢五

十萬公宅一區後數年卒時年八十餘詔

賜秘器衣衾錢布少子頡嗣歷桂陽盧江

南陽太守所在見稱順帝之為太子廢也〔頡字子陵喬為郡功曹州從事公府辟慶為齊陰王 樊豐等譖之〕

共守闕固爭帝即位擢為將作大匠卒官

論曰第五倫峭覈為方〔嶢覈謂其性收好窮覈事情 非夫〕倫曾孫種〔急〕

愷悌之士省其奏議悻悻歸諸寬厚〔之兒也 純博悖悖〕

音敕 將懲苛切之敝使其然平昔人以弦

韋為佩蓋猶此矣〔韓子曰西門豹性急佩章以自緩董安於性緩佩弦以〕

急然而君子佩傿不偲上儉不偪下〔朱絋旅樹而反坫山節藻棁賢大夫也而難晏平仲祀其先人豚肩不掩豆賢大夫也而難為下〕

中以司徒掾栒清詔使冀州廉察災害〔後漢列傳三十一 十 風俗通曰 李奇〕

種字與先少屬志義為吏冠名州郡永壽

平詐非矯激則未可以中和言也

舉奏刺史二千石以下所刑免其眾多〔汝南周勃辟太尉清詔使荊州又此言以司徒清詔使冀州蓋三公府有清詔負以承詔使也廉察之〕

奔走者數十人還以奉使稱職拜高密侯

相是時徐兗二州盜賊羣輩高密在二州

之郊種乃大儲糧稿勤屬吏士賊聞皆憚

之捍鼓不鳴流民歸者歲中至數千家舉〔敱枚也〕

中常侍單超兄子爲濟陰太守貪〔遷兗州刺史 音浮 以能換爲衛相 公也 周後衛〕

放種欲收舉未知所使會聞從事衛羽素〔各致禮餉韻然不受 江朱建孟與頡故舊〕

抗屬乃召羽具告之謂曰聞公不畏彊禦
今欲相委以重事若何對曰顧庶幾於一
割（以劍諭）羽出遂馳至定陶開門收臣實客
親吏四十餘人六七日中紏發其藏五六
千萬種即奏臣并以劾超臣窘迫遣刺客
刺羽羽覺其姦乃收繫客具得情狀州內
震慄羽羽覺噭歎（一境）州郡不能討羽說種曰（中國）
安寧忘戰日久而太山險阻寇猾不制今

（後漢列傳五十二　十一　十二　郭傳）

雖有精兵難以赴敵羽請往譬降之種勸
諾羽乃往說禍福無忌即帥其黨與三
千餘人降單超積懷忿恨遂以事陷種芦
坐徙朔方超外孫董援為朔方太守稜怒
遇之及當徙斬具聞超謀乃謂其友人
同縣閻子直及高密甄子然曰蓋盜憎其
主從來舊矣第五使君當投畚土而單超
外屬為彼郡守夫危者易仆可為寒心吾

今方追使君庶免其難若奉使君以還將
以付子二人曰子其行矣是吾心也於是
斌將俠客晨夜追種及之於太原遮險格
殺斌將因下馬與種斌自步從一日一夜
行四百餘里遂得脫歸種匿於間甄氏數
年徐州從事臧旻上書訟之曰臣聞士有
忍死之辱必有就事之計故季布屈節於
朱家（前書曰季布楚人為任俠有名數窘漢王高
祖購求布千金布匿濮陽周氏曰漢求將
軍急致進計布髠鉗布衣褐并其家僮之
魯朱家所賣置田舍言之高祖赦之後為
河東
守）管仲錯行於召忽（說苑子路問於孔子曰
昔者管子欲立公子糾
者而不能召忽死之管仲
不死則三軍之
將人臣之持不死哉是無仁也死之則名
下矣何為不死於溝瀆之中天子死則功
復用於天下夫不死則功復用於天下夫
不死者人臣之持不死哉）

庶幸逢時有所為耳卒遭高帝之成業齊
於須臾貪命於苟活隱其智力顧其權略
拔之囚虜之中信其佐國之謀（申信音胂）
桓之興伯遺其亡逃之行赦其射鉤之讎（勳效）
傳於百世君臣載於篇籍假令二主紀過

03-628

於纖介則此二臣同死於犬馬沉名於溝

壑當何由得申其補過之功建其奇奧之

術平伏見故兗州刺史第五種傑然自建

在鄉曲無苟苴之嫌（苟苴餽遺也）步朝堂無擇

言之（闕）（口無可擇之言也）（之賦種不能討是力不足以禁之法當公坐故云公負也）

▲後漢列傳三十

其大過種所坐以盜賊公負筋力未就

秋之義選人所長弃其所短錄其小善除

者說清高以種為上序直士以種為首春（天性疾惡公方不曲故論罪至徵徒非有大）（山太）

惡昔虞舜事親大杖則走（家語孔子謂曾子之言也）故種（十二）

逃亡苟全性命冀有朱家之路以顯季布

之會顧胜下無遺須吏之恩令種有特忠

入地之恨會赦出卒於家

鍾離意字子阿會稽山陰人也少為郡督

郵時部縣亭長有受人酒禮者府下記案

考之（記文符也）意封還記入言於太守曰春

秋先內後外（公羊傳曰春秋內其國而外諸夏內諸夏而外夷伏）詩云刑（詩見大雅之文）

於寡妻以御于家邦（詩大雅之文御治也）明政化之

本由近及遠今宜先清府內且開略遠縣

細微之愆太守甚賢之遂任以縣事建武

十四年會稽大疫死者萬數（疫癘氣也）意獨身

自隱親經給醫藥（隱親謂親自隱恤之經給謂經營濟給之）所部

多蒙全濟鄉孝廉再遷辟大司徒侯霸府

過弘農意輒移屬縣使作徒衣縣不得已（古）

詔部送徒詣河內時冬寒徒病不能行路

與之而上書言狀意亦其以聞光武得奏（王仲）

以見霸曰君所使椽何乃仁於用心誠良

吏也意遂於道解徒桎梏（在手曰桎恣所欲在足曰桎）

過與剋期俱至無或違者還以病免後除

瑕丘令（瑕丘今兗州縣也）吏有檀建者盜竊縣內

屏人問狀建叩頭服罪不忍加刑遣令長

休建父聞之為建設酒謂曰吾聞無道之

君以刃殘人有道之君以義行誅子罪命

也遂令建進藥而死二十五年遷堂邑令（堂邑故城在今博州堂邑縣西北）

母病死廣哭泣不食意憐傷之乃聽廣歸（人防廣為父報讎繫獄其）

家使得隕斂丞掾皆爭意曰罪自我歸義
不累下遂遣之　言罪歸於我不累於丞掾廣敏母訊果還
入獄意密以狀聞廣音得以減死論顯宗
即位徵爲尚書時交阯太守張恢坐臧千
金徵還伏法以資物簿入大司農　記也　詔
班賜羣臣嘗音得以珠璣於
帝怪而問其故對曰臣聞孔子忍渴於盜
泉之水曾參回車於勝母之閭惡其名也　此藏臧之
說苑曰邑名勝母曾子不入水名盜泉子不飲
仲臣不飲醒其名也　尸子亦載其言也
寶誠不敢拜帝嗟歎曰清乎尚書之言乃
更以庫錢三十萬賜意意轉爲尚書僕射
駕數幸廣成苑以爲從禽廢政常當車
陳諫般樂遊田之事天子即時還宮永平
三年夏旱而大起北宮意詣闕免冠上疏
曰伏見陛下以天時小旱憂念元元降避
正殿躬自克責而比日密雲遂無大潤　陽曰
自我西郊　豈政有未得應天心者邪昔成湯
遭旱以六事自責曰政不節邪使人疾邪

宮室榮邪女謁盛邪苞苴行邪讒夫昌邪
帝王紀曰成湯大旱七年齋戒翦髮斷爪
以己爲犧牲禱於桑林之社以六事自責
宮大作人失農時此所謂宮室榮也自古
非苦宮室小狹但患人不安寧宜且罷止
勝愚戇征營罪當萬死　自安也　帝策詔報曰
食重祿擢任近臣比受厚賜喜懼相并不
以應天心臣意以匹夫之才無有行能久
湯引六事各在一人其冠履亟謝比上天
降旱密雲數會朕戚然慙懼思獲嘉應故
分布禱請闕候風雲北祈明堂南設雲場
明堂在洛陽城南言北祈者　今又勅大匠止作諸
盖時修雲場在明堂之南
宮減省不急庶消災譴詔因謝公卿百僚
遂應時澍雨焉　說文云雨所以澍生物故曰澍音注　時詔賜降
胡子縑尚書郎
上簿大怒召郎將答之意因入叩頭曰過
誤之失常人所容若以懈慢爲愆則臣位
大罪重郎位小罪輕咎皆在臣臣當先坐
乃解衣就格　格拘也　帝意解使復冠而貰郎

帝性褊察好以耳目隱發為明【隱猶私也】故公
卿大臣數被詆毀近臣尚書以下至見提
搜常以事怒郎藥松以杖撞之松走入牀
下帝怒甚疾言郎出郎出松曰天子穆穆
【禮諸疾煌煌曲禮之文穆穆美也煌煌盛也】
起撞郎帝赦之朝廷莫不悚慄爭為嚴切
以避誅責唯意獨敢諫爭數封還詔書臣
下過失輒救解之會連有變意復上疏
曰伏惟陛下躬行孝道修明經術郊祀天
地畏敬鬼神憂恤黎元勞心不怠而天氣
未和日月不明【同位則日月無光易曰愚智】【易坤】
寒暑違節者咎在群臣不能宣化理職而
以苛刻為俗吏殺良人繼踵不絕百官無
相親之心吏人無雍雍【爾雅曰雝雝和也】至於
骨肉相殘毒害彌深感逆和氣以致天災
百姓可以德勝難以力服先王要道民用
和睦故能致天下和平災害不生禍亂不
作鹿鳴之詩必言宴樂者 【鹿鳴詩小雅臣也其詩曰呦呦】

鹿鳴食野之苹我有嘉賓鼓瑟吹笙以人神之心洽然後天氣和
也願陛下垂聖德撥萬機詔有司慎人命
緩刑罰順時氣以調陰陽垂之無極帝雖
不能用然知其至誠亦以此故不得久留
出為魯相
百官大會帝思意言謂公卿曰鍾離尚書
若在此殿不立意視事五年以愛利為化
升平之世難以急化宜少寬假帝感傷其
意下詔嗟歎賜錢二十萬藥松者河內人
天性朴忠家貧為郎常獨直臺上無被枕
【杜林音投……食糟糠帝每夜入臺】

輒見鬆，問其故，甚嘉之。自此詔太官賜尚書以下朝夕餐給，惟被皁袍及侍史二人。（蔡質《漢官儀》曰：尚書郎入直臺中，官供新青縑白綾被，或錦被，晝夜更宿，帷帳通中枕臥旃蓐，冬夏隨時改易。太官供食，五人一美食，下天子一等。伯使一人，女侍史二人，皆選端正者。伯使從至止車門還，女侍史絜被服，執香鑪燒薰，從入臺中，給使護衣服也。）鬆官至南陽太守。

宋均字叔庠，南陽安眾人也。父伯，建武初為五官中郎將。均以父任為郎，時年十五，好經書，每休沐日輒受業博士，通《詩》《禮》，善論難。至二十餘萬……為辰陽長（辰陽今辰州辰溪縣也），其俗少學者而信巫鬼，均為立學校，禁絕淫祀，人皆安之。以祖母喪去官。客授潁川。後為謁者。會武陵蠻反，圍武威將軍劉尚，詔使均乘傳發江夏奔命三千人往救（前書音義曰攉謂之奔命也）。既至而尚已沒。會伏波將軍馬援至，詔因令均監軍，與諸將俱進。賊拒阨，不得前。及馬援卒於師，軍士多溫溼疾病，死者太半。均慮軍遂不反，乃與諸將議曰：今道遠士病，不可以戰，欲權承制降之。

林廬

何如？諸將皆伏地莫敢應。均曰：夫忠臣出竟，有可以安國家，專之可也。（《公羊傳》曰：大夫出竟，有可以安社稷、利國家者，則專之可也。）乃矯制調伏波司馬呂种守沅陵長，命种奉詔書入虜營，告以恩信，因勒兵隨其後。蠻夷震怖，即共斬其大帥而降。於是均入賊營，散其眾，遣歸本郡，置長吏而還。賜均以金帛，令過家上冢（冢音直勇反）。……武嘉其功，迎賜數訪問焉。遷上蔡令（長音直亮反禁之不得奢侈有餘）。時府……每有四方異議，數訪問焉……均曰：夫送終踰制，失之輕者，今有不義之民，尚未循化，而遽罰過禮，非政之先。（罰過禮非政之先）當不肯施行。遷九江太守。常募設檻穽而猶多傷害（檻為機以捕獸穽謂穿地陷之）。均到，下記屬縣曰：夫虎豹在山，黿鼉在水，各有所託。且江淮之有猛獸，猶北土之有雞豚也。今為民害，咎在殘吏，而勞勤張捕，非憂恤之本也。其務退姦貪，思進忠善，可一……

王慶

去檻穽除削課制其後傳言虎相與東游
度江中元元年山陽楚沛多蝗其飛至九
江界者輒東西散去由是名稱遠近浚道
縣有唐后二山民共祠之城在今廬州慎縣南浚道縣屬廬江郡故
眾巫遂取百姓男女以爲公姆以男爲山公以女爲山姆歲歲改易既而不敢嫁娶前後守
者皆婆巫家勿擾良民於是遂絕永平元
年遷東海相在郡五年坐法免官客授潁
川而東海吏民思均恩化爲之作歌詣闕
乞還者數千人顯宗以其能七年徵拜尚
書令每有駮議多合上旨均嘗刪剪疑事
帝以爲有姦大怒收郎縛格之諸尚書惶
恐皆叩頭謝罪均顧厲色曰蓋忠臣執義
無有二心若畏威失正均雖死不易志小
黃門在傍入具以聞帝善其不撓即令貰
郎遷均司隸校尉數月出爲河內太守政
化大行均常寢病百姓耆老爲禱請旦夕

問起居其爲民愛若此以疾上書乞免詔
除子條爲太子舍人均自扶輿詣闕謝恩
帝使中黃門慰問因留養疾令兩驥扶之
均于任宰相召入視其疾缺帝以馬者亦曰驥驥
奉望帷幄因流涕而辭帝甚傷之召條扶養疾
侍均出賜錢三十萬均拜謝曰天罰有罪所苦浸篤不復
常以爲吏能弘厚雖貪汙放縱猶無所害
至於苛察之人身或廉法而巧黠刻削毒
加百姓災害流亡所由而作也在尚書恒
欲叩頭爭之以方嚴切故遂不敢陳帝
後聞其言而追悲之建初元年卒於家族
子意字伯志父京以大夏侯尚書教授夏侯勝也
至遼東太守意少傳父業顯宗時舉孝廉
以召對合旨擢拜阿陽矦相阿陽縣屬天水郡故城在今秦
縣城龍州隴城縣西此建初中徵爲尚書肅宗性寬仁而親
親之恩篤故叔父濟南中山二王再數入

朝特加恩寵及諸昆弟並留京師不遣就
國意以為人臣有節不宜踰禮過以恩乃上
疏諫曰陛下至孝烝烝恩愛隆深以濟南
王康中山王焉先帝昆弟特蒙禮寵聖情
戀戀不忍遠離比年朝見久留京師崇以
錫幣〔詩魯頌曰王曰叔父建爾元子俾侯于魯尚書曰周公既成洛邑成王命召公出取幣錫〕
叔父之尊同之家人之禮車入殿門即席
不拜分甘損膳賞賜優渥昔周公懷聖人
之德有致太平之功然後王曰叔父加以

〈後漢列傳三十〉 二十三 一冊

周公〔也〕今康焉幸以支庶身食大國陛下即
位鈻除前過〔還所削黜行食定縣傍謂食定縣〕
男女少長並受爵邑恩寵踰制禮敬過度
春秋之義諸父昆弟無所不臣陛下所以尊
甲甲彊幹弱枝者也陛下德業隆盛當為
萬世典法不宜以私恩損上下之序失君
臣之正又西平王羨等六王皆妻子成家
官屬備具當早就藩國為子孫基阯而室
第相望又磐京邑〔磐謂磐石不去〕婚姻之盛過於

本朝僕馬之眾充塞城郭驕奢僭擬寵祿
隆過今諸國之封並皆膏腴風氣平調道
路夷近朝聘有期行來不難宜割情不忍
以義斷恩〔禮記曰門內之政恩掩義門外之政義斷恩〕發遣康焉各
歸蕃國令羨等速就便時〔利之時也〕以塞眾
望帝納之章和二年鮮卑擊破北匈奴而
南單于乘此請兵北伐因欲還歸舊庭時
實太后臨朝議欲從之意上疏曰夫戎狄

〈後漢列傳三十〉 二十四 康藏

之隔遠中國幽處北極〔爾雅曰東至於泰遠西至於邠國南至於濮鉛〕
〔北至於祝栗謂之四極也〕界以沙漠蕭賊禮義無有上下
彊者為雄弱即屈服自漢興以來征伐
矣其所剋獲曾不補害光武皇帝躬服
革之難深昭天地之明故因其來降羈縻
畜養邊人得生勞役休息於茲四十餘年
矣今鮮卑奉順斬獲萬數中國坐享大功
也〔享受也〕而百姓不知其勞漢興以來征伐
盛所以然者夷虜相攻無損漢兵者也臣
察鮮卑侵伐匈奴正是利其抄掠及歸功

聖朝實由貪得重賞今若聽南虜還都北
庭則不得不禁制鮮卑鮮卑外失暴掠之
願內無功勞之賞叛狄貪婪必爲邊患今
北虜西遁請求和親宜因其歸附以爲外
扞魏虜之業無以過此若引兵費賦以順
南虜則坐失上略去安即危矣誠不可許
會南單于薨不比徙遷司隸校尉永元初
大將軍竇憲兄弟貴盛步兵校尉鄧疊河
南尹王調故蜀郡太守廉范等羣黨出入
憲門負勢放縱意隨達舉奏無所回避由
是與竇氏有隙二年病卒孫俱靈帝時爲
司空(字伯饒也)漢官儀曰俱
朗字伯奇魯國薛人也生三日遭天下
亂弃之荊棘數日兵解母往視猶尚氣息
遂收養之及長好經學博通書傳以尚書
敎授舉孝廉永平中以謁者守侍御史與
三府掾屬共考案楚獄顏忠王平等辭連
及隧鄉侯耿建郎陵侯臧信護澤侯鄧鯉

曲成侯劉建建等辭未嘗與忠平相見是
時顯宗怒甚吏皆惶恐諸所連及率一切
陷入無敢以情恕者朗心傷其冤試以建
等物色獨問忠平(物色謂形狀也)而二人錯愕不能
對(錯愕猶倉卒也錯音七故反愕音五故反)朗知其詐乃上言建等
無姦專爲忠平所誣疑天下無辜類多如
此帝乃召朗入問曰建與忠平何故
故引之朗對曰忠平自知所犯不道故多
有虛引冀以自明帝曰即如是四侯無事
何不早奏獄章而久繫至今邪朗對曰臣
雖考之(辟上猶即上也)無事然恐海內別有發其姦者故
未敢時上(辟上音時掌反)帝怒罵曰吏持兩端
促提下左右方引去朗曰願一言而死小
臣不敢欺欲助國耳帝問曰誰與共爲章
對曰臣自知當必族滅不敢多汚染人誠
冀陛下一覺悟而已臣見考四在事者咸
共言妖惡大故臣子所宜同疾今出之不
如入之可無後責是以考一連十考十連

百又公卿朝會陛下問以得失皆長跪言

舊制大罪禍及九族陛下大恩裁止於身

天下幸甚及其歸舍口雖不言而仰屋竊

歎莫不知其多寃無敢晤陛下者臣今所

陳誠死無悔帝意解詔遣朗出後二日車

駕自幸洛陽獄録囚徒理出千餘人後平

忠死獄中朗乃自繫會臺臣朗前謝恩以朗

納忠先帝拜為易長（易今易州縣也）〔二十一〕（歲餘遷濟陽 吳佐）

建初中肅宗大會羣臣朗前詔謝恩以朗

政治狀帝至梁召見朗詔三府為辟首由

是辟司徒府永元中再遷清河太守坐法

免永初三年太尉張禹薦朗為博士徵詣

公車會卒時年八十四

論曰左丘明有言仁人之言其利博哉晏

子一言齊族省刑（左氏傳曰晏子之宅近市景公欲更晏子之宅景公為之省於刑君子曰仁人之言其利博哉晏子一言而齊侯省刑是也）

〔後漢列傳三十一〕

慮若鍾離意之就格請過寋朗之廷爭寬

獄篤矣乎仁者之情也夫正直本於忠誠

則不諼（諼詐也）本於諫爭則絞切（論語孔子曰直而無禮則絞）

彼二子之所本得乎天故言信而志

行也（必從故曰志行 言諫而見信諫而必從）

贊曰伯魚阿矯急去苛臨官以絜匡帝

以奢宋均達政禁此妖祟（祟祟禍也）禽蟲畏

德子民請病（謂人為之請禱也）意明尊尊割恩藩屏

（穀梁傳曰為尊者諱敵為親者諱敗尊尊親親之義也意諫令諸王歸藩故云割恩藩屏音協韻必破反）

愫愫楚黎寒君為命（愫愫懼也 黎眾也）

〔後漢列傳三十一〕

後漢書列傳卷第三十一

唐章懷太子賢注

光武十王

東海恭王彊　沛獻王輔

楚王英　濟南安王康

東平憲王蒼　子任城孝王尚

阜陵質王延

臨淮懷公衡　廣陵思王荊

琅邪孝王京　中山簡王焉

後漢列傳三十二

光武皇帝十一子，郭皇后生東海恭王彊、沛獻王輔、濟南安王康、阜陵質王延、中山簡王焉；許美人生楚王英；光烈皇后生顯宗、東平憲王蒼、廣陵思王荊、臨淮懷公衡、琅邪孝王京。

東海恭王彊，建武二年，立母郭氏為后，彊為皇太子。十七年而郭后廢，彊常戚戚不自安，數因左右及諸王陳其懇誠，願備蕃國。光武不忍，遲回者數歲，乃許焉。十九年

封為東海王。二十八年就國，帝以彊廢不以過，去就有禮，故優以大封，兼食魯郡，合二十九縣，賜虎賁、旄頭，宮殿設鐘虡之縣（虎賁、旄頭、鍾虡解見光武紀。音玄。），擬於乘輿。彊臨之國，數上書讓還東海，又因皇太子固辭。帝不許，深嘉歎之，以彊章宣示公卿。初，魯恭王好宮室，起靈光殿，甚壯麗，是時猶存（恭王名餘，景帝之子。殿在兗州曲阜縣城中故基，東西二十丈，南北十二丈，高丈餘也。），故詔彊都魯。中元元年，入朝，從封岱山，因留京師。明年春，帝崩，冬，歸國。永平元年，彊病，顯宗遣中常侍鈎盾令將太醫，乘驛視疾，詔沛王輔、濟南王康、淮陽王延詣魯。及薨，臨命上疏謝曰：臣蒙恩得備蕃輔，特受二國，宮室禮樂，事事殊異，魏魏無量，訖無報稱，而自脩不謹，連年被疾。勞動發中，數遣使者太醫令丞方伎道術，絡驛不絕。臣伏惟厚恩，不知所言。臣內自省視，氣力羸劣，日夜浸困（浸，漸也。）。終不

復望見闕庭，奉承帷幄，孤負重恩，銜恨黃泉〔杜預注左傳云：地中之泉，故曰黃泉也〕。身既天命孤弱，復為皇太后陛下憂慮，誠悲誠懃。息政小人也，猥當襲臣後，必非所以全利之也，誠願還東海郡。天恩愍哀，以臣無男之故〔無男無以〕處臣三女小國庶〔私計天恩須封〕。今天下新罹大憂，此曰宿昔常計〔不敢忘也〕，進御餐。臣崩也〔即婦人封侯也，若呂后之妹呂須封〕，光祿哀〔每夫人皆有亭〕，使大司

〔後漢列傳三十三〕
三 陳仲

惟陛下加供養皇太后，數進御餐。臣彊困劣，言不能盡意，願並謝諸王不意永不復相見也。天子覽書悲慟，從太后出幸津門亭發哀〔解並見光武即位，津門，洛陽南面西頭門也，一名津陽門〕。使大司空持節護喪事，大鴻臚副，宗正、將作大匠視喪事，贈以殊禮，外龍旂頭鸞輅龍旂虎。王興、館陶公主、比陽公主及京師親戚四姓小庶皆會葬〔四姓小庶解見明帝紀，夫人蓋小庶之母也〕。詔楚王英、趙王栩、北海王。追惟彊埶謙儉，不欲厚葬，以遵其意。於是特詔中常侍杜岑及東海傅相曰：王恭

謙好禮，以德自終，遣送之物，務從約省，衣足斂形，茅車瓦器，物減於制，以彰王卓爾獨行之志〔前書曰：卓爾不羣者〕。將作大匠留起陵廟，彊立十八年，年三十四，子靖王政嗣〔河閒獻王近之矣〕。政淫欲薄行，後中山簡王薨，政詣中山會葬，私取簡王姬徐妃，又盜迎女豫，州刺史魯相奏請誅政，有詔削薛縣，立四十四年薨，子頃王肅嗣，永元十六年封肅第二十一人皆為列侯。蕭性謙儉，循恭王

〔後漢列傳三十三〕
四 李賢

法度，永初中以西羌未平，上錢二千萬，元初中復上縑萬匹，以助國費。鄧太后下詔襄，納為列侯。二十三年薨，子孝王臻嗣，永建二年封臻二弟敏、儉為鄉侯，及弟燕鄉疾〔皆謂瘠病〕，儉並有篤行。母卒，皆吐血毀瘠〔皆謂瘠病〕，至服練紅兄弟追念，初喪父幼小哀禮有闕，因復重行喪制〔既祥之後，而服練也，禮記曰：練，衣黃襄緣緣即紅也，緣音七絲反，鄭玄注周禮曰：淺絳也〕。臻性敦厚有恩，常分租秩賑給諸父昆弟，國相籍褒具以狀聞，順帝美

之制詔大將軍三公大鴻臚曰東海王臻
以近蕃之尊少襲王爵膺受多福未知艱
難而能克己率禮孝敬自然事親盡愛送
終竭哀降儀從士寢苦三年 左氏傳曰晏桓子卒晏嬰麤縗斬苴絰帶杖菅屨食粥居倚廬寢苦枕草其老曰非大夫之禮也杜預注云時士又大夫衰服各有不同
和睦兄弟恤養兄弟屬俗為國所先襄者
弘朕甚嘉焉夫勤善
東平孝王敞兄弟行孝喪母如禮有增戶
之封詩云永世克孝念茲皇祖 詩周頌之今文克龍也
增臻封五千戶儉五百戶光啓土宇以酬
厥德立三十一年薨子祗嗣初平四
年遣子琬至長安奉章獻帝封琬汶陽侯
拜為平原相祗立四十四年薨子羨嗣二
十年魏受禪以為崇德侯

〔後漢列傳三二〕 五

沛獻王輔建武十五年封右馮翊公十七
年郭后廢為中山太后故徙輔為中山王
并食常山郡二十年復徙封沛王時禁網
尚疏諸王皆在京師競脩名譽爭禮四方

賓客壽光侯劉鯉更始子也得幸於輔鯉
怨劉盆子害其父因輔結客報殺盆子兄
故式族恭輔坐繫詔獄三日乃得出自是
後諸王賓客多坐刑罰各循法度二十八 僮縣屬臨淮郡故城在泗州宿預縣西南
年就國中元二年封輔子寶為沛侯永平
元年封寶弟嘉為僮侯
輔孫嚴有法度好經書善說京氏易孝經
論語傳及圖讖作五經論時號之曰沛王
通論在國謹節終始如一稱為賢王顯宗

〔後漢列傳三二〕 六 吳佑

敬重數加賞賜寶立四十六年薨子釐王定
嗣 釐音僖 嗣下皆同
定立十一年薨子節王正嗣元興元年封
正弟二人為縣侯正立十四年薨子孝王
廣嗣有固疾安帝詔廣祖母周領王家事
周明正有法禮漢安中薨順帝下詔曰沛
王祖母太夫人周秉心淑慎導王以仁使
光祿大夫贈以妃印綬廣立三十五年薨
子幽王榮嗣立二十年薨子孝王琮嗣薨

子恭王曜嗣薨子契嗣魏受禪以為崇德侯

楚王英以建武十五年封為楚公十七年進爵為王二十八年就國母許氏無寵故英國最貧小三十年以臨淮之取慮須昌二縣益楚國（取慮縣故城在今泗州下邳縣西南也栞臨淮無須昌有昌陽縣蓋誤也取慮間）自顯宗為太子時英常獨歸附太子太子特親愛之及即位數受賞賜永平元年特封英舅子許昌為龍舒侯（龍舒縣屬廬江郡故城在今廬州廬江縣西也）英少時好游俠交通賓客晚節更喜黃老學為浮屠齋戒祭祀（表宏漢紀浮屠者佛也西域天生其教以覺悟群生也其教以修善慈心為主不殺生專務清靜其精者為沙門沙門漢言息也息意去欲而歸於無為又以為人死精神不滅隨復受形生時所行善惡皆有報應故所貴行善修道以至無生而得為佛佛身長一丈六尺黃金色項中佩日月光以變化無方無所不入故能化通萬物而大濟群生初帝夢見神人長大項有光明以問群臣或曰西方有神其名曰佛陛下所夢得無是乎於是遣使天竺問其道術而圖其形像焉）八年詔令天下死罪皆入縑贖英遣郎中令奉黃縑白紈三十四端詣國相曰託在蕃輔過惡累積歡喜大恩奉

送縑帛以贖愆罪國相以聞詔報曰楚王誦黃老之微言尚浮屠之仁祠潔齋三月與神為誓何嫌何疑當有悔吝其還贖以助伊蒲塞桑門之盛饌（伊蒲塞即優婆塞也桑門即沙門中華翻為近住言受戒行堪近僧住也桑門即沙門）因以班示諸國中傳英後遂大交通方士作金龜玉鶴刻文字以為符瑞十三年男子燕廣告英與漁陽王平顏忠等造作圖書有逆謀事下案驗有司奏英招聚姦猾造作圖讖擅相官秩置諸侯王公將軍二千石大逆不道請誅之帝以親親不忍乃廢英徙丹陽涇縣（涇縣今宣州）賜湯沐邑五百戶（皇后紀解見）遣大鴻臚持節護送使伎人奴婢歌吹悉從得乘輜軿（蒼頡篇曰衣車也車持兵弩行道射獵極意目屏也自隱蔽之車也）娛男女為侯主者食邑如故楚太后勿上璽綬留住楚宮明年英至丹陽自殺立三十三年國除詔遣光祿大夫持節弔祠贈賵如法加賜列侯印綬以諸侯禮葬於涇

遣中黃門占護其妻子[占護猶守護也]悉出楚官
屬無辭語者制詔許太后曰國家始聞楚
事幸其不然旣知審實懷用悼灼庶欲宥
全王身令保全天年而王不念太后意
不自免此天命也無可柰何太后保養
幼弱勉強飲食諸許願王富貴人情也已
詔有司出其有謀者令安田宅於是封燕
廬爲折姦侯楚嚴獄遂至累年其辭語相連
自京師親戚諸侯州郡蒙桀及考案吏阿[陳忠]
附相陷坐死徙者以千數十五年帝幸彭
城見許太后薨復遣光祿大夫持節弔祠因留
皆爲列侯並不得置相吏人元和三年
左右建初二年肅宗封英子楚侯种五弟
護喪事賻錢五百萬又遣謁者備王官屬
迎英喪改葬彭城加王赤綬羽蓋華藻如
嗣王儀[續漢輿服志曰諸侯王赤綬四采長……皇子安車青蓋金華藻]二女一尺
諡曰楚屬侯章和元年帝幸彭城見英夫

人及六子厚加贈賜种後徙封六侯[六縣名屬]
廬江[郡]卒子度嗣度卒子拘嗣傳國干後
濟南安王康建武十五年封濟南公十七
年進爵爲王二十八年就國三十年以平
原之祝阿安德朝陽平昌隰陰重丘六縣
益濟南國中元二年封康子德爲東武城
侯[東武城屬清河郡　今貝州武城縣是]康在國不循法度姦猾漁
賓客其後人上書告康招來州郡姦猾圖書
陽顏忠劉子產等又多遺其縑帛案圖書
謀議不軌事下考有司舉奏之顯宗以親
親故不忍窮竟其事但削祝阿隰陰東朝
陽安德西平昌五縣[東朝陽在今齊州臨濟縣　西平昌今德州殷縣也]
殿[音滿反]補　建初八年肅宗復還所削地康遂
多殖財貨大修宮室奴婢至千四百人殿
馬千二百匹　田八百頃奢侈恣欲游觀
無節永元初國傳何敞上疏諫康曰蓋聞
諸侯之義制節謹度然後能保其社稷和
其民人[孝經諸侯章之義也]大王以骨肉之親身食茅

【上欄】

土當施張政令明其典法出入進止宜有期度興馬臺隷應為科品

臺隷賤職也左氏傳曰人有十等王臣公公臣卿卿臣大夫大夫士士臣皁皁臣輿輿臣隷隷臣僚僚臣僕僕臣臺也

婢既馬皆有千餘增無用之口以自蠱食而令奴

言如蠱之食漸至衰盡也

宮婢閉隔失其天性惑亂和氣

巨大也巨謂萬萬謂萬萬大萬

又多起內第觸犯防禁費以巨萬

而功猶未半夫文繁者質荒木勝者人亡

荒廢也文彩繁多則質以之廢土木增飾則人殫其力故云人亡

承上傳福無窮者也故楚作章華以凶

皆非所以奉禮

傳楚靈王成章華之臺後辛被殺杜預注云章華臺今南郡華容縣也

吳興姑蘇而滅

周清氏左

始蘇產一名姑胥臺在今南晉臺越絕書曰闔閭外有九曲路闔有小山俗謂姑蘇廬以遊觀姑蘇之臺以望湖中顧夫吾地記云橫山此

景公千駟民無稱

論語齊景公有馬千駟死之日民無德而稱焉千駟四千

今數游諸第

之法也願大王修恭儉遵古制省奴婢之

晨夜無節又非所以遠防未然臨深履薄

焉

口減乘馬之數斤私田之富節游觀之宴

以禮起居則敞乃敢安心自保惟大王深

慮愚言康素敬重敞雖無所嫌牾然終不

〔後漢列傳三十二〕 十一

【下欄】

能改立五十九年薨子簡王錯嗣

錯音七

錯為太子時愛康鼓吹妓女閻使醫張

故反

尊招之不得錯怒自以劒刺殺尊國相舉

奏有詔勿案永元十一年封錯弟七人為

列矦錯立六年薨子孝王香嗣永初二年

封香弟四人為列矦香有罪不得封西平昌矦

父篤有罪不得封篤子丸昱子嵩皆為

香乃上書分爵土封篤行好經書初叔

列矦香立二十年薨無子國絕永建元年

順帝立錯子阜陽矦顯為嗣是為釐王立

三年薨子悼王廣嗣永建五年封廣弟文

為樂城亭矦廣立二十五年永興元年薨

無子國除

東平憲王蒼建武十五年封東平公十七

年進爵為王蒼少好經書雅有智思為人

美須眉要帶八圍顯宗其愛重之及即位

拜為驃騎將軍置長史掾史員四十人位

在三公上

四府掾史皆無四十人令特置以優之也

永平元年封蒼

〔後漢列傳三十二〕 十一 華嶠

子二人爲縣矦二年以東郡之壽張須昌

山陽之南平陽橐湖陵五縣益東平國 陽縣故城今兗州郡縣也橐縣一名高平故城在鄒縣西南湖陵故城在今兗州防與縣東南 是時平南

中興三十餘年四方無虞蒼以天下化平

禮樂興服志 今上其志 帝每巡狩蒼常留鎮侍 王中

衞皇太后四年春車駕近出觀覽城第 宅第次故曰第

宜修禮樂乃與公卿共議定南北郊冠冕 平南

車服制度及光武廟登歌八佾舞數語在

尋聞當遂校獵河內蒼即上書 十三

諫曰臣聞時令盛春農事不聚衆興功 禮記 月令曰孟春之月無聚大衆無置城郭仲春之月無作大事以妨農事也 傳曰田獵不

宿食飮不再出入不節則木不曲此失 尚書五行傳曰田獵不宿飲食不節則木不曲直也

春令者也 鄭玄注云入不節奪人農時又有姦謀時則不故前書音義日

臣知車駕今出事從約省所過更

人諷誦甘棠之德雖然動不以禮非所以 肯遊散之意詩曰於焉逍搖左傳曰横流而仿伴前書音義

示四方也惟陛下因行田野循視稼穡消

搖仿伴弭節而旋 氏傳曰横流而仿伴前書音義

言不盡意馳驅驟也 曰弭節猶按止也馳驅驟也 至秋冬乃振威靈整法駕備

周衞設羽旄 旄謂注旄於竿首詩云抑抑威儀惟德之隅 詩大雅曰抑抑威儀維德之隅言人審密於內如宮室之制內繩正如宮室之制也抑抑然者其德必嚴正如宮室之制內繩

極陳至誠帝覽奏即還宮蒼在朝數載多

所隆益而自以至親輔政聲望日重意不

自安上疏歸職曰臣蒼疲駑特爲陛下慈

臣不勝憤懣伏自手書乞詣行在所

恩覆護在家備教導之仁升朝蒙爵命之

首制書襃美班之四海舉負薪之才外君

子之器 後漢列傳三十一 十四 劉仲

乘君子之器則小人之事乘也 易曰負且乘致寇至負也者小人之事也乘也者君子之器以小人而乘君子之器盜思奪之矣 凡匹夫一介尚不忘簞食之

惠 左氏傳曰晉宣子田於翳桑見靈輒餓問其病曰不食三日矣食之舍其半問之曰宦三年矣未知母之存否請遺之使盡之而爲之簞食與肉寘諸橐以與之旣而與爲公介倒戟以禦公徒而免之問何故對曰翳桑之餓人也

況臣居宰相之位同氣之親

加以固病誠羞負乘辱先而愚頑之質

哉宜當暴骸膏野爲百僚之位同氣之親

詩人三百赤紱之刺 赤紱大夫之服也詩曹風曰彼己之子三百赤紱詩曹風刺

今方域晏然要荒無儆

位者多也 去王畿五百里曰荒
其無德居 今方域晏然要荒無儆

驃又五百里曰綏服又五百里要服又五百里荒服傲備也音警

德無為之時也文官猶可并省武職尤不

宜建昔象封有鼻不任以政在今永州營道縣此史記曰舜弟象封於有鼻也

帝優養母弟遵承舊典終卒厚恩乞上驃室子弟無得在公卿位者惟陛下審覽虞

前事之不忘來者之師也自漢興以來宗誠由愛深不忍揚其過惡

騎將軍印綬退就蕃國顧蒙哀憐帝優詔

不聽其後數陳乞辭甚懇切五年乃許還

國而不聽將上將軍印綬以驃騎長史為東

平太傅掾為中大夫令史為王家郎軍掾屬二十九人中大夫無員令史四十一人也　漢官儀將

萬四六年冬帝幸魯徵蒼從還京師明年加賜錢五千萬布十

皇太后崩既葬蒼乃歸國特賜宮人奴婢

五百人布二十五萬匹及珍寶服御器物

十一年蒼與諸王朝京師月餘還國帝臨

送歸宮悽然懷思乃遣使手詔國中傅曰

辭別之後獨坐不樂因就車歸伏軾而吟

瞻望永懷實勞我心誦及采菽以增歎息采菽詩小雅之章也其詩曰采菽采菽筐之筥之君子來朝何錫與之毛萇注云菽所以筆大牢而待君也子

曰者問東平王處家何等最樂王言為善最樂其言甚大副是要腹矣今送列族

印十九枚諸王子年五歲巳上能趨拜者皆令帶之十五年春行幸東平賜蒼錢千

蒼蒼因上光武受命中興所作光武本紀示五百萬布四萬匹

其文典雅特令校書郎賈逵為之訓詁

宗即位尊重恩禮踰於前世諸王莫與為

比建初元年地震蒼上便宜三事朕親自中

覽讀反覆數周心開目明曠然發矇廣昭注曰而無見曰矇

詔曰有辟公開吏人奏事亦有此言但明智

淺短或謂儻是復慮為非何者此言之降

綠政而見今改元之後年飢人流此朕之

不德感應所致又冬春旱甚所被尤廣雖

內用克責而不知所定得王深策快然意

解詩不云乎未見君子憂心忡忡既見君
子我心則降〔詩國風也忡忡〕思惟嘉謀以次
奉行異蒙福應彭報至德特賜王錢五百
萬後帝欲為原陵顯節陵起縣邑蒼聞之
遽上疏諫曰伏聞當為二陵起立郡邑臣
前頗謂道路之言疑不審實近令從官古
霸閒湟陽主疾〔後氏為湟陽主光武女寶閒之妻〕
也使還乃知詔書巳下竊見光武皇帝躬
履儉約之行深觀始終之分勤勤懇懇以

〔後漢列傳三十〕　十七　陳蒙

葬制為言故營建陵地具稱古典曰無
為山陵陂池裁令流水而巳孝明皇帝大
孝無違奉承貫行〔貫行謂一皆遵奉也谷永曰一以貫行固執無違也〕至
於自所營創尤為儉省謙德之美於斯為
盛〔德易曰謙〕且不欲其著明〔禮記曰古者墓而不墳杜預注左傳曰邱人之所聚曰都邑也〕
者丘龍且不欲其著明臣愚以圍邑之興始自彊秦古
況築茤郭邑建都郭哉〔報梁傳曰古人之所都曰都邑也〕
上違先帝聖心下造無益之功虛費國用
動搖百姓非所以致和氣祈豐年也又以

吉凶俗數言之亦不欲無故繕修丘墓有
所興起考之古法則不合稽之時宜則違
人求之吉凶復未見其福陛下願有虞之
至性追祖禰之深思然懼左右過議以累
聖心臣蒼誠傷二帝純德之美不暢於無
窮也惟蒙哀覽帝從而止自是朝廷每有
疑政輙驛使諮問蒼悉心以對皆見納用
三年帝饗衛士於南宮因從皇太后周行
披庭池閣乃閱陰太后舊時器服愴然動

〔後漢列傳三十〕　十八　林芳

容乃命留五時衣各一襲〔五時衣謂春青夏朱季夏黃秋白冬黑也〕
及常所御衣合五十篋餘悉分布諸
王主及子孫在京師者各有差特賜蒼及
琅邪王京書曰中大夫奉使親聞動靜嘉
之何已歲月驚過山陵浸遠孤心悽愴如
何如何閒饗衛士於南宮因閱視舊時衣
物聞於師曰其物存其人亡不言哀而哀
自至信矣惟王孝友之德亦豈不然今送
光烈皇后假紒帛巾各一首〔禮追師為副編鄭玄云...〕

副婦人首服三輔謂之假紛纜漢書帛字作阜
慰凱風寒泉之思 及衣一篋可時奉瞻以
尚有仲尼車興冠履明德盛者光靈遠也 又欲令後
生子孫得見先后衣服之製今魯國孔氏
賦諸國故不復送并遺宛馬一匹血從前
髆上小孔中出常聞武帝歌天馬霑赤汗
今親見其然也
虜尚屯將帥在外憂念違違未有閒寧音
閒願王寶精神加供養苦言至戒望之如
渴六年冬蒼上疏求朝明年正月帝許之
特賜裝錢千五百萬其餘諸王名千萬帝
以蒼冒涉寒露遣謁者賜貂裘
及大官食物珍果使大鴻臚竇固持
節郊迎帝乃親自循行邸第豫設帷牀其
錢帛器物無不充備下詔曰伯父歸寧乃

國
詩云叔父建爾元子
敬之至也昔蕭相國加以
蒼既至外殿乃拜天子親蒼之其後諸王
入宮輒以輦迎至省閤乃下蒼以受恩過
沛濟南東平中山四王讚皆勿名
不名優忠賢也
禮情不自寧上疏辭曰臣聞貴有常尊賤
有等威
理陛下至德廣施慈愛骨肉既賜奉朝請
見軿與席改容中宮親拜事過典故臣惶
怖戰慄誠不自安每會見蹴踏無所措置
咫尺天儀而親屈至尊降禮下臣每賜讌
蹴踏謙讓貌也此非所以章示羣下安臣子也帝省
奏歎息愈襃貴焉舊典諸王女皆封鄉主
乃獨封蒼五女為縣公主三月大鴻臚奏

遣諸王歸國帝特留蒼賜以祕書列僊圖道術祕方至八月飲酎畢〔欽酎解見章紀〕有司復奏遣蒼乃許之手詔賜蒼曰骨肉天性誠不以遠近為親踈然數見顏色情重昔時念王又勞思得還復署大鴻臚奏不忍下筆顧授小黃門中心戀戀惻然不能言下賜乘輿服御珍寶輿馬錢布以億萬計蒼還國疾病帝馳遣名醫小黃門侍疾使者

臚奏王歸國小〔黃門受詔者〕於是車駕祖送流涕而訣復並集覽焉遣大鴻臚持節五官中郎將副來章奏及所作書記賦頌七言別字歌詩明年正月薨詔告中傅封上蒼自建武以冠蓋不絕於道又置驛馬千里傳問起居監喪及將作使者凡六人〔令四姓小侯諸〕國王主悉會詣東平奔喪賜錢前後一億布九萬四及葬策曰惟建初八年三月己卯皇帝曰咨王丕顯勤勞王室親受策命昭于前世出作蕃輔克慎明德率禮不越

率循也遺敕也傳聞在下〔傳音敷敷布也書曰昊天不〕弔不報上仁俾屏余一人夙夜煢煢靡有〔越遺也克慎明德夙聞在下昊天不〕所終懿遺〔俾使也屏蔽也左氏傳曰昊天不弔不弔余一人党煢在疚也〕今詔有司加賜鑾輅乘馬龍旂九旒虎賁百人奉送王行匪我憲王其孰離之〔離被也言非憲王誰更被〕蒙此恩也魂而有靈保茲寵榮嗚呼哀哉〔之也〕十五年子懷王敞嗣明年帝乃分東平國封忠弟尚為任城王餘五人為列矦忠立十一年薨子孝王敞嗣元和三年行東巡守幸東平宮帝追感念蒼謂其諸子曰思〔朱明〕其人至其鄉其處在其人亡因泣下沾襟遂幸蒼陵爲陳虎賁賷龍旂以章顯于祠以太牢親拜祠坐哭泣盡哀賜御劍于陵前〔陵在今鄆州東境〕初蒼歸國驃騎時吏丁牧周栩以蒼崇賢下士不忍去之遂為王家大夫數十年事祖及孫蒼德美皆引見蘇前既愍其淹滯且欲揚蒼德美即皆擢拜議郎牧至齊相栩上蔡令永元十年封

蒼孫梁為羕陽亭矦敞弟六人為列矦敞
喪母至孝國相陳珍上其行狀永寧元年
鄧太后增邑五千戶又封蒼孫二人為亭
矦敞立四十八年薨子凱嗣立四十一年魏受禪以為
七年薨子頊嗣立四十

崇德矦

禮者也若其辭至戚去母后豈欲茍立名
而樂富而好禮者也若東平憲王可謂好
論曰孔子稱貧而無諂富而無驕未若貧

夏侯

行而忘親遺義哉蓋位疑則隙生累近則
喪大所喪必大斯蓋明哲之所為歎息嗚呼
遠隙以全忠釋累以成孝夫豈憲王之志
哉 志然也 東海恭王遜而知廢遂讓為吳

言其本
左傳曰晉大夫士蔿之辭也吳太

太伯不亦可乎 伯周大王之長子薨其弟季歷

任城孝王尚元和元年封食任城元父樊

適吳越采藥大王沒
而不反事見史記也

亢父樊並屬東平
任城縣南樊故城
在今瑕丘縣西南故立

三縣 亢父故城在今兗州

十八年薨子貞王安嗣永元十四年封母

弟福為桃鄉矦永初四年封福弟丸為當
塗鄉矦安性輕易貪容數微服出入游觀
國中取官屬車馬刀劍下至衞士米肉皆
不與直元初六年國相行弘奏請廢之安
帝不忍以一歲租五分之一贖罪安立十
九年薨子節王崇嗣順帝時羌虜數反崇
輒上錢帛佐邊費及帝崩復上錢三百萬
助山陵用度嘉而不受立三十一年
薨無子國絕延熹四年桓帝立河閒孝王

子恭為參戶亭矦博為任城王以奉其祀
杜預注左傳曰今丹水縣北有三戶亭故城在今鄧州內鄉縣西南也
母服制如禮增封三千戶立十三年薨無
子國絕熹平四年靈帝復立河閒貞王遜
新昌矦佗為任城王奉孝王後立四十
六年魏受禪以為崇德矦

卓陵質王延建武十五年封淮陽公十七
年進爵為王二十八年就國三十年以汝
南之長平西華新陽扶樂四縣益淮陽國

長平斥城在今陳州宛丘縣西北西華故城
水縣西北新陽故城在今豫州真陽西南扶樂故城
在今陳州此也

延性驕奢而遇下嚴烈永平中
有上書告延與姬兄謝弇及姊壻陶主壻
駙馬都尉韓光招姦猾作圖讖祠祭祝詛
事下案驗光弇被殺辭所連及死徙者甚
眾有司奏請誅延顯宗以延罪薄於楚王
英故特加恩徙為阜陵王食二縣延旣徙
猶懷怨望建初中復有告延與子男魴
造逆謀者有司奏請檻車徵詣廷尉詔獄

肅宗下詔曰王前犯大逆罪惡尤深有同
周之管蔡漢之淮南
淮南厲王長高帝子文帝時反被遷於蜀而死也
公羊傳曰君親無將將而誅焉
前書曰大逆無道父
經有正義律有明刑
母妻子同產無辜
少誅前書曰
先帝不忍親親之恩不忍桎梏大
法為今王曾英悔悟悖心不移逋内潰
自子魴發誠非本朝之所樂聞朕惻然傷
心不忍致王于理今貶爵為阜陵侯食一
縣復斯辜者庶自取焉於戲誠哉赦魴等

罪勿驗使謁者一人監護延國不得與吏
人通章和元年行幸九江賜延書與車駕
會壽春帝見延及妻子愍然傷之乃下詔
曰昔周之爵封千有八百而姬姓居半者
所以楨幹王室也朕南巡望淮海意在阜
陵遂與延相見延志意衰落形體非故瞻
省懷感以喜以悲今復延為阜陵王增封
四縣并前為五縣以阜陵下溼徙都壽春
加賜錢千萬布萬匹安車一乘夫人諸子
賞賜各有差明年入朝立五十一年薨子
殤王沖嗣永元二年下詔盡削除前班下
延事沖立二年薨無嗣封沖兄魴
是為頃王永元八年封魴弟十二人為鄉
亭侯魴立三十年薨子懷王恢嗣延光三
年封恢兄弟五人為鄉亭侯恢立十年薨
子節王代嗣陽嘉二年封代兄便親為勃
酒亭侯代立十四年薨無子國絕建和元
年桓帝立勃遒亭侯便親為恢嗣是為恭

王立十三年薨子孝王統嗣立八年薨子

王赦立建安中薨無子國除

廣陵思王荊建武十五年封山陽公十七

年進爵為王荊性刻急隱害[隱害謂陰害於人也]有才

能而作飛書以方底[方底囊所以盛書也前書曰綠綈方底]大行在前殿荊哭不

蒼頭詐稱東海王彊舅大鴻臚郭況書與

彊曰君王無罪猥被斥廢而兄弟至有束

縛入牢獄者太后失職別守比宮[太后郭后也職常位]令

失其常位別遷比宮 及至年老遠斥居邊[封之於魯]海內深 二十七

痛觀者鼻酸及太后尸柩在堂洛陽吏以

次捕斬賓客至有一家三尸伏堂者痛甚

矣今天下有喪弓弩張設甚備閉閤梁松勃

虎賁史曰吏以便宜見非勿有所拘[有非者當即行之勿拘常制也]

為王寒心累息[累息猶量息也]今天下爭欲思刻

職王以求功寧有量邪若歸并二國之衆

可聚百萬君王為之主鼓行無前功易於

太山破雞子輕於四馬載鴻毛此湯武兵

也今年軒轅星有白氣星家及喜事者[喜事]

偽好事也喜[軒轅事也音許氣反]皆云白氣者喪軒轅女主之位

又太白前出西方至午兵當起[之星以巳未為界不得經天而行太白經天而行為不臣至午是為經天也]

色黑至辰日軌變赤[天官書曰心前星太子之位也]又太白星

病赤水為兵亡努力卒事高祖起[天官書曰白少陰]

興白水何況於王陛下長子故副主哉上

以求天下事必舉下以雪除沈沒之恥報 二十八

死母之讎精誠所加金石為開[韓詩外傳曰昔者楚熊渠]

子夜行見寢石以為伏虎彎弓而射之沒

視知其石也因復射之矢摧無跡熊渠子見

而金石為之開況人乎當為秋霜無為檻羊[秋霜蕭殺物檻羊受制]

王貴天子法也人主崩亡閭閻之伍尚為

盜賊欲有所望何況王邪夫受命之所望何況新帝人之受命之所置彊者天

之所立不可謀也今新帝人之所置彊者天

為右願君王為高祖陛下所志[陛下光武也即位無為]

扶蘇將閭叫呼天也[扶蘇秦始皇之太子將閭秦始皇庶子也扶蘇以數諫始皇]

彊得書惶怖即執其使封書上之顯宗以
荊母弟祕其事遣出止河南宮時西羌
反荊不得志冀天下因羌驚動有變私迎
能為星者與謀議帝聞之乃徙封荊廣陵
王遣之國其後荊復呼相工謂曰我貌類
先帝先帝三十得天下我今亦三十可起
兵未相者詣吏告之荊惶恐自繫獄帝復
〈後漢列傳三王〉
加恩不考極其事下詔不得臣屬吏人唯
食租如故使相中尉謹宿衛之荊猶不改
其後使巫祭祀祝詛有司舉奏請誅之荊
自殺立二十九年死帝憐傷之賜諡曰思
王十四年封荊子元壽為廣陵侯服王璽
綬食荊故國六縣又封元壽弟三人為鄉
矦明年帝東巡狩徵元壽兄弟會東平宮
班賜御服器物又取皇子輿馬悉以與之
建初七年蕭宗詔元壽兄弟與諸王俱朝

京師元壽卒子商嗣商卒子條嗣傳國于
後
臨淮懷公衡建武十五年立未及進爵為
王而薨無子國除
中山簡王焉建武十五年封左翊公十
七年進爵為王焉以郭太后少子故獨留
京師三十年徙封中山王永平二年冬諸
王來會辟雍事畢歸蕃詔焉與俱就國從
以虎賁官騎漢官儀騶騎王家名官騎焉上疏辭讓顯宗
〈後漢列傳三十〉三十　楊蕋
報曰兄諸矦出境必備左右故夾谷之會
穀梁傳曰公會齊矦于頰谷齊人鼓課欲以執魯君孔子歷階而上命兩止之左氏傳頰作夾谷音古洽反姬猶妒也行音胡郎反齊音楚角反
引不空發中必波眥皆司馬相如之文夫有文事必
有武備所以重蕃職也王其勿辭帝以焉
郭太后偏愛特加恩寵獨得往來京師十
五年焉姬韓序有過焉縊殺之國相舉奏中山郡安險屬
坐削安險縣元和中蕭宗復以安

險還中山立五十二年永元二年薨自中
興至和帝時皇子始封薨者皆賻錢三千
萬布三萬匹嗣王薨賻錢千萬布萬匹是
時竇太后臨朝竇憲兄弟擅權太后及憲（爾雅曰女子爲出也）
等東海出也（之子爲出也）故睦於爲而重於
禮加賻錢一億詔濟南東海二王皆會大
人家墓以千數作者萬餘人發常山鉅鹿（墓前開道建石柱以爲標謂之神道）
涿郡柏黃腸雜木（黃腸柏黃心三郡不能備復調）
餘州郡工徒及送致者數千人凡徵發搖
動六州十八郡制度餘國莫及子夷王憲
嗣永元四年封憲弟十一人爲列矦憲立
二十二年薨子孝王弘嗣永寧元年封弘
二弟爲亭矦弘立二十八年薨子穆王暢立三
嗣永和六年封暢弟荊爲南鄉矦暢立三
十四年薨子節王稚嗣無子國除
琅邪孝王京建武十五年封琅邪公十七
年進爵爲王京性恭孝好經學顯宗尤愛

幸賞賜恩寵殊異莫與爲比永平二年以
太山之蓋南武陽華（蓋縣故城在今沂州費縣西）
故城在費縣東萊之昌陽盧鄉故城東牟（今沂州費縣西又華縣）
六縣益琅邪（昌陽今萊州昌陽在今昌陽縣西北東牟故城在今牟縣西南盧鄉故城在今登縣西北）
以太后遺金寶財物賜京都莒好修宮（五二千乃就國光烈皇后崩帝悉）
室窮極伎巧殿館壁帶皆飾以金銀壁中（之橫木也以銀爲缸飾其上數上詩賦頌德美下之）
史官京國中有城陽景王祠吏人奉祠神
數下言京中多不便利京上書願徙宮開
陽以華蓋南武陽厚立贛榆五縣（華縣武陽屬泰山郡厚丘屬東）
海郡贛榆屬琅邪郡易東海之開陽臨沂蕭
宗許之立三十一年薨葬弅東海即立廣平（開陽在今沂州臨沂縣北）
亭有詔割亭屬開陽（開陽縣屬東海郡故城在今沂州臨沂縣北）
夷王宇嗣建初七年封宇弟十三人爲列
矦元和元年封孝王孫二人爲列矦宇立
二十年薨子恭王壽嗣永初元年封壽弟
八人爲列矦立十七年薨子貞王尊嗣延

光二年封尊弟第四人為鄉矦尊立十八年

薨子安王據嗣永和五年封據弟三人為

鄉矦據立四十七年薨子順王容嗣初平

元年遣弟邈至長安奉章貢獻帝以邈為

九江太守封陽都矦 陽都縣屬城陽國故城在今濟州承縣南承音常證

凡容立八年薨國絕初邈至長安稱東

郡太守曹操忠誠於帝操以此德於邈建

安十一年復立容子熙為王在位十一年

坐謀欲過江被誅國除

贊曰光武十子胙土分王沛獻尊節楚英 王仲

流放 尊音祖本反禮記曰恭敬撙節鄭玄注云撙猶趨也 延既怨訕荆亦

駮望濟南陰謀琅邪驕宕中山臨淮無聞

天喪 二王早終名閒未著也 東平好善辭中委相謙謙

恭王寔惟三讓

後漢書列傳卷第三十二

列傳第三十三　范曄　後漢書四十三

唐章懷太子賢注

朱暉　孫穆
樂恢　何敞

朱暉字文季南陽宛人也（東觀記曰其先宋微子之後也以國氏姓周衰諸侯滅宋韓碭易姓為朱後徙于宛也）早孤有氣決年十三王莽敗天下亂與（家世衣冠略）外氏家屬從田間奔入宛城（東觀記曰暉外祖父孔休）道遇羣賊白刃劫諸婦女略奪衣物昆弟賓客皆惶迫伏地莫敢動暉拔劍前曰財物皆可取耳諸母衣不可得今日朱暉死日也賊見其小壯其志笑曰童子内刀遂捨之而去初光武與暉父岑俱學長安有舊故及即位求問岑時已辛乃召暉拜為郎暉以病去卒業於太學性矜嚴進止必以禮諸儒稱其高求平初顯宗男新陽侯陰就慕暉賢自往候之暉避不見復遣家丞致禮（續漢志曰諸侯秩三百石）暉遂閉門不受就聞歎

曰志士也勿奪其節後為郡吏太守阮況嘗欲市暉牛暉不從（東觀記曰暉為督郵況當歸女欲買暉姉暉不敢）及況卒暉乃厚贈送其家金三斤[...]或譏焉暉曰前阮府君有求於我所以不敢聞命誠恐以貨污君今而相送明吾非有愛也驃騎將軍東平王蒼聞而辟之（蒼當入賀故事少府）其禮勑正月朝旦蒼當入賀故事少府給璧是時陰就為府卿貴驕吏懼不奉法蒼坐朝堂漏且盡而求璧不可得顧謂掾屬曰若之何暉望見少府主簿持璧即往（給敷也）給之曰我數聞璧而未嘗見試請觀之主簿以授暉暉顧召令史奉之（奉之於蒼主簿大驚遽以白就就曰朱掾義士勿復求）簿大驚遽以白就就曰朱掾義士勿復求更以它璧朝蒼既罷召暉謂曰屬者掾自視軏與藺相如何屬向也（史記曰藺相如趙人也與猶藺相如氏璧泰昭王昭王欲以十五城易之趙惠文王時得楚和氏璧入秦示王無償趙城色故臣復取璧大王欲急臣臣今頭與璧俱碎於柱矣相如持其璧睨柱欲以擊柱泰王恐其破乃謝之）帝聞壯之及

臨淮太守暉好節槩有所拔用皆厲行士其
諸報怨以義犯率皆爲求其理多得生濟其
不義之囚即時僵仆〔僵仆踣也〕吏人畏愛爲之歌
曰彊直自遂南陽朱季吏畏其威人懷其惠
東觀記曰建武十六年四方牛大疫臨淮獨不〔記曰坐考長吏不〕郡人多牽牛入界〔郡人多章牛入界〕數年坐法免〔坐法免〕觀東死獄中州泰免吏官 在所
邑里通鄉黨識其介〔介特也言不與衆同〕建初中南陽大
米石千餘暉盡散其家資以分宗里故
舊之貧羸者鄉族皆歸焉初暉同縣張堪
素有名稱嘗於太學見暉甚重之接以交
道乃把暉臂曰欲以妻子託朱生暉以堪
先達舉手未敢對自後不復相見堪
聞其妻子貧困乃自往候視厚賑瞻之暉
少子頡怪而問曰大人不與堪爲友平生
未曾相聞子孫竊怪之暉曰堪嘗有知己
之言吾以信於心也〔以堪先託妻子已〕醉之故言信於心已也暉

【漢列傳三十三】 三

又與同郡陳揖交善揖早卒有遺腹子友
暉常哀之及司徒桓虞爲南陽太守召暉
子駢爲吏暉辭駢而薦友虞嘆息遂召之
其義烈若此元和中肅宗狩獀南陽太
守問暉起居召拜爲尚書暉尋疾遷太
山太守暉上疏乞留中詔許之因上便宜
陳密事深見嘉納詔報曰僕射歲中遷詩
山甫補之〔家職有關仲山甫補之〕
不累清白之素斯善義之士
也俗吏苟合阿意面從進無謇謇之志鄒

【漢列傳三十三】 四

無退思之念〔易蹇卦艮下坎上艮爲山坎爲水也山上有水蹇之象也六二爻上應於五五爲君位二爲臣位以臣之難赴君之難故曰王臣蹇蹇其位不以五在難救身遠害故曰王臣蹇蹇匪躬之故〕
顧也生其勉之是時穀貴縣官經用不足
由錢賤故也通天下之用又盡封錢
通天下之用又盡封錢一取布帛爲租以
〔其義烈若此經常朝廷憂之尚書張林上言穀所以貴由錢賤故也可盡封錢一取布帛爲租以通天下之用又鹽食之急者雖貴人不得不須官可自鬻〕
不須官可自鬻南鹽〔前書音義曰鬻古煮字〕又宜因
交阯益州上計吏往來市珍寶收采其利

武帝時所謂均輸者也
（武帝作均輸法謂州郡所出租賦雇運之直官總取之市其土地所出之物官自轉輸於京謂之均輸）
於是詔諸尚書通議暉奏據林前議以為於國誠便帝陳事者復重述林言不可施行事遂寢後然之有詔施行暉復獨奏曰王制天子不言有無諸侯不言多少祿食之家不與百姓爭利今均輸之法與賈販無異鹽利歸官則下人窮怨布帛為租則吏多姦盜誠非明主所當宜行帝卒以林等言為然得暉重議因發怒切責諸尚書暉等旨自繫獄三日詔敕出之曰國家樂聞駁義黃髮無愆詔書過耳（黃髮老稱朱暉也）何故自繫暉因稱病篤不肯復署議令以下惶怖謂暉曰今臨得譴讓奈何稱病其禍不細暉曰行年八十蒙恩得在機密當以死報若心知不可而順旨雷同負臣子之義今耳目無所聞見伏待死命遂閉口不復言諸尚書不知所為乃共勉奏暉帝意

解復其事後數日詔使直事郎問暉起居（直事郎謂署直當次直事郎）太醫視疾太官賜食暉乃起謝復賜錢十萬布百匹衣十領後遷為尚書令以老病乞身比征匈奴暉復拜騎都尉賜錢二十萬和帝即位竇憲比征匈奴暉復上疏諫頃之病卒（華嶠書曰暉年五十失妻昆弟欲為繼室暉歡曰時俗希不以後妻敗家者遂不復娶也）子頡修儒術安帝時至陳相頡子穆穆字公叔年五歲便有孝稱父母有病輒不飲食羞乃復常及壯耽學銳意講誦或時思至不自知亡失衣冠顛隊阬岸其父常以為專愚幾不知數馬足（幾音近衣反前書音義曰石慶為太僕上問車中幾馬慶以策數馬畢舉手曰六馬言謹用心專恩更甚也）初舉孝廉（謝承書曰穆少有英才學明五經性矜嚴新太守見穆曰君年少為督郵子更問風俗人物太守謂穆如仲尼之曰僕非仲尼也）順帝末江淮盜賊羣起州郡不能禁或說大將軍梁冀曰朱公叔兼資文武海內奇士若以為謀主賊不足平也冀亦素聞穆名乃

辟之使典兵事甚見親任及帝即位順

烈太后臨朝穆以異執地親望有以扶

持王室因推炎異奏記以勸戒冀曰穆伏

念明年丁亥之歲刑德合於乾位歷法太歲在丁壬歲德在此宮太歲在亥卯未歲刑亦在此宮故合於乾位也易經龍戰之會其

文曰龍戰于野其道窮也云其道窮也王弼注云陰之為道甲順不逆乃全其美盛而不已固陽之地陽所不堪故戰于野也易坤卦上六象詞在丁壬歲以父居上六故謂

▌後漢列傳三三　十七　余中

冒五位四候連失正氣此互相明也夫善

陽道將勝而陰道負也今年九月天氣鬱

道屬陽惡道屬陰若修正守陽摧折惡類

則福從之矣穆每事不逮所好唯學傳受

於師時有可試願將軍少察愚言申納諸

儒也申重而親其忠正絕其姑息也姑息也小人之道也

苟且取安也禮記曰君子之愛人也以德細人之愛人也以姑息也專心公朝割除

私欲廣求賢能斥遠使夫人君不可不

學當以天地順道漸漬其心宜為皇帝選

置師傅及侍講者得小心忠篤敦禮之士

將軍與之俱入參勸講授師賢法古此猶

倚南山坐平原也誰能傾之今年夏月暈

房星明年當有小尼宜急誅姦臣為天下

所怨毒者以塞災答議郎大夫之位本以

式序儒術高行之士今多非其人九卿之

中亦有乖其任者惟將軍察焉又薦又黃

藥巴等而明年嚴鮪謀立清河王蒜种黃

龍二見沛國異無術學遂以穆龍戰之言

為應茇是請暠為從事中郎薦巴為議郎

舉穆高第為侍御史續漢書曰穆舉高第拜侍御史臨譴雍行禮畢

公卿出虎賁置弓階上公卿下階皆避引稽過阿虎賁曰趨天子公卿投於地虎賁贊曰罪公卿皆懾曰朱博傳地虎賁贊怖即攝引趨勤奏御史可謂臨事不惑者也

▌後漢列傳三三

隱于武當山清靜不仕以經傳教授穆時

年五十乃奉書稱弟子及康發喪之如師

其尊德重道為當時所服常感時澆薄慕

尚敦篤乃作崇厚論其辭曰夫俗之薄也

有自來矣故仲尼歎曰大道之行也而丘

不與焉禮記仲尼歎曰大道之行三代之英丘未之逮也而有志焉鄭玄注曰大道謂三皇五帝

時也蓋傷之也夫道者以天下為一在彼猶

在己也故行違於道則愧生於心非畏義
也事違於理則貪結于意非憚禮也故率
其天性謂之德率性之謂道修道之謂教也
性而行謂之道〔天命之謂性率性之謂道修道之謂教也〕得
後得仁義之性彰〔道德之迹彰是為德〕德性失然
為貴仁義〔道之性不失天性是為德〕是以仁義起而道德
為上世之所薄〔中世謂五帝時〕況又薄於此乎故夫
仁而後義失義而後禮夫禮〔老子曰失道而後德失德而後仁失仁而後義失義而後禮夫禮〕
者忠信之薄而亂之首也
〔遷徙〕禮法與而淳樸散故道德以仁義
為薄淳樸以禮法為淳樸散故道德以仁義為賊也
天不崇大則覆幬不廣地不深厚則載物
不博〔幬亦覆也左傳曰如天之無不幬與焉同〕人不敦厖則
道數不遠〔敦厚大也言人不能入道之精理也〕
昔在仲尼不失舊於原壤〔記曰原壤孔子之故人也母死孔子助之沐椁原壤登木而歌曰貍首之班然執女手之卷然孔子為不聞而過之〕
楚嚴不忍章於絕纓〔說苑曰楚莊王賜群臣酒日暮燭滅乃有人引美人之衣者美人援絕其冠纓告王趣火來上視絕纓者王曰賜人酒使醉失禮奈何欲顯婦人之節而辱士乎乃命左右曰與寡人歡不絕冠纓者不懽舉羣臣百餘人皆絕去其冠纓乃上〕
也火由此觀之聖賢之德敦矣老氏之〔經〕曰

大丈夫處其厚不處其薄居其實不居其
華故去彼取此〔此老子德經之詞也顧歡注曰道薄為華去彼取此德為厚禮法為薄清虛為實擊色〕
為華去彼實華〔夫時有薄而厚施行有失而惠用惠待之即上以厚御之行有失以厚御之〕孔子楚莊是也
敦之道也救人之失者也往者焉
援深昭此道可以為德誡其兄子曰吾欲
汝曹聞人之過如聞父母之名耳可得聞
口不得言斯言要矣遠則丙吉張子孺行之上世
〔覆踐也言敦厚之道之近則丙吉張子孺行之漢孔子楚莊已藏履〕
廷〔宣帝時丙吉為丞相不案吏曰吾以三公府察吏吾竊陋之子孺為車騎將軍匿名權隱人過失〕
故能振英聲於百世播不滅之遺風不亦
美哉然而時俗或異風化不敢而尚相誹
謗謂之臧否記短則兼折其長貶惡則并
伐其善悠悠者皆是其可稱乎〔悠悠多也〕
此之類豈徒乖乎君子之道哉將有危身
累家之禍為悲夫行之者不知憂其然故
害興而莫之及也斯既然矣又有異焉人
皆見之而不能自遷何則務進者趨前而

不顧後榮貴者矜己而不待人智不接愚
富不賑貧貞士孤而不恤賢者厄而不存
故田蚡以尊顯致安國之金
淳于以貴執引方進之言　夫以韓崔之操為
漢之名宰　然猶不能振一貧賢薦一孤士又況
其下者乎此禽息史魚所以專名於前而
莫繼於後者也
敢俗美則小人守正利不能誘也時否
薄雖君子為邪義不能止也　何則先
進者既往而不反後來者復冒俗而追之
是以虛華盛而忠信微刻薄稠而純篤稀
斯蓋谷風有棄予之歎　伐木有鳥鳴之悲矣

還其禽矣求其友聲也　嗟乎世士誠躬師孔
聖之崇則嘉楚嚴之美行希李老之雅誨
思馬援之所尚鄙二宰之失度美韓稜之
抗正　貴丙張之弘裕賤時俗之誹謗
則道豐績盛名顯身榮載不刊之德
播不滅之聲然知薄者之不足厚者之有
餘也彼與草木俱朽豈得同年而語並日而談哉
穆又著絕交論亦矯時之作

梁冀驕暴不悛朝野嗟毒穆以故
吏懼其斁積招禍復奏記諫曰古之明君
必有輔德之臣規諫之官下至器物銘書
成敗以防道失黃帝作巾机之法孔甲盤盂之銘武王衣之銘曰桑極則悲沈酒說苑曰人君之道篤人臣之道違之如赴壑今明將軍地有申伯之尊國
王之元弼周宣位為羣公之首冀絕席一日行善
天下歸仁論語曰一日克己復禮天下歸仁焉終朝為惡四海
京師諸官費用增多詔書發調或至十
倍各言官無見財皆當出民搒掠割剝彊
令充足公賦既斂又深牧守長吏多
非德選貪聚無猒遇人如虜牧或絕命於箠
楚之下或自賊於迫切之求也又掠奪

百姓皆背託之冀府遂令將軍結怨天下吏
人酖毒道路歎嗟昔秦政煩苛百姓土崩
陳勝奮辭一呼天下鼎沸而面諫之臣猶言安耳
悵卒至亡滅昔永和之末綱紀少弛頗失
人望四五歲耳而財空戶散下有離心馬
免之徒乘敝而起荊揚之間幾成大患
定今百姓戚戚困於永和內非仁愛之心
可得容忍外非守國之計所宜久安也夫
將相大臣均體元首共輿而馳同舟而濟
輿傾舟覆患實共之豈可以去明即昧履
危自安也主孤時困而莫之卹平宜時
易宰守非其人者減省第宅園池之費拒
絕郡國諸所奉送內以自明外解人惑使
挾姦之吏無所依託司察之臣得盡耳目

憲度既張遠邇清壹則將軍身尊事顯德
燿無窮天道明察無言不信惟垂省覽異
不納而縱放日滋遂復略遺左右交通官
者任其子弟賓客以為州郡要職穆又奏
記極諫言雖切然亦不甚罪也永興元年
可邪穆言雖終不悟報書云如此僕亦無一
河溢漂害人庶數十萬戶百姓荒饉流移
道路冀州盜賊尤多故擢穆為冀州刺史
州人有宦者三人為中常侍並以檄謁穆

十五

李膺

穆疾之辭不相見冀部令長聞穆濟河解
印綬去者四十餘人及到奏劾諸郡至有
自殺者以威略權宜盡誅賊渠帥舉劾權
貴或乃死獄中有宦者趙忠喪父歸葬安
平 安平郡其僭為璵璠玉匣偶人 王匣長尺衣者自晉以下至足連以余縷天子之制也左傳曰陽
虎將以璠璵斂杜預注云美玉名也偶人明器也
穆聞之下郡案驗吏畏其嚴明遂發
墓剖棺陳尸出之而收其家屬帝聞大怒
徵穆詣廷尉

吾形以為重負忠義之未顯何形象之足紀也

輸作左校 左校署名屬將作掌左工徒

太學書生劉陶等數千人詣闕上書訟穆
曰伏見施刑徒朱穆處公憂國拜州之日
志清姦惡誠以常侍貴寵父兄子弟布在
州郡競為虎狼噬食小人故穆張理天網
補綴漏目羅取殘禍以塞天意由是內官
咸共憲疾謗讟興讒隙仍作極其刑謫
輸作左校天下有識皆以穆同勤禹而
被共鯀之戾若死者有知則唐帝怒於崇

去

山重華怨於蒼墓矣 尚書曰放驩兜於崇山孔安國注曰崇山南裔也山海經曰有讙頭之國帝堯葬為狄城注云崇山南裔也山云讙頭驩兜也禮記云舜葬蒼梧之野當今中官近習 鄭玄注禮記云近習天子所親幸者 竊持國柄謂辭祿子置 尊廢祿誅之也 手握王爵口含天憲運賞則使生論語曰論語

餓隸富於季孫 運行也 呼噏則令伊
顏化為桀跖 顏回夏簣益跖而穆獨元然
不願身害非惡榮而好辱惡生而好死也
徒感王綱之不攝 攝持也 懼天網之久失故
竭心懷憂為上深計臣願黥首繫趾謁墨顙首

錮涅墨也繁趾謂鈇也足也以鐵著足曰鈇也　代穆校作帝覽其奏乃
救之穆居家數年在朝諸公多有相推薦
者於是徵拜尚書穆既深疾宦官及在臺
閣旦夕共事志欲除之乃上疏曰案漢故
事中常侍參選士人建武以後乃悉用宦
者自延平以來浸益貴盛假貂璫之飾
璫左貂光武巳後專任宦者右貂金璫常侍之冠
常伯之任端以金爲之當冠前以金璫儀曰中常侍秦官也漢與或用士人銀天朝政事一更其手
權傾海內寵貴無極子弟親戚並荷榮任
故放濫驕溢莫能禁禦凶狡無行之徒媚
以求官恃勢怙寵之輩漁食百姓窮破天
下空竭小人愚臣即陛下可爲堯舜之君眾
初率由舊章更選海內清淳之士明達國
體者以補其處契之臣兆庶黎萌蒙被聖化矣
僚皆爲稷帝不納後穆因進見口復陳曰臣聞漢家
舊典置侍中中常侍各一人省尚書事覽省
也黃門侍郎一人傳發書奏傳通皆用姓

〈後漢傳三十三〉　七　十七　王先

族引用士人有族望者自和熹太后以女主稱制不接
公卿乃以閹人爲常侍小黃門通命兩宮
自此以來權傾人主窮困天下宜皆罷遣
博選耆儒宿德與參政事帝怒不應穆伏
不肯起左右傳出令出良久乃趨而去自
此中官數因事稱詔誣毀之延熹六年卒時
意居無幾憤懣發疽年六十四祿仕數十年蔬食布衣家無餘
財公卿共表穆立節忠清疾虛恭機密守死
善道宜蒙褒寵策詔襃述追贈益州太守
所著論策奏教書詩記嘲凡二十篇表山松
著論甚美蔡邕嘗穆前在冀州所辟用皆清
至其家自寫之
德長者多至公卿郡子野少有名節仕
至河南尹野字子遊見初穆父卒穆與諸儒
考依古義謚曰文子又傳曰文之實
及穆卒蔡邕謚復與門人共述其體行謚爲
文忠先生

〈後漢列傳三十五〉　十六　王石

論曰朱穆見比周傷義偏黨毀俗
志抑朋游之私遂著絕交
以為穆貞而孤又作正交而廣
其致焉
之論蔡邕

〔後漢列傳三十三〕

諂下交不黷　易曰晏平仲善與人交
子夏之門人亦問交於子張　故易明
斷金之義
友直諒多聞之友時濟其益
輔仁直諒多聞之友
夫遂隆其好　斯固交者之方焉　至乃
田竇衛霍之游客　廉頗翟公之門賓
進由執合退因衰異又專諸荊
卿之感激

〔後漢列傳三十三〕

蓋孔子稱上交不

武也卑老子弱是其無如我何光力盡酒請王俠同顧專諸置匕首魚炙之中以刺王僚立死又曰荊軻衛人也亦太子丹質於秦歸與軻交結以卿之不善公子無忌請為上客秦圍邯鄲為晉人趙勝譚晉人趙旣兵符曰士為知已者死乃伏劍襄子令軻之遂伏劍而死

庋生豫子之投身情為恩使命緣

義輕皆以利害移心懷德成節非夫交照以
之本未可語失之求黨俠生之原也穆徒以友得之分少
全因絕同志之求黨俠生之言其為然也古之
義 [易曰西南得朋]
[南得朋] 蔡氏貞孤之言其為然也 [二十一]

善交者詳矣漢與稱王陽貢禹陳遵張竦 [李崇]
前書曰陳遵字孟公杜陵人也張竦字伯松竦博學
通達以廉儉自守而遵放縱不拘操行雖異然相觀
中世有廉范慶鴻陳重雷義云 [友也]

樂恢字伯奇京兆長陵人也父親為縣吏
得罪於令收將殺之恢年十一常俯伏寺
門書夜號泣令間而殺之即解出親恢隨
好經學事博士焦永永為河東太守恢隨
之官閉廬精誦不交人物後永以事被考
諸弟子皆以通開被繫 [關涉也] 恢獨皦然

不污於法 [從白作皎音餃] 遂為名儒
性廉直介立 [介特] 行不合己者雖貴不與交
信陽侯陰就數致禮請恢絕不苔後仕
本郡吏太守坐法誅 [東觀記恢為戶曹史張]
莫敢往恢獨奔喪行服以抵罪歸復為
衆毀僉舉恢由是鄉里歸之
功曹選舉恢後以病去官蜀郡太守第五倫代
辟司空牟融府會同郡不肯留薦潁川杜
為司空牟融府會
安而退諸公多其行連辟之遂皆不應 [嬌]
書曰安撰為宛令以病去草帝行過潁川安上書召 [華]
拜御史遷至巴郡太守而恢在家安與恢書通問恢
告以關輪非也遺平生操故不報安亦節士也年十
三入太學號奇童非也
京師貴戚慕其行武遺之書安不發悉壁藏之及後
捕案貴戚實客安開封如故
歷出書印封如故
軍實憲出征匈奴恢數上書諫爭朝廷稱
後徵拜議郎會車騎將
其忠 [東觀記載恢所上書諫曰春秋之義王者不]
故明王之於夷狄得其地不可墾殺得其人無益於政
艾德以來之以漢之盛不務修舜禹周公之術而
故興于戈動兵革以求 入為尚書僕射是時河
故無用之物臣誠感之以求

南尹王調洛陽令李阜與竇憲厚善緃合
自由恢劾奏調阜并及司隸校尉諸所刺
舉無所回避貴戚惡之〔史錄注曰調字叔和爲河南尹永和二年坐賈〕
洛陽令同郡任棱竹田 及上罷城東漕渠免官憲弟夏陽侯瓌欲往候
恢恢謝不與通憲兄弟放縱而怨其不附
己妻毋諫恢曰吾昔人有容身避害何必以
言取怨恢歎曰百王之失皆由權移於
下大臣持國常以執盛爲咎伏念先帝聖
遂上疏諫曰臣聞百王之失皆由權移於
下〔竇漢列傳二十三 二十三 源排〕
業春秋尚多妒稱富〔春秋謂年也言年少諸舅不宜幹正王室〕
德未永旱棄萬國陛下富於春秋纂承大
方今之宜上以義自割下以謙自引四舅
君臣失序萬人受殃政失不救其極不測
以示天下之私經曰天地乖互衆物夭傷
可長保爵土之榮〔第弟景瑗也〕皇太后永無
時竇太后臨朝和帝未親萬機恢以意不
憂負宗廟之憂誠策之上者也書奏不省
得行乃稱疾乞骸骨詔賜錢太醫視疾恢

薦任城郭均成陽高鳳而遂稱篤拜騎都
尉上書辭謝曰仍受厚恩無以報效夫政
在大夫孔子所疾〔論語孔子曰天下有道政不在大夫〕
春秋以戒何齊大夫〔左傳曰齊崔氏出奔衛公羊傳曰崔氏者何貶曰世卿世卿者何世卿非禮也〕
加臣壽命垂盡臨死竭愚惟蒙留神詔聽
諸舅寵盛權行四方若不能自損罰必
有驕溢之敗今陛下思慕山陵未遑政事
聖人懇惻不虛言也近世外戚富貴必〔也〕
上印綬乃歸鄉里竇憲因是風厲州郡迫〔吳祐〕〔後漢列傳二十三 二十四〕
脅恢遂飲藥死弟子縗絰行服者數百人〔引魏〕
衆庶痛傷之後竇氏誅帝始親事恢門
生何融等上書陳恢忠節除子己爲郎中〔三輔決錄注曰己字伯文爲郎非其好也去官〕
何敞字文高扶風平陵人也其先家于汝〔注〕
陰六世祖比干學尚書於朝錯〔何氏家傳云比干祖父〕
字少卿經明行修兼通法律爲汝陰縣吏〔平活千人後爲丹陽都尉獄無寃囚汝號曰何獄〕
公征和三年三月辛亥天大陰兩比干在家日中〔夢〕
貴客車騎滿門覺以語妻語未已而門有老嫗可八〔十餘謂比干曰公有陰德今天錫君策以廣公之子〕
十餘謂比干曰公有陰德今天錫君策以廣公之子〔門〕

孫因出後中符策狀如闡長九十几百九十枚以
授比千子孫佩印綬者當如此業比千年五十八有
六男又生三子本始元年
自汝陰陰徒平陵代爲名族

武帝時爲廷尉正與
張湯同時湯持法深而比干務仁恕數與
湯爭雖不能盡得然所濟活者以千數後
遷丹楊都尉因徙居平陵敞父寵建武中
爲千乘都尉以病免遂隱居不仕敞性公
正自以趣舍不合時務每請召常稱疾不
應元和中辟太尉宋由府由待以殊禮敞
論議高常引大體多所匡正司徒袁安亦
深敬重之是時京師及四方累有奇異鳥
獸草木言事者以爲祥瑞敞通經傳能爲
天官意甚惡之乃言於二公曰夫瑞應昭
德而至炎異緣政而生故鸜鵒來巢昭公
有乾侯之凶〔春秋左氏傳魯大夫師己曰文成之世童謠曰鸜之鵒來巢左氏傳注乾侯在魏郡斥丘縣晉〕
境內西狩獲麟孔子有兩楹之殯〔公羊傳曰西狩獲麟〕
邑也〔羽公在外野往饋逐昭公公避于乾侯杜預注乾侯在〕
有以告孔子者曰有麕而角者何孔子曰孰爲來哉孰爲來哉反袂拭面涕下沾袍曰吾道窮矣何氏注
云麟者太平之符聖人之類時得麟而死此亦天告
夫子將沒之徵也禮記孔子之頹時得麟

坐奠於兩楹之間爲殷人殯於兩楹之間丘
殷人也子始將死也邊寢疾七日而死

避風藏文祀之君子譏焉〔國語曰海鳥名爰居止於魯東門之外居〕
三日臧文仲使國人祭之展禽譏焉因〔有風焉廣川之鳥恒知避風是歲海多大風冬煖文〕
仲聞之曰吾過矣　今異鳥翔於殿屋怪草生於庭際
事君之義進思盡忠退思補過歷觀世主〔敞奏記由敞聞〕
過制倉幣爲臺賜〔幣音它朗反〕
何而肅宗崩時竇氏專政外戚奢侈賞賜
不可不察由安懼然不敢苦〔懼音紀〕居無
時臣無不各欲爲化垂之無窮然而平和
之政萬無一者蓋以聖主賢臣不能相遭
也今國家秉聰明之弘道明公履晏晏
之純德〔晏晏溫和也〕君臣相合天下翕然洽平
有成今明公視事出入再朞宜當克己以
疇四海之心禮一穀不登君膳損一穀不〔禮記曰歲凶年穀不登君膳不祭肺損服減損服御〕
比年水旱人不收穫涼州緣邊家被凶害〔天下不足若已使然而〕
時西羌犯〔時西羌犯邊爲害也〕男子疲於戰陳妻女勞於轉運老

幼孤寡歎息相依又中州內郡公私屈竭

此實損膳節用之時國恩覆載賞賚過度

但聞臘賜自郎官以上公卿王侯以下至

於空竭帑藏損耗國資尋公家之用皆百（臘賜大將軍三公錢各二十萬牛肉二百斤粳米二百斛特進侯十五萬卿十萬校）

姓之力明君賜賚宜有品制忠臣受賞亦（尉五萬尚書三萬侍中將軍大夫各二萬千石六百石直見各七千虎賁羽林郎二人共三千以爲祀門戶）

應有度（官是以夏禹立圭周公束帛 尚書曰召公出取幣入錫公）

儀也

今明公位尊任重責深負大上當匡正（周）

綱紀下當濟安元元豈但空空無違而已（張宗）

哉宜先正已以率羣下還所得賜因陳得

失奏王侯就國除苑囿之禁節省浮費販

卹窮孤則恩澤下暢黎庶悅豫上天聰明

必有立應使百姓歌誦史官紀德豈但子（三七）

文逃祿（國語昔楚鬪子文三登令尹無一日之積 王聞之夕不及今尹子文之祿必逃之何也對曰從政者以庇人也人多曠者而我取富焉是勤人以自封也死無益矣我逃死非逃富也）

退食之比哉（史記公儀休相魯而食茹 王脯七束揆一筐以著子文生求富子逃之何也對曰夫子之祿必逃之何也對 公儀休相魯而食茹而美拔園葵而棄之見其家織布好而逐出其家婦燔其機曰欲令農士女工安所讎其貨乎）

（機云欲令農士女工安得讎其貨乎比音必庇）

都鄉侯暢奔吊國憂上書未報（武王縯之孫也 時章帝崩也 殤王名石齊）

由不能用時齊殤王子

屯衞之中（后故竇憲之而主名不立敞又說）侍中竇憲遂令人刺殺暢於城門

由曰劉暢宗室肺府茅土藩臣來吊大憂

之吏莫適討捕（適音的謂無識也 蹤跡不顯主名）親在武衞致此殘酷奉憲

上書須報（須待也）故欲親至發所以糾其姦而二府以

不立敞備數股肱職典賊曹（股肱謂手臂也 公府有賊曹主）

（知盜也）故欲親至發所以糾其姦而二府以

爲故事三公不與賊盜（敞在太尉府二府謂司空丙吉爲丞相不 李恂）

《後漢列傳三十三》 二八

宰相之分云外鎮四夷內撫諸庶使卿大（天子理陰陽順四時下育萬物之宜）

夫各得其宜（陳平爲左丞相對文帝曰宰相者佐天子理陰陽順四時下育萬物之宜）

見焉事遂爲故事也 昔陳平生於征戰之世猶知

惟大義感於所聞公縱姦應莫以爲咎惟

明公運獨見之明昭然勿疑敞不勝所見

請獨奏案由乃許焉二府聞敞行皆遣主（主者謂主知）

者隨之（盜賊謂主知盜賊之曹也）於是推舉其得事實京

師稱其正以高第拜侍御史時遂以竇憲
為車騎將軍大發軍擊匈奴而詔使者為
憲弟篤景並起邸第興造勞役百姓愁苦
敬上疏諫曰臣聞匈奴之為桀逆久矣平
城之圍慢書之操（匈奴冒頓以精兵三十萬騎圍高帝於白登七日柰平城下所無孤慎獨居兩主不樂無以自娛願以所有易其所無）此二辱者臣子所為捐軀而必死

高祖呂后忍怒含忿舍而不誅伏惟皇太
后秉文母之操（文母文王之妻大姒也詩既有烈考亦有文母也）陛下

顧晏晏之姿匈奴無逆節之罪漢朝無可
慙之恥而盛春東作（歲起於東人始耕故曰東作）興動大
役元元怨恨咸懷不悅而猥復為衛尉篤
奉車都尉景繕修館第彌街絕里臣雖斗
筲之人（鄭玄注論語肖竹器容斗二升）誠竊懷怪以為篤景
親近貴臣當為百僚表儀令眾軍在道朝
廷焦脣百姓愁苦縣官無用而遽起大第
崇飾玩好非所以垂德示無窮也宜且
罷工匠專憂比邊恤人之困書奏不省後

拜為尚書復上封事曰夫忠臣憂世犯主
嚴顏讜議貴臣至以殺身滅家而猶為之
者何邪君臣義重有不得已也臣伏見往
事國之危亂家之將凶皆有所由較然易
知（較明也）昔鄭武姜之幸叔段（左傳鄭武姜愛少子叔段武姜引以襲鄭叔段莊公立武姜請以京城封叔段莊公乃立叔段於京城叔段引以襲鄭義方弗納於邪莊公不禁及辛適子之）衛莊公之寵州吁（左傳衛莊公愛妾之子州吁好兵公弗禁石碏諫曰臣聞愛子教之以義方弗納於邪莊公不從及辛適子）

觀之愛子若此猶飢而食之以毒適所以
害之也（史記蘇秦曰飢人之所以飢而不食者以愈其腹而與餓死同患也）
見大將軍憲始遭大憂公卿比奏欲令典
幹國事（比頻也幹主也）憲深執謙退固辭盛位懇
懇勤勤言之深至天下聞之莫不悅喜今
踰年無幾大禮未終卒然中改兄弟專朝
憲秉三軍之重篤景總宮衛之權而虐用
百姓奢侈僭偪誅戮無罪肆心自快今者
論議凶凶咸謂叔段州吁復生於漢臣觀
公卿懷持兩端不肯極言者以為憲等若

〈後漢列傳三十三〉

有匪懈之志則已受吉甫襄申伯之功 周宣王元舅也有令德故尹吉甫作頌以美之其詩曰維嶽降神生甫及申申伯之德柔惠且直榦此其萬邦之伯

如憲等陷於罪辜則自取陳平周勃 呂后欲封呂祿呂產為王王陵諫不聽陳平周勃順其意誠宗廟至計寶氏之福金周

順呂后之權 許陳平周勃順言而封之呂后崩勃平

區區誠欲計策兩安其餘絕 其餘謂塞其源

誅產祿也 終不以憲等吉凶為憂也臣敢

文母之號豈下有誓泉之譏 左傳鄭武姜引莊公寘姜氏於城潁而誓之曰不及黃泉無相見也大叔段引莊公

人銘曰洺洺不壅終為江河縣縣不絕或成網羅也 上不欲令皇太后損

下使憲等得全長保其 郭博

福祐臧獲之謀上安主父下存主母猶 方言臧獲奴婢賤稱也史記曰蘇秦私人其妻私人矣

不免於嚴怒 燕王客有遠為吏其妻私人其夫將來者憂之其妾曰勿憂吾已為作藥酒待之矣居三日其夫果至妻使妾舉藥酒進之妾欲言酒之有藥則恐殺其主父欲言邪則恐逐其主母因詳僵而覆酒主父大怒而笞之故妾一僵而覆酒上存主父下存主母然主猶不免笞於是伴僵而覆酒

臣伏惟累祖蒙恩至臣八世 夫觀記曰何脩生成果果生丹陽比千生壽蜀郡太守壽生顯寵濟南都尉顯寵生敞八世也

復以恩陋旬 東觀記曰千秋為車府令壽生顯京輔都尉顯寵生敞光祿大夫敞

年之間歷顯位備機近每念厚德忽然忘

生雖知言必夷滅而冒死自盡者誠不忍

〈後漢列傳三十二〉

目則其禍不隱而懷默苟全尉馬都尉瓖雖在弱冠有不隱之忠比請退身願抑家權可與參謀聽順其意誠宗廟至計寶氏之福

敞數切諫言諸寶罪過憲等深怨之時濟 金周

南王康尊貴驕甚少子也康光武

濟南王康尊禮敞歲餘遷汝南太守敞疾病 憲乃白出敞為濟南太傅以道義數引法度諫正之康納禮焉輔康以道義數引法度寬

和為政立春日常召督郵還府憫過立春陽 譚等百八十

文俗吏以苛刻求當時名譽故敞在職以寬

故召歸分遣儒術大吏案行屬縣顯孝悌 氣發生

郡中無怨聲百姓化其恩又修理銅陽舊 出居謂與父母別居者自愧喪禮其親先亡者東觀記曰高

歸養其父母聲百姓追行喪服 五人喪制也

有義行者及舉冤獄以春秋義斷之是以

置立禮官不任文吏又修理銅陽舊 銅陽縣蜀汝南郡故城在今豫州

推財相讓者二百許人 財不足追

渠百姓賴其利新蔡縣北水經注云葛陂東出為 溉田增三萬餘頃吏人共刻石頌

之三丈陂銅水俗謂墾田 敞功德及賣氏敗有司奏敞子與夏陽侯

瓌厚善坐免官永元十二年復徵三遷五

官中郎將常忿疾中常侍蔡倫倫深憾之

元興元年敞以祠廟嚴肅徵疾不齋後鄧

皇后上太傅禹冢敞起隨百官會倫因奏

敞詐病坐抵罪卒于家

袁安任隗也

樂何之徒抗議柱下 漢官儀曰侍御史周官也為柱下史

《後漢列傳三十三》 李秀

論曰永元之際天子幼弱太后臨朝竇氏

憑盛戚之權將有呂霍之釁 呂祿呂產也霍光之子禹幸也

漢德未衰大臣方忠表任二公正色立朝

挾幼主斷勤姦回之偏 勤絕 不然國家危 故能

矣夫竇氏之間唯何敞可以免而特以子

失交之故廢黜不顯大位惜乎過矣哉

明刺絕交面朋崇厚浮偽 誠不愆義公叔辟梁允納

贊曰朱生受寄

冠法冠案禮圖注云法冠執法者服之樂恢為司隸何敞為御史並彈射糾察之官也

面友也浮偽者勤之以崇厚也

恢舉謗己敞非祥瑞永言國

偏甘心彊諫 誠使兄弟奢僭上偏敞冒死切諫是甘心於彊諫之人也

後漢書列傳卷第三十三

鄧彪　張禹
徐防　張敏
胡廣

鄧彪字智伯南陽新野人〔續漢書曰其先楚子孫以農為業鄧況始居新野〕太傅禹之宗也父邯中興初以功封鄳侯〔鄳音莫庚反〕仕至勃海太守彪少勵志修孝行父卒讓國於異母弟荊鳳〔本或作顯無荊字觀東〕宗高其節下詔許焉後仕州郡辟公府〔記曰彪與同郡宗武伯瞿訉伯陳綏伯張弟伯同志好齊名南陽號曰五伯〕五遷桂陽〔觀東朱□〕太守永平十七年徵入為太僕數年襄拜太尉行服拜母辭疾乞身詔以光祿大夫行服奉車都尉遷大司農數月代鮑昱為太尉彪在位清白為百僚式視事四年以疾乞骸骨元和元年賜策罷贈錢三十萬在所以二千石奉終其身又詔太常四時致宗廟之胙〔胙祭廟肉也禮几預祭異姓則歸之宴彪不預祭而賜胙重之〕河

南尹遣丞存問常以八月旦奉羊酒〔東觀記曰賜羊一頭酒二石也〕和帝即位以彪為太傅錄尚書事賜爵關中侯永元初竇氏專權驕縱朝廷多有諫爭而彪在位修身而已不能有所匡正又舅御史中丞周紆紆前失竇氏故頗以此致譏然當時宗其禮讓及竇氏誅以老病上還樞機職詔賜養牛酒〔後漢列傳三十四　二　林仁〕許焉五年春薨于位天子親臨弔臨

張禹字伯達趙國襄國人也祖父況〔族姊〕為皇祖考夫人〔皇祖考鉅鹿都尉回數往來南頓見光武光武為大司馬過邯鄲況為郡吏謁見光武大喜曰乃今得我大舅乎因與俱北到高邑以為元氏令遷涿郡太守後〕為常山關長會赤眉攻關城況戰歿〔常山郡關縣屬〕父歆初以報仇逃亡〔東觀記曰歆字建平少有報仇之志阜長有報父仇歆自出東觀記曰歆遷涿郡太守時年八十不任兵馬上䟽乞身詔許之後詔問起居何如子歆對曰如故家人居以況為常山關長會赤眉攻城今定州行唐縣西北有故關邑城東觀記曰況遷涿郡太守時年八十不任〕召四詔開曰欲自受其辭既入解械飲食甚哀上便發遣逐棄官亡命違赦出由是鄉里服其高義與

此不後住爲淮陽相終於汲令
〔東觀記曰歆爲相時王新歸國〕實客放縱干亂法禁歆將令尉入官搜捕王自上歆坐左遷爲汲令禹性篤厚節儉〔東觀記曰禹好學習歐陽尙書事太常桓榮〕惡衣食父卒汲吏人賻送前後數百萬禹無所受又以田宅推與伯父身自寄止永平八年舉孝廉稍遷建初中拜揚州刺史當過江行部中土民皆以江有子胥之神難於濟涉〔野王水經注曰吳王賜子胥死浮尸於江〕禹將度吏固請不聽禹厲言曰子胥如有靈知吾志在理察枉訟豈厄我哉遂鼓楫而過歷行郡邑深幽之處莫不畢到親錄囚徒多所明擧吏民希見使者民懷喜悅怨德美惡莫不稱三年還兗州刺史亦有清平自歸爲元和二年轉下邳相徐縣北界有蒲陽坡〔東觀記曰坡水廣二十里徑旦百里在傍多良田而道西其東有田可萬頃坡與成同〕埤廬莫修禹爲開水門通引灌溉遂成田數百頃勸率吏民假與種糧親自勉勞遂大收穀實鄰郡貧者歸之千餘戶室廬

相屬其下成市後歲至墾千餘頃民用溫給〔東觀記曰禹巡行守舍止大樹下食糒飲水而已後年鄰國貧人來歸之者茅屋草廬千戶屠成市墾田千餘頃吏人賓客來歸者〕得穀百萬餘斛 功曹史戴閏故太尉掾也權動郡內有小譴禹以太尉令自致徐獄後正其法〔徐縣名也東觀記曰閏爲守北官太官朝夕進食什物禹聞知令直符責問閏具以實對惶恐首實禹令自致徐獄也〕〔東觀記曰閏當從行縣從書佐假車騎乘禹以實對禹以宰士〕年入爲大司農拜太尉和帝甚禮之十五年南巡祠園廟禹以太尉兼衛尉留守自長史以下莫不震肅永元六〔記曰禹留守北官太官朝夕送食賜閣登具物除子男盛爲郎也〕幸江陵以爲不宜冒險遠驛馬上諫詔報曰祠謁旣訖當南禮大江會得君奏臨漢〔閒車駕當進〕回興而旋及行還禹特蒙賞賜延平元年遷爲太傅錄尙書事鄧太后以殤帝初育欲令重臣居禁內乃詔禹舍宮中給〔育生也〕帷帳牀褥太官朝夕進食五日一歸府每朝見特贊與三公絕席禹上言方諒闇密靜之時不宜依常有事於苑囿〔鄭玄注論語曰諒闇謂凶廬也尙書曰帝乃殂落四海遏密八音也〕其廣成上林空地宜且以

假貸民太后從之及安帝即位數上疾乞
身詔遣小黃門問疾賜牛一頭酒十斛勸
令就第其錢布刀劍衣物前後累至永初
元年以定策功封安鄉侯食邑千二百戶
與太尉徐防司空尹勤同日俱封其秋以
寇賊水雨策免防勤而禹不自安上書乞
骸骨更拜太尉禹與司徒夏勤司空張
太后車駕幸其第禹與新野君病（母陰太后）
新野君不安車駕連日宿止（鄧太后皇）
敕俱上表言新野君（卓受）
臣等誠竊惶懼臣聞王者動設先置止則
交戟清道而後行清室而後御（前書曰舊典天子行幸所）
至必遣靜室令先案行（清靜殿中以虞非常）
也陛下體丞烝烝之至孝親省所不宿
中久處單外百官露止爲議者所不安宜且
還宮乃爲宗廟社稷下爲萬國子民比三
上固爭乃還宮後連歲災荒府藏空虛禹
上疏求入三歲租稅以助郡國稟假（稟假貸也）
詔許之五年以陰陽不和策免七年卒于

【五】

家使者弔祭除小子曜爲郎中長子盛嗣
徐防字謁卿沛國銍人也（銍故城今亳州臨渙縣也）
宣爲講學大夫以易教授王恭（秩上鄉長安國由爲講易祭酒宣）（爲講學大夫蓋當屬苏祭酒也）（州郡置六經講學大夫置一人）
業防少習父祖學永平中舉孝廉除爲郎（父憲亦傳宣）
防體貌矜嚴占對可觀顯宗異之特補尚
書郎職典樞機周密畏愼奉事二帝未嘗
有過和帝時稍遷少府大司農防勤曉政事
守永元十四年遷司空防以五經久遠（來麦明）
所在有迹十四年拜司空防以五經久遠
聖意難明宜爲章句以悟後學上疏曰臣
聞詩書禮樂定自孔子發明章句始於子
夏（史記孔子沒子夏居西河敎）（其後諸家分析）
各有異說（前書孔子三百人爲魏文侯師）
之傳（弟子三百人）（義乖故春秋分爲五詩分爲四易有數家）
漢承亂秦經典廢絕本文略存或無章
句收拾缺遺建立明經博徵儒術開置太
學（武帝時開學官置博士弟子貟也）孔聖既遠微言將絕故
立博士十有四家（漢官曰光武中興恢弘稽古易有施孟梁丘貰京房書有）

【六】

歐陽和伯夏侯勝建詩有申公轅固韓嬰春秋有嚴
彭祖顏安樂禮有戴德戴聖凡十四博士太常差選
有聰明威儀重一人為祭酒總領綱紀也設甲乙之科前書曰歲課甲科四十人為郎
中乙科二十人為太子舍人丙科四十人補文學掌故以勉勸學者所以
示人好惡改斂就善者也伏見太學試博
士弟子皆以意說不修家法諸經各自名家私相
容隱開生妖路每有策試輒興諍訟論議
紛錯互相是非孔子稱述而不作古者史官於書事有制又曰吾猶及史之闕文但述先聖之言不自疾史有所
孔子言吾少時猶及見古史官之闕文今則無之疾時多穿鑿也見論語也
不知而不肯闕也今不依章句妄生穿鑿
以遵師為非義意說為得理輕侮道術寖
以成俗誠非詔書實選本意改薄從忠
世常道太史公曰夏之政忠忠之敝小人以野故殷人承之以敬敬之敝小人以鬼故周人承之以文文之敝小人以僿故救僿莫若以忠三王之道若循環周而復始僿音西志反史記僿或作薄章明
專精務本儒學所先臣以為博士及甲乙
策試宜從其家章句開五十難以試之解
釋多者為上第引文明者為高說若不依
先師義有相伐伐謂自相攻伐也皆正以為非五經

各取上第六人論語不宜射策雖所失或
父差可矯革東觀記曰試論語本文章句
所一心專精思核經術尋得其真實事得其具於此弘廣經術開上疏曰試論語射策令學者務本有益於化雖從來久大經襄
微學問寖滅誠宜詔書下公卿皆從言曰十
反本改矯其經襄失
張禹參錄尚書事數受賞賜甚見優寵安
帝即位以定策封龍鄉侯就國食邑千一百戶
其年以災異寇賊策免東觀記曰郡國被水災比州災變異數序反本改
異策免始自防也東觀記涅兩蟲賊死者以千數災異數序
六年拜為司徒延平元年遷太尉與太傅
當嗣譚封於其弟崇數歲不得已乃出就
爵云
西羌叛呼殺略人吏京師涅兩蟲賊防卒子衡陳寵傷稼穡防比上書自陳過咎遂策免
張敏字伯達河閒鄭人也鄭今瀛州縣也音莫其反
年舉孝廉四遷五年為尚書建初二
侮辱人父者而其子殺之肅宗貫其死刑建初中有人
而降宥之示寬也音賞自後因以為比是時遂
定其議以為輕侮法敢駁議曰夫輕侮之
法先帝一切之恩不有成科班之律令也

夫死生之決宜從上下猶天之四時有生
有殺若開相容恕著為定法者則是故設
姦萌生長罪隙孔子曰民可使由之不可
使知之其本末愚者或輕而但使人從之若知之不可
秋之義子不報讎非子也公羊傳曰父不受誅
不可開故也今託義者得減妄殺者有差當誅也子復讎可也注云不
而法令不為之減者以相殺之路
使執憲之吏得設巧詐非所以導在醜不
爭之義導致也醜類也又輕侮之比寢以繁滋至
有四五百科轉相顧望彌復增甚難以李膺
之萬載臣聞師言救文莫如質故高帝去
煩苛之法為三章之約建初詔書有改於
古者可下三公廷尉蠲除其敝議寢不省
敕復上跣曰臣敢蒙恩特見拔擢議臣伏
不曉迷意所不解誠不敢苟隨眾議臣愚
見孔子垂經典皋陶造法律未曉輕侮
存原其本意皆欲禁民為非也皋陶造獄法律史游急就篇曰
之法將以何禁必不能使不相輕侮而更

後漢列傳三十四

開相容殺之路執憲之吏復容其姦枉議者
或曰平法當先論生臣愚以為天地之性
唯人為貴殺人者死三代通制今欲趣生
反開殺路為貴殺天下受敝記曰利一秋一
害百人去城郭夫春生秋殺天道之常春者
一物枯即為災則風雨不時草木生榮國乃有恐也王者
物華即為異禮記月令孟春行夏令秋雨
承天地順四時法聖人從經律願陛下留
意下民考尋利害廣令平議天下幸甚和康樂
帝從之九年拜司隸校尉視事二歲遷汝
南太守清約不煩用刑平正有理能名坐
事免延平元年拜議郎再遷潁川太守衡
拜司空在位奉法而已視事三歲以病乞
身不聽六年春行大射禮陪位頓仆乃策
罷之東觀記載策曰今君所苦未瘳有司奏君年體重以職事留君其上司空印綬因病篤卒于家
胡廣字伯始南郡華容人也在今荊州東華容縣故城六
世祖剛清高有志節平帝時大司徒馬宮

後漢列傳三十四 十

辟之值王恭居攝剛解其衣冠縣府門而
去遂亡命交阯隱於屠肆之間後莽敗乃
歸鄉里父貢交阯都尉廣少孤貧親執家
苦〔襄陽耆舊記廣父名寵寵妻江陵黃氏生康字仲始
入郡爲散吏〕下詔書務來雄焉長大隨輩
其父眞頗知人會歲終應舉雄勃眞助求
其才雄因大會諸吏眞自於牖間密占察
之乃拍廣以白雄遂察孝廉既到京師試
以章奏安帝以廣爲天下第一〔謝承書曰廣有雅才學究〕

〔後漢列傳三十五〕 李賢 景宗

五經古今衛藝背畢覽之年二十七舉孝廉繢漢書
日故事孝廉高第三公尚書輒優文特勞來其舉將
拜郎悋勤職事所掌辦護也
旬月拜尚書郎
五遷尚書僕射順帝欲立皇后而貴人有
寵者四人莫知所建議欲探籌以神定選
廣與尚書郭虔敞上疏諫曰竊見詔書
以立后事大謙不自專欲假之籌策決疑
靈神篇籍所記祖宗典故未嘗有也恃神
任筮既不必當賢就值其人猶非德選夫
岐疑形於自然〔詩云克岐克嶷鄭玄注云岐岐然有所識別〕

也〔倪天必有異表〔倪音苦見反說文曰倪群論也〕〕
〔詩云文王嘉止倪天之妹文王〕宜參良家簡求
〔女壻天之有女壻故求爲配焉子〕
聞大妹之賢則美之言大邦之...
有德德同以年年鈞以貌貌稽之典經斷之
聖慮則擇立長年均以德德鈞以卜政令猶汙
〔易曰王后無嫡則以德德鈞則卜〕
往而不反〔劉向曰其大號王居無答也〕詔文一下
形之四方也形見
焦心冒昧陳聞帝從之以梁貴人良家子
定立爲皇后

〔後漢列傳三十四〕 李賢

制限年四十以上儒者試經學文吏試章
奏廣復與敞虞上書駁之曰臣聞君人兼
覽博照爲德〔即明四目達四聰也〕
左傳曰齊晏子曰昔先王均...臣以獻可替否爲忠
成其可君所謂否而有可焉臣獻其否以去其否
書載稽疑謀及卿士〔稽考也考正事疑詢事尚書
先人詢于芻蕘〔詩大雅曰先人有言詢于芻蕘芻蕘注
事當與薪采之也〕國有大政必議之於
於故老〔國語叔向曰國有大事必順於
者謀之也〕
無失策舉無過事竊見尚書令左雄議郡
舉孝廉皆限年四十以上諸生試章句文

更試戚奏

周戌雖字曰戌雜事也漢雜事曰凡舉臣之書通於天子者四品一曰章二曰奏臣等得與相參竊惟王命之重載在篇典當令縣於日月固於金石遺則百王施之萬世詩云天難諶斯不易惟王可不慎與蓋選舉因才無

明詔既許復令

拘定制六奇之策不出經學

鄭阿之政非必章奏

奇顯用年乖彊仕

終賈揚聲亦在弱冠

漢承周秦兼覽殷夏祖德

十三

〈後漢列傳三十四〉

師經參雜霸軌

賢臣世以致理員舉之制莫或回革今以

一臣之言劉戾舊章便利未明眾

心不猒也

台司不博鄉士若事下之後議者剝異異之則朝失其便同之則王言已行臣愚以為可宣下百官參竊言昌干天禁惟陛下納焉帝不

詳採厭夷敢以瞽言

未見頒色而言謂之瞽干犯也

從時陳留郡鈌職尚書史敞等薦廣曰臣聞德以雄賢

明試以功典謨所美

此言故云典

五服五章天秩所祚

是以臣竭其忠君豐其寵舉不失

德下忘其死竊見尚書僕射胡廣體真履規諫虛溫雅博物洽聞探賾窮理六經典奧舊章憲式無所不覽柔而不犯文而有

03-677

忠貞之性憂公如家
禮而不可犯以非義也

不矜其能不伐其勞翼翼周慎行靡玼漏

密勿風夜十有餘年心不外顧志不

苟進且等既蒙簡照宜試職千里斥寧方國

母年老陳留近郡今太守任缺廣才略

詩曰厥德不回以受方國

脩守善有所勸仰廣典機事十年出為濟

陰太守以舉吏不實免復為汝南太守入

深茂堪能撥煩顧以參選紀綱頹俗束

拜大司農漢安元年遷司徒質帝崩代李

固為太尉錄尚書事以定策立桓帝封育

陽安樂鄉矦拜太常遷太尉以日食免

仕尋以特進徵拜太常延熹二年大將軍梁冀

復為太常拜太尉以病遜位又拜司空告老致

誅廣與司徒韓縝司空孫朗坐不衞宮皆

減死一等奪爵士免為庶人後拜太中大

夫太常九年復拜司徒靈帝立與太傅陳

蕃參錄尚書事復封故國以病自乞會蕃

被誅代為太傅總錄如故時年已八十而

心力克壯盛弘之荊州記曰菊水出穰縣芳菊被
涯水極甘香中皆飲此水上壽百二

十七八十者猶以為天太尉胡廣所患風疾遂
沐南歸恂此水後疾遂薨年八十二薨也

在當二朝夕瞻省傍無几杖言不稱老
不稱老言及母辛居喪盡哀率禮無愆

柔謹素常遜言恭色

朝章雖無謇直之風屢有補闕

師諺曰萬事不理問伯始天下中庸有胡

公常業中和而可常行之德也以孔
子曰中庸之為德其至矣乎　及共李固定

策大議不全

德恐為後惠盛意立順中質相靈也

年也六帝謂安

十餘年歷事六帝

侍丁肅婚姻以此譏毀於時自在公台三

退田里未嘗滿歲輒復升進凡一履司空

皆天下名士與故吏陳蕃李咸並為三司

夫作司徒三登太尉又為司空

謝承書曰咸字元卓汝南西平人孤特自立家貧母老常躬耕稼以奉養學曾詩春秋公羊傳三禮三府

並辟司徒胡廣奏于除高密令歧多奇異青州表
其狀建寧三年自大滿盧拜太尉自在相位約身率
下常食脫粟飯醬來而已不奧州郡交通刺史二千
石賤記非公事不發省以老乞骸骨見許悉還所賜
物乘敝牛車使子男御晨發京師百僚追

莽固等每

送盈塗不能得見家舊貲狹庇草盧
朝會輒稱疾避廣時人榮（年八十二薨
平元年薨使五官中郎將持節奉策贈太
傅安樂鄉侯印綬給東園梓器謁者護喪
事賜家塋于原陵諡文恭族拜家一人為
郎中故吏自公卿大夫博士議郎以下數
百人皆縗絰經殯位自終及葬漢興以來人

《後漢列傳三四》 十七

臣之盛未嘗有也初楊雄依虞箴作十二
州二十五官箴

揚雄傳曰箴莫大於虞箴故選作太
史也命百官官箴王闕於虞人之箴
為九州經啟九道人有寰廟歟有茂
草各有收歟庵德箴武不帳于夏家歟
牡武不帳在帝夷舉胃于原厥歟志其國臨
而恩其庵告懷夫其

九箴亡闕後涿郡崔駰及子瑗又臨邑侯
劉騊駼增補十六篇廣復繼作四篇文甚
典美乃悉撰次首目為之解釋名曰百官
箴凡四十八篇其餘所著詩賦銘頌箴弔
及諸解詁凡二十二篇熹平六年靈帝思

感舊德乃圖畫廣及太尉黃瓊於省內詔
議郎蔡邕為其頌云

謝承書載其頌曰嚴嚴山
岳配天作輔神有周生
申又甫允玆漢室誕育二后曰胡曰黃方齊元首
道之淵惟德之藪股肱元首作心膂天之炳惟
則嗣我黃鐘歐純懿赫赫三事七佩其黃位作
赫三事七佩其黃鐘歐純懿特位仍歐其位林
沃若六牡藏龍章其

論曰爵任之於人重矣全喪之於生大矣
懷祿以圖存者仕子之恒情審能而就列
者出身之常體也

列位

夫紆於物則乖義徇其節則

志則犯俗也

紆曲

辭其艱則乖義徇其節則

夫身

徇營

統之方軌易因險塗難御

總論

也 上車也 軌謂平路也苷履平路易故昔人明慎
可因循如坦塗險塗難免顯覆也

於所受之分遲遲於岐路之間也

明矣邊遲遲疑不前也不可妄進之貌

如令志行無牽於物臨

也明其分則不妄進則

呈材效職則受之分

生不先其存後世何貶焉

守志直道視死如
歸則後之人何從

而貶

古人以宴安為戒豈數公之謂乎

曰宴安酖毒不可懷也

贊曰鄧張作傅無咎無譽敏正疑律防議
章句胡公庸庸飾情恭貌朝章雖理據正

或橈

桡曲也易曰
棟橈橈凶也

後漢書列傳卷第三十四

〈後漢列傳三十四

九

王永

唐章懷太子賢注

袁安　子敞　玄孫閎
張酺　韓棱
周榮　孫景

袁安字邵公汝南汝陽人也祖父良習孟
氏易平帝時舉明經為（平帝時舉明經）
太子舍人建武初至成武令（續漢志曰太子舍人秩二百石無員　戍武令曹州縣）
安少傳良學為人嚴重有威見敬
於州里初為縣功曹（續漢志曰縣功曹史主選罪功勞）奉檄詣
從事從事因安致書於令（史皆有從事史安）
曰公事自有郵驛私請則非功曹所持辭
不肯受從事懷然而止（懷音九力反）後舉孝廉（南汝）
先賢傳曰時大雪積地丈餘洛陽令身出案行見人家皆除雪出有乞食者至袁安門無有行路謂安已死令人除雪入戶見安僵臥問何以不出安曰大雪人皆餓不宜干人令以為賢舉為孝廉
平原任城令（陰平縣故城在今沂州承縣西南任城在今兗州縣也）縣西所在吏
人畏而愛之永平十三年楚王英謀為逆
事下郡覆考者明年三府舉安能理劇拜楚

郡太守是時英辭所連及繫者數千人顯
宗怒其事急迫自誣死者甚眾安
到郡不入府先往案獄理其無明驗者條
上出之（府丞掾史皆叩頭爭以為阿附反
虜法與同罪不可安曰如有不合太守自
當坐之不以相及也遂分別具奏帝感悟
即報許得出者四百餘家）歲餘徵為河南
尹政號嚴明然未曾以臧罪鞠人常稱曰
凡學仕者高則望宰相下則希牧守錮人
於聖世尹所不忍為也聞之者皆感激自
勵在職十年京師肅然名重朝廷建初八
年遷太僕元和二年武威太守孟雲上書
謂漢與匈奴既和親而南部復往抄掠北
此虜既已和親宜還其生口以安慰
之詔百官議朝堂公卿皆言夷狄譎詐求
欲無猒（譎詐也亦譎）既得生口當復妄自誇大不
可開許安獨曰北虜遣使奉獻和親有得
邊生口者輒以歸漢此明其畏威而非先

違約也雲以大臣典邊不宜負信於戎狄

還之足示中國優貸而使邊人得安誠便

司徒桓虞改議從安太尉鄭弘司空第五

倫皆恨之弘因大言激勵虞曰諸言當還

生口者皆為不忠虞廷叱之倫及大鴻臚

韋彪各作色變容司隷校尉舉奏安等皆

上印綬謝肅宗詔報曰久議沈滯各有所

志蓋軍以議從策由衆定闟闟䜣䜣得禮

之容　闟闟忠正貌　䜣䜣和樂貌　寢嘿抑心更非朝廷之福

君何尤而深謝其各冠履度帝音從安議明

年代第五倫為司空章和元年代桓虞為

司徒和帝即位竇太后臨朝后兄車騎將

軍憲北擊匈奴安與太尉宋由司空任隗

及九卿詣朝堂上書諫以為匈奴不犯邊

塞而無故勞師遠涉損費國用徼功萬里

非社稷之計書連上輒寢宋由懼遂不敢

復署議而諸卿稍自引止唯安獨與任隗

守正不移至免冠朝堂固爭者十上太后

陳寵

不聽衆人皆為之危懼安正色自若竇憲既

出而弟衛尉篤執金吾景各專威權公於

京師使客遮道奪人財物景又擅使乘驛

施檄緣邊諸郡發突騎及善騎射有才力

者漁陽鴈門上谷三郡各遣吏將送詣景

第有司畏憚莫敢言者安乃劾景擅發邊

兵驚惑吏人二千石不待符信而輒承景

檄當伏顯誅又奏司隷校尉河南尹阿附

貴戚無盡節之義　續漢書曰安劾司隷鄭據河南尹蔡嵩

官案罪並寢不報憲景等日益橫盡樹其

親黨賓客於名都大郡　袁山松書曰河南尹王調漢陽太守朱敞南陽太守滿岊高升等皆其賓客前書曰十二萬戶為大郡也皆賦斂吏人更相

略遺其餘州郡亦復望風從之安與任隗

舉奏諸郡守二千石又它所連及除秩免官者

四十餘人竇氏大恨但安隗素行高亦未

有以害之時竇憲復出屯武威明年北單

于為耿夔所破遁走烏孫塞北地空餘部

不知所屬憲日矜己功欲結恩北虜乃上

林志堅

立降者左鹿蠡王阿佟反〔徒冬〕為北單于置
中郎將領護如南單于故事事下公卿議
太尉宋由太常丁鴻光祿勳耿秉等十人
議可許安與任隗奏以為光武招懷南虜
非謂可永安內地正以權時之筭可得折
其北狄故也今朝漢既定宜令南單于反
衞宗正劉方大司農尹睦同安議事奏
國費未以時定安懼憲計遂行乃獨上封事曰 衆無緣復更立阿佟以增

臣聞功有難圖不可豫見事有易斷較然
不疑伏惟光武皇帝本所以立南單于者
欲安尚定北之策也恩德甚備故匈奴遂
分邊境無患孝明皇帝奉承先意不敢失
墜赫然命將爰伐塞北至于章和之初降
者十餘萬人議者欲置之濵塞東至遼東
也濵邊太尉宋由光祿勳耿秉皆以為失南
單于心不可先帝從之陛下奉承洪業大
開疆宇大將軍遠師討伐席卷北庭此誠

宣明祖宗崇立弘勳者也宜審其終以成
厥初伏念南單于屯先父舉衆歸德自蒙
恩以來四十餘年三帝積累以遺陛下陛
下深宜遵述先志成就其業況屯首唱大
謀空盡北虜輒而弗圖更立新降建立於無
功由秉實奮議而欲背弃先因夫言行
之計違三世之規失信於所養建立於無
君子之樞機易曰言行者君子之樞機
國之綱紀論語曰言忠信行篤敬雖蠻貊

行焉今若失信於一屯則百蠻不敢復保
誓矣又烏桓鮮卑新殺北單于凡人之情
成畏仇讎今立其弟則二虜懷怨兵可
廢信不可去論語孔子曰足食足兵人信
之矣必不得已而去斯三者何先曰去兵
曰必不得已而去斯二者何先曰去食
曰自古皆有死人無信不立 且漢故事供
給南單于費直歲一億九十餘萬西域歲
七千四百八十萬今北庭彌遠其費過倍
是乃空盡天下而非建策之要也詔下其
議安又與憲更相難折憲險急負執言辭

驕計〔許謂發揚人之惡〕至詆毀安稱光武誅韓歆

戴涉故事安終不移〔大司徒歆坐非帝讀讖罷〕書自殺大司徒涉坐殺太

倉令下獄死

憲竟立匈奴降者右鹿蠡王於除

鞬為單于〔鞬音九〕後遂反叛卒如安策安以

天子幼弱外戚擅權每朝會進見及與公

卿言國家事未嘗不噫嗚流涕〔噫音醫又乙〕戒反嗚音

〔故反歐傷之貌也〕自天子及大臣皆賴之〔四年春

莫朝廷痛惜焉〔賞氏敗帝始親萬

機追思前議者邪正之節乃除安子賞為

〈後漢刑傳三十五〉 七 劉仲

郎策免宋由以尹睦為太尉劉方為司空

睦河南人薨於位方平原人後坐事免歸

自殺初安父没母使安訪求葬地道逢三

書生問安何之安為言其故生乃指一處

云葬此地當世為上公須臾不見安異之

於是遂葬其所占之地故累世隆盛焉安

子京敞最知名京字仲譽習孟氏易作難

記三十萬言初拜郎中稍遷侍中出為圉

郡太守子彭字伯楚少傅父業歷廣漢南

陽太守順帝初為光祿勳行至清為吏廬

袍糲食終於議郎尚書胡廣等追表其有

清絜之美比前朝貢禹第五倫〔貢禹元帝御

史大夫經明行修清絜之美也〕求蒙顯贈當時皆嗟歎之彭弟湯

字仲河少傳家學諸儒稱其節多歷顯位

桓帝初為司空以豫議定策封安國亭

食邑五百戶累遷司徒太尉以災異策免

辛〔諡曰康〕族風俗通曰湯時年八十六有子十二人

〈後漢傳三十五〉 八 王宗

中郎早卒次子逢嗣逢字周陽以累世三

僕豫議增封三百戶後為司空卒於執金

吾朝廷以逢為三老特優禮之賜以珠

畫特詔祕器〔前書曰董賢死以沙畫棺貢義云以珠與朱同祕器棺也〕

飯含珠玉二十六品〔漢梁傳曰使五官中郎

將持節奉策贈以車騎將軍印綬加號特

進諡曰宣文侯子基嗣位至太僕逢弟隗

少歷顯官〔隗字次陽〕先逢為三公時中常侍表

赦隗之宗也用事於中以逢隗世宰相家

推崇以爲外援故表氏貴寵於世富奢甚
不與它公族同獻帝初隗爲太傅成子紹
逢子術自有傳董卓忿紹背己遂誅隗
及術兄基等男女二十餘人

敞字叔平少傳易經敎授以父任爲東
郡太守徵拜太僕光祿勳元初三年代劉
愷爲司空明年坐子與尚書郎張俊交通

漏洩省中語策免敞廉勁不阿權貴失鄧
氏旨遂自殺張俊者蜀郡人有才能與兄
龕竝爲尚書郎年少勵鋒氣郎朱濟丁盛
立行不脩俊欲舉奏之二人聞恐俊因陳
重雷義牒請俊與敞子遂封上之皆下
求俊短得其私書與敞子遂封上之皆下
獄當死俊自獄中占獄吏上書而俊獄已報（謂奏報也）
書曰陳遵憑几口占書吏是也 鄧太后詔 廷
尉將出穀門臨行刑（穀門洛陽城南面中門也）
馳騎以減死論俊假名上書謝曰臣孤恩

李脩 張宗

負義自陷重刑情斷意記無所復望廷尉
鞫遺歐（音一反）一刀在前棺絮在後魂魄飛揚
形容已枯陛下聖澤以臣嘗在近密（謂爲尚書郎）
識其狀貌傷其眼目留心曲慮特加偏覆
喪車復還白骨更肉披棺發槨起見白日
天地父母能生臣俊不能使臣俊當死復
生陛下德過天地恩重父母誠非臣俊破

碎骸骨舉所廟爛所報萬一臣俊徒也不
得上書不勝去死就生驚喜踊躍觸冒拜
章當時皆京其文朝廷由此薄敞罪而隱
其死以三公禮葬之復其官子盱（況于反）
後至光祿勳時大將軍梁冀擅朝內外莫
不阿附唯盱與廷尉邯鄲義正身自守又
桓帝誅冀使盱持節收其印綬事已具梁
冀傳

閎傳

閎字夏甫彭之孫也少勵操行苦身脩節
父賀爲彭城相（風俗通曰賀字元服祖父京爲侍中安帝始加元服百僚會賀臊莫
蜚出而孫適生喜其嘉會因名字焉 閎往省謁變名姓徒行無

旅既至府門連日吏不為通會阿母出見閭驚為其垂泣閭厚此間不知吾慎勿宣露也入白夫人乃密呼見既而辭去賀遣車送之閭稱眩疾不肯乘反郡界無知者及賀卒郡閭兄弟迎喪不受賻贈緣經扶柩冒犯寒露體貌枯毀手足血流見者莫不傷之服闋徵聘舉召皆不應居處屼陋以耕學為業從父逢隱並貴盛數饋之無所受閭見時方險亂而家門富盛常對兄弟歎曰吾先公福祚後世不能以德守之而競為驕奢為廬公所殺事見左傳矣各三郡謂鄆鄐邻鏵鄆至皆晉鄉也延熹末黨事將作閭遂散髮絕世欲投迹深林以老不宜遠遁乃築土室四周於庭不為戶自牖納飲食而已旦於室中東向拜母母思閭時往就視母去便自掩閉兄弟妻子莫得見也及母歿不為制服設位時莫能名或以為在生潛身十八年黃巾賊起政

没郡縣百姓驚散閭誦經不移賊相約語不入其閭鄉人就閭避難皆得全免年五十七卒於土室汝南先賢傳曰閭臨卒勅其子衣幅巾親尸於板牀曰勿設續棺但著褌衫疏布單之上以五百甎為藏二第忠弘節操皆亞於閭忠字正甫與同郡范滂為友俱證黨事得釋語在滂傳初平中為沛相沛王琮相也琮乘輂車到官以清亮稱及天下大亂忠弃官客會稽上虞縣名城在今越州餘姚縣西一見太守王朗徒從整飾心嫌之遂稱病自絕王朗字景興蕭之父陳仲也魏志有傳謝承書曰忠乘船載笠蓋詣朗見即右憺從皆著青絳采衣非其奢麗即辭疾發而退也後孫策破會稽忠等浮海南投交阯獻帝都許徵為衛尉未到卒弘字邵甫恥其門族貴埶乃變姓名徒步師門不應徵辟終於家謝承書曰弘嘗入京師太學其從父逢為太不聽呼弘而退遂不復見遇宴會作樂弘伏頭痛往紹衡兄弟亦不與通忠子弘為郡門下議生黃巾起弘從太守趙謙擊之軍敗弘以身扞刃皆死於陳謙以曹封觀等七人以功得免詔祕等門閭號曰七賢謝承書曰祕字永寧封觀與主

死也薄陳端門下督范仲禮賊曹劉偉德主記史丁子嗣
記室史張仲然議生表祕等七人權刃突陳與戰並

封觀者有志節當舉與孝廉以兄名位未
顯恥先受之遂稱風疾瘖不能言火起觀
屋徐出避之忍而不告後數年兄得舉觀
乃稱損而仕郡焉〔詡承書曰觀字孝起南頓人也〕

論曰陳平多陰謀而知其後必廢〔丞相陳平謀以高祖〕吾多陰謀禍也其後曾孫掌以衛氏親戚貴達願得續封而終不得也

邴吉有陰德夏侯勝識其當封及
子孫〔十三〕宣帝年二歲坐太子事繫望氣者言長安獄
中有天子氣於是上遣使者分條中都官詔獄繫者
亡輕重一切皆殺之内者令郭穰至郡邸獄吉拒
扞拒曰它人無辜猶不可況親曾孫乎穰不得入還
以聞上曰天使之也因大赦天下郡邸獄繫者賴吉
以全此未死也曰聞有陰德者必饗其樂以不起夏
帝立吉爲丞相甘露中削爵爲關内
侯病愈封博陽侯薨嗣子顯嗣顯至孫昌復封博陽侯傳子至孫王莽敗乃絶

陳掌不矣而邴昌紹國雖有不類未可致
詰其大致歸然矣表公實氏之間乃情帝
室竭情猶引義雅正可謂王臣之烈〔易曰王臣蹇蹇匪躬〕之故烈及其理楚獄未嘗鞫人於臧罪其仁
業也
心足以覃平後昆〔覃延也〕子孫之盛不亦宜

乎嶠此論並華之詞也

張酺字孟侯汝南細陽人趙王張敖之後〔敖父耳自楚降漢高祖封爲趙王敖嗣後有罪廢爲宣平侯〕也〔敖子壽封細〕
陽之池陽鄉後廢因家焉酺少從祖父充
受尚書能傳其業〔光武即東觀記曰太子家時爲齋〕
又事大常桓榮勤力不怠聚徒以百數永
平九年顯宗爲四姓小侯開學於南宮〔小侯〕
置五經師酺以尚書教授數講於御
前以論難當意除爲郎賜車馬衣裳遂令
入授皇太子酺爲人質直守經義每侍講
閒隙數有匡正之辭以嚴見憚子家時爲齋
侍物未嘗不正又蕭宗即位擢酺爲侍中虎
貫中郎將數月出爲東郡太守酺自以嘗
經親近數月出爲東郡太守酺自以嘗
日臣愚當以經術給事左右少不更職不曉
文法猥當剖符典郡班政千里必有負恩
辱位之咎臣竊私自分殊不慮出城闕翼
蒙留恩託備冗官羣僚所不安耳目所聞

【後漢列傳三十五】 十五

見不敢避好醜詔報曰經云身雖在外乃
心不離王室尚書康之詰曰雖爾身之闓不在王室也典城臨
民益所以報效也好醜必上不在遠近
其區之官酺雖儒者而性剛斷下車擢用
義勇搏擊豪彊長吏有殺盜徒者酺輒案
之以為令長受署彊猶不至死盜徒者皆飢寒
備保何足窮其法乎郡吏王青起兵攻王莽
東郡聊城人也 祖父翁與前太守翟義
燒之父隆建武初為都尉功曹隆以身衛全
與父俱從都尉行縣道遇賊隆以身衛
都尉遂死於難青亦被矢貫咽音聲流喝
前郡守以青身有金夷善
不能舉也酺見之歎息曰豈有一門忠
義而爵賞不及乎遂擢用極右曹
極位乃上疏薦青三世死節宜蒙擢用
下三公由此為司空所辟

【後漢列傳三十五】 十六

子孝廉也遂復舉其
自酺出後帝每見諸王師傅常言
張酺前入侍講屢有諫正闓闓惻惻出於
誠心可謂有史魚之風矣
然後修君臣之禮
庭中帝先備弟子之儀使酺講尚書一篇
賜珠特莫不沾洽酺講視事十五年和帝初
遷魏郡太守郡人鄭據時為司隸校尉奏
免執金吾竇景景後復位遣掾夏猛私謝
酺曰鄭據小人為所侵冤聞其見
縱狼藉取是曹子一人足以驚百酺大怒
即收猛繫獄檄言執金吾府疑猛與據子
不平矯稱卿意以報私讎會有贖罪令猛
乃得出
為河南尹竇景家人復擊傷市卒吏捕得
之景怒遣緹騎疾海等五百人歐傷市丞
說文曰緹帛丹黃色也漢有緹騎
官儀曰執金吾有緹騎
酺部吏揚章等窮究

正海罪徙朔方景忿怨乃移書辟章等六
人為執金吾吏欲因盲報之章等惶恐入白
酺願自引臧罪以辭景命酺即上言勿遣及
寶太后詔報自令執金吾辟吏皆勿言其狀
寶氏敗酺乃上疏曰臣愚蠢不及大體

癡騃也卷音陟降反

刑未著後世貼之將來宜下理官與天下平

鄭玄注周禮云憃愚也

之論其罪也

平之謂平也

垂示國典貼之將來宜下理官與天下平
之論其罪也不見其事但聞其誅非所以
刑未著後世貼之將來宜下理官與天下
寶氏敗酺乃上疏曰臣實愚憃不及大體
寶太后詔報自令執金吾辟吏皆勿言白
酺願自引贓罪以辭景命酺即上言勿遣及
人為執金吾吏欲因盲報之章等惶恐入白

以為寶氏雖伏誅非所以

及皆言言憲等寵貴聲華臣阿附唯恐不

李恂

命至乃復比鄧夫人於文母即賢寡鄧夫人
也元也元出為官披共寶憲女塔郭襄父子同誅狡害
夫人者猶如前曹霍光妻稱顯憲兼及其黨稱鄧
人之類也文母文王之妻也詩曰既有烈考亦有文
母

懷伊呂之忠　命曰顧

臨終之

今嚴威既行皆言當死一不復顧其前後
考折厭裹臣伏見夏陽侯瓌每存忠善前
與臣言常有盡節之心檢勑賓客未嘗犯
法臣聞王政骨肉之刑有三宥之義過厚
不過薄

禮記曰公族有罪獄成有司讞於公曰某之罪在大辟公曰宥之有司又曰在大辟

公又曰宥之有司又曰在大辟公又曰宥之及三宥
不對走出致刑于甸人公又使人追之曰雖然必宥
之有司曰無及也反命公又為之不舉如其倫之喪也

公素服如其倫之喪也　今議者為瓌選能

厚德和帝感酺言徙瓌封就國而已永元

漢官

五年遷酺為太僕數月代尹睦為太尉

儀曰睦字伯師
河南華人也

相恐其迫切必不完免宜裁加貸宥以崇
守徐防自代帝不許使中黃門問病加以
珍羞賜錢三十萬酺遂稱篤時子蕃為郎
侍講帝因令小黃門勑蕃曰陰陽不和萬
人失所朝廷望公思惟得失與國同心而
託病自絜求去重任誰當與吾同憂責者

斷金解在皇后紀

司徒

年老時司徒劉方

恭

公其僵傳勿露所勑

傳曰命也左氏傳曰
勑從命也一命而僂再命而傴三命而俯

卿罷朝俱詣酺府奉酒上壽極歡卒日衆
視事輒酺雖在公位而父常居田里酺每有
遷職輒一詣京師省來候酺適會歲節公
人皆慶羨之及父卒既葬詔遣使齎牛酒

為釋服後以事與司隸校尉晏稱會於朝
堂酺從容謂稱曰三府辟吏多非其人稱
歸即奏令三府各實其掾史酺本以私言
不意稱奏之甚懷恨會復共謝闕下酺因
責讓於稱稱辭語不順酺怒遂廷叱之稱
乃劾奏酺有怨言酺先帝師有詔
公卿博士朝臣會議司徒呂蓋奏酺位居
三司知公門有儀不屏氣鞠躬以須詔命
反作色大言怨讓使臣不可以示四遠

〔校尉督大姦猾無所不察故曰使臣也〕

遣諸生閉門不通賓客左中郎將何敞及
言事者多訟酺公忠帝亦雅重之十五年
復拜為光祿勳數月代魯恭為司徒月餘
薨乘輿縞素臨弔賜冢塋地賵贈恩寵異
於它相酺病臨危勑其子曰顯節陵埽地
露祭欲率天下以儉〔無起寢廟故言埽地而祭〕
也故輔之吾為三公既不能宣揚王化令吏人〔顯節明帝陵也明帝遺詔〕
從制出豈可不務節約乎其無起祠堂可作

豪菙廡施祭其下而已〔廡廆〕
曾孫濟好儒
學〔華嶠書曰蕃生鮝著生濟濟字元江〕
司空病罷及卒靈帝以舊恩贈車騎將軍
關內侯印綬濟弟喜初平中為司空
為蔡陽鄉侯濟明習典訓為侍講有勞封子根
韓稜字伯師潁川舞陽人弓高侯穨當之
後也〔穨當韓王信之子見前書〕稜四歲而孤養母以孝
中為隴西太守稜世為鄉里著姓父尋建武
友稱及壯推先父餘財數百萬與從昆弟
鄉里益高之初為郡功曹太守葛興中風
病不能聽政稜陰代興視事出入二年令
無違者與子當發教敕署吏稜拒執不從
因令怨者與子章之〔章告言上之事下案驗〕
掩蔽興病專典郡職遂致禁錮顯宗知其
忠後詔特原之由是徵辟五遷為尚書令
與僕射郅壽尚書陳寵同時俱以才能稱
肅宗嘗賜諸尚書劍唯此三人特以寶劍
自手署其名曰韓稜楚龍淵〔晉太康記曰汝南西平縣有龍〕

郅壽蜀漢文陳寵濟南椎（汝南即楚分野／泉水可淬刀劒特堅利）（椎音直追反漢官儀椎成作鍛成）成時論者爲之說以稜淵深有謀故得龍淵壽明達有文章故得漢文寵敦朴善不見外故得椎成中竇憲使人刺殺齊殤王子都鄉侯暢於上東門有司畏憲咸委疑於暢兄弟詔遣侍御史之齊案其事稜上疏以爲賊在京師不宜捨近問遠恐爲姦臣所笑竇太后怒以切責稜稜固執其議又事發果如所言憲惶恐白太后求出擊北匈奴以贖罪稜復上疏諫太后不從及憲有功還爲大將軍威震天下復出屯武威會帝西祠園陵詔憲與車駕會長安及憲至尚書以下議欲拜之伏稱萬歲稜正色曰夫上交不詔下交不黷（易下繫之辭也）禮無人臣稱萬歲之制議者皆慙而止尚書左丞王龍私奏記上牛酒於憲稜舉奏龍論爲城旦（前書音義曰城旦輕刑之名也晝曰司寇虜夜築長城故曰城旦）稜在朝數薦舉良吏應順

呂章周紆等皆有名當時及竇氏敗稜典案其事深得黨與數月不休沐帝以爲憂國忘家賜布三百匹遷南陽太守特聽稜得過家上冢鄉里以爲榮稜發檛姦盜郡中震慄號嚴平數歲徵入爲太僕九年冬代張奮爲司空明年薨子輔嗣（輔字伯南）安帝時至趙相（商之相也）孫演順帝時爲丹陽太守政有能名桓帝時爲司徒大將軍梁冀被誅演坐阿黨抵罪以減死論遣歸本

郡（華嶠書曰梁皇后崩梁貴人大幸將立大將軍冀欲分其寵謀冒姓爲貴人父演陰許諾及冀誅事發演坐抵罪也）後復徵拜司隸校尉周榮字平孫廬江舒人也肅宗時舉明經辟司徒袁安府安數與論議甚器之及安舉奏竇景及與竇憲爭立北單于事皆榮所具草竇氏客太尉掾徐齮深惡之脅曰子爲袁氏腹心之謀排奏竇氏竇氏悍士刺客滿城中謹備之矣榮曰榮江淮孤生蒙先帝大恩以歷宰二城今復得備宰

縱為竇氏所害誠所甘心故
常勅妻子若卒遇飛禍無得殯斂〔飛禍言奔卒而死也〕
冀以區區腐身覺悟朝廷及竇氏敗榮由
此顯名自郡令擢為尚書令出為潁川太
守坐法當下獄令擢為尚書〔共縣名屬河內郡故城在衛州共城縣東即古共國也〕歲餘復以為山陽共令
于家詔特賜錢二十萬除子男興為郎中
興少有名譽嘗中尚書陳忠上疏薦興與

〔後漢列傳三十五〕 二十三 王元成

曰臣伏惟古者帝王有所號令言必弘雅〔論語孔子曰大哉堯之為君也〕
辭必溫麗垂於後世列於典經故仲尼嘉
唐虞之文從周室之郁郁〔武二代郁郁乎文哉吾從周〕臣竊見光祿郎
周興〔曰光祿主郎故〕孝友之行著於閨門清屬
之志聞於州里蘊匱古今博物多聞
三墳之篇五典之策無所不覽〔伏羲神農黃帝之書也三墳之志蘊藏匱〕
書出納帝命為王喉舌〔尚書為王之喉舌官也李固對策曰令陛下當唐虞之書曰五典也屬文著辭有可觀尚〕

〔後漢列傳三十五〕 二十四 王元成

而諸郎多文俗吏鮮有雅才每為詔文宣
示內外轉相求請或以不能而專已自由
辭多郵固興抱奇懷能隨輩栖遲誠可歎
惜詔乃郵固興為尚書郎卒與子景景字仲
饗辟大將軍梁冀府稍遷豫州刺史河內
太守好賢愛士其拔才薦善常恐不及每
至歲時延請舉吏入上後堂與共宴會如
此數四乃遣之贈送什物無不充備既而
選其父兄子弟事相優異常稱曰臣子同
貫若之何不厚先是司徒韓演在河內志
在無私舉吏當行一辭而已恩亦不及其
家曰我舉若可矣豈可令偏積一門故當
時論者議此二人景後倒入為將作大匠
及梁冀誅景以故吏免官禁錮朝廷以景
景著忠正頃之復引拜尚書令〔蔡質漢儀曰延熹中〕
京師游俠有盜發御物於市市長追捕伏
得周景以尺一部召司隸校尉左雄前臺詰雄伏
於延若對景使虎賁左駿頓頭〔血出覆面而與三日期便擒捕也〕遷太僕衛尉六

〔尚書諸天之有北斗也北斗為天之喉舌尚書亦為陛下之喉舌也〕臣等愚闇

年代劉寵爲司空是時宦官任人及子弟
充塞列位景初視事與太尉楊秉奏諸
姦猾自將軍牧守以下免者五十餘人遂
連及中常侍防東武陽侯具瑗皆
坐黜朝廷莫不稱之視事二年以地震策
免歲餘復代陳蕃爲太尉建寧元年薨以
豫議定策立靈帝追封安陽鄉侯長子崇
嗣至甘陵相甘陵即章帝相也中子忠少歷列
位累遷大司農吳書曰忠字嘉謀與朱儁共敗李傕於曹陽也忠子
暉前爲洛陽令去官兄弟好賓客雄江
淮間出入從車常百餘乘及帝崩聞京
師不安來候忠董卓聞而惡之使兵劫殺
其兄弟忠後代皇甫嵩爲太尉錄尚書事
以災異免復爲衛尉從獻帝東歸洛陽
贊曰表公持重誠單所奉單盡也惟德不忘
延世承寵孟笈經博侍言帝楼榮事君
志同鷦雀左傳曰見無禮於其君者誅之如鷹鸇之逐鳥雀也
後漢書列傳卷第三十五

唐章懷太子賢注

郭躬　弟子顗
陳寵　子忠

郭躬字仲孫，潁川陽翟人也。家世衣冠。父弘，習小杜律〔前書：杜周，武帝時為廷尉、御史大夫，斷獄深刻。少子延年，亦明法律，宣帝時又為御史大夫。延年對父故言小。〕太守寇恂以弘為決曹掾，斷獄至三十年，用法平，諸為弘所決者退無怨情，郡內比之東海于公〔于公，東海人，丞相于定國父也。為郡決曹，獄平，羅文法者于公所決皆不恨。見前書也。〕年九十五卒。躬少傳父業，講授徒衆常數百人。後為郡吏，辟公府。永平中，奉車都尉竇固出擊匈奴，騎都尉秦彭為副。彭在別屯而輒以法斬人，固奏彭專擅，請誅之。顯宗乃引公卿朝臣平其罪科。躬以明法律，召入議。議者皆然固奏，躬獨曰：於法，彭得斬之。帝曰：軍征校尉一統於督。彭既無斧鉞，可得專殺人乎。躬對曰：一統於督者，謂在部曲也〔督謂大將軍也。前書音義曰：大將軍行有五部，部有曲也。〕。

今彭專帥軍，別將有異於此。兵事呼吸，不容先關督帥。且漢制棨戟即為斧鉞，於法不合罪〔棨有衣之戟也。〕。帝從躬議。又有兄弟共殺人者，而罪未有所歸。帝以兄不訓弟，故報兄重，而減弟死。中常侍孫章宣詔，誤言兩報重，尚書奏章矯制罪當腰斬，帝復召躬問之。躬對章應罰金。帝曰：章矯詔殺人，何謂罰金。躬曰：法令有故、誤，章傳命之謬，於事為誤，誤者其文則輕。帝曰：章與囚同縣，疑其故也。躬曰：周道如砥，其直如矢〔詩小雅也。如砥言平，如矢言直也。〕。君子不逆詐〔論語孔子之言。〕。君王法天刑，不可以委曲生意。帝曰：善。遷躬。三遷，元和三年，拜為廷尉。躬家世掌法，務在寬平。及典理官，決獄斷刑，多依矜恕，乃條諸重文可從輕者四十一事奏之，事皆施行，著于令。章和元年，赦天下繫囚在四月丙子以前減死罪一等，勿笞，詣金城，而文不及亡命未發覺者。躬上封事曰：聖恩

所以減死罪使戍邊者重人命也今死罪
亡命無慮萬人〈廣雅曰無慮都凡也〉又自赦以來捕得
甚衆而詔令不及皆當重論伏惟天恩莫
不蕩宥死罪已下並蒙更生而亡命捕得
獨不沾澤臣以為赦前犯死罪而繫在赦
後者可皆勿笞詣金城以全人命有益於
邊〈肅宗善之〉即下詔赦焉躬奏讞法科多
所生全永元六年卒官中子旺亦明法律
至南陽太守政有名迹弟子鎮〈賀音旺〉

鎮字桓鍾少修家業辟太尉府冊遷延光
中為尚書及中黃門孫程誅中常侍江京
等而立濟陰王鎮率羽林士擊殺衛尉閻
景以成大功事在官者傳冊遷尚書令太
傅三公奏鎮冒犯白刃手翪賊臣姦黨殄
滅宗廟以寧功比劉章〈諸齊王肥子如高帝孫呂有功封朱虛侯也〉
宜顯爵土以勵忠貞乃封鎮為定潁侯食
邑二千戶拜河南尹轉廷尉免永建四年
卒於家詔賜冢塋地長子賀當嗣爵譚嗣

小弟時而逃去積數年詔大鴻臚下州郡
追之賀不得已乃出受封累遷復至廷尉
及賀卒順帝追思鎮功下詔賜鎮謚曰昭
武廞賀曰成廞賀順帝弟禛亦以能法律至
尉鎮弟子禧〈許其反〉少明習家業兼好儒學有
名譽廞熹中亦為廷尉建寧二年代劉寵
為太尉禧子鴻至司隸校尉封城安鄉侯
郭氏自弘後數世皆傳法律子孫至公者
一人廷尉七人侯者三人刺史二千石侍〈章劉〉
中中郎將者二十餘人侍御史正監平者
甚衆順帝時廷尉河南吳雄季高以明法
律斷獄平起自孤官致位司徒雄〈小聯家〉
貧喪母營人所不封土者擇其中喪事
趣辦不問時日醫巫皆言當族滅而雄不
顧及子訢孫恭三世廷尉為法名家〈訢去〉
初肅宗時司隸校尉下邳趙興亦不邮
諱忌〈邮憂也〉每入官舍輒更繕修館宇移穿〈家之〉
改築故犯妖禁而家人爵祿益用豐熾官

至潁川太守子峻太傅以才器稱孫安世
魯相三葉皆爲司隸時稱其盛桓帝時汝
南有陳伯敬者行必矩步坐必端膝呵叱
狗馬終不言死目有所見不食其肉行路
聞凶便解駕留止還觸歸忌則寄宿鄉亭
滯不過舉孝廉後坐女壻亡吏太守邵夔（年老寢）

〔陰陽書歷法曰歸忌四孟在丑四仲在寅四季在辰其日不可遠行歸家及徙也〕

論曰曾子云上失其道民散久矣如得其（周磐）
怒而殺之時人罔忌禁者多談爲證焉（無）
情則哀矜而勿喜〔言人離散犯法乃自上之過當哀矜之也　勿以得情爲喜也見論語也〕
夫不喜於得情則恕心用恕
心用則可寄直矣夫賢人君子斷獄其
必主於此乎郭躬起自佐史小大之獄必
察焉雖不能察必以議物捨狀以貪情
勿喜者乎若乃推己以情原其平刑審斷庶於
〔孫彭孫章不死爲推己亡命……貪情也貪與探問也〕
法家之能慶延于
世蓋由此也

陳寵字昭公沛國浚人也〔浚縣名故城在今泗州虹縣西南浚〕

〔音戶交反〕

曾祖父咸哀間以律令爲尚書平
帝時王莽輔政多改漢制咸心非之及莽
因呂寬事誅不附己者何武鮑宣等〔時平王帝〕
〔莽輔政隔絕平帝外家不得輔……〕

咸乃歎曰易稱君子見幾而作不
俟終曰吾可以逝矣〔幾者事之微吉凶之先見者也逝往也〕
骸骨去職及莽篡位召咸以爲掌寇大夫〔毛伽〕
即乞
謝病不肯應時三子參豐欽皆在位乃悉
令解官父子相與歸鄉里閉門不出入猶
用漢家祖臘〔祖始也臘祭也歲終祭衆神之名……新故交接故曰臘用戌日也〕
人問其故咸曰我先人豈知王氏臘乎其
後莽復徵咸遂稱病篤於是乃收斂戒子孫
律令書文皆辟藏之咸性仁恕常戒子孫
曰爲人議法當依於輕雖有百金之利慎
無與人重比建武初欽子躬爲廷尉左監

【上欄】

早卒躬生寵明習冒家業少為州郡吏辟司
徒鮑昱府是時三府掾屬專尚交遊以不
肯視事為高寵常非之獨勤心物務數為
昱陳當世便宜昱高其能轉為辭曹掌天
下獄訟（續漢志曰三公掾屬二十四人有辭曹主訟事也）其所平決無
不厭服眾心時司徒辭訟久者數十年事
類溷錯易為輕重不良吏得生因緣（依附以）
以事類相從昱撰辭訟比七卷決事科條皆
（生也輕重）寵為昱撰辭訟比七卷決事科條皆
以事類相從昱撰辭訟比七卷（後公府奉以）
法三遷肅宗初為尚書是時承永平故事
吏政尚嚴切尚書決事率近於重寵以為
新即位宜㢮削世苛俗乃上疏曰臣聞先
王之政賞不僭刑不濫與其不得已寧僭
不濫（事見左傳）故唐堯著典皆災肆赦
尚書舜典之辭也（小字）周公作戒勿
誤庶獄（小字）伯夷
之典惟敬五刑以成三德（呂刑曰伯夷降典）由此言之聖賢之政以刑罰為
民憺刑惟勑五德（小字）
利以成三德

【下欄】

首往者斷獄嚴明所以威懲姦宄姦宄既
平必宜濟之以寬（濟益也）即位率由此義
數詔群僚弘崇晏晏（晏晏溫和也 尚書考靈曜曰堯聰明文塞晏晏）
而有司執事未悉奉承典刑用法猶尚深
刻斷獄者急於篣格酷烈之痛（篣即榜也古字通用聲類曰搒擊也說文曰搒掠也）
執憲者煩於詆欺放濫之文或
因公行私遷縱威福夫為政猶張琴瑟大
弦急者小弦絕故子貢非政孫子大弦（小字）
美鄭喬之仁政（臧孫魯大夫行政猶張琴瑟急則小弦）
政優優和也（小字 優優寬也）方今聖德充塞假于上下
（天地上下也）而避位終身不出見新序（詩云不剛不柔布
政優優百祿是遒）
籲楚以濟群生全廣至德以奉天心帝㢮
納寵言每事務於寬厚其後遂詔有司絕
鑽鑽諸慘酷之科（蒼頡篇曰鑽持也其炎反鑽音咨反）

地和同草木萌動東風解凍蟄蟲始振也三微成著以通三統者統

讀續利謂鑽去其髓骨也鑽音作喚反

解妖惡之禁除文致之

請讞五十餘事定著于令

是後人俗和平屢有嘉瑞漢舊事斷獄報

重常盡三冬之月　報論也重　是時帝始改

用冬初十月而巳元和二年旱長水校尉　死刑也

賈宗等上言以為斷獄不盡三冬故陰氣

微躬陽氣發泄招致災旱事在於此帝以

其言下公卿議寵奏曰夫冬至之節陽氣　易通卦驗

始萌故十一月有蘭射干芸荔之應

時令曰諸生蕩安形體也蕩動也　天以為十二月

月令仲冬一陽爻生草木皆欲萌動此鄉陽氣上通諸生皆動始萌也君子齋戒安形性也萬物微而未著天以為正而同以為歲首

日十一月廣莫風至則蘭夜干生月令仲冬日短至也芸始生荔挺出射音夜即令之烏扇也芸香草也荔馬薤也

陽氣上通雉雊雞乳地以為正朔以為歲首以為正月

仲冬一陽爻生諸生皆動雉雊雞乳也　十三月天子迎春東郊也

周以為春未著天以為正而同以為歲首也月令季冬雉雊雞乳始乳也

蟲始振人以為正夏以為春也

十三月陽氣巳至天地巳交萬物皆出蟄

牙也以為正朔以為歲首也月令孟春天氣下降地氣上騰天

郊陰陽交合萬物皆出於地人始初見故曰人以為歲首也月令孟春天氣下降地氣上騰地氣上騰天

正夏以為歲首也月令孟春天氣下降地氣上

微成著以通三統者統

風解凍蟄蟲始振也

地和同草木萌動東

時書地安萬物通也之各法其一以此正朔也易乾鑿度曰三微未著成

三月萬物始達其所為歲成

人正者氣色黑平旦為朝色尚黑以其色得加功展其紫度曰三微而成著

白也為色赤夜半為朔色尚赤以其色得加功展其色也

以天正為歲色故白以天正為歲色故白以其色尚白以其色黑平旦為

於地正為歲色故以地正為歲色尚黑平旦為朝色尚黑

人元以此時行刑則殺周歲首皆當流

周以天元殺以地元夏以

血不合人心不稽天意月令曰孟冬之月

趣獄刑無留罪　易通卦驗　十

故明大刑畢在立冬也又孟冬之月身欲

寧事欲靜若以行大刑不可謂靜議　月令仲冬君子齋戒身欲寧事欲靜以待陰陽之所定也若以降

威怒不可謂寧若以行大刑不可謂靜議

者咸曰旱之所由咎在政律臣以為斷

斷獄不以三微而化致康平無有災害自

元和以前皆用三冬而水旱之異往往

患由此言之災害自為它應不以改律為

為虐政四時行刑聖漢初興改從簡易蕭

何草律季秋論囚俱避立春之月　造之謂創

論決而不計天地之正二王之春實顏有
違言蕭何不論天地之正
又郡周之春實垂正道陛下探幽析微允
執其中允信也中正之道語見尚書
中正也言立功可以承一革百載之失建
三正不用月書王所以通三統也二月三月皆有王者二月
永年之功上有迎承之敬下有
奉微之惠　承天意奉順三正也微言斷獄貺者
當月令之意　何休注云春秋於春每月書王不用斷獄
殷正月也　夏正月也
聖功美業不宜中疑書奏帝納
之遂不復改寵性周密常稱人臣之義苦
不畏慎自在樞機謝遣門人拒絕知友唯
在公家而已朝廷器之　器重也
竇憲　皇后弟侍中
賢案竇后紀及憲傳並云憲兄今諸本皆言弟蓋誤也
張林爲尚書帝以問寵寵對林雖有才能
而素行貪濁憲以此深恨寵林卒被用而
以臧汙抵罪及帝崩憲等秉權常銜寵乃
白太后令典喪事因過中之議門侍郎
鮑德素敬寵說憲弟夏陽侯瓌曰陳寵奉
事先帝深見納任故久留臺閣實賜有殊
今不蒙忠能之賞而計幾微之故　幾微細言也

誠傷輔政容貸之德瓌亦好士深然之故
得出爲太山太守後轉廣漢太守西州豪
右并兼吏多姦貪訴訟日百數寵到顯用
良吏王渙鐔顯等以爲腹心　鐔言徒訟者
南洛縣名故城在今益州鐔
日減郡中清肅先是洛縣城南
縣南也
時此下多死亡者而骸骨不得葬儻在於
年寵聞而疑其故使吏案行還言世衰亂
每陰雨常有哭聲聞於府中積年十
是寵愴然矜歎即勅縣盡收斂葬之自是
哭聲遂絕及竇憲爲大將軍征匈奴公卿
以下及郡國無不遺吏子弟奉獻遺者而
寵與中山相汝南張郴
光武子中山王焉相也
應順　守正不阿後和帝聞之
東平王蒼孫
擢寵爲大司農郴太僕順左馮翊永元六
年寵代郭躬爲廷尉性仁矜及爲理官數
議疑獄常親自爲奏每附經典務從寬恕
帝輒從之濟活者甚衆其後寵爲三公刻敏
少衰寵又鉤校律令條法溢於甫刑者除

之鈎楗動也前書曰鈎校得其姦賊鈎音工候反
也此出孔安國注尚書曰呂矣後爲甫矣故稱甫
刑也鄭立注云禮篇多亡本數
未聞其中事儀有三千也
五刑之屬三千禮之所 去禮之所以 故甫刑大辟二百
加之故失禮則入刑相爲表裏者也今律令 耐者輕 刑之名
死刑六百一十耐罪千六百九十八 溢於甫刑
贖罪以下二十六百八十一
者千九百八十九其四百一十大辟千五 十三
百耐罪七十九贖罪春秋保乾圖曰王者
三百年一彈 法漢興以來三百二年憲令 後漢傳三十六 林注
稍增科條無限又律有三家其說各異宜
令三公廷尉平定律令應經合義者可使
大辟二百而耐罪贖罪二千八百并爲三
千悉刪除其餘令與禮相應以易萬人視
聽以致刑措之美傳之無窮未及施行會
坐詔獄吏與囚交通抵罪詔特免刑拜爲
尚書遷大鴻臚寵歷二郡三卿所在有迹
見稱當時十六年代徐防爲司空寵雖傳

法律而兼通經書奏議溫粹號爲任職相
在位三年薨以太常南陽尹勤代爲司空
勤字叔梁篤性好學屏居人外荊棘生門
時人重其節後以定策立安帝封福亭矣
五百戶永初元年以兩水傷稼策免就國
病卒無子國除寵子忠
忠字伯始永初中辟司徒府三遷廷尉正 正廷尉屬官也 秩六千石也
明習法律宜備機密於是擢拜尚書使居 後漢傳三十六 十四
三公曹 成帝置五尚書三公 忠自以世典刑 林注
法用心務在寬詳初父寵在廷尉及寵免後遂
法溢於甫刑者未施行上 及寵上除漢
寢而苛法稍繁人不堪之忠略依寵意奏
上二十三條爲決事比 此例也以省請讞之
敞又上除蠶室刑 蠶室官刑名也或云椓刑也
錮狂易殺人得減重論 狂易謂在 母子兄
弟相代死聽赦所代者事皆施行及鄧太

后崩安帝始親朝事忠以爲臨政之初宜
徵聘賢才以宣助風化數上薦隱逸及直
道之士馮良周燮杜根成翊世之徒於是
公車禮聘良燮等後連有災異詔舉有道
公卿百僚各上封事忠以詔書既開諫爭
慮言事者必多激切或致不能容乃上疏
豫通廣帝意曰臣聞仁君廣山藪之大納

《後漢傳三十六》 十五

切直之謀瑾瑜匿瑕國君含垢天之道也忠臣

盡塞言諤之節不畏逆耳之害 史記曰趙簡子好直 有臣周舍

是以高祖舍周昌桀紂之譬爲御
史大夫嘗燕入奏事高帝方擁戚姬昌走出高帝逐
得騎項昌問曰我何如主也昌仰曰陛下爲桀紂之主
也上笑之

孝文嘉爰盎人豕之譏與

武帝爲館陶公主私人董偃置酒宣室

宣室之正 東方朔爲館陶公主太中大夫諫曰不可夫宣室

自刎之切 元帝容薛廣德

大夫薛廣德當車免冠謝曰宜從橋詔

曰大夫冠廣德陛下不聽臣自刎以血汙車輪帝乃從橋曰昔晉平公問於
叔向曰國家之患孰爲大對曰大臣重祿
不極諫小臣畏罪不敢言下情不上通此
惠之大者公曰善於是下令曰吾欲進善
有謁而不通者罪至死 此新序曰宋景公時熒惑守心公懼而問諸子韋曰可移於

高宗之德 史記曰宋景公之時熒惑在心 今明詔崇

景公之誠 史記曰宋景公時熒惑在心請禱之大臣與歲公皆不聽天感其 推宋
誠熒惑爲之退三舍也

引咎克躬諮訪臺吏言事者見
杜根成翊世等新蒙表錄列二臺 謂杜根爲
侍御史成翊世爲尚書郎也 《後漢傳三十六》 十六

謀異策宜輒納用如其管穴妄有譏刺
言小也史記扁鵲若以管窺天以郄視文陳即先此也 雖苦口逆耳不得
事實且優游寬容以示聖朝無諱之美若
有道之士對問高者宜垂省覽特遷一等
以廣直言之路書御有詔拜有道高第士
沛國施延爲侍中延後位至太尉 謝承書曰延字君子
有道者斬縣人老周流備貫常避地於蘆江臨角種瓜父以養其母後
家貧老母年五經星官風角數作半路亭父以養其母
後時吳會未分山陰爲督郵到縣延持節往數

知其賢者下車謝候入亭請與飲食脫衣與之飲餞不受順帝徵拜太尉七十六薨　常侍
江京李閏等皆為列侯共秉權任帝又愛
信阿母王聖封為野王君忠內懷懼憲而
未敢陳諫乃作搢紳先生論以諷文多故
不載　搢捕也見紳　自帝即位以後頻遭元二之
（元二解見上）
相飾匿莫肯糾發匿相文飾隱　百姓流亡盜賊並起郡縣更
上疏曰臣聞輕者重之端小者大之源故
隄潰蟻孔氣洩鍼芒（韓子曰千丈之堤以螻蟻之穴而潰黃帝素問曰針）之
是以明者慎微智者識幾書曰
小不可不殺罪……詩云無縱詭
隨以謹無良……
蓋所以崇本絕末鉤深之慮也臣竊見元
年以來盜賊連發攻其劫掠多所傷殺夫
穿窬不禁則致彊盜彊盜
故亡逃之科憲令所急至於通行飲食為
致大辟（通行飲食猶今律云過致資給與同罪也飲音壞食音寺）而頃者以

來莫以為憂州郡督錄怠慢長吏防禦不
蕭皆欲採獲虛名諱以盜賊為負雖有發
覺不務清澄至有逶威濫怒無辜僵仆或
有蹋蹄比伍轉相賦斂（說文曰蹋……）
或隨吏追赴周章道路是以盜發之家不
敢申告鄰舍比里共相壓迫
財以償所亡其大章著不可掩者乃肯發
露陵遲之漸遂且成俗盜賊誅咎皆由於
此（寇盜竊也尚書曰無敢寇攘也）前年勃海張伯路可為
至戒覆車之軌其迹不逮蓋失之末流求
之本源宜糺增舊科以防來事自今彊盜
為上官若它郡縣所糺覺一發部吏皆正
法上官謂郡府也若及也部吏正法依法也
長三月奉贖罪二發尉免官令長貶秩一
等三發以上令長免官便可撰立科條處
為詔文切勑刺史嚴加糺罰異以猛濟寬（前書音義）
驚懼姦宄頃季夏大暑而消息不協
其餘雜卦日少陰少陽也（曰息卦曰太陽消卦曰太陰）寒氣錯時水涌為

夔天之降異必有其故所舉有道之士可
策問國典所務王事過差令處燠氣不效
之意庶有讜言以承天誡元初三年有詔
大臣得行三年喪服闕還職忠因此上言
之宜皇帝舊令人從軍屯及給事縣官者
父母死未滿三月皆勿徭令得葬送請
依此制太后從之至建光中尚書令祝諷
禮之制　尚書孟布等奏以為孝文皇帝定約
皇帝絕告寧之典
事忠上疏曰臣聞之孝經始於愛親故
哀戚上自天子下至庶人算甲貴賤其義
年乃免於懷抱先聖緣人情而著其節制
服二十五月是以春秋臣有大喪君三年
不呼其門閭子雖要經服事以起公難退

而致位以究私恩故稱君使之非也臣行
之禮也閔子騫孔子弟子也遭喪君使之從軍役
乃要經而服以從軍役事了退家致位之雖非臣之從君命有禮也周
室陵遲禮制不序蓻蓻之人作詩自傷曰
瓶之罄矣惟罍之恥也
命蕭何創制大臣有寧告之
已不得終章子道者亦上之恥也高祖受
之義　論語曾子曰吾聞夫子之言人未有自致者也必也親喪乎
承大亂凡諸國政多趣簡易大臣既不得
告寧而羣司營祿念私鮮循三年之喪以
報顧復之恩敝而先王之制稍以陵損故
之興雖承衰敝而先王之制稍以施行故
藉田之耕起於孝文
廉之貢發於孝武
禮定於元成
備於顯宗　大臣終喪成

平陛下（謂安帝詔大臣得行三年喪也）聖功美業靡以尚茲

孟子有言老吾老以及人之

及人之幼天下可運於掌（人之幼有勸愛之心則天下轉順之也運掌言易也）

以甘陵之思揆度臣子之心則海內咸得（甘陵安帝母陵號也清河故言北望也臣願陛下登高北望之老愛吾幼亦愛人）

忠奏而從諷布議遂著于令以久次轉（不便之音寢得）

為僕射時帝數遣黃門常侍及中使伯榮

往來甘陵（伯榮帝乳母王聖女也）而伯榮負寵驕蹇所

經郡國莫不迎為禮謁又霖雨積時河水

涌溢百姓騷動忠上疏曰臣聞位非其人

則庶事不叙庶事不叙則政有得失政有

得失則感動陰陽妖孽為應陛下每引災（九反詩　狃音女九反）

自厚不責臣司狃恩莫以為負（青異之）

並屢臻（被恩賞無御注云災變為臣負也言屢）故天心未得隔

曰將叔無御注云蝗蟲水旱不節也尚書曰一極云凶并音必反

域淫雨漏河（漏溢）徐沇之濱海水盆溢究豫

蝗蝥滋生（蝝蠡也）于也荊楊稻收儉薄并涼二州

羌戎叛戾加以百姓不足府帑虛匱自西

祖東杼柚將空（杼柚謂機也小雅大東詩臣聞）

洪範五事一曰貌貌以恭恭作肅貌傷則（洪範五行傳辭曰小東大東杼柚其空也）

狂而致常雨行傳辭春秋大水皆為君上

威儀不穆臨蒞不能禁故為淫雨陛下以不

陰氣盛彊陽不能禁故為淫雨陛下以（致親奉孝德皇園廟孝德皇安帝父清河王慶也）

得親奉孝德皇園廟比遣中使

使致敬甘陵朱軒軿馬相望道路可謂孝

至矣（朱軒車使者所乘軿並也）然臣竊聞使者所過威

權翕赫震動郡縣王侯二千石至為伯榮

獨拜車下儀體上僭於人主長吏惶怖

譴責或邪諂自媚發人修道繕理亭傳多

設儲時徵役無度（儲積也時具也）

萬計賂遺僕從人數百匹頓踣呼嗟莫不

叩心河間託叔父之屬（河間王開安帝叔也清河有）

陵廟之尊（清河王延平陵廟所在故曰尊）及剖符大臣皆

猥為伯榮屈節車下不問必以陛下

欲其然也伯榮之威重於陛下陛下之柄

在於臣妾水災之發必起於此昔韓嫣託
副車之乘受馳視之使江都誤為一拜而
嫣受歐刀之誅　韓嫣字高庭之孫上林中先使嫣乘副
車從數十百騎馳驅視獸江都王望見以為天子伏謁道旁嫣驅不見王恕為皇太后泣言太后賜嫣死也姦乾元也
剛之位　天元猶乾元也易曰大哉乾元也
職事巨細皆任賢
能不宜復令女使干錯萬機重察左右得
無石顯泄漏之姦　石顯字君房少時坐法腐刑為中書令用事以政事公卿畏之重足一迹顯恐天子一旦納左右言為己後害乃因顯泣曰陛下過私小臣屬任以事舉下無不嫉妬欲陷害之唯明主能知之以為然而憐之
請詔開門上許之一迹顯故投夜還詔開宮門天子聞之大笑顯承哀帝恩下博獄自殺也
言為驗上嘗使至諸宮徹發先白上恐漏盡宮門閉
得無趙昌譖崇之詐　鄭崇哀帝時為尚書僕射數諫爭帝不許尚書令趙昌譖崇下獄死也
博阿傅之援　大司馬傅喜為丞相承哀帝恕下博獄自殺也
有姦上怒下崇獄死獄中也　公卿大臣得無朱
外屬近戚得無王鳳害商之謀　成帝男王鳳為大將軍專權驕慢王商為丞相鳳陰求商短使人上書告商閨門內事商坐免王商宣帝舅樂昌侯王武之子非成帝舅也
若國政一由帝命王事每決
於己則下不得偏上臣不得干君常兩大

水必當齊止　止霖亦止也四方眾異不能為害書
奏不省時三府任輕機事專委尚書而災
眚變咎輒切免公台也忠以為非國舊體
上疏諫曰臣聞君使臣以禮臣事君以忠　切責以忠
論語孔子對魯定公之辭也　故三公稱曰家宰王者待以漢舊儀云皇帝見丞相起丞相謁者贊稱曰皇帝為丞相起立乃皇帝在道丞相迎謁者贊稱曰皇帝為丞相下輿立乃皇帝立乃外車入則
殊乖在輿為下御坐為起
參對而議政事出則監察而董是非也
漢典舊事丞相所請靡有不聽今之三公
雖當其名而無其實選舉誅賞一由尚書
尚書見任重於三公陵遲以來其漸久矣
臣忠心常獨不安是故臨事戰懼不敢宂
見有所興造宂見言不廣也　又不敢希意同僚以
謬平典而謗讟日聞罪足萬死近以地震
策免司空陳襃　襃字伯仁廬江人也今者災異復欲
切讓三公昔孝成皇帝以妖星守心移咎
丞相使貴麗納說方進方進自引卒不蒙
上天之福　翟方進曰唯君矣盡節轉凶方進憂

知所出有郎貢麗善為星言大臣宜當之上乃召見肥進賜養牛上尊酒令審處為方進即日自殺貢音白解見前文言景公不然故曰徒也故知是非之分較然有歸矣又尚書決事多違故典罪法無例詆欺為先文慘言醜有乖章憲宜責求其意割而勿聽上順國誠國家之典萬世之法典下防威福置方負於規矩審輕重於衡也忠意常在襄崇大臣待下以禮其九卿有疾使者臨問加賜錢布皆忠所建奏頃之遷尚書令延光三年拜司隸校尉糾正

〔後漢傳三十六〕　二十五　李郃

中官外戚賓客近倖憚之不欲忠在內明年出為江夏太守復留拜尚書令會疾卒初太尉張禹司徒徐防欲與忠父寵共奏追封和熹皇后父護羌校尉鄧訓寵以先世無奏請故事爭之連日不能奪乃從二府議及訓追加封謚禹防復約寵俱遣子奉禮及於虎賁中郎將鄧隲寵不從隲心不平之故忠不得志于鄧氏及隲等敗眾庶

多怨之而忠數上疏陷成其惡遂詆劾大司農朱寵順帝之為太子廢也諸名臣來歷祝諷等守闕固爭時忠為尚書令與諸尚書復共劾奏之及帝立司隸校尉虞詡追奏忠等罪過當世以此譏焉

論曰陳公居理官則議獄緩死相平則正不憚寵可謂有宰相之器矣忠能承風亦庶乎明愼用刑而不留獄然其聽狂易殺人開父子兄弟相代死斯大謬矣是則不善人多幸而善人常代其禍進退無

〔後漢傳三十六〕　二十六　王忳

所措也

贊曰陳郃主刑人賴其平寵孫柏齒躬斷程品式也謂彊盜發以情忠用詳密損益有程縣令長各有科信故曰施于孫子且公且卿施延也音羊豉反

後漢書列傳卷第三十六

班超　子勇　梁慬

唐章懷太子賢注

〔後漢傳三十七〕

班超字仲升扶風平陵人徐令彪之少子
也為人有大志不修細節然內孝謹居家
常執勤苦不恥勞辱有口辯而涉獵書傳
〔涉如涉水獵如獵獸言不能周悉粗窺覽
之也東觀記曰超持公羊春秋多所窺覽〕
永平五
年兄固被召詣校書郎〔校書郎解音見班固傳〕超與母隨
至洛陽家貧常為官傭書以供養久勞苦
嘗輟業投筆歎曰大丈夫無它志略猶當
效傅介子張騫立功異域以取封侯安能
久事筆研閒乎〔傅介子比地人昭帝時使西域
刺殺樓蘭王封義陽侯張騫漢
中人武帝時鑿空開西域封博望侯續漢書作
父并筆研書作筆耕平研音硯〕
右皆笑之超曰小子安知壯士志哉其後
行詣相者曰祭酒布衣諸生耳〔先祭酒今稱
一坐所尊則
祭酒相尊
敬之詞也〕而當封侯萬里之外超問其狀
相者指曰生燕頷虎頸飛而食肉此萬里
侯相也久之顯宗問固卿弟安在固對曰

官寫書受直以養老母帝乃除超為蘭臺
令史〔續漢志曰蘭臺令史六人秩
百石掌書劾奏及印工文書〕後坐事免官
十六年奉車都尉竇固出擊匈奴以超為
假司馬將兵別擊伊吾戰於蒲類海多斬
首虜而還〔伊吾匈奴中地名在今伊州納職縣界
也蒲類海名在敦煌
之北帝元鳳四年改
到鄯善鄯善王廣奉超禮敬甚備後忽更疏
懈超謂其官屬曰寧覺廣禮意薄乎此必
有北虜使來狐疑未知所從故也明者睹
未萌況已著邪乃召侍胡詐之曰匈奴使
來數日今安在乎侍胡惶恐具服其狀超
乃閉侍胡悉會其吏士三十六人與共飲
酒酣因激怒之曰卿曹與我俱在絕域欲
立大功以求富貴今虜使到裁數日〔裁
也〕
而王廣禮敬即廢如令鄯善收吾屬送匈
奴骸骨長為豺狼食矣為之柰何官屬皆
曰今在危亡之地死生從司馬超曰不入

虎穴不得虎子當今之計獨有因夜以火攻虜使彼不知我多少必大震怖可殄盡也滅此虜則鄯善破膽功成事立矣衆曰當與從事議之超怒曰吉凶決於今日從事文俗吏聞此必恐而謀泄死無所名非壯士也衆曰善初夜遂將吏士往奔虜營會天大風超令十人持鼓藏虜舍後約曰見火然皆當鳴鼓大呼餘人悉持兵弩夾門而伏超乃順風縱火前後鼓噪虜衆驚亂超手格殺三人吏兵斬其使及從士十餘級餘衆百許人悉燒死

郭恂

（東觀記曰斬得匈奴節使屋賴帶副使比離支首及節也）

明日乃還告郭恂恂大驚既而色動超知其意舉手曰掾雖不行班超何心獨擅之乎恂乃悅超於是召鄯善王廣以虜使首示之一國震怖超曉告撫慰遂納子為質還奏於竇固大喜具上超功效幷求更選使使西域帝壯超節詔固曰吏如班超何故不遣而更選乎今以超為

軍司馬令遂前功超復受使固欲益其兵超曰願將本所從三十餘人足矣如有不虞多益為累是時于寘王廣德新攻破莎車遂雄張南道

（于寘國居延城去長安九千六百里南與婼羌東與姑墨接莎車為南道⋯）

使監護其國超既西先至于寘廣德禮意甚疏且其俗信巫巫言神怒何故欲向漢漢使有騧馬急求取以祠我廣德乃遣使就超請馬

（續漢及華嶠書騧字並作騩 說文馬淺黑色也音京媚反）

其狀報許之而令巫自來取馬有頃巫至超即斬其首以送廣德因辭讓之廣德素聞超在鄯善誅滅虜使大惶恐即攻殺匈奴使者而降超超重賜其王以下因鎮撫焉時龜茲王建為匈奴所立倚恃虜威據有北道攻破疏勒殺其王

（龜茲國居延城去長安七千四百八十里南與精絶東與且末北與烏孫西與姑墨接⋯ 疏勒國居疏勒城去長安九千三百五十里⋯）

也

而立龜茲人兜題爲疏勒王明年春超從間道至疏勒去兜題所居槃橐城九十里逆遣吏田慮先往降之勑慮曰兜題本非疏勒種國人必不用命若不即降便可執之慮既到兜題見慮輕弱殊無降意慮因其無備遂前劫縛兜題左右出其不意皆驚懼奔走慮馳報超超即赴之悉召疏勒將吏說以龜茲無道之狀因立其故王兄子忠爲王（續漢書曰求得故王兄子疏勒立之更名曰忠也）國人大悅忠及官屬皆請殺兜題超不聽欲示以威信釋而遣之疏勒由是與龜茲結怨

【後漢傳三十七】

十八年帝崩焉者以中國大喪（爲者國居貞渠城去）援而龜茲姑墨數發兵攻疏勒（姑墨城居南城國去）超孤立無援（長安七千三百里北與烏孫接）守歲餘肅宗初即位以陳睦新沒（長安八千一百五十里）恐超單危不能自立下詔徵超發還疏勒舉國憂恐其都尉黎弇曰漢使弃我

必復爲龜茲所滅耳誠不忍見漢使去因以刀自剄超還至于寘王侯以下皆號泣曰依漢使如父母誠不可去互抱超馬脚不得行超使更恐于寘終不聽其東又欲復志乃更還疏勒疏勒兩城自超去後復降龜茲而與尉頭連兵（尉頭國居尉頭谷去長安八千六百五十里南與疏勒接長服烏孫業）超捕斬反者擊破尉頭殺六百餘人疏勒復安

【後漢傳三十七】

建初三年超率疏勒康居于寘拘彌兵一萬人攻姑墨石城破之（康居國去長安萬二千三百里不屬都護也）斬首七百級超欲因此回平諸國遂乃上疏請兵曰臣竊見先帝欲開西域故北擊匈奴西使外國鄯善于實即時向化今拘彌莎車疏勒月氏烏孫康居復願歸附欲共并力破滅龜茲平通漢道若得龜茲則西域未服者百分之一耳臣伏自惟念辛伍小吏實願從谷吉效（谷吉長安人也元帝時爲衛司馬使送郅支單于侍子爲郅支所殺張騫武帝時爲郎使月氏爲匈奴所閉留之十餘歲乃亡走）命絕域庶幾張騫弃身曠野

大宛窮急即射鳥獸給食昔魏絳列國大夫尚能和輯諸
戎納虎豹之皮請和諸戎公悦使魏絳盟諸戎事見
左傳輯亦和也
之用乎　賈誼曰莫邪為鈍鉛刀為銛武帝時立五屬國起朔方
伐朝鮮起樂浪以斷匈奴之左臂西伐大宛結烏孫裂匈奴之右臂
南面以西為右也　況臣奉大漢之威而無鉛刀一割
前世議
者皆曰取三十六國號為斷匈奴右臂
大小欣欣貢奉不絕唯焉耆
西域諸國自日之所入莫不向化
西域傳曰自慄支國乘水
西行可百餘日
近行可所入也
龜茲獨未服從臣前與官屬三十六人奉
使絕域備遭艱厄自孤守疏勒於今五載
胡夷情數臣頗識之問其城郭小大皆言
倚漢與依天等以是效之則葱領可通　猶效
山其上多葱因以為名
宜拜龜茲侍子白霸為其國王以步騎數
百送之與諸國連兵歲月之間龜茲可禽
以夷狄攻夷狄計之善者也　前書朝錯曰以
蠻夷攻蠻夷中國
利之
臣見莎車疏勒田地肥廣草牧饒衍

不比敦煌鄯善間也　敦煌今涼州縣　兵可不費中
國而糧食自足且姑墨溫宿二王特為龜
茲所置　溫宿國王居溫宿城去長安八千三百五十里也　既非其種
更相厭苦其勢必有降反若二國來降則
龜茲自破願下臣章參考行事誠有萬分
死復何恨臣超區區特蒙神靈竊冀未便
僵仆目見西域平定陛下舉萬年之觴　反行飲王舍爵策勳焉
布大喜於天下　後漢傳三十七
蹄彼公堂稱彼兕觥萬壽無疆前書
薦勳祖廟　王制曰勳勞也左氏傳曰銘其勳焉
帝知其功可成議欲給兵平陵人徐幹素
與超同志上疏願奮身佐超　五年遂以幹
為假司馬將弛刑及義從千人就超　先是
莎車以為漢兵不出遂降於龜茲而疏勒
都尉番辰　番音潘下同也　亦復反叛會徐幹適至
超遂與幹擊番辰大破之斬首千餘級多
獲生口超既破番辰欲進攻龜茲以烏孫
兵彊宜因其力乃上言烏孫大國控弦十
萬故武帝妻以公主　烏孫國居赤谷城去長安八千九百里武帝元封中

與共合力帝納之八年拜超爲將兵長史假鼓吹幢麾〔將兵長史解見和帝紀。假，給也。鉦鼓，古樂。幢麾所以爲旌幢麾也。橫吹，古今樂錄曰：橫吹，胡樂也。張騫入西域，傳其法於長安，唯得摩訶兜勒一曲。李延年因胡曲更造新聲二十八解，乘輿以爲武樂。後漢以給邊將入塞，和帝時萬人將軍得用之。其在俗者有黃覃子、赤之楊、望行人十曲〕司馬別遣衛候李邑護送烏孫使者賜大小昆彌以下錦帛〔昆彌烏孫國王先號昆莫後書昆彌莫取昆字屬彌聲相近音有輕重耳昆莫就屠爲大昆彌莫飲死後小昆彌賜印漢令立元貴靡爲大昆彌爰故有大小昆彌之號焉〕李邑始到于寘而值龜茲攻疏勒恐懼不敢前因上書陳西域之功不可成又盛毀超擁愛妻抱愛子安樂外國無內顧心超聞之歎曰身非曾參而有三至之讒恐見疑於當時矣〔寇榮傳三至解見〕遂去其妻

以江都王建女細君爲公主以妻烏孫贈送甚盛烏孫以爲右夫人卒得其用匈奴連發大兵侵擊烏孫烏孫公主上書言願發國半精兵以救公主漢大發十五萬騎盡力擊匈奴天子出五將軍分道並出烏孫以五萬餘騎從西方入至右谷蠡王庭獲四萬餘級馬牛羊七十餘萬〔宣帝即位……今可遣使招慰〕至孝宣皇帝

帝知超乃切責邑曰縱超擁愛妻抱愛子思歸之士千餘人何能盡與超同心乎令邑詣超超受節度詔超若邑任在外者便留與從事超即遣邑將烏孫侍子還京師徐幹謂超曰邑前親毀君欲敗西域今何不緣詔書留之更遣它吏送侍子乎超曰是何言之陋也以邑毀超故今遣之內省不疚何恤人言〔疚，病也。邺，憂也。論語孔子曰：內省不疚，夫何憂何懼。左氏傳曰：詩云禮義不愆，何恤人之言。人之言，詩謂逸詩也〕快意留之非忠臣也明年復遣假司馬和恭等四人將兵八百詣超超因發疏勒于寘兵擊莎車莎車陰通使疏勒王忠啗以重利〔啗以利，啗誘之也，音徒濫反。前書曰：高祖令陸賈往說秦將，啗以利。啗與啖同〕超乃更立其府丞成大爲疏勒王悉發其不反者以攻忠積半歲而康居遣精兵救之超不能下是時月氏新與康居婚相親超乃使使多齎錦帛遺月氏王令曉示康居王康居王乃罷兵執忠以歸其國烏即

〔後漢書三十七〕

城遂降於超後三年忠說康居王借兵還
據損中（損中朱詳東觀記作頓中續漢及華嶠書並作損中本或作植未知孰是也）
密與龜茲謀遣使詐降於超超內知其姦
而外偽許之忠大喜即從輕騎詣超超密
勒兵待之為供張設樂（供音居用反 張音竹亮反 酒行）
乃叱吏縛斬之因擊破其眾殺七百餘
人南道於是遂通明年超發于寘諸國兵
二萬五千人復擊莎車而龜茲王遣左將
軍發溫宿姑墨尉頭合五萬人救之超召
將校及于寘王議曰今兵少不敵其計莫
若各散去于寘從是而東長史亦於此西
歸可須夜鼓聲而發陰緩所得生口龜茲
王聞之大喜自以萬騎於西界遮超溫宿
王將八千騎於東界徼于寘超知二虜已
出密召諸部勒兵雞鳴馳赴莎車營胡大
驚亂奔走追斬五千餘級大獲其馬畜財
物莎車遂降龜茲等因各退散自是威震
西域初月氏嘗助漢擊車師有功是歲貢

本案

奉珍寶符拔師子（續漢書曰符拔似麟而無角 形似麟而無角）因求漢公
主超拒還其使由是怨恨永元二年月氏
遣其副王謝將兵七萬攻超超眾少皆大
恐超譬軍士曰月氏兵雖多然數千里踰
葱領來非有運輸何足憂但當收穀堅
守彼飢窮自降不過數十日決矣謝遂前
攻超不下又鈔掠無所得超度其糧將盡
必從龜茲求救乃遣兵數百於東界要之
謝果遣騎齎金銀珠玉以賂龜茲超伏兵
遮擊盡殺之持其使首以示謝謝大驚即
遣使請罪願得生歸超縱遣之月氏由是
大震歲奉貢獻明年龜茲姑墨溫宿皆降
乃以超為都護徐幹為長史拜白霸為龜
茲王遣司馬姚光送之超與光共脅龜茲
廢其王尤利多而立白霸使光將尤利多
還詣京師超居龜茲它乾城徐幹屯疏勒
西域唯焉耆危須尉犁以前沒都護懷二
心其餘悉定六年秋超遂發龜茲鄯善等

陳澔

八國兵合七萬人及吏士賈客千四百人
討焉耆兵到尉犁界而遣曉說焉耆尉犁
危須曰都護來者欲鎮撫三國即欲改過
向善宜遣大人來迎當賞賜王綵五百匹焉耆王
廣遣其左將北鞬支奉牛酒迎超鞬音九
廣詰鞬支曰汝雖匈奴侍子而秉國之
權都護自來王不以時迎皆汝罪也或謂
超可便殺之超曰非汝所及此人權重亦
王今未入其國而殺之遂令自疑設備守
險豈得到其城下哉於是賜而遣之廣乃
與大人迎超於尉犁奉珍物焉耆有
葦橋之險廣乃絕橋不欲令漢軍入超
更從它道厲度 以下為屬由滕以上為揭見爾雅也
到焉耆去城二十里正營大澤中廣出不 七月晦
意大恐乃欲悉驅其人共入山保焉耆左 陳頗
侯元孟先嘗質京師密遣使以事告超
即斬之示不信用乃期大會諸國王因揚

聲當重加賞賜於是焉耆王廣尉犁王汎
及北鞬支等三十人相率詣超其國相腹
久等十七人懼誅皆亡入海或為七十字本
須王亦不至坐定超怒詰廣曰危須王何
故不到腹久等所緣逃亡遂叱吏士收廣
汎等於陳睦故城斬之傳首京師因縱兵
鈔掠斬首五千餘級獲生口萬五千人馬
畜牛羊三十餘萬頭更立元孟為焉耆王
超留焉耆半歲慰撫之於是西域五十餘
國悉皆納質內屬焉明年下詔曰往者匈 毛㑊
奴獨擅西域寇盜河西永平之末城門晝
閉先帝深念邊萌羅寇害乃命將帥擊
右地破白山臨蒲類取車師城 頹海百里郭義恭廣志曰西域有白山通歲有雪亦名雪山破白山見明紀也
郭諸國震慴響應遂開西域置都護而焉 西河舊事曰白山之中有好木鉤奴謂之天山去蒲類海百里
耆王舜舜子忠獨謀逆悖其險隘覆沒
都護并及吏士先帝重元元之命憚兵役
之興故使軍司馬班超安集于寘以西超

遂踰葱領迄縣度

以近至也縣度山名縣音立謂友山國以西別也賓國之東也其處在

立其王而綏其人不動中國不煩戎士得
出入二十二年莫不賓從改

以報將士之餽 繒帛除也 遠夷之和同異俗之心而致天誅讁宿恥

月欲人速覩為善之利也 司馬法曰賞不踰
矦邑千戶 東觀記曰其以漢中郡南鄭之西鄉戶千封超為定遠矦故城在今洋州西鄉

疏曰臣聞太公封齊五世葬周狐死首丘
超自以久在絕域年老思土十二年上

代馬依風 禮記曰太公封於營丘比及五世皆反葬於周君子曰狐死正丘首仁也及五世皆反葬於周鄭玄注曰代馬依北風

夫周齊同在中土千里之間況於

夷之俗畏壯侮老 肥饒前書曰匈奴其俗自生體不忘本古之人有言曰狐死正丘正丘首也鄭此韓詩外傳曰代馬依北風飛鳥揚故巢也食其餘貴壯健賤老

臣超犬馬齒臷常恐年衰奄忽僵仆 老耄也

孤魂弃捐昔蘇武留匈奴中尚十九年今

臣幸得奉節帶金銀護西域 印紫綬謂印也金印青

如自以壽終屯部誠無所恨然恐後世 也殿

【後漢傳三十七 十五 林仁】

或名臣為没西域臣不敢望到酒泉郡但

願生入玉門關 玉門關屬敦煌郡今沙州也去長安三千六百里開在敦煌縣

言謹遣子勇隨獻物入塞 東觀記曰時安息遣使獻大爵師子勇超子也

安二千八百五十里也

臣老病衰困冒死瞽

西域都護定遠矦超幸得以微功特蒙重

同郡曹壽妻昭亦上書請超曰妾同產兄

賞爵列通矦位二千石天恩殊絕誠非小 超遣子勇及臣生在令勇目見中土而超子

臣所當被蒙超之始出志捐軀命奠立微

功以自陳效會陳睦之變道路隔絕超以

一身轉側絕域曉譬諸國因其兵衆每有

攻戰輒為先登身被金夷 夷傷也 不避死亡

賴蒙陛下神靈且得延命沙漠至今積三

十年骨肉生離不復相識所與相隨時人

士衆皆已物故超年最長今且七十衰老

被病頭髮無黑兩手不仁 不仁猶不遂耳目不聰

明扶杖乃能行雖欲竭盡其力以報塞天

恩迫於歲暮大馬齒索蠻夷之性悖逆侮

【後漢傳三十七 十六 林慶】

也殿

老而旦暮入地，久不見代，恐開姦宄之源，生逆亂之心，而卿大夫咸懷一切，莫肯遠慮，如有卒暴，超之氣力不能從心，便為上損國家累世之功，下弃忠臣竭力之用，誠可痛也。故超萬里歸誠，自陳苦急，延頸踰望，三年於今，未蒙省錄。

（踰遙也高祖踰謂布曰何苦而反也）

妾竊聞古者十五受兵，六十還之，

（夫周禮鄉大夫職曰國大役興周禮國中同即一與同禮七尺國中六十免於役　征謂賦稅從征役也韓詩外傳曰中七尺以及六十野自六尺以及六十有五皆征役野六尺即野又早於國中五年七尺謂二十六尺即野十五也此言十五受兵謂據野外為言六十還於國中七尺為說也）

亦有休息不任職也。緣陛下以至孝理天下，得萬國之歡心，不遺小國之臣，況超得備候伯之位，故敢觸死為國求哀，匄超餘年，乞一得生還，復見闕庭，使國永無勞遠之慮，西域無復棄捐之憂，超得長蒙文王葬骨之恩，子方哀老之惠。

（葬骨解見明紀田子方見史記也）

詩云：民亦勞止，汔可小康，惠此中國，以綏四方。

〔後漢傳三十七〕十七

（詩大雅也汔其也康綏皆安也言先施恩惠於中國然後乃安四方）

超有書與妾生訣，恐不復相見，妾誠傷超以壯年竭忠孝於沙漠，疲老則便捐死於曠野，誠可哀憐。如不蒙救護，超後有一旦之變，冀幸超家得蒙趙母、衛姬先請之貸。

（趙母謂趙括之母也懼括敗先請得不坐事見史記衛姬者齊桓公之妃也桓公與管仲謀伐衛桓公入姬請衛之罪事見列女傳）

妾愚戇不知大義，觸犯忌諱。（戇愚也）書奏，帝感其言，乃徵超還。超在西域三十一歲。十四年八月至洛陽，拜為射聲校尉。超素有胸脅疾，既至，病遂加。帝遣中黃門問疾，賜醫藥。其年九月卒，年七十一。朝廷愍惜焉。詔遣使者弔祭，贈賜甚厚。子雄嗣。初，超被徵，以戊己校尉任尚代超。尚謂超曰：君侯在外國三十餘年，而小人猥承君後，任重慮淺，宜有以誨之。超曰：年老失智。任尚曾更事，君數當大位，豈班超所能及哉。必不得已，願進愚言。塞外吏士，本非孝子順孫，皆以罪過徙補邊屯，而蠻夷懷鳥獸之心，難養

〔後漢傳三十七〕十八

易敗今君性嚴急水清無大魚察政不得
下和

家語孔子曰水至清則
無魚人至察則無徒

宜蕩佚簡易寬

小過總大綱而已超去後尚
我以班君當有奇策今所言平平耳尚
數年而西域當反亂以罪被徵如超所戒有
三子長子雄累遷屯騎校尉會叛羌寇三
輔詔雄將五營兵屯長安就拜京兆尹雄
卒子始嗣尚清河孝王女陰城公主主順
帝之姑貴驕淫亂與嬖人居帷中而召始
入使伏牀下始積怒永建五年遂拔刃殺
主帝大怒腰斬始同產皆弃市超少子勇
勇字宜僚少有父風永初元年西域反叛
以勇為軍司馬與兄雄俱出敦煌迎都護
及西域甲卒而還因罷都護後西域絕無
漢吏十餘年元初六年敦煌太守曹宗遣
長史索班將千餘人屯伊吾車師前王及
鄯善王皆來降班後數月北單于與車師
後部遂共攻没班進擊走前王略有北道

後漢傳三十七　十九　李賢

鄯善王急求救於曹宗宗因此請出兵五
千人擊匈奴報索班之恥因復取西域鄯
太后召勇詣朝堂會議先是公卿多以為
宜閉玉門關遂弃西域勇上議曰昔孝武
皇帝患匈奴疆盛兼總百蠻以遍障塞於
是開通西域離其黨與論者以為奪匈奴
府藏斷其右臂遭王莽篡盜徵求無猒胡
夷怨毒遂以背叛光武中興未遑外事故
匈奴負疆驅率諸國及至永平再攻敦煌
河西諸郡城門晝開孝明皇帝深惟廟策
乃命虎臣出征西域

古者謀事必就
祖故言廟策也
毛詩曰進厥
虎臣闞如虓
虎

故匈奴遠遁邊境得安及至永元莫
不內屬會間者羌亂西域復絕北虜遂遣
責諸國備其逋租高其價直嚴以期會鄯
善車師皆懷憤怨思樂養漢車漢其無從前
所以時有叛者皆由牧養失宜還為其害
故也今曹宗徒恥於前負欲報雪匈奴而
不尋出兵故事未度當時之宜也夫要功

後漢傳三十七　二十　章懷

荒外萬無一成若兵連禍結悔無及已沉
今府藏未充師無後繼是示弱於遠夷暴
短於海內臣愚以為不可許也舊敦煌郡
有營兵三百人今宜復之復置護西域副
校尉居於敦煌如永元故事又宜遣西域
長史將五百人屯樓蘭西當焉耆龜茲徑
路南彊鄯善于寘心膽北扞匈奴東近敦
煌如此誠便又置長史屯樓蘭利害云何〔勇對〕

【後漢傳三十七】二十一

以為便

禁漢人不得有所侵擾故外夷歸心匈奴
畏威今鄯善王尤還〔尤還 王名〕漢人外孫若匈
奴得志則尤還必死此等雖同鳥獸亦知
避害若出屯樓蘭足以招附其心愚以為
便長樂衛尉鐔顯廷尉綦母參司隸校尉
崔據難曰朝廷前所以弃西域者以其無
益於中國而費難供也今車師已屬匈奴

鄯善不可保信一旦反覆復班將能保北虜
不為邊害乎〔以勇為軍司馬故以勇對曰 將言之將音子亮反〕
中國置州牧者以禁郡縣姦猾盜賊也若今
州牧能保盜賊不起者臣亦願以要斬保
匈奴之不為邊害也今通西域則虜埶必
弱虜埶弱則為患微矣與歸其虜埶必
續其斷臂哉今置校尉以扞撫西域設長
史以招懷諸國若弃而不立則西域望絕
望絕之後屈就北虜緣之郡將受困害

【後漢傳三十七】二十二

恐河西城門必復有晝閉之儆矣今不廓
開朝廷之德而拘屯戍之費若北虜遂熾
豈安邊久長之策哉太尉屬毛軫難曰今匈奴
若置校尉則西域駱驛遣使求索無猒與
之則費難供不與則失其心一旦為匈奴
所迫當復求救則為役大矣勇對曰今設
以西域歸匈奴而使其恩德大漢不為鈔
盜則可矣如其不然則因西域租入之饒
兵馬之衆以擾動緣邊是為富仇讎之財

增暴夷之勢也置校尉者宣威布德以繫
諸國內向之心以疑匈奴覬覦之情而無
財幣耗國之慮也且西域之人無它求索
其來入者不過稟食而已今若拒絕執歸
北屬夷虜弁力以寇弁涼則中國之費不
止十億置之誠便於是從勇議復敦煌郡
營兵三百人置西域副校尉居敦煌雖復
羈縻西域然亦未能出屯其後匈奴果數
與車師共入寇鈔河西大被其害延光二

年夏復以勇爲西域長史將兵五百人出
屯柳中（柳中令西州縣）明年正月勇至樓蘭以鄯
善歸附特加三綬而龜茲王白英猶自疑
未下勇開以恩信白英乃率姑墨溫宿自
縛詣勇降勇因發其兵步騎萬餘人到車
師前王庭擊走匈奴伊蠡王於伊和谷收
得前部五千餘人於是前部始復開通還
屯田柳中四年秋勇發敦煌張掖酒泉六
千騎及鄯善疏勒車師前部兵擊後部王

軍就大破之（軍就名也）首虜八千餘人馬畜五
萬餘頭捕得軍就及匈奴持節使者將至
索班沒處斬之以報其恥傳首京師永建
元年更立後部故王子加特奴爲王勇又
使別校誅斬東且彌王亦更立其種人爲
王（且音子余反）於是車師六國悉平其冬勇發諸
國兵擊匈奴呼衍王呼衍王亡走其衆二
萬餘人皆降捕得單于從兄勇使加特奴
手斬之以結車師匈奴之隙北單于自將

萬餘騎入後部至金且谷勇使假司馬曹
俊馳救之單于引去俊追斬其貴人骨都
矦於是呼衍王遂從居枯梧河上是後車
師無復虜跡城郭皆安唯焉耆王元孟未
降二年勇上請攻元孟於是遣敦煌太守
張朗將河西四郡兵三千人（河西四郡酒泉張掖敦煌）配勇
張朗因發諸國兵四萬餘人分騎爲兩道
擊之勇從南道朗從北道約期俱至焉者
而朗先有罪欲徼功自贖遂先期至爵離

開遣司馬將兵前戰首虜二千餘人元孟

懽誅逆遣使乞降張朗徑入焉者受降而

還元孟竟不肯面縛唯遣子詣闕貢獻朗

逐得免誅勇以後期徵下獄後卒于家

梁懽字伯威懽音勤 北地弋居人也〔郡國志曰居縣名〕

父諷歷州宰永元元年車騎將軍竇

憲出征匈奴除諷爲軍司馬令萬餘人後

使比單于宣國威德其歸附者先齎金帛

坐失憲意竟〔闕〕

〔後漢傳三十七 二十五 李賢〕

寶民既滅和帝知其爲憲所誣徵懽除爲

郎中懽有勇氣常慷慨好功名初爲車騎

將軍鄧鴻司馬再遷延平元年拜西域副

校尉懽行至河西會西域諸國反叛攻都

護任尚於疏勒上書求救詔懽將河西

四郡羌胡五千騎馳赴之懽未至而尚已

得解會徵尚還以騎都尉段禧爲都護西

域長史趙博爲騎都尉禧博守它乾城它

乾城小懽以爲不可固乃譎說龜兹王白

霸欲入共保其城白霸許之吏人固諫白

霸不聽懽既入遣將急迎禧博合軍八九

千人龜兹吏人並叛其王而與溫宿姑墨

數萬兵反共圍城懽等出戰大破之連兵

數月胡衆敗走乘勝追擊斬首萬餘級

獲生口數千人駱駝畜産數萬頭龜兹乃

定而道路尚隔檄書不通歲餘朝廷憂之

公卿議者以爲西域阻遠數有背叛吏士

屯田其費無已永初元年遂罷都護遣騎

都尉王弘發關中兵迎懽禧博及伊吾盧

柳中屯田吏士二年春還至敦煌會衆羌

反叛朝廷大發兵西擊之詔懽留爲諸

軍援懽至張掖日勒〔日勒縣名在今甘州刪丹縣東南〕〔張掖郡故城在今甘州張掖郡故縣〕

羌諸種萬餘人攻亭候殺略吏人懽進兵

擊大破之虜逐散走其能脫者十二三及至姑〔昭武城縣名屬張掖郡故縣在今甘州張掖縣西北也〕

臧羌大豪三百餘人詣懽降並慰譬遣還

故地河西四郡復安懽受詔當屯金城聞

〔後漢傳三十七 二十六〕

羌轉寇三輔迫近園陵即引兵赴擊之轉

戰武功美陽關〔美陽縣名故城在武功縣北七里於其所置關〕懂臨

陣被創不顧連破走之盡還得所掠生口

獲馬畜財物甚衆遂奔散朝廷嘉之數

璽書勞勉委以西方事令為諸軍節度三

年冬南單于與烏桓大人俱反以大司農

何熙行車騎將軍事中郎將龐雄為副將

羽林五校營士及發緣邊十郡兵二萬餘〔又遼東太守〕

人〔緣邊十郡謂五原雲中定襄鴈門上谷漁陽遼西右北平二十七〕朔方代

王破之單于乃自將圍中郎將耿种於美

將軍事龐雄與耿夔共擊匈奴與輱日逐

耿夔率將鮮甲種衆共擊之詔懂行度遼

正月懂將八千餘人馳往赴之至屬國故

城與匈奴左將軍烏桓大人戰破斬其渠

帥殺三千餘人虜其妻子獲財物甚衆單

于復自將七八千騎迎懂懂被甲奔

擊所向皆破虜遂引還虎澤三月何熙軍

到五原曼柏〔曼柏縣名屬五原郡〕暴疾不能進遣龐雄

與懂及耿种步騎萬六千人攻虎澤連營

稍前單于惶怖遣左鯷王詣懂乞

降懂乃大陳兵受之單于脫帽徒跣面縛

稽顙納質會熙卒于師即拜懂度遼將軍

龐雄還為大鴻臚雄巴郡人有勇略稱為

名將明年安定北地上郡皆被羌寇穀貴

人流不能自立詔懂發邊兵迎三郡太守

使將吏人徙扶風界懂即遣南單于兄子〔吳漢〕

優孤塗奴將兵迎之既還懂以塗奴接其

家屬有勞輒授以羌衆印綬坐專擅徵下

獄抵罪明年校書郎馬融上書訟懂與護

羌校尉龐參有詔原刑語在龐參傳會叛

羌寇三輔關中盜賊起拜懂謁者將兵擊

之至湖縣病卒何熙字孟孫陳國人少有

大志永元中為謁者身長八尺五寸善為

威容贊拜殿中音動左右和帝偉之擢為

御史中丞歷司隸校尉大司農及在軍臨

歿遺言薄葬弁三子臨瑾皐臨瑾並有政能

皐俊十早没臨子衡為尚書以正直稱坐

訟李膺等下獄免官廢于家

論曰時政平則文德用而武略之士無所

奮其力能故漢世有發憤張膽爭膏身於

夷狄以要功名多矣祭肜耿秉啓匈奴之

權班超梁慬奮西域之略卒能成功立名

亨受爵位薦功祖廟勒勳于後亦一時之

志士也

贊曰定遠慷慨專功西遯坦步葱雪咫尺

龍沙〔葱領雪山白龍堆沙漠也八十日曰坦坦懂步言不以為艱咫尺言不以為遠也〕

亦抗憤勇力負荷〔左傳曰其父析薪其子弗克負荷言勇能繼起之功業〕

後漢書列傳卷第三十七

唐章懷太子賢注

楊終　　李法
翟酺　　應奉　子劭
霍諝　　爰延
徐璆

楊終字子山蜀郡成都人也年十三為郡
小吏太守奇其才遣詣京師受業習春秋
〔袁山松書曰時蜀郡有雷震決曹終上白記以為獄煩苛所致太守乃令終賦雷電之意而奇之也〕
〈後漢列傳三十八〉

顯宗時徵詣蘭臺拜校書郎建初元年大
旱穀貴終以為廣陵楚淮陽濟南之獄徙
者萬數又遠屯絕域吏民怨曠乃上疏曰
臣聞善善及子孫惡惡止其身王者常典
〔春秋昭公二十年曹公孫會自夢出奔宋也公羊傳曰畔者何畔不言畔為公子喜時之後諱也長惡也何賢乎公子喜時譏國也先君善乃君善之善也善君及子孫賢者子善也故君及子孫之譏〕
不易之道也
〔秦政酷烈違悟天心一
人有罪延及三族前書音義曰父母妻族也〕
約法三章太宗至仁除去收孥
〔太宗文帝也史記曰文帝〕

及昆蟲盡功垂萬世陛下聖明德被四表今
以比年久旱災疫未息
〔爽宇或作躬自菲薄〕
廣訪失得三代之隆無以加焉臣竊按春
秋水旱之變皆應暴急惠不下流自永平
以來仍連大獄有司窮考引掠
寃濫家屬徙邊加以比征匈奴西開三十
六國頻年服役轉輸煩費又遠屯伊吾樓
蘭車師戊己民懷土思怨結邊域傳曰安
〈後漢列傳三十八〉

土重居謂之眾庶
〔元帝詔曰安土重居黎人之性也〕
昔殷民
近遷洛邑且猶怨望
〔尚書盤庚序曰盤庚五遷將治亳殷人咨胥怨〕
荒極乎
〔可河倭師故曰近毛草也爾雅曰孤竹北户西王母日下謂之四荒又曰東至於泰遠西至於邠國南至於濮鉛比至於祝栗謂之四極言遠耳非必此地也〕
何況去中土之肥饒寄不毛之
且南方暑濕
障毒互生愁困之民足以感動天地移變
陰陽矣陛下留念省察以濟元元書奏
宗下其章司空第五倫亦同終議太尉牟
融司徒鮑昱校書郎班固等難終以施行

既久孝子無改父之道先帝所建不宜回
異終復上書曰秦築長城功役繁與胡亥
不革卒亡四海故孝元弃珠崖之郡光武
絕西域之國不以介鱗易我衣裳

（元帝初元三年珠崖郡反待詔賈捐之以為宜弃珠崖救人飢餓乃罷珠崖郡光武二十一年都善遣子入侍請都護訖帝以中國初定未遑外事還其侍子厚加賞賜都護介鱗喻遠夷言曰珠崖其人與魚鱉無異也衣裳之力也楊雄法言曰珠崖之絕捐中國也否則鱗介易我衣裳）

臺春秋譏之曰先祖為之而已毀之不如
勿居而已以其無妨害於民也

（魯文公毀泉臺 泉臺何以書 公羊傳曰譏爾築之譏毀之譏先祖為之而已毀之勿居而已也）

襄公作三軍昭公

舍之君子大其復古以為不舍則有害於
民也

（公羊傳曰襄公十一年作三軍三軍者何三軍昭公古也言舍之與今復留量時制宜也）

今伊吾之役樓蘭之屯久而
未還非天意也帝從之聽還從者悉罷邊
屯終又言宣帝博徵羣儒論定五經於石
渠閣方今天下少事學者得成其業而章
句之徒破壞大體宜如石渠故事永為後
世則於是詔諸儒於白虎觀論考同異焉

會終坐事繫獄博士趙博校書郎班固賈
逵等以終深曉春秋學多異聞表請之終

又上書自訟即日貫出乃得與於白虎觀

（後受詔刪太史公書為十餘萬言）

（馬預音）

時太后兄衞尉馬廖謹自守不訓諸子
終與廖交善以書戒之曰終聞堯舜之民
可比屋而封桀紂之民可比屋而誅 （事見陸）
詩曰皎皎練絲在所染之

（逸詩也彼彼白貌也白絲也 墨子曰墨子見染絲者歡曰染於蒼則蒼染於黃則黃故染不可不慎也）

中庸之流要在教化 春秋殺太子母弟直
稱君甚惡之者坐失教也

（上智下愚謂之不移）

（公羊傳曰晉侯殺其世子申生晉為直稱君殺其世子也）

為置少傅教之書計以開其明

（大戴禮曰古者八歲出就外舍學小藝焉履小節焉又曰置三少少師是與太子宴者也禮記內則曰十年出就外傅居宿於外學書計也十五置太傅教之經典以道其志）

漢興諸侯王不力教誨多觸禁已故有
亡國之禍而乏嘉善之稱今君位地尊重

海內所望豈可不臨深履薄以為至戒黃
門郎年幼血氣方盛（剛戒之義也）
（廖子防及光俱為黃門郎　孔子曰及其壯也血氣方剛　弟廣實后兄少君此　長君少君由此為退讓　君子不敢以罵罵鄉人也而）
既無長君退讓之風
（兩人所出微緄灌等選長君子之有節行者與之居也而）
要結輕狡無行之客縱而莫誨鑒念前往可
為寒心君矣誠宜以臨深履薄視成性
納子豫後坐縣書誹謗（縣懸音　音廖以就國終）
兄鳳為郡吏太守廉范為州所考遣鳳候
（益部舊傳曰終後　於此地望松縣而母　帝東巡狩鳳皇黃　龍並集終頌嘉瑞上述祖宗鴻業凡十）
終為范游說坐徙北地
（於蜀物故自傷被罪乃作巷風之詩以舒其憤也）
五章奏上詔貫還故郡著春秋外傳十二
篇改定章句十五萬言永元十二年徵拜
（萊山松書曰終嘗與班達　直徵拜郎中及辛賜錢　二十萬也）
郎中以病卒
李法字伯度漢中南鄭人也博通群書性
剛而有節和帝永元九年應賢良方正對
策除博士遷侍中光祿大夫歲餘上疏以

為朝政苟碎違永平建初故事官權重
椒房寵盛又議史官記事不實後世有識
尋功計德必不明信坐失言下有司免為
庶人還鄉里杜門自守故人儒生時有候
（此以上論語孔子之言也鄭玄注云無所）
之者言談之次問其不合上意之由法未
（嫣無所不至至）
嘗應對友人固問之法曰鄙夫可與事君
（言也鄭玄注云無所）
平哉苟患失之無所不至
（不至讕道佞邪）孟子有言夫仁者如射正己
而後發發而不中不怨勝己者反諸身而
已矣（孟子公孫丑篇之言也反諸身　而已克己自責不責人也）
年徵拜議郎諫議大夫正言極辭無改於
舊出為汝南太守政有聲迹後歸鄉里卒
於家
翟酺字子超廣漢雒人也（雒鳳廣漢郡雒山縣　水所出南入潼故城）四世傳詩醩好老子尤善圖緯
天文歷筭以報舅讎當徙日南亡於長安
（在今犍縣南　淵音子田反）
為卜相工後牧羊涼州遇赦還仕郡徵拜
議郎遷侍中時尚書有缺詔將大夫六百

君以上試對政事天文道術以高第者補
之醮自恃能高而忌故太史令孫懿恐其
連懟怪而問之醮曰圖書有漢賊孫登將
先用刀往候懿既坐言無所及唯涕泣流
以才智為中官所害觀君表相似當應之

春秋保乾圖曰漢賊目名孫登大形小口長七
尺九寸巧用法多技方詩書不用賢人杜口也

受因接悽愴君之禍耳懿憂懼移病不試
始親政事追感祖母宋貴人悉封其家又

移病謂作文　由是醮對第一拜尚書時安帝
移而稱病也

醮上疏諫曰臣聞微子佯狂而去朋叔孫
通苟秦而歸漢彼非自踈其君時不可也
元舅耿寶及皇后兄弟閻顯等並用威權
曰荷殊絕之恩蒙值不諱之政當豈敢雷同

雷之發聲物皆同應言無…禮記曰無

受寵而以戴天履地

是非者謂之雷同…伏惟陛下

值中興當建太平之功而未聞致化之道
蓋遠者難明請以近事徵之昔竇鄧之寵
傾動四方兼官重紱盈金積貨至使議弄

神器改更社稷

神器謂天位也老子曰天下神
器不可為也寶出入禁中得神
幸太后圖為殺器故憲出入告

鄧悝鄧弘等取廢帝故事謀立平原王得帝聞遂免
鄧氏為…庶人也

豈不以埶尊威廣以致斯患乎及

莊子曰或聘莊子莊子見使曰子見夫犧牛乎衣以文
繡食以芻菽及其牽而入於太廟欲為孤犢其可得
乎此作脉夫致貴無漸失必暴受爵非道殃

其破壞顛墮地願為孤豚豈可得哉

必疾今外戚寵幸功均造化漢元以來未
有等比陛下誠仁恩周洽以親九族然
去公室政移私門覆車重尋寧無摧折

日諸云前車覆後車誡也

詩小雅曰…正議翁翁

而朝臣在位莫肯正議翁翁
警更相佐付

詩小雅曰翁翁然患其上翁翁亦孔之哀毛傳
曰翁翁然患其上翁翁然不思稱職

爾雅曰翁翁警警莫供職也

臣恐威權外假歸
誰能不含

之人於位是為虎傅翼也
入邑擇人而食夫置之人於是為虎傅翼也春秋
保乾圖曰功大者主威侵權并
害尸姦行吐珠於澤誰能不含論君
之權柄外假則必競取以為己利猶珠出於
澤中誰能不含取以為己寶也吐珠出於

之良難虎翼一奮卒不可制故孔子曰吐珠於澤

韓詩外傳曰無
覆後將飛

稱國之利器不可以示人

老子道經曰魚不
可脫於泉國之利

器不可以示人河上公注曰利器
道也理國權道不可以示執事之臣　此最安危

戒社稷之深計也夫儉德之恭政存約節

左氏傳魯大夫御孫之大也　故文帝愛百金於露臺飾帷帳於阜囊

文帝常欲作露臺計直百金曰百金中人十家之產何以臺爲遂止不作又嘗以東方曰文帝集上書囊以爲殿帷

者上曰朕爲天下守財耳豈得妄用之哉

或有譏其儉

至舍穀腐而不可食錢貫朽而不可校今自初政已來日月未久費用賞賜已不可筭歛天之財積無功之家帑藏單盡民物彫傷卒有不虞後當重賦百姓怨叛旣生

（後漢列傳廿八）　九

言其法廢素定也今陛下有成王之尊而危亂可待也昔成王之政周公在前邵公在後畢公在左史佚在右四子挾而維之目見正容耳聞正言一日即位天下曠然平自去年已來災譴頻數地坼天崩高岸無數子之佐雖欲崇雍熙致太平其可得乎

爲谷修身恐懼則轉禍爲福輕慢天戒則其害彌深願陛下親自勞悁研精致思勉求忠貞之臣誅遠佞諂之黨損王堂之

盛尊天爵之重也

孟子曰公卿大夫人爵也　割情欲之歡罷宴私之好帝王圖籍陳列左右心存亡國所以失之鑑觀興王所以得之庶災害可息豐年可招矣書奏不省而外

威寵臣咸畏惡之延光三年出爲酒泉太守叛羌千餘騎從敦煌來鈔郡界酺赴擊斬首九百級羌衆幾盡威名大震遷京兆尹順帝即位拜光祿大夫遷將作大匠損省經用歲息四五千萬

經常屢因災異多

所匡正

屬井其誠諫諷復興清之本酺上奏陳圖書之意曰漢四百年辦有勇主開門百年之間宜歷改憲行先王至德要道奉率時禁

益部耆舊傳曰時詔問酺陰陽失序水旱

抑損奢僭宣明質樸以延前質樸之難帝從之

由是權貴共誣酺及尚書令高堂芝等交通屬託坐減死歸家復被章云酺前與河南張楷等謀反遠詣廷尉及杜真等上書訟之事得明釋卒於家

益部耆舊傳曰杜真字孟宗廣漢綿竹人也少有孝行眉易春秋誦百萬言兄事同郡羅酺酺後被繫獄真上撥章敕酺繫獄莫不壯之

百

著援神鉤命解詁

十二篇

經緯篇名也詁音古　初酺之爲大匠

言孝文皇帝始置一經博士　武帝建元五年始置五經

博士文帝之時未遑庠序之事然此言不知何據遺書興禮

武帝詔曰其令禮官勸學舉遺興禮翠遺謂搜求逸是合天下之書也　而孝宣論六

五經於殿中兼平公羊穀梁同異乃親臨決焉時更
棠載粱傳故此言六經也石渠閣名昭帝時博士弟
置弟子員以廣學者故言之元帝時詔無

經於石渠學者滋盛弟子萬數年詔諸儒講

太學太尉趙憙以為太學辟雍皆宜兼存
　　　　　　　　　　　　　　光武初興

橫巷為海內所集明帝時辟雍始成欲毀

憨其荒廢起大學博士舍內外講堂諸生
　　　　　　　　十一　　　　　　王中

故並傳至今而頹者積廢至為園採芻牧

之處宜更修繕誘進後學帝從之酺免後

遂起太學更開拓房室學者為酺立碑銘

於學去

應奉字世叔汝南南頓人也曾祖父順字

華仲和帝時為河南尹將作大匠公廉約
　　　華嶠書曰華仲少給事郡縣轉右丞清
　　　公不發私書舉孝廉尚書郎遷右丞
　　　犯有祥樹生於室上事後母以孝感
已明達政事

之應時實憲敗後咸被繩熙卿不在其中由是顯名為

後漢列傳三十八

將作大匠視事五年省億萬功汝南記曰華仲妻本
是汝南鄧元義前妻也元義父伯考為尚書僕射其
義還鄉里飲露露因妻留事姑甚謹姑憐之時氏
朗年數歲病困母乃以他親就養而妻不得
姑反為妻飲食母但苦候伺婦更遣歸家更
匹夫妻乘朝車出元義於路傍觀之謂人曰
非我妻也我何罪過乃如此邪其人曰君子自相
匠母拜乘過家夫人曰此故李氏女壻家更娶
見之乃親自至親家請罪即令自敘酷自相責乃
郵母與書曰但以意欲為婦至親家李氏上令
見之乃親家乃不以介意欲為婦大家
非家所奔我何罪過乃如此邪其人曰君子
自相責其子朗時為將作大匠乃作李氏堂室內
自相責至見欲為婦大見此時父母意欲為婦
　　　　　　　　　　　　　　生十

子皆有才學中子疊江夏太守疊生郴武

陵太守郴生奉奉少聰明自為童兒及長

凡所經履莫不暗記讀書五行並下為郡
　　　　　　　　　　　　　十二　　林意遠

決曹史行部四十二縣錄囚徒數百千人

及還太守備問之奉口說罪繫姓名坐狀

輕重無所遺脫時人奇之

到京師訓自發鄉里在路晝臥暮宿所見
長吏卒奴僕訓皆密疏姓名欲試奉還
奉云不在疏坐中皆驚又云奉年二
十時嘗詣彭城又奉祿以飲漿示
相承奉即委去後數十年於路見車匠於
視奉奉即委去後數十年於路見車匠於
內開扇出半面呼奉又隨史記

漢書後序多所述載漢書及漢記三百六
十餘卷名曰漢事　大將軍梁異舉茂十
七卷名曰漢事　是

武陵蠻詹山等四千餘人反叛執縣令屯

結連年詔下公卿議四府舉奉才堪將帥

四府解見
皇后紀
永興元年拜武陵太守到官慰納

山等皆悉降散於是興學校舉仄陋政稱

變俗坐公事免延熹中武陵蠻復寇亂荊

奉之廢興期在於今賜奉錢十萬歐犀方
具劍金錯把刀翦華帶各一奉其勉之
奉勤設

服上請與俱征拜從事中郎
謝承書曰時詔

州車騎將軍馮緄以奉有威恩薦為蠻夷所

方略賊破軍罷緄推功於奉薦為司隸校

十三
毛仙

尉糾舉姦違不避豪戚以嚴厲為名及鄧

皇后敗而田貴人見幸桓帝有建立之議

奉以田氏微賤不宜超登后位上書諫曰

臣聞周納狄女襄王出居于鄭
左傳襄王又
以狄女為后
之王不從狄人伐周襄王出奔
漢立飛燕成

富臣諫曰不可狄固貪惏狄王又潛

帝悄嗣泯絕母后之重興廢所因宜思闢

雖之所求遠五禁之所忌
韓詩外傳曰婦人有
五不娶喪婦之長女

不要為其不受命也世有惡疾不要弃於人也亂家女不要
刑人不要弃於人也逆家子不要潁不正也世有
人不倫也

帝納其言竟立竇皇后及竇事起

奉乃慨然以疾自退追愍屈原因以自傷

著感騷三十篇數萬言諸公多薦舉會病

卒子劭

劭字仲遠
謝承書曰應氏譜並云字仲遠續漢書
文士傳作仲遠撰漢官儀又作玙未知孰

少篤學博覽多聞靈帝時舉孝廉辟車

騎將軍何苗掾中平二年漢陽賊邊章韓

遂與羌胡為寇東侵三輔時遣車騎將軍

皇甫嵩西討之嵩請發為桓三千人此軍

中候鄒靖上言烏桓衆弱宜開募鮮卑事

下四府大將軍掾韓卓議以為烏
淵鑒類
御覽名兵寶

而與鮮卑世為仇敵若烏桓被發則鮮卑

必襲其家烏桓聞之當復弃軍還救非唯

無益於實乃更沮三軍之情
鄒靖居近邊

塞究其態詐若令靖募鮮卑輕騎五千必

有破敵之效劭駁之曰鮮甲隔在漠北犬

羊為羣無君長之帥廬落之居而天性貪

暴不拘信義故數犯障塞且無寧歲唯至

互市乃來靡服苟欲中國珍貨非為畏威

十四
林巖

懷德計獲事足旋踵為害是以朝家外而

不內蓋為此也

匈奴反叛度遼將軍馬續烏桓校尉王元

發鮮甲五千餘騎又武威太守趙沖亦率

鮮甲征討叛羌斬獲醜虜既不足言而鮮

卑越溢多為不法裁以軍令則忿戾作亂

制御小緩則陸掠殘害劫居人鈔商旅噉

人牛羊略人兵馬得賞既多不肯去復欲

以物買鐵邊將不聽便取縑帛聚欲燒之

邊將恐怖畏其反叛辭謝撫順無敢拒違

今校寇未殄而羌為巨害如或致悔其可

追平臣愚以為可募隴西羌胡守善不叛

者簡其精勇多其牢賞（牢稟食也或作勞勞功也）太守

李參沈靜有謀必能騨厲得其死力當恩

漸消之略不可倉卒望也韓卓復與勱相

難反覆於是詔百官大會朝堂皆從勱議

三年舉高第再遷六年拜太山太守初平

二年黃巾三十萬衆入郡界勱糾率文武

連與賊戰前後斬首數千級獲生口老弱

萬餘人輜重二千兩賊皆退却郡內以安

興平元年前太尉曹嵩及子德從琅邪入

太山勱遣兵迎之未到而徐州牧陶謙素

怨嵩子操數擊之乃使輕騎追嵩德並殺

之於郡界勱畏操誅弃郡奔冀州牧袁紹

初安帝時河間人尹次潁川人史玉皆坐

殺人當死次兄初及玉母軍並詣官求

代其命因縊而物故尚書陳忠以罪疑從

輕議活次玉勱後追駁之據正典刑有可

存者其議曰尚書稱天秩有禮五服五章

哉天討有罪五用五刑哉而孫卿亦云兄

制刑之本將以禁暴惡且懲其末也兄爵

列官秩賞慶刑威皆以類相從使當其實

也若德不副位能不稱官賞不酬功刑不

應罪不祥莫大焉殺人者死傷人者刑此

百王之定制有法之成科高祖入關雖尚

約法然殺人者死亦無寬降夫時化則刑

【上欄】

重時亂則刑輕犯化之罪固重犯亂之罪為輕書曰刑罰時

輕時重此之謂也今次玉公以清時釋其

私憾阻兵安忍僵屍道路阻恃阻也左傳曰衡而安忍

朝恩在寬幸至冬獄而初軍愚猜妾自投

斃昔召忽親死子紏之難而孔子曰經於

溝瀆人莫之知召忽其傅也遂死之論語孔子論召忽之死曰豈若匹夫匹婦之為諒也自經於溝瀆而莫之知也

後漢列傳三十八 十七

氏之父非錯刻峻遂能自隕其命班固亦云不如趙母指括以全其宗 史大夫改御律 周清

傳曰僕妾感慨而致死者非能義勇顧無言僕妾之致死者顧由無計

慮耳 慮耳言僕妾語見史記樂布傳贊也左傳鄭大夫游吉之詞

括如其母也括趙括也史記曰趙奢將馬服君趙奢之妻趙括之母也趙括之即王曰括不可遣括母先宥言不可誅妄引之以為量錯贊詞及括敗引之以為量錯贊詞

夫刑罰威天之震耀殺戮也溫慈和惠以放

獄以類也 是故春一草

天之生殖長育也

枯則為災秋一木華亦為異今殺無罪之

初軍而活當死之次玉其為枯華不亦然

【下欄】

平陳忠不祥制刑之本而信一時之仁遂 李賢

廣引八議求生之端夫親故賢能功貴勤 周禮小司寇職鄭云宗室親戚也

賓當有次玉當罪之科哉 罪先請也故謂有大勳

議三十篇皆此類也又刪定律令為漢儀

可以生也敗法亂政悔其可追劭為駁

原心定罪雖不能累必以情此為求生非謂代死

若乃小大以情原心定罪

謂二王後實

後漢列傳三十八 大

建安元年乃奏之曰夫國之大事莫尚載 李賢

籍載籍也者決嫌疑明是非 決嫌疑明是非禮記曰夫禮者

故膠東相董仲舒老病致仕朝廷每有政

賞刑之宜允獲厥中偉後之人永為監焉

議數遣廷尉張湯親至陋巷問其得失 前書於是作春秋決獄二百三十二事動以

經對言之詳矣逆臣董卓蕩覆王室典憲

焚燎靡有孑遺許都開辟以來莫或茲酷 今

大駕東邁巡省開辟以來險難其命惟新

臣累世受恩榮祚豐行竊不自揆貪少云

03-730

補輒撰具律本章句尚書舊事廷尉板令
決事比例司徒都目五曹詔書 司徒即丞相也總領綱紀佐理萬機故有都目成帝初置尚書負五人漢舊儀有常侍曹一千石曹主客曹三公曹也
春秋斷獄凡二百五十篇蠲去復重為之
節文復 音直容反 又集駁議三十篇以類相
從凡八十二事其見漢書二十五漢記四
十九臣所創造豈繄目謂必合道衷
觀記皆刪敘潤色以全本體其二十六博
採古今環瑋之士文章煥炳德義可觀其
二十七臣所創造豈繄目謂必合道衷

烏芳反緊 心焉憤邑聊以藉手 夜反
猶是也 昔鄭
人以乾鼠為璞譁南之於周宋愚夫亦寶燕
石緹緗十重夫觀之者掩口盧胡而笑斯
文之族無乃類旟

尹文子曰鄭人謂玉未理者為璞周人謂鼠未臘者為璞周人懷璞謂鄭賈曰欲買璞乎鄭賈曰欲之出其璞視之乃鼠也因謝不取戰國策亦然此云周人以鼠璞彼云宋人得燕石也

之言整而匠之心燕石也與瓦礫不殊
殊鼠關客聞而觀之以特牲革匱十襲緗
為大寶周客聞而觀之主人父怒而藏之
之心彌謹緹音商賈盧
胡之言笑曰此燕石也與瓦礫不殊主人大怒曰商賈之言豎匠之心今緹緗謂解明之衣
緹赤色緗謂鮮明之衣

左氏實云雖有姬姜

緦麻不弃憔悴菅蒯蓋所以代匱也 左傳曰君子雖有絲麻無弃菅蒯雖有姬姜無弃憔悴凡百君子莫不代匱杜注逸詩也姬姜大國之女蕉萃陋賤之人蕉萃古字通
雖未足綱紀國體宣洽時雍庶幾觀察增 是用敢露頑才廁于明哲之末
闚聖聽惟因萬機之餘暇游意省覽焉獻
歡息乃綴集所聞著漢官禮儀故事凡朝
始遷都於許舊章堙沒書記罕存勔慨然 帝善之二年詔拜勔為袁紹軍謀校尉時
廷制度百官典式多勔所立初父奉為司
隸時並下諸官府郡國各上前人像贊勔
乃連綴其名錄為狀人紀又論當時行事 著中漢輯序撰風俗通以辯物類名號釋
時俗嫌疑文雖不典後世服其洽聞凡所
著述百三十六篇又集解漢書皆傳乎時
後卒於鄴弟子瑒璩並以文才稱 季瑜司空掾瑜生瑒魏志曰瑒字德璉璩字休璉咸以文章顯也 勔弟瑜瑜字元瑜 中興初有應
嫗者生四子而寡見神光照社試探之乃
得黃金自是諸子官學並有才名至瑒七

03-731

世通顯

陵應順胼作大匠子疊江夏太守疊生郴武
軍謀劭弟瑜司空掾珣奉從事中郎奉生劭車騎將
于瑒曹操辟爲丞相掾

霍諝字叔智魏郡鄴人也少爲諸生明經
有人誣諝舅宋光於大將軍梁商者以爲
妄刊章文坐繫洛陽詔獄掠考困極諝時
年十五奏記於商曰將軍天覆厚恩慜舅
光冤結前者溫教許爲平議雖未下吏斷
決其事巳蒙神明顧省之聽皇天后土寔
聞德音竊踊躍私自慶幸諝聞春秋之 〔後漢列傳三十八〕〔二十一〕李崇
義原情定過赦事誅意故許止雖弑君而
不罪趙盾以縱賊而見書 〔許止許悼公之子
名止也公羊傳曰許悼公之子止進藥而殺是以君子加弑焉許止何以不成乎弑止欲殺何辜爾弑君者如之何曰欲殺而加弑焉爾左傳曰鄭子產論殺太子之事趙盾以縱賊見書注云原情定過也又晉史書趙盾弑其君趙盾曰天平無辜吾不弑君史曰子爲正卿亡不越境反不討賊非子而誰此仲尼所以垂王法漢世所宜遵前
脩也
誅意也此仲尼所以垂王法漢世所宜遵前
脩也傳曰人心不同譬若其面吾豈敢以
心不同譬如面焉吾豈面乎斯蓋謂大小姸醜美
之形至於身自衆竅毛髮之狀未有不然

者也情之異者剛柔舒急倨敬之間至於
趨利避害畏死樂生亦復均也諝與光骨
肉義有相隱言其冤濫未必可諒且以人
情平論其理光衣冠子孫徑路平易依違
規求無所位極州郡曰望衒辟路無瑕穢纖
介之累無故刊定詔書欲以何名就有所
疑當求其便豈有觸冒死禍以解細微
辟猶療飢於附子止渴於酖毒未入腸胃
已絕咽喉豈可爲哉 〔史記蘇秦曰飢人之所以
不食烏喙者以其愈飢而不食烏喙者以其愈
牢腹而餓死者同慮也〕〔後漢列傳三十八〕〔二十二〕王石
附子烏喙根同而狀異也
嗟乎幽靈感革天應枯旱 〔前曹娥昔東海孝婦見枉不
立官象而爲之傷和致災滋甚凡事更
救令不應復案夫以罪刑明白尚蒙天恩
豈有冤諝無徵反不得理是爲刑宥正罪

戮加誣侵也不偏不黨其若是平明將軍
德盛位尊人臣無二言行動天地舉厝移
陰陽諫能留神沛然曉察必有于公高門
之福 于公東海人爲郡決曹決獄平其閒門壞父老
共修之于公曰少高大閒門令容駟馬蓋車我
子定國爲丞相孫永御史大夫
決獄多有陰德之子孫必有興者至
和氣立應天下
幸其郡皐高誼才志即爲奏原光罪由是顯
名仕郡皐孝廉稍遷金城太守性明達篤
遭母憂自上歸行喪服闕公車徵再遷此
厚能以恩信化誘殊俗甚爲羌胡所敬服

【後漢列傳四十八】 千三 李恂

海相入爲尚書僕射是時大將軍梁冀貴
戚秉權自公卿以下莫敢違悟謗與尚書
令尹勳數奏其事又因陛見陳聞罪失及
其誅後相帝嘉其忠節封鄴都亭侯前後
固讓不許出爲河南尹遷司隸校尉轉少
府廷尉卒平子雋安定太守
爰延字季平陳留外黃人也清苦好學能
通經教授性質慤少言辭縣令隴西牛述
好士知人乃禮請延爲廷掾范丹爲功曹

濮陽潛爲主簿 濮陽姓也 常共言談而已後令
史昭以爲鄉嗇夫化大行人但聞嗇天
不知郡縣在事二年州府禮請不就相帝
時徵博士太尉楊秉等與賢良方正冊遷
爲侍中帝游上林苑從容問延曰朕何如
主也對曰陛下爲漢中主帝曰何以言之
對曰尚書令陳蕃任事則化中常侍黃門
豫政則亂是以知陛下可與爲善可與爲
非 前書曰齊相公管仲相之則霸豎貂蟻
之則亂可與爲善可與爲惡是謂中人 帝曰善
矣 朱雲字游成帝時上書求見曰今朝廷大臣
不能匡主下不能益人臣願賜尚方斬馬劍斷
佞臣一人以勵其餘上問誰也對曰安昌侯張
禹上大怒曰小臣居下訕上廷辱師傅罪死不赦御史
將雲去雲攀殿檻檻折雲呼曰臣得從龍逢比干游於地下足
矣未知朝廷何如耳上意乃解及後當治檻上曰勿易因而緝之
以旌直臣 帝曰善 郭閎
朱雲廷折欄檻令侍中面稱朕違欷聞闕

【後漢列傳四十八】 千四 郭閎

郡太守徵拜大鴻臚帝以延儒生常特宴
見時太史令上言客星經帝坐帝密以問
延延因上封事曰臣聞天子尊無爲上故
天以爲子位臨臣庶感重四海動輒以禮

則星辰順序意有邪僻則暴度錯違陛下
以河南尹鄧萬有龍潛之舊封為通侯恩
重公卿惠豐宗室加頃引見與之對博上
下媟黷有虧尊嚴臣聞之帝左右者所以
咨政德也故周公戒成王曰其朋言（昔宋閔公）
慎所與也（尚書周公戒成王曰其朋孺子其朋慎其佳／之美天下諸矦宜爲君者唯魯爾周公矜此婦人）
與彊臣共博列婦人於側積此無禮以致（妙其言頲曰此虜也魯矦之美）
大災（公羊傳書宋萬弑其君捷傳曰宋萬嘗與魯／莊公戰婦人在側莊公歸舍諸宮中數月然後歸／之與宋閔公戰婦人亂出入嬌恣上佩與上卧起）武帝與倖臣李

二十五

生驕淫之心行不義之事卒延年被戮嫣（李延年中山人也身及父母兄／弟皆故倡延年坐法腐給事狗／中人善歌舞協律都尉佩二千／石印綬與上卧起）
延年韓嫣同卧起尊爵重賜情欲無猒遂（王時與嫣相愛後至大／弟與中人亂出入嫣恣上／弟誅延年兄弟韓嫣／永巷以姦聞被誅）
伏其辜 李恂

夫愛之則不覺其過惡之則不知其善所
以事多放濫物情生怨故王者賞人必酬
其功爵人以甄其德（甄明也）善人同處則曰

聞嘉訓惡人從游則曰生邪情孔子曰益（論語孔子曰益／者三友損者三友）
者三友損者三友（論語孔子曰益者直友諒友多／聞益矣友便辟友善柔友便）
邪臣惑君亂妾危主以非所言則悅（於耳以非所行則甜／於目故令人君不能）
遠之仲尼曰唯女子與小人為難養近之（人傳）
則不遜遠之則怨蓋聖人之明戒也昔光
武皇帝與嚴光俱寢上天之異其夕即見（事見逸）
臣合道尚隆此憂豈況陛下今所親幸以
賤為貴以卑為尊哉惟陛下遠讒諛之人
納塞塞之士除左右之權寵官官之敢使（也謝承）
積善日熙（熙廣也）
省其奏因以病自上乞骸骨還家靈帝復
特徵不行病卒子驤白馬令亦稱善士（承）
遼府軍有名於邊（學習孟氏易春秋公羊傳禮／謝承書曰淑字伯進寬裕好）
徐璆字孟玉（璆音仇）廣陵海西人也父淑度（字騑／書曰與）
記用官善誦太公六（韜）璆少博學辟公府舉高
交接英雄常有壯志

二十六

弟表山松書曰璆少履清高立朝正色稱揚後進惟恐不及稍遷荊州刺史時董太后姊子張忠為南陽太守因執放濫臧罪璆數億璆臨當之部太后遣中常侍以忠屬璆璆對曰臣身為國不敢聞命太后怒遽徵忠為司隸校尉以相威臨到州舉奏忠事又奏五郡太守及屬縣有臧汙者悉徵案罪威風大行中平元年與中郎將朱雋擊黃巾賊於宛破之張忠怨璆與諸閹官搆造無端璆遂以罪徵有破賊功得免官歸家後再徵遷汝南太守轉東海相所在化行獻帝遷許以廷尉徵當詣京師道為袁術所劫授璆以上公之位璆乃歎曰龔勝鮑宣獨何人哉守之必死

鮑宣字都君楚人也陳學明經哀帝時為光祿大夫王莽簒位以上綱徵勝不食而死鮑宣政誅漢忠臣不附己者皆死者宜即宣時為司隸校尉以何武等皆死

不敢過術死軍破璆得其盜國璽及還許上之衛宏曰秦以前以金玉銀為方寸璽又以玉螭下莫得用其五出藍田山

題是李斯書其文曰受命于天既壽永昌號曰傳國璽漢高祖定三秦子嬰獻之高祖即位乃佩之王莽簒位就元后求璽元后取璽撲之璽上螭一角缺及莽敗時傳璽於汝入雒赤眉殺更始得璽李松送上更始井取璽卓軍於城南見井有五色光軍人入井得璽莽得而獻之我在汝此時璆得而獻汝

并送前所假汝

南東海二郡印綬司徒趙溫謂璆曰君遭大難猶存此邪璆曰昔蘇武困於匈奴不持節拜曹操為丞相操以相讓璆璆不敢隊七尺之節況此方寸印乎後拜太常使

當卒於官

論曰孫懿以高明見忌而受欺於陰計瓊酬資譎數取通而終之以塞諫豈性智自有周偏先之之要殊度平應氏七世才聞而奉劭采章為盛及撰著篇籍甄紀異知雖云小道亦有可觀者焉延璆應對辯正而不可犯陵上之尤斯固辭之不可以已也左氏傳孔子曰辭之不可以已也如是夫子產有辭諸侯賴之

贊曰楊終李法華陽有聞 益州古梁州之域尚書曰華陽黑水

請舅延能許帝璩亦悟后

聰亦表汝濆　　崔酺詐懿霍諝

惟梁州孔安國注曰此拒華山之陽南拒

黑水故常璩叙蜀事而謂之華陽國志焉　二應克

鄭玄注周禮

曰水涯曰濆

〔後漢列傳三十八〕　二十九　章典

唐章懷太子賢　注

王充
王符
仲長統

王充字仲任會稽上虞人也其先自魏郡
元城徙焉充少孤鄉里稱孝後到京師受
業太學〔袁山松書充幼聰朗詣太學師事扶風〕
班彪好博覽而不守章句家貧無書常游
洛陽市肆閱所賣書一見輒能誦憶遂博〔後漢列傳三十九〕
通泉流百家之言後歸鄉里屏居教授仕
郡為功曹以數諫爭不合去充好論說始
若詭異終有理實以為俗儒守文多失其
真乃閉門潛思絕慶弔之禮戶牖牆壁各
置刀筆著論衡八十五篇二十餘萬言〔袁山
松書曰充所作論衡中土未有傳者蔡邕入吳始得
之恒秘玩以為談助其後王朗為會稽太守又得其
書及還許下時人稱其才進或曰不見異人當得異
書問之果以論衡之益由是遂見傳焉抱朴子曰時
人嫌蔡邕得異書或搜求其帳中隱處果得論衡抱
數卷持去邕丁寧之曰唯我與爾共之勿廣也〕李賢
物類同異正時俗嫌疑刺史董勤辟為從

事輒治中自免還家友人同郡謝夷吾上
書薦充才學〔謝承書曰夷吾薦充之才非學所加雖前世孟軻孫卿近漢
揚雄劉向司馬遷不能過也〕肅宗特詔公車徵病不行年
漸七十志力衰耗乃造養性書十六篇裁
節嗜欲頤神自守永元中病卒于家
王符字節信安定臨涇人也少好學有志
操與馬融竇章張衡崔瑗等友善安定俗
鄙庶孽〔傳云孽賤也〕而符無外家為鄉人所
賤自和安之後世務游宦當塗者更相薦〔後漢列傳三十九 二〕
引而符獨耿介不同於俗以此遂不得升
進志意蘊憤乃隱居著書三十餘篇以譏
當時失得不欲章顯其名故號曰潛夫論
其指訐時短討謫物情〔謫責也〕其政也足以觀當
時風政著其五篇云爾
貴忠篇曰夫帝王之所尊敬者天也皇天
之所愛育者人也今人臣受君之重位牧
天之所愛焉可以不安而利之養而濟之
哉是以君子任職則思利人達上則思進

賢故居上而下不怨在前而後不恨也書
稱天工人其代之王者法天而建官 〔尚書〕
受竊人之財猶謂之盜況偷天功以為己
加誅罰況乃犯天得無咎乎夫五世之臣
以道事君〔夏殷周也〕澤及草木仁被率土
世之臣以諂媚王不思順天專杖殺伐白
是以福祚流衍本支百世〔詩大雅曰文王〕
起而位尊智小而謀大易德
息夫董賢主以為忠天以為賊
薄而位尊智小而謀大鮮不是
故德不稱其禍必酷能不稱其殃必大
竊位之人天奪其鑒〔論語孔子曰臧文仲其竊位者歟左傳晉卜偃曰號〕

〔《後漢列傳三十九》〕
〔陳仲〕
〔季〕

必亡矣天奪之鑒而益其疾其本心雖有明察之資仁
義之志一旦富貴則背親捐舊喪其本心
疎骨肉而親便辟薄知友而厚犬馬寧見
朽貫千萬而不忍貸人一錢情知積粟腐
倉而不忍貸人一斗骨肉怨望於家細人
謗讟於道前人以敗後人爭襲之誠可傷也
歷觀前政貴人之用心也與嬰見子其何
異哉豈見有常病貴臣有常禍父母有常
失人君有常過嬰見常病常傷於飽也貴臣
常禍傷於寵也哺乳多則生癇病富貴盛
而致驕疾愛子而賊之驕臣而滅之者非
一也極其罰者乃有仆死深牢衡刀都市
於天有害於人者乎夫鳥以山為埤而增
巢其上魚以泉為淺而穿穴其中卒其所以
得者餌也〔亦見大戴禮貴戚願其宅吉而制〕
為令名欲其門堅而造作鐵樞卒其所以
敗者非苦禁忌少而門樞朽也常苦崇財

〔《後漢列傳三十九》〕
〔陳敏〕
〔四〕

貨而行驕僭耳，不上順天心，下育人物，而欲任其私智，竊弄君威，威反戾天地，欺誣神明，居累卵之危，而圖太山之安，為朝露之行，而思傳世之功（一世若朝露之託於桑葉耳。朝露言易盡也。蘇子曰：人生……）。

（不耕，天下有受其飢者；婦人當年……寒者。故其耕不強者，無以養生；其織不力者，無以衣……文子曰：神農之法曰：丈夫丁壯……）以四海為家，兆人為子，一夫不耕，天下受其飢，一婦不織，天下受其寒。豈不惑哉！豈不惑哉！〈浮侈篇曰〉王者……

今舉俗舍本農，趨商賈，牛馬車輿填塞（形……）道路，游手充盈都邑（游手為巧謂也）。本者少，浮食者眾。商邑翼翼，四方是極（商……今察洛陽資末……詩）。……業者什於農夫，虛偽游手什於末業。是則一夫耕，百人食之；一婦桑，百人衣之。以一奉百，孰能供之？天下百郡千縣，市邑萬數（……）類皆如此。本末不足相供，則民安得不飢寒？寒飢並至，則民安能無姦軌？姦軌繁多，則吏安能無嚴酷？嚴酷數加，則下安能無……

愁怨愁怨者多，則咎徵並臻，下民無聊，而上天降災，則國危矣。夫貧生於富，弱生於彊，亂生於化，危生於安（富而不節則貧生於彊，居理而不修德則弱……則亂恃安而不慎微則危矣）。是故明王之養民，憂之勞之，教之誨之，慎微防萌，以斷其邪，故易美節（象辭也鄭玄注云……）以制度，不傷財，不害民（節以制度以下並節卦彖辭也。鄭玄注云空府……）。

（耕桑之法，小謂索綯之類。七月詩畫……自春及冬，終而復始也）而復始，由此觀之，人固不可恣也。七月之詩，大小教之……今人奢衣服，侈飲食（合任），事口舌而習調欺，或以謀姦合任為業（謂相合為姦也……）。或以游博持掩為事（博謂六博，掩謂意錢也，前書貨……）。丁夫不扶犁鋤，而懷丸挾（道傳曰又況挾家傳捲犯姦成富也）彈挾手上山遨遊，或好取土作丸賣之外（謂快也……任快也），不足以禦寇盜，內不足禁鼠雀，或作泥車瓦狗馬戲弄之具，以巧詐小兒，此皆無益也。

詩刺不績其麻，市也婆娑（詩陳風也，婆娑舞兒，謂婦人不務中……），又婦人不修中饋，休其蠶織（卦家人易……日在中饋貞吉，鄭玄注云中饋酒食也。詩大雅曰婦無公事休其蠶織）而起學巫祝（歌舞以事神也……）。

鼓舞事神以欺誣細民熒惑百姓妻女贏
弱疾病之家懷憂憤憒易為恐懼至使奔
走便時去離正宅崎嶇路側風寒所傷姦
人所利盜賊所中或增禍重祟至於死亡
而不知巫所欺誤反恨事神之晚此妖妄
之甚者也或刻畫好繒以書祝辭或虛飾
巧言希致福祚或裂拆繒綵令廣分寸或
斷截衆縷繞帶手腕或麼折金綵縫紩成
幡皆單費百縑用功千倍破牢為偽以易〔七〕

〔後漢列傳三十九〕

就難坐食嘉穀消損白日〔損或作揖〕夫山林不能
給野火江海不能實漏厄皆所宜禁也昔〔康作〕
孝文皇帝躬衣弋綈〔前書音義曰弋皁也綈厚繒也〕革舄章
帶而今京師貴戚衣服飲食車輿廬第奢
過王制固亦甚矣且其徒御僕妾皆服文
組綵牒〔牒即今錦繡綺紈葛子升越筩中〕
女布〔說文綺文繒也前書曰齊俗作冰紈之殊皆同出而異名場雄蜀都賦曰布則蜘蛛作絲不可見風篤中黃潤〕
蠡織布至數十升〔弘之荊州記曰永州俗猶呼貢布為女子布也〕

犀象珠玉虎魄瑇瑁石山隱飾金銀錯鏤
〔廣雅曰虎魄珠也生地中其上及旁不生草深者八九尺初時如桃膠凝堅乃成其方人以為枕出羅賓及大秦國吳錄曰瑇瑁似龜出南海山石謂隱起為山文也〕
其嫁娶者車軿
相詫咤〔郭景純注子虛賦曰詫誇也詫與詫通也〕窮極麗靡轉
數里緹帷竟道〔音薄丁反又步田反〕騎奴侍
童夾轂並引富者競欲相過貧者恥其不
逮一饗之所費破終身之業古者必有命
〔命人能貪長矜孤取舍好謀葬者命於其君王得乘飾衣乘車馬之帝王大傳曰古者非命不得衣繒絲乘車馬〕
然後乃得衣繒絲而乘車馬〔尚書大傳曰古者非命不得衣繒者命於其君王者必有命〕

〔後漢列傳三十九〕 八

古之葬者厚衣之以薪葬之中野不封不
樹喪期無數後世聖人易之以棺槨易
〔尸子曰禹之喪法死於陵者葬於陵死於澤者葬於澤桐棺三寸制喪三日墨子曰舜西教乎七戎道死葬蒼梧之市中衣衾三領穀木之棺葛以緘之〕
桐木為棺葛采為緘
下不及泉上不泄臭中世以後轉用
楸梓槐柏杶樗之屬各因方土裁用膠漆
使其堅足恃其用足任如此而已今者京
師貴戚必欲江南檽梓豫章之木〔檽音乃豆反見坤蒼〕

爾雅曰栵栭音而洈云栵似栭椴而小恐非棺槨之用豫章即樟木也邊遠下土亦競相放効夫栝梓豫章所出殊遠代之高山引之窮谷入海乘淮逆河泝洛工匠彫刻連累日月會眾而後動多牛而後致重且千斤功將萬夫而東至樂浪西達敦煌費力傷農於萬里之地古者墓而不墳中世墳而不崇仲尼喪母於防墓崩弟子請修之夫子泣曰古不修墓帝葬芷陽明帝葬洛南皆不藏珠寶不起山陵墓雖卑而德最高今京師貴戚郡縣豪家生不極養死乃崇喪或至金縷玉匣梓楩柟多埋珍寶偶人車馬造起大冢廣種松柏廬舍祠堂務崇華後寒部畢之陵南城之家合祠堂務崇華周公非不忠曾子非不孝以為褻君愛

父不在於聚財揚名顯親無取於車馬昔晉靈公多賦以雕牆春秋以為非君君厚斂以雕牆杜預注云不君失君道也君子以為不臣華元樂舉厚葬文公僭侈主上過天道乎前書貢禹曰今大夫僭諸侯諸侯僭天子天子過天道矣實貢篇曰國以賢興以諂衰君以忠安以佞危此古今之常論而時所共知也然襄國危君繼踵不絕者豈時無忠信正直之士哉誠苦其道不得行耳夫十步之間必有茂草十室之邑必有忠信說苑曰十步之澤必有芳草論語曰十室之邑必有忠信也子亂盼謂紂時也三仁箕子微子比干也左傳吳季札適衞悅蘧瑗史狗史鰌公子荊公叔發公子朝曰衞多君子未有患也又臧宣叔曰彊弱為大小衞晉之於小國雖眾爵猶不得為次國杜預注云春秋之時以彊弱為大小衞晉是故亂盼有三仁小衞多君子今以大漢之廣土士民之繁庶朝廷之清明上下之脩正而官無善吏位無良臣此豈時之無賢諒由取之乘實夫志

道者少與逐俗者多晞是以朋黨用私背
實趣華其貢士者不復依其質幹準其才
行但虛造聲譽安生羽毛略計所舉歲且
二百覽察其狀則德侔顏冉詳覈厥能則
鮮及中人皆總務升官自相推達夫士者
貴其用也不必求備故四友雖美能不相（尚書大傳孔子曰文王得四臣丘亦得四友謂顏淵等也為胥附賜也為奔走師也為先後由也為禦侮其能各不同也）
兼也三仁齊致事不一節高祖佐命出
自亡秦光武得士亦資暴恭況太平之時
而云無士乎夫明君之詔也若聲忠臣之
和也如響晉長短大小清濁疾徐必相應也
且攻玉以石洗金以鹽（詩小雅曰它山之石可以攻玉全之金工發金然後鹽水焉色者皆淬然鹽水焉）
濯錦以魚浣布以灰夫物固有
以賤理貴以醜化好者矣智者弃短取長
以致其功今使貢士必覈以實其有小疵
勿彊衣飾（衣飾謂裝飾以成其過也衣音於氣反）出處默語各
因其方則蕭曹周韓之倫何足不致吳鄧
梁竇之屬企踵可待孔子曰未之思也夫

何遠之有

愛日篇曰國之所以為國者以有民也民
之所以為民者以有穀也穀之所以豐殖
者以有民功也功之所以能建者以日力
也化國之日舒以長故其民閒暇而力有
餘亂國之日促以短故其民困務而力不
足舒長者非謂義和之行（義和和日也山海經曰東南海之外甘泉之閒有羲和之國有女子曰羲和方浴日於甘泉羲和者帝俊之妻是生十日郭璞注曰羲和蓋天地始生日月者也）乃君明民靜而力有餘也促短者非
謂分度損減（洛書甄耀度曰周天三百六十五度四分度之一度為千九百三十二里一日行一度月一日行十三度十九分度之七）乃上闇下亂力不
足也孔子稱既庶則富之既富乃教之是
故禮義生於富足盜竊起於貧窮富足生
於寬暇貧窮起於無日聖人深知力者民
之本國之基也故務省役使之愛日是
以堯勑羲和欽若昊天敬授民時明帝時
公車以反支日不受章奏（反支申酉朔一日反支寅卯朔二日反支午未朔三日反支辰巳朔四日反支子丑朔五日反支戌亥朔六日反支為正戌亥朔日用月朔一日反支見陰陽）

03-742

書帝聞而怪曰民廢農桑遠來詣闕而復
拘以禁忌豈為政之意乎於是遂蠲其制
令冤民仰希申訴而令長以神自齋 難見如神也
百姓廢農桑而趨府廷者相續道路非朝
餔不得通非意氣不得見 說文曰餔申時也今為睹字 也或連日累月更相瞻視或轉請鄰里饋
糧應對歲功既虧天下豈無受其飢者乎
孔子曰聽訟吾猶人也從此言之中才以
上足議曲直鄉亭部吏亦有任決斷者而
類多枉曲蓋有故焉夫理直則怙正而不
橈事曲則諂意以行賕不橈故無恩於吏
行賕故見私於法若事有反覆吏應坐之
吏以應坐之故不得不枉之於庭以贏民
之少黨而與豪吏對訟其執得無屈乎縣
承吏言故與之同若事有反覆縣亦應坐
之縣以應坐之故而排之於郡以一民之
輕而與一縣為訟其理豈得申乎事有反
覆郡亦坐之郡以共坐之故而排之於州

以一民之輕與一郡為訟其事豈獲勝乎
既不肯理故乃遠詣公府公府復不能察
而當延以日月貧弱者無以曠旬彊富者
可盈千日理訟若此何枉之能理乎正士 信讀曰伸
懷怨結而不見信猾吏崇姦軌而不
被坐此小民所以易侵苦而天下所以多
困窮也且除上天感痛致災但以人功見
事言之自三府州郡至于鄉縣典司之吏
辭訟之民官事相連更相檢對者曰可有
十萬人一人有事二人經營是為日三十
萬人廢其業也以中農率之則是歲三百
萬人受其飢者也然則盜賊何從而銷太
平何由而作乎詩云亂誰無父母 詩小雅也
平百姓不足君誰與足可無思哉可無
思哉
述赦篇曰凡療病者必知脈之虛實氣之
所結然後為之方故疾可愈而壽可長也
為國者必先知民之所苦禍之所起然後

為之禁故姦可塞而國可安也今日賊良
民之甚者莫大於數赦贖數赦則惡人
昌而善人傷矣何以明之哉夫謹勑之人
身不蹈非又有為吏正直不避彊禦而姦
猾之黨橫加誣言者皆知赦之不久故也
善人君子被侵怨而能至闕庭自明者萬
無數人數人之中得省問者百不過一既
對尚書而空遣去者復什六七矣其輕薄
姦軌既陷罪法怨毒之家冀其辜戮以解

玄畜憤而反一躲悉蒙赦釋令惡人高會而
誇咤老盜服臧而過門孝子見讎而不得
討遭盜者觀物而不敢取痛莫甚焉夫養
根荄者傷禾稼惠姦軌者賊良民（爾雅曰 粮童粮）
（郭璞注云荄類也云不粮不荄粮音郎）書曰文王作罰刑兹無
赦言也先王之制刑法也非好傷人害人肌膚
斷人壽命也貴威姦懲惡除人害也故經
稱天命有德五服五章哉天討有罪五刑
五用哉詩刺彼宜有罪汝反脱之（詩大雅也）（此宜無罪）

汝反收之彼宜有罪汝反（脱之毛萇注云脱赦也）
脱之毛萇注云脱赦也古者唯始受命之君
承大亂之極寇賊姦軌難為法禁故不得
不有一赦與之更新頤育萬民以成大化
非以養姦活罪放縱天賊也夫性惡之民
旦脱重梏雖得放宥之澤終無改悔之心
斷絕何也凡敢為大姦者才必有過於衆
（謂圖嚴明令尹不能使其）而能自媚於上者也多散誕得之財奉以
詔諛之辭以轉相驅（誕猶非有第五公之 虛誕也）

廉直躭不為顧哉（謂第五倫也為 司空性廉直也論者多曰）
又不赦則姦軌熾而吏不制宜數肆眚以
解散之此未昭政亂之本源不察禍福之
所生也後度遼將軍皇甫規解官歸安定
鄉人有以貨得鴈門規即去職還家
書刺謁規規即不迎既入而問鄉前在郡
食鴈美乎有頃又白王符在門規素聞符
名乃驚遽而起衣不及帶屐履出迎援符
手而還與同坐極歡時人為之語曰徒見

二千石不如一縫掖（禮記儒行孔子曰丘少居魯衣逢掖之衣鄭玄注曰逢猶大也大掖單衣也）竟不仕終於家（言書生道義之為貴也符）

仲長統字公理山陽高平人也少好學博涉書記贍於文辭年二十餘游學青徐并冀之間與交友者多異之并州刺史高幹（袁紹甥也）素貴有名招致四方遊士士多歸附統過幹幹善待遇訪以當時之事統謂幹曰君有雄志而無雄才好士而不能擇人所以為君深戒也幹雅自多不納其言統遂去之無幾幹以并州叛卒至於敗（魏志曰高幹叛欲奔南荊州上洛都尉王琰捕斬之也）異統人之鑒也（并異之士皆以是）統性俶儻敢直言不矜小節默語無常時人或謂之狂生每州郡命召輒稱疾不就常以為凡遊帝王者欲以立身揚名耳而名不常存人生易滅優遊偃仰可以自娛欲卜居清曠以樂其志論之曰使居有良田廣宅背山臨流溝池環

而竹木周布場圃築前果園樹後舟車足以代步涉之難使令足以息四體之役養親有兼珍之膳妻孥無苦身之勞（摯讀曰勢）良朋萃止則陳酒肴以娛之嘉時吉日則亨羔豚以奉之蹋躕畦苑遊戲平林濯清水追涼風釣游鯉弋高鴻（弋繳射也七）諷於舞雩之下（雩祭旱之名也論語曾點其人浴乎沂風乎舞雩詠而歸至人無已也）詠歸高堂之上安神閨房思老（老子曰）氏之玄虛呼吸精和求至人之仿佛（莊子與達者論之文）者數子論道講書俯仰二儀錯綜人物彈（二儀天地也）南風之雅操發清商之妙曲（家語曰舜造南風之詩其詩曰南風之薰兮可以解吾人之慍兮南風之時兮可以阜吾人之財兮文王增二曰少宮羽少商凡七絃本五絃宮商角徵羽文王增二曰少宮少商最清也）消搖一世之上睥睨天地之間不受當時之責永保性命之期如是則可以陵霄漢出宇宙之外矣豈羨夫入帝王之門哉又作詩二篇以見其志辭曰飛鳥遺跡蟬蛻亡殼騰蛇弃鱗神龍喪角

王充論衡曰蟬蛆化為復育育復化為蟬蟬之去復
育龜之解甲蛇之脫皮可謂尸解矣蚘音式銳反爾
雅曰騰蚘有鱗廣雅曰龍螭解角用也
有角曰龍無角曰螭龍謂之脊上枝一日居下枝
谷上有扶木九日居下枝一日居上枝也
者北方夜半氣也九陽謂日也山海經曰湯
濯當發九陽代燭（霄摩天赤氣也在旁曰幃陵陽子經曰湯濯）
雲無轡騁風無足垂露成幃張霄成幃沆
瀣當發九陽代燭
至人能虛達士拔俗乘
恒星

豔珠朝霞潤玉六合之内恣心所欲人事
可遺何為促大道雖夷見幾者寡任意
無非適何物無可古來繞天上埋憂地下叛散
何為至要在我寄愁天上埋憂地下叛散
五經滅弃風雅百家雜碎請用從火抗志
山栖游心海左元氣為舟微風為柂
敷翔太清縱意容冶尚書令荀或聞統
反可奇之舉為尚書郎後參丞相曹操軍事
名奇之舉為尚書郎後參丞相曹操軍事
每論說古今及時俗行事恒發憤歎息因
著論名曰昌言（昌當作也尚書曰汝亦昌言）凡三十四篇十
余萬言獻帝遜位之歲統卒時年四十一
友人東海繆襲常稱統才章足繼西京董
賈劉楊（伯師御史府後至尚書光祿勳）

後漢列傳三十九

十九

任昌

今簡

攝其書有益政者略載之云
理亂篇曰豪傑之當天命者未始有天下
之分者也無天下之分故戰爭者競起焉
于斯之時並偽假天威矯據方國擁甲兵
與我角才智勇力與我競雌雄不知去
就疑誤天下蓋不可數也我知者皆窮角
力者皆負形不堪復伉甚不足復校乃始
羈首係頸就我之銜紲耳（銜勒也紲繮也）
為我之尊長矣或曾與我為等儔矣或曾
臣虜我矣或曾執囚我矣彼之蔚蔚皆匈（蔚與鬱古字通）
譬腹詛我之不成而以奮其前
志詎肯用此為終死之分邪及繼體之時
民心定矣普天之下賴我而得生育我
而得富貴安居樂業長養子孫天下晏然
皆歸心於我矣豪傑之心既絕士民之志
已定貴有常家尊在一人當此之時雖下
愚之才居之猶能使恩同天地威侔鬼神
暴風疾霆不足以方其怒陽春時雨不足

後漢列傳三十九

二十

答案

以喻其澤周孔數千無所復角其聖貢育

百萬無所復奮甾其勇矣彼後嗣之愚主見

天下莫敢與之違自謂若天地之不可亡

也乃奔其私嗜騁其邪欲君臣宣淫上下

同惡〔左傳洩冶諫陳靈公曰公卿宣淫民無効焉杜預注云宣示也〕

之觀耳窮鄭衛之聲〔武帝元封三年作角觝戲義云兩兩相當角力角伎藝射御故名角觝蓋雜伎樂以巴俞戲魚龍蔓延之屬也後更名平樂觀禮記曰鄭音好濫淫志也目極角觝〕

廢庶政弃亡人物澶漫彌流無所底極〔澶漫謂流漫也澶音徒旦反揚〕

入則耽於婦人出則馳於田獵荒

〔信任親愛者盡俟諂

容說之人也寵貴隆豐者盡后妃姬妾之

家也使饑狼守庖厨飢虎牧牢豚遂至熬

天下之脂膏斷生人之骨髓怨毒無聊禍

亂並起中國擾攘四夷侵叛土崩瓦解一

朝而去昔之為我哺乳之子孫者今盡是

我飲血之寇讎也至於運徒執去猶不覺

悟者豈非富貴生不仁沈溺致愚疾邪存

亡以之迭代政亂從此周復天道常然之

大數也〔必復天之道也〕又政之為理者取一

切而已非能斟酌賢愚之分以開盛襄之

數也日不如古彌以遠其豈不然邪漢典

以來世無數焉編戶齊民而以財力相君

長者世無數焉清絜之士徒自苦於茨

棘之閒無所益損於風俗也豪人之室連

〔史記曰轉轂百數廢居蓄邑注云琦瑋也侯盈尺也〕棟數百膏田滿野奴婢千羣徒附萬計

船車賈販周於四方廢居積貯滿於

都城〔有所廢有所蓄言其乘時射利也〕琦賂寶〔陳振〕

貨巨室不能容〔琦瑋也可以琦實必侯盈尺也〕馬牛

羊豕山谷不能受妖童美妾填平綺室倡

謳妓樂列乎深堂賓客待見而不敢去車

騎交錯道路而不敢進三牲之肉臭而不可食

清醇之酎敗而不可飲睇盼則人從其目

之所視喜怒則人隨其心之所慮此皆公

侯之廣樂君長之厚實也苟能運智詐者

則得之為〔苟能得之者人不以為罪焉〕源

發而横流路開而四通矣求士之舍榮樂

而居窮苦〔舍音式者反〕弃放逸而赴束縛夫誰
肯爲之者邪〔束縛謂自潔清如拘執也〕夫亂世長而化世
短亂世則小人貴寵君子困賤當君子困
賤之時踽踽厚地猶恐有鎮厭之禍
也〔詩小雅曰謂天蓋高不敢不踽毛萇注云踽曲地踽累足也〕逮至
清世則復入於矯枉過正之檢老者毫矣
挂不赦之罪豈苟目能辯色耳能辯聲口
能辯味體能辯寒溫者將皆以脩絜爲譁
惡設智巧以避之焉況有安而樂之者
邪斯下世人主一切之慾也昔春秋之時
周氏之亂世也逮乎戰國則又甚矣秦政
乘并兼之執放虎狼之心〔政始皇名也〕屠裂天下
吞食生人暴虐不已以招楚漢用兵之苦
其於戰國之時也漢二百年而遭王莽之
亂〔漢至王莽篡位二百一十者全數〕計其殘夷滅亡
之數又復倍平秦項矣以及今日名都空

〔亂之時是使奸人擅無窮之福利而善士
不能及寬饒之俗少者方壯將復困於衰〕

朱明 二十三

而不居百里絕之時也悲夫不及五百年者不可勝數
甚於亡新之時也悲夫不及五百年大難
變而彌猜下而加酷〔後也猶推此以往可又〕
於盡矣嗟乎不知來世聖人救此之道將
何用也又不知天若窮此之數欲何至邪
損益篇曰作有利於時制有便於物者可
爲也事有乖於數法有翫於時者可改也
故行於古有其迹用於今無其功者亦不
不變而不如前易而多所敗者亦不可
不復也漢之初興分王子弟委之以士民
之命假之以權於是驕逸自恣志
意無厭魚肉百姓以盈其欲報蒸骨血以

〔凡郡國一百三縣邑一千一百八十
國二百四十一道三十四侯
里東西九千三百二里南北
百六十九里人户千二百萬四
口五千九百五十九萬四千九百七十八此漢家極
盛之時遭王莽亂光武中興
前裁十三二邊方萧條無子遺孝靈遭黃巾之亂
獻之時遭王卓之禍英雄鋒白骨野兵之宼於
亂相尋三十餘年三方鼎寧萬不存一也此漢家極
云秦末及王莽并獻帝時也〕

〔三王二帝通在位四十九年前漢二百三
十年後漢百九十五年故
云不及五百年地三起謂
秦末及王莽并獻帝時也〕
三起 下猶推此以往可又

郭煒 二十四

【後漢列傳三十九】

快其情上有簒叛不軌之姦下有暴亂殘
賊之害雖藉親屬之恩蓋源流形勢使之
然也降爵削土稍稍割奪卒至於坐食奉
祿而已然其根本輕故其恩義猶假一日之
焉故淺其行淫昏之罪猶尚多
可鞭笞叱咤而使唯我所為者平時政彤
尊收士民之用況專之於國擅之於嗣豈
敝風俗移易純樸已去智惠已來惠出有大
偽
出於禮制之防放於嗜欲之域久矣固
不可授之以柄假之以資者也是故收其
弈世之權校其從橫之執善者早登否者
早去 故下土無壅滯之士國朝無
專貴之人此變之善可遂行者也井田之
變豪人貨殖館舍布於州郡田畝連於方
國身無半通青綸之命而竊三辰龍章之
服
不為編戶一伍之長而有千室名邑之役

二五

【後漢列傳三十九】

周禮小司徒職五人為伍五伍有長
論語孔子曰千室之邑百乘之家言豪強之家身無
品秩於公庶也榮樂過於封君執力侔於守令
財賂自營犯法不坐刺客死士為之投命
至使弱力少智之子被穿帷敗寄死不斂蓋
免枉窮困不敢自理雖亦由網禁疏闊之
奢儉非井田實莫由也此變有所敗而宜
立至化之基趾齊民財之豐寡正風俗之
分田無限使之然也今欲張太平之紀網
復者也肉刑之廢輕重無品下死則得髡
鉗下髡鉗則得鞭笞 死者不可復生
而髡者無傷於人髡笞不足以懲中罪安
得不至於死哉
夫雞狗之攘竊男女之淫奔酒醴之
賂遺謬誤之傷害皆非值於死者也殺之
則甚重 則其輕 中刑以稱其罪
則法令安得不參差殺生安得不過謬乎
今患刑輕之不足以懲惡則假臧貨以益其罪託
罪託疾病以諱殺

二六

條無所準名實不相應恐非帝王之通法
聖人之良制也或曰過刑惡人可也過刑
善人當可復哉曰君前政以來未曾枉害
善人者則有罪不死也亦當殺之也是為忍
於殺人也而不忍於刑人也今令五刑有
品輕重有數科條有序名實有正非殺人
逆亂鳥獸之行甚重者皆勿殺鳥獸之行
周氏之祕典續呂族之祥刑此又宜復之嗣
善者也

君子之道也陰二君一臣小人之道也
以長一伍者也一國之君才足以君一國
者也天下之王才足以王天下者也愚役
上者也眾者為人下者也一伍之長為人
於智猶枝之附幹此理天下之常法也制
國以分人立政以分事人遠則難綏事總
則難了今遠州之縣或相去數百千里雖

多山陵湖澤猶有可居人種穀者為當更
制其境界使遠者不過二百里明版籍以
相數閱審什伍以相連持
田徇陳注云版名籍也
厲風俗戮奸慝以叙官宜簡精悍以習師
作以一本業敦教學以移情性表德行以
益君長以興政理急農桑以豐委積去末
限夫田以斷并兼定五刑以救死亡
司馬法曰步百為畝畝百為夫夫三為屋屋三為井
戰嚴禁令以防僭差信賞罰以驗懲勸糾
游戲以杜奸邪察苛刻以絕煩暴審此十
六者以為政務操之有常課之有限安寧
勿懈惰有事不迫遽聖人復起但不能易也
向者天下戶過千萬除其老弱但戶一丁
壯則千萬人也遺漏既多又蠻夷戎狄居
漢地者尚不在為丁壯十八之中必有堪
為其什伍之長推什長已上則百萬人也
又十取之則佐史之才已上十萬人也又

十取之則可使在政理之位者萬人也以
筋力用者謂之人人求丁壯以才智用者
謂之士貴者老此制以用天下之人
猶將有儲何嫌乎不足也故物有不求未
有無物之歲也可以用天性宪人理興頓
也夫如此然後可以用天士有不用未有少士之世

廢屬斷絕 續猶也 網羅遺漏拱柙天人矣 拱頓
或曰善爲政者欲除煩去苛并
官省職爲之以無事之以無事何子言
音下甲反
也柙檻也柙

老子云爲無
爲事無事也

之云也
聖人未可師也
子用法制而至於化小人用法制而至於
亂均是一法制也或以之化或以之亂行
之不同也苟使豺狼牧羊豚盜跖主征稅
國家昏亂吏人放肆則惡復論損益之間
哉 烏惡音 夫人待君子然後化理國待蓄積
乃無憂患君子非自農桑以求衣食者也
蓄積非橫賦斂以取優饒者也奉祿誠厚

墓法也三代皆用肉刑及井
田之法令不用是不墓之也
曰若是三代不足墓
君
毛仙

則割剝貿易之罪乃可絕也蓄囷積誠多則
兵寇水旱之災不足苦也故由其道而得
之民不以爲奢由其道而取之民不以爲
勞天災流行開倉庫以稟貸不亦仁乎衣
食有餘損靡麗以散施不亦義乎彼君子
居位爲士民之長固宜重肉累帛朱輪四
馬今反謂薄屋者爲高藿食者爲清旣失
天地之性又開虛僞之名使小智居大位
庶績不咸熙未必不由此也得拘絜而失
才能非立功之實也 拘絜謂自拘束而絜其
廉舉而以貪去非士君子之志也 身者即隱逸之人也 去音默 夫以
不足以供養安能不少營私門乎從而罪
之是設機置穽以待天下之君子也 穽穿地也 陷獸也
選用必取善士善士富者少而貧者多祿
卒發橫稅弱人割奪吏祿所恃者寡所取
者很多也 很猶 萬里懸之首尾不救徭役並起
農桑失業兆民呼嗟於昊天貧窮轉死於

機弩牙也
橫猶
盜賊凶荒九州代作飢饉暴至軍旅
李芳
三十

溝壑矣今通肥饒之率計稼穡之入令畝
收三斛斛取一斗未為甚多一歲之間則
有數年之儲雖與非法之役恣奢侈之欲
廣愛幸之賜猶未能盡也不循古法規為
輕稅及至一方有警一回被災未逮三年
校計騫短坐視戰士之蔬食立望餓殍之
滿道如之何為君行此政也〔孟子曰今有餓莩而不知發趙注云貍莩〕

十稅一乎〔後漢列傳三十九〕二十稅一名之曰貊況三〔孟子曰吾欲二十而取一何如孟子曰子之道貊也趙岐注云貊夷貈之人在荒者曰莩在北方其氣寒不生五穀無中國之禮故可二十取一而足也此言欲輕稅也〕

更賦如舊〔更賦已見光武紀也〕今者土廣民稀中地未

薄吏禄以豐軍用緣於秦征諸侯續以四〔三十一〕夫

夷漢承其業遂不改更居國亂家此之由

也今田無常主民無常居吏食日稟〔稟給也〕

禄班未定可為法制〔定科租稅十一〕

墾地巳下未也〔上田巳耕唯中地未〕雖然猶當限以大家勿令

過制其地有草者盡曰官田力堪農事乃

聽受之若聽其自取後必為姦也

法誡篇曰周禮六典冢宰貳王而理天下〔爾雅曰冢大也冢宰謂副貳也周禮天官之六典以佐王理邦國一曰理典以經邦國二曰教典以擾萬姓三曰禮典以和萬姓四曰政典以正萬姓五曰刑典以糾萬姓六曰事典以生萬姓也〕

秋之時諸侯明德者皆一卿為政愛及戰〔春〕

國亦皆然也秦兼天下則置丞相之〔後漢列傳三十九〕

以御史大夫自高帝逮于考成因而不改

多終其身漢之隆盛是惟在焉夫任一人

則政專任數人則相倚政專則和諧相倚

則違戾和諧則太平之所興也違戾則荒〔三十二〕

亂之所起也光武皇帝慍數世之失權忿〔慍猶恨也數代謂元帝成哀平彊目謂王莽矯枉過直〕

政不任下雖置三公事歸臺閣〔臺閣謂尚書也自〕

此以來三公之職備員而已然政有不理

猶加譴責而權移外戚之家寵被近習之

豎親其黨類用其私人內充京師外布列

郡顛倒賢愚貿易選舉疲駑守境貪殘牧〔疲駑音火反〕

民挠擾百姓忿怨四夷〔挠音火反〕招致乖叛亂

離斯瘼〔瘼病也〕怨氣並作陰陽失和三光虧

缺怪異數至蟲螟食稼水旱為災此皆戚
官之臣所致然也反以策讓三公至於死
免乃足為叫呼蒼天號咷泣血者也又中
世之選三公也務於清愨謹愼循常習故
者是婦女之檢柙鄉曲之常人耳惡足以
居斯位邪（檢柙猶規矩也）尅尅如彼選又如此而
欲望三公勳立於國家績加於生民不亦
遠乎昔文帝之於鄧通可謂至愛而猶展
申徒嘉之志（展猶申也文帝時太中大夫鄧通居上傍有怠慢禮丞相申屠嘉奏
斬通頻首首盡出血文帝使人召通謝丞相曰此吾弄臣君
其釋之）夫見任如此則何患於左右小臣哉
至如近世外戚官豎請託不行意氣不滿
立能陷人於不測之禍惡可得彈正者哉
曩者任之重而責之輕今者任之輕而責
之重賈誼感絳矦之困辱因陳大臣廉
恥之分開引自裁之端（文帝時賈誼上書曰大
臣有罪不斬繚係引而
行也其有大罪者聞命則北面再拜跪而自裁之也是時丞相絳矦周勃免就國人
有告勃謀反繫長安獄卒無事復爵邑故誼以此
上上深納其言是後大臣有罪皆自殺不受刑也　誼）

自此以來遂以成俗繼世之主生而見之
習其所常曾莫之悟嗚呼可悲夫左手據
天下之圖右手刎其喉愚者猶知難之況
明哲君子哉（言光武奪三公之重以權
數代遂不遵行此為
三公虛名后黨親故也　更甚光武不假后黨威權）
重至今而加甚不假后黨以權數世而不
行蓋親疏之勢異也（言不以重利害其
生事見莊子）母后之黨左右之人有
此至親之勢故其貴任萬世常然之敗無
世而無之斯鑒亦可痛矣未若置丞
相自總之若委三公則且分任責成夫使
為政者不當與之婚姻婚姻者不當使之
為政也如此在位病人（病人謂萬
姓困敝也）舉用失賢
百姓不安天地多變人物多妖
然後可以分此罪矣或曰政在一人權甚
重也曰人實難得何重之嫌昔者霍禹實
憲鄧隲梁冀之徒籍外戚之權管國家之
柄及其伏誅以一言之詔詰朝而決何重
之畏平今夫國家漏神明於媟近輸權重

於婦黨第十世而為之者入九焉不此之

罪而彼之疑何其詭邪〔此謂后黨故謂三公也諡談遠也〕大略歸平

論曰百家之言政者尚矣夫遭運無恒意見

寧固根柢華易時敝也〔赫胥氏大庭氏並古之帝號莊子曰夫赫胥氏之時民居而不知所為行而不知所之也〕

偏雜故是非之論紛然相珉嘗試妄論之

情故萌生〔聖人鶉居而鷇食鳥行而無彰莊子曰夫至德之世同與禽獸居族與萬物並惡乎知君子小人哉〕則應俗適事難以常條

山川之奧未足況其紆險〔易繫辭曰知周乎萬物而道濟天下〕

雖周物之智不能研其推變

如使用審其道則殊塗同會才奧其分則〔易繫辭曰天下同歸而殊塗一致而百慮〕

一豪以乖也〔豪猶釐也言其人審得其道也授非其才奧其分則差以豪釐失之千里也〕

則天同極施舍之道宜無殊典文朴遞行〔莊子曰立聖人之道而損益異運文朴遞行也〕

何以言之若夫玄聖御世〔莊子曰立聖人之道而損益異運文朴遞行也〕

〔百慮易繫辭曰天下一致而百慮其致也猶言法天之道同天之道也〕用明居晦回

〔論語孔子曰殷因於夏禮所損益可知也禮記曰文武之道未墜於地又復曰用明居晦回〕

猶致也言法天之道同〔回沈猶摧如也朴質也禮記曰文質再而復始〕

沈於襄時與戈陳組參差於上世〔沈沈猶摧也〕

音穴

及至戴黃屋服締衣豐薄不齊而致

〈後漢列傳三十九〉 王充 三十五

化則一〔聞書音義曰天許章以黃繒為蓋裏故曰黃衣繒也韓子曰堯之王天下也冬日鹿裘夏日葛衣〕

乃偏情矯用則枉直必過〔曲者過於直以諭為政者懲猛則傷寬懲奢則太儉傷寬則小人放縱太儉則萬慮不能展故矯枉者過其正可以言也〕

非必同此其分波而共源百慮而防〔正曲者過於直則太儉寬則傷猛故萬慮萬慮〕

乃有宥公族縣國儲寬慘巨隔而防〔史記秦孝公太子犯法衛鞅曰太子君嗣也不可施刑刑其傅公孫賈孟子曰嬌正也枉過直也言〕

敝由崇儉〔詩魏風履霜急而無德以諭以析諸侯彊盛如尾大然左傳曰末大必折尾大不掉〕

覆霜鄭玄注云詩曹風序曰好蟋蟀者也詩魏風履霜儉利其戒也〔冬猶履霜〕

在窮賒〔衣裳楚楚詩曹風序曰好奢也詩曹風蜉蝣之羽衣裳楚楚毛萇注云蜉蝣渠略也朝生暮死猶有羽翼以自飾小人也喻曹朝蠶旦皆以朝生夕死無富貴而皆驕奢〕

禁厚下以尾大陵弱〔小人也徒飾其衣裳不知死亡之無日諭朝蠶喻曹朝室微厚下謂禁防制太寬厚以至分崩也〕

薄分崩〔法以自分崩也末大必折尾大不掉言秦酷無宇末大必折尾大不掉也〕

諸侯強盛如尾大然左傳曰末大必折尾大不掉也

平國風周秦末載所以彰於微滅故用舍〔斂威峻罰以苟〕

之端興敗資焉是以繁簡相濟〔書鶬鼎事有可詳三章在令取貴能約〕

刑書鶬鼎事有可詳三章在令取貴能約〔左傳曰鄭人鑄刑書杜預注云鑄刑書於鼎以為國之常法也高祖初入關除秦苛法約法三章言其辭〕

約不

太叔致猛政之襄國子流遺愛之涕

左傳曰鄭子產有疾謂子大叔曰我死子必爲政惟有德者能以寬服人其次莫如猛聞之出涕曰古之遺愛也鄭穉稚公子國之子因以爲姓也

宣孟改冬日

之和平陽循畫一之法斯實施張之弘致

宣孟晉大夫趙盾也左傳賈季曰趙衰冬日之日也趙盾夏日之日可愛夏日可畏前書曰蕭何爲法講若畫一曹參爲相國平陽侯曹參爲相國代之守而勿失也

數子之言當世失得皆

究矣然多謬通方之訓好申一隅之說謂一

其清靜人以寧一戴方偏見也

貴清靜者以席上爲腐議束名實者

宣孟晉大夫趙盾也席上謂儒也腐朽也禮記儒有席上之珍

以柱下爲誕辭

柱下老子也誕虛也言志各不同也 或推前

王之風可行於當年有引救敝之規宜流

珍曰高祖折隨何安用腐儒哉

於長世稽之篤論將爲敝矣如以舟無推

古法不施於今猶舟於陸也今法有

陸之分瑟非常調之音

瑟可移柱而調也莊子曰是推舟於陸勞而無功也

拘玄以妨素則化樞各管其極理略可得

合於時如瑟可移柱而調也董仲舒曰爲政不行甚者必變而更化之乃可理也

而言與 余音

三十七

後漢書列傳第三十九

贊曰管視好偏羣言難一救朴雖文矯遲

必疾舉端自理滯隅則失詳觀時蠱成昭

政術

滯隅謂偏乾一隅也淮南子曰非循一隅之指而不與俗推移也 跡之路守一隅之

三十八

唐章懷太子賢　注

千乘哀王建　　陳敬王羨
彭城靖王恭　　樂成靖王黨
下邳惠王衍　　梁節王暢
淮陽頃王昞　　濟陰悼王長

〔伏記五〕後漢列傳四十

子國除

孝明皇帝九子賈貴人生章帝陰貴人生
千乘哀王建永平三年封明年薨年少無
梁節王暢餘七王本書不載母氏〔本書謂云觀記也〕

國肅宗性篤愛不忍與諸王乖離遂皆留
京師明年宗輿地圖令諸國戶口皆見租
入歲各八千萬羨博涉經書有威嚴與諸
儒講論於白虎殿七年帝以廣平在比多
有邊費〔廣平縣故城在今洺州永年縣北〕乃徙羨為西平王〔西平縣屬汝南郡也〕分汝南八縣為國及帝崩遺詔徙

陳敬王羨永平三年封廣平王建初三年
有司奏遣羨與鉅鹿王恭樂成王黨俱就

封為陳王食淮陽郡其年就國立三十七
年薨子思王鈞嗣鈞立多不法遂行天子
大射禮〔天子將祭擇士而祭謂之大射大射之禮皮方制之樂正虞九節諸侯射熊虎豹麋豕天子熊羆虎豹麋鹿豺狐之屬〕

永元十一年遂使客隗久〔作文或殺儀家屬〕

相得者輒陰中之憎怨敬王夫人李儀等
吏捕得久繫長平獄〔長平縣屬陳國〕鈞欲斷絕辭
語復使結客篡殺父事發覺有司舉奏鈞
坐削西華項新陽三縣〔西華縣故城在今陳州殷城縣也新陽故城在今豫州真陽縣西南也項古今注曰項縣屬汝南郡宜樣屬汝南郡也〕

後鈞取掖庭出女李娥為小妻娥了子反〔高亭縣也〕

復坐削圉禄扶溝三縣〔圉扶溝並屬陳留郡宜樣屬汝南郡也〕

初七年封敬王孫安國為耕亭侯鈞立二
十一年薨子懷王竦嗣立二年薨無子國
絕永寧元年立敬王子安壽嗣其後崇為陳

王是為頃王立五年薨子孝王承嗣承薨
子愍王寵嗣憙平二年國相師遷追奏前
相魏愔與寵共祭天神希幸非冀罪至不
道有司奏遣使者案驗是時新誅勃海王
悝被誣謀反自殺也靈帝不忍復加法詔檻
車傳送悝遷詣北寺詔獄使中常侍侍御史雜
考愔辭與王共祭黃老君求長生福而已
無它異幸愔等奏愔職在匡正而所為不
端遷誣告其王罔以不道皆誅死有詔赦
寵不安寵善弩射十發十中中皆同處
書曰寵射其祕法以天覆地載參連為奇
三小三微為經三小為緯緯相將萬勝之方然要
于機中平中黃巾賊起郡縣皆弃城走寵
有彊弩數千張出軍都亭 置軍營於國 國人
歸之者衆十餘萬人及獻帝初義兵起寵
素聞王善射不敢反叛故陳獨得完百姓
率衆屯陽夏縣 夏音公雅反 自稱輔漢大將
軍國相會稽駱俊素有威恩時天下飢荒

鄰郡人多歸就之俊傾資賑贍並得全活
後袁術求糧於陳而俊拒絕之術忿恚遣
客詐殺俊及寵陳由是破敗
謝承書曰俊字孝遠烏傷人察孝廉補尚書侍郎擢拜
達府主意生男女以駱為名姓術使部曲將張闓 [小字]
到陳行到陳留止傳舍詐殺俊一郡吏人哀號如喪父母
復租祿而數見虜奪并日而食轉死溝壑
者甚衆夫人姬妾多為丹陽兵烏桓所略
是時諸國無

云 彭城靖王恭永平九年賜號靈壽王 取其美名
記曰賜號末有國邑也 也下重熹王亦同東觀
初三年徙封江陵王改南郡為國十五年封為鉅鹿王建
年三公上言江陵在京師正南不可以封
乃徙為六安王以廬江郡為國恭薨遣
詔徙封彭城王食楚郡其年就國恭敦厚
威重舉動有節度吏人敬愛之永初六年
封恭子阿奴為竹邑侯 竹邑縣屬沛郡故城在今徐州符離縣也竹邑
或為邑字元初三年恭以事怒子酺酺自殺
東觀記曰恭子男丁前物故酺悔慢丁小妻恭怒開
酺馬廄酺亡夜詣彭城縣欲上書恭遣從官吏頭曉

【上欄】

令歸數責之過乃自殺也

國相趙牧以狀上因誣奏兼祠

祀惡言大逆不道有司奏請誅之恭上書

自訟朝廷以其素著行義令考實無徵

坐下獄會赦免死 決錄注曰牧字仲師長安人少知名以公正稱春秋會事樂恢恢以直諫牧為侍御史會稽太守皆有纖績及誣奏恭安帝疑其母丘歆覆案其事下牧廷尉會赦不誅終於家

恭立四十六年薨子

道立二十八年薨子頗嗣和元年考王道嗣元初五年封道弟三人為鄉侯 東觀記曰丙為都鄉侯國恭孫順為東安亭侯為安鄉矣丁為曾陽鄉侯矣定嗣本初元年

封定兄弟九人皆為亭侯 東觀記曰定弟卞亭侯光昭陽亭侯固公梁亭侯興蒲亭侯杷梁父亭侯堅西安亭侯也 定立四

年薨子孝王和嗣和性至孝太夫人薨行喪陵次毀齒過禮傳相以聞桓帝詔使奉

牛酒迎王還宮和敬賢樂施國中愛之初平中天下大亂和為賊昌務所攻避奔東

阿後得還國立六十四年薨孫祇嗣立七年魏受禪以為崇德矣

樂成靖王黨永平九年賜號重熹王十五

後漢列傳四十

【下欄】

年封樂成王黨聰惠善史書喜正文字與

肅宗同年尤相親愛建初四年以清河之游觀津勃海之東光成平深郡之中水饒

陽安平南深澤八縣益樂成國 前書及郡國志清河無觀津故城在今德州蓨縣東北東光縣南深澤在景城縣南水在今瀛州樂壽縣西北此南深澤縣在今定州深澤縣東也

遵法度舊典禁宮人出嫁不得適諸國有故掖庭技人哀置嫁為男子章諸妻者無官爵也 陳壽

黨召民置入宮與通初欲上書告 太子末一百六

之黨恐懼乃密賂哀置姊焦使殺初事發覺黨乃縊殺內侍三人以絕口語又取故

中山簡王傳妷李羽生為小妻永元七年國相舉奏之和帝詔削東光鄃二縣 郭縣屬鉅鹿郡

郭音卷堯反 立二十五年薨子哀王崇嗣立二月

薨無子國絕明年和帝立崇兄脩侯巡為 脩縣又蓨縣或作脩皆屬勃海蓨字亦

樂成王是為釐王 勃海蓨縣王脩侯巡立十五

年薨子隱王賓嗣立八年薨無子國絕明年復立濟北惠王子萇為樂成王後萇到

後漢列傳四十

國數月驕淫不法恣過累積異州刺史與
國相舉奏萇罪至不道安帝詔曰萇有醜
其面而放逸其心（醜姑也言面姑然）知陵廟至
重承繼有禮不惟蒞苾之節肅穆之慎乃
敢擅損犧牲不備蒞苾（詩小雅曰苾苾芬芬孔明也）
大姬不震厭教（大姬即萇所繼之母震懼也）出入顛覆風
淫于家娉取人妻饋遺婢妾毆擊吏人專
巳凶暴恣罪莫大甚可恥也朕臨覽八辟之
議不忍致之于理（周禮司寇以八辟麗邦法一曰議親之辟二曰議賢之辟三曰議能之辟四曰議能之辟五曰議功之辟六曰議貴之辟七曰議勤之辟八曰議賓之辟）其貶

簡統失序困以尉承大姬增懷永歎（臨湖屬廬江郡）朕無則哲之明致
萇爵為臨湖侯尚書侍郎泠宏議以為自非聖人不能無過故王太子生為立賢師傅以訓導之是以目不見惡可以訓外保其杜稷高明方終其少長蕃國微生過庭之訓非臣開周官謹黨恭恩恩庶幾少長蕃國微生過庭之訓非臣開周官謹黨恭恩恩隨不義臣聞周官謹黨恭恩恩阿為非赫大惡可裁削其租賦令得改過自新革心向道寮與宏共泰此香之辭也
王子得嗣靖王後以樂成比廢絕故改國延光元年以河閒孝
曰安平是為安平孝王立三十年薨子續

立中平元年黃巾賊起為所劫質凶子廣
宗（今貝州宗城縣也）也隨室讓改為賊平復國其年秋坐不道
被誅立三十四年國除
下邳惠王衍永平十五年封衍有容貌肅
宗即位常在左右建初初冠詔賜衍師傅
巳下官屬金帛各有差四年以臨淮郡及
九江之鍾離當塗東城歷陽全椒合十七（鍾離在今豪州鍾離縣東當塗東城在定遠縣東南歷陽和州）
縣益下邳國（滁州縣也）
帝崩其年就國衍後病荒忽而
太子卬有罪廢嫡妾爭欲立子為嗣連上
書相告言和帝憐之使彭城靖王恭至下
邳正其嫡庶立子成為太子（東觀記載和帝詔曰皇帝問彭城）
城王始夏無恙蓋聞堯親九族萬國和睦及至末葉妃后之疾家用不寧尋妾適庶諸子分爭紛紜至今崩亂甚傷之惟王與下邳王恩義至親正此國嗣未知所定朕惟王仁惠得其中也下邳諸子字頑凶失道不足以奉祭祀為宗廟主惟仁王其正嫡庶之序春秋之義大居正孔子曰唯仁者能好人能惡人禮嫡庶重別儲嗣宜慎好惡莫不慎嫌疑焉可不慎之哉名德及景風行立五十四年薨子貞王成嗣
永建元年封成兄二人及惠王孫二人皆

為列侯成立二年薨子愍王意嗣陽嘉元
年封意弟八人為鄉亭侯中平元年意遭
黃巾弃國走賊平復國數月薨立五十七
年年九十子哀王冝嗣數月薨無子建安
十一年國除

初二年封暢舅陰棠為西陵侯〔西陵縣屬江夏郡〕九
國肅宗立緣先帝之意賞賜恩寵甚篤建
貴人有寵暢尤被愛幸國土租入倍於諸
梁節王暢永平十五年封為汝南王母陰

年徙為梁王以陳留之鄾寧陵濟陰之薄〔鄾今許州臨陵縣也單父也〕
單父己氏成武凡六縣益梁國〔今宋州縣也薄故城在今曹州考城縣東北單父也成武今曹州縣也〕
導法度歸國後數有惡夢從官卜巳自言
帝崩其年就國暢性聰惠然少貴驕頗不
〔今宋州縣也己氏今宋州楚丘縣也成武今……〕
能使六丁善占夢〔六丁謂六甲中丁謂六甲中丁卯為神甲寅旬中則丁巳為神之類也役使之法先齋戒然後其神至可使致速方物及知吉凶也〕
十筮又暢乳母王禮等因此自言能見鬼
神事遂共占氣祠祭求福巳等詐媚云神

言王當為天子暢心喜與相應答永元五
年豫州刺史梁相舉奏暢不道考訊辭不
服有司請徵暢詣廷尉詔和帝不許有
司重奏除暢國徙九真帝不忍但削成武
單父二縣暢慚懼上疏辭謝曰臣天性狂
愚生在深宮長養傅母之手信惑左右之
言及至歸國不知防禁從官侍史利臣財
物茭惑臣無所昭見與相然諾不
自知陷死罪以至考案肌慄心悸自悔無
所復及自謂當即時伏顯誅魂魄去身分
歸黃泉不意陛下聖德枉法曲平不聽有
司曲平曲法申恩平慮其罪横貸赦臣戰慄連月未敢自
安上念以負先帝而令陛下為臣收汙天
下〔汙惡也天下以帝赦王以為惡故言收惡天下也〕
為惡故言收惡天下也
相連臣暢知大貸不可再得自誓束身約
妻子不敢復出入失繩墨不敢復有所橫
費租入有餘乞裁食睢陽穀孰虞蒙寧陵
五縣還餘所食四縣臣暢小妻三十七人

其無子者願還本家自選擇謹勑奴婢二
百人其餘所受虎賁官騎及諸工技鼓吹
倉頭奴婢兵弩廄馬皆上還臣署臣以
骨肉近親聖化汙清流既得生活誠無
臣小善之路令天下知臣蒙恩得去死就
生願能自悔臣以公卿所奏臣罪惡詔書
常置於前晝夜誦讀臣小人貪見明時不
能即時自引惟陛下哀臣令得喘息漏刻
若不聽許臣實無顏以久生下入黃泉無
以見先帝許節量所留於臣暢饒足詔報
天恩不聽許此誠臣至心臣欲多還所受恐
曰朕惟王至親之屬淳淑之美傳相不良
不能防邪至今有司紛紛有言今王深思
悔過端自克責朕惻然傷之志匪由于咎
在彼小子（謂由下忌及王體等也）一日克己復禮天下
歸仁王其安心靜意茂率休德豈不云乎

一謙而四益小有言終吉
卒不許立二十七年薨子恭王堅嗣永元
六年薨子懷王匡嗣永建二年封匡弟
七人為鄉亭侯匡薨子順帝立
封匡弟孝陽亭侯成為夷王是為夷王立
二十九年薨子敬王元嗣立十六年薨子
彌嗣立四十年魏受禪以為崇德侯
淮陽頃王昞永平五年封常山王建初四
年徙為淮陽王以汝南之新安西華益淮
陽國立十六年薨未及立嗣永元二年和
帝立昞小子側復為常山王奉昞後是為
殤王立十三年薨父子皆未之國並葬京
師側無子其月立兄防子侯章為常山王
和帝憐章早孤數加賞賜延平元年就國
立二十五年薨是為靖王子頃王儀嗣永

建二年封儀兄二人為亭侯儀立十七年
薨子節王豹嗣永嘉元年封豹兄四人為嗣
亭侯豹立八年薨子皛嗣三十二年遭黃
巾賊弃國走建安十一年國除
濟陰悼王長永平十五年封建初四年以
東郡之離狐陳留之長垣益濟陰國立十
三年薨于京師無子國除
論曰晏子稱夫人生厚而用利於是乎正
德以幅之謂之幅利言人情須節以正其
德亦由布帛須幅以成其度焉〔左傳云齊景公與晏子坐
殿之邑六十晏子不受曰夫富如布帛之有幅焉
之度使無遷也夫人生厚而用利以德以幅之
謂之幅利過則為敗吾是以幅之不使其多
不欲貪多所謂幅也〕明帝封諸子租歲不過
二千萬焉后為言而不得也〔東觀明紀曰皇
子之封皆減舊制蒼梁奧地圖皇后在旁言鉅鹿樂成廣平各數縣
租教百萬帝令滿二千萬止諸小王皆當略與楚淮
陽相比什減三四我子不當與先帝子等也〕賢哉豈徒儉約而已乎
知驕貴之無猒嗜欲之難極也故東京諸
矦鮮有至於禍敗者也
贊曰孝明傳胤維城八國陳敬嚴重彭城

〔十三〕 〔八後漢列傳四十〕 〔何容十〕

厚德下邳嬰疴梁節邪惑三藩夙齡〔淮陽濟
陰並早殘也〕
黨惟荒忒

後漢書列傳卷第四十

〔後漢列傳四十〕 〔十四〕 〔陳仲〕

列傳第四十一

范曄　後漢書五十一

唐章懷太子賢注

李恂　　陳禪

龐參　　陳龜

橋玄

李恂字叔英安定臨涇人也少習韓詩

教授諸生常數百人太守穎川李鴻 [諸所傳也]

諸郡功曹未及到而州辟為從事會鴻卒

恂不應州命而送鴻喪還鄉里既葬留起

冢墳持喪三年辟司徒相虞府後拜侍御 [後漢傳四十一]

史持節使幽州宣布恩澤慰撫北狄所過

皆圖寫山川屯田聚落百餘卷悉封奏上

蕭宗嘉之拜兗州刺史以清約率下常席

羊皮服布被遷張掖太守有威重時大

將軍竇憲將兵屯武威天下州郡遂近莫

不修禮遺恂奉公不阿為憲所奏免後復

徵拜謁者使持節領西域副校尉西域殷

富多珍寶諸國侍子及督使賈胡 [蕃國使主]

數遺恂奴婢宛馬金銀香罽之 [使也賈胡胡之商賈也]

屬一無所受北匈奴數 [袁山松書曰西域出香石蜜罽織毛為布者晉昌縣北廣志曰流沙在今瓜州有]

斷西域車師伊吾隴沙以西使命不得通 [前書曰車師前國王居交河城伊吾故城在王門關外東西數百里有]

諸生織席自給會西羌反畔恂到田舍為 [三隴也]

事免步歸鄉里潛居山澤結草為盧獨與 [三隴名曰斷也]

恂設購賞遂斬虜帥縣首軍門自

是道路夷清威恩並行遷武威太守後坐

謝時歲荒司空張敏司徒魯恭等各遣子 [後漢傳四十一]

餽糧悉無所受從居新安關下拾橡實以 [陳禪]

自資 [年楳楳實也武帝元鼎三年九十六卒] 於新安也 [續漢志曰每州刺史為從事也而考之也]

陳禪字紀山巴郡安漢人也仕郡功曹舉

善黜惡為邦內所畏察孝廉州辟治中從

事 [有持中從事也時刺史為人所上受納臧無它所齎但持喪]

賂禪當傳考而傳謂逮捕

敏之具而已及至答掠無筭五毒畢加禪

神意自若辭對無變車遂散釋車騎將軍

鄧騭聞其名而辟焉舉茂才時漢中蠻夷
反畔以檀為漢中大守夷賊聞其聲即
時降服遷左馮翊入拜諫議大夫永寧元
年西南夷檀國王（檀音徒丹反）獻樂及幻人能吐
火自支解易牛馬頭明年元會作之於庭
安帝與羣臣共觀大奇之檀獨離席舉手
大言曰昔齊魯為夾谷之會齊作侏儒之
樂仲尼誅之（家語曰魯定公與齊侯會於夾谷孔子攝相事齊奏宮中之樂倡優侏儒戲於前孔子趨曰匹夫而侮諸侯罪應誅於是斬侏儒手足異處）又曰放鄭
聲遠佞人（論語曰子之言）帝王之庭不宜設夷狄之
技尚書陳忠劾奏檀於門故詩云以雅以南
蘇任朱離（詩小雅鼓鍾之詩曰以雅以南四夷之樂惟南可以和於雅者其餘及禁毛詩注云東夷之樂曰韎南夷之樂曰任西夷之樂曰朱離北夷之樂曰禁禮記曰九夷八蠻之文也蓋見周禮五戎五）
於堂四夷之樂陳於門故詩云以雅以南
狄來朝於明（今檀國之外也）
齊門之外也（前書西域傳曰檀立於明今檀國山名也縣谷不通以繩索相引而度者去陽關五千八百八十里）萬里貢獻
非鄭衛之聲佞人之比而檀廷訕朝政（訕謗也）

（後漢傳四十）

也 請劾檀下獄有詔勿收左轉為玄菟候
城障尉（在候城縣遼東）詔敢不之官上妻子從者
名檀既行朝廷多訟之會北匈奴入遼東
追拜檀遼東太守胡憚其威彊退還數百
里檀不加兵但使吏卒往曉慰之單于隨
使還郡檀於學行禮為說道義以感化之
單于懷服遺以胡中珍貨而去及鄧騭誅
廢檀以故吏免復為車騎將軍閻顯長史
順帝即位遷司隸校尉明年卒於官子澄
有清名官至漢中太守檀曾孫寶亦剛壯
有檀風為州別駕從事顯名州里
龐參字仲達河南緱氏人也初仕郡未知
名河南尹龐奮見而奇之舉為孝廉左
校令坐法輸作若盧（獄名）永初元年涼州
先零種羌反畔遣車騎將軍鄧騭討之參
於徒中使其子俊上書曰方今西州流民
擾動二徵發不絕水潦不休地力不復其言
耗損不復於舊重之以大軍疲之以遠戍農功消

（後漢傳四十一）

於轉運資財竭於徵發田疇不得墾闢禾
稼不得收入搏手困窮無望來秋兩手相搏也
百姓力屈不復堪命臣愚以為萬里運糧
遠就羌戎不若總兵養衆以待其疲車騎
將軍鄧隲宜且振旅留征西校尉任尚使督
涼州士民轉居三輔休徭役以助其時止
其不意攻其不備則邊人之仇報奔北之

煩賦以益其財令男得耕種女得織紝維晉
云纖維織繒布也　然後畜精銳乘懈沮出
如深反杜預注左傳

恥雪矢書奏會御史中丞樊準上疏薦參
曰臣聞鷙鳥累百不如一鶚前書鄒陽諫吳
王之辭也鶚大
也鵬昔孝文皇帝悟馮唐之言而救魏尚之
罪使為邊守匈奴不敢南向前書馮唐謂文
帝曰臣聞魏尚為雲中守匈奴遠避
不相應文吏以法繩之愚以為陛下法大明而賞一言
為雲中守匈奴遠避不近雲中之塞上功莫府
輕文帝悅是日令唐持節赦魏尚復以為雲中守也
赦魏尚復以為雲中守也　夫以一臣之身折方
面之難者選用得也臣伏見故左校令河
南龐參勇謀不測卓爾奇偉高才武略有
魏尚之風前坐微法輸作經時今羌戎為

惠大軍西屯臣以為如參之人宜在行伍
惟明詔採前世之舉觀魏尚之功免赦參
刑以為軍鋒必有成效宣助國威鄧太后
納其言即擢參於徒中召拜謁者使西督
三輔諸軍屯而徵鄧隲還四年羌寇轉盛
於鄧隲曰比年羌寇特困隴右供徭賦記責音側
兵費日廣且連年羌寇特困隴右供徭賦記　今復
為損日滋官負人責數十億萬餘參奏記
募發百姓調取穀帛衛賣什物以應吏求

外傷羌虜內困徵賦所傷也　遂乃千里轉
糧遠給武都西郡西郡塗路傾阻難勞百端疾
行則剽暴為害遲進則穀食稍損運糧散
於曠野牛馬死於山澤縣官不足輒貸於
民民已窮矣將從誰求名救金城而實困
三輔三輔既困還復為西州士大夫所笑今
數言宜弃西域乃為金城之禍矣參前
苟貪不毛之地營恤不使之民恤憂也不使之人謂戎虜
山曠為用不暴軍伊吾之野以罷三族之外勞虜為用

【上半】

師救遠以爲
觀成之憂慮
果破涼州禍亂至今夫拓境不
寧無益於彊埸多田不耕何救飢敝故善爲
國者務懷其內不求外利務富其民不貪
廣土三輔山原曠遠民庶稀疏故縣丘城
可居者多也（丘空）今宜徙邊郡不能自存者
入居諸陵田戍故縣孤城絕郡以權徙之
此善之善者也隴及公卿以國用不足欲
轉運遠費貫聚而近之徭役煩數休而息之
從參議衆多不同乃止拜參爲漢陽太守

●後漢傳四十　七　李賢

郡人任棠者有奇節隱居教授參到先候
之棠不與言但以薤一大本水一盂置戶
屏前自抱孫兒伏於戶下主簿白以爲倨
參思其微意良久曰棠是欲曉太守也水
者欲吾清也拔大本薤者欲吾擊強宗也
抱兒當戶欲吾開門恤孤也於是歎息而
還見在職果能抑強助弱以惠政得民而
初元年遷護羌校尉畔羌懷其恩信明年
燒當羌種號多等皆降始復得還都令居

【下半】

通）河西路（縣今居縣屬金城郡令音零）
地詔參將降羌及湟中義從胡七千人（時先零羌豪儐號北／湟水）
擊之參於道爲羌所敗既已失期乃稱病（鄭州今在／與行征西將軍司馬鈞期會北地）
引兵還坐以詐徵下獄校書郎中馬融（六月之）
上書請之曰伏見西戎反畔寇鈔五州陛（詩小雅）
下愍百姓之傷痍哀黎元之失業單竭府
庫以奉軍師昔周宣獫狁侵鎬及方（詩曰侵鎬及方至於涇陽鄭玄注云鎬方皆北方地名）

●後漢傳四十　八　李賢

郡而宣王立中興之功文帝建太宗之號
非惟兩主有明叡之姿抑亦扞城有虓虎
之助（詩曰公侯干城又曰關如虓虎干扞也虓虎怒貌也）
是以南仲赫赫列在周詩亞夫赳赳載於漢策（詩曰赳赳武夫／赫赫南仲）
前護羌校尉龐參文
武昭備智略弘遠旣有義勇果毅之節兼
以博雅深謀弘遠又度遼將軍梁慬前統
西域勤苦數年還留三輔功効克立閒在
北邊單于降服今皆幽因陷於法網昔荀

林父敗績於邲晉侯使復其位

左傳曰晉荀林父及楚師戰於邲晉師敗績林父請死晉侯欲許之士貞子諫曰不可夫其敗也如日月之食何損於明晉侯使復其位

孟明視喪師於崤秦伯不替其官

左傳曰秦師於崤獲百里孟明視後敗師於崤秦伯猶用孟明視遂霸西戎故晉景并赤

狄之土秦穆遂霸西戎

左傳曰晉荀林父敗赤狄之晉侯賞士貞子狄遂滅之縣曰吾獲狄土用孟明也

折衝毗佐於聖化書奏赦參等後以參為

覽二君使參懵得在寬宥之科誠有益於

遼東太守永建元年遷度遼將軍四年入

為大鴻臚尚書僕射虞詡薦參有宰相器

之中參名忠直數為左右所陷毀以所舉

能順帝時以為太尉錄尚書事是時三公

用忤帝言司隸承風案之時當會茂才孝

廉參以被奏稱疾不得會上計掾廣漢段

恭因會上疏曰伏見道路行人農夫織婦

皆曰太尉龐參竭忠盡節徒以直道不能

曲心孤立羣邪之間自處中傷之地臣猶

異在陛下之世當蒙安全而復以讒侵傷

毀忠正此天地之大禁人主之至誠昔白

起賜死諸侯酌酒相賀季子來歸魯人喜

其紓難紓緩也季子魯公子季友也閔公之時國

大醫致羊酒後參夫人疾前妻子投於井

任以安社稷書奏詔即遣小黃門視參疾

忠安今天下咸欣陛下有此忠賢願參卒寵

夫國以賢化君以賢安

而殺之參素與洛陽令祝良不平

府案實其事乃上參罪遂因災異策免有

司以良不先聞奏輒折辱宰相坐繫詔獄

良能得百姓心洛陽吏人守闕請代其罪

者曰有數千萬人詔乃原刑陽嘉四年復

以參為太尉永和元年以父病罷卒於家

陳龜字叔珍上黨泫氏人也

泫氏故城今澤州高平縣也泫音

家世邊將便習弓馬雄於北州龜少

有志氣永建中舉孝廉五遷五原太守永

和五年拜使匈奴中郎將時南匈奴左部

【上欄】

反亂龜以單于不能制下外順內畔促令
自殺銜下獄免後再選拜京兆尹時三
輔強豪之族多侵枉小民龜到鷹威悉
平理其怨屈者郡內大悅會羌胡寇邊
長吏驅略百姓相帝以龜世諳邊俗拜為
度遼將軍龜臨行上疏曰臣龜蒙恩累世
馳騁邊垂雖展鷹犬之用頓斃胡虜之庭
竟骸不反薦享狐狸猶無以塞厚責萬
分也至臣頑駑器無鈆刀一割之用過受
國恩榮秩兼優生年死日永懼不報臣聞
三辰不軌擢士為相驅夷不恭拔卒為將
臣無文武之才而忝鷹揚之任

〈後漢傳四十一 十一〉

上慙聖朝下懼素餐（素空也無功而食為素餐）
軀體無所云補今西州邊郡土地塉埆（墝埆音確）
鞍馬為居射獵為業男寡耕稼（詩曰惟師尚父時維鷹揚）
之利女乏機杼之饒守塞候望縣命鋒鏑
聞急長驅去不圖反自頃年以來匈奴數
攻營郡（謂郡有屯兵即緣羌尉屯上谷之頬）殘殺長吏

【下欄】

侮略良細戰夫身膏沙漠居人首係馬鞍
或舉國掩戶盡種灰滅孤兒寡婦號哭空
城野無青草室如懸磬（左傳曰室如懸磬野無青草言其屋居如磬之縣下無所有）
雖舍生氣實同枯朽往歲并州水（更謂辛更鐵也）
雨災螟互生稼穡荒耗租更空闕
老者慮不終年少壯懼於困乏陛下以百
姓為子品庶以陛下為父焉可不日昃勞
神（書曰文王至于日中昃不遑暇食也）中昊不遑食以百
捨其子以禪虞舜者是欲民遭聖君不令

〈史記曰堯知子丹朱不肖不足授天下乃推授舜則天下得其利而丹朱病之授舜以天下則丹朱得其利而天下病故古公 毛萇〉

遇惡主也
杖策其民五倍（以皮幣王帛不能免王遂杖策而去踰梁山從於陽邑於周地幽人攻之事 五年成都三年成邑初也）
文王西伯天下歸之（帝王世紀曰王為百姓所附從如歸市一年成邑二年成都三年成邑初也 帝王世紀曰王為西伯至仁即太倉）
豈復興金輦寶以為民惠平近孝
文皇帝感一女子之言除肉刑之法（女子即太倉令淳于公之女緹縈也事見前書）
體德行仁為漢賢主陛下
繼中興之統承光武之業臨朝聽政而未

〈後漢傳四十 十二〉

〈史記曰〉

留聖意且牧守不良或出中官懼逆上言
取過目前呼嗟之聲招致災害胡虜凶悍
因衰緣隙而令倉庫單於豺狼之口至使
無銖兩之效皆由將帥不忠聚姦所致前
涼州刺史祝良初除到州多所糾罰太守
令長贓黜將半政未踰時功效卓然實應
賞異以勸功能改任牧守去斥姦殘又宜
更選匈奴烏桓護羌中郎將校尉簡練文
武授之法令除并涼二州今年租更寬赦　〈後漢傳四十一〉　十三
罪隸塲除更始則善吏知奉公之祐惡者　楊琁
覺營私之禍胡馬可不竊長城塞下無候
望之惠矣帝覺悟乃更選幽并刺史自營
郡太守都尉以下多所革易下詔為陳將
軍除并涼一年租賦以賜民龜茲素有隙
歲以億計也　經常　大將軍梁冀與龜茲有隙
州郡重足震慄鮮卑　挑取其名如挑戰之獨取其名也
諸其沮毀國威挑取功譽
義不為胡虜所畏坐徵還遂乞骸骨歸田

里復徵為尚書冀暴虐日甚龜茲上疏言其
罪狀請誅之帝不省自知必為冀所害不
食七日而死西域胡夷并涼民庶咸為舉
哀弔祭其墓
橋玄字公祖梁國雎陽人也七世祖仁從
同郡戴德學著禮記章句四十九篇號曰
橋君學成帝時為大鴻臚祖父基廣陵太
守父蕭東萊太守玄少為縣功曹時豫州
刺史周景行部到梁國玄謁景因伏地言　〈後漢傳四十一〉　十四
陳相羊昌罪惡乞為部陳從事　部猶　窮案　陳震
其姦景壯玄意署而遣之玄到悉收昌賓　領也
客具考臧罪景昌素為大將軍梁冀所厚冀
為馳檄救之玄致檻車徵玄由是著名舉孝廉
補洛陽左尉　左部尉也　時梁不疑為河南尹玄
以公事當詣府受對恥為所辱還鄉
里後四遷為齊相坐事為城旦刑竟徵再
遷上谷太守又為漢陽太守時上邽令皇

03-769

甫祐有臧罪玄收考殺笞死于冀市

冀縣名屬漢陽郡 一境皆震郡人上邽姜岐守道隱居

名聞西州玄召以爲吏稱疾不就玄怒勑

督郵尹益逼致之曰岐若不至趣嫁其母 趣音促

爲讒後士大夫亦競往諫玄乃止時頗以

將作大匠謝病免復公車徵爲司徒長史拜

起郡內帝末鮮卑匈奴及高句驪

嗣子伯固並畔爲寇鈔四府舉爲度遼

十五

將軍假黃鉞玄至鎮休兵養士殊俗後督諸

將守討擊胡虜及伯固等皆破散退走在

職三年邊境安靜靈帝初徵入爲河南尹

轉少府大鴻臚建寧三年遷司空轉司徒

素與南陽太守陳球有隙及在公位而薦

球爲廷尉玄以國家方弱自度力無所用

乃稱疾上疏引衆災以自劾遂策罷歲餘

拜尚書令時太中大夫蓋勳與帝有舊恩

前爲南陽太守臧數億以上立奏免外禁

錮沒入財賄帝不從而遷升侍中玄託病

免拜光祿大夫光和元年遷太尉數月復

以疾罷拜太中大夫就醫里舍玄少子十

歲獨游門次卒有三人持仗劫執之入舍

登樓就玄求貨玄不與有頃司隸校尉陽

球率河南尹洛陽令圍守玄家球等恐并

殺其子未欲迫之玄瞋目呼曰奸人無狀

玄豈以一子之命而縱國賊平促令兵進

於是攻之玄子亦死玄乃詣闕謝罪乞下

十六

天下凡有劫質皆并殺之不得贖以財寶

開張姦路詔書下其章初自安帝以後法

禁稍弛京師劫質不避豪貴自是遂絕玄

以光和六年卒時年七十五玄性剛急無

大體然謙儉下士子弟親宗無在大官者

及卒家無居業喪無所殯當時稱之初曹

操微時人莫知者嘗往候玄玄見而異焉

謂曰今天下將亂安生民者其在君乎操

常感其知己及後經過玄墓輒悽愴致祭

自為其文曰故太尉橋公懿德高軌汎愛
博容國念明訓士思令謨幽贊潛翳頹哉
緬矣操以幼年逮升堂室特以頑質見納
君子增榮益觀背由獎助猶仲尼稱不如
顏淵（論語孔子謂子貢曰汝與回也孰愈子貢對曰賜也何敢望回回也聞一以知十賜也聞一以知二子曰弗如也吾與汝俱不如也）
生厚歡賈復（李生奇之曰賈君器也）　士死
知已懷此無忘又承從容約哲之言祖沒
之後路有經由不以斗酒隻雞過相沃酹
車過三步腹痛勿怨雖臨時戲笑之言非
至親之篤好胡肯為此辭哉懷舊惟顧念
之悽愴也（惟思）奉命東征屯次鄉里北望貴
土乃心陵墓裁致薄奠（公其享之）（安七年曹　魏志曰建）
論曰任棠姜岐世著其清結甕牖而辭三
命（結撓猶莊也……）殆漢陽之幽人乎
躬求賢之禮故民悅其政橋玄厲邦君之
威而眾失其情夫豈力不足歟將有道在

馬（橋玄之舍蓋歲以道不可……如今其道可忘）
則彊梁勝矣語曰三軍可奪帥匹夫不可
奪志（鄭玄注論語言四夫……三軍之將者也）
金不失士心昔段干木踰牆之
命（魏文侯造其門段干木踰牆而避之）
門不納穆公之請（泄柳魯穆公時……泄柳閉門而不納章）
見孟貴必有所屈賤亦有所申矣
子
靡貳龜習邊功蓺起徙中橋公識運先覺
贊曰李恂勤身甘飢辭饋禋為君隱之死
時雄

後漢列傳卷第四十一

唐章懷太子賢注

崔駰　子瑗　孫寔

崔駰字亭伯涿郡安平人也高祖父朝昭
帝時為幽州從事諫剌史無與燕剌王通
及剌王敗擢為侍御史（燕剌王旦武帝之子生與上官桀等謀亂自殺剌力割反）
生子舒歷四郡太守所在有能名舒
小子篆王莽時為郡文學以明經徵詣公
車太保甄豐舉為步兵校尉篆辭曰吾聞（吳佐）
伐國不問仁人（前書董仲舒曰昔在魯君問柳下惠曰吾欲伐齊如何柳下惠曰不可歸而有憂色曰吾聞伐國不問於仁人此言何為至於我哉）戰陳不訪儒士（論語曰衛靈公問陳於孔子孔子對曰俎豆之事則嘗聞之矣軍旅之事未之學也）此舉奚
為至哉遂投劾歸（投辭自劾過不合應舉）篆嫌諸不
附己者多以法中傷之時篆兄弟
幸於莽位至大司空母師氏能通經學百
家之言篆寵以殊禮賜號義成夫人金印
紫綬文軒丹轂顯於新世後以篆為建新

大尹（莽政千乘郡曰建新中尹曰大尹　易曰无妄之行窮之方）篆不得已乃歎曰吾生
無妄之世值澆羿之君（易曰无妄之行窮之災也左傳曰昔有窮后羿以夏人代夏政因夏民以代夏政其國家滅因羿室生澆及豷恃其讒慝詐偽而不德於人澆音五弔反豷音許器反）
母下有兄弟安得獨潔己而危所生哉乃
遂單車到官稱疾不視事三年不行縣（志曰郡國常以春行所主縣勸人農桑振救乏絕）門下掾倪敞諫篆乃強
起班春（春令曰）所至之縣獄犴填滿（犴音岸前書音義曰鄉亭之繫曰犴朝廷曰獄）篆垂沸曰嗟乎刑罰不中乃陷人
於此皆何罪而至于是遂平理所出（王先）
千餘人掾吏叩頭諫曰朝庭初政州牧峻
刻（初政謂新即位）篆即位宥過申枉誠仁者之心然獨為
君子將有悔乎篆曰邾文公不以一人易
其身（左傳曰邾文公卜遷於繹史曰利於民不利於君邾子曰苟利於民孤之利也天生民而樹之君以利之也民既利矣孤必與焉命也遂遷于繹五月邾文公卒君子曰知命）君子謂之知命（史曰利於民而不利於君君子謂之知命）
初朝庭多薦言之者願之幽州剌史又舉篆賢
大尹贖多薦二千人蓋所願也遂稱疾去建武
良篆自以宗門受莽偽寵懟憾漢朝遂辭

歸不仕客居滎陽閉門漱思著周易林六
十四篇用決吉凶多所占驗臨終作賦以
自悼名曰慰志其辭曰

嘉昔人之遒辰兮　美伊傅之遲時

應規矩之淑質兮　超千載

何天衢於盛世兮

同斷金之玄策

豈脩德之極致兮　義和忽

愍余生之不造兮

六柄制于家門兮　王綱漼以陵遲
黎共奮以跋扈兮　爭涎狂以恣睢
睹嫚臧而乘舋

兮竊神器之萬機

嗟三事之我負兮　乃迫余以天威

豈無熊僚之微介兮　悼我

兮懼大雅之所譏

委命兮受符守平良維

遭閹而不隱兮　遲石門之高蹤而賢人

復關兮犯孔戒之冶容蛾眉於

悔兮慕白駒之所從

懿泯嵓之悟

乃稱疾而屢

復兮歷三祀而見許猶
兮託峻嶷以幽處
躓兮騁六經之奧府
兮乃云眷平建武
德滂以橫被兮黎庶愷
博延兮彼幽牧之我舉
分畫定而計決兮豈云貢平鄙耇
性命以盡齒　貴啓體之歸全兮庶不
恭平先子　篆生毅以疾隱身不
泰平先子　論語曰曾子有疾召門弟子曰啓余足
進取歡暮春之成服兮闔衡門以歸軌
聊優游以永日兮守
仕毅騆年十三能通詩易春秋博學有
偉才盡通古今訓詁百家之言善屬文少
游太學與班固傅毅同時齊名常以典籍
為業未遑仕進之事時人或識其太玄靜

皇再命而紹卹
運擾槍以電掃兮清六合之土宇
送懸車以絷馬兮絕時俗之
聖

將以後名失實兮嘲揚雄解嘲作達旨以
苟焉
或說已曰易稱備物致用可觀而有所合
故能扶陽以出順陰而入
其實有始有極爰登其質今子韞櫝六經
服膺道術
高談有日俯鉤深於重淵仰探遠乎九乾
於幽微測潛隱之無源然下不步卿相之
廷上不登王公之門進不黨以讚已退不
驥於庸人讚猶稱也獨師友道德合符葜真抱
隨時之宜道貴從凡
景特立與士不羣蓋高樹靡陰獨木不林
憲王僚而布官
和

德尚書曰唐虞稽古建官惟百夏商官倍亦臨雍
克用乂憲法也僚官也言法三王而建官之以
洋以恢儒疏軒晃以崇賢　天子辟雍諸侯頖
水圜而如辟也類半也諸侯半天子之官皆所以立學垂教也
孝揚茂化以砥仁義也　率惇德以厲忠
求鎮鋣於明智　選利器於良材
吳越春秋吳人也造二劍一曰干將二曰莫邪莫邪者干將之妻名也干將作劍采五山之精合六金之英吳人謂之美以聰明敏捷人之美也是以必且歷其立至其立是以尚且歷久其神臨觀所以尚驥迭以成劍說苑曰秦謂之莫石鷩馬亦能致遠是以聰明敏捷人之

據高軒望朱闕夫欲千里而咫尺未發
文子曰智通　八
不以此時攀台階閶紫闥
三台謂三公也三公之象也

蒙竊惑焉故英人乘斯時也萬人謂之英
怨猶逸禽之赴深林蝰蚖之趣大沛
千人謂之俊　蝰小蟲蚖之類蝰音芮說文曰秦謂之蝰楚謂之蝰孟子曰汚池沛澤劉熙曰沛水草相半　胡

為嘿嘿而久沈滯也咨曰有是言乎子奇
欲勉我以世路不知其跌而失吾之度也
古者陰陽始分天地初制之設反　皇綱云
緒矣乃設傳序歷數三代興滅昔大庭
尚矣赫胥罔識　大庭赫胥並古帝王號也罔無也識記也　淳樸
散離人物錯乖高辛攸降厥趣各違
氏高辛帝也

道無常稽與時張弛隨時施張不考失仁
為非得義為是　老子曰失道後德失德後義失義後禮後君
子通薆各審所顧故士或掩目而淵潛子莊
友巢父飲聞由洗耳於上流而為堯所讓由以汚吾聞之見於高士傳
山棲　乃致天下而讓焉由以汚池洗耳　或草耕
而僅飽　許由字武仲隱於沛澤之中竟由以洗耳為武仲隱於沛澤
茹而長飢　其莊子及高士傳
說苑曰楚人楚相居至禹去春秋王閩
重聘而不來其賢使者持金百溢車二駟聘往
任接輿笑而不應使者去而遠徙莫知所之
之曰願煩先生理江南　八
應使者去而遠徙莫知所之見莊子不或屢黜而不
去矣曰直道而事人何往而不三黜人曰可以
論語曰柳下惠為士師三黜人曰子可以　或冒詢
詢辱也音恥反輆　之
以干進或望色而斯舉或役夫發夢於
鼎俎以干湯論語曰色斯舉矣後集舉協韻音據　爾雅曰伊尹蒙耻辱負
矣翔而後集舉協韻語據　序曰伊尹蒙耻辱負

王公　孔安國曰高宗夢得說乃使以形象旁求諸野得之於傅巖高宗殷王武丁也
有潤水壤道常使胥靡築之以供食事見尚書胥靡刑人築護此道說賢皇代戰國策曰太公以釣干周西伯獵果遇太公
或以漁父見兆於元龜　戰國策曰太公以釣干周西伯將獵卜之辭曰非龍非彲非熊非羆所護霸王之輔尚之雅號王曰辅出於
於是西伯儻果遇太公渭陽與語大說曰元大也　若夫紛繶塞路凶虐

播流

方言云奴襆盛多

人有昏墊之尼主有疇

谷之夏

尚書云昏墊孔安國曰稽墊溺也又曰帝曰咨洪水滔天浩浩

山襄陵有能俾乂

萬藤也孟子詩木葛詩懷之以道嫂溺則援之以手也

於是乎賢人授手援世之災也

垂罶萬蔓上下相求

江王布彭越韓信即欲捐之此三人楚可破之

躞涉赴俗急斯時也為躞敷而

不散合感而皐陶謨高祖歎而子房慮

遭洪水咨下人皐陶大禹訪於高祖為能理者皐陶大禹謨謀也堯其昔

堯兌合感而皐陶謨高祖歎而子房慮

不散而曹絕奮

高祖征伐以定天下也

後漢列傳四十二 九

結不 禍

解而陳平權

高祖擊匈奴至白登被圍七日用陳平計得出 十

陳與

合道從克亂弭衝乃將鑄玄珪冊顯功

銘昆吾之冶

墨子曰昔夏后開使飛廉折金於昆吾玄珪玉珪

勒景襄之鐘

山以鑄鼎於昆吾其功銘於景鍾

國語曰晉以其退

輔氏其鐘銘于景鍾其言襄師也

寒裳濡足冠挂不顧

寨裳涉水也濡足之故不救人溺可乎為

人溺不拯則非仁也

與其有事則

當其無事則蹴繼敷絓襟規矩其步

此宇宜從手廣雅云攪持也言蹴整整襟作攝也

史記曰攝緌整襟攏攏華嬌書蹴作攝也

德謨

不修則非忠也是以險則救俗平則守禮

皐以公心不私其體今聖上之育斯人也

樸以皇質雕以唐文孔子曰大哉堯之為君也煥乎其有文章故言唐文

六合怡怡比屋為仁壹天下之眾異齊品

類之萬殊參差同量坏冶一陶

始坏坏音坏胎物之未墣之反

家家有以樂和人人有以自優威城臧而

俎豆布六典陳而九刑厝

周禮太宰之藏掌建邦之六典以佐王治邦國一曰理典二曰教典三曰禮典四曰政典五曰刑典

濟茲兆庶

後漢列傳四十三 十一

出於平易之路雖有力牧之略尚之廇

杜預注云周之衰為刑書謂之九刑

范蔡

范雎蔡澤伊尹卑聯相武王以伐紂屬謂威容嚴屬

伊皐不論奚事

六曰事典左傳曰周有亂政而作九刑

力牧黃帝臣也史記曰尚父呂望相

存而良馬繁

廣厦既成不求杅故林木條暢立冬盛德

夫廣厦成而茂木暢速求

陰事終而水宿臧後猶止

在水陰氣用事故曰陰事水宿謂北方七宿斗女之月危中仲冬東野

虛危室壁也今仲冬之月昏危中孟春昏危不見也

場功畢而大火入心爾雅曰大

息也言所求之物

止不資良馬之物也

又火詩幽風七月流火

參中水星伏臧中孟春昏

中季冬

火日九月築場圃也

方斯之際處士山積學

【上欄】

者川流衣裳被宇冠蓋雲浮辟猶衡陽之

林岱陰之麓（山南曰陽山北曰陰毅山曰麓）伐尋蘖抱

（梁傳曰林屬於山曰麓八尺曰尋蘖數殖）

不爲之稀蘖拱把不爲之數（也两手曰拱數殖）

（猶藏也數猶悠悠罔極亦各有得）

（自以爲得也反猶得言皆得也）

（各有得言皆得也）彼採其華我收其實舍之則藏

安蔡薙夫君子非不欲仕也恥夸毗以求

已所學也（彼彼眾人也論語曰臧）故進動以道

則不辭執珪而秉柱國（位執珪國楚前爵吕氏春秋曰得伍員者）則臧

官猶素之相國也　復靜以理則甘糟糠而

▶後漢列傳四十二　十一　陳仲

舉（恭善爲進退）非不欲室也惡登牆而摟

處　孟子曰喻東家牆樓其處子則得妻不樓則不得（將摟之平趙岐注云樓牽也其字從手處子處女也）

也叫呼衢南縣雄自表非隨和之寶也（華嶠書曰回宇作嬌）

智燿世因以干祿非仲尼之道也

回邪游不倫黨苟以徇已（倫謂等倫也苟言交黨非其類也）

汗血競時利合而友（汗血謂競時謂趨勢力也）

子笑我之沈滯吾亦病子屑屑行（屑屑猶不已而友）

不以道義爲友（苟以營營等苟合而已）

時合而友已而反（區區也）

先人有則而我弗隨（偏曲也）

而不已也　臧否在予唯世

有柱徑而我弗隨（徑道也）

【下欄】

所議固將因天質之自然誦上哲之高訓

詠太平之清風行天下之至順懼吾躬之

穢德勤百畆之不耘（尚書曰穢德彰聞者聖王之田也修禮以耕之講學以種之）縶余馬以安行

（禮以耕之講學以種之夫田百畆耘除草也安行不奔馳也天命之命也）

侯性命之所存（謂性言隱居以體命也）昔孔

子起威於夾谷（禪傳見解見陳）

公左右莫敢動乃還魯之侵地　曾

既盟於壇上曹沫執匕首劫齊桓公於柯而

莊公爲魯將與齊戰三敗公懼乃獻遂邑地以和（柯而盟相公與莊公）

而闕塞矣吾聞之曰士不以辱生遂反敵殺十人而死

禦　新序曰卞莊子養母三年以母死也母死三年齊與魯戰莊子請從戰赴敵

貫甲首曰夫三北以養母也今志節小具而死（三北不以屢生遂反敵殺十人而死）

君子宗於孝矣　七故三北終身

吳曰三北巳塞減也史記曰吳師入郢

范蠡錯執於會稽（范蠡字少伯越大夫種行成於吳）

七餘兵略對於曾稽以遺之句踐乃爲妾爲命（錯置也）

樹功於柏舉（子胥）魯連辯言以退燕

勇楚之師敗績吳伐楚戰於柏舉

攻之不下魯仲連乃爲書遺燕將

曰魯仲連齊人也燕將攻聊城固保守之三曰單

◀俠漢列傳四十二　十二　毛倫

乃自殺遂包胥單辭而存楚 左傳曰楚昭王

平聊城

申包胥如秦乞師曰吳為封豕長蛇以荐食上國

君越在草莽使下臣告急曰夷德無厭若鄰於

絕聲勾踐不入口七日秦哀公為之賦無衣九頓

師乃出軍敗吳而復楚國策曰楚人有黃雎年七十餘

首而坐依於庭牆而哭日夜不絕聲勺七日夜

唐且華顛以悟秦

甘羅童牙而報趙

原襄見廉於壺

殂

守於寺人勃鞮

宣孟收德於束脯 宣孟

《後漢列傳四十三》 十三 林志遠

吳札結信於丘木

史記曰吳公子季札

季劄劭貞於門女

顏回明仁於度

展季劭貞於門女

武

窃慕古人之所序元和中肅宗始修古禮

巡狩方岳駟上四巡以稱漢德辭其典

僕誠不能編德於數者

好文章自見駟頌後帝嗟歎之謂侍中竇

葉公之好龍也

《後漢列傳四十二》 十四 王先武

龍聞而降之

迎門

吾受詔交公公

居無幾何

悟曰吾能令馹朝夕在傍

官之會帝崩

詔命馹獻書

愚也在賤而望貴者惑也未信而納忠者

謗也三者皆所不宜而或蹈之者思劾其
區區憤盈而不能巳也竊見足下體淳淑
之姿躬高明之量意美志屬有上賢之風
騂辛得充下館序後陳〈陳列〉是以竭其舉
進一言傳曰生而富者驕生而貴者
懶生富貴而能不驕懶者未之有也今寵
祿初隆百僚觀行當堯舜之盛世處光華
之顯時〈曰卿雲爛兮禮漫漫兮日月光華旦復旦〉
兮豈可不庶幾夙夜以永衆譽弘申伯之
〈申伯周宜王之元舅周室也〉語〈論語曰孔子之言也義〉

〔後漢列傳四十二〕 公邵公皆輔佐周宣王為左馮翊行能第一

美致周邵之事乎
日不患無位患所以立〈但患立身不處於仁義〉
也昔馮野王以外戚居位稱為賢臣
近陰衛尉克巳復禮終受多福〈前書曰〉
興也以謹幸馬鄭氏之宗非不尊也〈史丹封鄭母弟光烈皇后即封郡故云〉
野王字君卿妹為元帝昭儀野王為左馮翊行能第一
〈鄭氏前書云鄭丹封郡史丹前書日馮〉

重厚累將建天樞執斗柄陽侯之族非不盛也〈王氏九侯五大司馬春秋運斗樞曰〉
以舊恩封東海郡即位權丹為長樂衛尉遷右將軍封武〈陽侯見襄賞累千金〉
字君仲魯國人也祖父恭有女弟武帝時為衛太子

〔後漢列傳四十二〕

竇氏之興肇自孝文〈前書曰竇嬰字王孫孝文〉
吳相孝景時〈二君以淳淑守道成名先曰太〉
為詹事也〈后之弟長君少君退讓君子不敢以富貴驕人故云淳淑守道也〉

德顯自中興〈竇融封為安豐侯〉
法度自守卒享祚國垂祉於今夫謙德之
光周易所美滿溢之位道家所戒易曰謙尊而光〈易曰謙尊而光甲而〉
愈懼爵隆而益恭遠察近覽俯仰有則銘〈太公金匱曰武王曰吾欲造〉
諸几杖刻諸盤杅起居之誡隨之以身几之書

〔一五〕 〔辛秀〕

書曰鑒于有殷可不慎哉〈陳忠〉
當為外家二十保族全身四人而巳〈外家〉
不把位有餘而仁不足也漢與以後迄于
哀平外家二十保族全身四人而巳
以獲譏於時垂戒於後者何也蓋在所
二十者謂高帝呂后產祿反誅惠帝張后
后廢也孝文竇太后弟弟薄昭被殺孝文
殺弟嬰武帝衛皇后良娣衛皇后從昆
弟子嬰上官皇后家屬誅死昭帝上官
死宣帝霍皇后家破元帝傅皇后自殺
殺哀帝祖母傅太后下獄史皇后丁姬
誅昭帝趙皇后許皇后自殺哀帝衛姬
王皇后宜皇后家屬合浦平帝衛姬破景帝
王皇后其家族並全 〔陳忠〕

〔一六〕

日安無忘危存無忘亡軌惟二者必後無凶狄之書

日輔人無苟扶人無容墨子曰堯舜禹湯書其事於

竹帛琢之盤盂也

矜矜業業無殆無荒如此則百

福是荷慶流無窮矣及憲為車騎將軍辟

駧為掾憲府貴重掾屬三十人皆故刺史

二千石唯駧以處士年少擢在其間憲擅

權驕恣駧數諫之及出擊匈奴道路愈多

不法駧為主簿前後奏記數十指切長短

憲不能容稍疎之因察駧高第出為長岑

長　長岑縣屬樂浪

長岑其地在遼東　駧自以遠去不得意遂不

之官而歸永元四年卒于家所著詩賦銘

頌書記表七依婚禮結言達旨酒警合二

十一篇中子琢

琢字子玉早孤銳志好學盡能傳其父業

年十八至京師從侍中賈逵質正大義逵

善待之琢因留游學遂明天官歷數京房

易傳六日七分　解見郎顗傳　諸儒宗之與扶風

馬融南陽張衡特相友好初琢兄為州

人所殺琢手刃報仇因亡命會赦歸家家

貧兄弟同居數十年鄉邑化之年四十餘

始為郡吏以事繫東郡發干獄

之獄也發干縣　掾善為禮瑗閒考訊時輒問以禮說其專

心好學雖顯顧沛必於是後事釋歸家為度

遼將軍鄧遵所辟居無何遵被誅瑗免歸

後復辟車騎將軍閻顯府時閻太后稱制

而顯入參政事先是安帝廢太子為濟陰王

而以北鄉侯為嗣瑗以疾立不以正知顯

將敗欲說令廢立而顯日沈醉不能得見

乃謂長史陳禪曰中常侍江京陳達等得

以壁寵惑蠱先帝遂使廢黜正統扶立疎

孽少帝即位發病廟中周勃之徵於斯復

見呂后立惠帝後宮子今欲與長史君共求

見說將軍白太后收京等廢少帝引立濟

陰王必上當天心下合人望伊霍之功不

下席而立則將軍兄弟傳祚於無窮若拒

違天意久曠神器則將以無罪并辜元惡

元惡大憝　元大也書曰　此所謂禍福之會分功之時　記

蔡澤說范雎曰君獨不觀夫博者乎或欲大投或欲
分功今君相秦制諸侯使天下皆畏秦此亦秒之
時也

濟陰王是為順帝闇顯兄弟惡瑗孫程立
禪猶豫未敢從會北鄉矦薨孫程
被斥門生蘇祇具知瑗謀欲上書言狀瑗
聞而遽止之時陳祇為司隸校尉召瑗謂 如弟但曰弟如司馬相卯
曰弟聽祇上書陳請為之證
瑗曰此辟兒妾屏語耳願使君勿復出
口遂辭歸不復應州郡命久之大將軍梁
商初開莫府復首辟瑗自以再為貴戚吏

不遇被斥遂以疾固辭歲中舉茂才遷汲
在事數言宜為人開稻田數 今汉縣名 屬河內
百頃視事七年百姓歌之漢安初大司農
胡廣少府實章共薦瑗宿德大儒從政有
迹不宜久在下位由此遷濟北相時李固
為太山太守美瑗文雅奉書禮致殷勤歲
餘光祿大夫杜喬為八使徇行郡國 八使見 周舉傳
以臧罪奏瑗徵詣廷尉瑗上書自訟得理
出會病卒年六十六臨終顧命子寔曰夫

人稟天地之氣以生及其終也歸精於天
還骨於地何地不可藏形骸勿歸鄉里其
贈賵之物羊豕之奠一不得受竅奉遺令
遂留葬洛陽瑗高於文辭尤善為書記箴 瑗集載其文即七
銘所著賦碑銘箴頌七蘇 枚集載七發之流為南
陽文學官志歎辭移杜文悔於南
言凡五十七篇其南陽文學官志稱於後
世諸能為文者皆自以弗及瑗愛士好賓
客盛脩肴膳單極滋味不問餘產居常蔬 華嶠 書曰

食菜羹而已家無擔石儲當世清之 章
瑗愛士好賓客盛脩肴膳或言其太奢瑗聞之怒
妻子井日吾以供賓客而反以獲譏士大夫
不足養如此後勿過菜具無為諸子
所當也終不能改祿盡於賓饗也
寔字子真一名台字元始少沈靜好典籍
父卒隱居墓側服竟三公並辟皆不就桓
帝初詔公卿郡國舉至孝獨行之士寔以
郡舉徵詣公車病不對策除為郎明於
體吏才有餘論當世便事數十條名曰政
論指切時要言辯而确 确堅正也 音口角反 當世稱之

仲長統曰凡為人主宜寫一通置之坐側

其辭曰（快忽忘也）

自堯舜之帝湯武之王皆賴明哲之佐博物之臣故皐陶陳謨而唐虞以興伊箕作訓而殷周用隆（箕子作洪範伊尹作伊訓）及繼體之君欲立中興之功者易嘗不賴賢哲之謀乎凡天下所以不理者常由人主承平日久俗漸敝而不悟政寖衰而不改習亂安危快不自覩（快音他没反）或荒眈嗜欲不恤萬機

或耳蔽箴誨厭偽忽真（厭飫姦偽輕忽至真）或猶豫政路莫適所從或見信之佐括囊守祿易（括囊無咎無譽括結也結囊不言持祿而巳）或疎遠之臣言以賤廢是以王綱縱弛於上智士鬱伊於下悲夫自漢興以來三百五十餘歲矣政令垢翫上下怠懈（垢翫惡也）風俗彫敝人庶巧偽百姓囂然咸復思中興之救矣且濟時拯世之術豈必體堯舜然後乃理哉期於補綻決壞枝柱邪傾（綻音直莧反禮記曰衣裳）

裂縕箴請補陷（主反）隨形裁割要措斯世於安寧之域而巳故聖人執權遭時定制步驟之差各有云設不彊人以（...）

不能背急切而慕所聞也景公以節禮非其不同所急務也

制中興之主亦臣時失昔盤庚怒殷遷都

易民（盤庚亳邑即殷自耿遷於周穆有闕甫庶）

正刑（暢夏再用刑之法並見尚書俗人拘文牽）

古不達權制奇偉所聞簡忽所見烏可與論國家之大事哉故言事者雖合聖德見掎奪國語曰從其有司何者其頑士闇於時權安習所見不知樂成況可慮始（劉歆曰夫可與樂成難與慮始此乃衆所為耳）苟云率由舊章而巳其達者或矜名妒能聡策非巳舞筆奮辭以破其義寡不勝眾逆見擯弃雖稷契復

存猶將困焉斯賈生之所以排於絳灌屈
子之所以擄其幽憤者也
國周勃灌嬰等毀之屈原為楚三閭大夫上官新尚妬害其能憂憤懣送作離騷經　孝文帝時賈誼請
官新尚妬害其能憂憤懣送作離騷經
之明賈生之賢絳灌之忠而有此患況　左氏傳曰鄭
帝之明　夫以文
其餘哉宜量力度德春秋之義　左氏傳曰鄭
政量力　今既不能純法八世故宜參以霸
不度德　八世謂三皇五帝也　霸政謂齊桓晉文也
政八世謂三皇五帝也
寬之則亂何以明其然也近孝宣皇帝明
之明著故法術以檢之自非上德嚴之則理
於君人之道審於為政之理故嚴刑峻法
破姦軌之膽海內清肅天下密如　宣帝
勳祖廟享號中宗算計見效優於孝文及
元帝即位多行寬政卒以墮損　隨讀薦
始奪遂為漢室基禍之主政道得失於斯
可監昔孔子作春秋褒齊桓懿晉文歎管
仲之功也　左傳齊相公伐楚責以包茅不貢王祭
敢之理也　不供晉文公召王盟諸侯於踐土實仲
故聖人能與世推移而
桓公子糾而射相公此並攘壞之道也

俗士苦不知變　楚詞漁父曰聖人不疑　以為
結繩之約可復理亂秦之緒干戚之舞足
以解平城之圍　易曰上古結繩而化後世聖人
之理呼吸吐納度紀之道非續骨之膏
夫熊經鳥伸蹻延歷之術非傷寒
者治亂之藥石也德教者興平之粱肉也
夫以德教除殘是以粱肉理疾也以刑罰
理平是以藥石供養也方今承百王之敝
值凭運之會自數世以來政多恩貸馭委
其轡馬駘其銜四牡橫奔皇路險傾
者天子以德法為銜勒以百官為轡策善御馬者正
街勒齊轡策鈞馬力和馬心故口無聲而意極千里御
御人者一其德法正其百官均人物而安人心故
刑不用而天下化玖文皇曰駘馬銜脫也音達來人皇
路也
方將柑勒鞿靮以救之豈暇鳴和鑾
音巨炎反勒馬轡鞿靮車轅縆猶束也　羊傳曰柑以木銜其口也柑
請節奏哉　何休注公

筑曰鑒設於鑱和設於賦焉勤擊鳴鱉鳴則應行節也

昔高祖令蕭何作

九章之律有夷三族之令黥劓斬趾斷舌

梟首故謂之具五刑文帝雖除肉刑當劓

者笞三百當斬左趾者笞五百當斬右趾

者弃市右趾者既殞其命笞撻者往往至

死雖有輕刑之名其實殺也當此之時民

皆思復肉刑至景帝元年乃下詔曰笞與

重罪無異幸而不死不可為民乃定律減

笞輕捶目是之後笞者得全（此以上並見前書刑法志）以

此言之文帝乃重刑非輕之也以嚴致平

非以寬致平也必欲行若言當大定其本

使人主師五帝而式三王（武王法也）溫亡秦之

敝（百為夫九夫為井）然後選

俗遵先聖之風苟全之政蹈稽古之蹤

復五等之爵立井田之制

穆契為佐伊呂為輔樂作而鳳儀擊石

而百獸舞（尚書曰簫韶九成鳳皇來儀又擊石拊石百獸率舞）若不

然則多為累而已其後辟太尉表湯大將

軍梁奥府並不應大司農羊傅少府何豹

上書薦寔才美能高宜在朝庭召拜議郎

遷大將軍皇司馬與邊詔延篤等著作東

觀出為五原太守五原土宜麻枲而俗不

知織績民冬月無衣積細草而卧其中見

吏則衣草而出寔至官斥賣儲峙為作紡

績織縑縕之具以教之民得以免寒苦

（杜預注左傳曰縑維織布者孔安國論語注曰縕枲也）是時胡虜連入雲

中朝方殺略吏民一歲至九奔命寔整厲

士馬嚴烽候虜不敢犯常為邊最（最第一以）

病徵拜議郎復與諸儒博士共雜定五經

會梁奥誅寔以故吏免官禁錮數年時鮮

甲數犯邊詔三公舉威武謀略之士司空

黃瓊薦寔拜遼東太守行道母劉氏病卒

上疏求歸葬行喪母有母儀淑德博覽書

傳初寔在五原常訓以臨民之政寔以世方

績毋有其助焉服竟召拜尚書寔以父劓

阻亂稱疾不視事數月免歸初寔父卒劓

賣田宅起冢塋立碑頌（廣雅曰劓削也音劓妙反一作摽）葬

訖資産竭盡因以酤釀販鬻為業時
人多以譏之寔終不改亦取足而已不致
盈餘及仕官歷位邊郡而愈貧薄建寧中
病卒家徒四壁立無以殯斂光祿勳楊賜
太僕袁逢少府段熲為備棺槨葬具大鴻
臚袁隗樹碑頌德所著碑論箴銘荅七言
祠文表記書凡十五篇寔從兄烈有重名
於北州歷位郡守九卿靈帝時開鴻都門
榜賣官爵公卿州郡下至黃綬各有差其
富者則先入錢貧者到官而後倍輸或因
常侍阿保別自通達（阿保謂傅母也）是時段熲樊
陵張溫等雖有功勳名譽然皆先輸貨財
而後登公位烈時因傅母入錢五百萬得
為司徒及拜日天子臨軒百僚畢會帝顧
謂親倖者曰悔不小靳可至千萬（靳固惜之價也音一建反）程夫人於傍應曰崔公冀
州名士豈肯買官賴我得是反不知姝邪（偶說文曰偶引為價也音一建反）
美也姝或作株株根本也烈於是聲譽衰減父

之不自安從容問其子鈞曰吾居三公於
議者何如鈞曰大人少有英稱歷位卿守
論者不謂不當為三公而今登其位天下
失望烈曰何為然也鈞曰論者嫌其銅臭
烈怒舉杖擊之時烈為虎賁中郎將服武
弁戴鶡尾狼狽而走（以其武官故罵為卒誤也）烈罵曰死卒父
走孝乎（或作孔卒者誤也）鈞曰舜之事父
小杖則受大杖則走非不孝也（家語云曾子
耘瓜誤傷其根曾皙怒建大杖以擊其首曾子
仆地不知人有頃乃蘇孔子聞之弟子曰參來勿内也昔者）
而止烈後拜太尉鈞少交結英豪有名稱
為西河太守獻帝初鈞與袁紹俱起兵山
東董卓以是收烈付郿獄錮之銀鐺鐵鎖（說文曰銀鐺鎖也前書曰人犯鑄錢以鐵鎖琅其頸銀音當鐺音鐺）
城門校尉及李傕入長安為亂兵所殺烈
有文才所著詩書教頌等凡四篇
論曰崔氏世有美才兼以沈淪典籍遂為
儒家文林駰琰雖先盡心於貴戚而能終

之以居正則其歸宜異夫進趣者乎李固
高絜之士也與瑗鄰郡奉贄以結好曰儀禮士相見之禮贄冬用雉夏用腒脯奉之曰某也欲見無由達脤脯音渠
之由此知杜喬之
劾殆其過矣寔之政論言當世理亂雖晶
錯之徒不能過也
贊曰崔為文宗世禪雕龍史記曰談天衍雕龍奭襄劉向別錄曰談天衍雕龍奭言鄒衍脩飾之文若雕龍文也禪謂相傳授也
建新恥潔摧志求容永
矣長岑干遼之陰不有直道曷取泥沈瑗
不言祿亦離冤辱子眞持論感起昏俗

唐章懷太子賢注

周燮　黃憲
徐稺　姜肱
申屠蟠

易曰君子之道或出或處或默或語
孔子稱蘧伯玉邦有道則仕邦無
道可卷而懷也
然用舍之端君子之所以存其誠也
故其行也則濡足蒙
垢出身以徇時
及其止也則窮棲
茹菽藏寶以迷國
世稱節士雖周黨之絜清自以弗
及也當見其舍菽飲水遺以生蒜受而弗
食
建武中應司徒侯霸之辟

既至霸不及政事徒勞苦而已
仲叔恨曰始蒙嘉命且喜且懼今見明公
喜懼皆去以仲叔為不足問邪不當辟也
辟而不問是失人也遂辭出投劾而去
至客居安邑老病家貧不能得肉日買豬
肝一片屠者或不肯與安邑令聞勑吏常
給焉仲叔怪而問之知乃歎曰閔仲叔豈
以口腹累安邑邪遂去客沛以壽終

同郡荀恁字君大少亦脩清節貧
財千萬父越卒悉散與九族隱居山澤以
求厭志王恭末匈奴寇其本縣廣武縣屬
聞恁名節相約不入荀氏

間光武徵以病不至永平初東平王蒼為
驃騎將軍開東閣延賢俊辟而應焉及後
朝會顯宗戲之曰先帝徵君不至驃騎辟
君而來何也對曰先帝秉德以惠下故臣
可得不來驃騎執法以檢下故臣不

敢不至後月餘罷歸卒於家桓帝時安陽
人魏桓字仲英亦數被徵其鄉人勸之行
桓曰夫干祿求進所以行其志也今後宮
千數其可損乎廄馬萬匹其可減乎左右
悉權豪其可去乎皆對曰不可桓乃慨然
歎曰使桓生行死歸於諸子何有哉
遂隱身不出
識去就之幾候時而處
豈其枯槁苟而已哉蓋詭時審己以成其
道焉

余故列其風流區而載之

周燮字彥祖汝南安城人法曹掾燮之後
也燮生而欽頤折頞醜狀駭人
其父不聽曰吾聞賢聖多有異貌
也於是養之始在髻鬌而知廉讓
其母欲弃之

十歲就學能通

詩論及長專精禮易不讀非聖之書不修
賀問之好有先人草廬結于岡畔
有陂田常肆勤以自給
則不食也鄉黨宗族希得見者
舉孝廉賢良方
正特徵皆以疾辭延光二年安帝以玄纁
燕幣聘燮

郡各遣丞掾致禮宗族更勸之曰夫修德
立行所以為國自先世以來勳寵相承君
獨何為守東岡之陂乎燮曰吾既不能隱
處巢穴追綺季之跡
修道者度其時而動動而不時焉得茍乎
泥揚波同其流矣
送蒨送辭疾而歸
縣送禮而還

詔書告二郡歲以

羊酒養病良字君郎出於孤微少作縣吏
年三十為尉從佐（從佐謂隨從也已不主案牘從之言也）奉檄迎督
郵即路慨然恥在廝役（廝賤也）因壞車殺馬毀
裂衣冠乃遁至犍為杜撫學妻子求索
蹤迹斷絕後乃見草中有敗車死馬衣裳
腐朽謂為虎狼盜賊所害發喪制服積十
許年乃還鄉里志行高整非禮不動遇妻
子如君臣鄉黨以為儀表爕良年皆七十
餘終

●後漢列傳四十二　五

黃憲字叔度汝南慎陽人也（以名縣南陽有在慎水之南因順陽國而流俗書此或作順陽者誤）世貧賤父為牛醫潁川荀
淑至慎陽遇憲於逆旅（客舍）時年十四淑
竦然異之揖與語移日不能去（閡一作回也）謂憲曰子
吾之師表也既而前至袤閡（閡一作顏子顏閡也）所未及
勞問逆曰子國有顏子寧識之乎（顏子顏閡也）
曰見吾叔度邪是時同郡戴良才高倨傲
而見憲未嘗不正容及歸罔然若有失也
其母問曰汝復從牛醫兒來邪對曰良不

見叔度不自以為不及既觀其人則瞻之
在前忽焉在後（論語顏回慕孔子之言也）固難得而測
矣同郡陳蕃周舉常相謂曰時月之間不
見黃生則鄙吝之萌復存乎心（吝貪及蕃從叔度）
焉為三公臨朝歎曰叔度若在吾不敢先佩
印綬矣太守王龔在郡禮進賢達多所降
致卒不能屈憲（郭林宗少游汝南先過表）
閡不宿而退進往從憲累日方還或以問
林宗（●後漢列傳四十三　六　宿也）
林宗曰奉高之器（郭泰別傳曰時林宗過薛恭祖恭祖問曰聞叔度）
易挹（奉高閡宇也爾雅曰側出泛音側泛音濫音檻）叔度汪汪若
千頃陂澄之不清淆之不濁不可量也（混淆）
也憲初舉孝廉又辟公府友人勸其仕憲
亦不拒之暫到京師而還竟無所就年四
十八終天下號曰徵君
論曰黃憲言論風旨無所傳聞然士君子
見之者靡不服深遠去玼吝（玼音此說文曰鮮色也據此文曰）
將以道周性全無德而稱乎（周道當為斑古字通作班也）

備性全一無德而稱
言其德大無能名焉　余曾祖穆侯　晉書曰荒汪將軍
諡曰穆侯汪生寔　玄平安北
寔生泰生曄　以為憲順然其處順
然示人簡矣順貌　易曰坤詞
賓淵不盈淵平似萬物之宗或
可言淵深不淵平其似道　老子曰道沖而用之或
淺深莫臻其分清濁未議其方　易繫詞曰顏氏之子其殆庶乎
若及門於孔氏其殆庶乎
平始也　故嘗著論云
近也　故嘗著論云

徐稺字孺子豫章南昌人也　豫章郡今洪州南昌縣即今縣也　楊彪

貧常自耕稼非其力不食恭儉義讓所居
服其德屢辟公府不起時陳蕃為太守以
禮請署功曹稺不免之既謁而退蕃在郡
不接賓客唯稺來特設一榻去則縣之後
舉有道家拜太原太守　就家拜之也　皆不就延
熹二年尚書令陳蕃僕射胡廣等上疏薦
稺等曰臣聞善人天地之紀政之所由也
左傳曰晉三郤害伯宗譖而殺之及欒弗忌韓獻子
曰郤氏其不免乎善人天地之紀也而虐之不亦難乎
也何待　詩云思皇多士生此王國　詩大雅文王之什也思願也王國

皇天也恩願天多　生賢人於此　王國天挺俊乂為陛下出當輔
弼明時左右大業者也　左右劻助也　伏見處士豫
章徐稺彭城姜肱汝南袁閎
京兆韋著
潁川李曇德行純備著于人聽若
使擢登三事協亮天工必能翼宣盛美增
光日月矣　帝因問蕃曰徐稺袁閎韋著誰為
並不至帝因問蕃曰徐稺袁閎韋著誰為
先後蕃對曰閎生出公族聞道漸訓著長
於三輔禮義之俗所謂不扶自直不鏤自
雕　至於稺者爰自江南卑薄
之域而角立傑出宜當為先　特立也　稺嘗為
太尉黃瓊所辟不就及瓊卒歸葬稺乃負
糧徒步到江夏赴之　設雞酒薄祭哭畢而
去不告姓名　時會者四方名士郭林宗等數
十人聞之疑其稺也乃選能言語生茅容

【上欄】

輕騎追之及於塗容為設飯共言稼穡之
事臨訣去謂容曰為我謝郭林宗大樹將
顛非一繩所維何為栖栖不遑寧處也顧
繫一人可喻時將襄季也
舉一人可喻時將襄季也

置生芻一束於廬前而去衆怪不知其故
林宗曰此必南州高士徐穉子也詩不云
乎生芻一束其人如玉吾無德以堪之靈帝初欲蒲
輪聘會卒時年七十二子胤字季登篤
德如玉然也

行孝悌亦隱居不仕 謝承書曰胤少遺父母喪
隱居林藪躬耕稼穡勤則誦經貧則
囊困之軌志彌固不受惠於人也 太守華歆禮請
相見固病不詣 章太守歆字子魚平原人為豫政清不煩吏人咸
愛之 而漢末寇賊從橫皆敬肱禮行轉相約
勑不犯其間建安中卒李雲字雲少孤
母嚴酷數撾之愈謹 謝承書曰雲少喪父躬事
繼母酷烈數撾雲性統孝定省
俗勤妻子恭奉寒苦乾勞不以為怨得四時珍
玩先以進母與徐孺子等海內列名五處士為鄉
里所稱法養親行道終身不仕 廣戚故城今
姜肱字伯淮彭城廣戚人也 徐州沛縣東家

〈後漢列傳四十三〉 九 陳彦

【下欄】

世名族 謝承書曰相父豫章太守父任城相也
季江俱以孝行著聞其友愛天至常共臥
起 謝承書曰肱性篤孝事繼母恪勤母既年少又賤
厲肱威愷風之孝兄弟同被而寢室以慰
母心 肱與二弟仲海
及各娶妻兄弟相戀不能別寢以係
嗣當立乃遞往就室肱博通五經兼明星
緯士之遠來就學者三千餘人諸公爭加
辟命皆不就二弟名聲相次亦不應徵聘
時人慕之肱嘗與季江謁郡夜於道遇盜
欲殺之肱兄弟更相爭死賊遂兩釋焉
謝承書曰肱與季江俱乘車行適野廬為賊所劫取其衣
物欲殺其兄弟肱謂盜曰弟年幼德在前家
賴之其榮俊乞自受戮以代兄命盜戟刃曰二君所論
國之英俊願自報身濟弟肱言兄年德幼父母所憐又未
娶妻願自濟身受戮戮以代兄命盜戟刃曰二君有
賢人吾等妄以相侵犯棄物而去肱以有
千錢以付盜手以之亦復不受盜以與之亦不
經歷吏而去也 但掠奪衣資而已既至郡中

書曰肱與季江兄弟肱謂盜曰弟年幼德在前家

見肱無衣服怪問其故肱託以它辭終不
言盜盜聞而感悔後乃就精廬託以它辭終不
見徵君肱與相見皆叩頭謝罪而還所略 精廬即精舍也 求
物肱不受勞以酒食而遣之後與徐穉俱
徵不至桓帝乃下彭城使畫工圖其形狀

〈後漢列傳四十三〉 十 毛詩 謝承

肱卧於幽闇以被韜面（韜藏也）言惡眩疾不
欲出風工竟不得見之中常侍曹節等專
執朝事新誅太傅陳蕃大將軍竇武欲借
寵賢德以釋眾望乃白徵肱為太守肱得
詔乃私告其友曰吾以虛獲實遂藉聲價
明明在上猶當固其本志況今政在閹豎
夫何為哉即拜太中大夫詔書至門（謝承書曰肱遂稱疾）
繡聘不就即隱身避命遠浮海濱乃還（陳暄）
遂羸服閒行竇伏青州界中賣卜給食召
命得斷家亦不知其處歷年乃還年七十
七熹平二年終于家弟子陳留劉操追慕
肱德共刊石頌之
（德不廬州郡以禮肱使家人對云久病就醫優順勿失其意）

告外黃令梁配（續漢書曰同縣大女緤玉為從父報仇殺夫之從母兄李士姑執玉）
以告配欲論殺玉緤時年十五為諸生進
諫曰玉之節義足以感無恥之孫激忍辱
之子不遭明時尚當表旌閭墓況在清聽
而不加哀矜配善其言乃為讞得減死論乃
讞請鄉人稱美之同郡蔡邕深重蟜及被州辟乃
辭讓之曰申屠蟜稟氣玄妙性敏心通（王季琰）
親盡禮毀滅至行美義人所鮮能安
貧樂潛味道守真不為燥濕輕重（律歷志曰銅為）
物至精不為燥濕寒暑變其節不為風雨
暴露改其形介然有常似於士君子之行不為窮
達易節身達則兼濟天下窮則獨善其（謝承書曰）
長以德則賢後君召為主簿不行蟜前後謝
碎文書悉挂於樹初不顧眄也遂隱居精學博貫五經兼明
圖緯始與濟陰王子居同在太學王子居臨
沒以身託蟜蟜乃躬推輦車送喪歸鄉里
遇司隸從事於河鞏之間（百官志曰司隸從事百石也）
從事義之為封傳護送（傳謂符牒使人監送之）蟜不肯

受投傳於地而去，事畢，遂學。大尉黃瓊辟，不就。及瓊卒，歸葬江夏，四方名豪會帳下者六七千人【帳下葬處】。乃相談論，莫有及蟠者。唯南郡一生與相酬對。既別，執蟠手曰：君非聘則徵，如是相見於上京矣。蟠勃然作色曰：始吾以子焉可與言也，何意乃相拘教樂貴之徒邪【樂音洛反孝】。因振手而去，不復與言。再舉有道不就【蟠到河南萬歲亭折幘而旋也】。

先是京師游士汝南范滂等非許子朝政，目公卿以下皆折節下之【許謂橫議是非也許或作評也】。生爭慕其風，以為文學將興，處士復用。蟠獨歎曰：昔戰國之世，處士橫議，列國之王至為擁篲先驅……【李璋】【十三】

矣，乃絕迹於梁碭之間【梁國有碭山】，因樹為屋，自同傭人……居二年，滂等果罹黨錮，或死或刑者數百人，蟠礭然免。

融融宇元長韶之　陳紀等十四人並博士徵
子也見韶傳

不至明年董卓廢立蟠及奕融紀等復俱
續漢志曰徵奕為司空

公車徵唯蟠不到衆人
融為尚書紀為侍中

咸勸之蟠笑而不應居無幾奕等為卓所
西都長安京師擾亂及大駕西遷公

脅迫
卿多遇兵飢室家流散融等僅以身脫唯

蟠處亂末終全高志年七十四終于家

贊曰琛寶可懷貞期難對
琛寶喻道德也貞
期謂明時也對偶

八後漢傳四十三　十五

道苟違運理用同廢與其選樓豈若蒙
也

穢蒙穢謂悽悽碩人陵阿窮退
仕亂朝　碩人謂賢者
悽悽飢病貌

也言賢者退而窮處詩國風曰考槃在阿碩人
之薖陵曰阿陵外也薖飢也薖音苦戈反　王秀

伏明姿甘是埋曖
埋沈也曖
猶翳翳也

後漢書列傳第四十三

韶

唐章懷太子賢注

楊震　子秉　孫賜　曾孫彪　玄孫儁

楊震字伯起，弘農華陰人也。八世祖喜，高祖時有功，封赤泉侯。〔史記曰喜追殺項羽以功封〕高祖敞，昭帝時為丞相，封安平侯。父寶，〔續齊諧記曰寶年九歲時……〕習歐陽尚書。哀平之世，隱居教授。居攝二年，與兩龔、蔣詡俱徵，遂遁逃，不知所處。〔龔勝字君賓，龔舍字君倩，蔣詡以高節著名，見前書光……〕武高其節。建武中，公車特徵，老病不到，卒於家。

震少好學，受歐陽尚書於太常桓郁，明經博覽，無不窮究。諸儒為之語曰：「關西孔子楊伯起。」常客居於湖，〔今湖城縣〕不荅州郡禮命數十年，〔續漢志曰教授二十餘年州請召數……〕暮而震志愈篤。後有冠雀銜三鱣魚飛集

講堂前。〔……〕都講取魚進曰：「蛇鱣者，卿大夫服之象也；數三者，法三台也。先生自此升矣。」年五十，乃始仕州郡。大將軍鄧騭聞其賢而辟之，舉茂才，四遷荊州刺史、東萊太守。當之郡，道經昌邑，〔昌邑故城在今兗州金鄉縣西北也〕故所舉荊州茂才王密為昌邑令，〔今兗州金鄉縣謁〕見，至夜懷金十斤以遺震。震曰：「故人知君，君不知故人，何也？」密曰：「暮夜無知者。」震曰：「天知，神知，我知，子知。何謂無知？」密愧而出。

後轉涿郡太守。性公廉，不受私謁。子孫常蔬食步行，故舊長者或欲令為開產業，震不肯，曰：「使後世稱為清白吏子孫，以此遺之，不亦厚乎！」元初四年，徵入為太僕，遷太常。先是博士選舉多不以實，震舉薦明經名士陳留楊倫等，〔倫字仲相，謝承書云薦楊仲等五人，各從家拜博士〕顯傳學業，諸儒稱之。永寧元年，代劉愷為

司徒明年鄧太后崩內寵始橫安帝乳母
王聖因保養之勤緣恩放恣聖子女伯榮
出入宮掖傳通姦賂震上疏曰臣聞政以
得賢為本理以去穢為務墨子曰夫尚賢者為政
國者如震夫敬攝而毅直而溫簡而廉柔而
之務去草焉是以唐虞俊乂在官四凶流放
庭誄法曰賤而阿母王聖出自賤微得遭千

載奉養聖躬雖有推燥居溼之勤　孝經援神契曰
母也於子也鞠養劬勞　尚書曰四罪而天下咸服
天下咸服以致雍熙　又曰黎人於變時雍庶績
立愿而龔亂而敬直而溫簡而廉柔而剛而　咸熙雍和
無厭之心不知極　左傳曰縉雲氏有不材子聚斂積實不知紀極
推燥居溼絕少分甘也　前後賞惠過報勞苦而
交屬託榱亂天下損辰守清朝點日月書
誠牝雞鳴　牝雞牝雌也牡雄也牝雞之晨唯家之索　詩刺
哲婦喪國　詩曰哲婦傾城　昔鄭嚴公從母氏
之欲恣驕弟之情幾至危國然後加討　春
秋貶之以為失教　左傳鄭莊公殺母弟段稱鄭
敬識失也　夫女子小人近之喜遠之怨實為難
伯也

養　論語曰唯女子與小人為難
養近之則不遜遠之則怨也　易曰無攸遂
在中饋　家人卦六二爻辭也
修正於內　大夫悌正於外陽爻也　鄭玄注云二為陰爻也
得正於內又互體坎火位在下水在上饋也饋食也故云
不忍之心　近詩國風懷人篇　小人其詩小雅序曰婉孌斯君子妃也而
德兩隆上下俱美惟陛下婉孌之私割
阿母令居外舍斷絕伯榮莫使往來令恩
少貌變　留神萬機誠慎拜爵減省獻御損
好貌也　詩小雅序曰小明大夫悔仕於亂世也
節宜發令野無鶴鳴之歎　詩小雅序曰鶴鳴誨宣王也
朝無小明之悔　亂也其詩同幽王曰小明者
大東不興於今　亂也其詩小雅序曰大東
詩大雅序曰召旻凡伯刺幽王大壞也小明者
聲聞于野言身隱而名著　鄭玄注云
云教周宣王求賢人之未仕者其詩云鶴鳴于九皋
明損其政　以王於亂
於東杼柚其空於東賦斂多也
哲王豈不休哉妻御帝以示阿母等內侍
皆懷忿恚而伯榮驕淫尤其與故朝陽侯
劉護從兄瑰交通瑰遂以為妻
得龍護爵位至侍中震深疾之復詣闕上

疏曰臣聞高祖與羣臣約非功臣不得封

故經制父死子繼兄亡弟及以防篡也

傳曰劉子單于以王莽亂也冬十月王子莽入于王城者何西周也其言王子猛卒何不予爵也不予爵者何此未踰年之君其稱羊公

諸矦專爵爵乃有德今猶見在臣聞天子專封封有功

阿母女一時之間既位侍中又至封矦不

朝陽矦劉護再從兄瓌襲護爵爲矦護同

產弟威今猶見在臣聞天子專封封有功

稽舊制不合經義行人誼譁百姓不安性

下宜覽鏡既往順帝之則書奏不省延光

二年代劉愷爲太尉帝舅大鴻臚耿寶薦

中常侍李閏兄於震震不從寶乃自往候

震曰本常侍國家所重欲令公辟其兄寶

唯傳上意耳震曰如朝廷欲令言非己本心

三府辟召故宜有尚書勑遂拒不許實大

恨而去皇后兄執金吾閻顯亦薦所親厚

於震震又不從司空劉授聞之漢官儀授字孟春武原人

即辟此二人旬日中皆見拔擢由是震益

見怨時詔遣使者大爲阿母脩第中常侍

樊豐及侍中周廣謝惲等更相扇動傾搖

朝庭震復上疏曰臣聞古者九年耕必有

三年之儲故堯遭洪水人無菜色言有儲蓄人無食菜色也

之飢臣伏念方今災害發起彌滋甚猶稍稍也韋孟詩曰彌彌其失也

蝗蝝羌虜鈔掠三邊震擾戰鬭之役以

未息兵甲軍糧不能復給大司農幣藏匱

乏殆非社稷安寧之時伏見詔書爲阿母

興起津城門內第舍津城門洛陽南面西頭門也　合兩爲

一連里亭街合兩坊而爲一亭也里即坊也　宅舍　雕修繕飾窮極

巧伎今盛夏土王而攻山採石其大匠左

校別部將作合數十處續漢志將作大匠秩二千石左校令秩六百石

轉相迫促爲費巨億周廣謝惲兄弟與國

無肺腑枝葉之屬依倚近倖姦佞之人與

樊豐王永等分威共權屬託州郡傾動大

臣宰司辟召承望盲意招來海內貪汙之

人受其貨賂至有臧錮棄世之徒復得顯

用有戚賄禁之人也（鋼）白黑溷淆清濁同源天下讙譁

咸曰財貨上流為朝結讒臣聞師言上之

所取財盡則怨力盡則叛怨叛之人不可

復使故曰百姓不足君誰與足（論語有若對魯哀公之詞也）

惟陛下度之豐懼等見震連切諫不從無

所願忌遂詐作詔書調發司農錢穀大匠

見徒材木各起家舍園池廬觀役費無數

震因地震復上疏曰臣蒙恩備台輔不能

奉宣政化調和陰陽去年十一月四日京

師地動臣聞師言地者陰精當安靜承陽

而今動搖者陰道盛也其日戊辰三者皆

土位在中宮（戊干辰支皆土也并地動故言三者也）此中臣近官盛

於持權用事之象也臣伏惟陛下以邊境

未寧躬自菲薄宮殿垣屋傾倚枝柱而已（詩商頌商邑翼翼四方之極也翼）

清流商邑之冀翼也（商邑音竹主反）而親近

倖臣未崇斷金（易繫辭曰二人同心其利斷金那俊之臣不與上同心）之驕

益踰法多請徒士盛修弟舍賣弄威福道

路讙譁衆所聞見地動之變近在城郭殆

為此發又冬無宿雪春節未雨百僚燋心

而縉修不止誠致旱之徵也書曰僭恫陽（尚書洪範之詞也僭差也言若順之）

若臣無作威作福玉食（君得專威福為美食惟陛下奮乾剛之德曰）

大哉乾乎剛健（中正純粹精也）棄驕奢之臣以揜訞言之口

奉承皇天之戒無令威福久移於下震前

後所上轉有切至帝既不平之而樊豐等

皆側目憤怨俱以其名儒未敢加害尋有

河間男子趙騰詣闕上書指陳得失帝發

怒遂收考詔獄結以罔上不道震復上疏（八）

救之曰臣聞堯舜之世諫鼓謗木立之於

朝（帝王紀曰堯置敢諫之木謗立誹謗之木又尚書大傳曰堯宗及祖甲又迪哲厥或告之曰小）

還自敬德（人怨女詈女皇自敬德也）則所以達聰明開不諱博採貢

新盡極下情也今趙騰所坐激訐謗語為

罪與手刃犯法有差乞為虧除全騰之命

以誘芻蕘輿人之言（興衆也詩曰詢于芻蕘甚左氏傳曰聽輿人之謀也）

帝不省騰貴伏尸都市會三年春東巡岱

宗樊豐等因乘輿在外競修第宅震部掾

高舒召大匠令史考校之〔史謂府〕得豐等

所詐下詔書具奏須行還上之豐等聞惶

怖會太史言星變逆行遂共譖震〔古自趙〕

騰死後深用怨懟〔懟怨也〕及車駕行還便時太學

恨之心〔震初鄧騰辟之故曰故吏〕夜遣使者策收

震太尉印綬於是柴門絕賓客豐等復惡

之乃請大將軍耿寶奏震大臣不服罪懷

恚望有詔遣歸本郡震行至城西几陽亭

乃慷慨謂其諸子門人曰〔慷慨悲歎也〕死者士之常

分吾蒙恩居上司疾姦臣狡猾而不能誅

惡嬖女傾亂而不能禁何面目復見日月

身死之日以雜木為棺布單被裁足蓋形

勿歸冢次勿設祭祠因飲酖而卒時年七

十餘弘農太守移良承樊〔風俗通曰齊公子雍食菜於移其後氏焉〕

豐等旨遣吏於陝縣留停震喪露棺道側

謝承書曰震臨沒謂諸子〔適震諸子代郵行書〕

以牛車薄簀載柩還歸〔說文郵境上行書舍歲餘順〕

道路皆為隕涕〔也廣雅曰郵驛也〕

帝即位樊豐周廣等誅死震門生虞放故陳

翼詣闕追訟震事朝廷咸稱其忠乃下詔

除二子為郎贈錢百萬以禮改葬於華陰

潼亭〔基今在潼關西大道之此其碑尚存〕遠近畢至先葬十餘

日有大鳥高丈餘集震喪前俯仰悲鳴淚

下霑地葬畢乃飛去郡以狀上〔續漢書曰大鳥來止亭樹撫翼長鳴眾人共摩持終不驚駭〕

詔策曰故太尉震正直是與俾匡時政而

青蠅點素同茲在藩〔藩樊也詩云營營青蠅止于藩樊愷悌君子無信讒言〕

〔青蠅污白使黑污黑使白喻佞人變亂善惡也〕天降威眚屢作

上〔白喻使人變亂善惡也〕關籙惟震之故朕之不德用彰厥咎各山

崩棟折我其危哉〔禮記曰孔子將終歌曰泰山其壞乎梁木其壞乎〕今

使太守丞以中牢具祠魂而有靈儻其歆

享於是時人立石鳥象於其墓所震之被

諸也高舒亦得罪以減死論及震事顯舒

〔丈三尺人莫知其名也〕時連有災異帝感震之枉乃下

王桑

03-799

拜侍御史至荊州刺史震五子長子牧富

波相〔富波縣屬汝南郡〕牧孫奇靈帝時為侍中帝常

從容問奇曰朕何如桓帝對曰陛下之於

桓帝亦猶虞舜比德唐堯帝不悅曰卿強

項真楊震子孫〔強項言不低屈也光武帝謂董宣為強項令也〕死後必

復致大鳥矣出為汝南太守帝崩後復入

為侍中衛尉從獻帝西遷有功勤及李傕

脅帝歸其營奇與黃門侍郎鍾縣誘傕部

曲將宋晷楊昂令反催催由此孤弱帝乃

得東〔魏志曰晷為黃門侍郎催青天子縣與尚書郎韓斌同策謀天子得出長安縣有力焉〕後從都許追封

〔閒鄉縣河東郡 西南〕震少子奉〔亮字奉宅在〕子敦篤志博聞議者以

為能世其家敦早卒子衆亦傳先業以謁

者僕射從獻帝入關累遷御史中丞至太

東還夜走度河衆率諸官屬步從至太陽

拜侍中〔大陽縣屬河東郡〕建安二年追前功封蓩亭

侯〔郡國志桃林縣有蓩鄉 音莫老反〕震中子秉

秉字叔節少傳父業兼明京氏易博通書

傳常隱居教授年四十餘乃應司空辟拜

侍御史頻出為荊徐兗四州刺史遷任

城相自為刺史二千石計日受奉餘祿不

入私門故吏齎錢百萬遺之開門不受以

廉潔稱桓帝即位以明尚書徵入勸講〔講也〕

是日大風拔樹晝昏秉因上疏諫曰臣聞

帝時微行私過〔河南尹梁胤府舍也〕幸河南尹梁胤府舍

〔拜太中大夫左中郎將遷侍中尚書〕

瑞由德至災應事生傳曰禍福無門唯人

所召〔左傳閔子之詞〕天不言語以災異譴告是以

孔子迅雷風烈必有變動詩云敬天之威

不敢驅馳

至尊出入有常警蹕而行靜室而止

故詩稱自郊祖宮

諸侯如臣之家春秋尚列其誡

易曰王假有廟致考享也

況以先王法服而私出槃游

法服謂天子服日月星辰山龍華蟲藻火粉米十二章　降亂尊卑等威無

序　等威謂威儀有等差也左傳曰貴有常尊賤有等威也　侍衛守空宮絃

璽委女妾設有非常之變任章之謀曰代　前書
邪太守任宜坐謀反誅宣子章為公車丞亡在渭城
界中夜玄服入廟居郎閤執戟立於廟門侍上至欲
為逆發覺上

蒙哀識見　上負先帝下悔靡及臣弈世受恩
弄猶　得備納言尚書　又以薄學充在講勸特
重也　照日月恩重命輕義使士死敢
伏誅业

懼權折略陳其愚帝不納秉以病乞退出

為右扶風太尉黃瓊惜其去朝庭上秉勸

講帷幄不宜外遷留拜光祿大夫是時大

將軍梁冀用權秉稱病六年冀誅後乃拜　李尋

太僕遷太常延熹三年白馬令李雲以諫

受罪秉爭之不能得坐免官歸田里謝承書曰秉免
歸雅素清儉家至貧窶并日而食任城故孝廉
景慶齎錢百餘萬就以餉秉閉門距絕不受　其

年冬復徵拜河南尹先是中常侍單超弟

匡為濟陰太守以臧罪為刺兗州第五種所

劾著急乃賂客任方刺兗州從事盧秉當

已見種傳及捕得方繫洛陽臣盧秉當

窮竟其事密方等得突獄亡走尚書召

秉詰責秉對曰春秋不誅黎比而魯多盜
左傳曰郕人其以漅間丘來奔於是魯多盜　女女
盜臣賢案黎比莒國之君恐別有所擭也　無

狀興廢由單匡刺執法之吏害奉公之臣復

得而秉奏坐輸作左校以久旱赦出會旦
食太山太守皇甫規等訟秉忠正不宜久

令逃竄寬縱罪身元惡大憝終為國害乞　女女
檻車徵匡考覈其事則　應跡必可立

抑不用有詔公車徵秉及處士韋著二人

各稱疾不至有司並劾秉著大不敬請下　无名氏
所屬正其罪尚書令周景與尚書邊韶議

奏秉儒學侍講常在謙虛著隱居行義以

退讓為節俱徵不至誠違側席之望然遠

逃退食足抑苟進之風　詩國風羔羊詩曰退食
自公委蛇委蛇　女女

武膳也從於公謂正直順於　詩謂退食
事也委蛇委曲自得之貌　於

不召之臣　堯時許由禹時伯成　夫明王之世必有
子高湯時務光等　聖朝弘養宜

用優游之禮可告在所屬喻以朝庭恩意

如遂不至詳議其罰於是重徵乃到拜大

常五年冬代劉矩為太尉是時宦官方熾
任人及子弟為官（保任　謂保任）布滿天下競為貪
淫朝野嗟怨秉與司空周……上言內外吏
職多非其人自頃所徵皆特拜不試致盜
竊縱恣怨訟紛錯舊典中臣子弟不得居
位秉勑而今枝葉賓客布列職署或年少
庸人典據守宰上下忿患四方愁毒可遵
二千石二千石城門五營校尉北軍中候

各實覈所部應當年罷自以狀言三府廉
察有遺漏續上帝從之於是秉條奏牧守
以下匈奴中郎將燕琊青州刺史羊亮遼
東太守孫誼等五十餘人或死或免天下
莫不肅然時郡國計吏多留拜為郎秉上（三署郎解　見安帝紀　左傳曰下無觀覦之端　觀覦杜預注）
言三署見郎七百餘人
浮食者衆而不良守相欲因國為池澆灌
費稼（宜絕橫拜以塞觀覦之端）
望上位　自此終桓帝世計吏無復留拜者七

年南巡）園陵特詔秉從南陽太守張彪與
帝微時有舊因以車駕當至因傍發調多
以入秉聞之下書責譴荊州刺史以狀
副言公府（南陽郡也　荊州所部也）及行至南陽左右並通
姦利詔書多所除拜秉復上疏諫曰臣聞
為郎位（史記二十五星天官書曰太微宮五帝坐後也郎位積星也）郎位積累此入奉宿
先王建國順天制官（尚書曰明王奉若天道建邦設都孔安國注士天有太微積星名　誠舜曰）
衛出牧百姓皇陶諫虞在於官人（尚書皇陶誠舜曰　吳祐）
化由此敗所以俗夫巷議白駒遠逝（日月北斗五星二十八宿皆有尊卑相正之法明王奉此道建國設都而百官位於下有道庶人不議詩小雅曰皎皎白駒食我場苗所謂伊人於焉逍遙言王官失其人賢者秉白駒而去之穆穆清朝遠近莫觀宜割不忍之恩以）
知人在官人也頃者道路拜除恩加隸爵以貨成
斷求欲之路於是詔除乃止時中常侍侯
覽弟參為益州刺史累有臧罪暴虐一州
明年秉劾奏檻車徵詣廷尉參惶恐道
自殺（謝承書曰秉妻取受賕臧累億牲柯男子收秉居為富室參橫加非罪士造訛言殺收去罪臧累鉅王李元之官共飲酒家八人沒入盧宅又與同郡諸王李元之官共飲酒醉飽之後藏故相犯誣言有淫穢之罪應時捶殺以）

人臣之勢行桀紂之態傷和逆理痛感天地宜當紏持以謝一州又曰京兆尹袁逢於長安客舍中得參重車三百餘乘金銀珍玩不可稱記

曰臣案國舊典宦聖在給使省闥司昏守夜而今猥受過寵執政操權其阿諛取容者則因公襃舉以報私惠有忤逆於心者必求事中傷肆其凶忿居法王公

秉因奏覽及中常侍具瑗富擬國家飲食極肴饍僕妾盈紱雖季氏富於周公史記曰穰侯魏舟者秦昭王母宣太后弟也為秦相國侈富於王室尚猶加也

氏專魯穰族擅秦何以尚茲復見親近昔懿公刑邴歜之父奪閻職之妻而使二人參乘卒有竹中之難春秋書之以為至戒

左傳曰齊懿公之為公子也與邴歜之父田弗勝及即位乃掘而刖之而使歜僕驂乘夏五月公游于申池二人浴歜以扑抶職職怒歜曰人奪女妻而不怒一拔斷無妻而不怒何能病也遂弒懿公納諸竹中歸舍爵而行也公羊傳曰鄭詹自齊逃來何以書甚佞也

顧知釁重必有自疑之意臣愚以為不宜復見親近

中常侍侯覽弟參貪殘元惡自取禍滅覽

〔案〕同治
十七

李氏魯鄉世尊寅士吉射周為此遂君側之惡人也

蓋鄭詹如汝庸何傷之有竹中之難春秋書之以為至戒之以為至戒之父奪閻職之妻而使二人參乘卒有竹中之難春秋書

來而國亂四佞放而眾服以此觀之容可曰佞人來矣後魯莊取齊女卒為後敗四佞即四凶也女卒為後敗四佞即四凶也如乃謀殺懿公納諸

近平覽宜急屏斥投畀有虎畀與也詩小雅罪斯之人非恩所宥請免官本郡書奏劾近官經典漢制有故事平秉使送歸本郡

職而奏劾近官經典漢制有故事平秉使職而奏劾近官經典漢制有故事平秉使君側之惡也荀遂君側之惡傳曰除君之

惡唯力是視左傳曰晉寺人披曰君側之惡也

公羊傳曰趙鞅取晉陽之甲以逐荀寅士吉射周為此遂君側之惡人也

嘉召通詰責文帝從而請之前書鄧通文帝幸臣上傍息慢相申屠嘉罷朝坐府中召通至不敬斬通頓首盡出血上使使持節召通而謝丞相曰此吾弄臣君釋寶垂正

漢世故事三公之職

無所不統尚書不能詰帝不得已竟免覽官而削瑗國每朝廷有得失輒盡忠規諫

多見納用秉性不飲酒又早喪夫人遂不復要所在以淳白稱嘗從容言曰我有三不惑酒色財也八年薨時年七十四賜坐

陪陵子賜

賜字伯獻少傳家學篤志博聞常退居隱約教授門徒不荅州郡禮命後辟大將軍

【後漢列傳四四】

梁冀府非其好也出除陳倉令因病不行
公車徵不至連辭三公之命後以司空高
弟冊遷侍中越騎校尉建寧初靈帝當受
學詔太傅三公選通尚書相君章句宿有
重名者三公舉賜乃侍講于華光殿中
遷少府光祿勳熹平元年青
虵見御坐帝以問賜賜上封事曰臣聞和
氣致祥乖氣致災休徵則五福應
空發王者心有所惟意有所想雖未形顏
色而五星以之推移陰陽為其變度以此
而觀天之與人豈不符哉尚書曰天齊乎
人假我一日是其明徵也

夫善不妄來災不

十九

【後漢列傳四四】

初鄭厲公立
春秋兩蛇鬬於鄭門昭公殆以女敗
惟虵惟蛇女子之祥
孽宜使虵龍亦通
今尚書文假作伴
人皇極不建則有蛇龍之

之權割讜妻之愛
甫之權割讜
惟陛下思乾剛之道別內外之宜崇帝乙
戒終濟亢旱之災
讜夫昌讜夫昌則苞苴通故朗湯以之自
朝晏起闕雎見幾而作
宮室榮邪女調行邪何不兩
於山川日政不節邪使人疾邪
甫戊宋景其事甚明
免復拜光祿大夫秩中二千石五年代表
隱爲司徒是時朝廷爵授多不以次而帝
好微行遊幸外苑賜復上疏曰臣聞天生

二十

蒸民不能自理也蒸衆也故立君長使司牧之

司牧也是以唐虞兢兢業業慎陶謨業曰兢兢業業

牧蓋業也一日萬機一周文日昊不暇至於尚書曰文王

兢兢誡慎業卑陶謨業曰危

北山言採其杞桷偕偕士子朝夕在職三載考績三載

從事大夫不均我從事獨賢又聞數微行出

明慎庶官俊乂在職三載考績

食暇明慎庶官俊乂在職

幸苑圃觀鷹犬之執極槃遊之荒詩小雅于遊

無別善惡同流北山之詩所為訓作詩小雅陟彼

執者旬日累遷守眞之徒歷載不轉勞逸有形

幽明也以觀厥成而今所序用無佗德有形

續默陟以觀厥成而今

不顧二祖之勤止二祖高祖光武也文王旣勤止詩中

荒外作會荒政事日墮詩規大化陵遲陛下

田書曰內作色荒外作禽荒

宗之美蹤宗明帝顯宗章帝肅宗宣帝也韓

望太平是由曲表而欲直景卻行而求及追慕五

前人也孫卿子曰夫明鑑所以照形往古所以知今韓非子曰猶立枉木而求其影之直也

之所以危亡而不襄積其而不知

知今也夫知惡往古之所以安存則無以異乎

用扳之恩慎貫魚之次貫魚以宮人寵言王者宜絕慢懈之戲念官人之重割

御官人如貫魚無令醒女有四殆之歡宜絕慢懈之戲

之有次序也劉向列女傳曰朱雲字

欲得尚方斬馬劍以理之固其宜也朱游

咸妻不勝父少子而禹叱拜爲黃門給事中也

農太守又禹林下拜爲黃門給事

老臣有張禹居閣輦駕帝時爲丞相以師傅恩甚見尊信

其小子上即禹咸爲官上臨候禹數被視咸爲弘

忠盡情極言其要而反留意少子乞還女

每讀張禹傳未嘗不憤息歎息旣不能竭

祥異禍福所在賜仰天而歎謂節等曰吾

殿西有金商門引賜及議郎蔡邕等入金商門崇德署延

之西征記曰太極殿西有金商門

洛陽記殿在九龍門內郭景純注爾雅曰虹

雙出色鮮者爲雄曰虹闇者爲雌曰蜺帝惡之

大夫光和元年有虹蜺晝降於嘉德殿前

謹自手書密上後坐辟黨人免復拜光祿

傳不敢自同凡臣括囊避咎囊無咎無譽

也殆遇有憤怨之聲臣受恩偏特忝任師

鍾離春者齊無鹽邑之女宣王之正后也其爲人

離春者齊無鹽邑之女

極醜無雙臼頭深目長壯大節卬鼻結喉肥項少

髮折腰出胸皮膚若漆行年四十無所容入

舉手拊膝曰殆哉殆哉國西有衡秦之患

南有強楚之讎漸臺五重萬人罷極一旦山陵崩弛社稷不

不安於此一殆也

賢者伏於山林讒諛強於左右邪偽立於本朝諫者不得通此二殆也

酒沈湎不止以夜繼晝女樂俳優縱橫大笑外不修諸侯之禮內不秉國家之政此三殆也

故曰殆哉殆哉帝惡之

（03-805）

以帝師身重雲上書求見公卿在前雲曰今朝廷大
臣不能匡主上願得尚方斬馬劍侍臣一人頭以
屬其餘四人故曰安昌張禹少府之屬也並見
書 吾以微薄之學充先師之末累世見寵
無以報國狠當大問死而後已乃書對曰
臣聞之經傳或得神以昌或得神以亡
德邪辟昏亂則視其禍今殿前之氣應為
國家休明則鑒其禍

虹蜺皆妖邪所生不正之象詩人所謂蝀
蝀者也
比無德以色親 方今內多嬖倖外任小臣上下
並怨讙譖盈路是以災異屢見前後丁寧
今復投蜺可謂勳矣
投蜺天下怨海內亂
今復投蜺加四百之期亦復垂又

〔後漢列傳四四 劉陶〕

昔虹貫牛山管仲諫相公無近妃宮
今妾媵嬖人閹尹之徒共專國朝欺罔
日月又鴻都門下招會羣小造作賦說以
蟲篆小技見寵於時
並各拔擢樂松處常伯任芝居納言郜儔
堙共工更相薦說
不次之寵而今搢紳之徒委伏畎畝口誦
堯舜之言身蹈絕俗之行棄捐溝壑不見
速及冠履倒易陵谷代處
板蕩之作觸瘝之誡
今無鹽之詞幸賴皇天垂象譴告周書曰天

子見怪則修德諸侯見怪則修政卿大夫
見怪則修職士庶人見怪則修身惟陛下
慎經典之誡圖變復之道（謂變政而鎖復之也）斥
巧之臣速黜鶴鳴之士內親張仲外任
山甫（詩曰張仲孝友又曰袞職有闕仲山甫補之皆周宣王賢臣也）斥遠
抑止擊游留思庶政無敢怠遑奠上天還
威衆變可弭老臣過受師傅之任數蒙寵（斷絕尺一）
異之恩豈敢愛惜垂没之年而不盡其懷
懷之心哉（也音力炙反）書奏甚忤曹節等（蔡）
邑坐直對抵罪徙朔方賜以師傅之恩故
得免各其冬行辟雍禮引賜爲三老復拜
少府光祿勳代劉郃爲司徒帝欲造畢圭
靈琨苑賜復上疏諫曰竊聞使者並出規
度城南人田欲以爲苑昔先王造囿裁足
以脩三驅之禮薪菜芻牧皆悉往焉先帝
之制左開鴻池右作上林（鴻池在洛陽東上林在西不奢）
不約以合禮中今狠規郊城之地以爲苑
圍壞沃衍（杜預注左傳曰沃平美之地也）廢田園驅居人

玄田禽獸殄殪非所謂若保赤子之義（書曰若保赤子惟人）
也康（注）全城外之苑已有五六（陽嘉元年起西苑又延熹二年造顯陽）
又（注）可以逞情意順
四節也（注）宜惟夏禹甲宮
孔子曰禹惡衣服（注）太宗露臺之意（文帝欲作露臺召匠計之直百）
先帝宮室（注）以尉下民之勞（注）
書奏帝欲止以問侍中任芝中常侍樂松
松等曰昔文王之囿百里人以爲小齊宣
五里人以爲大（孟子齊宣王問曰文王之囿方七十里）二十六
拜太常詔賜御府衣一襲（注）
幘綬玉壺革帶金錯鈎佩（注）
復拜太尉中平元年黃巾賊起賜（注）
議詡省閣切諫忤旨因以寇賊免先是黃
巾帥張角等執左道稱大賢以誑燿百姓
天下繼負歸之賜時在司徒召掾劉陶告

曰張角等遭救不悔而稍益滋蔓又今下
州郡捕討恐更驚擾速成其患且欲切勅
刺史二千石簡別流人各護歸本郡以孤
弱其黨然後誅其渠帥可不勞而定何如
陶對曰此孫子所謂不戰而屈人之兵廟
勝之術也（孫子曰未戰而廟勝得筭多也未戰而廟不勝得筭少也）賜遂上
書言之會去位事留中（謂所論事留在禁中未施用之）後帝
徙南宮閬錄故事得賜所上張角奏及前
侍講注籍（所注之籍錄也）乃感悟下詔封賜臨晉侯
邑千五百戶（臨晉將屬馮翊故城在今同州朝邑縣西南也張輔曾孫 二十七 蕭七）
尉劉寬司空張濟（濟字元江細陽人也張輔曾孫）並入侍講　初賜與太
自以不宜獨受封賞上書願分戶邑於寬
濟帝嘉歎復封寬及濟子拜賜尚書令數
日出為廷尉賜自以代非法家言曰三后
成功惟殷于民皐陶不與焉蓋咎（恥容）
（也殷盛也尚書曰伯夷降典折人惟刑禹平水土主名山川稷播種農殖嘉穀三后成功惟殷於人言）
復代張溫為司空其月薨天子素服三日

不臨朝贈東園梓器襚服賜錢三百萬布
五百匹策曰故司空臨晉侯賜華嶽所挺
九德純備（興生也九德即）三葉宰相輔國以
忠朕昔初載授道惟幄（詩大雅曰文王初載毛萇注云襁織也）遂
階成勳勣以陟大猷師範之功昭于內外庶
官之務勞亦勤止七在卿校殊位特進五
登袞職弼難又寧受茅土未荅厥勳哲
人其萎誰諮度朕禮設殊等物有服章今
（木其壞乎哲人其萎乎　禮記曰孔子　二十八 李賢）
門歌曰太山其頹乎梁木其壞乎哲人其萎乎
使左中郎將郭儀持節追位特進（前書張禹為丞相以老罷就弟以列侯朝朔望位特進見禮如丞相以特進見禮如丞相）
事曰諸侯功德優盛朝廷所勑異賜位特進在三公下
史持節送喪蘭臺令史十人發羽林騎輕
下贈司空驃騎將軍印綬及葬又使侍御
車介士（不蓋萬子戰慢蘆笪音側續漢志輕車古之戰車也洞朱輪興不巾）
前後部鼓吹又勑驃騎將軍官屬司空法
駕送至舊塋（續漢志三公列侯車倚鹿文畫輈九游降龍黑馬吏四人皆帶劍持棨戟為前列三百人吏卒吏賊曹功曹皆帶劍車道置簿主記兩車為從）
公卿巳下會葬謚文烈侯及小祥又會
（也）

焉子彪嗣

禮義而小祥又暮而大祥鄭玄注曰祥吉也言其漸即吉也

彪字文先少傳家學初舉孝廉茂才于辟公府皆不應熹平中以博習舊聞公車徵拜議郎華嶠書曰與馬日磾盧植蔡邕等著作東觀遷侍中京兆尹光和中黃門令王甫使門生於郡界辜榷官財物七千餘萬發其姦言之司隸司隸校尉陽球因此奏誅甫天下莫不愜心徵還為侍中五官中郎將遷潁川南陽太守復拜侍中三遷永樂少府太僕衛尉中平六年代董卓為司空其冬代黃琬為司徒明年關東兵起董卓懼欲遷都以違其難也乃大會公卿議曰高祖都關中十有一世光武宮洛陽於今亦十世矣案石包讖宜徙都以安以應天人之意百官無敢言者彪曰移都改制天下大事故盤庚五遷殷民胥怨之名也胥相也遷都於亳殷人相與怨恨湯遷亳仲丁遷囂河亶甲居相祖乙居耿并盤庚五也關中遭王莽變亂宮室燔燒民庶塗炭百

<后汉列传四十四>

不一在光武受命更都洛邑今天下無虞虞度也言無可度之虞事也書曰四方無虞光隆漢祚無故捐宗廟棄園陵恐百姓驚動必有麋沸之亂詩如麋粥之沸也如美如麋沸如羹妖邪之書豈可信用卓曰關中肥饒故秦得并吞六國且隴右材木自出致之甚易又杜陵南山下有武帝故瓦陶竈數千所并功營之可使一朝而辨百姓何足與議若有前却我以大兵驅之可令詣滄海陳羨彪曰天下動之至易安之甚難惟明敢避險難也公慮焉卓作色曰公欲沮國計邪沮止也太尉黃琬曰此國之大事楊公之言得無可詩止思卓不荅司空荀爽見卓意壯恐害彪等因從容言曰相國豈樂此邪山東兵起非一日可禁故當遷以圖之此秦漢之勢也卓意小解爽私謂彪曰諸君堅爭不止禍必有歸故吾不為也議罷卓使司隸校尉宣播以災異奏免琬彪等詣闕謝即拜光

〈後漢列傳四十四〉

祿大夫，十餘日遷大鴻臚，從入關，轉少府、
太常，以病免。復為京兆尹、光祿勳，再遷光
祿大夫。（地震）三年秋，復拜太常。興平元年，代朱儁為太尉，錄
尚書事。及李傕、郭汜之亂，傕盡節衛主，崎
嶇危難之間，幾不免於害，語在《董卓傳》。及
車駕遷洛陽，復守尚書令。建安元年，從東
都許，時天子新遷，大會公卿。兗州刺史曹
操上殿，見彪色不悅，恐於此圖之，未得讙，

三十一　章畋

設託疾如廁，因出還營。彪以疾罷。時表術
僭亂，操託彪與術婚姻，誣以欲圖廢置，奏
收下獄，劾以大逆。（獻帝春秋曰：操枉之不藍君……言不復肅勑也）
將作大匠孔融聞之，不及朝服，往見操曰：（……明也，楊彪獲罪，懼者甚衆）
楊公四世清德，海內所瞻，《周書》父子兄弟，
罪不相及，（左傳云，康誥曰：父不慈子不孝，兄不友弟不恭，不相及也）
況以袁氏歸罪楊公。《易》稱積善餘慶，徒欺人耳。（易文）
王殺邵公，周公可得言不知邪？今天下纓

綏（緌）搢紳，（說文曰：綏，冠索也。鄭玄注禮記曰：綏，纓飾也。搢，插也，插笏於紳也。或作搢者）
（淺赤言……帶之色）所以瞻仰明公者，以公聰明仁智，輔
相漢朝，舉直厝枉，致之雍熙，無
辜則海內觀聽，誰不解體。（左傳曰：季文子謂晉韓穿曰：四方諸……）
孔融魯國男子，明日便當
拂衣而去，不復朝矣。（若以非罪殺彪，融則魯國一男子，不復更來朝）
操不得已，遂理出彪。四年，復拜太常。十
年免，十一年，諸以恩澤為侯者皆奪封。十

〈後漢列傳四十四〉

（賜以師傅之）封臨晉侯。彪見漢祚將終，遂稱脚攣不復行。
積十年，後子脩為曹操所殺。操見彪問曰：
公何瘦之甚？對曰：慚無日磾先見之明，猶
懷老牛舐犢之愛。（前書曰：金日磾子二人武帝……脩……操之改容）
脩字德祖，好學，有俊才，為丞相曹操主簿。（典略……）
（脩建安中舉孝廉，除郎中，丞相請署倉曹屬主簿）
是時軍國多事，脩總知內外事，皆稱意。自魏太子以…
（與交好）
用事，曹氏及操自平漢中，欲因討劉
備而不得進，欲守之又難為功，護軍不知
進止何依。操於是出教，唯曰「雞肋」而已。外

壬二

曹莫能曉脩獨曰夫雞肋食之則無所得
棄之則如可惜公歸計決矣乃令外白稍
嚴操於此迴師脩之幾決多有此類脩又
常出行籌度操有閒外事乃逆為荅記勑守
舍見有令出依次通之既而果然如是
者三操怪其速使廉之知狀廉察於此已
脩且以表術之甥應為後患遂因事殺之
續漢書曰人有白脩與臨淄侯曹植飲醉共載從司
馬門出謗訕鄢陵侯章太祖聞之大怒故遂收殺之
時年四十五矣脩所著賦頌碑讚詩哀辭表記書凡

十五篇又魏文帝受禪欲以彪為太尉先
遣使示旨彪辭曰彪備漢三公遭世傾亂
不能有所補益毫年被病豈可贊惟新之
朝遂固辭乃授光祿大夫賜几杖衣袍
書曰魏文帝詔曰先王制几杖之賜所以賓禮黃考
太尉楊彪乃祖以來世著名續其賜公延年狀
之日便使杖入也
因朝會引見令彪著布單衣鹿皮
冠杖而入待以賓客之禮年八十四黃初
六年卒于家自震至彪四世太尉德業相
繼與袁氏俱為東京名族云
楊氏　書曰東京
袁氏　東京累世

宰相為漢名族然袁氏車衣服極為
奢僣能守家風為世所貴不及楊氏也
論曰孔子稱危而不持顛而不扶則將焉
用彼相矣
論語載孔子之言也相謂君也誡以負荷之
寄不可以虛冒
公須荷之寄周堂以霍光之寄
責深也延光之閒震為上相方以臨
權柱不習無不利也
坤六二曰直方大　先公
謂懷王曰之節
誓匪躬之故識所任之體矣
遂累葉載德
易曰德積載重也
善之家必有餘慶先世韋平方之蔑矣　章
知東去三惑賜亦無諱彪誠匪忒
贊曰楊氏載德仍世柱國
言世為國　震畏四
相繼為丞相
雖幸子渝我淳則
也　渝變
平當父子並相繼為丞相

後漢列傳卷第四十四

唐章懷太子賢注

【後漢列傳四十五】

平原懷王勝 和帝

廣宗殤王萬歲 子

城陽懷王淑

河間孝王開

濟北惠王壽

清河孝王慶

平春悼王全

千乘貞王伉

孝章皇帝八子宋貴人生清河孝王慶梁
貴人生和帝申貴人生濟北惠王壽河間
孝王開四王不載母氏

千乘貞王伉建初四年封和帝即位以伉
長兄甚見尊禮立十五年薨子寵嗣一名
伏胡永元七年改國名樂安立二十八年
薨是為夷王父子薨于京師皆葬洛陽子
鴻嗣安帝崩始就國鴻生質帝質帝立梁

太后下詔以樂安國土塉埆委輸薄改
鴻封勃海王輔也委謂委輸也立二十六年薨定為孝
王無子太后立桓帝弟蠡吾侯悝為勃海
王奉鴻嗣悝蠡吾侯翼子河間王開孫也延熹八年悝謀為
不道有司請廢之帝不忍乃貶為癭陶王
食一縣悝後因中常侍王甫求復國許謝
錢五千萬悝帝臨崩遺詔復為勃海王悝知
非甫功不肯還謝錢甫怒陰求其過初迎
立靈帝道路流言悝恨不得立欲鈔徵書
而中常侍鄭颯中黃門董騰並任俠通
姦密告司隸校尉段熲平元年遂收颯剽輕數與悝交通也剽疾
送北寺獄北寺獄名屬黃門署前書音義曰即若盧獄也使尚書令廉
忠誣奏颯等謀迎立悝大逆不道遂詔冀
州刺史收悝者實又遣大鴻臚持節與宗
正延尉之勃海迫實悝悝自殺妃妾十一
人子女七十人伎女二十四人皆死獄中
傳相以下以輔導王不忠悉伏誅悝立二

十五年國除眾庶莫不憐之

平春悼王全〔續漢志平春縣也屬江夏郡也〕以建初四年封
其年薨葬於京師無子國除

清河孝王慶母宋貴人宋昌八世孫〔昌文帝時為中尉以功封壯武侯〕
扶風平陵人也〔代邸功封壯武族〕父楊以恭
孝稱於鄉閭不應州郡之命楊姑即明德
馬后之外祖母也馬后聞楊二女皆有才
色迎而訓之永平末選入太子宮甚有寵
蕭宗即位並為貴人建初三年大貴人生

慶明年立為皇太子徵楊為議〔襄賜其〕
慶貴人長於人事供奉長樂宮身執饋饌
太后貴人之太后崩後實皇后寵盛以貴人
姊妹並幸慶為太子心內惡之與母比陽
主謀陷宋氏〔比陽主東海王彊女〕兄弟求其纖過
內使御者偵伺得失〔偵候也音丑政反偵問也〕後於掖
庭門邀遮得貴人書云病思生莵為厭勝
之因誣言欲作蠱道祝詛以莵為厭勝之
衒日夜毀譖貴人母子遂漸見疏慶出居

林仁

承祿觀數月實后諷掖庭令誣奏前事請
加驗實七年帝遂廢太子慶而立皇太
肇肇實梁貴人子也乃下詔曰皇太子有失
惑無常之性愛自孩乳至今益章恐襲其
義滅親況降退平〔左傳衞石碏殺其子厚君子曰石碏純臣也惡州吁而厚〕以奉宗廟為天下主大
母凶惡之風不可〔如母者貴人之命也〕
育皇后慈母承訓襁褓導達善性將成其器蓋〔儀禮喪服曰慈母如母謂妾子之無〕
庶子慈母尚有終身之恩〔母謂妾子之無〕

今廢慶為清河王皇子肇保
今以肇為皇太子遂出貴人姊妹置丙舍
使小黃門蔡倫考實之皆承諷旨自致
事〔傳讀曰附續漢志曰暴室署名帝猶傷之主中婦人疾病也〕乃載送暴室二貴人同時飲藥自
殺〔續漢志曰暴室署名主中婦人疾病也〕帝猶傷之勅掖庭令
葬於樊濯聚城址〔在洛陽〕於是免楊歸本郡郡
縣因事復捕繫之楊友人前懷令山陽張
峻左馮翊沛國劉均等奔走解釋得以免
罪楊失志憔悴卒於家慶時雖幼而知避

陳伸

嫌畏禍言不敢及宋氏帝更憐之勑皇后
令衣服與太子齊等太子特親受慶入則
共室出則同興及太子即位是爲和帝待
慶尤渥諸王莫得爲比常共議私事後待
以長別居丙舍永元四年帝移幸北宮章
德殿講於白虎觀慶得入省宿止帝將誅
竇氏欲得慶籌之乃令慶私從千乘王求索外戚傳（前書外戚傳也）
又令慶傳語中常侍鄭眾求索故事（謂文帝誅薄昭武帝誅竇嬰故事）

《後漢列傳四十五》　五　王先

及大將軍竇憲誅慶出居邸賜奴婢三
百人輿馬錢帛帷帳珍玩充牣其第（前書音義）
又賜中傅以下至左右錢帛各有差（削書）
官者也慶多被病或時不安帝朝夕問訊進
膳藥所以垂意甚備慶小心恭孝自以廢
黜尤畏事慎法每朝謁陵廟常夜分嚴裝（也）
衣冠待明（分半）約勑官屬不得與諸王車
騎競驅常以貴人葬禮有闕每竊感恨至
四節伏臘輒祭於私室竇氏誅後始使乳

母於城北遙祠及竇大后崩慶求上冢致
哀帝許之詔太官四時給祭具慶垂涕曰
生雖不獲供養終得奉祭祀私願足矣欲
求作祠堂恐有自同恭懷梁后之嫌遂不
敢言（恭懷梁后和帝母梁貴人也）常泣向左右以爲沒齒之
恨（沒終齒年也）後上言外祖母王年老遭憂
氏悉歸京師除慶舅衍俊盖延等皆爲郎

《後漢列傳四十五》　六　朱寀明

十五年有司以日食陰盛奏遣諸王侯就
國詔曰甲子之異責由一人諸王幼稚早
離顧復弱冠相育（詩小雅蓼莪詩曰父兮生我母兮鞠我蓼蓼者莪匪莪伊蒿哀哀父母生我劬勞）有蓼莪凱風之哀（詩邶風凱風自南吹彼棘心天天母氏劬勞）
復須留（選懦仁弱慈戀不決之意也懦須留作宿留）選懦之恩知非國典八且
復章陵詔諸王羽林騎各四十人（至冬從中）後中
祠衛訢私爲臧盜千餘萬詔使案理之并
責慶不舉之狀慶曰訢以師傅之尊選自
聖朝臣愚唯知言從事聽不甚有所紀察

帝嘉其對乃以訊臧賕賜慶及帝崩慶號
泣前殿嘔血數日中大夫秩六百
國鄧太后特聽清河王置中尉內史賜什
物皆取乘輿上御以宋衍等並為清河中
大夫石無負擔奉王使至京師　慶到國下令寮
人生於深宮長於朝廷屬遭大憂悲懷
仰恃明主垂拱受成　既以薄祐早離顧復屬遭大憂
感傷蒙恩大國職惟藩輔新去京師憂心
螢螢夙夜屏營未知所立　蓋聞
智不獨理必須明賢令官屬並居爵任失
得是均庶望上遵策戒下免悔咎其亂督
非枉明察典禁無令孤獲怠慢之罪焉鄧
太后以殤帝襁抱不虞
中黃門送耿姬歸國帝所生母左姬字小
郎至秋帝崩立祐為嗣是為安帝太后使
留慶長子祐與嫡母耿姬居清河使
娥小娥姊字大娥犍為人也初伯父聖坐

妖言伏誅家屬沒官二娥數歲入掖庭及
長並有才色小娥善史書喜辭賦和帝賜
諸王宮人因入清河弟慶初聞其美賞傳
母以求之及後幸愛極盛姬妾莫比姊妹
皆卒葬於京師慶立凡二十五年乃歸國
其年病篤謂宋衍等曰清河埤薄
乞骸骨於貴人家傍下棺而已朝廷大恩
猶當應有祠室庶母子并食魂靈有所依
庶死復何恨乃上書太后曰臣國土下湟
願乞骸骨下從貴人於樊濯雖歿且不朽
矣及今口目尚能言視冒眛干請命在呼
吸願蒙哀憐遂薨年二十九遣司空持節
與宗正奉弔祭又使長樂謁者僕射中謁
者二人副護喪事賜龍旂九旒虎賁百人
儀比東海恭王
比太后愍王虎威嗣永初元年太后封宋
廣丘子懌送妲喪與王合葬升
衍為盛鄉侯分清河為二國封慶少子常

保爲廣川王子女十八人皆爲鄉公主食
邑奉明年常保薨無子國除虎威立三年
薨亦無子鄧太后復立樂安王寵子延平
爲清河王是爲恭王王寵即千乘太后崩有司
宣帝父譚進武帝時號史皇孫坐戾太子事遇害帝
上言清河孝王至德淳懿載育明聖承天
奉祚爲郊廟置園邑太漢興高皇帝尊爲太上
皇宜帝號父爲皇考
即位追尊繼嗣也左傳季
皇考立廟序昭穆置園邑太宗之義舊章不
忘抻子曰舊章不可忘也宜上尊號曰孝德

皇皇姚左氏曰孝德后孝德皇母宋貴人
追謚曰敬隱后乃告祠高廟使司徒持節
與大鴻臚奉策書璽綬清河追上尊號又
遣中常侍奉太牢祠典護禮儀侍中劉珍
等及宗室列矦皆往會祠事尊祠曰甘陵廟
曰昭廟置令丞設兵車周衞比章陵皇考南頓君陵
復以廣川益清河國尊郅婭爲甘陵大貴
人又封女弟侍男爲涅陽長郅婭爲別得
舞陰長公主父長爲濮陽長公主直得爲

平氏長公主餘七主並早卒故不及進爵
追贈敬隱后女弟小貴人印綬追封謚宋
楊爲當陽穆矦當陽今荊州也楊四子皆爲列矦
食邑各五千戶宋氏爲鄉校侍中大夫調
者年平矦之孫也貴人兄寵襲封牟平
者郎吏十餘人孝德后異母弟次及達生
二人諸子九人皆爲清河郎中耿貴人
矦帝以寶嫡舅寵遇甚渥位至大將軍事
以見耿舒傳立三十五年薨子蒜嗣沖帝
崩徵蒜詣京師將議爲嗣會大將軍梁冀
與梁太后立質帝罷歸國蒜爲人嚴重動
止有度朝臣太尉李固等莫不歸心焉初
中常侍曹騰謁蒜蒜不爲禮宦者由此惡
之及帝崩公卿皆正議立蒜而曹騰說梁
冀建和元年甘陵人劉文與南郡妖賊劉
罪交通訛言清河王當統天下欲共立蒜
鮪不聽遂立桓帝語在李固傳蒜由此得
事發覺文等遂劫清河相謝暠將至王宮

司馬門〔帝紀謝作射蓋紀傳不同〕曰當立王為天子嵩為
公嵩不聽罵之於是捕文
誅之有司因劾奏蒜坐貶爵為尉氏侯徙
桂楊自殺立三年國絕梁異惡清河名明
年乃改為甘陵梁太后立安平孝王子經〔安平王德河間王開子〕
族理為甘陵王〔安平王德河間王開子〕奉孝德皇祀是
為威王理立二十五年薨子貞嗣定
立四年薨子獻王忠嗣黃巾賊起忠為國
人所執既而釋之靈帝以親親故詔復忠
國忠立十三年薨嗣子為黃巾所害建安
十一年以無後國除

濟北惠王壽母申貴人潁川人也世吏二
千石貴人年十三入掖庭壽以永元二年
封分太山郡為國和帝遵肅宗故事兄弟
皆留京師恩寵篤密有司請遣諸王歸藩
不忍許之及帝崩乃就國永初元年鄧太
后封壽舅申轉為新亭侯壽立三十一年
薨自永初已後戎狄叛亂國用不足始封

王薨減賻錢為千萬布萬四嗣王薨五百
萬布五千四時唯壽最尊親特賻錢三千
萬布三萬四千匹子節王登嗣永寧元年封登
第五人為鄉侯皆別食太山邑〔登立十五〕
四年薨子哀王多嗣多立三年薨〔鼇音……也〕
年立戰鄉侯安國為濟北王是為鼇王
和元年梁太后下詔曰濟北王次以幼年
年封次弟猛為亭侯次九歲喪父至孝建
安國立十年薨子次嗣本初元

守藩躬履孝道父沒哀慟焦毀過禮草廬
土席衰絰在身頭不枇沐體生瘡腫諒闇
已來二十八月自諸國有憂未之聞也朝
廷其嘉焉書不云乎用德章厥善〔……〕
〔以道德明之使競為善也……詩云孝子不匱永錫爾類……族類教道天下今增次封〕
五千戶廣其土宇以慰孝子惻隱之勞次
立七年薨子鸞嗣鸞薨子政嗣政薨無子
建安十一年國除

河間孝王開以永元二年封分樂成勃海
涿郡爲國延平元年就國開奉遵法度吏
人勱之永寧元年鄧太后封開子翼爲平
原王奉懷王勝祀[勝帝孫子德爲安平王王奉]
樂成王黨祀也[黨明帝子也]開立四十二年薨子惠
王政嗣政慘很不奉法憲順帝以侍御史
吳郡沈景有彊能稱故擢爲河間相景到
國謁王王不正服其踞殿上侍郎贊拜景
峙不爲禮[峙立也]問王所在虎賁曰是非王

陳藏

邪景曰王不服常人何別今相謁王豈謁
門外請王傅責之曰前發京師陛下見受
無禮者邪王慙而更服景然後拜出住宮
詔以王不恭使相檢督諸君空受爵祿而
無訓導之義因奏治罪詔書譴政而詰責
傅景因捕諸姦人上案其罪[上奏上也]殺戮
尤惡者數十人出寃獄百餘人政遂爲改
即悔過自脩陽嘉元年封政弟十三人皆
爲亭矦政立十年薨子貞王建嗣建立十

年薨子安王利嗣利立二十八年薨子陵
嗣陵立四十一年魏受禪以爲崇德矦蠡
吾矦翼立元初六年鄧太后徵濟北河間王
諸子詣京師奇翼美儀容故以爲平原王
王後焉[平原王得無子故立之也]留在京師歲餘太后崩
安帝乳母王聖與中常侍江京等譖鄧騭
兄弟及翼云與中大夫趙王謀圖不軌闔
門自[賍爲]
艦神器懷大逆心[神器喻帝位也老子曰天下神器不可爲也]
都鄉矦遣歸河間翼於是謝賓客閉門自

李賢

處永建五年父開上書願分蠡吾縣以封
翼順帝從之翼卒子志嗣爲河間孝王
所立是爲桓帝梁太后詔追算河間孝王
爲孝穆皇夫人趙氏曰孝穆后廟曰清廟
陵曰樂成陵蠡吾先矦曰孝崇皇廟曰列
廟陵曰博陵皆置令丞使司徒持節奉策
書璽綬祠以太牢建和二年更封翼後尊
鄉矦碩爲平原王留博陵奉翼後尊翼夫
人馬氏爲孝崇博園貴人以涿郡之良鄉

故安河間之蠱吾三縣爲湯沐邑碩嗜酒
多過失帝令馬貴人領王家事建安十一
年國除解瀆亭矦淑以河間孝王子封淑
卒子長嗣長卒子宏嗣爲大將軍寶武所
立是爲靈帝建寧元年實太后詔追尊皇
祖淑爲孝元皇夫人夏氏曰孝元后陵曰
敦陵廟曰靖廟皇考長爲孝仁皇夫人董
氏爲慎園貴人陵曰慎陵廟曰奐廟皆置
令丞使司徒持節之河間奉策書璽綬祠
以太牢常以歲時遣中常侍持節之河間
奉祠憙平三年使使拜河間安王利子康
爲濟南王奉孝仁皇祀康薨子斌嗣建安
十二年爲黃巾賊所害子開嗣立十三年
城陽懷王淑以永元二年分濟陰爲國立
魏受禪以爲崇德矦
五年薨葬於京師無子國除還并濟陰
廣宗殤王萬歲以永元五年封分鉅鹿爲
國其年薨葬於京師無子國除還并鉅鹿爲

平原懷王勝和帝長子也不載母氏少有
痼疾延平元年封立八年薨葬於京師無
子鄧太后立樂安夷王寵子得爲平原王
奉勝後是爲哀王得立六年薨無子永寧
元年太后又立河間王開子都鄉矦翼爲
平原王嗣安帝廢之國除

論曰傳稱吳夷昧甚德而度有吳國者
必其子孫〔夷昧吳君之名左傳屈狐庸謂趙文子曰若天所啟其在今嗣君乎甚德而度德不失人民度不失事有吳國者必此君乎此君謂夷昧之子孫也杜預注云嗣君謂夷昧也〕
事從敦厚繼祀漢室咸其苗裔古人之言
信哉

贊曰章祚不已本技流祉質惟伉孫安亦
慶子河間多福柏靈承祀濟北無驕皇恩
寵饒平原抱痼三王薨朝〔平春王全廣宗王萬歲城陽王淑並薨於京師也〕
振振子孫或秀或苗〔宜爾子孫振振兮論語曰苗而不秀者有矣夫秀而不實者有矣夫苗謂早天秀謂成蔓也〕〔萬歲之人反詩國風曰振振仁厚貌也音〕

後漢列傳卷第四十五

唐章懷太子賢注

張晧　子綱
种暠　子岱　拂　拂子劭
王龔　子暢
陳球

張晧字叔明，犍為武陽人也。六世祖良，高帝時為太子少傅，封留侯。晧少游學京師。初，永元中，歸仕州郡，辟大將軍鄧騭府，五遷尚書僕射。職事八年，出為彭城相。〔明帝子彭城王也〕永寧元年，徵拜廷尉。〔恭之相也〕晧雖非法家，而留心刑斷，數與尚書辯正疑獄，多以詳當見從。〔詳審而平當也〕時安帝廢皇太子為濟陰王，晧與太常桓焉廷爭之，不能得，事已具來歷傳。退而上疏曰：昔賊臣江充，〔江充，趙人也。字次倩，武帝時為直指繡衣使者。充見太子家吏乘車馬行馳道中，劾奏之。……恐為太子所誅……太子懼不能自明，遂殺充……太子兵敗，亡走湖，自經。帝即位，與丞相劉屈氂戰，太子兵敗……後上乃覺悟太子之冤……〕造構讒逆，至令戾園興兵，終及禍難。

於湖置園邑奉祠，故曰戾園。〔後壷關三老一言，上乃覺悟。……太子死後，壷關三老……訟太子冤……〕雖追前失，悔之何逮。〔速，及也。……老令狐茂上書訟太子冤……歸來望思之臺，於湖滅。下聞而悲之，故見前書。〕皇太子春秋方始十歲，未見保傅九德之義。〔而勤援而立，而毅直而溫，簡而廉，剛而塞，彊而義，見尚書臯陶陳九德曰：寬而栗，柔而立，愿而恭……〕宜簡賢輔，就成聖質。書奏不省，及順帝即位，拜晧司空，在事多所薦達，天下稱其推士。時清河趙騰上言災變，譏刺朝政，章下有司，收騰繫考，所引黨輩八十餘人，皆以誹謗當伏重法。晧上疏諫曰：臣聞堯舜立敢諫之鼓，三王樹誹謗之木，春秋採善書惡，聖主不罪芻蕘。〔左氏傳曰：……春秋之稱微而顯……晦懲惡而勸善，非聖人誰能脩之……〕騰等雖干上犯法，所言本欲盡忠正諫，如當誅戮，天下杜口，塞諫爭之源，非所以昭德示後也。〔前書音義曰：司寇，二歲刑。因以名……〕帝乃悟，減騰死罪一等，餘皆以司寇。〔前書音義曰：司寇，二歲刑，四年以陰陽不和菜免。〕……陽嘉元年，復為廷尉，其年卒官，時年八十三。遣使者弔祭，賜葬地於河南。

綱字文紀少明經學雖爲公子而屬布衣
之節舉孝廉不就司徒辟高弟爲御史時
順帝委縱宦官有識危心綱常感激慨然
歎曰穢惡滿朝不能奮身出命掃國家之
難雖生吾不願也退而上書曰詩云
尋大漢初隆及中興之世文明二帝德化
不忘率由舊章
尤盛觀其理爲易循易見但恭儉守節約

〈後漢列傳四十六〉三

身尚德而已中官常侍不過兩人近倖賞
賜裁滿數金惜費重人故家給人足夷狄
聞中國優富任信道德所以姦謀自消而
和氣感應而頃者以來不遵舊典兵無功小
人皆有官爵富之驕之而復害之非愛人
重器承天順道者也
奉天心書奏不省漢安元年選遣八使徇
行風俗皆者儒知名多歷顯位

風俗同時俱拜天下號曰八俊剌史二千石有臧罪
者唯綱年少官次最微餘人受命
之部而綱獨埋其車輪於洛陽都亭曰豺
狼當路安問狐狸
軍冀河南尹不疑蒙外戚之援荷國厚恩
以爵莞之資居阿衡之任不能敷揚五教
翼讚日月而專爲封豕長蛇蕉食上國
諂諛以害忠良誠天威所不赦大辟所宜
加也謹條其無君之心十五事斯皆臣子
所切齒者也
書御京師震竦時冀
妹爲皇后內寵方盛諸梁姻族滿朝帝雖
知綱言直終不忍用時廣陵賊張嬰等衆
數萬人殺剌史二千石寇亂揚徐間積十
餘年朝廷不能討異乃諷尚書以綱爲廣
陵大守因欲以事中之前遣郡守率多求
兵馬綱獨請單車之職既到乃將吏卒十

〈後漢列傳四十六〉四

餘人徑造嬰壘以慰安之求得與長老相見申示國恩嬰壘初大驚既見綱誠信乃出拜謁綱延置上坐問所疾苦乃譬之曰前後二千石多肆貪暴（二千石 太守也）故致公等懷憤怒心聚二千石信有罪矣然為之者又非義也今主上仁聖欲以文德服叛故遣太守思以爵祿相榮不願以刑罰相加今誠轉禍為福之時也若聞義不服天子赫然震怒荆揚究豫大兵雲合豈不危乎君不料彊弱非明也弃善取惡非智也去順效逆非忠也身絕血嗣非孝也（凡祭皆用牲 故曰血嗣）正從邪非直也見義不為非勇也六者成敗之幾利害所從公共計之嬰聞泣下曰荒裔愚人不能自通朝廷不堪侵枉遂復相聚偷生若魚遊釜中喘息須臾間耳今聞明府之言乃嬰等更生之晨也既諂不義實恐投兵之日不免螫耳綱約之以天地誓之以日月嬰深感悟乃辭還營明

日將所部萬餘人與妻子面縛歸降綱乃單車入嬰壘大會置酒為樂散遣部眾任從所之親為卜居宅相田疇子弟（相視也田疇 並耕曰疇）欲為吏者皆引召之人情悅服南州晏然朝廷論功當封嬰等上書乞留乃許之綱徵欲擢用綱而嬰等遂詣府赴哀者不可勝數在郡一年四十六卒百姓老幼相攜詣祠祀祈福皆言千秋萬歲何時復見此君張嬰等五百餘人制服行喪送到犍為負土成墳詔曰故廣陵太守張綱大臣之苗剖符統務正身導下班宣德信降集劇賊張嬰萬人息干戈之役濟燕庶之困未外顯爵不幸早卒嬰等纓杖若喪考妣朕甚愍焉拜綱子續為郎中賜錢百萬

王龔字伯宗山陽高平人也世為豪族初舉孝廉稍遷青州刺史劾奏貪濁二千石數人安帝嘉之徵拜尚書建光元年擢為

司隸校尉明年遷汝南太守政崇溫和好
才愛士引進郡人黃憲陳蕃等憲雖不屈
蕃遂就吏蕃性氣高明初到龔不即召見
之乃留記謝病去龔怒使除其錄功曹表
閭請見言曰間之傳曰人臣不見察於君
不敢立於朝蕃既以賢見引不宜退以非
禮龔改容謝曰是吾過也乃復厚遇待之
由是後進知名之士莫不歸心焉閭字奉
高數辭公府之命不修異操而致名當時

永建元年徵龔為太僕轉太常四年遷司
空以地震策免永和元年拜太尉在位恭
慎自非公事不通州郡書記其所辟命皆
海內長者龔深疾官官專權志在匡正乃
上書極言其狀請加放斥諸黃門恐懼各
使賓客誣奏龔罪順帝命收自實（亟慝也音 紀力反）
前掾李固時為大將軍梁商從事中郎乃
奏記於商曰今旦聞下太尉王公敕令自
實未審其事深淺何如王公束脩厲節敦

樂藝文不求苟得不為苟行（前書曰楊子雲曰蜀嚴湛冥不作苟見）
不但以堅貞之操違俗失眾夫三公尊
安所措毀衆人聞知莫不歎慄為謗
重承天象極未有詿理訴冤之義（三公承天象助天子位象）
佞宜引決是以舊典不有
不可加以非理卒有它變則朝廷獲害賢（大曰獄重問）
大罪不至重問
（族也）
之名羣臣無救護之節矣昔絳侯得罪表（盍解其過文帝時丞相絳侯周勃就國人告以謀反）
盍解其過（妾無罪絳侯得釋盍有力也）
時君善之列在書
傳令將軍內倍至算外典國柄言重信著
善人在患飢不及餐斯其時也商即言曰
於帝事乃得釋龔在位五年以老病乞骸

胄卒於家子暢

論曰張晧王龔稱為雅士若其好通〔汲善〕
明發升薦仁人之情也夫士進則世收其
器賢用即人獻其能能獻既已厚其
收亦理兼天下〔言賢人見用則人鏡己有功功多賞
厚故言己厚其功有才器必被動必有功
用用則海內蒙福故曰理兼天下〕其利甚博而
人莫之先豈同折枝於長者以不為為難〔折枝
乎〔以不為而不為難為之易則為之孟子曰夫挾太山
禽獻而不能加於百姓者何也〔言宣王今恩足以
曰不能不為二者謂何也孟子曰夫挾太山以超比
曰不能〕

〈後漢列傳四十六〉
九 李賢

海王能乎王曰不能為長者折枝
孟子曰夫挾太山以超海是實不能也不彊
者折枝甚易而王不為非不能也不為也老
老幼吾幼以及人之幼天下可運諸掌何為
於百姓者老吾老以及人之老幼吾幼〔熙注孟子也
知仁者三下展禽廢六關妻織蒲言文仲〕
宋仁〔文仲魯大夫姓臧孫名辰左傳仲尼曰臧文
於柳下惠〔柳下劉向別錄注熙注云〕
昔柳下惠見抑於臧

文仲 淳于長
成帝時定陵族淳于長以太后姊
子為九卿崔方進為丞相獨與長
知柳下惠若令故曰折枝

受稱于方進
萬之〔...〕然則立德者以幽陋好遺顯登者以
交稱〔...論語子路宿於石門晨門
貴塗塈易引故晨門有抱關之夫〔論之夫
曰美自注去石間魯城外引也晨主守門
也史記族蠻夷門抱關者守門必抱關故兼言之
曰〕

柱下無朱文之軫也〔神仙傳曰老子周宣王時
為柱下史朱文畫車為文
為柱下史朱文章朱文之軫也〕
暢字叔茂少以清實為稱柱下之賢亦無朱文之軫也〔齊相
孝廉辟病不就大將軍梁商特辟舉茂才
尉轉漁陽太守所在以嚴明為稱坐事免〔衛拜司隸校
四遷尚書令出為齊相之相
官是時政事多歸尚書陳帝特詔三公令
太尉陳蕃薦暢清方公正
高選庸能〔庸功〕由是復為尚
有不可犯之色也〔禮記曰介胄之士則有不可犯之色也〕

〈後漢列傳四十六〉
十 康仲

書尋拜南陽太守前後二千石逼懼帝鄉
貴戚多不稱職暢深疾之下車奮厲威猛
其豪黨有釁穢者莫不糾發會赦事得散
不自首實者盡入財物若其隱伏使更發
暢追恨之更為設法諸受臧二千萬以上
屋伐樹堙井夷竈豪右大震功曹張敞奏
記諫曰五教在寬著之經典湯去三面八
方歸仁〔史記曰湯為夏方伯得專征伐出見野
四面網祝曰自天下四方皆入吾網湯曰
嘻盡之矣去其三面祝曰欲左左欲右右不用
命乃入吾網諸侯聞曰湯德至禽獸皆音乃〕

武王入殷先去炮格之刑

之上使有罪綠足滑跌墮對與妲已笑以為樂王曰炮格之刑臣賢桀史記及帝王代紀皆言文王西伯獻洛西請除炮格之刑今云武王與此不同

列女傳紂為銅柱以膏塗之加于炭

章之法考文皇帝感一緹縈轍除肉刑　高祖鑒秦唯定三

卓茂文翁召　景帝時丈　翁為蜀郡

父之徒皆疾惡嚴刻務崇溫厚　後世夫明哲之君網漏吞舟之魚

南陽太守視人如子其化大行　仁賢之政流聞　韓詩外傳曰夫吞舟

中仁愛教化宣帝時召信臣為網漏吞舟之魚也

之魚不居潛澤前書曰高祖約　然後三光明於

（十一）

發屋代墻將為嚴列雖欲懲惡難以聞速　迁遠

以明府上智之十日月之曜　莊子飾智以明

上人物悅於下言之若迁其效其近也　也

漯昭昭乎若揭日月而行也

敕仁惠之政則海內改觀實

有折枝之易而無挾山之難郡為舊都族

閭之國園廟出於章陵　五百里甸服千里侯服

前陽去洛　先烈皇后與帝人上四廟君以為三后生自新野　后鄧后堂新野人

士女沾教化黔首仰風流自中興以來功

後漢傳四十六

臣將相繼世而隆愚以為懇懇用刑不如

行恩聲華子求姦未若禮賢舉皋陶不仁

者遠之　論語子夏　左傳命隨會

皮褥車馬羸敗以矯其敝同郡劉表時年

遂行郡中豪族多以奢靡相尚暢常布衣

刑暢深納敝諫更崇寬政慎刑簡罰教化

之聞蘧伯玉恥獨為君子府君不希孔聖

之明訓而慕夷齊之末操　論語孔子曰不降

遍下　禮記曰君子上不遍下不遍下也

十七從暢受學進諫曰夫奢不儉上儉不

曰昔公儀休在魯拔園葵去織婦　史記曰公儀休

尼得死是末操也　齊飢死是末操也

敕相楚其子被裘刈薪

而拔其葵見織帛而出其婦食祿又奪園夫女子利

死汝貪因往見優孟　優孟言孫叔敖子也

後漢列傳四十六　十二

夫以約失之鮮矣論語孔子之辭也言儉則無失聞伯夷之

風者貪夫廉懦夫有立志孟子雖以不德

敢慕遺烈後徵為長樂衛尉建寧元年遷

司空數月以水災策免明年卒於家子謙

為大將軍何進長史謙子粲以文才知名

粲字仲宣蔡見而奇之時邕才學顯著貴重朝廷車騎填門賓客盈坐聞粲在門倒屣迎之既至年紀幼弱容狀短小一座盡驚邕曰王公之孫有異才吾不如也太祖辟粲為丞相掾後為侍中博物多識問無不知也嘗與人行讀道邊碑記人問卿能闇記乎因使背而誦之一文不失觀人圍碁局壞粲為覆之不誤一道二年四十卒魏志有傳

种暠字景伯河南洛陽人仲山甫之後也

父為定陶令有財三千萬父卒暠悉以賑

卹宗族及邑里之貧者其有進趣名利皆

不與交通始為縣門下史時河南尹田歆

外甥王諶名知人之有知人之名也歆謂之曰今當舉

六孝廉多得貴戚書命不宜相違欲自用

一名士以報國家爾助我求之明日諶送

客於大陽郭遙見暠異之還白歆曰為尹

得孝廉矣近洛陽門下史也歆笑曰當得

山澤隱滯近洛陽吏邪諶曰山澤不必有

異士異士不必在山澤歆即召暠於庭辯

詰職事暠辭對有序歆甚知之召暠署主簿

遂舉孝廉辟太尉府舉高第順帝末為侍

御史時所遣八使光祿大夫杜喬周舉等

多所糾奏而大將軍梁冀及諸官官互為

請救事皆被寢過暠自以職主刺舉志案

姦違乃復劾諸為八使所舉蜀郡太守劉

宣等罪惡章露宜伏歐刀又奏請勑四府

條舉近目父兄及知親為刺史二千石尤

殘穢不勝任者免遣案罪帝乃從之擢暠

監太子於承光宮中常侍高梵從中單駕

出迎太子時太傅杜喬等疑不欲從惶惑

不知所為暠乃手劍當車曰太子國之儲

副人命所係今常侍來無詔信何以知非

姦邪今日有死而已梵辭屈不敢對馳命

奏之詔報太子乃得去喬退而歎息愧暠

臨事不惑帝亦嘉其持重冊善者良久出

為益州刺史昌素慷慨好立功立事在職
三年宣恩遠夷開曉殊俗岷山雜落皆懷
服漢德其白狼槃木唐菆邛𡨥諸國藏音側留反
自前刺史朱輔卒後遂絕昌至乃復舉種
向化時永昌太守冶鑄黃金為文蛇以獻
梁冀昌糾發逮捕馳傳上言而二府畏懦
不敢案之冀由是銜怒於昌會巴郡人服直或作宜
直聚黨數百人自稱天王昌與太守
應承討捕不克吏人多被傷害昌因此陷
之傳逮昌承大尉李固上疏救曰臣伏聞

討捕所傷本非昌承之意實由縣吏懼法
畏罪迫逐深致此不詳比盜賊羣起處
處未絕昌承以首舉大姦而相隨受罪目
恐沮傷州縣糾發之意更共飾匿復盡
心言各飾偽辭梁太后省奏乃赦昌承罪免
官而已後涼州羌動以昌為涼州刺史甚
得百姓歡心被徵當遷吏人詣闕請留之
太后歎曰未聞刺史得人心者是乃許之

昌復留一年遷漢陽太守戎夷男女送至
漢陽界昌與相揖謝千里不得乘車及到
郡化行羌胡禁止侵掠遷使匈奴中郎將
時遼東烏桓反叛復轉遼東太守烏桓望
風率服迎拜於界上坐事免歸後司隸校
尉舉昌賢良方正不應徵拜議郎遷南郡
太守入為尚書會匈奴寇并涼二州桓帝
擢昌為度遼將軍昌到營所先宣恩信誘
降諸胡其有不服然後加討羌虜先時有

生見獲質於郡縣者悉遣還之誠心懷撫
信賞分明由是羌胡龜茲莎車烏孫等皆畫舉烽夜燃燈燧
來順服昌乃去烽燧除候望解見光武紀
邊方晏然無警入為大司農延熹四年遷
司徒推達名臣橋玄皇甫規等為稱職相
在位三年年六十一薨并涼邊人咸為發
哀匈奴聞昌卒舉國傷惜單于每入朝賀
望見墳墓輒哭泣祭祀二子岱拂
岱字公祖好學養志舉孝廉茂才辟公府

皆不就公車特徵病卒初岱與李固子燮
同徵議郎燮聞岱卒痛惜甚乃上書求加
禮於岱曰臣聞仁義興則道德昌道德昌
則政化明政化明而萬姓寧伏見故處士
种岱淳和達理耽悅詩書富貴不能回其
慮萬物不能擾其心稟命不永奄然殂殞
若不𧝓相難進等輩皆已公卿矣
昔先賢既沒有加贈之典
之榮卒無官諡之號雖未建忠效用而為
聖恩所拔遷過具瞻宜有異賞朝廷竟不
能從
拂字穎伯初為司隸從事拜宛令時南陽
郡吏好因休沐游戲市里為百姓所患拂
出逢之必下車公謁以愧其心自是莫敢
出者政有能名累遷光祿大夫初平元年
代荀爽為司空明年以地震策免復為太

葬之加一等杜預
日加命服之一等周禮盛德有銘誄之文司空

常李傕郭汜之亂長安城潰百官多避兵
衝拂揮劍而出曰為國大臣不能止戈除
暴致使凶賊兵刃向宮去欲何之遂戰而
死子劭
劭字仲甫少知名中平末為諫議大夫大
將軍何進將誅官召并州牧董卓至澠
池而進意更狐疑遣劭宣詔止卓卓不受
遂前至河南劭迎勞之因譬令還軍卓疑
有變使其軍士以兵脅劭劭怒稱詔大呼
叱之軍士皆披靡反
乃還軍夕陽亭及進敗獻帝即位
拜劭為侍中卓既擅權而惡劭彊力遂左
轉議郎出為益涼二州刺史會父喪拂戰死
竟不之職服終徵為少府大鴻臚皆辭不
受曰昔我先父以身徇國吾為臣子不能
除殘復怨何面目朝觀明主哉遂與馬騰
韓遂及左中郎劉範諫議大夫馬宇共攻
李傕郭汜以報其仇與汜戰於長平觀下

涼州

軍敗劭等皆死騰遂還
長安西十五里也　平阪名也有觀在

陳球字伯眞下邳淮浦人也歷世著名
書曰祖父魋廣漢太守　父躬音　尾
球少涉儒學善律陽嘉中舉孝廉稍遷繁陽令
繁陽令　縣
時魏郡太守諷縣求納貨賄球不與之
遍擊督郵
太守怒而遍督郵欲令逐球
太守乃止復辟公
肯曰魏郡十五城獨繁陽有異政今受命
球
逐之將致議於天下矣
府舉高第拜侍御史是時桂陽黠賊李研
等羣聚寇鈔陸梁荊部州郡懦弱不能禁
太尉楊秉表球為零陵太守球到設方略
甚月閒賊虜消散而州兵朱蓋等反與桂
陽賊胡蘭數萬人轉攻零陵零陵下溼編
木為城不可守備郡中惶恐吏白遣家
郡中分
避難球怒曰太守分國虎符受任一邦
父帝　初典
銅虎符豈顧妻孥而沮國威重乎復言者斬
乃悉內吏人老弱與共城守弦大木為弓

羽矛為矢引機發之遠射千餘步多所殺
傷賊復激流灌城球輒於內因地勢反決
水淹賊賊相拒十餘日不能下會中郎將度
尚將救兵至球募士卒與尚共破斬朱蓋
等賜錢五十萬拜子一人為郎遷魏郡太
守徵拜將作大匠
以上遷南陽太守以糾舉豪右為執家所
譖徵詣廷尉抵罪會赦歸家復拜廷尉
平元年竇太后崩太后本遷南宮雲臺后
宦者積怨竇氏
父竇武與陳蕃謀誅宦官反為中
常侍曹節矯詔殺武蕃遷太后為
遂以衣車載尸置城南市舍數日中常
侍曹節王甫欲用貴人禮殯帝曰太后親
立朕躬統承大業詩云無德不報無言不
大雅抑　詩也
酬　豈宜以貴人終乎於是發喪成禮
及將葬節等復欲別葬太后而以馮貴人
配祔　祔謂新死之主祔於先死者之廟　婦祔於姑也
大會朝堂令中常侍趙忠監議太尉李
卿
咸時病乃扶輿而起擣椒自隨謂妻子曰

若皇太后不得配食桓帝吾不生還矣既
議坐者數百人各瞻望中官良久莫肯先
言趙忠曰議當時定怪公卿以下各相顧
望球曰皇太后以盛德良家母臨天下宜
配先帝是無所疑忠笑而言曰皇太后宜
便操筆球即下議曰皇太后自在椒房有
聰明母儀之德遭時不造援立聖明承繼
宗廟功列至重先帝晏駕因遇大獄遷居
空宮不幸早世家雖獲罪事非太后若

別葬誠失天下之望且馮貴人家墓被發
骸骨暴露與賊併尸魂靈汙染段熲為河南尹生坎馮
貴人家左遷且無功於國何宜上配至尊忠
諫議大夫
省球議作色俛仰蚩皇球曰陳廷尉建此議
其健球曰陳實既冤皇太后無故幽閉臣
常痛心天下憤歎今日言之退而受罪宿
昔之願公卿以下皆從球議李咸始不敢
先發見球辭正然大言曰臣本謂宜兩誠
與臣意合會者皆為之愧曹節王甫復爭

以為梁后家犯惡逆別葬懿陵武帝黜廢
衛后而以李夫人配食庚太子衛皇后共太子
新江充自報武帝崩霍
光緣上雅意以李夫人配食也
平李咸乃詣闕上疏曰臣伏惟章德竇后
虐害恭懷順朝無貶降之文至於衛后孝
武皇帝身所廢弃不可以為比今長樂太
后尊號在身親嘗稱制坤育天下且周易曰坤為母
援立聖明光隆皇祚太后以陛下為子陛

下豈得不以太后為母子無黜母臣無貶
君宜合葬宣陵一如舊制帝省奏謂曹節
等曰竇氏雖為不道而太后有德於朕不
宜降黜節等無復言於是議者乃定咸字
元貞汝南人累經州郡以廉幹知名在朝
清忠權倖憚之六年遷球司空以地震免
拜光祿大夫復為廷尉太常光和元年遷
太尉數月以日食復拜光祿大夫明年遷
為永樂少府桓帝母孝崇皇后宮曰永樂置太僕少府乃潛與司徒

河閒劉鯈謀誅宦官初鯈兄侍中儵與大
將軍竇武同謀俱死故鯈與球相結事未
及發球復以書勸鯈曰公出自宗室位登
台鼎天下瞻望社稷鎮衞豈得雷同容容
無違而已今曹節等放縱為害而久在左
右又公兄侍中受害節等永樂太后所親
知也今可表徙衞尉陽球為司隸校尉以
次收節等誅之政出聖主天下太平可翹
足而待也又尚書劉納以正直忤宦官出
為步兵校尉亦深勸於鯈鯈曰凶竪多耳
目恐事未會先受其禍納曰公為國棟梁
傾危不持焉用彼相邪〔論語孔子辭也〕鯈許諾亦
結謀陽球球小妻程璜之女璜用事宮中
所謂程大人也節等頗得聞知乃重賂於
璜且脅之璜懼迫以球謀告節節因共白
帝曰鯈等常與藩國交通有惡意數稱永
樂聲執受取狼籍步兵校尉劉納及永樂
少府陳球衞尉陽球交通書疏謀議不軌

帝大怒策免鯈鯈與球及劉納陽球皆下
獄死球時年六十二子瑋吳郡太守弟
琮沛陰太守弟子珪沛相珪子登廣陵太
守並知名〔謝承書曰瑋舉孝廉公府洛陽市長
後辟太尉府未到永漢元年就拜議郎
遷吳郡太守不之官球兄子珪字漢瑜襄孝廉
去官累舉茂才濟北相濟陰太守璆字元琚少有
循禮非法不行性兼文武有雄姿異略一領廣陵太
守魏志曰登字元龍在廣陵有威名又登字元龍三
君言豪氣雲與劉備並坐論天下大亂帝王失所君
有國士之名今天下大亂帝王失所君須憂國忘
家有救世之意乃求田問舍言無可采是元龍所諱也〕

專議相思同歸

便使以直為青〔青過〕
焼負曰安儲遭誚張卿有請〔張晧曰延尉故卿〕
沇地下何但上下林之間載袁大笑也
何緣當與君語如我自卧百尺樓上卧君
二子過正埋輪埋井
張綱埋輪王龔埋井
孟子曰矯枉過正
種公自微臨官以威陳球

後漢書列傳卷第四十六

列傳卷第四十七　范曄　後漢書五十七

唐章懷太子賢注

杜根　欒巴
　劉陶　李雲
　劉瑜　謝弼

杜根字伯堅潁川定陵人也父安字夷
少有志節年十三入太學號奇童京師貴
戚慕其名或遺之書安不發悉壁藏之及
後捕案貴戚賓客安開壁出書印封如故
竟不離其患　[後漢列傳四十七]　時人貴之　[雛被　位至巴郡太]
守政甚有聲根性方實好絞直　[絞急也]　永初
元年舉孝廉為郎中時和熹鄧后臨朝權
在外戚根以安帝年長宜親政事乃與同
時郎上書直諫太后大怒收執根等令盛
以縑囊於殿上撲殺之執法者以根知名
私語行事人使不加力既而載出城外根
得蘇太后使人檢視根遂詐死三日目中
生蛆因得逃竄為宜城山中酒家保　[宜城縣故城在]

今襄州率道縣南其地出美酒廣雅酒　[保使也言爲人傭力保任而使也]　積十五年酒
家知其賢厚敬待之及鄧氏誅左右皆言
根等之忠帝謂根巳死乃下詔布告天下
錄其子孫根方歸鄉里徵詣公車拜侍御
史初平原郡吏成翊世亦諫太后歸政坐
抵罪與根俱徵擢為尚書郎並見納用或
問根曰往者遇禍天下同義知故不少何
至自苦如此根曰周旋民間非絕跡之處
邂逅發露禍及知親故不爲也順帝時稍
　[後漢列傳四十七　　一]
遷濟陰太守去官還家年七十八卒翊世
字季明少好學深明道術延光中中常侍
樊豐帝乳母王聖共譖皇太子廢爲濟陰
王翊世連上書訟之又言樊豐王聖誣罔
之狀帝既不從而豐等陷以重罪王聖下獄當
死有詔帝免官歸本郡及濟陰王立是爲順
帝司空張晧辟之翊世自以其功不顯恥於受
廢薦爲議郎翊世自以其功不顯恥於受
位自劾歸三公比辟不應　[比猶頻也]　尚書僕射

虞詡雅重之欲引與共參朝政乃上書薦
之徵拜議郎後尚書令左雄僕射郭虔復
舉為尚書在朝正色百僚敬之

欒巴字叔元魏郡內黃人也 神仙傳云巴蜀郡人也少而學道不
事俗順帝世以宦者給事掖庭補黃門令
非其好也性質直學覽經典雖在中官不
與諸常侍交接後陽氣通暢白上乞退擢
拜郎中四遷桂陽太守以郡處南垂不閑
典訓為吏人定婚姻喪紀之禮興立校學
以辨進之雖幹吏甲末皆課令習讀程試
殿最隨能升授 幹府吏之類也晉令諸郡國不滿
幹猶 五千以下置幹吏二人郡縣皆有
主也 政事明察視事七年以病乞骸骨
荊州刺史李固薦巴治迹徵拜議郎守光
祿大夫與杜喬周舉等八人徇行州郡巴
使徐州還再遷豫章太守郡土多山川鬼
怪小人常破貲產以祈禱巴素有道術能
役鬼神乃悉毀壞房祀剪削奸巫 巫堂謂為房而祀者
於是妖異自消百姓始頗為懼終皆安之

神仙傳曰時廬山廟有神能於帳中與人言語飲酒投
杯能令官亭湖中分風舩行者皆相逢巴未到十
數日廟中神不復作聲湖中常有宿客到此
百姓害巴到皆不知所在郡內無復疾疫也

相所在有績徵拜尚書
又飲酒西南噀 謝曰臣本縣成都市失火故以酒為雨以滅火臣頓首
起憲欲陵左右或有小人墳冢主者欲有
所侵毀巴連上書苦諫時梁太后臨朝詔
詰巴曰大行皇帝晏駕有日卜擇陵園務
從省約塋域所極裁二十頃而巴虛言主
者壞人冢墓事既非實寢不報下巴猶固
遂其愚復上誹謗苟肆狂瞽益不可長巴
坐下獄抵罪禁錮還家 靈帝即
位大將軍竇武太傅陳蕃輔政徵拜議郎
蕃武被誅巴以其黨復謫為永昌太守以
功自劾辭病不行上書極諫理陳竇之冤
帝怒下詔切責收付廷尉巴自殺 子賀官
至雲中太守

劉陶字子奇〔一名偉〕潁川潁陰人濟北貞
王勃之後也陶為人居簡不脩小節所與交
友必也同志好尚或殊富貴不求合情趣
苟同貧賤不易意同宗劉愷以雅德知名
獨深器陶時大將軍梁冀專朝而　帝無名
子連歲荒饑災異數見陶時游太學乃上
疏陳事曰臣聞人非天地無以為靈天地
非人無以為靈〔書曰惟天地萬物父母惟人萬物之靈也〕是故帝非
人不立人非帝不寧夫天之與帝帝之與

【後漢列傳四十七 五】

人猶頭之與足相須而行也伏惟陛下年
隆德茂中天稱號〔中謂當天龑常存之慶循〕
不易之制目不視鳴條之事耳不聞檀車
之聲〔鳴條地名在安邑之西尚書曰伊尹相湯伐桀遂與桀戰于鳴條之野檀車兵車也詩曰檀車兵車也四牡痯痯征夫不遠軍軍音昌善反痯音管〕
震食不即損於聖體故蔑三光之謬輕上
天之怒伏念高祖之起始自布衣〔高祖曰晉以布衣提〕
三尺以取天下拾暴秦之敝追亡鹿之鹿〔前書蒯通曰秦失其鹿天下共逐之音義云合散扶傷克成帝業功籠
以慶嗣帝位也

顯矣勤亦至矣流福遺祚至於陛下　陛下
既不能增明烈考之軌而忽高祖之勤安
假利器委國柄使羣醜刑隸〔利器謂威權也周禮太宰以八柄詔王駁羣臣謂爵〕
彤敝諸夏虐流毒近〔以入柄詔王駁羣臣謂爵〕
祿與置生奪廢誅〔也刑隸謂閽人也〕故天降眾異以戒陛下
下不悟而競令虎豹窟於麋場豺狼乳於
春囿〔鹿子曰麑 鹿產也〕斯豈唐咨禹稷益典朕虞議
物賦土蒸民之意哉又令牧守長吏為窮冤
交競封豕長蛇吞食天下貨殖者為窮冤

【後漢列傳四十七 六】

之魂貧餒者作飢寒之鬼高門獲東觀之
韋豐室羅妖叛之罪〔說苑曰孔子為魯司寇七〕
也死者悲於窀穸生者戚於朝野〔日而誅少正卯於東觀杜預左傳曰窀穸〕
者也且秦之將亡正諫者為咨嗟長懷歎息
夜猶長夜也〕是愚臣所為咨嗟長懷歎息
出於讒口擅閭樂於咸陽授趙高以車府
諸之人殺直諫之士也嘉言結於忠舌國命
閭樂誅殺胡亥事見史記也權去已而不知威
趙高為車府令與壻咸陽令閻樂謀矯始皇進諫者賞
賈山上書曰秦始皇進諫者賞勵
離身而不顧古今一揆成敗同軌願陛下
下共逐之音義云取天下

遠覽強秦之傾近察哀平之變得失昭然
禍福可見臣又聞危非仁不扶亂非智不
救故武丁得傅說以消鼎雉之災
　書曰高宗得傅說為相殷復興焉高宗也尚書曰高宗祭成湯有飛雉升鼎耳而雊武丁懼而修德位以永寧
周宣
　申伯仲山甫周宣王之臣也詩曰惟申及甫惟申及甫惟周之翰史記曰周孝王之子蒙是為夷王夷王崩子厲王立行暴虐死于彘也
竊見故
冀州刺史南陽朱穆前烏桓校尉臣同郡
李膺皆履正清平貞高絕俗穆前在冀州
奉憲操平摧破姦黨掃清萬里膺歷典牧
守正身率下及堂戎馬威揚朝北斯實中
興之良佐國家之柱臣也宜還本朝挾輔
王室上齊七燿下鎮萬國臣敢吐不時之
義於謗言
　不時謂不合於時也謗言謂拒諫也
猶冰霜見
日必至消滅臣始悲天下
　可悲今天下
亦悲臣之愚惑也書奏不省時有上書言
人以貨輕錢薄故致貧困宜改鑄大錢事
下四府羣僚及太學能言之士陶上議曰
聖王承天制物與人行止建功則眾悅其

事興戎而師樂其旅是故靈臺有子來之
人武旅有兄藻之士
　詩大雅曰經始靈臺經之營之庶人子來武旅謂周武王也旅眾也詩曰武王載旆有虔秉鉞如火烈烈則莫我敢曷又曰王旅嘽嘽如飛如翰
道也臣伏讀鑄錢之詔平輕重之議訪豐
幽微不遺窮賤是以蓋食之人謬延逮及
臣等謬食寧得無肝膽塗地於中原亦若
臣之身安得無肝膽塗地
　苑囿曰有東郊祖社之計獻公曰顧請闕圉家之計曰有上書於晉獻公曰肉食者巳慮之矣蓋食者謂受祿之人也尚書曰一旦失計於此廟堂之上若
在乎民飢夫生養之道先食後民是以先
王觀象育物敬授民時
　天象也尚書曰欽若昊天勑授人時
使
男不逋畝女不下機故君臣之道行王路
之教通由是言之食者乃有國之所寶生
　詩曰小東大東杼柚其空
蝗之口杼柚空於公私之求
民之至貴也竊見比年巳來良苗盡於蝗
急朝夕之餐所患靡監之事豈謂錢貨之
厚薄銖兩之輕重哉就使當今沙礫化為
南金瓦石變為和玉
　王詩曰大路南金和謂和氏之璧也使百姓
渴無所飲飢無所食雖皇羲之純德唐虞

之文明猶不能以保蕭牆之內也蓋民可
百年無貨不可一朝有飢不食為至急也
議者不達農殖之本多言鑄冶之便或欲
因緣行詐以賈國利國利將盡取者爭競
造鑄之端於是乎平生蓋萬人鑄之一人奪
之猶不能給況今一人鑄之則萬人奪之
平雖以陰陽為炭萬物為銅〔賈誼之言〕
之民貧財阜要在止役禁奪則百姓不
夫欲使民勞財阜要在止役禁奪則百姓不
勞而足陛下聖德愍海內之憂戚傷天下
之艱難欲鑄錢齊貨以救其敝此猶養魚
沸鼎之中棲鳥烈火之上水木本魚鳥之
所生也用之不時必至燋爛願陛下寬錢
薄之禁後冶鑄之議〔鍥刻也音口結反〕聽民庶之謠
吟問路叟之所憙〔列子曰昔堯理天下五十年不知天下理亂竟乃微服遊於康衢聞兒童謠曰立我蒸民莫匪爾極不識不知順帝之則說苑曰孔子行遊中路聞哭者聲甚悲孔子曰趨驅之非喪者聲也何哭之悲虞立吾子對曰吾有三失少好學周徧天下還後吾親亡是一失也長事君奢驕不遂是二失也交友而後絕是三失也〕瞰三光之文耀

視山河之分流〔三光日月星也分謂山流謂河言變故視其文甍也山崩川竭皆亡之徵也日月有謫食之災星辰有錯行之變故視其文也〕天下之心國家大事繁然
皆見無有遺感者矣臣嘗誦詩至於鴻鴈
于野之勞哀勤百堵之事每嘆嗟長懷中〔詩小雅鴻鴈之篇曰鴻鴈于飛蕭蕭其羽之子于垣百堵皆作鄭玄注云壞牆之國徭人起屋舍築牆百堵同時而起言趣事也〕近聽
篇而歎
征夫飢勞之聲甚於斯歌是以追悟匹婦
吟魯之憂始於此乎〔列女傳曰魯漆室邑之女過時未適人當穆公之時君老太子幼女倚柱而啼傍人聞之莫不慘者鄰婦從之遊謂曰何哭之悲子欲嫁乎吾為子求偶女曰嗟乎始吾以子為知今反無識也吾豈為不嫁不樂而悲哉吾憂魯君老而太子少也〕
君若太子幼女倚柱而啼
漆室女
嫁之故不樂而悲哉吾憂魯君老而太子少也
鄰婦從之遊謂曰何哭之悲子欲嫁乎吾為子求偶〔駒食我場苗詩曰皎皎彼白駒食我場苗〕見
白駒之意屏營傍偟不能監寐〔詩曰皎皎彼白駒〕伏念當今地廣而不
得耕民衆而無所食羣小競進秉國之位
鷹揚天下鳥鈔求飽吞肌及骨並噬無猒
誠恐卒有役夫窮匠起於板築之間〔謂陳勝〕投斤攘臂登高遠呼使
愁怨之民嚮應雲合八方分崩中夏魚潰〔公羊傳曰其言梁亡何亡之也魚爛從中發潰爛也〕雖方尺之錢何

能有救其危猶舉函牛之鼎絲纖枯之末

函牛之鼎謂大鼎也淮南子曰函牛之鼎沸則蚊蚋不得置一足焉絲掛也音胡賣反詩小雅大東之詩人所以眷然顧之潸焉出涕者也

鄭玄注云傷今不如古也

之後見左傳皆來應

笑帝音不鑄錢後陶舉孝廉除順陽長縣
多姦猾陶到官宣募吏民有氣力勇猛能
以死易生者不拘亡命姦藏於是剽輕劍
客之徒過晏等十餘人

募陶責其先過要以後效使各結所厚少
年得數百人皆嚴兵待命於是覆案姦軌
所發若神以病免吏民思而歌之曰邑然
不樂思我劉君何時復來安此下民陶明
尚書春秋為之訓詁推三家尚書

夏侯謂三家謂夏侯建

及古文是正文字七百餘事名曰
中文尚書頃之拜侍御史靈帝宿聞其名

陽和伯也

數引納之時鉅鹿張角偽託大道妖惑小
民陶與奉車都尉樂松議郎東貢連名上

疏言之曰聖王以天下耳目為視聽故能
無不聞見今張角支黨不可勝計前司徒
楊賜奏下詔書切敕州郡護送流民會賜
去位不復捕錄雖會赦令而謀不解散四
方私言云角等竊入京師覘視朝政烏聲
獸心私共鳴呼州郡忌諱不欲聞之但更
相告語莫肯公文宜下明詔重募角等賞
以國土有敢回避與之同罪

詔陶次第春秋條例明年張角反亂海內
鼎沸帝思陶言封中陵鄉侯三遷尚書令
以所舉將為尚書難與齊列乞從冗散拜
侍中以數切諫為權臣所憚徙為京兆尹
到職當出修宮錢直千萬

時拜職名當出買官之錢謂之修宮

陶既清貧而恥以錢買職稱疾不聽政
帝宿重陶才原其罪徵拜諫議大夫是時
天下日危寇賊方熾陶憂致崩亂復上疏
曰臣聞事之急者不能安言心之痛者不
能緩聲竊見天下前遇張角之亂後遭邊

章之寇每聞羽書告急之聲心灼内熱四
體驚竦今西羌逆類私署將帥皆多段熲
時吏曉習戰陳識知山川變詐萬端臣常
懼其輕出河東馮翊鈔西軍之後東之函
谷據阨高望今果已攻河東恐遂轉更東（左車騎將軍皇甫嵩計之不剋也開東破膽四方）
突上京如是則南道斷絕車騎之軍孤立（時遑中羲後胡北官伯王等叛道在）

〔後漢列傳四七〕　十三　王仲

動搖威之不來叫之不應雖有田單陳平
之策計無所用臣前驛馬上便宜急絕諸
郡賦調冀尚可安事付主者留連至今莫
肯求問今三郡之民皆以奔亡南出武關（三郡河東馮翊京兆也壺谷垂關之谷在上黨也）
比徒壺谷（谷垂關之谷在上黨也）冰解風散
唯恐在後今其存者尚十三四軍吏士民
悲愁相守民有百走退死之心而無一前
關生之計西寇浸前去營怨尺胡騎分布
已至諸陵將軍張溫天性精勇而主者旦
夕迫促軍無後殿假令失利其敗不救臣
自知言數見厭而言不自裁者以為國安

則臣蒙其慶國危則臣亦先亡也謹復陳
當今要急八事乞須更之閒深垂納省其
八事大較言天下大亂皆由官官宦官事
急共讒陶曰前張角事發詔書示以威恩
自此以來各各改悔今者四方安靜而陶
疾害聖政專言妖孽州郡不上陶何緣知
疑陶與賊通情於是收陶下黃門北寺獄
掠按日急陶自知必死對使者曰朝廷前
封臣云何今反受邪諂恨不與伊呂同疇

〔後漢列傳四七〕　十四　林康

而以三仁為輩（論語曰殷有三仁微子去之箕子為之奴比干諫而死遂）
閉氣而死天下莫不痛之陶著書數十萬
言又作七曜論匡老子反韓非復孟軻及
上書言當世便事條教賦奏書記辯疑凡
百餘篇時司徒東海陳耽亦以非罪與陶
俱死耽以忠正稱歷位三司光和五年詔（謠言謂衆百姓風謠善惡也時太尉許馘司空張濟承）
公卿以謠言舉刺史二千石
也為民蠹害者時太尉許馘司空張濟承
望内官受取貨賂其官者子弟賓客雖貪

汙穢濁皆不敢問而虛
紜邊遠小郡清脩
有惠化者二十六人吏人詣闕陳訴耽與
議郎曹操上言公卿所舉率黨其私所謂
放鴟梟而囚鸞鳳其言忠切帝以讜轍濟
由是諸坐謠言徵者悉拜議郎官宦怨之
遂誣陷耽死獄中
李雲字行祖甘陵人也性好學善陰陽初
舉孝廉再遷白馬令桓帝延熹二年誅大
將軍梁冀而中常侍單超等五人皆以誅
冀功並封列侯專權選舉又立掖庭民女
亳氏為皇后數月閒后家封者四人賞賜
巨萬時封后兄康為比陽侯弟統見會安陽侯弟秉為淯陽侯是時
數震裂衆災頻降雲素剛憂國將危心不
能忍乃露布上書移副三府露布謂不封之也并以副本上三公也
曰臣聞皇后天下母德配坤靈得其
人則五氏來備不得其人則地動搖宮序庶草繁廡是與氏古字通易春秋漢含孳曰女主
則盛地動制命比年災異可謂多矣皇天之戒可

謂至矣高祖受命至今三百六十四歲君
期一周當有黃精代見姓陳項虞田許氏
不可令此人居太尉太傅典兵之官黃精謂魏氏將
興也康項虞田並舜之後舉厤至重不可不慎
班功行賞宜應其實梁冀雖持權專擅虐
流天下今以罪行誅家家猶召家臣搖殺之耳
而猥封謀臣萬戶以上高祖聞之得無見
非西北列將得無解體列將謂皇甫規段熲等
帝者諦也春秋運斗樞曰五帝皆立功牆德成
今官位錯亂小人諂進財貨
公行政化日損尺一拜用不經御省
策也見濮是帝欲不諦乎帝得奏震怒下有
司逮雲詔尚書都護劍戟送黃門北寺獄
使中常侍管霸與御史廷尉雜考之時弘
農五官掾杜衆傷雲以忠諫獲罪上書願
與雲同日死帝愈怒遂并下廷尉大鴻臚
陳蕃上疏救雲曰本李雲所言雖不識禁忌
干上逆旨其意歸於忠國而已昔高祖忍

周昌不諱之諫成帝敕朱雲斸領之誅〔昌周〕

解見陳忠傳朱雲上書曰臣願賜尚方斬馬劍斷佞臣一人以厲其餘上問誰也對曰安昌侯張禹上大

怒曰小臣居下訕上廷辱師傅罪死不赦御史將雲去左將軍辛慶忌以死爭上意解然後得已事並見

〔書前〕今日殺雲臣恐剖心之譏復議於世矣〔韓子曰夫龍之為蟲也可狎而騎也然喉下有逆鱗嬰之則殺人人主有逆鱗說者要亦幾矣見史記〕故敢觸龍

鱗昧以請太常楊秉洛陽市長沐茂郎中

上官資並上疏請雲帝悟甚有司奏以為

大不肯詔並上疏請雲帝免歸田里茂資賤秩

〔後漢列傳四十七 七十 李芳〕

二等時帝在濯龍池管霸奏雲等事霸跪

言曰李雲野澤愚儒杜眾郡中小吏出於

狂戇不足加罪帝謂霸曰帝欲不諦是何

等語而常侍欲原之邪顧使小黃門可其

奏雲眾皆死獄中後冀州刺史賈琮使行

部過祠雲墓刻石表之

論曰禮有五諫諷為上〔五諫謂諷諫順諫闚諫指諫陷諫也諷諫者知禍之萌而諷告也順諫者出辭遜順不逆君心也闚諫者視顏色而諫也指諫者質指其事而諫也陷諫者言國之害忘生為君也見大戴禮〕若夫託物見情因文載

言使言之者無罪聞之者足以自戒〔上商頌之文也〕

也貴在於意達言從理歸乎正曷其絞訐

摩上以衒沽成名哉〔也衒沽賣也訐正李雲草茅之臣也〕李雲草茅

〔儀禮曰凡自稱於君草茅之臣野則曰草茅之臣在邑則曰市井之臣在野則曰草茅之臣〕之生不識失身之義遂乃露布帝者班

檄三公至於誅死而不顧斯豈古之狂也

〔論語曰古之狂也直今之狂也詐〕

夫未信而諫則以為謗己故說者識其難焉

〔論語曰君子信而後諫未信則以為謗己韓非有說難篇〕

劉瑜字季節廣陵人也高祖父廣陵靖王〔瑜傳〕

父辯清河太守〔謝承書云父祥為清河太守〕瑜少好經學

尤善圖讖天文歷算之術

延熹八年太尉楊秉舉賢良方正及到京

師上書陳事曰臣自念東國鄙陋得以

豐沛枝葉被蒙復除不給卒伍故太尉楊

秉知臣竊閱典籍猥見顯舉誠其臣愚直

有補萬一而秉忠謇不遂命先朝露臣在

下土聽聞歌詠驕臣虐政之事遠近呼嗟

之音竊為立楚泣血連如幸得引錄備荅

03-841

聖問泄寫至情不敢庸回〔庸用也 回邪也〕誠願陛
下且以須吏之慮覽今往之事人何為咨
嗟天曷為動變蓋諸侯之位上法四七垂〔四七二十八宿也諸侯為天子守四方猶天之有二十八宿上法四七也〕
文炳燿關之盛衰者也 今中官邪孽比肩裂
土皆競立胤嗣繼體傳爵或乞子疎屬或
買見市道殆乖開國承家之義〔易曰大君有命開國承家〕
娣姪有序河圖授嗣正在九房 今女嬖令
古者天子一娶九女〔天子一娶九女 公羊傳曰諸侯娶三女〕
色充積閨帷皆當盛其玩飾冗食空宮勞
散精神生長六疾〔左傳曰天有六氣生六疾 六氣曰陰陽風雨晦明 陰淫寒疾陽淫熱疾風淫末疾雨淫腹疾晦淫惑疾明淫心疾 女陽物而晦時則生內熱惑蠱之疾也〕

《後漢列傳四十七》 十九 李業

陽正紀隔絕其道則水旱為并〔詩小雅曰終朝采菉 不盈一襜五日為期六日不詹 注云詹至也〕詩云五日
也此國之費也生之傷也且天地之性陰
為期六日不詹〔詩小雅曰 日為期至五日而歸 今六日不至是以憂也〕怨曠作歌仲尼所
錄〔詩謂編錄也〕況從幼至長幽藏殁身又常侍
黃門亦廣妻娶怨毒之氣結成妖眚行路

之言宦發略人女取而復置轉相驚懼勤
不悉然無緣空生此謗鄒衍四夫杞氏四
婦尚有城崩霜隕之異況乃羣輩咨怨能〔淮南子曰鄒衍事燕惠王盡忠 王繄之仰天而哭 五月天為之下霜列女傳曰齊人杞梁襲莒戰死其妻無所歸〕
無感乎〔乃號夫尸於城下而哭之七日城崩也〕昔秦作阿
房國多刑人今第舍增多窮極奇巧掘山
攻石不避時令〔禮記月令曰孟夏之月無有壞墮無起土功無發大眾也〕壞墮無起土功無發大眾也 促
以嚴刑威以法正民無罪而覆入之民有
田而覆奪之 州郡官府各自考事姦情賕

《後漢列傳四十七》 二十 華嶠

略皆為吏餉民愁鬱結起入賊黨官輒興
兵誅討其罪貧困之民或有賣其首級以
要酬賞父兄相代殘身妻帑相見分裂窮
之如彼伐之如此豈不痛哉又陛下以此
辰之算神器之寶而微行近習之家私幸
官者之舍〔近習謂親幸者〕賓客市買重灼道路因
此暴縱無所不容令三公在位皆博達道
藝而各正諸己莫或斥益者非不智也畏
死罰也惟陛下設置七臣以廣諫道〔孝經曰古〕

者天子有爭臣十人鄭玄注云七
人謂三公及前疑後承左輔右弼
曰東西廂謂之序書曰天球河圖在
東序滕緘也以金縢之不欲人開也
放鄭喬之聲則政致和平德感祥風矣　遠使邪之人
懼以觸忤征營眉悸於是特詔召瑜問災
咎之徵指事案經讖以對執政者欲令瑜
依違其辭而更策以它事瑜復悉心以對
八千餘言有切於前帝竟不能用拜為議

後漢列傳四十七　二十一

郎又帝朋大將軍竇武欲大誅官官乃引
瑜為侍中又以侍中尹勳為尚書令共同
謀畫及武敗瑜勳並被誅事在武傳勳字
伯元河南人從祖睦為太尉睦孫頌為司
徒勳為人剛毅直方少時每讀書得忠臣
義士之事未嘗不投書而歎息自以行不
合於當時不應州郡公府禮命桓帝時以
有道徵四遷尚書令延熹中誅大將軍梁
冀帝召勳部分衆職甚有方略封宜陽鄉

矦僕射霍諝尚書張敬歐陽於李偉虞放
周永並封亭矦勳後再遷至九卿以病免
拜為侍中八年中常侍具瑗左悺等有罪
免奉封邑因勳等爵官誅後官官悉焚
其上書以為訛言子瑗傳瑜學明占候能
著災異舉方正不行
謝弼字輔宣東郡武陽人也　謝承書曰兩字輔驚東郡濮陽
　　　　　　　　　　　　人也與中直方正方直也
建寧二年詔舉有道之士弼與東海陳敦

後漢列傳四十七　二十二

玄菟公孫度俱除郎中時青蛇見
前殿大風拔木詔公卿以下陳得失弼上
封事曰臣聞和氣應於有德妖異生乎失
政上天告譴則王者思其愆政道或虧則
姦臣當其罰夫蛇者陰氣所生龍亦陰類　鴻範傳曰
之符也　謝承書曰蛇者陰之所生龍有鱗甲兵之符也
厥極弱時則有蛇龍之孽　前書曰皇之不極是謂不建厥極弱時則
有下伐上之病　龍蛇之孽也
近日謀亂發於左右不知陛下所與從容

惟幄之內親信者為誰宜急斥黜以消天
戒臣又聞惟砒惟蛇女子之祥
聖明書云父子兄弟罪不相及竇氏之誅
襄王不能荀事其母戎狄遂至交侵
益宜咎延太后幽隔空宮愁感天心如有
霧露之疾陛下當何面目以見天下

孝和皇帝不絕竇
后之恩前世以為美談
陛下仰慕有虞蒸蒸之化俯思凱風慰母
之念
哉援神契曰天子行孝四夷和平方今邊
境日感兵革蜂起自非孝道何以濟之願
慰母心
家小人勿用
今功臣久外未蒙爵

秩阿母寵私乃享大封大風雨雹亦由於
茲又故太傅陳蕃輔相陛下勤身王室夙
夜匪懈而見陷羣邪一旦誅滅其身為酷濫
駭動天下而門生故吏並離徙錮蕃身已
除禁網夫台宰重器國命所繼今之四公
往人百何何贖
唯司空劉寵斷斷守善餘皆素餐致寇之

足覆餗之凶可因災異並加罷黜
府李膺並居政事庶災可消國祚惟永
臣山藪頑闇未達國典策曰無有所隱敢
不盡愚用忘諱忌伏惟陛下裁其誅罰左
右惡其言出為廣陵府丞去官歸家中常
侍曹節從子紹為東郡太守忿疾於遂
以它罪收考掠按死獄中時人悼傷焉初
平二年司隸校尉趙謙訟彌忠節求報其

怨乃收紹斬之

質曰鄧不明辟　尚書曰朕復子明辟孔安國注云復還明君之政於成王也言鄧后

臨朝不還政　於安帝也　梁不損陵懍懍察杜諷辭以興

黃寇方熾子奇有識　識協韻音　武謀允臧

瑜亦協志彌忤官情雲犯時已忮成仁喪己

同方殊事

後漢書列傳卷第四十七

虞詡　傅燮

蓋勳　臧洪

【後漢列傳四十八】

虞詡字升卿陳國武平人也 武平故城在今亳州鹿邑縣東有漢尚書令虞詡之別祠其門闕壞父老方共修之于公曰少高大間門令容駟馬高蓋車我決獄多陰德未嘗有所冤子孫必有興者至定國為丞相孫永為御史大夫也

祖父經為郡縣獄吏案法平允務存寬恕每冬月上其狀恒流涕淤隨之嘗稱曰東海于公高為里門而其子定國卒至丞相

吾決獄六十年矣雖不及于公其庶幾乎子孫何必不為九卿邪故字詡曰升卿

詡年十二能通尚書早孤孝養祖母

縣舉順孫國相奇之欲以為吏詡辭曰祖母九十非詡不養乃止後祖母終服闋

辟太尉李脩府拜郎中 漢官儀曰脩字伯游襄城人也 永初

四年羌胡反亂殘破并涼大將軍鄧騭以

軍役方費事不相贍欲弃涼州并力北邊

乃會公卿集議騭曰譬若衣敗壞一以相

補猶有所宇若不如此將兩無所保議者

咸同詡聞之乃說李脩曰竊聞公卿定策

當弃涼州求之愚心未見其便先帝開拓

土宇劬勞後定而今憚小費舉而弃之涼

州既弃即以三輔為塞三輔為塞則園陵

單外此不可之甚者也諺曰關西出將關 陳仲

東出相 說文曰唊傳言也前書曰秦漢以來山西出將山東出相則蕭曹魏丙韋平孔翟王陵陳平周勃傅介子成紀李廣李蔡上邽趙充國狄道辛武賢皆名將也

觀其習兵壯勇實過餘州今羌胡所 之類也

以不敢入據三輔為心腹之害者以涼州

在後故也其人所以推鋒執銳無反顧

之心者為臣屬於漢故也若弃其境域徙

其人庶安土重遷必生異志如使豪雄相

聚席卷而東 雲徹席卷言無餘也前書曰雖貧賁育席卷而東 雖貴育

為之將帥猶恐不足當禦議者喭以

補未猶有所宇詡恐其疽食侵淫而無限

極弃之非計[疢也]脩曰吾意不及此微子
之言幾敗國事然則計當安出脩曰今涼
土擾動人情不安竊憂卒然有非常之變
誠宜令四府九卿[四府謂太傅太尉司徒司空之府也九卿謂太常光祿衛尉廷尉太僕大鴻臚宗正大司農少府等也]各辟彼州數人其牧守
今長子弟皆除為冗官[冗散也音外以勸厲]
荅其功勤內以拘致防其邪計脩善其言
更集四府皆從詔議於是辟西州豪傑為
掾屬拜牧守長吏子弟為郎以安慰之鄧

後漢列傳四十八　三　吳佑

隲兄弟以詔異其議因此不平欲以吏法
中傷詡後朝歌賊寧季等數千人攻殺長
吏屯聚連年州郡不能禁乃以詡為朝歌
長故舊皆弔詡曰得朝歌何衰詡笑曰志
不求易事不避難臣之職也不遇槃根錯
節何以別利器乎始到謁河內大守馬棱
棱曰君儒者當謀謨廟堂反[棱字伯威族孫也]
在朝歌邪詡曰初除之日士大夫皆見弔[讙當作朝歌]
勉以詔讅之知其無能為也[讅也]

者韓魏之郊[韓魏界上黨魏界河內也相接犬牙故云也]背大行臨黃
河去敖倉百里[敖倉在榮陽也]而青冀之人流
亡萬數賊不知開倉招衆劫兵守城皐
斷天下右臂[右臂喻以解具安紀也此要便也不足憂也]今其衆新
盛難與爭鋒兵不猒權願寬假轡策勿令
募求壯士自掾史以下各擧所知其攻劫
者為上傷人偷盜者次之帶喪服而不事
家業為下收得百餘人詡為饗會悉貰其

後漢列傳四十八　四　李脩

罪使入賊中誘令劫掠乃伏兵以待之遂
殺賊數百人又潛遣貧人能縫者傭作賊
衣以采綖縫其裾為幟[幟記也續漢書曰有出以絳綖縫其裾]
市里者吏輒禽之賊由是駭散咸稱神明
遷懷令後羌寇武都鄧太后以詡有將帥
之略遷武都大守引見嘉德殿厚加賞賜
羌乃率衆數千遮詡於陳倉崤谷詡即停
軍不進而宣言上書請兵須到當發羌聞
之乃分鈔傍縣詡因其兵散日夜進道兼

行百餘里，令吏士各作兩竈，日增倍之，羌不敢逼。或問曰：「孫臏減竈而君增之，〔孫臏為齊軍師，與魏龐涓戰，使齊軍入魏地為十萬竈，明日為五萬竈，明日為二萬竈。龐涓行三日大喜曰：我固知齊卒怯，入吾地三日，士卒亡過半矢。事見史記。〕兵法日行不過三十里，〔前書王吉上疏曰：古者師行三十里，吉行五十里。〕而今且二百里，何也？」詡曰：「虜衆多，吾兵少，徐行則易為所及，速進則彼所不測。虜見吾竈日增，必謂郡兵來迎。衆多行速，必憚追我。孫臏見弱，吾今示彊，埶有不同故也。」

既到郡，兵不滿三千，而羌衆萬餘，攻圍赤亭數十日。〔赤亭故城在今渭州襄武縣東南，有赤亭水也。〕詡乃令軍中使彊弩勿發，而潛發小弩。羌以為矢力弱，不能至，并兵急攻。詡於是使二十彊弩共射一人，發無不中，羌大震，退。詡因出城奮擊，多所傷殺。明日悉陳其兵衆，令從東郭門出，北郭門入，〔一作西〕貿易衣服，回轉數周，羌不知其數，更相恐動。詡計賊當退，乃潛遣五百餘人，於淺水設伏，候其走路。虜果大奔，因掩擊，

大破之，斬獲甚衆，賊由是敗散，南入益州。詡乃占相地埶，築營壁百八十所，招還流亡，假賑貧人，郡以安。先是運道艱險，舟車不通，驢馬負載，僦五致一。〔廣雅曰：僦，賃也。音子救反。僦五致一，子救反。〕詡乃自將吏士案行川谷，自沮〔沮縣名，沮今興州順政縣也。〕至下辯，〔下辯今成州同谷縣也。沮音七余反。〕數十里中，皆燒石翦木，開漕船道。〔續漢書曰：里有峽中，當泉水生大石障塞，水流每至春夏輒溢，沒秋稼，壞敗營郭。詡乃使人燒石，以水灌之，石皆坼裂，因僑去石，遂無汜溺之患也。〕以人僦直雇借傭者，於是水運通利，歲省四千餘萬。詡始到郡，戶裁盈萬，及綏聚荒餘，招還流散，二三年間遂增至四萬餘戶，鹽米豐賤，十倍於前。〔續漢書曰：詡始到，穀石千，鹽石八千，見戶萬三千。視事三歲，米石八十，鹽石四百，流歸郡戶數萬，人足家給，一郡無事。〕

事坐法免。永建元年，代陳禪為司隸校尉。數月閒，奏太傅馮石、太尉劉熹、中常侍璜、陳東、孟生、李閏等，百官側目，號為苛刻。三公劾奏詡盛夏多拘繫無辜，為吏人患。詡上書自訟曰：「法禁者俗之隄防，刑罰者

人之衛彊

禮記曰夫禮禁亂之所由生猶坊止水之所自來也故以舊防爲無用壞之者必有水敗尸子曰刑罰者人之鞭策也

今州曰任郡郡曰任縣更相委遠百姓怨窮以苟容爲賢盡節爲愚

臣所發舉史魚死即以尸諫耳　昔者衛大夫史魚病且死謂其子曰我數言蘧伯玉之賢而不能進不肖子瑕而不能退爲人臣生不能進賢而退不肖死不當成禮置尸牖下於我畢矣子瑕問其故子以父言聞君君造然召蘧伯玉而貴之而退子瑕正堂成禮而後去之　韓詩外傳

加誣罪臣將從史魚死即以尸諫司順帝省其章乃爲免

空陶敦　支理京兆人也　時中常侍張防特用權埶每請託受賕輒案之而屢寢不報　李固

詡不勝其憤乃自繫廷尉奏言曰昔孝安皇帝任用樊豐遂交亂嫡統幾亡社稷今者張防復弄威柄國家之禍將重至矣臣不忍與防同朝謹自繫以聞無令臣襲楊震之跡　所諸而死　書奏防流涕訴帝詡坐論輸左校防必欲害之二日之中傳考四獄吏勸詡自引詡曰寧伏歐刀以示遠近　歐刀也　官者孫程張賢等知詡以忠獲

罪乃相率奏乞見程曰陛下始與臣等造事之時　謂順帝爲太子被江京等廢常疾姦臣知其傾國今者即位而復自爲何以非先帝平司隸校尉虞詡爲陛下盡忠而更被拘繫常侍張防臧罪明正反措忠良今客星守羽林其占宮中有姦臣　史記天官書曰虛危南有羽林也　還假印綬時防立在帝後程乃叱防曰姦臣張防何不下殿防不得已趨就東箱　宜急收防送獄以塞天變下詔出詡　請　字或作廂也　帝問諸尚書賈朗素與防善證詡之罪帝疑焉謂程曰且出吾方思之於是詡子顗與門生百餘人舉幡候中常侍高梵車叩頭流血訴言枉狀梵乃入言之　防坐徙邊貫朗等六人或死或黜即日赦出詡程復上書陳詡有大功語甚切激帝感悟復徵拜議郎數日遷尚書僕射是時長吏二千石聽百姓讁罰者輸贖號

為義錢託為貧人儲而守令因以聚斂詔
上疏曰元年以來貧百姓章言長吏受取
百萬以上者匈匈不絕譴罰吏人至數千
萬而三公刺史少所舉奏尋永平章和中
州郡以走卒錢給貸貧人走卒伍伯之類也續漢志曰伍伯以下至二百石皆二人黃綬武官伍伯文官辟車鈴下侍閤門蘭部署街走卒皆有程品多少隨所領率此言錢者其出資也
其身也司空劾案州及郡縣皆坐免宜
錢不役遵前典蠲除權制於是詔書下詔章切責

【後漢列傳四十八】 九 朱穆列

州郡譴罰輸贖自此而止先是寧陽主簿寧陽縣屬東平國故城在今兗州龔丘縣南也
詣闕訴其縣令之枉在今兗州龔丘縣南也
六七歲不省主簿乃上書曰臣為陛下子
陛下為臣父臣父臣章百上終不見省尚書
北詣單于以告怨乎帝大怒持章示尚書
尚書遂劾以大逆詔駁之曰主簿所訟乃
君父之怨百上不達是有司之過愚蠢之
人不足多誅帝納詔言咎之而已詔因謂
諸尚書曰小人有怨不遠千里斷髮刻肌

詣闕告訴而不為理豈曰下之義君與濁
長吏何親而與怨人何仇乎聞者皆慼詔
又上言臺郎顯職仕之通階今或一郡七
八或一州無人宜令均平以厭天下之望
及諸奏議多見從用詔好刺舉無所回容
數以此忤權遂九見謫考三遭刑罰
而剛正之性終老不屈永和初遷尚書令
以公事去官朝廷思其忠復徵之會卒臨
終謂其子恭曰吾事君直道行已無愧所
悔者為朝歌長時殺賊數百人其中何能
不有冤者目此二十餘年家門不增一口
斯獲罪於天也恭有俊才官至上黨太守
傳燮字南容北地靈州人也靈州縣名也本字勁
起慕南容三復白珪乃易字焉
日三復白珪之玷是南宮絛之行也詩云白珪之玷尚可磨也斯言之玷不可為也
身長八尺有威容少師事大尉劉
寬再舉孝廉聞所舉郡將喪亡弃官行服
後為護軍司馬與左中郎皇甫嵩俱討賊

【後漢列傳四十八】 十 傅燮

張角變素疾中官既行因上疏曰臣聞天
下之禍不由於外皆興於內是故虞舜升
朝先除四凶然後用十六相 左傳曰昔高陽
氏有才子八人……高辛氏有才子八人伯奮仲堪叔獻季
仲伯虎仲熊……汉豹季貍謂之八元也
今張角起於趙魏黃巾亂於六州 皇甫嵩傳曰連結郡
明惡人不去則善人無由進也
禍而禍延四海者也臣受任奉辭代罪 此皆憂發藹蕭
始到潁川戰無不剋黃巾雖盛不足為廟
堂憂也臣之所懼在於治水不自其源末
《後漢列傳四十八》 十一
流彌增其廣耳陛下仁德寬容多所不忍
故閹豎弄權忠臣不進誠使張角梟夷黃
巾變服臣之所憂甫益深耳 甫始何者夫
邪正之人不宜共國亦猶冰炭不可同器
彼知正人之功顯而危
亡之兆見皆將巧辭飾說共長虛偽夫孝 韓子曰昔
父疾暑不同時而至也
子疑於屢至 甘茂對秦武王曰昔曾參之居費
魯人有與曾參同姓名者殺人人
告其母曰曾參殺人其母自若也又告之其母投杼
下機踰牆而走夫以曾參之

賢與其母之信也三人 疑其母懼焉見史記也
市虎成於三夫 援傳解見馬
若不詳察真偽忠臣將復有杜郵之戮矣
白起與應侯有隙……秦昭王免起為士伍遷之……
密行出咸陽西門十里至杜郵使賜劍自裁見史記
案水經云渭水北有杜郵亭元起為咸陽西門是其地隴元也
則善人思進姦佞放殛之誅 陛下宜思虞舜
殛音紀力反殛亦誅也
四罪之舉速行讒佞安殄之誅
猶孝子之事父也子之事君 極亦誅也
情使臣身備鈇鉞之戮陛下少用其言國
之福也書奏宦者趙忠見而忿惡及破張
《後漢列傳四十八》 十一 陳紀
角變功多當封忠臣 續漢書曰變軍斬張
賊三帥卜巳張伯
靈帝猶識變言 識記也得不加罪
音亦不封以為安定都尉以疾免後拜議
郎會西羌反邊章韓遂作亂隴右徵發天
深仲寧等功高為封首
下役賦無已司徒崔烈以為宜弃涼州
會公卿百官烈堅執先議變屬言曰斬司
徒天下乃安尚書郎楊贊奏變廷辱大臣
帝以問變變對曰昔冒頓至逆也樊噲為
上將願得十萬衆橫行匈奴中憤激思奮

03-851

未失人臣之節顧計當從與不耳季布猶

曰噲可斬也〔冒頓匈奴單于名也前書曰季布為中郎將匈奴單于嘗為書嫚呂太后為怒召諸將議之上將樊噲曰願得十萬衆横行匈奴中諸將皆阿太后以噲言為然布曰樊噲可斬也夫以高帝兵三十萬困於平城今噲奈何以十萬衆横行匈奴中今奈何以十萬衆横行匈奴中令奈何以十萬衆横行匈奴中夫〕今涼州天下要衝國家藩衛高祖初興使酈商別定隴右〔前書漢王賜酈商爵信成君以隴西都尉別定北地〕世宗拓境列置四郡〔前書武威酒泉置分張掖敦煌謂之四郡武威酒泉置分降昆邪謂之衆置五屬國起朔方以奪其肥饒地東代朝鮮起玄菟樂浪以斷匈奴之左臂西伐大宛并六國結烏孫起敦煌酒泉張掖以高羌裂匈以高〕議者以為斷匈奴右臂〔奴之右臂也〕今牧御失和使一州叛逆海内騷動〔音而建反〕為之騷動性下卧不安寢烈為宰相不念為國思所以弭之之策乃欲割弃一方萬里之土且竊惑之若使左衽之虜居此地〔説文曰衽士勁甲堅因以為亂此天下之至慮社稷之深憂也若烈不知之是極蔽也知而故言是不忠也帝從褒議由是朝廷重其方格〔方正也格猶標準也〕每公卿有缺為衆議所歸頃之趙忠為車騎將軍詔忠論討黃

巾之功執金吾甄舉等謂忠曰傳南容前在東軍有功不侯故天下失望今將軍親當重任宜進賢理屈以副衆心忠納其言遣弟城門校尉延致殷勤延謂褒曰南容少苦我常待萬戶侯不足得也褒正色拒之曰遇與不遇命也有功不論時也傳褒權貴亦多疾之是以不得封〔一作出為漢陽〕出為漢陽太守初郡將范津明知人奉褒孝廉及津為漢陽與褒交代合符而去鄉邦榮之津字文淵南陽人褒善卹人叛羌懷其恩化並來降附乃廣開屯田列置四十餘營時刺史耿鄙委任治中程球球為通姦利士人怨之〔漢官曰司隸功曹從事即持中也〕郡兵討金城賊王國韓遂等褒知衆心未附欲必敗諫曰〔使君統政日淺人未習教孔子曰不教人戰是謂弃之今率不習之人越大隴之阻將十舉十危而賊聞大軍將至

必萬人一心邊兵多勇其鋒難當而新合
之眾上下未和萬一內變雖悔無及不若
息軍養德明賞必罰賊得寬挺解必謂
我怯畢惡爭執其可必然後率已教之
人討已離之賊其功可坐而待也今不為
萬全之福而就必危之禍竊為使君不取
鄙不從行至秋道果有反者先殺程球次
害鄙遂進圍漢陽城中兵少糧盡燮猶
固守時北胡騎數千隨賊攻郡皆夙懷燮

後漢列傳四十八　十五　陳俌

恩共於城外叩頭求送燮歸鄉里子幹年
十三從在官舍知燮性剛有高義恐不能
屈志以免進諫曰國家昏亂遂令大人不
容於朝今天下已叛而兵不足自守鄉里
羌胡變比地人也　故先被恩德欲令弃郡而歸
願必許之徐至鄉里率屬義徒見有道而
輔之以濟天下言未終燮慨然而歎呼幹
小字曰幹集曰幹　汝知吾必死邪蓋聖
達節次守節左傳曰曹公子臧曰前志有達節次守節下失節　且殷

紂之暴伯夷不食周粟而死仲尼稱其賢
史記曰伯夷孤竹君之子也武王載文木主伐紂
殷既平伯夷恥食周粟遂餓死論語曰子
問曰伯夷叔齊何人也孔子曰古之賢人也

亦豈絕伯夷世亂不能養皓然之志
吾皓然之氣趨歟
注曰浩然天氣也
今朝廷不甚紂吾德
不若伯夷世亂不能養皓然之志

食祿又欲避其難乎
路注曰食為不避其難也
吾行何之必死於此沒有才智
可知

勉之勉之主簿揚會之程嬰解見
幹哽咽不能復言左右皆泣下王國使

酒泉太守黃衍說燮曰成敗之事已可知

後漢列傳四十八　十六　郭俌

矣先起上有霸王之業下成伊呂之勳天
下非復漢有府君寧有意為吾屬師乎即師
君也尚書曰作之君作之師也燮案劍叱衍曰若剖符之臣
反為賊說邪遂麾左右進兵臨陣戰歿謚
曰壯節幹廣知名位至扶風太守

蓋勳字元固敦煌廣至人也　廣至縣名故城
在今瓜州常樂
縣東今謂之家世二千石
續漢書曰勳祖父進漢
陽太守祖父彪大司農
謝縣丞書曰父字恩齊　初舉孝廉為漢陽長史
官至安定屬國都尉
時武威太守倚恃權執恣行貪橫從事武

03-853

都蘇正和案致其罪涼州刺史梁鵠畏懼
貴戚欲殺正和以免其負乃訪之於勳勳
素與正和有仇或勸勳可因此報隙勳曰
不可謀事殺良非忠也乘人之危非仁也
乃諫鵠曰夫縱食鷹欲其鷙[頡頏詰曰鵠也食音嗣鷙而搏之將何用哉鵠從勳言]
為梁使君謀不為蘇正和也怨之如初
正和喜於得免而詣勳求謝勳不見曰吾
[故為子言吾豈賣評哉終辭不受]
書中平元年黃巾賊起故武威太守酒泉黃儶被徵
夫期梁鵠欲奏誅儶勳為言得免儶以黃金二十斤
謝勳勳謂儶曰吾以子罪在八議

《後漢列傳四十八》 十七 李脩

[中平元年北地羌胡與邊章等寇亂隴右刺史左昌因軍]
與斷盜數千萬[割截謂勳固諫昌怒乃使勳]
別屯阿陽以拒賊鋒[阿陽縣屬天水郡]
之而勳數有戰功邊章等遂攻金城殺郡
守陳懿勳勸昌救之不從邊章等進圍昌
於冀昌懼而召勳勳初與從事辛曾孔常
俱屯阿陽及昌檄到曾等疑不肯赴勳怒
曰昔莊賈後期穰苴奮劍[齊景公時燕晉侵齊景公以司馬穰]

苴為將拒之乃令寵[莊賈監軍]
賈素驕貴夕時至穰苴遂
斬賈以徇三軍[軍法期而後者斬云何對曰當斬]今之從事豈重於古之監
軍哉曾等懼而從之勳即率兵救昌到
諸羌章等責以背叛之罪皆曰左昌若
早從君言以兵臨我庶可自改今罪已重
不得降也乃解圍而去昌坐斷盜徵以扶
風宋梟代之[續漢書集字作泉也]梟患多寇謂勳曰
涼州寡於學術故屢致反叛今欲多寫孝
經令家家習之庶或使人知義勳諫曰昔

■後漢列傳四十八 十八 陳禹

太公封齊崔杼殺君伯禽侯魯慶父篡位
[崔杼齊大夫棠莊公先通其妻杼殺之慶父魯莊公弟莊公開立是為湣公慶父並見史記]
此二國豈乏學者今不急靜難之術遽為
非常之事既足結怨一州又當取笑朝廷
勳不知其可也梟不從遂奏行之果被詔
書詰責坐以虛慢徵時叛羌圍護羌校尉
夏育於畜官[前書尹翁歸傳曰右扶風畜牧所在有苑師之屬故曰畜官音許救反]
勳與州郡合兵救育至狐槃
為羌所破勳收餘衆百餘人為魚麗之陳

〔麗音離。左傳曰：王以諸矦伐鄭，鄭原繁、高渠彌奉公爲魚麗之陳，先偏後伍，五承彌縫。杜預注曰：此魚麗也。〕陳法。

羌精騎夾攻之，急，士卒多死，勳被三創，堅不動，乃指木表曰：「必尸我於此。」〔標曰標也。〕句就種羌滇吾〔句就羌別種也，滇吾羌豪也。〕素爲勳所厚，乃以兵扞衆曰：「蓋長史賢人，汝曹殺之者爲頁（負）天。」勳仰罵曰：「死反虜，汝何知，促來殺！」我衆相視而驚，温滇吾下馬與勳，勳不肯上，遂爲賊所執。羌戎服其義勇，不敢加害，送還漢陽。後刺史楊雄〔雄作草歊。〕即表勳領漢陽太守。

時人飢相漁食，勳調穀稟之〔調猶發也。〕，前後存活者千餘人。後去官，徵拜討虜校尉。靈帝召見，問天下何苦而反亂如此。勳曰：「倖臣子弟擾之。」〔時官者上軍校尉。〕蹇碩在坐，帝顧問碩，碩懼不知所對，而以此恨勳。帝又謂勳曰：「吾已陳師於平樂觀，多出中藏財物以餉士何如？」〔中藏謂內藏也。〕勳曰：「臣聞先王耀德不觀兵〔國語曰穆王將征犬戎，祭公謀父諫曰：不可。先王耀德不觀兵。韋昭注曰：耀，明也；觀，示也。〕今寇在遠而設近陳，不足

昭果毅祇黷武耳。〔左傳曰：昭果毅以聽之，之謂武，殺敵爲果，致果爲毅也。〕勳時帝曰：「善。恨見君晚，羣臣初無是言也。」勳時與宗正劉虞、佐軍校尉袁紹同典禁兵。勳謂虞、紹曰：「吾仍見上，上甚聰明，但擁蔽於左右耳。若共併力誅嬖倖，然後徵拔英俊，以興漢室，功遂身退，豈不快乎！」虞、紹亦素有謀，因相連結，未及發而司隸校尉張溫舉勳爲京兆尹。帝方欲延接勳，而蹇碩等心憚之，並勸從溫奏，遂拜京兆尹。

時長安令楊黨父爲中常侍，恃執貪放，勳案得其臧千餘萬。貴戚咸爲之請，勳不聽，具以事聞，并連黨父，有詔窮案，威震京師。時小黃門京兆高望爲尚藥監，倖於皇太子。太子因蹇碩屬望子進爲孝廉，勳不肯用。或曰：「皇太子副主，望其所愛，碩帝之寵臣，而子違之，所謂三怨成府者也。」〔府聚也。〕勳曰：「選賢所以報國也，非賢不舉，死亦何悔。」勳雖在外，每軍國密事，帝常手詔問之。〔續漢書曰：是時漢陽叛人……〕

王國衆十餘萬攻陳倉三輔
自請滿萬人因表用處士扶風人
陽魏傑爲破敵都尉京兆杜楷爲威都尉扶風姜
儒爲烏擊都尉長陵第五儁爲清寇都尉弘農楊
皆素有名悉領屬勳凡五都尉也
有密事靈帝手詔問之數加賞賜甚見親信在
朝臣及帝崩董卓廢少帝殺何太后勳何太后勳在
與書曰昔伊尹霍光權以立功猶可寒心
足下小醒何以終此賀者在門弔者在廬
可不慎哉　孫卿子曰慶者在堂弔者在門　卓得書
意甚憚之徵爲議郎時左將軍皇甫嵩精
兵三萬屯扶風勳密相要結將以討卓會
嵩亦被徵勳以衆弱不能獨立遂並還京　周茂
師自公卿以下莫不畏下於卓唯勳長揖
爭禮見者皆爲失色卓問司徒王允曰欲
得快司隸校尉誰可作者允曰唯有蓋長揖
兆耳卓曰此人明智有餘然不可假以雄
職乃以爲越騎校尉卓又不欲令久典禁
兵復出爲潁川太守未及至郡徵還京師
時河南尹朱儁爲卓陳軍事卓折儁曰我
百戰百勝決之於心卿勿妄說且汙我刀

〈後漢列傳四十八〉　二十一

勳曰昔武丁之明猶求箴諫　武丁殷王高宗
乃心沃朕心說復于王曰惟木　也謂傳說曰諮
從諫則正后從諫則聖　見尚書況如卿者而欲
杜人之口乎卓乃謝儁　勳之耳勳雖強直不屈而内
可以爲戲卓不得意疝發背卒時年五十一遺
令勿受卓賻贈卓欲外示寬容表賜東園
祕器贈襚送之如禮葬于安陵子順官至
永陽太守

臧洪字子源廣陵射陽人也　射陽故城在今
楚州安宜縣東
父旻有幹事才　謝承書曰旻達於從政爲遷
太尉表逢問其西域諸國土地風俗人物種數　旻具
國大小道里近遠人數多少風俗燥濕山川草木鳥
獸異物名種　不與中國同者口陳其狀手畫地形
作西域傳何以加此雖班固　〈後漢列傳四十八〉　二十二
昭起兵句章　句章縣故城在今越州鄞縣西
三州志云句踐之地南至句無其
爲越王攻破城邑衆以萬數拜旻揚州刺
史旻率丹揚太守陳寅擊昭遂復
更屯結太爲人患旻等進兵連戰三年破

平之獲昭父子斬首數千級遷旻為使匈奴中郎將洪年十五以父功拜童子郎〔法漢孝廉試經者拜為郎中洪以年幼才俊故〕〔續漢書曰左雄奏及加其倈祿又汝南謝廉河南趙建章年始十二各能通經雄拜童子郎於是負書來學雲集京師也〕知名太學洪體貌魁梧有異姿舉孝廉補即丘長〔即丘縣屬琅邪國故城在今沂州臨沂縣東南即春秋祝丘也〕中平末弃官還家太守張超〔東郡太守張超謂超兄邈為廣陵太守〕請為功曹時董卓殺帝圖危社稷洪說超

曰明府歷世受恩兄弟並據大郡今王室將危賊臣虎視此誠義士効命之秋也今郡境尚全吏人殷富若動桴鼓可得二萬人以此誅除國賊為天下唱義不亦宜乎超然其言與洪西至陳留見兄邈計事邈先謂超曰聞弟為郡委政臧洪洪者何如人超曰臧洪海內奇士才略智數不比於超矣邈即引洪與語大異之乃使詣兗州刺史劉岱〔岱字公山〕豫州刺史孔伷〔伷字公緒〕遂皆相善邈既先有謀約會超至

二十三　李賢

定議乃與諸牧守大會酸棗設壇場將盟既而更相辭讓莫敢先登咸共推洪洪乃攝衣升壇操血而盟曰漢室不幸皇綱失統賊臣董卓乘釁縱害禍加至尊毒流百姓大懼淪喪社稷翦覆四海兗州刺史岱豫州刺史伷陳留太守邈東郡太守瑁〔劉〕廣陵太守超等糾合義兵並赴國難〔紹收〕凡我同盟齊心一力以致臣節隕首喪元必無二志有渝此盟俾墜其命無克遺育〔卓受王〕〔左傳曰王子虎盟諸侯于王廷要言曰皆嬰王室無相害也有渝此盟明神殛之俾墜其師無克祚國也〕皇天后土祖宗明靈實皆鑒之洪辭

氣慷慨聞其言者無不激揚自是之後諸軍各懷遲疑莫適先進遂使糧儲單竭兵眾乖散時討虜校尉公孫瓚與大司馬劉虞有隙超乃遣洪詣虞共謀其難行至河閒而值幽冀交兵行塗阻絕因寓於表紹紹見洪甚奇之與結友好以洪領青州刺史前刺史焦和好立虛譽能清談時黃巾

二十四

羣盜處處蠭起而青部船實軍革尚眾和欲與諸同盟西赴京師未及得行而賊已屠城邑和不理戎螫但坐列巫史祭禱羣神【巫女巫也史祝史也祭謂營也禱祠橫用幣以禳風雨霜雪水旱厲疫於日月星辰山川也禱謂告事】求福又恐賊乘凍而過命多作陷冰以投于河眾遂潰散而亦病卒洪收撫叛郡太守都東武陽時曹操圍張超於雍丘甚危急超謂軍吏曰今日之事唯有臧洪必來救我或曰表曹方穆而洪為紹所用恐不能敗好遠來違福取禍超曰子源天下義士終非背本者也或見制強力不相及耳洪始聞超圍乃徒跣號泣並勒所領將赴其難自以眾弱從紹請兵而紹竟不聽之超城遂陷張氏族滅洪由是怨紹絕不與通紹興兵圍之歷年不下使洪邑人陳琳以書譬洪示其禍福責以恩義【春秋以恩義告喻使降也】曰紹使琳為書八條責洪【洪答曰隔闊相思發於

寤寐相去步武【爾雅曰步武繼迹也而趣舍異規其為悵恨胡可勝言前日不遺比辱雅況【比頻也況述也】叙禍福公私切至以子之才窮該典籍豈將闇於大道不達余趣哉是以捐棄翰墨一無所酬亦異遙忻裴心粗識鄙性重違來命援引紛紜雖欲無對而義篤其言儻【小人也本乏志用中因行役特蒙傾蓋【語家孔子之鄭與程子相遇於塗傾蓋而語也】恩深分厚遂竊大州慕樂今日自選接刃乎每登城臨兵觀主人之旗鼓【洪常寫於紹故言之主人也】撫弦搦矢【搦捉也音女卓反】不覺涕流之覆面也何者自以輔佐主人無以為悔主人相接過絕等倫受任之初志同大事墳清寇逆共尊王室豈悟本州被侵郡將遘厄請師見拒辭行被拘郡遂至淪滅區區微節無所獲申豈得復全交友之道重慮忠孝之名乎所以忍垢苟全者竊悲揮戈收涙告絕若使主人少垂古人忠恕之情來者側席去

者克己來者側席而待之去者〔克己自責不責人也〕則僕抗季札之

志不為今日之戰矣〔吳王餘眛卒欲授弟季札逃去見史記也〕昔

張景明登壇歃血奉辭奔走卒使韓牧譲

印主人得地後但以拜章朝主賜爵獲傳

之故不蒙觀過之貸而受夷滅之禍〔英雄記云袁紹使張景明郭公則高元才等說韓馥使譲位景明亦有其功其餘未許也與紹然則馥之譲位〕

呂奉先刺卓來奔請兵不獲告去何罪復

見斫刺〔魏志呂布傳曰布破張燕軍而求益兵之布覺其意從紹求去〕英雄記曰布求還洛將士鈔掠布忌其意從當遣內言當遣甲士三十人辭以送布止於城門布遂引去欲殺布明日當發紹遣〔後漢列傳四十八〕〔二十七〕〔張宗〕

劉子璜奉使踰時辭不獲命

畏君懷親以訴求歸可謂有志忠孝無損

霸道亦復僵尸庴下不蒙虧除慕進者蒙

榮違意者被戮此乃主人之利非遊士之

願也是以鑒戒前人守死窮城亦以君子

之違不適敵國故也〔左傳云公山不狃曰君子違不適讎國杜預注云違去也〕〔奔亡也〕

足下當見久圍不解救兵未至感婚

姻之義推平生之好以為屈節而苟生勝

守義而傾覆也昔晏嬰不降志於白刃南〔崔杼殺齊莊公欲劫晏子與盟以戟拘其頸翎承其心晏〕

史不曲筆以求存〔盟子曰刃吾以刃而失其意非勇也拘其頸翎承其事見左傳曰大史書曰崔杼弒其君崔杼殺之其弟〕

補之以悦天下何圖築室反耕哉〔左傳曰宋反兵耕杜預注曰築室於田示無還意也〕但懼秋風揚塵伯珪

人之力散三年之畜以為一年之資斥因〔左傳曰萁〕

傳圖象名垂後世況僕據金城之固驅士

人之〔嗣書而死者二人其弟又書乃舍之南史氏聞太史盡死執簡以往既書矣乃還也〕〔故身〕

馬首南向孫臏字〔陳興〕張揚飛燕旅力作難〔魏志張曰張〕

揚字稚叔雲中人也以武勇給并州為從事何進令

於本州募兵得千餘人因留上黨擊山賊進敗還令

以所將壯士攻上黨仍戰諸縣衆不能定又與袁紹

張燕常山趙牛角立黃衆戴千又與飛燕盜衆少年飛燕衆

且死張楊陵陽牛角立黃衆陶牛角為帥衆奉燕所故政姓張

萬號黑山後助公孫瓚與紹事萁矢所

燕驃悍捷速過人軍中號為飛燕〔後漢列傳四十八〕〔二十八〕

告倒縣之急股肱奏乞歸之記耳〔股肱猶手足也言北〕北鄙將

師何宜久辱盛怒暴威於吾城之下哉足

下讒吾恃黑山以為救獨不念黃巾之合

從邪昔高祖取彭越於鉅野〔前書彭越將其居鉅野中無其〕

卒能龍飛受命中興帝業苟可輔主興化

夫何嫌哉況僕親奉璽書與之從事行矣

孔璋足下徼利於境外臧洪投命於君親

吾子託身於盟主〔盟主謂袁紹也〕臧洪策名於長

安子謂余身死而名滅僕亦笑子生而死而

無聞焉本同末離意增力急攻城中粮盡外

見洪書知無降意努力努力夫復何言

無援救洪自度不免呼吏士謂曰表紹無

〔後漢列傳四十八〕 二十九 章歐

道所圖不軌且不救洪郡將洪於大義不

得不念諸君無事空與此禍〔禍與音可先〕

城未破將妻子出將吏皆垂泣曰明府之

於表氏本無怨隙今爲郡將之故自致危

困吏人何忍當捨明府去也初尚摳鼠煮

筋角後無所復食主簿啟內厨米三斗請

稍爲饘粥〔杜預注左傳曰饘麋也音之延反〕洪曰何能獨甘

此邪使爲薄麋徧班士衆又殺其愛妾以

食兵將兵將咸流涕無能仰視男女七八

盛帷幔大會諸將見洪謂曰臧洪何相負

若是今日服未洪據地瞋目曰諸袁事漢

四世五公可謂受恩今王室衰弱無扶翼

之意而欲因際會觖望〔前書音義曰觖猶冀也觖音羌〕

〔惠反〕多殺忠良以立姦威洪親見將軍張

心戮力爲國除害坐擁兵衆觀人屠滅惜

洪力劣不能推刃爲天下報仇〔公羊傳曰事〕〔父受誅子復雠推刃之道也〕

〔後漢列傳四十八〕 三十 郭博

何謂服乎紹本愛洪意欲屈服

救之見其辭切知終不爲用乃命殺焉洪

邑人陳容少爲諸生親慕於洪隨爲東郡

永先九城未敗洪使歸紹時容在坐見洪

死起謂紹曰將軍舉大事欲爲天下除暴

而專先誅忠義豈合天意臧洪發舉爲郡

將亦何殺之紹慙使人牽出謂曰汝非臧洪

洪疇空復爾爲容顧曰夫仁義豈有常所

蹈之則君子背之則小人今日寧與臧洪

同日死不與將軍同日生也遂復見殺在

紹坐者無不歡息竊相謂曰如何一日戮

二烈士先是洪遣司馬二人出求救於呂

布比還城已陷皆赴敵死

論曰雍丘之圍臧洪之感憤壯矣想其行

跣且號束甲請舉誠足憐也夫豪雄之所

趣舍其與守義之心異乎若乃締謀連衡

懷詐筭以相尚者蓋惟利埶所在而已況

偏城既危曹表方穆洪徒指外敵之衡以

紓倒縣之會忿悁之師兵家所忌　相上書魏音義前書

曰救亂誅暴謂之義兵兵義者王敵加於已不得已
而起者謂之應兵兵應者勝爭恨小故不勝憤怒者
謂之忿兵兵忿者敗利人土地貨寶者謂之貪兵
貪者破特國家之大矜其人衆欲見威於敵者謂之
驕兵驕兵者滅此非天道也

則未聞也　可謂懷哭秦之節存荊

吳破楚申包胥如秦乞師立依於庭牆
而哭日夜不絕聲勺飲不入口七日秦
師乃出以車五百乘救楚敗吳於稷事
見左傳及史記言臧洪徒守節致死不能如包胥之存楚也

賛曰先零擾疆鄧崔弃涼詡褒令圖冊全

金方蓋勳抗董終然允剛洪懷偏節力屈

志揚

唐章懷太子賢注

張衡

張衡字平子，南陽西鄂人也（西鄂縣故城在今鄧州向城縣）。世為著姓。祖父堪，蜀郡太守。衡少善屬文，游於三輔，因入京師，觀太學，遂通五經，貫六藝。雖才高於世，而無驕尚之情。常從容淡靜，不好交接俗人。永元中，舉孝廉不行，連辟公府不就。時天下承平日久，自王侯以下莫不踰侈。衡乃擬班固兩都作二京賦，因以諷諫。精思傅會，十年乃成（文多故不載）。大將軍鄧騭奇其才，累召不應。

衡善機巧，尤致思於天文陰陽歷算。常耽好玄經（玄者天道也，揚雄作玄書以擬易……聖人制……），謂崔瑗曰：吾觀太玄，方知子雲……（易不可損益……）

林仁

妙極道數，乃與五經相擬，非徒傳記之屬。使人難論陰陽之事，漢家得天下二百歲之書也（自漢初至哀帝時，著太玄經，得天下二百歲也……復二百歲始……）。將終乎（……）。顯一世常然之符也。漢四百歲，玄其興矣（自此已上，述衡與崔瑗書之文也）。

特徵拜郎中，再遷為太史令（漢官儀：太史令屬太常，秩六百石……）。安帝雅聞衡善術學，公車……

遂乃研覈陰陽，妙盡琁機之正，作渾天儀，著靈憲、筭罔論，言甚詳明（後漢列傳四十九）。

林仁

順帝初，再轉，復為太史令。衡不慕當世，所居之官輒積年不徙。自去史職，五載復還，乃設客問，作應間以見其志云（有三家：一曰周髀，二曰宣夜，三曰渾天……）：

……復還非進取之勢也，唯衡內識利鈍，操心……我知難求，因故失志矣，用為間，余應間云……余藏器名之應間云：有間余者曰：蓋聞前哲首……務務於下學上達，佐國理民，有云為也。

云下學人事上知天命也注朝有所聞則夕行之

立功立事式昭德音（昭德音式用／昭德音式也／年逸詩曰立功立事可以永也）

處唐虞彼豈虛言而已哉必旌厥素爾書（伊尹曰予弗克俾厥后惟堯舜其心／愧恥若撻于市旌旃明也素猶志也尚書）

是故伊尹思舜而民

守王家（仲實幹周邦服衮而朝介圭作瑞）

答單巫咸寔（申伯樊／注云寔實端也圭長尺二寸謂之介也）

厥跡不朽

垂烈後昆不亦丕歟且學非以要利而富

貴萃之貴以行令富以施惠惠施令行故

易稱以大業（易繫詞曰盛德大業至矣哉富有之謂大業日新之謂盛德也）

文美實由華興器頓彫飾為好人以與服

為榮吾子性德體道篤信安仁約已博藝（堅）

無堅不鑽以思世路斯何遠矣（論語曰篤信好學又曰／者安仁又曰鑽之彌堅／博我以文約我以禮）

襄襄滯日官今又原之（史官也左傳曰天子有日官）

然行亦以需（頼進道若退易雜卦曰需不進也／雖老氏曲則全枉則正又曰夷道若退／日需不進也）

必也學非所用術有所仰故臨川將濟而

舟檝不存為徒經思天衢內昭獨智固合

理民之式也故嘗見謗于鄙儒言徒銳思於支

離而習其孤技邪（揭櫫衣也音丘例反／深則厲淺則揭爾雅曰朱汙則／深厲淺揭隨時為義曾何貪於支）

靈憲渾天之式也深厲淺揭隨時為義曾何貪於支

儀等也（天衢天道也）

三輪可使自轉木雕猶能獨飛已垂翅而

還故棲盡亦調其機而銛諸（垂翅故棲謂再／為史官也王仲）

音

不也（鈷利也諸之也間者言衡作／不轉也張衡能令三輪獨轉也）

三子配命自求多福（三輪木雕尚飛邪／故棲何不調其機關使利而復飛王仲）

求言多福也

昔有文王自求多福

人生在勤不索何獲（左傳曰人生在勤則不匱又曰）

後曷若甲體屈已美言以相剋

鳴于喬木乃金聲而玉振之（詩小雅／鶯其鳴矣嬰嬰出自幽谷遷于喬木孟子曰金聲而）

言也衡集雅以代木丁鳥鳴嚶揚德音如金玉之聲而（小詩）

雅仕遷於高位振

用後勳雪前吝婞很不柔以意誰戁也

客恥也左傳曰宋公斯之／杜預注云戁懼而相愧曰斯之應之曰是何觀同而

見異也君子不患位之不尊而患德之不

崇不恥祿之不黥而恥智之不博

齊宋之郊謂之　是故藝可學而行可力也天

爵高縣得之在命　此天爵也公卿大夫此人爵

思也　胋身以徼幸固貪夫之所爲未得

不臻也速召命之也懷來求之無益故智者而不

而豫喪也胋危枉尺直尋議者譏之之盈欲

虜志執云非羞孟子陳代問孟子曰昔者齊景公

利則虞人以旌不到將殺之志士不忘在溝壑勇

者也君子因窮故虞人不得其招尚不往如何君子

不得其招而妄見也尺小而尋大而以要利

殀饉餔猶不屑餐旌踖以之殀喘

意之無疑則兼金盈百而不嫌辭孟

軻以之

喙而

死

【後漢列傳四十九】　　陳從

於心有猜則簞食

亮之察三辰於上跡禍福之

而據文軒者度德拜爵量績受祿也

庸受必有階作爰或　渾元初基靈軌未紀吉

有風后者是爲亮之後天步有常則風后之

凶紛錯人用朣朦　黃帝爲斯深慘

乎下經緯歷數然後天步有常則風后之

【後漢列傳四十九】　　楊賜

史記曰黃帝迎日推策舉風后以理人

爲也　順天地之紀幽明之占又曰旁羅日月星辰也

春秋內事曰黃帝師於風后風后善於伏羲氏之道

故推演陰陽之事義文志陰陽流有風后十三篇也

當少昊清陽之未實或亂德人神雜擾不

可方物重黎又相顓頊而申理之曰月即

次則重黎之爲也　帝王紀曰少昊字清陽國語

三正官無二業事不竝濟鳥師而鳥名鳳鳥

氏歷正也玄鳥氏司分也伯趙氏司至也青鳥氏有四叔曰

〈後漢列傳四十九〉

晝長則宵短日南則景北

重曰該曰循曰照實能金未又水使重爲句該爲
蓐收備及熙爲玄冥四叔分主三正言其不業也爲

十刻冬至日南極而影長夜六十刻也晝短晝
通卦驗曰冬至晝長四十刻也
夏至日此極夜四十刻也
夏至日此極夜四十刻也夏至晝長尺五寸謂立

天秋分而入得申也
尹正也道行言道得申也
流俗本作行言道者非也

而潛蟠避害也

迎夏則陵雲而奮鱗樂時也涉冬則淈泥
之陰也天且不堪兼況以人該之 夫玄龍

典禮以尹天下懼教誨之不從有人不理
公曰道行故制
說文曰龍鱗蟲之長能幽能明能細能巨能短能長春分而登

仲尼不遇故論六經 朱明

以俟來辟 辟君也公羊傳曰孔子恥一物之不
知有事之無範所考不齊如何可一字作丁 衡集考

當也 夫戰國交爭戎車競驅君若綴旒人
也 丁 左傳曰周大夫也

絕而麗秦伯退師
麗附也公羊傳曰君若贅旒然旒旌旗之垂者也
魯連係箭而聊城弛柝
烮之武夜縋而出 仲

無所麗 麗旅旂旐也言下所執持西東也

使烮之武夜縋而出說秦伯之退師也
說齊人也時燕將守聊城仲連爲書係箭射城
連齊人也時燕將守聊城仲連爲書係箭射城
城中燕將自殺見史記魯仲連射聊

則合橫來則離安危無常要在說夫說諸
侯連和事秦爲從蘇秦往則從合張儀來則橫
秦爲從蘇秦說諸侯連兵拒秦則從離合張儀

咸以得人

〈後漢列傳四十九〉

爲鳥木失士爲尤
博得鳥則勝也
泉猶勝也 故樊人會披帷
入見高祖
前書樊噲沛人也封舞陽侯高帝嘗
病惡見人臥禁中詔戶者無得入群臣曾乃

謀臣之由也故一介之策各有收建子長
前書音義曰謀譜第也與牒通
隱病也國語曰勤恤人隱 司馬遷字子長作史記著功臣

謀之爛然有第

焦頴林日電鳴於岐野黿鼉應於泉也
洗謝之會 當此之會乃黿鳴而黿應也
故能同心戮力勤恤人隱

奄受區夏遂定帝位皆
沛公報曰
高祖踞洗以對酈生
其書曰沛公方踞牀令兩女子洗足而見酈食其
前書曰沛公踞牀使兩女子洗足酈生長揖不拜

等傳爛然各 夫女魃此而應龍翔洪鼎聲而
有第序也
軍容息也 龍攻之翼州之野妖應龍興雲雨
大風雨黃帝下天女妖止遂殺蚩尤不得復上所居不雨
應龍攻之冀州之野妖應龍蓄水蚩尤請風伯雨師從
復龍攻之異州之野妖作兵伐黃帝乃令
女魃曰女妖也山海經曰尤作兵伐黃帝令

而鶗火棲寒冰泮而黿置蟄聲
漯暑鶗火午之宿也三月在午六月退於酉泮凝也
酉言當季夏之時鶗火退於酉泮凝也
漯暑鶗火午之宿也 今也皇澤

宣洽海外混同萬方覷井賢共剌若修
賢剌猶言分支契業周
賢剌大市以質小市以剌鄭玄注
禮曰凡賣買者質剌爲大市以質短曰剌小市以剌鄭玄
古兩書一札同而別之長曰質

成之不暇尚何功之可立
漯暑至

立事有三言爲下列下列且不可庶矣奚異其二哉左傳魯叔孫豹曰太上有立德其次有立功其次有立言杜預注云立德黃帝堯舜也立功禹稷也立言史佚周任臧文仲于茲搢紳如雲儒士成林及津者風攄失塗者幽僻遭遇難要趣偶爲幸世易俗異事埶舛殊不能通其變而一度以揆之易繫詞曰通其變使人不倦也斯契船而求劒守株而伺兔也契猶刻也呂氏春秋曰楚人有涉江者其劒自舟中墜於水遽契其舟曰是吾劒所從墜也舟已行而劒不行若此求劒不亦惑乎韓子曰宋人有耕者田中有株兔走觸之折頸而死因釋耕守株冀復得兔爲宋國笑也冒愧逞願必無仁以繼

之有道者所不履也越王句踐事此故厥緒不永史記曰越王句踐先吳興師吳王聞之悉發精兵擊越敗之於夫椒越王乃以餘兵五千人保棲於會稽此爲冒愧逞願自取敗也捷徑邪至我不忍以投步干進苟容我不忍以歙肩捷疾也歙歛也音翕孟子曰阿意事貴脅肩所尊俗之情也歙亦脅也雖有犀舟勁檝猶人涉卬否有須者也前書曰羌戎弓矛之兵器不犀利音義曰今俗謂刀兵利爲犀犀堅也詩衛風曰招招舟子人涉卬否人涉卬否卬須我友卬我也須待也鄭玄注云人皆涉我友未至我獨待而不涉言室家之道非得所適貞女不行非得禮義婚姻不成喻仕當以道不求妄進也姑亦奉順敦篤守以忠信得之不休不獲不

吝姑且也休美也吝恥也不見是而不惛居下位而不憂允上德之常服焉惛猶悶也易曰不見是而無悶樂則行之憂則違之又曰居上位而不驕在下位而不憂也方將師天老而友地典與之乎高眄而大談孔甲且不足慕焉稱殷彭及周聃帝王紀曰黃帝以風后配上台天老配中台五聖配下台謂之三公其餘知天規紀地典力牧常先封胡孔甲等或以爲師或以爲將藝文志陰陽有地典六篇殷彭即老彭殷賢人也眄視也高視大談言不同流俗衡集作矢談矢亦直也義亦通也與世殊技固孤是求技巧也音伎本或作拔誤也子憂朱泙曼之無所用吾恨輪扁之無所教也輪扁謂爲輪者名扁也扁音皮殄反莊子曰輪

扁對齊桓公曰斲輪之法徐則甘而不固疾則苦而不入不疾不徐得之於手而應之於心口不能言也臣不能以喻臣之子臣子亦不能受之於臣言泙曼屠龍既無所用輪扁斲輪亦不能教人也泙音匹萌反子覩木雕獨飛愍我垂翅故棲吾感去鼃附鵰悲爾先笑而後號也鼃蝦蟇也音胡蝸反周易旅上九曰先笑而後號咷斐豹以斃督燔書禮至以掖國作銘左傳曰晉欒盈復入於晉欒氏之力臣曰督戎國人懼之斐豹謂范宣子曰苟焚丹書我殺督戎宣子曰而殺之所不請於君焚丹書者有如日乃殺之杜注曰蓋豹犯罪沒爲官奴以丹書其罪左傳衛伐邢禮至與國子巡城掖以赴外殺之禮至自爲銘曰余掖殺國子莫余敢止國子邢正卿禮至本衛人仕邢爲大夫掖謂挾之而投於城外也衡集豹字作隸也弦高以牛餼退敵

墨翟以縈帶全城

（左傳曰秦師襲鄭及滑鄭商人弦高將市於周遇之以牛十二犒師君聞吾子將步師出於敝邑敢犒從者孟明曰鄭有備矣不可冀也攻之不克圍之不繼吾其還也滅滑而還墨子解帶為城以牒為械公輸般九攻之墨子九拒公輸之攻盡墨子之守有餘公輸般詘楚王曰善哉吾請無攻宋矣）

貫高以端辭顯義蘇武以禿節效貞

（貫高趙相也端正言趙王不反高帝賢而赦之蘇武使匈奴中杖節臥起操持節旄盡落並見前書）

蒲且以飛矰逞巧詹何以沈鉤致精

（且子之弋弱弓纖繳乘風振之連雙鶬於青雲之際列子蒲且子之弋也引盈車之魚於百仞之淵汩流之中綸猶芒針荊篠為竿剖粒為餌引盈車之魚射矰矢用弋）

王豹處於淇而河西善謳

（鄭左傳云結纓於矢謂之矰繳高也）

局取譽王豹以清謳流聲

（弈圍局也碁即所弈秋名也孟）

弈秋以碁

（王豹處於淇而河西善謳也）

陳若

子曰弈秋通國之善弈者又曰王豹處於淇而河西善謳也

憨三墳之既積惜八索

（左傳曰楚左史倚相能讀三墳五典八索九丘孔安國以為三墳五典三皇之書八索二立謂太上立德其次立功其次立言不可庶況其二立流俗本及衡集立字多作四立非也）

二立退又不能羣彼數子之不理

（九丘孔安國以為此言不立德立功立言欲立言而已）

庶前訓之可鎖

（能立卦之說謂之八索以下言不）

聊朝隱乎柱史

（爲工應劭曰朝隱首陽爲拙柱下史老子為周柱下史）

且龜積以待價踵顏氏以行止

（論語子貢曰有美玉於斯韞匵而藏諸求善賈者也又子謂顏回曰用之則行捨之則藏惟我與爾有是夫）

朝隱終身無患是爲上也

曾不愒夫晉楚敢告誠於知己

（孟子曰晉楚之富不可及也彼以其富我以吾仁彼以其爵我以吾義吾何愒乎哉音苦葛反藏唯我與爾音莫狠反誠音時諸反）

反陽嘉元年復造候風地動儀以精銅鑄

成員徑八尺合蓋隆起形似酒尊飾以篆文山龜鳥獸之形中有都柱傍行八道施關發機外有八龍首銜銅丸下有蟾蜍張口承之其牙機巧制皆隱在尊中覆蓋周密無際如有地動尊則振龍機發吐丸而蟾蜍銜之振聲激揚伺者因此覺知雖一龍發機而七首不動尋其方面乃知震之所在驗之以事合契若神自書典所記未之有也嘗一龍機發而地不覺動京師學者咸怪其無徵後數日驛至果地震隴西於是皆服其妙自此以後乃令史官記地動所從方起時政事漸損權移於下衡因上疏陳事曰伏惟陛下宣哲克明繼體承天中遭傾覆龍德泥蟠

（廣雅曰蟠屈也揚雄方言曰未升天龍謂之蟠音薄寒反）

（郭博）

（後漢列傳四十九）（十一）（十二）

今

乘雲高蹻般桓天位誠所謂將隆大位必先空慇之也 慇音口弄反 慇音于弄反 埤蒼曰慇窮困也 亦謂順帝被廢時也 親履艱難者知下情備經險易者達物僞 傳左曰晉侯在外十九年矣險阻艱難備嘗之矣人之情僞盡知之矣 靡所疑惑百揆允當庶績咸熙宜獲福祉神祇受饗黎庶而陰陽未和災害屢見神明幽遠窵寞鑒在茲福仁禍淫景響而應因德降休祥乖失致咎天道雖遠吉凶可見近世鄭蔡江樊周廣王聖皆為效矣 事具官傳

【後漢列傳四十九】 十三 周澤

故恭儉畏忌必蒙祉祚奢淫諂慢鮮不夷裂前事不忘後事之師也夫情勝其性流成豐罷罪不可解也向使能瞻前顧後援鏡 楚辭曰瞻前而顧後兮 援鏡所以照形往古所以知今 自戒則何陷於凶患乎 性者生之質情者性之欲也 才皆然苟非大賢不能見得思義故積惡避忘易罪 貴寵之臣眾所屬仰其有慾尤上下知之襄美譏惡有心皆同故怨讟溢乎四海神明降其禍辟也

明鏡所以照形往古所以知今

辟罪也 音亦反 頃年雨常不足思求所失則洪範所謂僭恆陽若者也 洪範古君行僭差則常陽用速咎徵又前年京師地震土裂 順帝永建三年正月京師地震也 臣以為威震者人擾也君以靜唱竊懼聖思厭倦制不專已恩不忍割與眾共威作福玉食害于而家凶于而國天鑒孔

【後漢列傳四十九】 十四 李固

明雖踈不失災異示人前後數矣而未見所革以復往悔改也自非聖人不能無過願陛下思惟所以稽古率舊勿令刑德八柄不由天子 周禮太宰以八柄詔王馭羣臣一曰爵二曰祿三曰予四曰置五曰生六曰奪七曰誅 若恩從上下事依禮制禮脩則奢僭息事合宜則無凶各然後神望允塞災消不至矣初光武善讖及顯宗肅宗因祖述焉自中興之後儒者爭學圖緯兼復附以訞言衡以圖緯虛妄非聖人之法乃

上疏曰臣聞聖人明審律歷以定吉凶重
之以卜筮雜之以九宮（易乾鑿度曰太一取其數以行九宮鄭玄注云其）
天驗道本盡於此或觀星辰逆順寒燠所（前書曰齊蕭聰明或降之）
由或察龜策之占巫覡之言（明者神或降之　在男曰覡在女曰巫覡音胡歷反　其所因者非一術也立言）

於前有徵於後故智者貴焉謂之讖書讖
書始出蓋知之者寡自漢取秦用兵力戰
功成業遂可謂大事當此之時莫或稱讖
若夏侯勝眭孟之徒以道術立名其所述
著無讖一言劉向父子領校祕書閱定九（眭弘字孟魯國蕃人好洪範五行傳說宣帝時有詔又成哀時謂儒）
流亦無讖錄成哀之後乃始聞之（也昭帝時以明經為議郎夏侯勝字長公東平人　家使劉向及子歆於祕書校定經傳又雜諸子等九流謂儒家道家陰陽家名家墨家縱橫家雜家農家見藝文志並）
尚書堯使鯀理洪水九載績用不

成鯀則殛死禹嗣興（死也）誅而春秋讖云
共工理水凡讖皆云黃帝伐蚩尤而詩讖
獨以為蚩尤敗然後堯受命春秋元命包（中有公輸班與墨翟事見戰國非春秋時也　衡集云班與墨翟並當子思時出仲尼後也　又言別有益州其名三輔諸陵）
世數可知至於圖中訖于成帝一卷之書（之置在於漢世始置益州　前書武帝始置益州）
互異數事聖人之言埶無若是殆必虛偽

之徒以要世取資往者侍中賈逵摘讖互
異三十餘事諸言讖者皆不能說至於王（衡集後上事云河洛六藝四九藝四九）
芬篡位於漢世大禍八十篇何為不戒則知
圖讖成於哀平之際也且河洛六藝篇錄
已定後人皮傳無所容篡（八十一篇也傳音附臣賢案衡集云後人皮傳無所謂之皮傳謂不容又揚雄方言曰泰晉言非其事謂之皮傳謂不達皮傳謂不容妄之意流俗本多作頗傳者曾也後人謂之皮傳謂不達書亦作頗本作簒者義亦通也）
永元中清河宋景（景遂以歷紀推言水災而偽稱洞視玉版）
遯甲開山圖曰馬遊於東海得玉珽碧色長一尺二寸圓如日月以自照自達幽冥言宋景歷紀推知水

史非洞視玉版所見也

或者至於弃家業入山林後皆
無效而復采前世成事以為證驗至於永
建復統則不能知〔永建順帝即位年也復統家不論也〕
此皆欺世罔俗以昧執位情偽較然莫之
糾禁且律歷卦候九宮風角數有徵效莫世
莫肯學而競稱不占之書〔讖書也〕譬猶畫
工惡圖犬馬而好作鬼魅誠以實事難形
而虛偽不窮也〔韓子曰客為齊王畫者問畫執難對曰狗馬最難執易鬼魅無形故易也〕
宜收藏圖讖一禁絕之則〔謂讖書也〕

朱紫無所眩典籍無瑕玷矣後遷侍中帝
引在帷幄諷議左右嘗問天下所疾惡
者官官懼其毀已皆共讒之衡乃詭對而
出閤豎恐終為其患遂共讒之衡常思圖
身之事以為吉凶倚伏幽微難明乃作思
玄賦〔玄道也德也老子曰衆妙之門〕以宣寄情志其辭曰
仰先哲之玄訓兮〔玄訓道〕雖彌高其弗違〔德之訓〕
匪仁里其焉宅兮〔論語孔子曰里仁為美宅不曰仰之彌高顏回也論語顏淵〕
追奧仁焉棹知里宅皆居也
潛服膺以永靚

——

兮綿日月而不衰〔說文曰膺胷也禮記曰服膺拳拳而不息也〕
靚與靜同〔伊中情之信脩〕兮慕古人之貞節
俗謂自俗為善也楚辭曰苟中情其好脩兮
竦余身而順止兮遵繩墨而不跌〔子曰止於孝為人父止於慈與國人交禮法也跌蹉也記曰〕
兮誠心固其如結〔詩曰心旌旌如或結之〕
以制佩兮佩夜光與瓊枝〔瓊枝玉樹以論堅瓊枝玉樹以論堅〕
瓊枝以繢幽蘭之秋華兮又綴之以
江蘺〔蘺一名江蘺即芎藭也楚辭曰扈江蘺與薜芷兮紉秋蘭以為佩〕
積以酷烈兮允塵邈而難虧〔馬相如酷裂又曰馥馥氣盛業〕
美麗〔馥馥氣盛也〕
不美幽蘭而既婑麗而鮮雙兮非是時之收珍〔楚辭注楚辭曰時人不珍也〕
見以播余香而莫聞幽獨守此区陋兮敢
息皇而舍勤〔息情也皇眼也舍廢也〕
喜傳說之生殷尚前良之遺風兮恫後辰兮
而無及〔舜也尚慕也選遇也音通辰時也痛已後〕

03-870

晦而不也、何孤行之黨黨兮、予不羣而介立、感

辭而戮焉之、特棲兮悲淑人之稀合

彼無合其何傷兮、患眾僞之冒真、旦獲讟

蒸民之多僻兮、曾煩毒以迷、或兮羌孰可與言

干羣弟兮啟金縢而乃信

緬紛而不理、願竭力以守義兮、雖

貧窮而不改、執雕虎而試象兮、跕焦原而

跟止

死而後已、庶斯奉以周旋兮、要

渝而事化兮、泯規矩之圜方

艾於重笥兮、謂蕙芷之不香

蹇以服箱

河而無航

分何遭遇之無常、不抑操而苟容兮、壁臨

欲巧笑以干媚兮、非余心之所嘗

之散衣兮披禮義之繡裳

與雕琢兮瑤聲遠而彌長

分鵾鶵鳴而不芳

死而後已

露之為霜

時曡曡而代序兮　疇可與乎比伉

韓以流亡

文君為我端著兮　利飛遁以保名

猶與而狐疑兮　即此恥而無成兮　留則蔽而不章心

恐漸冉而無成兮

歷眾山以周流兮　翼迅風以揚聲

或冰折而不營

蓋高而為澤兮　誰云路之不平

蹈王階之嶢崝

懼箠氏之長短兮　鎮東龜以觀禎

三十一

九泉之介鳥兮　怨素意之不逞

游塵外而瞥天兮　據冥翳而哀鳴

榮兮

於清原兮晞余髮於朝陽

後寧

悔兮簡元辰而俶裝

菌之流英

兮將往走乎八荒

平句兮

淳粹兮去穢累而票輕

雖抎抃而不傾

三十二

貫蠕三日方壺四日瀛洲五日蓬萊隨波上下往

不得暫峙仙聖所居臺首而載之迭還

爲三番六萬歲一交焉帝使巨鼇十五舉

皮媛反楚醉曰鼇戴山抃說文抃拊手也　留瀛洲

而採芝兮聊且以乎長生

上生神芝草有王石音出泉如　扶桑日所出在湯谷中其　東方朔十洲記云瀛洲在東海之東

味名之爲王酒飲之令人長生也　憑歸雲而遽

逝兮余宿乎扶桑　桑相扶而生見爾雅曰山

噆青岑之王醴兮餐沆瀣以爲糧　扶桑日所出在湯谷淮南子曰　小而高曰山

沆瀣王逸注云沆瀣夜半氣也或作粮　發昔

夢於木禾兮穀崐崘之高岡　墟在西北曰崐崘

百里高萬仞上有木禾長五尋大五圍昔夜也穀生　山海經曰崐崘

也衡此夜夢禾生於崐崘山之上即下文云抃巫

作占夢舍嘉秀以數也衡集及近代注解皆　二十三

云昔夢至木禾兮親往見爲是爲發昔夢也賢　毛仙

半郭璞注曰言岑岑高也楚醉曰餐六氣也

兮從伯禹於稽山　朝吾行於湯谷

吳越春秋曰禹登茅山以會計　所也此也孔安國注同

國之道故更名其山曰會稽　湯日所出也代崇伯故稱伯

集羣神之執王

理

方之山安得已往乎良由尋究不精致斯誤耳

南方乃適西方此時正乎荒以後即先往東方次往西往

禹致羣神於會稽之山防風氏後至禹殺而戮之　左傳曰昔者

曰敢問誰爲神食言謂之食偽也　禹合諸侯於塗山執王帛者萬國國語仲尼曰

至也爾雅曰食存猶問也重華舜名葬於蒼梧在長　之守足以紀綱天下之客者

兮疾防風之食言　朝吾行於湯谷

指長沙以邪徑兮存重華

平南鄰　邪徑存猶問也

兮從沙以邪徑兮存重華

哀二妃之未從兮嘨傺處彼湘瀕

流目覜夫衡阿

兮睹有黎之圯墳痛火正之無懷兮託山

陂以孤魂

以慕遠兮越卬州而愉敖

昆吾兮憩炎天之所陶

芒熿而絳天兮水泫而涌濤

鬱邑其難聊

平留茲兮欲往平西嬉

兮吾欲往平西嬉

使皐陶兮纚朱鳥以承旗

沙南郵也故云　二十四

哀二妃之末從兮嘨傺處彼湘瀕

南郵也　章句

二妃舜妻堯女娥皇女英

二妃娥皇女英相連而死於水涯

爲高辛氏之火正祝融也

弘之火正祝融之子祝融也

靈王時山崩毀其墳圖爲九頭圖焉

陂以孤魂　衡阿衡山之曲也黎顓頊之子

淮南子曰至于昆吾是謂正中高誘注云昆吾

河丘名在南方朔神異經曰　日天九州也

火山長四十里廣四五里晝夜火然然猶燃也揚

芒熿而絳天兮水泫而涌濤

溫風翁其增熱兮愁

法音胡大反並水流兒也

鬱邑其難聊

二萬二千里能留此胼復西行也

觀反爾雅曰愁思也此思也恕思也

平留茲兮欲往平西嬉

金天氏西方之帝　少暤也嬉戲也

顧金天而歎息

使皐陶兮纚朱鳥以承旗

纚繫也音山綺反　朱鳥鳳也楚醉曰

前祝融

鳳皇翼其承旗也

疆建木於廣都兮拓若華而躊躇　拓猶折也建木在廣都若木在建木西末有十日其華照地山海經曰廣都之野靈木建木末以躊躇音直流反躊音余反

超車轄於西

海兮跨汪氏之龍魚聞此國之千歲兮曾　九土九州也汪西方神也祖往也坤西方之國在窮山之際其國在龍魚之北也蛭在汪野女之國在龍魚北此魚有神巫乘此以行九野一曰鼈龍魚在其北此龍白人之國在龍魚北此魚也蟬蛻之貌也如鯉魚白人之國在其北此魚也如鯉蟬蛻之蛻也朋猶侶也粹美也

焉足以娛余

思九

土之殊風兮從蓐收而遂徂　中土也欲還歘神化而蟬蛻兮朋精粹而為徒　狄疾貌也音許往也欲還歘神化而蟬蛻兮朋精粹而為徒　說文曰蟬蛻也就新若蟬蛻之蛻也

蹻　李善

白門而東馳兮云台行平中野　二十五　躔音厭鄭玄曰躔音直門處之貌也東方曰皀門南方曰曙門西方曰閶闔門北方曰寒門八方之風是節寒暑關雅曰我行陽門西南曰編駒門東方曰東極之山北方曰不山吾山之門行處之貌也東方曰東極之山北方曰不山吾山之門東北曰土之山北方曰編駒門西方曰日暑門周之山曰日岀都之門北之門兩天下八門之風是節寒暑關雅曰我行

乱弱水之潺湲兮逼華陰之湍渚　神洲渚反野協韻也極周之雲是兩天下八門

號馮夷俾清津兮櫂龍舟以　華山之北也故云云端渚也環之注玄其水不勝烏毛漫漫流貌也正緝流亂山海經曰弱水之源河故云云端渚也

濟子　華山之北也圖曰河伯姓呂名公子夫人姓鴆名椒

也圖曰河伯姓呂名公子夫人姓鴆名椒也淮南子曰河龍魚也淮南子曰河龍魚者弘農華陰河伯龍也

舟艤首浮而吹

會帝軒之未歸兮悵相伴而延　佇未歸黃帝也鑄鼎於湖在今湖城縣與河相近雅猶佇黃帝得仙外天神靈未歸相伴猶徘徊也四音許

以虞予我　黃靈詹而訪命兮摎天道

四河林之蓁蓁兮偉關雎之戒女　雅猶佇息也蓁蓁茂盛貌也關雎鳲鳩在河之洲女君子好仇偉美也詩國風曰關關雎鳩在河之洲窈窕淑女君子好仇偉美也詩國風曰關雎鳲鳩之也

佇　未歸謂黃帝也鑄鼎於湖在今湖城縣

黃靈詹而訪命兮摎天道　其焉如　詹至也訪謀也摎求也黃帝神也爾雅曰詹至也訪謀也摎求也曰近信而遠疑

日近信而遠疑

兮六籍闕而不書　六籍六經也

牛哀病兮疇克謨而從諸　連道山爾雅曰謨謀難覆兮疇克謨而從諸　也謨謀也曰謨謀也

難覆兮疇克謨而從諸

牛哀病兮疇克虎兮雖逢昆其必噬　日首公牛哀病七日化而為虎其兄入視之虎搏而殺之不知其兄也淮南子牛哀病七日化而為虎其兄入室虎搏而殺之不知其兄也淮南子曰昆兄也

兮取蜀禪而引世　也鼈令蜀亡也見王本紀料人鼈令死其尸流江水上至蜀化為相見蜀王杜宇以其國禪之號開明帝遂復稱王也王蜀人鼈令死其尸流亡見蜀王杜宇以其國禪之號望帝開明帝遂復稱王也五代有開明尚始去帝號復稱王也

鳶兮雖司命其不晰　滅亡蜀長八尺小臭望羊多驕蹇於命運視昧明也協韻音賽滅亡蜀長八尺小臭望羊多驕蹇於命運視昧明也協韻音賽

路兮後脣袚而歜焉無　死生錯而不鑄交錯也司命天神也紀秋歜音觸錯交錯也司命天神也繁廡人

齊兮後脣袚而歜焉無　死生錯而不

以賜諸王寶姬家在清河願如近家遺官者志之誤置代伍中宦者志之誤置代伍不欲往也以賜諸王寶姬家在清河願如近家遺官者志之誤置代伍

置我趙伍中宦者志之誤置代伍不欲往也

滅兮後脣袚而歜焉無　見王蜀人鼈令以其國禪之

為強乃行至代景帝生十四子後王光武中興也相強乃行至代景帝生十四子後王光武中興也

王肆

侈於漢庭兮卒銜恤而絕緒王謂孝平王皇后莽之女也前書聘以黃金二萬斤遣劉歆奉乘輿法駕迎后于第及莽篡位后常稱疾不朝會莽誅后自投火中而死恤憂也詩小雅曰出則銜恤絕緒言無後也尉尨眉而郎潛兮逮三葉而遘武尉謂都尉顏駟也尨蒼雜色也遘遇也漢武故事曰上至郎署見一老郎鬢眉皓白問何時為郎何其老也對曰臣姓顏名駟以文帝時為郎文帝好文而臣好武景帝好老而臣尚少陛下好少而臣已老是以三葉不遇也上感其言擢為會稽都尉也董弱冠而司袞兮設王隧而弗處董賢字聖卿哀帝時為大司馬年二十二袞三公服也時哀帝令為賢起冢至尊無以加及帝崩王莽殺賢於獄中左傳曰晉侯請隧曰王章也禮記曰二十曰弱冠也夫吉凶之相仍兮恒反側而靡所穆

負天以悅牛兮豎亂叔而幽主穆魯大夫叔孫豹也謚曰穆牛謂豎牛豹之子也幽閉也大夫稱主左傳曰叔孫豹奔齊宿於庚宗遇婦人而私焉至齊夢天壓已弗勝顧而見人號之曰牛助余乃勝之及後還魯庚宗之婦人獻以雉曰余子長矣召而見之則所夢也遂使為豎有寵及穆子遇疾豎牛欲亂其室曰夫子疾病不欲見人牛不進食穆子遂餓而死文斷袪而忌伯兮閹謁賊而寧后文晉文公也袪袂也忌怨也伯謂伯楚也謁告也賊謂呂甥冀芮等寧安也后文公也初晉獻公使寺人勃鞮伐公於蒲城公踰垣勃鞮斬其袪及公入國呂生冀芮謀作亂伯楚知之以告公公會秦伯于王城殺呂郤伯楚勃鞮字也事見國語也通人闇於好惡兮豈愛惑之能剖通人謂穆子文公等闇於好惡謂初悅豎牛後以餓死始怨勃鞮終能告賊剖分也言通人尚闇於好惡況愛寵昏惑者豈能分之嬴擿讖而戒胡兮備諸外而發內嬴秦姓也擿猶發也謂始皇發讖云亡秦者胡乃使蒙恬北築長城以為外備而不知胡亥竟為趙高所殺秦氏遂亡是發內或輦賄而違車兮孕行產而為對輦運也違避也車謂張車子也有夫婦夜田者天帝見而矜之問司命曰此可富乎司命曰命當貧有張車子財可以借而與之期曰車子生急還之田者稍富及期夫婦輦其賄以逃同宿有婦人夜生子問名於其父父曰生車間名車子其家自此之後遂大貧敝見搜神記慎竈顯於言天兮占水火而妄誶爾雅曰誶告也左傳曰日有食之梓慎曰將水叔孫昭子曰旱也後果大旱又曰宋衛陳鄭將火鄭大夫裨竈請瓘斝玉瓚禳火子產弗予竈曰不用吾言鄭又將火子產曰天道遠人道邇非爾所及遂不與亦不復火也梁叟患夫黎丘

兮丁厥子而事刃親所睇而弗識兮矧幽冥之可信梁叟梁國之老人也丁當也睇視也矧況也呂氏春秋曰梁北有黎丘鄉鄉有丈人往市醉而歸者黎丘奇鬼效其子之狀而道苦之丈人醒譙其子曰吾為而父我醉女道苦我何故其子泣曰必奇鬼也丈人明日之市醉其眞子迎之丈人拔劍而刺之事音側利反前書音義曰江東人以物插地中為事也毋綿攣以涬己兮思百憂以自疢綿攣猶牽制也涬音胡鼎反衛集注云涬引也言勿牽制於俗引憂於己詩曰無思百憂祇自重兮彼天監之孔明兮用棐忱而祐仁監視也孔甚也棐輔也忱誠也祐助也言天之視人甚明唯輔誠信而助仁德也尚書曰天監厥德又曰天威棐忱湯蠲體以禱祈兮蒙庬褫以拯人蠲絜也祈求也爾雅曰庬大也

禱福也帝王紀曰湯時大旱七年煎史卜曰當以人禱湯曰吾請自當遂齋戒剪髮斷爪以已為牲禱於桑林之社果大雨言蒙天大雨言蒙天福也

以拯救人衡集析宇作祊祭也祊音斯

以營國兮樊感次於它辰　三善言也景公也三慮　景三慮

司馬韋曰熒惑守心心宋之分野宋景公之時熒惑在心公懼乃召子韋而問焉對曰可移於相公曰相吾之股肱也可移於民公曰民無民何以為國可移於歲公曰歲饑民必死為人君而殺所養以求其生吾誰以為君寧移死吾身而所懷三是夕熒惑果退三舍公見呂氏春秋

回以撤秦　魏顆也信晉之魏武子有嬖妾武子疾命顆曰必嫁是妾及卒顆嫁之曰疾病則亂吾從其治也及輔氏之役顆見老人結草以亢杜回杜回躓而顛故獲之夜夢曰余所嫁婦人之父也用先人所懷以養也兩用先人以富以為君子可乎子可

魏顆亮以從理兮鬼亢　魏顆亮於輔氏見鬼亢杜回傳曰晉魏顆敗秦師於輔氏獲杜回秦之力人也初魏武子有嬖妾無子武子疾命顆曰必嫁是妾　朱安明

根生兮卉既彫而已毓　根生謂寄生也言百草榮於桑之末本草經注云寄生一名寓木一名宛童以喻寄生之根生謂寄生也至寒皆彫落唯寄生獨存故末名寓木　桑末寄夫

各縣邁而種德兮德樹茂乎英六　尚書曰各迪種德也種布於英六並皐名皐繇能行布道德子孫茂盛封於英六國先滅英六以奉帝王紀皐陶卒葬其少子於六以封其封於英六獨存縣名布也在今壽州安豐縣南也

有無言而不讎兮又何往以飛聲兮軌　盡遠迹以飛聲兮軌言無往不復也詩曰無言不讎一名宛童以喻寄生也盡何不也讎猶待言何不遠遊以待言易逝也

謂時之可蓄　德行仁慶流後嗣言何不蓄猶待言以待時之可待言微也

仰矯首以遙望兮魂憤惘而無疇　敬悦也憫猶惘也微悦憫猶

魂兮歸來，反故居些。

方又入地下四經重陰兮寂寞以憺壃羊之潛
追慌忽於地底兮軼無形而上浮
燭龍令執炬兮過鍾山而中休
瞰瑤谿之赤岸兮弔祖江之見劉
兮文誚余之行遲
聘王母於銀臺兮羞玉芝以療飢
戴太華之玉女兮召洛浦之宓妃
媚兮增嫮眼而娥眉
舒妙婧之纖蒻兮揚雜錯之桂
徽

離朱脣而微笑兮的礫以遺光
獻環琨與璵縭兮申厥好以玄黃
雖色豔而賖美兮志浩蕩
而不嘉於不納兮並詠詩而清歌
交頸頡頏相和兮處子懷春精魂回移
歌曰天地烟熅百卉含蘤鳴鶴
何淑明忘我實多
而不眠兮爰整駕而亟行
洋伏靈龜以負坻兮蝘龍之飛梁
登閬風之曾城兮不死而爲林
屑瑤蘂以爲糇兮斟白水以爲漿

東南流入中
國名爲河也　押巫咸以占夢兮遜貞吉之元
符　押使也巫咸音普耕反又補耕反
經曰大荒之中有靈山巫咸巫即巫彭
巫姑巫真巫禮巫抵巫謝等十巫
以爲敢

既垂穎而顧本兮爾要思乎故居
之中故　滋茂也淮南子曰我其首稟本也至二月始生於稷居
也歎也本禾本也言禾既顧本人亦當思於稷居
謂之禾　嘉穀也善令德於正中兮合嘉秀

姑純懿之所廬
也廬猶居也姑且也懿美也　安和靜而隨時兮
云純懿向根君子不忘居

戒庶寮以夙會兮隆輜軒其霆震
也豐隆雷師輊也音普耕反耕震霆霹靂也音庭
電光也雲師霺以交集兮凍雨沛其灑涂
霑也　霺列雲也

會粲然以恭職兮竝迓
也迓迎也　靈輿而樹葩兮擾應龍以服輅
屏翳雨師也葩華也擾馴也應龍有翼龍也
靈輿金根車也於車上建華蓋擾馴也使應龍駕
百神森其備從兮屯騎羅而星布

振余袂而就車兮脩劍揭以低昂
謂之驤郭璞注云驤軒上環也所以貫耳也
車也樹立於軾華蓋擾馴也　脩長也揭舉也低昂

冠咢咢其映蓋兮佩纚纚以輝煌
有異曰懷柔百神森盛兒　咢咢高兒纚纚盛兒

低昂俯仰之兒　冠音五各反一作炭並冠高兒映蓋相
泉兒也也　佩纚纚音離盛兒映蓋謂

以輝煌　煌音胡光本也

〈後漢列傳四十九〉三十三

聆廣樂之九奏兮展洩洩以彤

彤

考理亂於律鈞兮意

建始而思終

撫弦而餘音兮大容吟曰念哉

哀來

惟盤逸之無斁兮懼樂往而

我暇以翱翔兮閬閬

今集大微之閬閬

良曅策驅兮踰高閌之鏘鏘

建罔車之幙幙兮

獵青林之芒芒

撥剌兮射嶓冢之封狼

出紫宮之肅肅　命王

壘於北落兮伐河鼓之磅硠

乘天潢之沆况沆

兮浮雲漢之湯湯

招搖攝提以低回劉流兮察二紀五緯之

綢繆過皇

叢頷颯颯以方攘

戾沛以罔象兮爛漫麗靡顜以迭逷

硫磕兮弄狂電之淫裔

踰庬涽於宕冥兮貫倒景而高厲

盈盈其無涯兮乃今窮乎天外攄開陽而

頻盻兮臨舊鄉之暗藹

歸馬倚輖而俳回

豈慈慕之可懷

塗乘颲忽兮馳虛無

出閶闔兮降天

雲霏霏兮繞

余輪風眇眇兮震余旗繽紛聯翩兮紛暗曖

倏眩眩兮反常間〔倏忽也 眩音縣 眩音間 故里 收疇〕

昔之逸豫兮卷淫放之遐心〔涅放令 改悔也 楚辭曰退將復修吾初服也 娑娑衣兒 參參長兒 謂初遊於四方以自收疇〕

以粲爛兮美紛紜以從風御六藝之珍駕〔天地之間以 文章煥 結〕

兮遊道德之平林以道德為林而遊之也 璽而為禽〔儒噐家子思孟軻孫卿等 墨家謂墨翟胡非尹佚等〕

典籍而為噐兮歐儒〔玩陰陽之變化兮詠雅頌〕

之微音嘉蕳蕳氏之歸耕兮慕歷陵之欽釜〔翠操曰歸耕者曾子之所作也 曾子事孔子十餘年 晨覺愴然念二親年衰養之不備於是援琴鼓之曰 往而不反者年也 親歷山盤平歙釜山兒 歸耕來曰安所年耕歷山盤乎 欽釜音歙 共音恭 易曰 君子終曰乾〕

後漢列傳四十九　三十七　李尤

鳳昔而不貳兮固終始之所服也〔共音恭 易曰 君子終曰乾乾 夕惕若 夕惕也〕

厲以省偄兮懼余身之未勒也〔苟中情之端直兮莫吾知 女六反 惡懃也 勒整也〕

而不惡〔老子曰上德不德 無為〕墨無為以凝志兮與仁〔不出戶而知天下〕

義平消搖以劬勞〔老子曰不出戶而知天下〕必歷遠以劬勞 系曰天長地久〔老子曰天長地久 左氏傳曰〕

歲不留俟河之清祇懷憂〔系繁也 老子曰天長地久 左氏傳曰〕

俟河之濱人 願得速度以自娛上下無常窮〔長地久 左氏傳曰〕

六區方上下也謂四超踰騰躍絕世俗颼颼神〔六區謂四方上下也〕

奉逞所欲天不可階仙夫希栢舟悄悄各

不飛〔汎彼栢舟 詩〕

離結精速遊使心攜〔列仙傳〕

松喬高時孰能〔赤松子也 喬王子喬 列仙傳曰赤松子神〕

後漢列傳四十九　三十八　李膺

農時兩師服水玉教神農能入火自燒至崐崘山上

常止西王母石室隨風上下王子喬周靈王太子晉也

好吹笙作鳳鳴遊伊洛間道士浮丘公接上嵩高山三十餘年後來於山上見相良曰告我家七月七

日伺我緱氏山頭果乘白鶴住山顛望之不得到舉手謝時人數曰去字林曰雖躇踦也

回志竭來從玄祺或作謀祺亦謀也

獲我所求夫何思永和初出為河間相名政時國王驕奢不遵典憲又多豪右

共為不軌衡下車治威嚴整法度陰知姦黨名姓一時收禽上下肅然稱為政理視

事三年上書乞骸骨徵拜尚書年六十二

永和四年卒著周官訓詁崔瑗以爲不能
有異於諸儒也又欲繼孔子易說彖象殘
缺者竟不能就所著詩賦銘七言靈憲應
閒七辯巡誥縣圖凡三十二篇 蓋玄與懸通
永初中謁者僕射劉珍校書郎劉騊駼等
著作東觀撰集漢記因定漢家禮儀上言
請衡參論其事會衡常歎息欲終
成之又爲侍中上疏請得專事東觀收撿

遺文畢力補綴 衡表曰臣仰幹史職敢徼官守自忘頑愚願得專於東觀畢力於紀略恩於補關俾有漢休烈比火也長於天地並光明於日月娥示萬嗣永永不朽也

條上司馬遷班固所叙與典籍不合者十
餘事 衡集其略曰神農氏作神農氏沒黃帝堯舜氏作黃帝堯舜氏沒 又

又以爲王恭本傳但應載篹事而已至
於編年月紀災祥宜爲元后本紀又更始
居位人無異望聖光武初爲其將然後即眞
宜以更始之號建於光武之初書數上竟
不聽及後之著述多不詳典時人追恨之

戴五帝不記三皇今宜并錄又一事曰帝系黃帝產青陽昌意周書曰乃命少暤清即清陽也
之定

【後漢列傳四十九】 三十九 康凝

論曰崔瑗之稱平子曰數術窮天地制作
侔造化 瑗撰碑文也平子即衡字也 斯致可得而言歟推其圍
範兩儀 易繫辭曰範圍天地之化 王弼注云 天擬範天地而周備其靈
理也謂作渾天儀也 運情機物有生不能參其
智 機物謂作候儀也 地動儀等 故智思引淵微人之上術記
地動儀也 曰德成而上藝成而下 禮記文也 量斯思也豈
夫藝而已哉何德之損乎 三才天地人言人雖減於德言藝不減於德一也
贊曰三才理通人靈多蔽 三才天地人也 減於德一也
能知天道也 近推形筭遠抽深滯不有玄慮
孰能昭晰 晰音制

一後漢列傳四十九 四十

後漢書列傳卷第四十九

唐章懷太子賢注

馬融

蔡邕 〔陳畱〕

《後漢列傳五十上》　一

馬融字季長扶風茂陵人也〔融集云茂陵／將／成懷里人也〕將作大匠嚴之子〔嚴援兄之子〕余之子兄為人美辭貌有俊才初京兆摯恂以儒術教授〔三輔決録注曰恂字季直／學善屬文隱於南山之陰好〕隱于南山不應徵聘名重關西〔決録注曰恂字季直／學善屬文隱於南山之陰〕融從其遊學博通經籍恂以女妻之永初二年大將軍鄧騭聞融名召為舍人非其好也遂不應命客於涼州武都漢陽界中會羌虜飆起邊方擾亂米穀踴貴自關以西道殣相望〔杜注左傳曰叔向云道殣相／望注六餓死為殣也音觀〕融既飢困乃悔而歎息謂其友人曰古人有言左手據天下之圖右手刎其喉愚夫不為所以然者生貴於天下也今以曲俗屈己之著滅無貲之軀殆非老莊所謂也故往應隴召四年拜為校書郎中〔謝承及續漢書並云為詣東觀典校秘書是時〕

鄧太后臨朝鄧騭兄弟輔政而俗儒世士以為文德可興武功宜廢遂寢蒐狩之禮息戰陳之法故猾賊從橫乘此無備融乃感激以為文武之道聖賢不墜五才之用無〔五才金木水火土也左傳曰宋子罕曰天〕或可廢〔生五才民並用之廢一不可誰能去兵／苑在成〕元初二年上廣成頌以諷諫其辭曰〔今汝州梁縣西〕臣聞孔子曰奢則不遜儉則固奢儉之中以禮為界〔界猶限也是以蟋蟀山樞之人〕並剌國君諷以大康馳驅之節〔詩國風序曰蟋蟀剌晉僖／公也太康職思其居毛萇注／云太康甚也鄭箋云君雖當自樂亦無〕

〔荒甚也鄭箋云君雖當自樂亦無／已太甚欲其及時以禮自樂乃／用其時日山有樞剌晉昭公也〕荒憂而不困〔言僖公以太康弗能弗驅／宛其死矣佗人是愉〕〔被讒言文武之道須折衷也樞音昌朱／反又音昌于切爾雅曰荆昌驅〕先王所以平和府藏頤養精神致之無疆於〔府藏謂五藏於人有五藏心脾肝腎／腎此之謂五藏也何謂六府喉咽者量／穀之府也小腸者受成之府也大腸者轉輸／之府也膽者積精之府也旁光者津液之府也三／焦者中瀆之府也詩曰天生蒸民有物有則故／者也膽者積精之府也旁光者津液之府也〕夫樂而不〔故真夔擊鳴球〕故真夔擊鳴球〔蘷敬也音古／反形如伏〕載於虞謨吉日車政序於周詩〔八反形如伏〕

獸背上有二十七刻以木長尺樑之所以止樂擊祝
也象桶中有推柄連底搖之所以作樂見三禮圖球
玉磬也虞讀舜典也詩小雅曰吉日維戊戊伯郎
搏田車既好四牡孔阜又曰我車既攻我馬既同聖
見元年已來遭值凶運〔也凶運謂安帝即位年〕
主賢君以增盛美豈徒爲奢淫而已哉伏
陛下戒懼災異躬自菲薄荒弃林苑〔兩電之類雹〕
聖恩普勞遣使交錯諸家每有憂疾
重以皇太后體唐堯親九族篤睦之德陛
廢弛樂縣懃憂潛思十有餘年以過禮數
下履有虞烝烝之孝諸家稀有曠絕時寧息

又無以自娛樂殆非所以逢迎太和禪助
萬福也臣愚以爲雖尚頗有蝗蟲今年五
月以來雨露時澍祥應將至方涉冬節農
事閒隙宜幸廣成覽原隰觀羽旄之美聞
講武校獵使寮庶百姓復覩羽旄之美聞
鍾鼓之音歡嬉喜樂鼓舞疆畔〔孟子對齊宣〕
鼓樂於此百姓聞王鍾鼓之聲舉欣欣然有喜色而相告曰吾王庶幾無疾病歟何以能鼓樂也此無他與人同樂
也以迎和氣招致休慶小臼螻蟻不勝區

三　李尤

〈後漢列傳五十上〉

區職在書籍謹依舊文重述蒐狩之義作
頌一篇并封上淺陋鄙薄不足觀省臣聞
昔命師於鞬橐偃伯於靈臺或入吉甫而稱
焉〔鞬以藏箭橐以藏弓...〕
〔鄭注云武讀爲鵠...〕
靈之爲天常金革之作昏明也
區之鄲郊猶廊七十里之囿盛春秋之苗
之前傳道〔囹記三五〕以來越可略聞且區
囿草樂奏驪虞
是以大漢之初基也宅玆天邑惣風雨之
會交陰陽之和所和也乃建王國爲天邑謂洛
揆厥靈囿營于南郊
之以此徒觀其埛場區宇妖胎曠蕩巋嶸郁

四　韋蘭

罔寒谿浹（蘋音眇浹音鳥郎並廣大貌）騈望千里天與

地荼於是同陛環濱右顰三塗（左概嵩嶽

以榮洛（面據衡陰箕背王屋浸以波溠寅

鋤鋤雌雌隆穹盤回嶇峻錯崔（五）

金山石林殷起乎其中峨峨磈磑

側出丹水湼池怪石浮磬耀焜于其陂　神泉

其土毛則揫牧薦草芳茹甘茶

芝荕蘆苴蘘荷

焚惡可殫形　至于陽月陰慝害作百草畢落

其植物則玄林包竹藩陵薐京珍林

嘉樹建木叢生

彤對蔚芥頷摻挨椿梧栝柏柜柳楓楊

翁習春風含津吐榮鋪于布濩萑尾難

林衡戒田焚萊柞木

然後舉天網頓八紘紲羿斂九藪之動物

緜亘四野之飛征

荏苴蔡格韭菹于

芋渠芝荕草也

〔後漢列傳五十上〕
〔後漢列傳五十上〕
〔後漢列傳五十一〕

03-884

物謂禽獸也綟音胡犬反又胡串反說文曰綟落也國語曰綟於山有罕賈逵注云綟還也槖囊也音託
四野四方之野飛征飛走也鳩之乎兹囿之中山敦雲移
羣鳴膠膠鄙騃譟讙子野聽聳離朱目眩
隸首策亂陳子籌昏鳩聚也敦音屯亦積聚也鄙騃獸奮迅貌也鄙
音普美反騃音俟韓詩曰駓駓俟俟或羣或友眩亂也叶韻音玄隸首黃帝時善筭者也陳子陳平善於
籌策也昏亂也言禽獸多不可筭計於時營圍烣廓充斥川谷
罦罝羅羉彌綸阬澤皐牢陵山罦音浮雉網也罝兔罟也
羉彘網也音力官反並見爾雅阬音苦庚反蒼頡篇曰阬壑也皐牢猶牢籠也孫卿子曰皐牢天下而制
之若制子孫也諸本有作牢攎者非也校隊案部前後有屯甲乙

相伍戊己爲堅周禮司馬職曰前後有屯甲乙謂相次也伍伍長也戊己居中
爲中堅也乘輿乃以吉月之陽朔登于䟽鏤之
金路六驌騻之玄龍建雄虹之旄夏揭鳴
鳶之脩橦陽朔十月朔也䟽鏤謂雕鏤也周遷輿服雜記曰玉路重較也金路玉路形制
如一六駕六馬也續漢志曰天子五路駕六馬驌騻馬名左傳云唐成公有兩驌騻馬周禮曰馬高八尺
曰龍禮記曰孟冬乘玄輅駕鐵驪今此亦順冬氣而乘玄也郭璞注爾雅云虹雙出色鮮盛者爲雄左傳
云舞師題以旌夏杜預注云旌夏大旌也揭舉也音渠列反禮記曰前有塵埃則載鳴鳶鳶鴟也音緣鳴
則風動故畫之於旌旗以候埃塵也橦者旗之竿也音直江反曳長庚之飛髾載
日月之大常棲招搖與玄弋注枉矢於天

狼長庚即太白星髾音所交反即旌旗所垂之羽毛也太常天子所建大旗也畫之日月周禮云
日月爲常招搖玄弋天狼並星名也枉矢妖星蛇行有尾目赤畫於旌旗也羽毛紛其
髟䮴揚金㚇而拖玉瓖髟䮴羽旄飛揚皃也髟音必由反䮴音羊救反
蔡邕獨斷曰金㚇者馬冠也高廣各四寸在馬鬉前㚇音無犯反一音子公反瓖馬帶以玉飾之音襄
屯田車於平原播同徒於高岡旃旝摻其
如林錯五色以摛光詩小雅曰我車既好又曰射夫既同言徒衆齊同也
旝亦旃也音古會反左傳曰旝動而鼓摻音所金又與森字同清氛埃埽野場
誓六師搜儁良野場謂除其草萊今得驅馳也左傳曰天子六軍儁良馬之善
者司徒勒卒司馬平行車攻馬同教達戒

通周禮曰司徒若將有軍旅會同田役之戒則受法于司馬以作其衆又曰司馬狩田以旌爲左
右和之門前後有屯百步有司巡其前後鄭注云正其士之行列詩小雅曰我車既攻我馬既同毛萇注
曰攻堅也同齊也戎事齊力尚强也田獵齊足尚疾也伐咎鼓撞華鍾獵
徒縱赴榛叢咎鼓大鼓也音公刀反周禮鼛鼓長尋有四尺徽嫿霍
弈別鶩分奔騷擾聿皇往來交舛紛紛回
回南北東西嫿音呼擭反並奔馳貌風行雲轉匈磕隱
訇黃塵勃滃闇若霧昏磕音苦蓋反訇音火宏反並聲也滃音烏董反
日月爲之籠光列宿爲之翳昧僄狡課才
勁勇程氣僄狡勇捷僄音疋妙反狗馬角逐鷹鸇競鷙

驍騎旁佐輕車橫屬相與陸梁韋皇于中

原絹猏號鈠特肩脰宇舐介鮮散毛族

枯羽羣

所質不期俱殪寅伏扔輪發作梧轉

然後飛鈠電激流矢雨墜各指 殺役狂擊頭

〈後漢列傳五十上〉九

閻盧碎獸不得猱禽不得瞥 或夷由未殊顛狽頓

若夫勢鳥獸毅蟲居牙黔口大匈哨後緼

巡歐紆貟偶依阻莫敢嬰禦 也貌

計 蹎頓蝩蟬充衝塞隊蓏葦洴布不可勝

乃使鄭叔晉婦之

徒睒孤封刺裸裎袒楊也

兒獄制圈熊拂封狶

概柘槎棘枳窮浚谷底幽崛暴斥虎搏狂 冒

松履偹踔趹技杪摽端尾蒼蜼捔玄猨

或輕訬趬悍廈疏襲領犯歷嵩嶾陵喬

木産盡寓屬單

〈後漢列傳五十〉

驅星布麗屬曹伍相保各有分局罕岡合部署弋同曲類行並

流纖羅絡縿遊雉羣驚鴑鳧羣作羣然雲

起雲爾霅落 爾乃巍

觀高蹈改乘回轅沂恞方撫馮夷策句芒

超荒忽出重陽屬雲漢橫天潢

相驅厲疫走蜮祥　導鬼區徑神場詔靈保召方

捎罔兩拂游光枷天狗糜墳羊

然後緩節舒容

裴回安步降集波籥川衡澤虞矢魚陳罟

鼃終葵揚關弁刂重冰撥蟄戶測潛鱗

踵介旅

獵者效具車弊田罷旋入禁圉

原野嶔岑左挈夔龍右提蛟鼉春獻王鮪夏

薦鱉黿龜

滅潭淵左

逆獵端瀬济薄汾撓淪

流覽徧照彈蓺極能上下究音山谷蕭條

於是

平高光之榭以臨平宏池

純以金堤樹以蒲柳被以綠莎濱養流淋

錯綜綷委天地虹洞固無端涯大明生東

月朝西陂

乃命壺涿驅水蠱逐

岡巒滅短狐籍鯨鯢

然後方餘皇連軸舟張雲帆施蜺

水之神也

著蔡浮湘靈下漢女游

憍旆颺風陵迅流發櫂縱水謳淫魚出

鳸鸕鶿鸔鷺鴻鵰乃安斯寢戰艩其涯

水禽鴻鵠怨鳥蒼鷗鷖鶴

我純德騰踴相隨雖靈沼之白鳥孟津之

躍魚方斯蔑矣

鮂鯉鱏鯿鰥鯉鱓魦樂

十三

躍又曰白鳥爲鵽鵽肥澤也

然猶詠歌於伶蕭載陳於方策豈不哀哉

於是宗廟既享庖廚既充車

徒既簡器械既攻

然後擺牲班禽淡賜犒功羣師疊伍伯校

千重山罍常滿房俎無空

酒正案隊

膳夫巡行清醳車湊燔炙騎將鼓駭舉爵

鍾鳴既籠

阿衰非文之晉制闥臺華羽之南音

所以洞

若乃陽

蕩匈臆發明耳目疏越蘊愷駿侗底伏

鏗鍠鏒鐺奏于農郊大

路之攉與百姓樂之

十四

齊王曰令王與百姓同樂則王矣農郊田野也

是以明德曜乎中夏

威靈暢乎四荒東鄰浮巨海而入享西旅

越蔥領而來王南徼因九譯而致貢朝

屬象胥而來同

入享謂來助祭也孔安國注尚
書曰西旅遠國也蔥嶺西戎之
國也鄭玄注云通夷狄而貢者
曰象胥其來朝也周始有南越
之官正為象者周禮始有象胥
之本名東方曰寄南方曰象西
方曰狄鞮北方曰譯此皆通言
語之官為象胥音譜來貢

蓋安不
忘危治不忘亂道在乎茲斯固帝王之所

以曜神武而折遐衝者也

公欲攻齊使晉平
公晏子春秋曰晉平
公欲攻齊諸晏昭往
觀景公弃酒罷樂而
晏昭歸以報晉平公
曰景公願請君之苑
囿得馳騁焉子知其
君而晏子知之仲尼
聞而折衝千里之外

陳琳

方今大

漢收功於道德之林致獲於仁義之淵忽

蒐狩之禮闕槃虞之佃與娛同閽昧不覩

日月之光龍昏不聞雷霆之震于今十二

年為日久矣亦方將刊禁臺之秘藏發天

府之官常由質要之故業率典刑之舊章

用禮八法四目官常以聽官理天府掌祖廟之中藏
與其禁令察羣吏之理左傳云晉趙盾為國政由質

要社預注曰由用也
要界券也刊音苦寒反質

命賢良舉淹滯拔幽荒采清原嘉歧陽登俊桀

察淫俟之華譽

清原作五軍又椒舉曰周武有孟津之
誓成有岐蒐之
陽作五軍又楚椒舉曰周武有孟津之誓
禮記王制曰令太尉贊桀俊遂賢良左傳
蒐平王詰之蔣惡舉淹滯而未敘者也預
注

顧介特之實功聘畎畝之羣雅宗重淵之

潛龍

爾雅虛譽也介特之
潛龍虛譽也介特謂孤特立也畎畝謂隱
人也潛龍謂大雅小雅之中也司馬相如
義云潛龍謂賢人隱也

乃儲精山藪歷思河澤

目瞋鼎俎耳聽康衢營傳說於胥靡求伊

尹於庖廚索膠鬲於魚鹽聽霽戚於大車

視也音所解反鼎俎謂伊
曰湯舉伊尹於庖廚之中康衢謂審戚也說苑曰寗
飯牛舉於康衢營車輔而歌碩鬆傳說代胥靡刑人
築於傅巖之野高宗夢得之孟子曰膠鬲舉於魚鹽

俾之昌言而宏議軼越三家馳騁五帝

悉覽休祥總括羣瑞書楊雄曰宏言崇議軼過

三家曰宏大也前
漢書宏言崇議軼過

納隹僬僥之珍羽受王母之白環

上帝東園集帝搏桐食帝竹實尚書中候曰黃帝時
麒麟在園帝王紀曰堯時僬僥氏來貢没羽西王母
慕舜之德來獻白環也

黃帝時鳳皇
韓詩外傳曰黃帝時鳳皇

遂棲鳳皇於高梧宿麒麟於西園

永逍搖乎宇內與二儀乎無疆

貳造化於后土參神施於昊乾超特達而

無傳煥魏巍而無原　論語孔子曰堯之為君煥乎其有文章魏巍曰詩大雅天錫

功豐千億之子孫歷萬載而永延　百祿子孫禮樂既闋北轍反斾至自新城背

伊闕反洛京　闕止也音宂反新城縣屬河南郡今伊闕縣　頌奏忤鄧

氏滯於東觀十年不得調因兄子喪自劾

歸　融物故融因是自劾而歸　太后聞之怒謂

融著薄詔除欲仕州郡遂令禁錮之　融集

太后崩安帝親政召還郎署復　郭傳

在講部出為河間王廐長史時車駕東巡

岱宗延光三年融上東巡頌帝奇其文召拜郎

中及北鄉侯即位融移病去為郡功曹陽

嘉二年詔舉敦樸城門校尉岑起舉融徵

詣公車對策拜議郎　大將軍

梁商表為從事中郎轉武都太守時西羌

反叛征西將軍馬賢與護羌校尉胡疇征

之而稽久不進融知其將敗上疏乞自劾

曰今雜種諸羌轉相鈔盜宜及其未并亟

遺深入破其支黨而馬賢等處處留滯羌

胡百里望塵千里聽聲今逃匿避回漏出

其後則必侵寇三輔為民大害臣願請賢

所不可用關東兵五千裁假部隊之號盡

力率厲埋根行首以先吏士　埋根言三旬之

中必克破之臣少習學藝不更武職很陳

此言必受誣罔之辜昔毛遂斯養為眾所

崔終以一言克定從要也　毛遂趙平原君客

羌出於東且其將士必有高克潰叛之憂

見史記斯　臣懼賢等專守一城言攻於西而

養賊人也

陳星亭參畢參西方之宿畢為邊兵至於

分野并州是也　參在申為晉

起平宜備二方尋而隴西羌反為南郡太守

郡皆卒如融言三遷桓帝時為南郡太守

先是融有事忤大將軍梁冀音異諷有司

奏融在郡貪濁免官髡徒朝方自刺不殊

得赦還復拜議郎重在東觀著述以病去
官融才高博洽為世通儒教養諸生常有
千數涿郡盧植北海鄭玄皆其徒也善鼓
琴好吹笛達生任性不拘儒者之節居宇
器服多存侈飾常坐高堂施絳紗帳前授
生徒後列女樂弟子以次相傳鮮有入其
室者嘗欲訓左氏春秋及見賈逵鄭眾注
乃曰賈君精而不博鄭君博而不精既精
既博吾何加焉但著三傳異同說注孝經
論語詩易三禮尚書列女傳老子淮南子
離騷所著賦頌碑誄書記表奏七言琴歌
對策遺令凡二十一篇初融懲於鄧氏不
敢復違忤埶家遂為梁冀草奏李固又作
大將軍西第頌以此頗為正直所羞年八
十八延熹九年卒于家遺令薄葬族孫曰
碩獻帝時位至太傅〔三輔決錄注曰碩字叔彥〕
論曰馬融辭命鄧氏逡巡隴漢之閒將有
意於居貞乎〔隴漢之閒謂客於漢陽時易屯卦初九曰磐桓利居貞〕既而

羞曲士之節惜不貨之軀〔莊子曰曲士不可語於道者束於教也〕
終以奢樂恣性黨附成譏固知識能匡欲〔識性也〕〔匡正也〕
者鮮矣夫事苦則矜全之情薄生厚
故安存之慮深〔求生生之厚也老子曰人之輕死者以其厚也是以輕死〕登高
不懼者胥靡之人也〔前書音義曰胥相也靡隨也謂相隨受刑之人也〕
〔子曰胥靡登高也不懼遺〕坐不垂堂者千金
之子也〔前書曰爰盎錯曰千金之子坐不垂堂此為安存之慮深也〕原其大略
歸於所安而已矣物我異觀亦更相笑也〔坐不垂堂者千金之子也〕

後漢書列傳卷第五十上

唐章懷太子賢注

蔡邕

蔡邕字伯喈陳留圉人也〔圉縣故城在今亦六州陳留縣縣東南〕世祖勳〔謝承書曰勳字君嚴好黃老平帝時為鄆令王莽改隴西郡曰〕莽初授以厭我連率〔王莽改郡守曰連率厭我郡守曰勳對印〕綬仰天歎曰吾策名漢室死歸其正昔曾〔禮記曰曾子有疾童〕子不受季孫之賜況可事二姓哉〔子曰華而睆我未之能易也幸而至於旦請〕安而沒言雖臨死不失正道也　遂攜將家屬逃〔易之曾子曰爾之愛我也以德細人之愛人也姑息吾焉斯已矣吾何求哉吾得正而斃〕入深山與鮑宣卓茂等同不仕新室父校〔李昇〕亦有清白行謚曰貞定公〔邕祖攜碑云攜字昔其後成王命其子仲使諸侯蔡叔沒成王命其子仲使君也〕邕性篤孝母常滯病三年邕自非寒暑節變未嘗解襟帶不寢寐者七旬母卒廬于家側動靜以禮

有菟馴擾其室傍又木生連理遠近奇之多往觀焉與叔父從弟同居三世不分財鄉黨高其義少博學師事太傅胡廣好辭章數術天文妙操音律〔帝時中常侍徐〕璜左悺等五侯擅恣聞邕善鼓琴遂白天子勑陳留太守督促發遣邕不得已行到偃師稱疾而歸閒居玩古不交當世感〔方客難及楊雄班固崔駰之徒設疑以自〕通〔若賓戲雄作解嘲班固作達音乃斟酌華言其是〕而矯其非是也 亦作釋誨以戒厲云兩有務〔後漢列傳五十下　二〕世公子誨於華顛胡老曰〔顯新序齊宣王對閭〕丘卯曰士亦華簪墮顗而後可用耳左傳宋司馬元老子孫魚曰雖及胡耈獲即取之杜預注曰胡耈元老蓋聞聖人之大寶曰位故以仁守位以財〔易曰聖人之大寶曰位何以守位曰仁何以聚人曰財也〕聚人〔然則有位斯〕有負鼎之衒仲尼設執鞭之〔史記伊尹名也〕貴有財斯富行義達道士之司也故伊摯欲干湯而無由乃為有莘媵臣負鼎組以滋味說致於王道衒自媒也論語孔子曰富而可求雖執鞭之士吾亦為之辟道也〔又曰富而可求雖執鞭〕周禮澣狼氏下士八人執鞭以辟道也窜子有清

商之歌百里有蒙牛之事（淮南子曰甯戚欲干齊桓鏦鏦公窮困無以自達於是為商旅將任車以適於齊暮宿於郭門之外桓公郊迎客夜開門辟任車爝火甚盛從者甚眾甯戚飯牛居車下望見桓公乃命擊牛角而商歌桓公聞之曰異哉歌者非常人也命後車載之三齊記曰甯戚將車宿齊東門外齊桓公夜出從之遊甯戚擊牛角而歌公異之以為大夫也史記趙良曰百里奚虞之乞人自鬻於秦衣褐食牛虞大夫也史記曰秦養牛者百里奚自鬻於秦穆公知之舉之牛口之下說文秦養也）夫如是

則聖哲之通趣古人之明志也夫子生清
穆之世稟醇和之靈稟思典籍韞櫝六經
安貧樂賤與世無營沈精重淵抗志高冥
包括無外綜析無形其已久矣曾不能拔

【後漢列傳五十下】 李賢

萃出羣揚芳飛文（孟子曰若仲尼者拔乎其萃出乎其類也） 三

序彝倫埽六合之穢廛清宇宙之埃塵連 登天庭

光芒於白日屬炎氣於景雲（瑞應圖景雲者太平之應也）

一日慶時逝歲暮默而無聞小子惑焉是

偉不墜於地德弘者建宰相而裂土才羨

者荷榮祿而蒙賜（美音以戰反本或作羨）

至俛仰取容（回曲也要音一遍反言履當要直道則不能有所至也）

之利定不拔之功榮家宗於此時遺不滅

從者駢組流離（連衡謂張儀合從謂蘇秦並佩六國之印磊落合從者六印磊落也組綬也流離也）

卿說趙孝成王（史記曰虞卿說趙孝成王一見賜黃金百溢再見賜白璧一雙）

畫一策而縮萬金或談崇朝而錫瑞珪國

駸風馳霧散披詐乖詭以合時宜或

騁詐辯者馳說武夫奮略戰士講銳（講胃電）

勤而撫之于斯已降天網縱人紘弛王塗（至時也洪大三代之隆亦有緝熙五伯扶王塗）

吾將釋汝（天地之始易曰易有太極是生兩儀釋解也）

而興曰胡為其然也（覬然斂之兒音所六反） 昔自太極君臣始基

之功而忽蹉跌之敗者已公子謨爾斂袂（所謂覬覦之利而忘昭哲之害專必成之功而興曰胡為其然也）

不通此彼謂榮祿胡老懒然而笑曰若公子

之今蹉猶遺夫獨未之思邪何為守彼而

【後漢列傳五十下】 賈逵注國語曰小崩曰陁

壞太極陁 君臣土崩上下瓦解 於是智者

（淮南子曰武王伐紂左操黃鉞右執白旄以麾之則瓦解而走遂土崩而下）

四 康仲

光聯卓隆貴翕習積富無崖據巧蹈機以忘

兒夫華離蔕而菱條去幹而枯女冶容

而淫士背道而辜人毀其滿神疾其邪利

端始萌害漸亦牙速速方轂天天是加小詩
雅曰速速方轂天天是炑小人將貴而得祿也天教也
注云穀祿也言讒佞小人得祿也

其家云易卦上六曰豐其屋部其家王弼注云
破之也韓詩外傳同此作轂者蓋謂豐其屋乃部
小人乘寵方轂而行方猶是也蓋謂　欲豐其屋刀部

天地否閉聖哲潛形易丈言否閉賢人隱石門守晨

沮溺耦耕 論語曰子路宿於石門晨門曰奚自子曰自孔氏鄭玄注云石門魯城外門
八後漢列傳五十下　五　金震

也晨門主晨夜開門者又曰長沮桀溺耦而耕並隱遁人也　顏歜抱璞遶瑗

保生 戰國策齊宣王謂顏歜曰… 歜辭曰顧得晚食以當肉… 遽伯玉邦無道則可卷而懷…

遺輕 論語曰齊人饋女樂季桓子受之三日不朝孔子行史記曰… 齊人歸樂孔子斯征雍渠駿乘逝而

其也… 夫豈懶主而背國乎道不可以傾也且我

聞之曰南至則黃鍾應融風動而魚上冰

叢寶統則微陰萌蕪葭蒼而白露凝月令
律曰黃鍾融風良之風也月令孟春東風解凍魚上
水又仲夏之月律中蕤賓微陰始生也詩云寒
風曰兼葭蒼蒼白露爲霜
爾雅曰兼薕薍也葭蘆也

運極則化理亂相承今大漢紹陶唐之洪　寒暑相推陰陽代興

烈盪四海之殘災隆隱天之高折絪地之洪

基 絪音古鄧反　皇道惟融帝猷顯乎泯泯

庶類含甘吮滋 戩戩齊兒　檢六合之羣品濟之

乎雍熙羣條恭己於職司聖主垂拱乎兩

楹君臣振鷺穆穆守之以平濟濟多士端委縉

紳說文曰縉夜也左傳曰大伯端委以持周禮
端委禮衣也　易曰鴻漸于陸鴻水鳥也詩

盈階振鷺充庭 易曰鴻漸于陸鴻水鳥也詩曰振振鷺鷥于下注云鷺白鳥易曰鴻漸于陸　鴻漸

璧猶鍾山之王　鴻漸

泗濱之石累珪璧不爲之盈探浮磬不爲
山海經曰黃帝取密山之王策投之鍾山
日泗水多石浮磬注云石可以爲磬也
漢多賢人索盡也音所格反襄者洪源辟而

嚶集武功定而千戈戢豲狁攘而吉甫宴
之索 磬言鍾山多王泗濱多玉所以爲

噢窳居也音於六反武功定謂武王伐紂詩周頌曰
宅噢居也音於六反漢　至于太原吉甫燕書

城濮捷而晉凱入 詩小雅曰薄伐玁狁至于太原吉甫燕書
載戢干戈

既多受祉鄭玄注曰吉甫既伐玁狁而歸天子以燕
禮樂之也左傳晉與楚戰於城濮楚師敗績故晉凱
歸也

當其無事也則舒紳緩佩鳴玉以
貴也

鋒不給於務襄音素和反詩小雅曰荷襄荷笠毛萇注
云襄所以備雨笠所以

故當其有事也則襄笠並載援甲揚
鐸御毛萇注云

容爵位自從攝須理髯餘官委貴其取進

步綽有餘裕夫世臣門子瞥御之族詩小雅曰我
顰御天隆其祐主豐其祿抱腐從

也順傾轉圓不足以喻其便逡放屍不
足以況其易夫有逸羣之才人人有優瞻

之智童子不問疑於老成瞳矇不稽謀於
七

先生心恬澹於守高意無為於持盈老子曰持而
之不如其已河上公注云盈滿必傾不如止也

哲泊焉不失所寧泊猶靜也狂淫振蕩乃亂其
云持滿必覆蔡平煌煌莫非華榮明

情貪夫殉財夸者死權貫誼服烏賦之文也言
夸者必死於權執也

瞻仰此事體躁心煩闇謙盈之効迷損益

之數借行王弼注云自然之質各定其分短者不
為不足長者不為有餘損益將何加焉為有

而增驅甲俯平外戚之門气助乎近貴之
騁駑駘於脩路慕騏驥

譽榮顯未副從而顛踣協韻音步北反下獲辜

脊之辜高受滅家之誅詩小雅曰君子無罪以
無罪之人而使有罪者相

禍以知畏懼子惟悼哉害其若是害何也天

高地厚蹈而蹐之詩小雅曰謂天蓋高不敢不跼謂地蓋
厚不敢不蹐

岂在明哲生不思戰兢兢必慎厥尤且

用之則行捨之則藏至順也論語孔子
藏故言聖訓也

夫九河盈溢非一匱所防九河

謂河水分為九道爾雅曰徒駭太史馬頰
覆釜胡蘇簡絜鈎盤鬲津是謂九河也
八

萬非一勇所抗協韻苦郎反今子責匹夫以清宇

宙庸可以水旱而累堯湯乎懼煙炎之毀煙微
炎火煙也

燔何光芒之敢揚哉晏子見星絕樞星散地其動

直井無景則日中且夫地將震而樞星

乎見也 元首寬則望舒朓月見西方謂之朓

矣王肅則月側匿月見東方謂之側匿是以君子推微

達著尋端見緒展霜知冰踐露知暑時行
則行時止則止消息盈沖取諸天紀利用遭泰可與
而不恥方將騁馳乎典籍之崇塗休息乎
路安能與之齊軌思危難而自豫故在賤
虞否樂天知命持神任己聲車方奔乎險
友舒之足以光四表收之則莫能知其所
爲

▲後漢列傳五十下　九　朱穆朗

有若乃丁千載之運應神靈之符闇闇閻閻
乘天衢擁華蓋而奉皇樞　納玄策於聖德宣太
林藪盤旋乎周孔之庭宇揖儒墨而與爲
仁義之淵藪
乎於中區計合謀從己之圖也勳績不立
子之辜也龜鳳山隱霧露不除踊躍草萊
祇見其愚不我知者將謂之迂
脩業思真弃此爲如靜以俟命不數
不渝　百歲之後歸乎其居
　幸其獲稱天所誘也

也罕漫而已非己咎也　昔伯
瞖綜聲於鳥語葛盧辯音於鳴牛董父受
氏於豢龍奚仲供德於衡軹
御於驊騮非子享土於善圍狼瞳取石以

▲後漢列傳五十下　十　陳仲

創基於格五東方幸於談笑優
弓父畢精於筋角伏非明勇於赴流壽王
射矢盡於弓矣獻弓而歸
籌僕不能參跡於若人故抱璞而優遊
不能勠力於執蓋弘羊據相於運
上官桀授榮雕底蓋常屬車桑弘羊洛陽賈人也以

03-896

於是公子仰首降階，怵惕而避，
音女六反。怵惕，心悚也。

胡老乃揚衡含笑，援琴而歌。
怵音忸。揚衡含笑援琴之間也。

歌曰：練余心兮浸太清，滌穢濁兮存正靈，
太清謂天也。和液謂和氣，靈液也。亭丑教反。

和液暢兮神氣寧，情志泊兮心亭亭，嗜欲

息兮無由生，踔宇宙而遺俗兮，眇翩翩而
亭孤嶺之兒。踔蹈越也，音丑教反。

獨征。 建寧

三年，辟司徒橋玄府，玄甚敬待之。出補河
橋玄字子度，頴川人，為西鄂長。

平長，召拜郎中，校書東觀，遷議郎。邕以經

籍去聖久遠，文字多謬，俗儒穿鑿，疑誤後

學。熹平四年，乃與五官中郎將堂谿典、光
堂谿姓也，先賢行狀曰典。

祿大夫楊賜、諫議大夫馬日磾、議郎張馴、

韓說、太史令單颺等，
颺音羊。

奏求正定六經文字。靈帝許之，邕乃自書

冊於碑，使工鐫刻立於太學門外。
洛陽記曰：太學在洛城南開陽門外，講堂長十丈廣二丈。堂前石經四部，本碑凡四十六枚，西行尚書、周易、公羊傳十六碑存，十二碑毀。南行禮記十五碑悉崩壞，東行論語三碑，二碑毀，禮記碑上有諫議大夫馬日磾議郎蔡邕名。

於是後儒晚學，咸取正焉。及碑始立，其觀

視及摹寫者，車乘日千餘兩，填塞街陌。初，

朝議以州郡相黨，人情比周，乃制婚姻之

家及兩州人士不得對相監臨，至是復有

三互法。
三互謂婚姻之家及兩州人不得交互為官也。史硯遷山陽太守，其妻鉅野薛氏女以是自禁已轉密。

二州久缺不補。邕上疏曰：伏見幽、冀舊壤，

鎧馬所出，
鎧甲也。周禮考工記曰：燕無函，無函者非無函也，不能為函也。言燕之地，家家能為函，故無函為業者也。

比年兵饑，漸至空耗，今者
此也。左傳曰：匹馬隻輪無反者。

姓虛，縣萬里蕭條，
縣音懸。關職經時吏人延

屬而三府選舉踰月不定，臣經怪其事而
康敏

論者云：避三互，十一州有禁，當取二州而

已。又二州之士，或復限以歲月，狐疑遲淹，

以失事會。愚以為三互之禁，禁之薄者，今

但申以威靈，明其憲令，在任之人豈不戒

懼，而當坐設三互自生留閡邪？昔韓安國

起自徒中，朱買臣出於幽賤，並以才宜還
前書安國字長孺梁人坐法抵罪居無幾漢天子使使者拜安國為梁內史起徒中為二千石買臣字翁子吳人家貧賣薪以給食謳道中後拜會稽太守。

守本邦。
又張敞亡命

權授劇州，豈復顧循三互，繼以末制乎？
書前

敞字子高河東人也為京
兆尹坐與楊惲厚善制免
為庶人從闕下亡命數月
為異州刺史部有大賊天子思敞
功使使者召拜
三公明知二州之要所宜速
定當越禁取能以救時敝而不顧爭日之
義苟避輕微之科選用稽滯以失其人曰
願陛下上則先帝黜除近禁諸州刺史
器用可換者無拘日月三至以差厭中書
奏不省初帝好學自造皇羲篇五十章因
引諸生能為文賦者本頗以經學相招後
諸為尺牘及工書鳥篆者皆加引召遂至
數十人

【後漢列傳五十下】　十三　張宗

說文曰牘書板也長一尺藝文志曰六體
古文謂孔子壁中書奇字即古文異者也篆書
謂小篆蓋秦始皇使程邈所作也隸書亦程邈
主於徒隸從簡易也繆篆謂其文屈曲纏繞所以
摹印章也蟲書謂為蟲鳥之形所以書幡信也
中祭酒樂松賈護多引無行趣埶之徒並
待制鴻都門下意陳方俗閭里小事帝甚
悦之待以不次之位又市賈小民為宣陵
孝子者復數十人悉除為郎中太子舍人
時頻有雷霆疾風傷樹拔木地震隕雹蝗
蟲之害又鮮卑犯境役賦及民六年七月

制書引咎誥羣臣各陳政要所當施行邑
上封事曰臣伏讀聖旨雖周成遇風訊諸
執事宣王遭旱密勿祗畏無以或加
大執未稽天之雷電以風王乃問諸史百執事曰
雅雲漢篇序曰宣王遇旱側身修行欲消去之故大
夫仍叔作雲漢之詩以美之
密勿祗畏言勤勞戒懼也
象而至辟歷數發
辟音譬歷史記曰辟歷陽氣之動也
繁多之所生也風者天之號令所以教人
也冀氏風角曰風者天之號令所以教令也殆刑誅
多福
懷多福津遂也懷來也
以著國之大事實先祀典

【後漢列傳五十下】　十四　李雲

左傳曰國之大事在祀與戎
子聖躬所當恭事臣自在宰府及備朱衣
宰府謂司徒揚主府也朱衣謂祭官也漢官
儀曰漢家赤行齊衣緋緇韠韍音代反迎氣五
郊而車駕稀出四時至敬屢委有司雖有
司徒府及備朱衣
解除猶為疎廢
解除謂過也
異鴻範傳曰政悖德隱厥風發屋折木坤
為地道易稱安貞
易坤文言曰地道也妻道業
其彖曰安貞之吉應地無疆
陰氣憤盛則當靜反動法為下叛夫權不
在上則電傷物政有奇暴則虎狼食人貪

利傷民則蝗蟲損稼去六月二十八日太白與月相迫兵事惡之解甲犯塞所從來遠今之出師未見其利上違天文下逆人事誠當博覽衆議從其安者臣不勝憤滿[袁左謂陳之於表左如左如右]謹條宜所施行七事表左[也備今云如右]

一事明堂月令天子以四立及季夏之節[天子居明堂各依其月布政故曰立春立夏立秋立冬各以其日天子親迎氣於其方季夏之末祭於中央帝也]氣祈福豐年清廟祭祀追往孝敬養老辟[陳竇]迎五帝於郊

《後漢列傳五十下》 十五

雍示人禮化皆帝者之大業祖宗所祗奉也而有司數以蕃國趺襄宮內產生及吏卒小汗屢生忌故[小汗謂病窮見南郊齋戒]未嘗有廢至於它祀輒與異議豈南郊甲而它祀尊哉考元皇帝策書曰禮之至敬莫重於祭所以竭心親奉以致肅祗者也又元和故事復申先典[章帝元和二年制曰山川百神應典禮者尚未咸秩其議俗輩祀以祈豐年又望祀華嶽嵩崇宗為人祈福 前後]制書推心懇惻而近者以來更任太史志

禮敬之大任禁忌之書拘信小故以虧大典禮妻妾產者齋則不入側室之門無廢祭之文也[禮記曰妻將生子及月辰居側室夫使人日再問之夫齋則不入側室之門也]所謂宮中有卒三月不祭者謂士庶人數[儀禮曰有死於宮中者則為之三月不舉祭]堵之室共處其中耳謂皇居之曠臣妾之衆哉自今齋制宜如故典庶咎風愆災妖之異外見民情是故先帝雖有聖明之姿而猶

十六 李椶

二事臣聞國之將興至言數聞內知己政下親政以來頻年災異而未聞特舉博選

《後漢列傳五十下》

正敦朴有道之選危言極諫不絕於朝陛廣求得失又因災異援引幽隱重賢良方之言誠當思省述脩舊事使抱忠之臣展其狂直以解易傳政悖德隱之言

三事夫求賢之道未必一塗或以德顯或以言揚頃者立朝之士曾不以忠信見賞恒被謗訕之誅遂使羣下結口莫圖正辭郎中張文前獨盡狂言聖聽納受以責三

司臣子曠然衆庶解悅

愚以爲宜擢文右職以勸忠蹇謂摳要之便

右用事之官 臣

四事夫司隸校尉諸州刺史所以督察姦

宣聲海內博開政路

枉分別白黑者也伏見幽州刺史楊憙益

州刺史龐芝涼州刺史劉虞各有奉公疾

姦之心意等所紏其効尤多餘皆枉橈不

能稱職或有抱罪懷瑕與下同疾綱紀弛

縱莫相舉察公府臺閣亦復默然五年制

書議遣八使又令三公謠言奏事三公聽採

長吏臧否人所疾苦條奏之是爲舉謠言者也 是時奉公者欣然得志

邪枉者憂悸失色未詳斯議所因寢息昔

劉向奏曰夫執狐疑之計者聞羣枉之門

養不斷之慮者來讒邪之口語曰今始聞

善政旋復憂易足令海內測度朝政宜追

定八使糾舉非法更選忠清平章賞罰和

三公歲盡差其殿最使吏知奉公之

福營私之禍則衆災之原庶可塞矣 尚書

五事臣聞古者取士必使諸侯歲貢 大傳

曰古者諸侯之於天子三年一貢士一適謂之好

於是名臣輩出文武並興漢之得人數路

孝武之世郡舉孝廉又有賢良文學之選

而已 數路謂孝廉賢良文學之類也

匡國理政未有其能陞下即位之初先涉

經術聽政餘日觀省篇章聊以游意當代

博弈非以教化取士之本而諸生競利作

者鼎沸其高者頗引經訓風喻之言下則

連偶俗語有類俳優或竊成文虛冒名氏

臣每受詔於盛化門差次錄第其未及者

據也

論語子夏曰雖小道必有可觀者焉致遠恐泥鄭玄注云小道如今諸子書也泥謂滯陌不通此邑以為孔子之言據也

宜從之若乃小能小善雖有可觀大者

為致遠則泥君子故當志其大者

於白虎通經釋義其事優大丈夫之道所

州郡昔孝宣會諸儒於石渠章帝集學士

但守奉祿於義已弘不可復使理人及仕

亦復隨輩皆見拜擢既加之恩難復收改

六事黜綬長吏職典理人漢官儀曰秩六百石銅章墨綬也

皆當以惠利為績日月為勞褒責之科所

宜分明而今在任無復能省及其還者多

召拜議郎郎中若器用優美不宜處之冗

散如有費故自當極其刑誅豈有伏罪懼

考反求遷轉更相放効臧否無章先帝舊

典未常有此一切可皆斷絕以虆其偽

七事伏見前一切以宣陵孝子者為太子

舍人目聞孝文皇帝制喪服三十六日雖

繼體之君父子至親公卿列目受恩之重

皆屈情從制不敢踰越今虛偽小人本非

骨肉既無幸私之恩又無祿仕之實惻隱

思慕情何緣生而羣聚山陵假名孝行

不隱心義無所依至有姦軌之人通容其

中恛思皇后祖祭之時周禮曰喪祝掌大喪及祖飾棺及載遂御之卿庭載謂升柩於車也

東郡有盜人妻者亡在

孝中本縣追捕乃伏其辜虛偽雜穢難得

勝言又前至得拜後輩被遺或經年陵次

以暫歸見漏或以人自代亦蒙寵榮爭訟

怨恨凶凶道路太子官屬宜搜選令德豈

有但取凶醜之人其為不祥莫與大

焉宜遣歸田里以明詐偽書奏帝乃親迎

氣比郊及行辟雍之禮又詔宣陵孝子為

舍人者悉改為丞尉焉光和元年遂置鴻

都門學畫孔子及七十二弟子像其諸生

皆勅州郡三公舉用辟召或出為刺史太

守入為尚書侍中乃有封侯賜爵者士君

子皆恥與為列焉時妖異數見人相驚擾

其年七月詔召邑與光祿大夫議

大夫馬日磾議郎張華太史令單颺賜諫議金

商門引入崇德殿〔洛陽記曰南宮有崇德殿太極殿西有金商門也〕

中常侍曹即王甫就問災異及消改變故使

所宜施行邑悉心以對事在五行天文志

女立為后至哀帝晏駕后以兄子為大司馬由是為亂推之頭為元首易大作不時天降災厥咎不時天降災篇曰易傳云大作不時天降災厥咎來河圖秘徵篇曰帝貪則政暴吏酷誅生蝗象也又南宮侍中寺雌雞欲化為雄一身已變未至頭冠也毛皆似雄但頭冠尚未變詔以問議郎蔡邕對曰貌之不恭則有雞禍宣帝黃龍元年未央宮中雌雞化為雄不鳴不將無距是歲元帝初即位至初元元年丞相史家雌雞化為雄鳴將距而未至頭冠也〔音洛平陽反〕

又特詔問曰比炎變互生未知厥咎朝廷

焦心戴懷恐懼每訪羣公卿士庶聞忠言

而各存括囊莫肯盡心〔曰括囊翰閉口而不言易无咎王弼注云括結也〕

以邑經學深奧故密問宜披露

失得指陳政要勿有依違自生疑諱對

經術以卑囊封上〔漢官儀曰凡章表皆詔書封其言密事得卑囊也〕

對曰臣伏惟陛下聖德允明深悼災咎襄

臣末學特垂訪及非臣螻蟻所能堪副斯

誠輸寫肝膽出命之秋豈可以顧患避害

使陛下不聞至戒哉臣伏思諸異皆亡國

之怪也天於大漢殷勤不已故屢出祅變

以當譴責欲令君感悟改危即安今災

眚之發不於它所遠則門垣近在寺署其

為監戒可謂至切蜆墮雞化皆婦人干政

之所致也前者乳母趙嬈貴重天下姦軌〔嬈音烈反〕

生則賢佞藏俟於天府死則丘墓踰於園陵

兩子受封兄弟典郡續以永樂門史霍玉

依阻城社又為姦邪今者道路紛紛復云

有程大人者察其風聲將為國患宜高為

限防明設禁令深惟趙霍以為至戒〔道霍王也〕

今聖意勤勤思明邪正而聞太尉張顥為

玉所進光祿勳姓璋〔姓也璋名也〕也潘有姓律名有名貪濁

又長水校尉趙玟〔玟音玄邑〕〔珽集註作玟〕屯騎校尉蓋升

並叨時幸榮富優足宜念小人在位之咎〔尚書曰君子在野小人在位〕

退思引身避賢之福　伏見廷

尉郭禧純厚老成光祿大夫橋玄聰達方
直故太尉劉寵忠實守正並宜爲謀主數
見訪問夫宰相大臣君之四體（服謂股肱也）委任
責成優劣已分不宜聽納小吏雕琢大匠
（雕琢猶鐫削也）以成其罪也又尚方工技之作鴻都篇賦
之文可且消息以示惟憂詩云畏天之怒
不敢戲豫天戒誠不可戲也宰府孝廉士
之高選近者以辟召不慎切責三公而今
並以小文超取選舉開請託之門違明王
之典衆心不厭莫之敢言（厭伏也音一葉反）臣顏陛（郭傳）
下忍而絕之思惟萬機以苔天望聖朝旣
自約屬左右近臣亦宜從化人自抑損以
塞谷戒則天道虧滿鬼神福謙矣臣以愚
贛感激忘身敢觸忌諱手書具對夫君臣
不密上有漏言之戒下有失身之禍（易曰君不密則失身臣不密則失身幾事不密則害成）
竊視之衆宣語左右事遂漏露其爲邕所

裁黜者皆側目思報初邕與司徒劉郃素
不相平叔父衛尉質（質字子文）著漢職儀又與將作大
匠楊球有隙球即中常侍程璜女夫也璜
遂使人飛章言邕質數以私事請託於郃
郃不聽邕（含隱切志欲相中也）（中傷也）於是詔
下尚書召邕詰狀邕上書自陳曰臣被召
問以大鴻臚劉郃前爲濟陰太守臣屬吏（續漢志）
張宛長休百日（吏病滿百日當免也）邕爲司（書佐王）
隸又託河內郡吏李奇爲州書佐（書佐王奇）
文及營護故河南尹羊陟侍御史胡母班
書不爲用致怨之狀（邕集其奏曰邕屬張宛長休百日郃假宛五日復屬大山黨魁羊陟令文書與邕不...）
臣征營怖悸肝膽塗地不
知死命所在竊自尋案實屬宛奇不及陟
班凡休假小吏非結恨之本與陟姻家豈
敢申助私黨如臣父子欲相傷陷當明言
臺閣具陳恨狀所緣內無寸事而謗書外

發宜以臣對與部參驗臣得以學問特蒙
褒異執事秘館操管御前姓名貌狀微簡
聖心今年七月召詣金商門問以災異齋
詔申曰誘臣使言　齋猶特也　臣實愚贛唯識　與貴通
忠盡出命忘軀不願後害遂讖刺公卿內
及寵臣實欲以上對害規為
陛下建康寧之計臣下不念忠臣直言宜
得容哉詔書每下百官各上封事欲以改
加掩蔽誹謗卒至便用疑怪盡心之更豈
政思譴除凶致吉而言者不蒙延納之福
旋被陷破之禍今皆杜口結舌以臣為戒
誰敢為陛下盡忠孝乎臣季父質連見拔
權位在上列臣被蒙恩渥數見訪逮言事
者因此欲陷臣父子破臣門戶非復發紏
姦伏補益國家者也臣死有餘榮恐陛下於此
一身得託名忠臣之愚冗職當患但前
不復聞至言矣臣之愚
者所對質不及聞

老白首橫見引逮隨臣摧沒并入阮增誠
冤誠痛臣一入牢獄當為楚毒所迫趣以
飲章辭情何緣復聞
則身死之日更生之年也惟陛下加餐為
萬姓自愛於是下邑質於洛陽獄勅以仇
冒昧自陳願身當辜戮匄質並非死
怨奉公議害大臣不敬弃市事奏中常
侍呂強愍邑無罪請之帝亦更思其章有
詔減死一等與家屬鉗徙朔方不得以
赦令除楊球使客追路刺邑客感其義皆
莫為用球又賂其部主使加毒害所略者
反以其情戒邑故每得免焉居五原安陽
縣　韓說等撰補後漢記會遭事流離不及得
成因上書自陳奏其所著十意

曰昔作漢記十意未及奏上遺事流轉因上書自陳曰臣既到任職所乘塞守烽職在候望憂愁無心能復操筆成章致章闕庭誠知聖朝不貴此言但懷愚心有所不竟昔武王克殷表閭封墓今臣所在王粲而止光武之世著作始興故太傅胡廣知臣故太傅胡廣所得參識其前志頗識舊事與臣非外史庶人所得擅述天誘其衷得備著作十志皆當撰錄會臣被罪遂放逐邊野所懷腐抱恨黃泉遂不設施科條諸志臣欲刪定者宜據本奏詔所當接續者四前志所無臣欲并著典籍續作者章左右經意第一樂意第二郊祀意第三天文意第四車服意第五車服意第六

會明年大赦乃宥邕還本郡邕自徙及歸分別首目連置章左帝嘉其才高

凡九月焉將就還道五原太守王智餞之酒酣智起舞屬邕邕不為報智者中常侍王甫弟也素貴驕慙於賓客詬邕曰徒敢輕我邕拂衣而去智銜之密告邕怨於囚放謗訕朝廷內寵惡之邕慮卒不免乃亡命江海遠跡吳會告吳人曰吾昔嘗經會稽高遷亭見屋椽竹東間第十六可以為笛取用果有異聲伏滔長笛賦序云柯亭之觀以竹為椽邕取為笛奇聲獨絕也往來依太山羊氏積十二年在吳吳人有燒桐以爨者邕聞火烈之聲知

其良木因請而裁為琴果有美音而其尾猶焦故時人名曰焦尾琴焉初邕在陳留也其鄰人有以酒食召邕者比往而酒以酣焉客有彈琴於屏邕至門試潛聽之曰憘以樂召我而有殺心何也遂反將命者告主人曰蔡君向來至門而去邕素為邦鄉所宗主人遽自追而問其故邕具以告莫不憮然彈琴者曰我向鼓弦見螳螂方向鳴蟬蟬將去而未飛螳螂為之一前一郤吾心聳然惟恐螳螂之失之也此豈為殺心而形於聲者乎邕莞然而笑曰此足以當之矣中平六年靈帝崩董卓為司空聞邕名高辟之稱疾不就卓大怒詈曰我力能族人蔡邕遂偃蹇者不旋踵矣又切勑州郡舉邕詣府邕不得已到署祭酒甚見敬重舉高第補侍御史又轉持書御史遷尚書三日之間周歷三

臺遷巴郡太守復留為侍中初平元年拜左中郎將從獻帝遷都長安封高陽鄉侯董卓賓客部曲議欲尊卓比太公稱尚父卓謀之於邕邕曰太公輔周受命翦商故特為其號今明公威德誠為巍巍然比之尚父愚意以為未可宜須關東平定車駕還反舊京然後議之卓從其言初平二年六月地震卓以問邕邕對曰地動者陰盛侵陽臣下踰制之所致也前春郊天公奉引

陳援

〔駕乘金華青蓋爪畫兩轓〕（續漢志曰乘輿大駕公卿奉引皇太子皇子皆安車朱輪青蓋金華爪畫輨廣雅輨箱也）遠近以為非宜（續漢志曰中二千石二千石皆皂蓋朱兩轓千石六百石朱左轓）卓於是改乘皂蓋車（續漢志曰中二千石二千石朱兩轓千石皆卓蓋朱兩轓千石六百石朱左轓卓重）邕才學厚相遇待每集讌輒令邕鼓琴贊事邕亦每存匡益然卓多自佷用邕恨其言少從謂從弟谷曰董公性剛而遂非終難濟也吾欲東奔兗州若道遠難達且逃逃山東以待之何如谷曰君狀異恒人每行觀者盈集以此自匿不亦難乎邕乃止

及卓被誅邕在司徒王允坐殊不意言之而歎有動於色允勃然叱之曰董卓國之大賊幾傾漢室君為王臣所宜同忿而反其私遇以忘大節今天誅有罪而反相傷痛宣不共為逆哉即收付廷尉治罪邕陳辭謝乞黥首刖足繼成漢史士大夫多矜救之不能得太尉馬日磾馳往謂允曰伯喈曠世逸才多識漢事當續成後史為一代大典且忠孝素著而所坐無名誅之無

乃失人望乎允曰昔武帝不殺司馬遷使（凡史官記事著善惡必書謂遷）作謗書流於後世（所著史記但是漢家不善之事皆為謗也非獨指武帝之身即高祖善善惡惡武帝崇緝摧酷之類是也班固集云司馬遷著書成一家之言至以身陷刑故微文刺譏貶損當世非誼士也）不固不可令佞臣執筆在幼主左右旣無益聖德復使吾當蒙其訕議日磾退而告人曰王公其不長世乎善人國之紀也制作國之典也滅紀廢典其能久乎邕遂死獄中允悔欲止而不及時年六十一搢紳

諸儒莫不流涕。北海鄭玄聞而歎曰：「漢世
之事，誰與正之。」兗州陳留閒，皆畫像而頌
焉。其撰集漢事，未見錄，以繼後史。適作靈
紀及十意，又補諸列傳四十二篇。因李傕
之亂，湮沒多不存。所著詩、賦、碑、誄、讚、連
珠、篋、弔、論議、獨斷、勸學、釋誨、敘、樂、女訓、篆
執、祝文、章表、書記，凡百四篇，傳於世。

論曰：意氣之感，士所不能忘也。流極之運，
有生所共深悲也。（後漢列傳五十下　流極皆放也　極音紀力反　李賢）當伯喈抱鉗
扭徙幽畜，仰日月而不見照燭，臨風塵而
不得經過（謂迫促之今　得避風塵也），其意豈及語平日
倖全人哉。及解刑衣，寬歐越，潛舟江壑，不
知其速捷。步深林，尚苦不密，但願此首舊
丘，歸骸先壟，又可得乎。董卓一旦入朝，辟
書先下，分明狂結，信宿三遷（謂三日之閒　位歷三臺也）
導旣申狂，惝屢革資，同人之先號，得北叟
之後福。（易同人卦曰先號咷而後笑此叟塞上叟也何知
非禍及家富馬良其子好騎墮而折髀人皆弔之叟曰何知）

曰何知非福居一年胡虜大入丁壯皆戰死者
十九其子獨以跛之故父子相保見准南子也
其慶者夫豈無懷（慶謂恩遇者也）君
子斷刑尚或爲之不舉（況國憲倉卒憲不先圖孫情藥容　未或聞之典刑）
而罰同邪黨執政乃追怨子長謗書流後
贊曰季長戚氏才通情侈苑典文流悅
音伎技（俊謂紗懷女樂之類音邕）
辭綺斥言金商南徂北徙
籍梁懷董名澆身毀（籍梁謂融因籍梁冀貴幸　董卓之恩也　龐薄也）

後漢書列傳卷第五十下

左雄

周舉　子勰

黃瓊　孫琬

後漢列傳五十一　一
李賢

左雄字伯豪南郡涅陽人也安帝時舉孝
廉稍遷冀州刺史州部多豪族好請託雄
常閉門不與交通奏案貪猾二千石無所
回已永建初公車徵拜議郎時順帝新立

大臣懈怠朝多闕政雄數言事其辭深切
尚書僕射虞詡以雄有忠公節上疏薦之
曰臣見方今公卿以下類多拱默以樹恩
為賢盡節為愚至相戒曰白璧不可為容

容多後福容容猶和同也言不可獨為伏見議
郎左雄數上封事至引陛下身遭難厄以
為驚戒實有王臣蹇蹇之節周公謀成王
之風諷謀也即尚書立宜擢在喉舌之官必

有匡弼之益由是拜雄尚書再遷尚書令

上疏陳事曰臣聞柔遠和邇莫大寧人寧
人之務莫重用賢用賢之道必存考黜是
以皋陶對禹貴在知人安人則惠黎民懷
之也惠愛也黎眾也尚書皋陶謨之詞也　分伯建侯代位親民民

用和穆禮讓以興故詩云有淒淒興雨
詩小雅也淒淒雲興貌祁
祁雨我公田遂及我私
祁祁雨貌也詩小雅也先言公田乃及私田自為政卒勞百姓
徐也言隆陽和風雨時及幽厲昏亂不自為政
也詩小雅大田之篇者也王曰不褒襤用權七子黨進賢愚

錯緒深谷為陵故其詩云四國無政不用

其良又曰哀今之人胡為虺蜴
襤豔謂褒姒也虺蜴謂皇甫卿士也色美也七子皆褒姒
之親黨謂卿士仲允為膳夫家伯為宰番為司徒蹶為趣馬
楀為師氏豔妻為內史七子皆用言妻黨盛也四國四方也
國也鮑蜴之性見人則走哀今之人皆如是傷時政
事見詩小雅之性見人則走哀令之人皆如是傷時政
如虺蜴也
虺蜴皆毒螫音方元裒音側流反楀音羽側離音反
宗周既滅六國并秦阮儒派典刻革五等
劉削也五
等謂諸侯
更立郡縣
縣設令長郡置守尉什
史記商鞅為秦定變法之令
伍相司封冢其民
令人什伍而相牧司犯禁相連坐
不告姦者腰斬楊雄長楊
賦曰秦窋窌其士封冢其人也
復古然克慎庶官彊昔救敝悅以濟難撫

而循之至於文景天下康乂誠由玄靖寬

柔克慎官人故也降及宣帝興於閭綜
覈名實知時所病刺史守相輒親引見考
察言行信賞必罰帝乃歎曰民所以安而
無怨者政平吏良也與我共此者其唯良
二千石乎以為吏數變易則下不安業久
於其事則民服教化其有政理者輒以璽
書勉勵增秩賜金或爵至關內侯公卿缺
則以次用之是以吏稱其職人安其業漢

世良吏於茲為盛故能降來儀之瑞建中
興之功　宣帝時鳳皇五見　至因以紀年　漢初至今三百餘載

俗浸彫敝巧偽滋萌下飾其詐上肆其殘
典城百里轉動無常各懷一切莫慮長久
謂殺害不辜為威風聚斂整辨為賢能以
理己安民為劣弱以奉法循理為不化尨
鉗之戮生於睚眦覆尸之禍成於喜怒視

民如寇讎稅之如狩虎　國語曰闕丹延見令尹　子常與之語問蓄貨聚
馬歸以語其弟曰楚其亡乎吾見　令尹如餓豺豹口吾其奔亡必士者也　監司項背相

望　項背望見相顧也背音輩　相顧也與同疾疢見非不舉聞

惡不察觀政於其傳責成於朞月　謂一歲也
言善不稱德論功不據實虛誕者獲舉拘
檢者離毀也　離遭以求高尚之名也論語　或因罪而引高或色斯以
求名　色斯曰因罪潛遁以求高尚之名也　斯舉矣言斯之顏色也　州宰不
覆競共辟召踊躍升騰超等踰匹或考奏
捕案而亡不受罪會赦行賂復見洗滌朱
紫同色清濁不分故使姦猾枉濫輕忽去
就拜除如流缺動百數鄉官部吏職斯祿

薄也　斯賤車馬衣服一出於民廉者取足貪
者充家特選橫調　調徵　紛紛不絕送迎煩
費損政傷民和氣未洽災眚不消咎皆在

此今之墨綬猶古之諸侯　墨綬謂令長即　古之男之國也拜
爵王庭輿服有庸　庸常　而齊於匹豎叛命
避負非所以崇憲明理惠育元元也臣愚
以為守相長吏惠和有顯効者可就增秩
勿使移徙非父母喪不得去官其不從法

禁不式王命錮之終身也　式用　雖會赦令不

得齒列若被劾奏亡不就法者徙家邊郡

以懲其後鄉部親民之吏皆用儒生清白

任從政者〔任堪也音人林反〕寬其負筭者〔負欠也筭口筭也儒生未有口筭〕

〔秋故寬之〕增其秩祿吏職滿歲宰府州郡乃得

辟舉如此威福之路塞虛偽之端絕送迎

之役損賦斂之源息循理之吏得成其化

率土之民各寧其所追配文宣中興之軌

其言申下有司考其真偽詳所施行雄之〔李膺〕

〔呂氏難故亦云中興〕流光垂祚永世不刋帝感

〔丈帝宣帝也文帝遭〕

〔後漢列傳五十一 五〕

所言皆明達政體而官豎擅權終不能用

自是選代交互〔長月易迎新送舊勞擾〕

無已或官寺空曠無人寨事每選部劇乃

至逃亡永建三年京師漢陽地皆震裂水

泉涌出四年司冀復有大水雄推較災異

以為下人有逆上之徵〔天鑄經日大水自平地出破山殺人其國有兵〕

又上疏言宜密為備以俟不虞尋而青冀

楊州盜賊連發數年之間海內擾亂其後

天下大赦賊雖頗解而官猶無備流叛之

餘數月復起雄與僕射郭虔共上疏以為

寇賊連年死亡太半一人犯法舉宗群亡

宜及其尚微開令政悔若生當與者聽除

其罪能誅斬者明加其賞書奏並不省又

上言宜崇經術繕脩太學帝從之陽嘉元〔李膺〕

年太學新成詔試明經者補弟子增甲乙

之科員各十人除京師及郡國耆儒年六

十以上為郎舍人諸王國郎者百三十八〔聚崇〕

人雄又上言郡國孝廉古之貢士出則宰

〔後漢列傳五十一 六〕

民宣協風教若其面牆則無所施用孔子

曰四十不惑禮稱強仕請自今孝廉年不

滿四十不得察舉皆先詣公府諸生試家

法〔儒有一家之學故稱家法〕文吏課牋奏副之端門練其

虛實以觀異能若能以美風俗有不承科令者

正其罪法若有茂才異行自可不拘年齒

帝從之於是班下郡國明年有廣陵孝廉

徐淑〔謝承書曰淑字伯進廣陵海西人也寬好學樂道隨父俱在京師繡孟氏易春秋〕

公羊禮記周官善誦太公六韜交接英雄常〔年未有壯志舉茂才除郎海僑令遷琅邪都尉也〕

及舉臺郎疑而詰之對曰詔書曰有如顏
回子奇不拘年齒〔解見順帝紀〕是故本郡以臣
充選郎不能屈雄詰之曰昔顏回聞一知
十孝廉聞一知幾邪淑無以對乃謫却郡一知
於是濟陰太守胡廣等十餘人皆坐謬舉
免黜唯濟南陳蕃潁川李膺下邳陳球等
三十餘人得拜郎中自是牧守畏懍莫敢
輕舉迄于永嘉察選清平多得其人雄又
奏徵海內名儒為博士使公卿子弟為諸

【後漢列傳五十一】 七 王永

生有志操者加其俸祿及汝南謝廉河南
趙建年始十二各能通經雄並奏拜童子
郎於是負書來學雲集京師初帝廢為濟
陰王乳母宋娥與黃門孫程等共議立帝
帝後以娥前有謀遂封為山陽君邑五千
戶又封大將軍梁商子冀襄邑侯雄上封
事曰夫裂土封侯王制所重高皇帝約非
劉氏不王非有功不侯孝安皇帝封江京
王聖等逐致地震之異永建二年封陰謀

之功又有日食之變數術之士咸歸咎於
封爵今青州飢虛盜賊未息民有乏絕上
求稟貸陛下乾乾勞思以濟民為務宜循
古法寧靜無為以求天意以消災異誠不
宜追錄小恩虧失大典帝不聽雄復諫曰
臣聞人君莫不好忠正而惡讒諛然而歷
世之患莫不以忠正得罪讒諛蒙倖者蓋
聽忠難從諫易也夫刑罪人情之所甚惡
貴寵人情之所甚欲是以時俗為忠者少

【後漢列傳五十一】 八 毛尚

而習諛者多故令人主數聞其美稀知其
過迷而不悟至於危亡臣伏見詔書顧念
阿母舊德宿恩欲特加顯賞察尚書故事
無乳母爵邑之制唯先帝時阿母王聖為
野王君聖造生讒賊廢立之禍生為天下
所咀嚼死為海內所歡快姦紂貴為天子
而庸僕爵著與為比者以其無義也夷齊賤
為匹夫而王侯爭與為伍者以其有德也
今阿母躬蹈約儉以身率下羣僚蕭庶莫

不向風而與王聖並同爵號懼遠本操失
其常願臣愚以為凡人之心理不相遠其
所不安古今一也百姓深懲王聖傾覆之
禍民萌之命危於累卵常懼懼時世復有此
類怵惕之念未絕於心恐懼之言未絕乎
口乞如前議歲以千萬給奉阿母内足以
盡恩愛之歡外可不為吏民所怪梁冀之
封事非機急宜過災厄之運然後平議可
否會復有地震鑱氏山崩之異雄復上疏

諫曰先帝封野王君漢陽地震今卒封山陽
君而京城復震專政在陰其災尤大臣前
後贅言封爵至重王者可私人以財不可
以官宜還阿母之封以塞災異全冀已高
謙山陽君亦宜崇其本節雄言數切至娥
亦畏懼辭謬而帝戀戀不能已卒封之後
阿母遂以交遘失爵是時大司農劉據以
職事被譴召詣尚書傳呼促步又加以捶
撲雄上言九卿位亞三事班在大臣行有

夫佩水蒼玉而縕組綬
孝明皇帝始有撲罰皆非古典
帝從而改之其後九卿無復捶撲者自非
掌納言多所匡肅每有章表奏議臺閣以
為故事遷司隸校尉初雄薦周舉為尚書
舉既稱職議者咸稱焉及在司隸又舉之
其州刺史馮直以為將帥而直嘗坐臧受
罪舉以此劾奏雄雄悅曰吾嘗事馮之
父而舉又與直善今宣光以此奏吾乃是韓
厥之舉也由是天下服焉　明年坐法免後復為尚書

永和三年卒
周舉字宣光汝南汝陽人陳留太守防之
子防在儒林傳舉姿貌短陋而博學洽聞
為儒者所宗故京師為之語曰五經從橫
周宣光延熹四年辟司徒李郃府時宦者
孫程等既立順帝誅滅諸閻議郎陳禪以

為閹太后與帝無母子恩宜徙別館絕朝

見羣臣議者咸以為宜舉謂邰曰昔鄭武

姜謀殺嚴公嚴公誓之黃泉秦始皇怨母

失行久而隔絕後感潁考叔茅焦之言循

復子道書傳美之〔鄭武姜生莊公及共叔叚叚謀殺莊公及共叔叚莊公誓之遂寘姜於城潁而誓之曰不及黃泉無相見也既而悔之潁考叔為之說莊公曰若闕地及泉隧而相見其誰曰不然公從之遂為母子如初事見左傳茅焦蘇音焦事解見蘇秦傳也〕

宮若悲愁生疾一旦不虞主上將何以令

於天下如從襌議後世歸咎明公宜密表

朝廷令奉太后率屬羣臣朝觀如舊以厭

天心以荅人望邰即上疏陳之明年正月

帝乃朝于東宮太后由此以安後長樂少

府朱倀〔音良反〕代邰為司徒舉猶為吏時孫

程等坐懷表上殿爭功帝怒悉徙封遠縣

勒洛陽令促期發遣舉說朱倀曰朝廷在

西鍾下時非孫程等豈立〔朝廷謂順帝也孫程與王康等十八人謀於西鍾下共立順帝也〕雖韓彭吳賈之功何以加

諸〔謂韓信彭越吳賈復也〕今忘其大德錄其小過如道

路天拆帝有殺功臣之議及今未去宜急

表之倀曰今詔怒二尚書已奏其事吾獨

姜此必致罪譴舉曰明公年過八十位為

台輔不於今時遇忠報國惜身安寵欲以

何求祿位雖全必陷俟邪之議讒而獲罪

猶有忠貞之名若舉言不足採請從此辭

倀乃表諫帝果從之舉後舉言茂十為平丘

令〔平丘縣屬陳留郡〕上書言當世得失辭甚切舉忠

書郭虔應賀華舉見之歎息共上疏稱舉

直欲帝置章御坐以為規誡上之書舉稍

遷并州刺史太原一郡舊俗以介子推焚

骸有龍忌之禁〔新序曰晉文公反國介子推無爵遂去而之介山之上文公求之不出乃燔其山推遂不出而焚死事具聯恭等春秋見東方心為大火懼火之盛故為此日禁火俗傳云子推以此日被焚而禁火〕

敢煙爨火由是士民每冬中輒一月寒食莫

樂舉火老小不堪歲多死者舉既到州乃

作弔書以置子推之廟言盛冬去火殘損

民命非賢者之意以宣示愚民使還溫食

其事見續訓新論及汝南先賢傳也

轉冀州刺史陽嘉三年司隸校尉左雄薦舉徵拜尚書舉與僕射黃瓊同心輔政名重朝廷迁左右憚之是歲河南三輔大旱五穀災傷天子親自露坐德陽殿東廂請雨又下司隸河南禱祀河神名山大澤詔書

尚書洪範曰建用皇極孔安國注云皇大也極中也言立大中之道而行之也

以舉才學優深特下策問曰朕以不德仰鳳興夜寐思協大承三統

三統地統人統謂之三統

頃年以來旱災屢應稼穡焦枯民食困之五品不訓王澤未流

五品五常之教也書曰五品不遜汝作司徒敬敷五教在寬訓亦遜

臣聞易稱天尊地卑乾坤以定二儀交構乃生萬物萬物之中以人為貴故聖人養之以君成之以化順四節之宜適陰陽之和使男女婚娶不過其時包之以仁恩導之以德教示之以災異訓之以嘉祥此先

十三　壬申

聖承乾養物之始也夫陰陽開隔則二氣否塞三氣否塞則人物不昌人物不昌則風雨不時風雨不時則水旱成災陛下慮唐虞之位未行堯舜之政近廢文帝光武之法而循亡秦奢侈之欲內積怨女外有曠夫令皇嗣不興東宮未立傷和逆理斷絕人倫之所致也非但陛下行此而已群官之人亦復虛以形軌威侮良家取女閉之至有白首殘無配偶逆於天心也昔

帝王紀曰武王入殷命召公釋箕子之囚表商容之閭出傾宮之女

武王入殷出傾宮之女成湯遭災以六事剋已

湯伐桀後大旱七年洛川竭使人持三足鼎祝於山川曰政不節使人疾邪苞苴行邪讒夫昌邪宮室榮邪女謁行邪何不雨之極也帝王見

魯僖遇旱而自責祈雨皆以精誠轉禍為福自枯旱以來彌歷年歲未聞陛下轉禍為福之效徒勞至尊暴露塵誠無益也又下州郡祈神致請昔齊有大旱景公欲祀河伯晏子諫曰不可夫河伯以水為城國魚鱉為民庶水盡魚枯豈

不欲兩自是不能致也 吳子春 陛下所行
但務其華不尋其實 緣木希魚郤行求
前 緣木求魚見孟子之文韓詩外傳曰夫明鑑所以
士無異郤行而求及於前人也 誠宜推信革政崇道憂感出
後宮不御之女理天下冤枉之獄除太官
重膳之費夫五品不訓責在司徒有非其
位 宜急黜臣自藩外攝典納言學薄智
淺不足以對易傳曰陽感天不旋 易雅圖覺圖
後漢列傳五十一 十五 惟陛下留神裁察因召見舉及
之文也解具
郎顯傳也
劉仲

尚書令成珝世僕射黃瓊問以得失舉等
並對以為宜慎官人去斥貪汙遠使邪 別音放列反
循文帝之儉尊孝明之教則時雨必應帝
曰百官貪汙佞邪者為誰平舉獨對曰臣
從下州超備機密不足以別羣臣 然
公卿大臣數有直言者忠貞也阿諛苟容
者佞邪也司徒視事六年未聞有忠言異
謀愚心在此其後以事免司徒劉崎遷舉
司隸校尉永和元年災異數見省內惡之

詔召公卿中二千石尚書詣顯親殿問曰
言事者多言昔周公攝天子事及薨成王
欲以公禮葬之天為動變及更葬以天子
之禮即有反風之應 死成王竊金縢之策改用
雷雨禾偃大木拔 葬申命魯郊而天立復風雨禾稼盡起
鄉矦親為天子而葬以王禮故致有災異
詔百舉獨對曰昔周公有請命之應宜如
宜加尊謚列於 昭穆羣臣議之應者多謂宜如
平之功故皇天動威以章聖德 此鄉矦本
後漢列傳五十一 十六
非正統姦臣所立不踰歲年號未改皇
天不祐大命夭昏 杜預注左傳曰短折日天末名曰昏春秋王
子猛周景王之子 折日天末名曰昏
子猛不稱崩魯子野不書葬 左傳曰王子猛即位故曰
言王子猛又曰秋九月癸巳子野卒野注云不書葬未成君
也今此鄉矦無亡功德以王禮葬之於事
已崇不宜稱謚災責之來弗由此也於是
從之尚宇伯河南郡人也少歷顯位亦以
司徒黃尚太常桓焉等七十人同舉議帝
政事稱舉出為蜀郡太守坐事免大將軍

梁商表為從事中郎甚敬重焉六年三月
上巳日商大會賓客讌於洛水 [周官曰女巫掌歲時祓除漢書曰三月上巳官人皆絜於東流水上自洗濯祓除為大絜]
舉時稱疾不往商與親暱酣飲極歡
及酒闌倡罷繼以薤露之歌坐中聞者皆 [薤露蒿里並喪歌也崔豹古今注曰薤露送王公貴人歌言人命如薤上露易晞滅也朝露復落]
為掩涕 [蔡邕文曰靈露蒿歌曰人死一去何時歸]
太僕張种時亦在焉會還以事告 [占候家]
舉歎曰此所謂哀樂失時非其所也 [七十]
將及乎 [左傳曰叔孫昭子與宋公語相泣樂祁退而告人曰君與叔孫其死乎吾聞之哀樂而樂哀皆喪心也心之精爽是謂魂魄魂魄去之何以能久也]
其言也善 是商至秋果薨商
疾篤帝親臨幸問以遺言對曰人之將死
其言也善臣從事中郎周舉清高忠正可
重任也由是拜舉諫議大夫時連有災異
帝思商言召舉於顯親殿問以變眚舉對
曰陛下初立遵脩舊典興化致政遠近肅
然頃年以來稍違於前朝多寵倖祿不序
德觀天察人準今方古誠可危懼書曰僭
恒陽若 [尚書洪範之文也孔安國注之也夫僭差無]

慶則言不從而下不正陽無以制則上攝
下詘宜密嚴刺州郡察彊宗大姦以時禽
討其後江淮狷賊周生徐鳳等處處並起
如舉所陳時詔遣八使巡行風俗皆選素
有威名者乃拜舉為侍中與侍中杜喬守
光祿大夫周栩前青州刺史馮羨公尚書
巴侍御史張綱兗州刺史郭遵太尉長史
劉班並守光祿大夫分行天下其牧守 [陳寔]
千石有藏罪顯明者驛馬上之墨綬以下 [十八]
便輒收舉其有清忠惠利為百姓所安宜
表異者皆以狀上於是八使同時俱拜天
下號曰八俊舉於是劾奏貪猾表薦公清
朝廷稱之遷河內太守徵為大鴻臚及梁
太后臨朝詔以殤帝幼崩廟次宜在順帝
下太常馬訪奏宜如詔書諫議大夫呂勃
以為應依昭穆之序先殤帝後順帝詔下
公卿舉議曰春秋魯閔公無子庶兄僖
代立其子文公遂躋僖於閔上孔子譏之

書曰有事于太廟躋僖公傳曰逆祀也

及定其序經曰從祀先公爲萬

世法也

今殤帝在先於秩爲父順帝在後於親

爲子先後之義不可以改昭穆之序不可亂

呂勃議是也太后下詔從之遷光祿勳會

遭母憂去職後拜光祿大夫建和三年卒

朝廷以舉清公亮直方欲以爲宰相深痛

惜之乃詔告光祿勳汝南太守曰昔在前

世求賢如渴封墓軾閭以光賢哲

比干墓軾閭 故公叔見誅翁歸蒙述所以昭忠

厲俗作範後昆

故光祿大夫周舉性伟夷魚夷伯

忠蹻隨管 管仲隨會前授牧守及還納言

出入京輦有欽哉之績子錄乃勳用登九列方欲

闡有密靜之風

式序百官亮協三事不求風終用垂遠圖

朝廷愍悼良臰爲愴然詩不去平肇敏戎功

用錫爾祉〔詩大雅也肇敏疾也戎汝也錫賜也祉福也〕其今將大

夫以下到喪發日復會弔加賜錢十萬以

素絲之節焉〔詩國風羔羊詩羔羊之皮素絲五紽退食自公逶蛇〕

緦字巨勝少尚玄虛以父任爲郎自免歸

家父故吏河南召馹爲郡將甲身降禮致

教於緦緦恥交報之因杜門自絕後太守

舉孝廉復以疾去時梁冀貴盛被其徵命

者莫敢不應唯緦前後三辟竟不能屈後

舉賢良方正不應又公車徵玄纁備禮固

辭廢疾常隱處窟身慕老聃清靜杜絕人

事巷生荊棘十有餘歲至延熹二年乃開

門延賓游談宴樂及秋而梁冀誅年終而

卒時年五十蔡邕以爲知命自緦曾祖

父揚至緦孫恂六世一身皆知名云

黃瓊字世英江夏安陸人魏郡太守香之

子也香在文苑傳璵初以父任爲太子舍人辭病不就遭父憂服闋五府俱辟連年不應廣漢楊厚賀純俱公車徵璵至論氏稱疾不進

論氏即夏之綸國少康之邑也竹書紀年云及泰伐綸氏綸氏今洛州故嵩陽縣是也

先是徵聘處士多不稱望李固素慕於璵乃以書逆遺之曰聞已度伊洛近在萬歲亭豈即事有漸將順王命乎

萬歲亭在今洛州故嵩陽縣西

有司劾不敬詔下縣以禮慰遣遂不得已

〈後漢列傳五十〉 二十一 李賢

北武帝元封元年幸緱氏登太室聞山上呼萬歲聲者三因以名

蓋君子謂伯夷隘柳下惠不恭故傳曰不夷不惠可否之閒論語孔子曰伯夷叔齊不降其志不辱其身我則異於是無可無不可鄭玄注云不爲夷齊之淸故曰異於是也

蓋聖賢居身之所珍也誠遂欲枕山棲谷擬跡巢由斯則可矣若當輔政濟民今其時也自生民以來善政少而亂俗多必待堯舜之君此爲志士終無時矣常聞語曰嶢嶢者易缺皦皦者易汙陽春之曲和者必寡盛名之

下其實難副宋玉對楚襄王問曰客有歌於郢中者爲下里巴人國中屬而和者數千人爲陽春白雪屬而和者

近魯陽樊君

過數百人是其曲彌高其和彌寡

樊君綦英

被徵初至朝廷設壇席猶待神明也事具英傳雖無大異而言行所守無缺而毀謗布流應時折減之士豈非觀聽望深聲名太盛乎自頃徵聘之士胡元安薛孟嘗朱仲昭顧季鴻等其功業皆無所採是故俗論皆言處士純盜虛聲願先生弘此遠謨令衆人歎服一雪此言耳璵至即拜議郎稍遷

〈後漢列傳五十一〉 二十二 朱穆

尚書僕射初璵隨父在臺閣後居職達練官曹爭議朝堂莫能抗奪時連有災異璵上疏順帝曰閒者以來封位錯謬

易乾鑿度曰求卦主歲術常以太歲爲歲紀歲七十六爲一紀二十紀爲一部首首歲三十二除之不足除者加歲數所入紀歲數以三十二除之不足者以乾坤始數二卦而得一歲未算即主歲之卦也蒙陰閉也散謂陰開也

寒煥相干蒙氣數興日閒月散謂陰閉不精明

原之天意殆不虛然陛下宜開石室案河洛圖書之文也

石室藏書之府河洛圖書之文也

以前至漢初災異與永建以後訖于今日

齩為多少又使近臣儒者參考政事數見
公卿察問得失諸無功德者宜皆斥黜臣
前頗陳災眚并薦光祿大夫樊英太中大
夫薛包及會稽賀純廣漢楊厚未蒙御省
伏見處士巴郡黃錯漢陽任棠年皆耆耄
有作者七人之志 論語曰作者七人注云謂伯夷叔齊虞仲夷逸朱張柳下惠少連
遇旱以六事自譴躬節儉開女謁放讒佞 宜更見引致助崇大化於是有詔公 〔二十三〕朱明

《後漢列傳五十一》

車徵錯等三年大旱瓊復上疏曰昔魯僖
者十三人誅稅民受貨者九人 春秋考異郵曰僖公之時山川以六事誅領六人曰誅人退
雨澤不澍此于九月人大驚懼率羣臣禱
遇自譴紬女謁放下讒安郭都等九人曰辜在寡人方六十三人誅領
之吏受貨賂趙略等十三人誅領人曰辜在寡人何諺請以身塞無狀也
野無生稼寡人窮死百姓
舍南郊天立大雨今亦宜顧省政事有所
捐關務存賀儉以易民聽尚方御府息除
煩費明勑近 臣使遵法度如有不移示以
好惡數見公卿引納儒士訪以政化使陳
得失又四徒尚積多致死亡亦足以感傷
和氣招降伏旱若政敝從善擇用嘉謀則

寇消福至矣書奏引見德陽殿使中常侍
以瓊奏書屬主者施行自帝即位以後不
行籍田之禮瓊以國之大典不宜久廢上
疏奏曰自古聖帝哲王莫不敬恭明祀增
致福祥故必躬郊廟之禮親籍田之勤以
先羣萌率勸農功昔周宣王不籍千畝虢
文公以為大讒卒有姜戎之難終損中興
之名 國語曰宣王即位不籍千畝虢文公諫曰夫人之大事在農上帝之粢盛於是乎出故
為太官古者太史順時頒土農祥晨正日月底于天廟先時九日太史告稷陽氣俱蒸土膏
竊見陛下遵稽古之鴻業體虔虔蕭以應天
順時奉元懷柔百神朝夕觸塵埃於道路
晝暮聆廳政以邮人雖詩詠成湯之不怠
遑書美文王之不暇食誠不能加 詩商頌曰不僭不藍
不敢怠遑書曰文王至于日中昃不遑暇食也今廟祀適闕而祈穀絜
齋之事近在明日臣恐左右之心不欲屢
動聖躬以為親耕之禮可得而廢臣聞先
王制典籍田有日司徒咸戒司空除壇先

時五日有協風之應王即齋官饗禮載未
誠重之也自癸巳以來仍西北風甘澤不
集寒涼尚結西北風曰不周風亦曰迎春東郊
既不躬親先農之禮所宜自勉以逆和氣
以致時風 時至則陰陽變化之道成萬物得以時
青生 易曰君子以
之自強不息也 天行健君子以

瓊以前左雄所上孝廉之選專用儒學文
吏於取士之義猶有所遺乃奏增孝悌及
能從政者為四科事竟施行又雄前議舉
吏先試之於公府又覆之於端門後尚書
張盛奏除此科瓊復上言覆試之作將以
澄洗清濁覆實虛濫不宜改革帝乃止出
為魏郡太守稍遷太常中以選入侍
講禁中元嘉元年遷司空桓帝欲褒崇大
將軍梁冀使中朝二千石以上會議其禮
特進胡廣太常羊溥司隸校尉祝恬太中
大夫邊韶等咸稱異之勳德其制度審贍賞

宜比周公錫之山川土田附庸 詩魯頌曰王曰叔父
瓊獨建議曰冀前以親迎之勞增邑
三十又其子胤亦加封賞昔周公輔相成
王制禮作樂化致太平是以大啟土宇開
地七百 禮記明堂位曰周公相武王以伐紂武王崩成王幼弱周公踐天子位以理天下是以封周公於曲阜地方七百里革車千乘命魯公世世祀周公以天子之禮樂也

今諸侯以戶邑為制不以里數
為限蕭何識高祖於泗水霍光定傾危以
興國皆益戶增封以顯其功 高祖為泗上亭長蕭何佐之後益封五千戶霍光廢昌邑王立宣帝後益封光萬七千戶
合食四縣賞賜之差同於霍光使天下知
賞必當功爵不越德朝廷從之冀意以為
恨會以地動策免復為太僕永興元年遷
司徒轉太尉梁冀前後所託辟召一無所
用雖有善人而為冀所飾舉者亦不加命
延熹元年以日食免復為大司農明年梁
冀被誅太尉胡廣司徒韓縯司空孫朗皆

坐阿附免廢復拜瓊爲太尉以師傅之恩
而不阿梁氏乃封爲邟鄉侯〔說文古郜字潁川縣也邟潁川有〕
年更名曰邟音亢
上言曰懇惻乃許之梁冀既誅瓊首居公
位舉奏州郡素行貪汙至死徒者十餘人
海內由是翕然望之尋而五疾擅權傾動〔五疾謂左悺徐璜等〕
内外自度力不能匡乃稱疾不起
四年以寇賊免其年復爲司空秋以地震
免七年疾篤上疏諫曰臣聞天者務剛其
氣君者務彊其政是以王者處高自持不
可不安履危夫自持不安
則顛任力不據則危故聖人外高據上則
以德義爲首涉危蹈傾則以賢者爲力唐
堯以德化爲冠冕以稷契爲筋力高而益
崇動而愈據此先聖所以長守萬國保其
社稷者也昔高皇帝應天順民奮劒而王
埽除秦項革命創制降德流祚至於哀平
而帝道不綱秕政日亂遂使姦佞擅朝外

戚專恣所冠不以仁義爲晃所路不以賢
佐爲力終至顛躋滅漢祚天維陵弛民
鬼慘愴賴皇乾眷命炎德復輝光武以聖
武天挺繼統興業創基冰泮之上立朽枳〔泮冰消危陷〕
棘之林〔形泮他言未有天下之非畫或作畫也〕擢賢於衆愚之中畫功
於無形之世　崇禮義於
力危而不墜興復洪祚開建中興光被八
交爭循道化於亂離是自歷高而不傾任
極垂名無窮至於中葉盛業漸衰陛下初
即位以來未有勝政諸梁秉權賢宦充朝
從藩國爰升帝位天下拭目謂見太平而
重封累職傾動朝廷卿校牧守之選皆出
其門羽毛齒革明珠南金之寶勡滿其室〔富擬王府甍回天地言之實勡滿也〕
之者必榮忠臣懼死而杜口萬夫怖禍而
木舌〔法言曰金口木舌也〕塞陛下耳目之明更爲聾瞽
之主故太尉李固杜喬忠以直言德以輔
政念國亡身隕歿爲報而坐陳國議遂見

殘滅坐音十反賢愚切痛海內傷懼又前白
馬令李雲指言宦官罪微宜誅皆因衆人
之心以救積薪之敝賈誼疏曰夫抱火厝之積薪之下而寢其上火未
及然因謂之安方令
之政何以異此也 弘農杜衆知雲所言宜行
死所以感悟國家庶雲獲免而雲既不幸
懼雲以忠獲罪故上書陳理之乞同日而
衆又并坐天下尤痛益以怨結故朝野之
人以雲為譖昔趙殺鳴犢孔子臨河而反
夫覆巢破卵則鳳皇不翔刳牲夭胎則麒
麟不臻誠物類相感理使其然也 史記曰孔子將西見趙簡子至於河而聞竇鳴犢舜華之死也臨河而歎曰美哉洋洋乎丘之不濟此命也夫竇鳴舜華晉之賢大夫也趙簡子之未得志須此兩人而後從政及其得志而殺之丘聞刳胎殺天則麒麟不至郊藪澤涸則而漁則蛟龍不合陰陽覆巢毀卵則鳳皇不翔何則君子諱傷其類也事亦見孔子家語文

二十九 尚 胡

書周求昔為沛令素事梁冀幸其威執坐
事當罪越拜令職見冀將衰乃陽毀示忠
遂因姦計亦取封爵又黃門協邪羣輩相
黨自冀興戚盛腹背相親朝夕圖謀共攝姦
軌臨冀當誅無可設巧復記其惡以要爵

賞陛下不加清澄審別真偽復與忠臣並
時顯封使朱紫共色粉墨雜糅所謂抵金
玉於沙礫音紙抵投也碎珪璧於泥塗四方聞之
莫不憤歎昔曾子大孝慈母投杼 榮見卷解故
伯奇至賢終於流放 說苑曰王國子前母子伯奇後母子伯封母欲其子立為太子說王曰伯奇好妾王上奇於後園妾取蜂除其毒置單衣領子於後園妾過其旁王如令奇也奇入園後過陰取蜂除毒置王遙見乃逐伯也蜂蠆我衣中過伯奇衣乃透見伯奇蜂螫殺之王不信其母曰知伯奇放也
夫讒諛所舉無高而不升遏臣至頑駑世荷國恩
而不可淪可不察歟

身輕位重勤不補過然懼於永歿負豐益
深敢以垂絕之日陳不諱之言庶有萬分
無恨三泉 三者數之極一生二二生三三生萬物天地人之極數故以三為名者取其深之極也
其年卒時年七十九贈車騎將軍諡
曰忠矦孫琬
琬字子琰少失父早而辯慧祖父瓊初為
魏郡太守建和元年正月日食京師不見
而瓊以狀聞太后詔問所食多少瓊思其
對而未知所況琬年七歲在傍曰何不言

詔而深奇愛之後瓊為司徒琬以公孫拜
童子郎辭病不就知名京師時司空盛允
有疾瓊遣琬候問會江夏土蠻賊事副府
允發書視畢微戲琬曰江夏大邦〔副本詔 公府也〕
而蠻多士少琬奉手對曰蠻夷猾夏責在
司空因拂衣辭去允甚奇之稱遷五官中
郎將時陳蕃為光祿勳深相砥待數與議
事舊制光祿舉三署郎以高功久次才德

〔後漢列傳五十一〕　三十一　陳蕃

尤異者為茂才四行〔久次謂久居官次也〕時權富子弟
多以人事得舉而貧約守志者以窮退〔見〕
遺京師為之謠曰欲得不能光祿茂才〔能〕
於是琬蕃同心顯用志士平原劉醇〔音〕〔乃來〕
河東朱山蜀郡殷參等並以才行蒙舉蕃
琬遂為權富郎所見中傷事下御史丞王
暢侍御史刁韙韙暢素重蕃琬不舉其事
而左右復陷以朋黨暢坐左轉議郎而免
蕃官琬韙俱禁錮韙字子榮彭城人後陳

蕃被徵而言事者多訟趙復拜議郎遷尚
書在朝有鯁直節出為魯東海二郡相性
抗厲有明略所在稱神常以法度自整家
人莫見惰容焉琬被廢棄幾二十年至光
和末太尉楊賜上書薦琬有撥亂之才由
是徵拜議郎權為青州刺史遷侍中中平
初出為右扶風徵拜將作大匠少府太僕
又為豫州牧時寇賊陸梁州境彫殘討
擊平之威聲大震政績為天下表封關內

〔後漢列傳五十一〕　三十一　章南

矦及董卓秉政以琬名臣徵為司徒遷太
尉更封陽泉鄉矦卓議遷都長安琬與司
徒楊彪同諫不從琬退而駁議之曰昔周
公營洛邑以寧姬光武定都以隆漢天
之所啟神之所安大業既定豈宜妄有遷
動以虧四海之望時人懼卓暴怒琬必及
害固諫之琬對曰昔白公作亂於楚屈廬
冒刃而前〔新序曰白公勝殺楚惠王王出亡令尹司馬皆死勝拔劒而屬之於廬曰子與我將舍子不我與將殺子廬曰詩有之曰莫莫葛藟延于條枚愷悌君子求福不回令子殺子叔父〕

而求福於盧也可乎且吾聞之知命之士見利不動
臨死不恐死是謂人臣之禮故上知天命下知臣其
有可勉乎子胡不推之乃入其軍馬
白公勝乃入其軍馬　解見馬
懼其盟　衍傳
崔杼弒君於齊晏嬰不
吾雖不德誠慕古人之節瑗不
楊彪同拜光祿大夫及徙西都轉司隸校
尉與司徒王允同謀誅卓及卓將李郭
氾攻破長安遂收瑗下獄死時年五十二
論曰古者諸侯歲貢士進賢受上賞非賢
貶爵土外之司馬辯論其才論定然後官
之任官然後祿之　尚書大傳曰古者諸侯之於
天子三年一貢士一適謂之
以車服弓矢號曰命諸侯有不貢士謂之不率正一
不適謂之過再不適謂之傲三不適謂之誅諸侯之
天子缺之一適以爵再適以地三適而爵地畢以　故
王者得其人進仕勸其行經邦務所由
久矣漢初詔舉賢良方正州郡察孝廉秀
才斯亦貢士之方也中興以後復增敦朴
有道仁賢能直言獨行高節質直清白敦
厚之屬榮路既廣觖望難裁自是竊名偽
服浸以流競權門貴仕請謁繁興自左雄

任事限年試才雖頗有不密固亦識時
宜而黃瓊胡廣張衡崔瑗之徒泥滯舊方
互相詭駁循名者屈其短算實者挺其劾
故雄在尚書天下不敢妄選十餘年間稱
為得人斯亦劭實之徵乎順帝始以童弱
反政而號令自出知能任使故士得用情
天下喁喁仰其風采遂乃備玄纁王帛以
聘南陽樊英天子降寢殿設壇席尚書奉
引延問失得急登賢之舉虛降己之禮於
是處士鄙生忘其拘儒　楊拘儒循俠也拂巾衽褐
以企旌車之招矣至乃英能承風俊乂咸
軍若李固周舉之淵謨弘深左雄黃瓊之
政事貞固桓焉以儒學進崔瑗馬融
以文章顯吳祐蘇章种暠欒巴之良
幹龐參虞詡將帥之宏規王龔張皓虛心
以推士張綱杜喬直道以紏違郎顗陰陽
詳密張衡機術特妙東京之士於茲盛焉
向使廟堂納其高謀疆場宣其智力帷幄

容其謇諤屢盾冒其成式則武宣之軌豈

其遠而而語辭也論語曰豈 詩云靡不有初

鮮克有終可為恨哉及孝桓之時碩德繼

興也 碩大 陳蕃楊秉處稱賢宰皇甫張段出

號名將王暢李膺彌縫袞闕 彌縫猶補合也 詩曰袞職有闕

人倫陳仲弓弘道下邑其餘宏儒遠智高

振文武陵隊在朝者以正議 廣雅 謝事者

心絜行激揚風流者不可勝言而斯道莫

所以傾而未顯決而未潰豈非仁人君

以黨錮致災往車雖折而來軫方遒 日遒

子心力之為乎嗚呼

贊曰雄作納言古之八元舉外以彙越自

下蕃 彙類也易曰以其 彙征吉彙音謂

登朝理政立紀扶昏 紺解也音

琁名鳳知累章國疵 疵病也琁亦旱

秀位及志差 志意差忤不能遂也差音楚宜反

後漢書列傳卷第五十一

後漢列傳五十一　三十五　周清

唐章懷太子賢注

荀淑　子爽　孫悅

韓韶

陳寔　子紀

鍾皓

荀淑字季和潁川潁陰人也荀卿十一世孫也〔二篇號荀卿子避宣帝諱故改曰孫也〕少有高行博學而不好章句多為俗儒所非而州里稱其知人安帝時徵拜郎中〔後漢列傳五十二〕後再遷當塗長〔當塗縣名故城在今宣州〕李固李膺等皆師宗之及梁太后臨朝有日食地震之變詔公卿舉賢良方正光祿勳杜喬少府房植舉淑對策譏刺貴倖為大將軍梁冀所忌出補朗陵侯相〔續漢書曰淑對策故出也〕蒞事明理稱為神君頃之棄官歸閒居養志產業每增輒以贍宗族知友年六十七建和三年卒李膺時為尚書自表師喪〔禮記曰事師無犯無隱左右就養無方服勤至死心喪三年也〕二縣皆為立祠有子八人儉緄靖燾汪爽肅專並有名稱時人謂八龍〔緄音昆燾音道汪音烏光反說文汪深廣也俗本政作注非專本或作敷〕初荀氏舊里名西豪〔今許州城內西南有荀淑故宅相傳云里也〕潁陰令勃海苑康以為昔高陽氏有才子八人〔左傳曰昔高陽氏有才子八人贊敳檮戭大臨尨降庭堅仲容叔達也〕今荀氏亦有八子故改其里曰高陽里有至行不仕年五十而終號曰玄行先生〔皇甫謐高士傳曰靖字叔慈少有俊才動止以禮弟爽亦以才顯於當時或問汝南許章曰爽與靖孰賢章曰二龍也慈明外朗叔慈內潤及辛學士惜之諫靖者二十六人潁陰縣丘褚追號靖曰玄行先生古〕淑兄子昱字伯脩曇字元智昱為沛相〔快音叉〕昱燾為廣陵太守兄弟皆正身疾惡志除閹宦曇亦禁錮終身後共大將軍竇武謀誅中官與李膺俱死官其支黨賓客有在二郡者纖罪必誅爽字慈明一名諝〔汝音息反〕幼而好學年十二能通春秋論語太尉杜喬見而稱之曰可為人師爽遂耽思經書慶弔不行徵命不應潁用為之語曰荀氏八龍慈明無雙延

嘉九年太常趙典舉癸至孝拜郎中對策

陳便宜曰臣聞之於師曰漢為火德火生

於木木盛於火故其德為孝火木之子夏而火

盛故為孝故其象在周易之離夫在地為火在天

為日為日說卦曰離 在天者用其精在地者用

其形夏則火王其精在天溫暖之氣養生

百木是其孝也冬時則廢其形在地者酷烈

之氣焚燒山林是其不孝也故漢制使天

下誦孝經選吏舉孝廉平帝時王莽作書八篇戒子孫令學官以授教吏能誦者比孝經音以敬 夫喪親自盡孝之終

【後漢列傳五十一】 三

也哀感也盡其義謂盡其用之得選舉之也 今之公卿及二千石三年之喪

不得即去殆非所以增崇孝道而克稱火

德者也往者孝文勞謙行過乎儉易謙卦九三勞謙

君子有故有遺詔以日易月此當時之宜不

可貫之萬世古今之制雖有損益而諒闇

之禮未嘗改移以示天下莫遺其親遺忘

今公卿臺寮皆政教所瞻而父母之喪不

得奔赴夫仁義之行自上而始敦厚之俗

以應乎下傳曰喪祭之禮闕則人臣之恩

薄背死忘生者眾矣曾子曰人未有自致

者必也親喪乎論語 春秋傳曰上之

所為民之歸也左氏傳臧武仲之言 夫上所不為而民

或為之故加刑罰若上之所為民亦為之

又何誅焉昔丞相翟方進以自備宰相而前書翟進為

不敢蹋制至遭母憂三十六日而除

丞相遺後母夏行服三十六

日起視事日不敢蹋國制也 夫失禮之源自上

而始古者大喪三年不呼其門公羊傳何休注云

重奪孝子之恩所以崇國厚俗萬化之道也事失陳寔

禮記曰三年之喪天下之通喪也

宜正過勿憚改天下之通喪也 臣聞有夫婦然後

有上下然後有禮義禮義備則人知所厝

有父子然後有君臣有君臣然後有上下

作易上經首乾坤下經首咸恒易乾坤上經咸恒

矣語見易序卦也 夫婦人倫之始王化之端故文王

至未濟為下 孔子曰天尊地卑乾坤定矣易繫辭 夫

婦之道所謂順也堯典曰釐降二女於嬀

汭嬪于虞降者下也嬪者婦也言雖帝堯
之女下嫁於虞猶屈體降下勤修婦道易
曰帝乙歸妹以祉元吉〔易泰卦六五爻辭嗣汪云婦人謂嫁曰王〕
歸妹者陰交陽之時女處〔姬單伯者何吾大夫之命于天子者何以不稱使我不稱使我〕
主之天子嫁女於諸侯必使同姓諸侯〔使之時女處之時女處〕
主之何休注云不自為主尊不敵也〔以帝乙為湯湯天乙也案史記契父名帝乙此文〕
其妹於諸侯也春秋之義王姬嫁齊使魯〔今漢承秦〕
主之不以天子之尊加於諸侯也〔公羊傳曰夏單伯〕
婦人謂嫁曰歸言湯以娶禮歸
坤之道失陽唱之義而陰和也〔易緯曰陽唱而陰和也〕
聖人之作易也仰則觀象於天俯則察法〔孔子曰昔〕
於地觀鳥獸之文與地之宜近取諸身遠
取諸物以通神明之德以類萬物之情前〔繫辭文也〕
也今觀法於天則北極至尊四星妃后〔北極北辰也斡四星女主之象也〕
法設尚主之儀以妻制夫以甲臨尊違乾
察法於地則崐山象夫甲〔崐猶高也易艮下兑上為咸艮為山兑為澤通象夫婦〕
澤象妻也〔兑為澤妻象也山澤通氣夫婦相感也〕觀鳥獸之文鳥則雄者鳴鳩雌能順

服獸則牡為唱導牝乃相從近取諸身則
乾為人首坤為人腹〔易說卦文也〕遠取諸物則天
實屬天根荄屬地〔荄音該〕陽尊陰甲蓋乃天
性且詩初篇實首關雎禮始冠婚先正夫
婦〔儀禮士冠禮為始士婚禮次之天地六經其首一揆宜改〕始冠婚禮先正夫
尚主之制以稱乾坤之性道法堯湯式是
疑人人事如此則嘉瑞降天吉符出地五趨
咸備各以其叙矣〔昔者聖人建天地之〕
周孔也〔法合之天地而不謬質之鬼神而不〕
中而謂之禮禮者所以興福祥之本而止
禍亂之源也人能枉欲從禮者則福歸之
興廢之所由來也禮之中婚禮為首故
順情廢禮者則禍歸之推禍福之所應知
天子娶十二天之數也諸侯以下各有等〔白虎通曰天子娶十二法天則有十二月百物畢生也又曰諸侯娶九女〕
差事之降也
也陽性純而能施陰體順而能化以禮濟〔左傳曰昔晉侯有疾醫和視之曰疾〕
樂節宣其氣不可為也〔長為近女室疾如蠱非鬼〕

非食感以喪志公曰女不可近乎對曰節之先王之
樂所以節百事也天有六氣過則為災於是乎節宣
其氣也

故能豐子孫之祥致老壽之福及三
代之季淫而無節瑤臺傾宮陳姜數百列
也 傳曰夏桀為璇室瑤臺以臨雲
雨紂為傾宮解見桓帝紀也 陽竭於上陰隔
於下故周公之戒曰不知稼穡之艱難不
聞小人之勞惟耽樂之從時亦罔或克壽
是其明戒 事是尚書無逸篇其
適猶從也言喪身
之愚甚於截趾也
福不務其本惡不易其軌 傳曰截趾適
屨軼云其愚何與斯人追欲喪軀誠可痛
詞與此微有不同也 後世之人好

〔後漢列傳五十二〕七 毛册

千人從官侍使復在其外冬夏衣服朝夕
臣竊聞後宮采女五六
稟糧耗費縑帛空竭府藏徵調增倍十而
税一空賦不辜之民以供無用之女百姓
窮困於外陰陽隔塞于內故感動和氣災
異屢臻臣愚以為諸非禮聘未曾幸御者
一皆遣出使成妃合一曰通怨曠和陰陽
二曰省財用實府藏三曰脩禮制綏壽
四曰配陽施祈螽斯 螽斯以喻也能子孫眾多詩曰螽斯羽

說誡今宜兩
子孫振兮
五曰寬役賦安黎民此誠國家
之弘利天人之大福也夫寒暑所以
為歲尊卑奢儉所以為禮故以晦明寒暑
之氣尊卑倨約之禮為其節也易曰天地
節而四時成 節文也封祿 春秋傳曰唯器與名不
可以假人 杜預注左氏云謂車服旌旗名爵號也
孝經曰安上治民
莫善於禮禮者尊卑之差上下之制也昔
季氏八佾舞於庭 非有傷害困於人物而
孔子猶曰是可忍也孰不可忍洪範曰惟
辟作威惟辟作福惟辟玉食凡此三者君
所獨行而臣不得同也今臣僭君服下食
上珍所謂害于而家凶於而國者也宜略
依古禮尊卑之差及董仲舒制度之別 書
董仲舒曰王者正法度
宜別上下之序以防欲也 嚴篤有司必行其命
此則禁亂善俗足用之要聞即弃官去 前書
後遂黨錮隱於海上又南道漢濱積十餘
年以著述為事遂稱為碩儒棠禁解五府
並辟司空表逢舉有道不應及逢卒爽制

〔後漢列傳五十二〕八 中冊

服三年當世往往化以爲俗時人多不行妻服雖在親憂猶有弔問喪疾者又私謚其君父及諸名士爽皆引據大義正之經典雖不悉變亦頗有改〔喪服曰夫爲妻齋縗朞三年之喪弔平孔子曰禮以飾情三年之喪而弔哭不亦虛乎〕後公車徵爽爲大將軍何進從事中郎進恐其不至迎薦其〔後公車徵爽爲侍中〕中及進敗而詔命中絕獻帝即位董卓輔政復徵之爽欲遁命吏持之急不得去因復就拜平原相行至宛陵復追爲光祿勳視事三日因從遷都爽自被徵命及登台司九十五日進拜司空爽自安見董卓忍暴滋甚必危社稷其所辟舉皆取才略之士將共圖之亦與司徒王允及卓長史何顒等爲內謀會病薨年六十三著禮易傳詩傳尚書正經春秋條例又集漢事成敗可爲鑒戒者謂之漢語又作公羊問及辯讖并它所論叙題爲新書凡百餘篇今多所亡缺兄子悅或並知名或自有傳

論曰荀爽鄭玄申屠蟠俱以儒行爲處士累徵並謝病不詣及董卓當朝復備禮召之蟠玄竟不屈以全其高爽已黃髮矣獨至焉未十旬而取卿相意者疑其乖趣舍余竊商其情以爲出處君子之大致也平運則弘道以求志陵夷則濡跡以匡時〔解見崔駰傳〕荀公之急急自勵其濡跡乎不然何爲違貞吉而履虎尾焉〔易履封曰履道坦坦幽人貞吉又曰履虎尾不咥人亨王輔嗣注云履虎尾者言危也〕救楊黃之禍〔媿也揚虓黃〕及後潛圖董氏幾振國命所謂大直若屈道固逶迤也〔老子云大直若屈大巧若拙逶迤〕悅字仲豫儉之子也儉早卒悅年十二能說春秋家貧無書每之人間所見篇牘一覽多能誦記性沈靜美姿容尤好著述靈帝時閹官用權士多退身窮處悅乃託疾隱居時人莫之識唯從弟或特稱敬焉初辟鎮東將軍曹操府遷黃門侍郎獻帝頗

夕談論累遷秘書監侍中時政移曹氏天
子恭己而已悅志在獻替而謀無所用乃
作申鑒五篇其所論辯通見政體既成而
奏之其大略曰夫道之本仁義而已矣〔日易〕
〔立人之道曰仁與義〕五典以經之羣籍以緯之詠之歌
之弦之舞之前監既明後復申之故古之
聖王其於仁義也申重而已致政之術先
屏四患乃崇五政一曰偽二曰私三曰放
四曰奢〔後漢列傳五十二〕〔十一〕亂俗私壞法放越軌奢制四
者不除則政末由行矣夫俗亂則道荒雖
天地不得保其性矣法壞則世傾雖人主
不得守其度矣軌越則禮亡雖聖人不得
全其道矣制敗則欲肆雖四表不得充其
求矣〔肆放也〕是謂四患與農桑以養其性審
好惡以正其俗宣文教以章其化立武備
以秉其威明賞罰以統其法是謂五政人
不畏死不可懼以罪人不樂生不可勸〔以〕

善雖使羿布五教皋陶作士政不行焉〔尚書〕
〔羿謂羿曰汝作司徒敬敷五教在寬謂皋陶曰汝作士明于五刑〕故在上者先
豐人財以定其志帝耕籍田后桑蠶宮〔籍田〕
〔事解見明紀禮記曰季春之月后妃齋戒親東向躬桑以勸蠶事古者天子諸侯必有公桑蠶室近川而為桑之宮仍有三尺也〕
子之所以動天地應神明正萬物而成王
化者必乎真定而已故在上者審定好醜
焉善惡要乎功罪毀譽效於準驗聽言責
力不妄加以周人事是謂養生〔也〕君
國無遊人野無荒業財不賈用自〔周給用自〕
事舉名察實無惑訴偽以蕩眾心故事無
不覈物無不功善無不顯惡無不章俗無
姦怪民無淫風百姓上下觀利害之存乎
已也故肅恭其心慎修其行內不回惑外
無異望則民志平矣是謂正俗君子以情
用小人以刑用榮辱者賞罰之精華也故
禮教榮辱以加君子化其情也君子不犯辱
以加小人化其刑也君子不犯辱況於刑
乎小人不忌刑況於辱平若教化之廢推
〔後漢列傳五十二〕〔十二〕〔婁正〕

中人而墜於小人之域教化之行引中人
而納於君子之塗是謂章化也章明 小人之
情緩則驕驕則恣恣則怨怨則叛危則謀
亂安則思欲非威強無以懲之故在上者
必有武備以戒不虞以過寇虐安居則寄
之內政有事則用之軍旅 國語齊桓公問管
仲曰未可君若正卒伍修甲兵則大國亦將修矣國
仲曰國語安可乎管仲曰作內政而寄軍令焉注云正
國設備而軍不寄 國政而寄軍令焉 韓子
令廬刑德也獵義之謂德 是謂秉威賞罰政之柄也
柄者刑德也獵義之謂德 明賞必罰審信慎令賞以

●後漢列傳五十二　十三　李芳

勸善罰以懲惡人主不妄賞非徒愛其財
也賞妄行則善不勸矣不妄罰非矜其人
也罰妄行則惡不懲矣賞不勸謂之止善
罰不懲謂之縱惡在上者能不止下為善
不縱下為惡則國法立矣是謂統法四患
既蠲五政又立行之以誠守之以固簡而
不怠踈而不失無為為之使自施之無事
事之使自交之 老子曰為無為事無事 不肅而成
不嚴而化垂拱揖讓而海內平矣是謂為

政之方又言尚主之制非古麤降二女陶
唐之典歸妹元吉帝乙之訓王姬歸齊宗
周之禮以陰乘陽達天以婦陵夫達人遠
天不祥違人不義又古者天子諸侯有事
必告于廟朝有二史左史記言右史書事
禮記曰天子朝日于東門之外廳朔于南門之外閏
月則闔門左扉立于其中勤則左史書之 書事
也 書之事為春秋言為尚書君舉必記善惡

●後漢列傳五十二　古

成敗無不存焉下及士庶苟有茂異咸在
載籍或欲顯而不得或欲隱而名章得失
左氏傳曰或求名而不得或欲蓋而
名章書齊豹盜三叛人名以懲不義也 宜於今者
備置史官掌其典文紀其行事每於歲盡
舉之尚書以助賞罰以弘法教帝覽而善
之帝好典籍常以班固漢書文繁難省乃
令悅依左氏傳體以為漢紀三十篇詔尚
書給筆札辭約事詳論辨多美其序之曰
昔在上聖惟建皇極經緯天地觀象立法
乃作書契以通宇宙揚于王庭厥用大焉

先王光演大業肆于時夏詩周頌曰我求懿德肆於時夏鄭之也亦惟厥後注曰懿美也肆陳也我武王也求美德之士而任用之故陳於是而歇

永世作典夫立典有五志焉一曰達道義
二曰章法式三曰通古今四曰著功勳五
曰表賢能於是天人之際事物之宜粲然
顯著罔不備矣世濟其業不隕其名
損益盈虛與時消息臧否不同其揆一也
漢四百有六載撥亂反正統武興文永惟
祖宗之洪業思光啓平萬嗣聖上穆然惟

文之恤瞻前顧後是紹是繼聞崇大猷命
立國典於是綴敘舊書以述漢紀中興以
前明主賢臣得失之軌亦足以觀矣又著
崇德正論及諸論數十篇年六十二建安
十四年卒

韓韶字仲黃潁川舞陽人也少仕郡辟司
徒府時太山賊公孫舉僞號歷年守令不
能破散多為坐法尚書選三府掾能理劇
者乃以韶為嬴長嬴縣故城在今兗州博城縣東北賊聞其

賢相戒不入嬴境餘縣多被寇盜廢耕桑
其流入縣界求索衣糧者甚眾韶愍其飢
困乃開倉賑之所稟萬餘戶主者爭謂
不可韶曰長活溝壑之人而以此伏罪含
笑入地矣太守素知韶名德竟無所坐以
病卒官同郡李膺陳寔杜密荀淑等為立
碑頌焉子融字元長少能辯理而不為章
句學聲名甚盛五府並辟獻帝初至太僕
年七十卒

鍾皓字季明潁川長社人也為郡著姓世
善刑律皓少以篤行稱公府連辟為二兄
未仕避隱密山密縣山也以詩律教授門徒千
餘人同郡陳寔年不及皓皓引與為友皓
為郡功曹會辟司徒府臨辭太守問誰可
代卿者皓曰明府欲必得其人西門亭長
陳寔可寔聞之曰鍾君似不察人不知何
獨識我皓頃之自劾去前後九辟公府徵
為廷尉正博士林慮長皆不就時皓及荀

淑並為士大夫所歸慕李膺常歎曰荀君
清識難尚鍾君至德可師皓兄子瑾慕膺
之姑也瑾好學慕古有退讓風與膺同年
俱有聲名膺祖太尉脩常言瑾似我家性
邦有道不廢邦無道免於刑戮復以膺妹
妻之瑾辟州府未常屈志膺謂之曰孟子
以為人無是非之心非人也弟何期不與孟軻
孟子曰人無惻隱非之心非人也無羞
惡之心非人也無辭讓之心非人也無是
非之心非人也
同邪瑾常以膺言白皓皓曰國武子好

〈後漢列傳五十二〉 十七

國武子齊大夫齊慶克之母國武子知之而責
昭人過以致怨本
慶克夫人遂讀武子
而逐之事見左傳

卒保身全家爾道為貴　最宗

其體訓所安多此類也年六十九終於家
諸儒頌之曰林慮懿德非禮不處悅此詩
書弦琴樂古五就州招九應台輔逸巡王
命卒歲容與皓孫建安中為司隸校尉
陳寔字仲弓潁川許人也出於單微自為

海內先賢傳曰寔字元常郡主簿迪之子也魏志
曰舉孝廉為尚書郎辟三府為廷尉正黃門侍郎

兒童雖在戲弄為等類所歸少作縣吏常

給事廝役後為都亭刺佐而有志好學坐
立誦讀縣令鄧邵試與語奇之聽受業太
學後令復召為吏乃避隱陽城山中時有
殺人者同縣楊吏以疑寔縣遂逮繫考掠
無實而後得出又為督郵乃密託許令禮
召楊吏遠近聞者咸歎服之家貧復為郡
西門亭長尋轉功曹時中常侍侯覽託太
守高倫用吏教署為文學掾寔知非其

二百大小史一〈後漢列傳五十一〉太

人懷檄請見

謝承書謂以高倫之教署於檄板而懷之者懼減事也

是鄉論怪其非舉寔終無所言倫後被徵
為尚書郡中士大夫送至輪氏傳舍

輪氏縣名屬潁
川郡 令故

高陽縣是倫謂眾人言曰吾前為侯
吏陳君密持教還而於外白署比聞議者
以此少之此咎由故人畏憚強禦陳君可
謂善則稱君過則稱己者也寔固自引愆
聞者方歎息由是天下服其德司空黃瓊

辟選理劇補聞喜長旬月以養喪去官復

再遷除太丘長〔太丘縣屬沛國故城在今亳州永城縣西北也〕修德清

靜百姓以安鄰縣人戶歸附者〔司官屬主之官也〕吏

虜有訟者白欲禁之寔曰訟以求直禁之

理將何申其勿有所拘司官聞而歎息曰

陳君所言若是豈有怨於人乎亦竟無訟

者以沛相賦歛違法乃解印綬去吏人追

思之及後逮捕黨人事亦連寔餘人多逃

▲後漢列傳五十二

避求免寔曰吾不就獄報無所恃乃請囚

焉遇赦得出靈帝初大將軍竇武辟以為

掾屬時中常侍張讓權傾天下讓父死歸

葬潁川雖一郡畢至而名士無往者讓甚

恥之寔乃獨弔焉及後復誅黨人讓感寔

故多所全宥寔在鄉閭平心率物其有爭

訟輒求判正曉譬曲直退無怨者至乃歎

曰寧為刑罰所加不為陳君所短時歲荒

民儉有盜夜入其室止於梁上寔陰見乃

十九

起自整拂呼命子孫正色訓之曰夫人不

可不自勉不善之人未必本惡習以性成

遂至於此梁上君子者是矣盜大驚自投

於地稽顙歸罪寔徐譬之曰視君狀貌不

似惡人宜深剋己反善然此當由貧困令

遺絹二匹自是一縣無復盜竊

司徒陳耽每拜公卿輒賀賜等常歎

軍何進司徒袁隗遣人敦寔〔敦勤 欲特表〕

寔大位未登每懷愧於先之及黨禁始解大將

▲後漢列傳五十三

以不次之位寔乃謝使者曰寔久絕人事

飾巾待終而已時三公每缺議者歸之

見徵命遂不起閉門縣車棲遲養老中平

四年年八十四卒于家何進遣使弔祭海

內赴者三萬餘人制衰麻者以百數共刊

石立碑謚為文範先生〔先賢行狀曰將軍何進遣官屬弔祠為證〕

六子紀諶最賢

紀字元方亦以至德稱兄弟孝養閨門雍

和後進之士皆推慕其風及遭黨錮發憤

二十

李椿

著書數萬言號曰陳子謀禁解四府並命
無所屈就遭父憂每至輒歐血絕氣雖
衰服已除而積毀消瘠殆將滅性豫州刺
史嘉其至行表上尚書圖象百城以厲風
俗董卓入洛陽乃使就家拜五官中郎將
不得已到京師遷侍中出為平原相往謁
卓時欲徙都長安乃謂紀曰三輔平敞四
面險固土地肥美號為陸海（前書曰東方朔曰三輔之地南）
有江淮北有河渭沂龍以東商洛以西厥壤肥饒此所謂天府陸海之地今關東兵起〔二十一〕
恐洛陽不可久居長安猶有宮室今欲西（萊庫）
遷何如紀曰天下有道守在四夷（左傳曰是沈尹戌曰）
至尊誠計之末者愚以公宜事委公卿專
精外任其有違命則威之以武今關東兵
起民不堪命若謙遠朝政率師討代則塗
炭之民幾可全若欲徙萬乘以自安將
有累卵之危嶸嶸之險也（紀嶸音士耕反）（累飾解見皇后）
意甚忤而敬紀名行無所復言時議欲以卓

為司徒紀見檄亂方作不復辨嚴讀曰即
時之郡璽書追拜太僕又徵為尚書令建
安初袁紹為太尉讓於紀不受拜大鴻
臚年七十一卒於官（子羣為魏司空）（魏志）
懃鄉懃長弟謙字季方與紀齊德同行
父子並著高名時號三君每宰府辟召常
同時雄命羔鴈成羣（古者諸侯朝天子卿大夫執羔士執鴈成羣言）（豫州百城皆）
多當世者靡不榮之謙早終（先賢行狀曰）（陳諶字）

圖畫寔紀諶形像焉

論曰漢自中世以下閹豎擅恣故俗遂以（也論語曰隱居放言）
遁身矯絜放言為高（放肆其言不拘節制也）
有不談此者則芸夫牧豎已叫呼之矣（叫呼之）
生進退之節必可度也據於德而道物不犯（誹笑之也芸除草）
故時政彌惛而其風愈往唯陳先
安於仁故不離羣行成乎身而道訓天下
故凶邪不能以權奪王公不能以貴驕所
以聲教廢於上而風俗清乎下也〔二十二〕

贊曰二李師淑陳君友皓韓韶就吏嬴寇
懷道大丘奧廣模我彝倫曾是淵軌薄夫
以淳曾之言也慶基既啟有蔚潁濱二方承則二方元方季方也荀淑八子
八慈繼塵皆以慈為字見荀氏家傳也

後漢書列傳卷第五十二

唐章懷太子賢注

李固　子燮　杜喬

李固字子堅漢中南鄭人司徒郃之子也

郃在數術傳固貌狀有竒表鼎角匿犀足鼎角者頂有骨如鼎足也匿犀伏屖也謂骨當額上入髮際隱起也足履龜文者二

履龜文少好學常步行尋師不遠千里謝承書曰石見千石相書曰謂神知竒亦到大學定人公府窮鼻母令與同業諸生知是郃子遂究覽墳籍

結交英賢四方有志之士多慕其風而來毛端後漢列傳五十三 一

學京師咸歎曰是復為李公矣李公夫父郃為公也司

隷益州並命郡舉孝廉辟司空掾皆不就

謝承書曰五察孝廉益州再舉茂十不就五府連辟皆以疾陽嘉二年有地

動山崩火災之異公卿舉固對策陽嘉二年續漢書曰

詔公卿舉敦樸之士衛尉賈建舉固也詔又特問當世之敝為政

所宜固對曰臣聞王者父天母地春秋威精符曰人主

日月同明四時合信故父天母地也天母地也地以魏浮西河曰美哉乎母地於西郊姊月寶有山川中河顧而謂吳起曰東郊以於日父天於圜丘之祀也母地之祭也兄之於

河山之固此魏之寶也吳起對曰在德不在險也王道得則陰陽和穆政

化乖則山川崩竭為災斯皆關之天心效於成

事者也夫化以職成官由能理古之進者唯財命爵命也言有德者乃可加爵命也今之進者唯財

與力伏聞詔書務求寬博疾惡嚴暴而今

長吏多殺伐致聲名者必加遷賞其存寬

和無黨援者輒見斥逐是以淳厚之風不

宣彫薄之俗未革雖繁刑重禁何能有益阿母因

前孝安皇帝變亂舊典封爵阿母因王聖朱倦造妖孽使樊豐之徒乘權放恣侵奪主威

改亂嫡嗣謂順帝為太子時嚴為濟陰王至今聖躬狼狽親

遇其艱既拔自困殆殆危也龍興即位天下

喁喁屬望風政積敝之後易致中興當

沛然思惟善道廣之意沛然寬而論者猶云方今

之事復同於前臣伏從山草痛心傷臆實

以漢興以來三百餘年賢聖相繼十有八

主豈無阿乳之恩豈忘貴爵之寵然上畏

天威俯察經典知義不可故不封也今宋

後漢列傳五十三 二

【上欄】

阿母賦 宋誡也 雖有大功勤謹之德但加賞賜
足以酬其勞苦至於裂土開國實乖舊典
聞阿母體性謙虛必有遜讓陛下宜許其
辭國之高使成萬安之福夫妃后之家所
以少字全者豈天性當然但以爵位尊顯
專揔權柄天道惡盈不知自損故至顛仆
先帝寵遇閻氏位號太疾故其受禍曾不
旋時老子曰其進銳其退速也 云孟子而續漢 今梁氏戚為椒房禮所不臣

後漢列傳五十三 三 李案

公羊傳曰宋殺其大夫何以不名宋三世無大夫三
世而竟也何休注云內娶也言故絕去也
大夫名正其義業也之父竟皇后所居以椒泥塗也
以高爵尚可然也而子弟輩從榮顯兼加尊
永平建初故事殆不如此宜令步兵校尉
異及諸侍中還居黃門之官使權去外威
政歸國家豈不休乎又詔書所以禁侍中
尚書中臣子弟不得為史察孝廉者以其
秉威權容請託故也而中常侍在日月之
側聲勢振天下子弟祿任曾無限極雖外

【下欄】

託謙默不干州郡而詣僞之徒望風進舉
今可為設常禁同之中臣昔館陶公主為
子求郎 館陶公主光武第三女也 明帝不許賜錢千萬
所以輕厚賜重薄位者為官人失才害及
百姓也竊聞長水司馬武宣 續漢志長水校尉 先聖
漸壞舊章 續漢書曰中都官千石六百 石故事先守一歲然後補其真 法度所宜堅守政教一跌百年不復詩云 四

上帝板板下民卒癉周王變祖法度故
使下民將盡病也
斗為天喉舌尚書亦為陛下喉舌也
尚書出納王命賦政四海也
重責之所歸若不平心災眚必至誠宜審

權尊執

後漢列傳五十三

03-939

擇其人以毗聖政今與陛下共理天下者外則公卿尚書內則常侍黃門譬猶一門之內一家之事安則共其福慶危則通其禍敗刺史二千石外統職事內受法則夫表曲者景必邪源清者流必絜猶叩樹本百枝皆動也周頌曰薄言振之莫不震疊而應其此言動之於內而應於外者也猶政敬 [韓詩薛君傳曰薄辭也振舉也莫無也震動也疊應也美成王能舊舒文武之道而行之則天下無不動也] 此言動之本朝號令豈可遷跌間隙一開則邪人動心利競暫啓則仁義道塞刑罰不能復禁化導以之寖壞此天下之紀綱當今之急務陛下宜開石室陳圖書 [前書曰司馬遷為太史令紬史記石室金匱之書紬音抽] 招會羣儒引問失得指摘變象以求天意其言有中理即時施行顯拔其人以表能者則聖聽日有所聞忠臣盡其所知又宜罷退官官去其權重裁置常侍二人方直有德者省事左右小黃門五人才智閑雅者給事殿中如此則論者

厭塞升平可致也臣所以敢陳愚瞽冒昧自聞者儻或皇天欲令微臣覺悟陛下耳下宜熟察臣言憐赦臣死順帝覽其對多所納用即時出阿母還弟會譖諸常侍叩頭謝罪朝廷肅然以固為議郎而阿母官者疾固言直因詐飛章以陷其罪事從中下大司農黃尚等請之於大將軍梁商又僕射黃瓊救明固事久乃得拜議郎出為廣漢雒令至白水關解印綬遷漢中 [梁州記曰關城西南百八十里有白水關昔李固解印綬處也故關城今在梁州金牛縣西] 交人事歲中梁商請為從事中郎商以后父輔政而來和自守不能有所整裁災異數見下權日重固欲令商先正風化退辭高滿刀奏記曰春秋襃儀父以開義路 [公羊傳曰隱公元年三月公及邾儀父盟于眛公羊傳曰儀父者何邾婁之君也何以稱字襃之也曷為襃之與公盟也與公盟者何以見襃以……王因儀父先與隱公盟故隱公……春秋隱公二年經書無駭帥師入極公羊傳曰無駭者何展無駭也何以不氏貶也曷為貶疾始滅也] 夫義路開則利門閉利門開則義路

閉也前孝安皇帝內任伯榮樊豐之屬
外委周廣謝惲之徒開門受賂署用
非次天下紛然怨聲滿道朝廷初立顧存
清靜未能數年稍復隳損左右黨進者曰
有遷拜守死善道者滯洄窮路
十有餘年聖嗣未立羣下繼望可令中宮
博簡嬪媵兼採微賤宜子之人進御至尊
順助天意若有皇子母自乳養無委保妾
醫巫以致飛燕之禍
崇尚謙省垂則萬方而新營祠堂費功億
計非以昭明令德崇示清儉自數年以來
災怪屢見比無兩潤而沈陰鬱決
省之內容有陰謀孔子曰智者見變思刑
愚者覩怪諱名天道無親可為祗畏
之側

（小註）榮伯／王聖女也／曰／中死蒂道論／
路以魚而未有改歊立德之方又即位以來為謝也／
趙飛燕成帝皇后妹為昭儀專寵成帝貴人曹偉能等生皇子皆殺之／
風起貌　雲起／祗敬也言／官／刑／
天無親踈惟善是與可加／
敬感也既盡也書曰皇天無親／
加近者月食既於端門尋上書李／
月者大臣之體也前書號／
既盡也端門太微宮南門也

─────────

月盈則缺日中則移
天地之心福謙忌盛
全名養壽無有怵迫之憂
誠令王綱一整道行忠立明公踵伯
成之高全不朽之譽
見之則耕在野禹聞曰昔堯時
堯授舜舜授予子去而耕其故何也子立為諸侯往
天下至公無私不賞而人自勤不罰而人自畏今子
無留吾事佝佝然耕不顧亦見呂氏春秋豈與此外戚凡輩耽榮好
位者同日而論哉固往夫天下愚不達大體
竊感古人一飯之報
年不盡乎商不能用永和中荆州盜賊起彌
問境內赦寇盜前釁與之更始於是賊帥
夏密等斂其黨六百餘人自縛歸首固
皆原之遣還使自相招集開示威法半歲

（小註）反或音黔／地之心／
史記蔡澤謂范睢曰日中則移月滿則虧也／
易曰屯神害盈而福謙人道惡盈而好謙又曰天／
老子曰功成名遂身退天之道也／
莊子曰伯成子高唐虞時為諸侯至禹去而耕其故／
況受顧遇而容／
輒謂也靈帝紀／
夫窮高則危大滿則溢也／
日月者衆陰之長妃后大臣諸侯之象也

閒餘類悉降州内清平上奏南陽太守高
賜等藏穀賜等懼罪遂共重賂大將軍梁
異異為千里移檄言棧一日行千里教之急也
愈急異遂令徙固為太山太守時太山盜而固持之
賊屯聚歷年郡兵常千人追討不能制固
到悉罷遣歸農但選留任戰者百餘人以
恩信招誘之未滿歲賊皆弭散遷將作大
匠上疏陳事曰臣聞氣之清者為神人之
清者為賢養身者以練神為寶安國者以

〈後漢列傳五十三〉　九　王景

陳列名臣秦使懷然遂食侵兵使者往觀楚
積賢為道昔秦欲謀楚王孫圍設壇西門

魏文侯師卜子夏友田子方軾段干木故
韓俊竟至名過齊相秦人不敢闚兵於西

河斯蓋積賢人之符也　段干木閭未嘗不軾也
魏文侯受經於子夏過君閭皆軾之又秦欲伐魏或曰魏君賢人是禮國人稱仁也上下和合未可圖也事見史記也

聘南陽樊英江夏黃瓊廣漢楊厚會稽賀
純謝承書曰純字仲真會稽山陰人少為諸生博士極
陛下撥亂龍飛初登大位　策書嗟歎
待以大夫之位是以巖穴幽人智術之士
彈冠振衣樂欲為用四海欣然歸服聖德
厚等在職雖無奇卓然夕惕蕘蕘志在憂
國臣前在荊州聞惠純等以病免歸誠以
悵然為時惜之一日朝會見諸侍中並皆
年少無一宿儒大人可顧問者誠可歎息
宜徵還厚等以副羣望久處議郎已且
十年衆人皆怪始隆崇　隆高也崇重也
祿大夫周舉才謀高正宜在常伯訪以言
議侍中杜喬學深行直當世良臣久託疾
病可勑令起又薦陳留楊倫　倫見儒林傳
存東平王憲陳國何臨　臨字子陵照之子為平原太守見百家譜也

清河房植等（植見黨人篇也）是日有詔徵用倫厚等
而遷瑰舉以固為大司農先是周舉等八
使案察天下多所劾奏其中並是官者親
屬飆為請乞詔遂令勿考又舊任三府選
令史光祿試尚書郎時皆特拜不復選試
固乃與廷尉吳雄上疏以為八使所糾宜
急誅罰選舉署置可歸有司帝感其言乃
更下免八使所舉刺史二千石自是稀復
特拜切責三公明加考察朝廷稱善乃復

與光祿勳劉宣上言自頃選舉牧守多非
其人至行無道侵害百姓又宜止絕遊專
心庶政帝納其言於是下詔諸州劾奏守
令以下政有乖枉遇人無惠者免所居官
其姦穢重罪收付詔獄及沖帝即位以固
為太尉與梁冀參錄尚書事明年帝崩梁
太后以揚徐盜賊盛恐驚擾致亂使中
常侍詔固等欲須所徵諸王侯到乃發喪
固對曰帝雖幼少猶天下之父今日崩亡

人神感動豈有臣子反共掩匿乎昔秦皇
亡於沙丘（史記曰皇帝東巡道病崩於沙丘徐廣曰趙有沙丘宮在鉅鹿也）
趙高隱而不發卒害扶蘇以至亡國（丞相李斯為始皇崩在外恐諸公子及天下有變乃詐始皇所封書賜公子扶蘇獨死而立胡亥為太子胡亥趙高等就斯謀破去始皇所封書賜公子扶蘇）
胡亥

近北鄉侯薨閻后兄弟及
江京等亦共掩祕遂有孫程手刃之事（此天下大忌不可）
之甚者也太后從之即暮發喪固以清河
王蒜年長有德欲立之謂梁冀曰今當立
帝宜擇長年高明有德任親政事者願將
軍審詳大計察周霍之立文宣（周勃立文帝霍光立宣帝）
也戒鄧閻之（利幼弱）（謂鄧太后立殤帝年百餘日二歲而崩又立閻太后立北鄉侯其年薨又徵諸王子擬擇立之也）
樂安王子纘年八歲是為質帝時沖帝將
北卜山陵固乃議曰今處處寇賊軍興用
費加倍新創憲陵賦發非一帝尚幼小可
起陵於憲陵塋內依康陵制度（帝康陵場其於）
役費三分減一乃從固議時太后以比遭

不造委任宰輔固所臣正每輒從用其黃
門官者一皆斥遣天下咸望遂平而梁異
猜專每相忌疾初順帝時諸所除官多不
以次及固在事奏免百餘人此等既怨又
希望異旨遂共作飛章虛誣固曰臣聞
君不稽古無以承天（書曰粤若稽古帝堯之後君晉堯俎之後也鄭玄注曰稽同也古天也言能）
者帝堯
舜仰慕三年坐則見堯於牆食則覩堯於
羹（太公兵法曰帝堯聽於衡室屋璧弗雘色也壞捕柱茅茨弗翦蓋弗葺也奇怪異物弗視玩好之器弗食也）錦繡文綺（後漢列傳五十三）十三
寶也淫佚之樂弗聽也宮垣室屋弗璧色也壞捕柱
攄弗漆飾也茅茨之蓋弗翦葺也奇怪異物滋味重累弗食也
溫飯煗羹酸不易也
錢不易也
斯所謂聿追來孝不失臣子之（太尉）
節者（聿述也詩大雅曰文王烝哉遹追來孝言能述追王季勤孝之行也）
李固因公假私依正行邪離間近戚自隆
支黨至於表舉薦例皆門徒及所辟召
靡非先舊或富室財賂或子壻婚屬其列
在官牒者凡四十九人又廣選賈賢以補
今史募求好馬臨窻呈試出入踰侈輜軒
曜日大行在殯路人掩涕固獨胡粉飾貌

搔頭弄姿（西京雜記曰武帝遇李夫人就取玉簪搔頭自此宮人搔頭皆用玉擊）
旋偃仰從容冶步曾無慘怛傷悴之心山
陵未成違矯舊政善則稱己過則歸君斥
逐近臣不得侍送作威作福莫固之甚臣
聞台輔之位實和陰陽璇機不平寇賊姦
軌（書曰璇機王衡以齊七政孔安國注曰璇美玉也璇機王者正天文之器也又曰寇賊姦宄人曰賊殺人曰賊在外曰姦在內曰宄殺也）
則奏殿最而行賞罰固受任之後東南跋扈
兩州數郡（謂九江賊徐鳳馬勉等攻燒城邑廣陵賊張嬰等攻殺江都長九江廣陵是刺）
云兩州也（後漢列傳五十三）十四
揚之地也故千里蕭條北人傷損大化陵遲而
詆疵先主苟肆狂猜存無廷爭之忠沒有
於毀君固之過釁事合誅辟（據吳祐傳之詞書）
誹謗之說夫子罪莫大於累父臣惡莫深
奏異以白太后使下聽得免
莫忌帝聰慧恐爲後患遂令左右進鴆帝
苦煩甚使促召固固入前問陛下得患所
由帝尚能言曰食煮餅今腹中悶得水尚
可活時異亦在側曰恐吐不可飲水語未

絕而崩固伏尸號哭推舉侍醫冀慮其事

泄大惡之因議立嗣固引司徒胡廣司空

趙戒經講授畢孝廉累遷荊州刺史梁商為

南陽太守特椒房之寵不奉法到州勤奏之遷

河間相以異部難理整屬威嚴遷南陽太守尚書令出為河南尹轉拜太常永和六年特拜司空也

先與冀書曰天下不幸仍遭大憂皇太

后聖德當朝攝統萬機明將軍體履忠孝

憂存社稷而頻年之閒國祚三絕順帝崩中帝立一年崩崩質帝一年崩今當立帝天下重器誠知太后垂心

將軍勞慮詳擇其人務存聖明然愚情者

卷竊獨有懷遠尋先世廢立舊儀近見國

家踐祚前事未嘗不詢訪公卿廣求羣議

今上應天心下合眾望且永初以來政事

多謬地震宮廟彗星見天誠是將軍用情

之日傳曰以天下與人易為天下得人難

昔昌邑之立昏亂日滋霍光憂愧發憤悔

之折骨昌邑王賀武帝孫昌邑哀王子也昭帝崩霍光立之自非博陸忠

勇霍光封博陸侯王子也此縣也食邑北海河東也延年奮

發大漢之祀幾將傾矣霍光召丞相已下議曰昌邑王行昏亂恐危社稷如何羣臣皆驚愕失色大司農田延年離席按劍曰今日之議不得旋踵羣臣後應者臣請劍斬之

公中二千石列侯大議所立固廣戒及大

鴻臚杜喬皆以為清河王蒜明德著聞又

屬最尊親宜立為嗣是以吾議當取蒜河間孝王子

冀妹時在京師冀欲立之眾論既異憤憤曰

不得意而未有以相奪未有別理中常侍曹

騰等聞而夜往說冀曰將軍累世有椒房

之親秉攝萬機賓客縱橫多有過差清河

王嚴明若果立則將軍受禍不久矣不如

立蠡吾侯富貴可長保也冀然其言明日

重會公卿冀意氣凶凶而言辭激切自胡

廣趙戒以下莫不懾憚之皆曰惟大將軍

令而趙戒固獨與杜喬堅守本議冀厲聲曰罷

會固意既不從猶望眾心可立復以書勸

冀冀愈激怒乃說太后先策免固音立蠡

吾廟是爲桓帝後歲餘甘陵劉文魏郡劉

鮪各謀立蒜爲天子梁冀因此誣固與文

鮪共爲妖言下獄門生勃海王調貫械上

書証固之枉河內趙承等數十人亦要鈇（字林曰鈇鑕椹也鑕音質椹音竹心反）

鑕詣闕通訴（太后明之乃）京師市里皆稱萬歲冀聞之

赦焉及出獄

大驚畏固名德終爲已害乃更據奏前事

遂誅之時年五十四（固臨終勅子孫素棺三寸幅巾斂發於本郡燒埇之地不）固臨命與胡廣趙戒書曰固

受國厚恩是以竭其股肱不顧死亡志欲

扶持王室比隆文宣（文帝宣帝皆輩臣漢作）迎立能興漢

朝梁氏迷謬公等曲從此始以吉爲凶成事爲

敗平漢家衰微從此始矣公等受主厚祿

顛而不扶傾覆大事後之良史豈有所私

固身已矣於義得矣夫復何言廣戒得書

悲慙皆長歎流涕涼州郡收固二子基茲於

郾城皆死獄中（續漢書曰基儼師長表宏紀曰基字憲公茲字李公並爲郡功曹聞周）

策免並弃官亡歸巴漢南鄭趙子賤子爲

郡殺固二子太守知其枉遇之甚寬二子託服藥天

具指器欲出逃子賤之（法勅吏驗實執殺之小子愛得脫亡命奥乃）

封廣戒而露固尸於四衢（爾雅曰四達謂之衢郭璞注曰交道四出）令有敢臨者加其罪固弟子汝南郭亮

（也者 謝承書曰亮字 恒眞朗陵人也字 年始成童 曰十五成童也蒼 右秉）學洛陽乃左提章鈇

鈇鑕詣闕上書乞收固尸不許因往臨哭

陳辭於前遂守喪不去夏門亭長呵之曰（洛陽北面西頭門外有萬壽亭）

上納忠而興造（無端）李杜卿曹何等腐生公犯

詔書干試有司平言腐儒生者猶亮曰亮含陰陽

以死相懼亮履坤義之所動豈知性命何爲

多不得其死也天高不敢不跼地厚不敢不蹐

累足也言天而有雷霆地而有淪陷上下皆可

畏懼也詩云謂天蓋高不敢不跼謂地蓋厚不敢

蹐也 ...

耳目適宜視聽口不可以妄言也太后

聞而不誅南陽人董班亦往哭固而殉尸

不肯去（殉巡也楚國先賢傳曰班字季宛人也少）

耦耕澤畔惡衣蔬食閭固死乃星行奔赴哭泣盡哀

司隸案狀奏聞天子釋而不罪班遂守尸積十日不

去體帝嘉其義烈聽許送裹到漢中赴葬畢而還也 太后憐之乃聽得襃

斂歸葬二人由此顯名三公並辟班遂隱

身莫知所歸固所著章表奏議教令對策

記銘凡十一篇弟子趙承等悲歎不已乃 訪汝南蔡遼河內趙承等七十二人相與哀歎以爲眼不復瞻固形容耳不復聞固嘉訓乃共論集

共論固言迹以爲德行一篇 謝承書曰固所授弟子潁川杜

德行一篇

燮字德公初固既策罷知不免禍乃遯三

子歸鄉里時燮年十三妙文姬爲同郡趙

伯英妻賢而有智見二兄歸具知事本黙

然獨悲曰李氏滅矣自太公巳來積德累 太公郎祖父也

仁何以遇此 父郎也 密與二兄謀藏匿

壞託言還京師人咸信之有頃豫作下郡

收固三子二兄受害文姬乃告父門生王

成曰君執義先公有古人之節今委君以

六尺之孤 六尺謂年十五以下 李氏存滅其在君矣成

感其義乃將燮乘江東下入徐州界内令 謝承書曰燮遠遁身於北海 劇託命滕咨家以得免奧此

變名姓爲酒家備

後漢列傳五十三　十九　陳氏

而成賣卜於市各爲異人陰相往來燮燮 不同

從受學酒家異之意非恒人以女妻燮燮

專精經學十餘年削梁冀誅而宷害屢

見明年史官上言宜有赦天下弁共當存錄大

臣冤死者子孫於是大赦天下後

嗣燮乃以本末告酒家具車重厚遣

之皆不受遂還鄉里追服姊弟相見悲感

傍人既而戒燮曰先公正直爲漢忠臣而

遇朝廷傾亂梁冀肆虐令吾宗祀血食將

絕今弟幸而得濟豈非天邪宜杜絕衆人

勿妄往來慎無一言加於梁氏梁氏則

連主上禍重至矣唯引咎而已燮謹從其

誨後王成卒燮以禮葬之感傷舊恩每四

節爲設上賓之位而祠焉州郡禮命四府

並辟皆無所就後徵拜議郎及其在位廉

方自守所交皆舍短取長好成人之美時

潁川荀爽賈彪雖俱知名而不相能燮並

交二子情無適莫世稱其平正 論語曰君子之於天下也

後漢列傳五十三　二十　婁正

無適也莫之與比也袤之與比靈帝時拜安平相先是安平王
續為張角賊所略國家贖王得還朝廷議
復其國變上奏曰續在國無政為妖賊所
虜守藩不稱損辱聖朝不宜復國時議者
不同而續音歸藩變以謗毀宗室輸作左
校未滿歲王果坐不道被誅乃拜變為議
郎京師語曰父不肯立帝子不肯立王擢
遷河南尹時既以貨略為官詔書復橫發
錢三億以實西園〔後漢列傳五十三〕事見宦者傳 變上書陳諫辭義 二十一
深切帝乃止先是潁川甄邵諂附梁冀為
鄴令有同歲生得罪於冀亡奔邵邵僞納
而陰以告冀冀即捕殺之邵當遷為郡守
會母亡邵且埋屍於馬屋先受封然後發
喪邵還至洛陽變行塗遇之使卒投車於
溝中笞捶亂下大署帛於其背曰諂貴賣
友貪官埋母乃具表其狀邵遂廢錮終身
變在職二年卒時人感其世忠正咸傷惜
焉

杜喬字叔榮河內林慮人也 續漢書曰累祖 少為諸
吏二千石喬少
好學治韓詩京氏易歐陽尚書以孝稱雖
生舉孝廉司徒楊震辟之漢安元年以喬
守光祿大夫使徇察兗州表奏太山太守李
固政為天下第一陳留太守梁讓濟陰太
守汜宮濟北相崔瑗等臧罪千萬以上讓
即冀弟瑗冀所善遷拜
太子太傅遷大司農時梁冀子弟五人及 太子五八十〔後漢列傳五十三〕二十三 齊明
中常侍等以無功並封喬上書諫曰陛下
越從藩臣龍飛即位天人屬心萬邦收賴
不急忠賢之禮而先左右之封傷善害德
興長安諫臣聞古之明君襃罰必以功過
末世闇主誅賞各緣其私今梁氏一門宦
者微蔑 韓音魚列反公羊傳曰臣僕庶孽之事也何休注 裂勞臣之土其為乖濫
云壁賤子猶樹之有蘗生也
帶無功之綬 緩緩頭篇也裂 並
胡可勝言天有功不賞為善失其望姦回
不詰為惡肆其凶故陳資斧而人靡畏班

（上欄）

爵位而物無勸。《易》㨂卦九四曰：「㬥于處，得其茍
遂」，斯道豈伊傷政為亂而已，喪身亡國可
不懼哉！書奏不省。益州刺史种暠舉劾永
昌太守劉君世以金蛇遺梁冀，事發覺，以
蛇輸司農。冀從喬借觀之，喬不肯與，冀始
為恨。累遷大鴻臚。時冀小女死，令公卿會
喪，喬獨不往。冀又銜之。遷光祿勳。建和元
年，代胡廣為太尉。相帝將納梁妹，冀欲
令以厚禮迎之，喬據執舊典不聽。〈時有司奏曰春秋迎〉

又冀屬喬舉氾宮為尚書，喬
以宮臧罪明著，遂不肯用，因此忤於冀。
先是李固見廢，內外喪氣，羣臣側足而立，
唯喬正色無所回橈〈橈曲也回邪也〉，由是海內歎息。
〈時進讒幣奏可於是悉依孝惠帝納后故事聘黃金八
二萬斤納采鴈璧乘馬一依舊典〉
朝野瞻望焉。在位數月，以地震免官者唐
衡、左悺等因共譖於帝曰：陛下前當即位，
喬與李固抗議，言上不堪奉漢宗祀〈也〉。舉
帝亦怨之。及清河王蒜事起，梁冀誣諷有

（下欄）

司劾喬及李固與劉鮪等交通，請逮案罪。
而梁太后素知喬忠，但策免而已。〈續漢書曰
〉頃之，冀復使人脅喬曰：早從
宜，妻子可得全。喬不肯。明日，冀遣
騎至其門，不聞哭者，遂白執繫之，死獄中。
妻子歸故郡。與李固俱暴尸於城北。家屬、
故人莫敢視者。故吏陳留楊匡聞之，號
泣。星行到洛陽，乃著赤幘，託為夏門亭
吏，守衛尸喪，驅護蠅蟲，積十二日，都官從
事執之以聞。梁太后義而不罪。匡於其帶
鈇鑕詣闕上書，并乞李杜二公骸骨。〈〉太后
許之，成禮殯送。喬喪還家葬。遷平原令，時
徒補斬縣長〈斬縣令音機也〉，匿不仕。匡初好學，
國相徐〈徐山松書曰一名章字叔康也〉常在外黃大澤教授門
匿不仕。〈〉政有異績遷平原令時
託疾〈〉

論曰：夫稱仁人者，其道弘矣〈弘大也言非一途也〉。立言〈立言
〉踐行〈踐而行之　立其言必踐而行之〉，豈徒徇名安己而已哉〈徇求也將〉。

以定去就之槃正天下之風使生以理全
死與義合也〔忠全生於身之道惟義與夫專為
義則傷生〕〔賊生也〕專為生則蹇義審建其所〔為
物則害智〕〔智為害〕故為害專為己則損仁若義重
於生舍生可也生重於義全生可也〔孟子曰魚我所欲
也熊掌我所欲也二者不可得兼舍魚而取熊掌者也
生亦我所欲義亦我所欲二者不可得兼舍生而取
義者也〕上以篤固盡臣節
臣節盡而死之則為殺身以成仁〔論語無求生以害
為求生以害仁也〔仁有殺身以成〕順桓之〔陳至
間國統三絕太后稱制賊臣虎視本固據〔碻堅敵也
位持重以爭大義碻乎而不可奪〔易曰鼎折足覆公餗碻碻乎
覆折之傷任也〔錄言不勝其任〕觀其發正辭
及所遺梁冀書雖機失謀乖猶戀戀而不
能已至矣哉社稷之心乎其顧視胡廣趙
戒猶糞土也
賚自本杜司職朋心合力〔朋猶同也〕致主文宣
抗情伊戮〔伊尹也〕道亡時晦終離罔極〔被離〕

弦直〔載行也〕慶同趙孤〔趙朔之子趙武史記曰晉景
公以間極公三年大夫屠岸賈誅趙朔
朝客盤冪公孫杆曰匿朝遺腹子於
五年徐景公與韓厥立趙孤而攻滅屠岸賈也 世戴〕
〔毛詩曰〕

後漢列傳五十三　二十六

唐章懷太子賢注

吳祐　延篤
史弼　盧植
趙歧

吳祐字季英〔祐音又嶺漢書音又作恢或作佑〕陳留長垣人也。父恢為南海太守〔恢音徒藍反〕，恢欲殺青簡以寫經書〔殺青者以火炙簡令汗取其青易書復不蠹謂之殺青亦謂汗簡也〕，祐年十二隨從到官。祐諫曰：今大人踰越五領〔領漢書作嶺音力丁反標名爲嶺者西自衡山之南東至于海一山之限耳別標名則五領之間亦自有嶺蓋臨賀陽揭陽是爲五領鄧德明南康記云大庾始安臨賀桂陽揭陽大庾一也桂陽甲騎二也九眞都龐三也臨賀萌渚四也始安越城五也裴氏廣州記去大庾一也始安二也氏之說則〕遠在海濱其俗誠陋多珍怪〔義見劉向別錄也〕爲審矣，上爲國家所疑下爲權戚所望〔希望其遺利也〕，此書若成則載之兼兩〔車有兩輪故稱兩也〕。昔馬援以薏苡興謗〔謗徽要也音工竟反〕以衣囊徼名〔前書曰王陽野車人怪其奢伏其儉故俗傳王陽能作黃金是爲衣原鮮明而遷從轉移所載不過橐中黃金爲衣嫌疑〕之間，誠先賢所慎也。恢乃止撫其首曰：吳氏世不乏季子矣〔季札謂也〕。及年二十喪父居

無擔石而不受贍遺，常牧豕於長垣澤中〔領漢書曰年四十縣乃爲郡吏也〕，行吟經書，遇父故人謂曰：卿二千石子而自業賤事，縱子無恥，奈先君何〔陳留耆舊傳曰太守令宏召補文學宏見異之擢舉孝廉將行郡中爲祖道祐〕。君何祐辭謝而已，守志如初，後亦舉孝廉除新蔡長世〔祖道之禮封土爲載壇也五經要義曰祖道行祭爲道路祈也周禮太馭掌王路以祀及祀載汪云載祀者封土象山於路側以車轢之去喻無險難也〕越壇共小史雍丘黃眞歡語移時與結友而別〔...者行祭封土爲道路祈也...〕，以祐倨請黜之，太守曰：吳季英有知人之

明，卿且勿言〔謝承書曰時公沙穆來遊太學無資糧乃變服客傭爲祐賃舂祐與語大〕。稱其清節〔謝承書曰四行敦厚質樸遜讓節儉也〕。宏父爲縣丞，宏年十六從在丞舍，祐每行園常聞諷誦之音商而厚之，亦與爲友卒〔東夏東方也尙書官至酒泉太守〕成儒宗，知名東夏〔...宏宇元襄剛縣人也年二十二爲郡督郵曾以藏事見詰府君欲絕綬〕。

之宏曰今鄢郡遭明府咸以為仲尼之君國小人少
以宏為顏回豈聞仲尼有捷顏回之譏府君異其對
即呼數署主簿 主簿也

祐政唯仁簡以身率物民有爭訴 續漢書曰
者輒閉閤自責然後斷其訟以道譬之或
身到閭里重相和解自是之後爭隙省息

威錢五百為市衣以進其父父得而怒曰有 父市單衣
吏人懷而不欺嘗夫孫性私賦民錢
君如是何忍欺之促歸伏罪性惶懼詣閤
持衣自首祐屏左右問其故性具談父言
祐掾以親故受汚穢之名所謂觀過斯
知人矣 論語載孔子之言也 使歸謝其父又還以衣遺之 事畢

又安丘男子毋丘長與母俱行市道遇醉
客辱其母長殺之而亡安丘追蹤於膠東
得之祐呼長謂曰子母見辱人情所恥
孝子忿必慮難動不累親 論語孔子曰一朝之忿忘其
身以及其親遲怒 若汝也 身以及其親非惑與
親非義刑今若背親遲怒 若使也 白日殺人

赦若非義刑若不忍將如之何長以械自 械在手
繋 曰械在手 曰國家制法因身犯之明府雖加
哀矜恩無所施祐問長有妻子乎對曰有

妻未有子也即移安丘逮長妻妻到解其
桎梏使同宿獄中妻遂懷孕至冬盡行刑
長泣謂母曰負母應死當何以報吳君之
乃齧指而吞之含血言曰妻若生子名之
吳生言我臨死吞指為誓屬見以報吳君 吳君 續漢書曰
因投繯而死 謂以繯為繯投之而 祐在膠東書之問上遷齊
年 陳留者舊傳曰祐處同僚無私書之問上遷齊
相大將軍梁冀表為長史及冀誅奏太尉
李固祐聞而請見與冀爭之不聽時扶風 周清
馬融在坐為冀章草祐因謂融曰李公之
罪成於卿手李公即誅卿何面目見天下
之人乎冀怒而起入室祐亦徑去躬灌園
蔬以經書教授年九十八卒長子鳳
樂浪太守少子愷 新息令鳳銅陽族
相 銅陽縣屬南陽音汋 皆有名於世 陳留者舊傳曰鳳字雅馮字子高
延篤字叔堅南陽犨人也 犨音昌猶反故城在南陽犨縣先賢行狀曰典字季庚
從潁川唐溪典受左氏傳 先賢行狀曰典字季庚西鄂長風俗通曰吳

夫綴王卷封堂豁因以為氏典與五官中郎將唐與堂同也

深苟焉

司曰能諷之典

借本諷之矣典編經典與左氏傳已諷之矢典聞之歆曰卿以識記不可寫傳乃二未足為偷若使尼父更起茲復端木聞一知泗君當編名七十與湛夏爭四也

又從馬融受

業博通經傳及百家之言能著文章有名京師舉孝廉為平陽庚相到官表龔遂之墓立銘祭祠擢用其後茯畎之間龔遷南平陽故城令兗州郡縣山陽南平陽人為勃海太守以師喪弃官奔赴

政事篤詭辭密對教梁傳曰故士造辟而言詭辭而出范寧注古辟君也詭辭而出不以貴告人也動依典義遷左馮翊又徒京兆

尹其政用寬仁憂恤民黎擢用長者與參政事郡中歡受三輔咨嗟焉先是陳留邊鳳為京兆尹亦有能名郡人為之語曰前有趙張後有張王章王駿俱為京兆尹也前有邊

朱穆邊韶共著作東觀稍遷侍中帝數問

五府並辟不就相帝以博士徵拜議郎與
後漢列傳五十四
五

有趙張三王時皇子有疾下郡出珍藥而大
延二君章章王章王毅俱為京兆尹也後有邊

鳳為京兆尹亦有能名郡人為之語曰前

將軍梁冀遣客齎書詣京兆并貨牛黃 吳普

本草曰牛黃味苦無毒牛出入呻者有之夜有光走中牛死人膽中如雞子黃神農本草曰療驚痼除邪逐鬼

篤發書收客曰大將軍椒房外家而皇子有疾必應陳進醫方宜當使客千里求利平遂殺之冀而不得言有司承言

鬼邪逐

疑仁孝前後之證篤乃論之曰觀夫仁孝欲求其事篤以病免歸教授家巷時人或之辯也辯爭

可謂篤論矣篤厚夫人二致同源總代更

紛然異端互引典文代取事據

之辯也辯爭

率百行也

二致仁孝也易繫詞曰殊塗而同歸百慮而一致也
後漢列傳五十四
六 楊據

重必定前後之數也而如欲分其大較猶
也略

體而名之則孝在事親仁施品物施物
則功濟於時事親則德歸於己於己則事寡濟時則功多推此以言仁則遠矣然物有出微而著事有由隱而章近取諸身則耳有聽受之用目有察見之明足有致遠之勞手有飾衛之功功雖顯於外本之者心也遠取諸物則草木之生始於萌牙終於
說文曰縟繁縟飾也

彌蔓枝葉扶疏榮華紛縟繁縟飾也末雖繁

蔚致之者根也夫仁人之有孝猶四體之

有心腹〔四體謂手足也〕枝葉之有本根也聖人知之

故曰夫孝天之經也〔天之經也地之義也人之行也〕

之性孔子取其為孝經之詞也君子務本本立而

道生孝悌也者其為仁之本與〔論語載有若之詞也〕

體大難備物性好偏故所施不同事少兩

兼者也如必對其優劣則仁以枝葉扶疏

為大孝以心體本根為先可無訟也或謂

〈後漢列傳五十四·七〉

孝同質而生純體之者則互以為稱虞舜

顏回是也〔虞舜顏回純德既備或孝但隨其所稱爾若偏而體之〕

則各有其目公劉曾參是也〔史記公劉后稷之後稷之業務耕種行地宜百姓懷之多從而保歸焉〕

先考後仁非仲尼序回參之意〔論語魯回也〕

其麻平言麻幾於善道也〔其考後仁則曾參不得不賢於顏子〕

先考後仁則曾參不得不賢於顏子

孝同質而生純體之者則曾孫也能修行復

顏回是也〔虞舜顏回純德既備〕

仲以九合為仁功〔不以兵車管仲之力如其仁如其仁〕

其美也〔論語孔子曰桓公九合諸侯〕

夫曾閔以孝悌為至德

管

未有論德不

先回參考功不大夷吾以此而言各從其

有心腹〔手足也〕

稱者也前越巂太守李文德素善於篤時

在京師謂公卿曰延叔堅有王佐之才奈

何屈千里之足乎欲令引進之篤聞乃為

書止文德曰夫道之將廢所謂命也〔論語孔子曰〕

觀來命雖篤所未敢當吾嘗昧昧櫛梳坐

於客堂〔孔安國注尚書曰昧昧思也昧與明也〕

虞夏之書歷公旦之典禮覽仲尼之春秋

〈後漢列傳五十四·八〉

周公攝政七年制禮作樂班固東都賦曰今論者但

知誦虞夏之書詠殷周之詩講義文之易論孔氏之

春秋〔王逸注云春貌夕則消搖內階詠詩南軒宇〕

王逸注云百家眾氏投閒而作〔投射間隙之作也〕

百氏板也洋洋乎其盈耳也〔論語曰洋洋乎盈耳哉〕

爛兮其溢目也〔煥爛文章貌也〕

也當此之時不知天之為蓋地之為輿

大言賦曰方地為蓋天為輿〔〕

也雖漸離擊筑傍若無人〔說文曰筑五絃之樂也〕

筑不知誰所造也史記唯云高漸離擊筑荊軻至燕日與屠狗及高漸離

也不知世之有人己之有軀

如其仁九合者謂再會於鄄兩會于幽又會葵丘首止蔡寧母洮葵丘也

摯筑荊軻和而歌於市中 相樂已而相泣傍若無人 事具傳逸也

人傳逸也 方之於吾未足況且吾自束脩已

束脩謂束帶脩飾鄭玄注 論語曰謂年十五已上也 高鳳讀書不知暴雨

來 爲人臣不陷於不

忠爲人子不陷於不孝上交不諂下交於不

驥 從此而歿下見先君遠祖可不

憨報 如此而不以善止者恐如教

异射者也 史記有養由基者善射者也去柳葉百步而射之百發而百中之左右 能教基左右百人皆曰善射由基曰客安能教我射客曰非吾能教子支左拙右也夫射以百步為崇能百步而射之非吾所謂善射也一發不中者百發盡息此言异者之篤也

後遺黨事禁錮 錮謂閉塞也 慎勿迷其本弃其生也

里圖其形于屈原之廟 屈原楚大夫抱忠貞而死篤有志行文彩故圖之廟 永康元年卒于家鄉 李賢曰 後漢列傳五十五

以爲折中所著詩論銘書應部表教令 凡二十篇

史弼字公謙陳留考城人也父敞順帝時

以俠辯至尚書郡守 續漢書曰敞為京兆尹化有能名尤善條教見稱於時

三輔弼少篤學聚徒數百仕州郡年二十爲郡 蓋荅客凡二十篇去 謝承書曰弼永壽中為郡

公府遷北軍中候是時桓帝弟渤海王悝 功曹承前太守宋新疆濁之後悉條諸生聚歛簸 吏百餘人皆白太守掃迹還縣高名由此而興 辟

素行險辟僭傲多不法弼懼其驕悖爲亂 後漢列傳五十四

乃上封事曰臣聞帝王之於親戚愛雖隆 甘昭公王子帶周襄王弟也 食邑於甘以昭為諡曰昭左

必示之以威體雖貴必禁之以度如是而和 傳昭公本齊王複也有寵於惠后惠后欲立昭未及而卒

睦之道興骨肉之恩遂以警立昔周襄王恣甘昭 公之道 昭公初王子帶周襄王弟也 狄師攻王王出適鄭 景帝嘗與王宴同坐

王景帝弟實太后少子愛之 賜天子旌旗出警入蹕 孝景皇帝驕梁孝王 景帝賞與王宴 千秋萬歲後傳王愛盎諫 毛萇

剝殺盎也 終用教慢卒周有 不許遂令人 而二弟階寵終用教慢卒周有

播蕩之禍漢有爰盎之變窺聞勃海王悝 剝殺盎也

憑至親之屬恃偏私之愛失奉上之節有 播蕩之禍漢有爰盎之變窺聞勃海王悝

僭慢之心外聚剽輕不逞之徒 不快之人也左傳曰率羣 不逞之人剽音匹妙反

不遲之人剽音妙反 內荒酒樂出入無常 僭慢之心外聚剽輕不逞之徒

所與羣居皆有口無行 有虛言無實行也 內荒酒樂出入無常

子或朝之斥臣必有羊勝伍被之變 或家之弃 所與羣居皆有口無行

王求漢嗣伍被被勸淮南子謀反誅也 州司不敢彈糾傳相不能 子或朝之斥臣必有羊勝伍被之變

臣輔陛下隆於友于不忍過絕 友惟孝友 以侠辯至尚書

恐遂滋蔓為害彌大滋長蔓延也左氏傳曰無使滋蔓蔓難圖也气

露臣奏宣示百僚使臣得於清朝明言其
失然後詔公卿平處其法法決罪定乃下
不忍之詔臣下固執然後少有所許如是
則聖朝無傷親之譏勃海有專國之慶不
然懼大獄將興使者相望於路矣臣職典
禁兵備禦非常而妄知藩國干犯至戚罪
不容誅不勝憤懣謹冒死以聞帝以至親
不忍下其事後悝章坐逆謀貶為癭陶王

弼遷尚書出為平原相時詔書下舉鈎黨
鈎韶相連也 郡國所奏相連及者多至數百唯
弼獨無所上詔書前後切却州郡切急也却退也 髡
答掾史從事傳責曰 續漢志每州皆有從事郡國皆有掾史傳舍也
州六郡其五有黨 濟南樂安齊國東萊平原在青州所管也青州
傳音知戀反坐合召弼而責 詔書疾惡黨人自意懇惻青
近國甘陵亦考南北部 齊國臨淄見漢官儀甘陵周福及帝即位擢福為尚書時同郡河南尹房植有名當朝二家賓客互相譏揣遂各樹朋徒漸成尤隙由是甘陵有南北部見黨人篇序也
平原何理而得獨無弼曰

先王疆理天下畫界分境 疆界也理正也左傳曰先王疆理天下
下物土之宜 前五常之性而布其利也幽而布其利也
失其剛柔緩緩音不同繁水土之風氣故謂之風
好惡取舍動靜無常隨君上之情欲故謂之俗也
它郡自有平原自無胡可相比若承望上
司誣陷良善淫濫刑罰以逞非理則平原
之人戶可為黨相有死而已所不能也從
事大怒即收郡僚職送獄遂舉奏弼會黨
禁中解弼以俸贖罪得免 奉音扶用反
千餘人弼為政特挫抑彊豪其小民有罪 濟活者

多所容貸遷河東太守被一切詔書當舉
孝廉弼知多權貴請託乃豫勑斷絕書請 屬音之欲反
并求假鹽稅積日不得通生乃說以它事 中常侍矦覽遣諸生齎書請之
謁弼而因達覽書弼大怒曰太守奉荷重
任當選士報國爾何人而偽詐無狀左
右引出楚捶數百府丞掾史十餘人皆諫
於廷弼不對遂付安邑獄即日考殺之矦
覽大怨遂詐作飛章下司隸誣弼誹謗檻

車徵吏人莫敢近者唯前孝廉裴瑜送到
崤澠之間大言於道傍曰明府權折虐臣
選德報國如其獲罪足以垂名竹帛願不
憂不懼弼曰誰謂荼苦其甘如薺詩衞風也荼苦菜也 及下
昔人刎頸九死不恨刎割也楚詞曰雖九死其猶未悔也
廷尉詔獄平原吏人奔走詣闕訟之又前
孝廉魏劭毀變形服詐為家僮瞻護於弼
弼遂受誣事當弃市劭與同郡人賣郡邸
郡邸若今州郡之寺邸也 行賂於侯覽得減死罪一等論輸
左校時人或譏曰平原行貨以免君無乃 陳蕃
非乎陶丘洪曰昔文王牖里閎散懷金牖獄里
廉不行辟太尉府年三十卒青州先賢傳曰洪字子林平原人也清達博辯文冠當代舉孝廉
名或作美亦名美城在今相州湯陰縣北
宜生南宮括閎夭乃交友散宜生及紂囚文王乃以黃金千鎰知三人賢結朋友有莘美女驪戎文馬有熊九駟它奇性物因獻乎
史弼遭患義夫
獻竇亦何疑焉於是議者乃息刑章歸田
里稱病開門不出數為公卿所薦議郎何
休又訟弼有幹國之器宜登合相徵拜議

【後漢列傳五十四】 十三 陳蕃

郎旅覽等惡之光和中出為彭城相會病
卒裴瑜位至尚書先賢行狀曰瑜字雉璜聰明敏達觀物無滯清論所加必
論曰夫剛烈表性鮮能優覽仁柔用情多
貞直吳季英視人畏傷發言必盡
也以夫儒者而懷憤激揚折譏權枉又何
壯也仁以衿物義以退身君子於是乎前書王翁孺仁於君子哉
柔於義也語曰活千人者子孫必封子孫活千人
史弼頏頏嚴吏 贊宗
全平原之黨而其後不大不大謂子孫蕃也左傳晉卜偃曰畢萬之後必大
之斯亦未可論也
盧植字子幹涿郡涿人也身長八尺二寸
音聲如鍾少與鄭玄俱事馬融能通古今
學好研精而不守章句融外戚家融明德皇后之從姪也
嘗轉眄融以是多列女倡歌舞於前植侍講積年未
性剛毅有大節常懷濟世志不好辭賦能
飲酒一石時皇后父大將軍竇武援立靈

【後漢列傳五十四】 十四 袁宗

帝初秉機政朝議欲加封爵植雖布表以武素有名譽乃獻書以規之曰植聞竊有不恤緯之事

憂深思遠君子之情

夫士立爭友義貴切磋

及庶人　植誦詢于芻蕘　詩詠詢于芻蕘

敢愛其賢言哉

朝猶旦襄之在周室建立聖主四海有繫

論者以為吾子之功於斯為重天下聚目而視攢耳而聽

前事將有景風之祚　尋春秋之義王

后無嗣擇立親長年均以德德均則決之卜筮

宗相後披圖案牒以次建之何勳之有豈辭大賞以全身名又比世祚不競

求嗣可謂危矣而四方未寧盜賊伺隙恟恟

比尹氏立朝之變

岳勃碣

子朝周景王之庶子景王卒子猛立

子之官徵王疾愛子宗室賢才外崇訓道之義內息貪利之心簡其良能隨用爵之

疆幹弱枝之道也

用州郡數命植皆不就建寧中徵為博士

乃始起焉熹平四年九江蠻反四府選植才兼文武拜九江太守蠻寇賓服以疾去

官作尚書章句三禮解詁　時始立

少從通儒故南郡太守馬融受古學頗知
今之禮記特多回宂〔回宂猶軒曲也〕
經發起粃謬〔粃粟不成謂義之非也〕敢率愚淺為之
解詁而家乏無力供繕上〔繕善也言家貧不能善寫而上也〕臣前以周禮諸
願得將能書生二人共詣東觀就官財糧
專心研精合尚書章句考禮記失得庶裁
定聖典刊正碑文古文科斗近於為實而〔古文謂孔子壁中書也科斗因以為名前書謂形似科斗因以為名〕
厭抑流俗降在小學

【後漢列傳五十四】　十七

文字為小學也
中興以來通儒達士班固賈達鄭興〔今毛〕
父子並敦悅之〔興子眾也自有傳在傳曰六河圖敦悅禮樂而敦詩書也〕
詩左氏周禮各有傳記其與春秋共相表〔宜置博士〕
裏〔表裏言義相須而成也前書六卦九章相為表裏〕
為立學官以助後來以廣聖意會南夷反
叛以植嘗在九江有恩信拜為廬江太守
植深達政宜務存清靜弘大體而已歲餘
復徵拜議郎與諫議大夫馬日磾議郎蔡
邑楊彪韓說等並在東觀校中書五經記

傳補續漢記〔言中書以別於外也〕帝以非急務轉為侍
中遷尚書光和元年有日食之異植上封
事諫曰臣聞五行傳日晦而月見謂之胐〔五行傳劉向所著胐者月行遲而在目前日行速〕
王侯其舒〔故早見劉向以為君舒緩則臣驕慢故日行遲而月行速在目前〕此謂君政舒緩故日食晦也春秋
傳曰天子避位移時〔左氏傳曰辰有災其卒乎君不舉避日食過日食時也〕言其相掩不過移時而間
者日食自已過午既食之後雲霧掩暖比〔後時杜預注曰避正寢過日食時也〕
年地震彗孛互見臣聞漢以火德化當寬
明近色信讒忌之甚者如火畏水故也案
今年之變皆陽失陰侵消御災凶宜有其
道謹略陳八事　一曰用良　二曰原禁〔防禦疫癘防之氣〕五曰修禮
之　三曰御癘〔癘疫〕四曰備寇
也　六曰導堯七曰御下八曰散利用良者宜
使州郡禦賢良〔覈實〕
舉原禁者凡諸黨錮多非其罪可加赦恕〔隨方委用責求選〕
申宥回枉也〔回邪〕禦癘者宋后家屬並以無
辜委骸橫尸不得收葬疫癘之來皆由於

【後漢列傳五十四】　十八　王甫

此宜勑收拾以安遊魂　后以王封程阿所措曼／死父及兄弟並被誅靈　備宬者庻

王之家賦稅減削愁思窮乱必致非常宜　帝後夢見相帝怒曰宋皇后何罪而絕／其命已訴於天上帝震怒罪在難救也

使給足以防未然脩禮者應徵有道之人　其明者黙退其幽者此皆唐虞之法也　御下者請

若鄭玄之徒陳明洪範禳服災沴導堯者　年考功三考九年能否幽明孔安國注曰三

今郡守刺史一月數遷宜依黜陟以章能　書曰三載考績黜陟幽明孔安國注曰三

否縱不九載可滿三歲

調希爵〔宜禁塞也〕　希求　遷舉之事責成主

者散利者天子之體理無私積宜弘大務　彌除也

起四府舉植拜北中郎將持節以護烏桓　帝不省中平元年黃巾賊

中郎將宗貞副將北軍五校士發天下諸

郡兵征之連戰破賊帥張角斬獲萬餘人

角等走保廣宗植築圍鑿塹造作雲梯垂

當拔之帝遣小黃門左豐詣軍觀賊形埶

或勸植以賂送豐植不肯豐還言於帝曰

廣宗賊易破耳盧中郎固壘息軍以待天

誅帝怒遂檻車徵植減死罪一等及車騎

將軍皇甫嵩討平黃巾盛稱植行師方略　萬皆資用規謀濟成其功以其年復為尚

書帝崩大將軍何進謀誅中官乃召并州　牧董卓以懼太后植知卓凶悍難制必生

後患固止之進不從及卓至果陵虐朝廷　言植獨抗議不同卓怒罷會將誅植語在

卓傳植素善蔡邕〔邕〕前徙朔方植獨上書

乃大會百官於朝堂議欲廢立羣僚無敢

請之〔邑〕時見親於卓故往請植事又議郎

彭伯諫卓曰盧尚書海內大儒人之望也

今先害天下震怖卓乃止但免植官而已

植以老病求歸懼不免禍乃詭道從轘轅　詭詐也轘轅道在今／洛州緱氏縣東南也

出卓果使人追之到懷不及遂隱於上谷不交人事冀州牧袁紹請

為軍師初平三年卒臨困勑其子儉葬於

土穴不用棺槨附體單帛而已所著碑誄

表記凡六篇建安中曹操北討柳城過涿

郡觀德曰建安十二年操比征烏桓桓涉鮮卑討柳城登白狼山也告守令曰故

比中郎將盧植名著海內學為儒宗士之

措摸國之楨幹也昔武王入殷封商容之

閭鄭喪子產仲尼隕涕左傳曰仲尼聞子產死出涕古之遺愛也

孤到此州嘉其餘風春秋之義賢者之後宜有殊禮公羊傳曰君子之善善也長惡惡也短惡惡止其身善及子孫賢者子孫故

宜有殊禮惡惡止其身善及子孫賢者子孫故

并致薄酹醊祭酹也音張芮反以學行稱仕觀至侍中吏尊謂易其常分者也尚書時舉中書郎詔曰得其人與不在盧生耳

之薄也孤遣丞掾除其墳墓也

君子為其家十歲聞孤以彰厥德子虔知名

并致薄酹以彰厥德子虔知名

亞遣丞掾除其墳墓也

【後漢列傳五十四】二十一 朱叔元

論曰風霜以別草木之性

致異人而可以得常士畏敬慕春然後有名也 論語曰歲寒然後彰

莫取有名也號對曰名不足以致異人而可以得常士畏敬慕

曰籲字子家十歲聞孤以學行稱仕觀至侍中吏尊謂易其常分者也

危亂而見貞良之節老子曰國家昏亂有忠臣則盧公之

心可知矣夫螽蝱蠆蠍起懷雷霆駭耳雖貴育

荊諸之倫並孟賁夏育勇者也衛人荊軻諸曹論譁專諸也音淫言忱難不能

尤豫奪常者也自定也奪謂易其常分者也

當植抽白刃嚴閣之下追帝河津之間排事見何進傳杜預注左氏戈者卒之名也

戈刃赴栈折宣先計哉

君子之於忠義造次必於是顛沛必於是

仕州郡以廉直疾惡見憚年三十餘有

重疾臥蓐七年薜廬蓐也類曰薜廬薜也

遺令勑兄子曰大丈夫生世遯無箕山之

操易曰遯而亨君子以遠小人王弼注遯之為義遯乃通也許由所隱箕山也

伊呂之勳天不我與復何言哉可立一頁

石於吾墓前刻之曰漢有逸人姓趙名嘉

有志無時命也柰何其後疾瘳永興二年

辟司空掾議二千石得去官為親行服朝

廷從之其後為大將軍梁冀所辟為陳掾

趙歧字邠卿京兆長陵人也初名嘉生於

御史臺因字臺卿以其祖為御史生於臺也後避難故

自改名字示不忘本土也歧少明經有才

藝娶扶風馬融兄女融外戚豪家歧常鄙

之不與融相見三輔決錄注曰歧娶馬敬女宗姜與從姝宴飲作樂日夕乃出歧雖與融婚姻而鄙薄之不以妹壻之故屈志於融融高秩故

也孔子曰君子無終食之間違仁造次必於是顛沛必於是馬融注云造次急遽造次顛沛僵仆也辭急

益求賢之策異不納舉理劇為皮氏長

故城在今絳州龍門縣西汾錄曰歧為長郵疆討蕺大興學校也　會河東太守劉氏皮

祐去郡而中常侍左悺兄勝代之歧恥疾

官即郡曰西歸京兆尹延篤復以為功曹

先是中常侍唐衡兄玹為京兆虎牙都尉

郡人以玹進不由德皆輕侮之歧及玹音

延熹元年玹為京兆尹歧懼禍及

乃與從子戩逃避之玹果收歧家屬宗親

陷以重法盡殺之

孫嵩年二十餘遊市見歧察非常人停車

所不歷自匿姓名賣餅北海市中時安丘

呼與共載歧懼失色嵩乃下帷令騎車

人密問歧曰視子非賣餅者又相問而色

動不有重怨即亡命平我此北海孫賓石闖

門百口執能相濟歧素聞嵩名即以實告

之遂以俱歸嵩先入白母曰出行乃得死

友迎入上堂饗之極歡藏歧複壁中數年

歧作尨屯歌二十三章後諸唐死滅因赦

乃出三府聞之同時並辟後九年乃應司徒

胡廣之命會南匈奴烏桓鮮卑反叛公卿

舉歧拜并州刺史歧欲奏守邊之策未

及上會黨事免因撰次以為禦寇論　靈帝初復

注曰是時綱維不攝閹豎專權歧擬前代連珠之書四十章上之留中不出

遭黨錮十餘歲中平元年四方兵起詔選

故刺史二千石有文武才用者徵歧拜議

郎車騎將軍張溫西征關中請補長史別

屯安定大將軍何進舉為敦煌太守行至

襄武 隴西郡屬縣名 歧與新除諸郡太守數人俱

為賊邊章等所執脅以為帥歧詭辭

得免展轉還長安 注曰歧還至陳倉復遇亂兵裸身得免在草中十二日不食也

李傕專政使太傅馬日磾撫慰天下以歧

為副日磾行至洛陽表別遣歧宣揚國命

所到郡縣，百姓皆喜曰：「今日乃復見使者車騎。」是時紹、曹操與公孫瓚爭冀州，紹及操聞岐至，皆自將兵數百里奉迎。岐深陳天子恩德、宜罷兵安人之道，又移書公孫瓚，為言利害。紹等各引兵去，皆與岐期會洛陽，奉迎車駕。岐南到陳留，得篤疾，經涉二年，期者遂不至。興平元年，詔書辟岐。會帝當還洛陽，先遣衛將軍董承修理宮室。歧謂承曰：「今海內分崩，唯有荊州境廣地勝，西通巴蜀，南當交阯，年穀獨登，兵人差全。歧雖迫大命，猶志報國家，欲自乘牛車南說劉表，可使其身自將兵求衛朝廷，與將軍并心同力，共將王室，此安上救人之策也。」即表遣使歧使荊州，督租糧。歧至，劉表即遣兵詣洛陽，助修宮室，軍資委輸，前後不絕。時孫嵩亦寓於表，表不為禮。歧乃稱嵩素行篤烈，困共上為青州刺史。岐以老病遂留荊州。曹操時為司空，舉以自

代光祿勳桓典、少府孔融上書薦之。於是就拜岐為太常，年九十餘，建安六年卒。先自為壽藏（壽藏謂塚壙也。稱壽者取其久遠之意，猶如壽宮、壽器之類，冢在今荊州古邠城中也），圖季札、子產、晏嬰、叔向四像居賓位，又自畫其像居主位，皆為讚頌，勑其子曰：「我死之日，墓中聚沙為牀，布簟白衣散髮，其上覆以單被，即日便下，下訖便掩。」歧多所述作，著《孟子章句》、《三輔決錄》傳於時（決錄序曰：三輔者本雍州之地，世世徙公卿吏二千石及高貲，皆以陪諸陵，五方之俗雜會，非一國之風，不但……王仲……）。

（其為士好高尚義，貴於名行，其俗失於矜急而無信，言必有中，善否之間，無所依違，則賢愚自見，故老氏以為……賢恩常……言能視……名之明字……王石……近古既遷，從建武以來，賢于斯，今其人斷亡朽，乃可曹王石……繫於詩泰黍也……）

贊曰：吳翁溫愛，義干剛烈（謂以義干梁冀也）。延

史字人風，和恩結梁，使顯刑誣，黨潛絕子。

延幹棐安，達掾臨師（禮記孔子曰：丘少居魯，衣逢掖之衣；長居宋，冠章甫之冠。被之衣冠也者，鄭玄注曰：逢猶大也，大掖之衣……為大掖之衣，此君子有道藝者所衣也。此相承本以左傳曰：大夫出……所衣也……本作縫義亦通）。

朝威（疆界也，苟利社稷，專之可也）。邠卿出疆專命。

列傳卷第五十五　范曄　後漢書六十五

　　　　　　　　　唐章懷太子賢注

皇甫規

段熲

　皇甫規　張奐

皇甫規字威明安定朝那人也祖父棱度
遼將軍父旗扶風都尉永和六年西羌大
寇三輔圍安定征西將軍馬賢將諸郡兵
擊之不能克規雖在布衣見賢不郵軍事
審其必敗乃上書言狀尋而賢果為羌所

沒郡將知規有兵略乃命為功曹使率申
士八百與羌交戰斬首數級賊遂退郡舉
規上計掾其後羌衆大合攻燒隴西朝廷
患之規乃上疏求乞自効曰臣比年以來
數陳便宜羌戎未動策其將反馬賢始出

顧知必敗誤中之言在可考校臣每惟賢
等擁衆四年未有成功懸師之費且百億
之人羣為盜賊青徐荒飢襁負流散夫羌
（懸猶係也）（出於平人回入姦吏人也）（故江湖）

戎潰叛不由承平皆因邊將失於綏御乘
常守安則加侵暴苟競小利則致大害微
勝則虛張首級軍敗則隱匿不言軍士勞
怨困於猾吏進不得快戰以徼功退不得
溫飽以全命餓死溝渠暴骨中原徒見王
師之出不聞振旅之聲（振整旅衆也藏傳曰振旅闐闐出曰治兵入曰振旅也）

酋豪泣血驚懼生變是以安不能久敗則
經年臣所以搏手叩心而增歎者也願假
臣兩營二郡（兩營謂馬賢及趙沖也二郡安定隴西也）屯列坐食

臣之兵五千出其不意與護羌校尉趙沖共
相首尾土地山谷臣所曉習兵勢巧便臣
已更之可不煩方寸之印尺帛之賜高可
以滌患下可以納降若謂臣年少官輕不
足用者凡諸敗將非官爵之不高年齒之
不邁也（往也）

能用沖質之間梁太后臨朝規舉賢良方
正對策曰伏惟孝順皇帝初勤王政紀綱
四方幾以獲安後遭姦偽威分近習諸（近習倰佞）

侔觀近小人也禮記曰雖有貴戚近習

畜貨聚馬戲謔是聞又因

緣壁倖受賂賣爵輕使賓客交錯其閒天

下擾擾從亂如歸（左傳曰人之惠王之無厭也故從亂如歸也）故每

有征戰鮮不挫傷官民並竭上下窮虛臣

在關西竊聽風聲未聞國家有所先後臣

歸權倖陛下體兼乾坤聰哲純茂攝政之（謂進退也言國家不妄有襄貶進退而權倖之徒反為禍福也）

然望見太平而地震之後霧氣白濁日月

初拔用忠貞其餘維綱多所改正遠近翕

不光旱魃為虐（詩大雅曰旱魃為虐如惔如焚魃旱神也）大賊從

橫流血丹野庶品不安譴誡累至始以姦

臣權重之所致也其常侍尤無狀者亟便

黜遣（無狀者謂無善狀）披掃凶黨收入財賄以塞痛

怨以苦天誡今大將軍梁冀加與河南尹不疑

處周邵之任為社稷之鎮（梁商女為順帝后冀即商子故曰代）今日立號

姻族（翼為順帝后弟又為商子故曰代姻也）

雖尊可也（宜猶）實宜增脩謙節輔以儒術

省去遊娛不急之務割減廬第無益之飾

夫君者舟也人者水也（家語孔子曰夫君者舟也人者水也水可載舟亦以覆舟君以此思危則可知也）

操檝者也若志畢力以度元元所謂

福也如其怠弛將淪波濤可不慎乎夫德

不稱祿猶鑿壗之趾以益其高豈重力審

功安固之道哉凡諸宿猾酒徒戲客皆斥

納邪聲口出諂言甘心逸遊唱造不義亦

宜貶斥以懲不軌令冀等深思得賢之福

失人之累又在位素餐尚書惣職有司

違莫肯糾察故使陛下專受諂諛之言不

聞戶牖之外臣誠知阿諛有福深言近禍

豈敢隱心以避誅責乎臣生長邊遠希涉

紫庭怖慴失守言不盡心梁冀怨其刺己

以規為下第拜郎中託疾免歸州郡承冀

百幾陷死者再三遂以詩易教授門徒三

百餘人積十四年後梁冀被誅旬月之間

禮命五至皆不就時太山賊叔孫無忌侵

亂郡縣中郎將宗資討之未服公車特徵

規拜太山太守規到官廣設方略寇賊悉
平延熹四年秋叛羌零吾等與先零別種
寇鈔關中護羌校尉段熲坐徵熲音嬰羌坐徧涼州刺史郡說文
進下獄後先零諸種陸梁覆沒營塢日塢
小障也一曰庳城也音烏古反規素悉羌事志自奮効乃上
疏曰自臣受任志竭愚鈍實賴兗州刺史
牽顥之清猛今狷中郎將宗資之信義得承節
度幸無咎譽令狷賊就滅太山略平復聞
羣羌並皆反逆臣生長邊陲歧年五十有九
言臣素有固疾恐犬馬齒窮不報大恩願
乞冗官備單車一介之使勞來三輔宣國
威澤以所習地形兵執佐助諸軍臣窮居
孤危之中坐觀郡將已數十年矣自鳥鼠
至于東岱其病一也今渭州西卽先零羌寇鈔郡將郡守也名在
不如清平勤明吳孫未若奉法使之無反也吳起魏將也孫武吳將也力求猛敵
言若求猛敵不如撫以清平之政明孫武吳將也由郡守不如綏撫致使反叛其疾同也前變未遠臣
言兵書不如郡中奉法使之無反也

誠戚之憂也前是以越職盡其區區至冬變謂羌反
羌遂大合朝廷為憂三公舉規為中郎將
持節監關西兵討零吾等破之斬首八百
級先零諸種羌慕規威信相勸降者十餘
萬明年規因發其騎共討隴右而道路隔
絕軍中大疫死者十三四規親入菴廬巡
視將士三軍感悅東羌遂遣使乞降涼州
復通先是安定太守孫儁受取狼籍屬國
都尉李翕督軍御史張稟多殺降羌涼州
刺史郭閎漢陽太守趙熹並老弱不堪任
職而皆倚恃權貴不遵法度規到州界悉
條奏其罪或免或誅羌人間之翕然反善
沈氏大豪滇昌飢恬等十餘萬口復詣規
降規出身數年持節為將擁衆立功還督
鄉里旣無它私惠而多所舉奏又惡絕官
官不與交通於是中外並怨遂共誣規貨
略羣羌令其文降非真心降以文簿虛降天子璽書詰
讓羣羌規懼不免上疏自訟曰四年之秋

戎醜蠢戾 戎醜蠢動也戾乖叛也 爰自西州侵及涇陽 屬縣名 舊都懼駭朝廷西顧明詔 定郡其故城在今原州平源縣南也 不以臣愚駑急使軍就道 上就也猶 幸蒙威靈 遂振國命羌戎諸種大小稽首輙移書營 郡以訪誅納 訪問也規言羌種既服臣即移書營郡勸問誅殺并納受多少之數 目所省之費一億以上以為忠臣之義不 敢告勞 詩小雅曰密勿從事不敢告勞謙言無罪無辜謹口蟄也 自及微效劾然比方先事庶免罪悔 輩敗將也先事謂前 前踐州界先奏郡守孫儁次及屬國都尉 章敗

後漢列傳五十五 十七

李翕督軍御史張稟旋師南征又上涼州 刺史郭閎漢陽太守趙憙陳其過惡執據 大辟凡此五臣支黨半國其餘吏 小吏所連及者復有百餘吏託報將之怨 子思復父之恥載贄馳車懷糧步走交措 豪門競流謗讟云臣私報諸羌謝其錢貨 鮮猶謝也 若臣以私財則家無擔石如物出於 官則文簿易考就臣愚惑信如言者前世 尚遺匈奴以宮姬 元帝賜呼韓邪單于待詔掖庭王嬙為閼氏也 鎮烏

孫以公主 武帝以江都王建女細君妻烏孫王昆莫為夫人也 今臣但費 千萬以懷叛羌則良臣之才自略兵家之所 貴將有何罪負義違理平自永初以來將 出不少覆軍有五動資巨億有旋車完封 言覆軍之將旋師之日多載 寫之權門 珍寶封印完全便入權門 功立厚加爵封今臣還督本土糺舉諸郡 絕交離親我屢舊故衆謗陰害固其宜也 臣雖汗穢廉絜無聞今見覆沒恥痛實深 傳稱鹿死不擇音謹冒昧略上 左傳曰鹿死不擇音 走險急何其年冬徵還拜議郎論功當封而 能擇也 大音洛又音洛

後漢列傳五十五 八

中常侍徐璜左悺欲從求貨數遣賓客就 問功狀規終不答璜等忿怒以前事下 左校署屬 之於更官屬欲賦斂請謝規誓而不聽遂 漢官儀曰左校 以餘冠不絕坐繫廷尉論輸左校 漢官儀曰將屬左校 訟之會赦歸家徵拜度遼將軍至營數 作大匠 關 諸公及太學生張鳳等三百餘人詣 頡也 月上書薦中郎將張奐以自代曰臣聞人 無常俗而政有治亂兵無強弱而將有能 尚

否伏見中郎將張奐才略廉優宜正元帥

以從衆望若猶謂愚臣宜充軍事者願乞

冗官以爲奐副朝庭從之以奐代爲度遼

將軍規爲使匈奴中郎將及奐遷大司農

規復代爲度遼將軍規爲人多意篹自以

連在大位欲退身避第數上病不見聽會

友人上郡太守王旻喪還規縞素越界到

下亭迎之因令客密告并州刺史胡芳言

規擅遠軍營公違禁憲當急舉奏芳曰威 【後漢列傳五十五】

明欲避第仕塗故激發我耳 言欲歸第避仕官之塗也 九 陳興

當爲朝庭愛才何能申此子計邪遂無所 吾

問及黨事大起天下名賢多見染逮規雖

爲名將素譽不高自以西州豪桀恥不得

豫乃先自上言臣前薦故大司農張奐是

附黨也又臣昔論輸左校時太學生張鳳

等上書訟臣是爲黨人所附也臣宜坐之

朝廷知而不問時人以爲規賢在事數歲

北邊威服永康元年徵爲尚書其夏日食

詔公卿舉賢良方正下問得失規對曰天

之於王者如君之於臣父之於子也誠以

災妖使從福祥陛下八年之中三斷大獄 一除內嬖謂廢鄧皇后也再

誅外臣 守成瑙太尉劉質等也 而災異猶

見人情未安者殆賢愚進退威刑所加有

非其理也前太尉陳蕃劉矩 矩字叔方忠謀 古本

高世廢在里巷劉祐馮緄 漢官儀曰忠 趙典尹勳

正直多怨流放家門李膺王暢孔翊絜身 陳仲

守禮終無宰相之階至於鉤黨之釁事起 【後漢列傳五十五】 十

無端 鉤引也謂李等事也 虐賢傷善哀及無辜今興

改善政易於覆手而羣臣杜口贍畏前害

互相瞻顧莫肯正言願陛下暫留聖明

容受箴規直則前責可弭後福必降對奏不

省遷規弘農太守封壽成亭侯邑二百戶

讓封不受再轉爲護羌校尉熹平三年以

疾召還未至卒于穀城年七十一所著賦

銘碑讚禱文弔章表教令書檄牋記凡二

論曰孔子稱其言之不怍則其為之也難（作怍）察皇甫規之言其心不怍哉夫其審己則干祿見賢則委位故干祿不為貪而委位不求讓已不疑代而讓人無懼情故奐字然明敦煌酒泉人也

張奐字然明敦煌酒泉人也（酒泉縣名地多泉水故城在今縣東北也）父惇為漢陽太守奐少遊三輔師事太尉朱寵學歐陽尚書初年奐少遊三輔（后漢列傳五十五）（李賢）章句浮辭繁多博士（時牟鄉受書於張堪為故有牟氏章句）言奐減為九萬言後辟大將軍梁冀府乃上書桓帝奏其章句詔下東觀以疾去官（有四十五萬餘）復舉賢良對策第一擢拜議郎永壽元年遷安定屬國都尉初到職而南匈奴左奐羈臺耆且渠伯德等七千餘人寇美稷東羌復舉種應之而奐壁唯有二百許人間即勒兵而出軍吏以為力不敵叩頭爭止之奐不聽遂進屯長城收集兵士遣將王

衛招誘東羌因蒙龜茲（龜茲音丘慈縣名屬上郡蒯音義曰龜茲國以名縣也）人來降之因使南匈奴不得交通東羌諸豪遂相率與奐和親共擊奐羈等連戰破之伯德惶恐將其眾降郡界以寧羌豪帥感奐恩德上馬二十四先零酋長又遺金鐻八枚並受之（金食器名未詳形制也）主簿於諸羌前以酒酹地曰（以酒沃地謂之酹酹音力外反）而召使馬如羊不以入廄使金如粟不以入懷悉以金馬還之（如羊如粟喻多也）羌性貪而貴吏清（后漢列傳五十五）（敦煌）遼將軍門（時度遼將軍屯五原引屯赤阬煙火相望兵）前有八都尉率好財貨為所患苦及奐正身絜己威化大行遷使匈奴中郎將時休屠各（屠各音直）及朔方烏桓相並同反叛眾大恐各欲亡去奐安坐帷中與弟子講誦自若軍士稍安乃潛誘烏桓陰與和通遂使斬屠各渠帥襲破其眾南單于諸嘉元年鮮卑寇邊奐率南單于擊之斬首數百級明年梁冀被誅奐以故吏免官禁

鋼奐與皇甫規友善奐既被鋼凡諸交舊
莫敢爲言唯規薦舉前後七上在家四歲
復拜武威太守平均徭賦率厲散敗常爲
諸郡最河西由是而全其俗多妖忌常爲
月五月產子及與父母同月生者悉殺之
奐示以義方嚴加賞罰風俗遂改百姓生
爲立祠宇尤異遷度遼將軍數載開幽并
清靜九年春徵拜大司農鮮卑聞奐去其
夏遂招結南匈奴烏（讀曰烏桓）數道入塞或五六
千騎或三四千騎寇掠緣邊九郡殺略百
姓秋鮮甲復率八九千騎入塞誘引東羌
與共盟詛於是上郡沈氏安定先零諸種
共寇武威張掖被其邊大被其毒朝廷以爲
憂復拜奐爲護匈奴中郎將以九卿秩爲
幽并涼三州及度遼烏桓二營（明帝永平八年初置度遼）
千石能否賞賜其厚匈奴烏桓相聞奐至因
相率還降凡二十萬口奐但誅其首惡餘

郭傳

（邨軍屯五原郡曼柏縣漢官儀曰烏九桉尉屯上谷郡甯縣故曰二營　兼察刺史二）

皆慰納之唯鮮卑出塞去永康元年春東
羌先零五六千騎寇關中圍祂掠雲陽
夏復攻沒兩營殺千餘人冬羌岸尾摩螫
等（螫音必脅）同種復鈔三輔奐遣司馬尹端
董卓並擊大破之斬其酋首虜萬餘人
三州清定論功當封奐不事宦官故賞遂
不行唯賜錢二十萬除家一人爲郎並辭
不受而願徙屬弘農華陰舊制邊人不得
內徙唯奐因功特聽故始爲弘農人焉建
寧元年振旅而還時大后臨朝大將軍
竇武與太傅陳蕃謀誅宦官事泄中常侍
曹節等於中作亂以奐新徵不知本謀矯
制使奐與少府周靖率五營士圍武武自
殺番因見害奐遷少府又拜大司農以功
封奐深病爲節所賣上書固讓封還印
綬卒不肯當明年夏青蛇見於御坐軒前
又大風兩雹霹靂拔樹詔使百僚各
言災應奐上疏曰臣聞風爲號令動物通

（軒殿檻關板也）

氣號今所以譴告人君者也　木生於火相須乃

翼氏風角曰凡風者天之

明蛇能屈申配龍騰蟄　易曰龍蛇之蟄以存身也慎子曰騰蛇游霧飛

龍乘雲雲罷霧散與蚯蚓同也

氣專用則凝精為電故大將軍竇武傅

陳蕃或志寧社稷或方直不回前以讒勝

並伏誅戮海內默然人懷震憤昔周公葬

不如禮天乃動威　尚書大傳周公薨成王欲葬之於成周天雷雨以風禾

即盡僵大木斯拔國人大恐王葬周公於畢示不敢臣也

明宥眚之來皆為此也宜急為改葬徙

還家屬其從坐禁錮一切蠲除又皇太后

雖居南宮而恩禮不接朝臣莫言遠近失

望宜思大義顧復之報　顧旋視也復反覆也小物

　雅曰父今生我母兮　出入腹我天子深納奐言以問諸黃門常

侍左右皆惡之帝不得自從轉奐太常與

尚書劉猛刁韙衛良同薦王暢李膺可參

三公之選而曹節等彌疾其言遂下詔切

責之奐等皆自四廷尉數日乃得出並以

三月俸贖罪司隸校尉王寓出於宦官欲

借寵公卿以求薦舉百僚畏懼莫不許諾

唯奐獨拒之寓怒因此遂陷以黨罪禁錮

歸田里奐前為度遼將軍與段熲爭擊羌

不相平及熲為司隸校尉逐奐歸敦煌

將害之奐憂懼奏記謝熲曰小人不明得

過州將千里委命以情相歸　漢官儀曰司隸州部河南雒陽

使人未反復獲郵書恩詔分明前以寫百　管三輔三河弘農七郡所以奐屈於熲冊曰州將為

而州期切促郡縣惶懼屏營延企側待歸

命父母朽骨孤魂相託若蒙矜憐壹惠咳

唾則澤流黃泉施及冥寞非奐生死所能

報塞夫無毛髮之勞而欲求人丘山之用

此淳于髡所以拍髀仰天而笑者也　拍音百史記楚發兵伐齊齊威王使淳于髡

反齎音步弟及史記楚發兵伐齊齊威王使淳于髡之趙請救頫仰天大笑冠纓索絕

王曰先生少之乎髡曰今者臣從東方來見道傍有禳田者操一豚蹄酒一盂而祝曰甌窶滿篝汙邪滿車五穀蕃熟穰穰滿家臣見其所持者狹所求者奢故笑之是王乃益以黃金千鎰白璧十雙車馬百駟

也誠知言必見譏然猶未能無望何者朽　新序曰文王作靈臺

骨無益於人而文王葬之掘得死人骨吏以聞

（上欄）

丈王曰葬之吏曰此無主矣王曰之生也有一國之主焉今吏以棺葬之天下聞之況之曰丈王之為令吏賢矣澤及朽骨又況之於人者乎

燕昭寶　以新序曰燕昭王即位求賢以報齊讎因郭隗曰齊因孤之亂而襲破燕孤之醜之願可以報君之大恥以雪先王之恥孤之願也君請先視可者得身事之郭隗曰古之人君有以千金求千里馬者三年不能得涓人言於君請求之君遣之三月得千里馬馬已死乃以五百金買其首以報君君大怒曰所求者生馬安事死馬而捐五百金涓人對曰死馬且買之五百金況生者乎天下必以王為能市馬馬今至矣於是不能期年千里馬至者二今王誠欲致士先從隗始況賢於隗者乎豈遠千里哉於是昭王為隗築宮而師之樂毅自魏往鄒衍自齊往劇辛自趙往士爭趨燕

凡人之情冤則呼天窮則叩心　黨同文昭之德豈不大哉

天不聞叩心無益誠自傷痛俱生聖世獨

為匪人　詩小雅曰哀我征夫獨為匪人也

訴如不哀憐便為魚肉　言將吞噬也　孤微之人無所告

無所復言頗雖剛猛省書哀之卒不忍也　企心東望

時禁錮者多不能守靜或死或徙奐開門

不出養徒千人著尚書記難三十餘萬言

奐少立志節嘗與士友言曰大丈夫處世

當為國家立功邊境及為將帥果有勳名

董卓慕之使其兄遺縑百四奐惡卓為人

（下欄）

絶而不受光和四年卒年七十八遺命曰

吾前後仕進十要銀艾　銀印綠綬也以艾草染之故曰艾也不能

和光同塵為讒邪所忌　老子曰和光同塵也　通塞命

也始終常也但地底冥冥長無曉期而復

纏以纊綿牢以釘密為不喜耳幸有前窀

朝殞夕下措尸靈牀幅巾而已奢非晉文

非王孫　屍入地七尺脫去其囊以身親土　推情

從意庶無咎吝諸子從之武威多為立祠

世世不絶所著銘頌書教誡述志對策章

表二十四篇長子芝字伯英最知名　王愔文志

陸朗鄧中記曰永嘉末發齊太尉楊王孫墓得水銀池金數十箇珠襦玉匣縞綵不可勝數　左傳曰晉文公薨

非王孫　武帝時楊王孫死誠其子曰吾欲裸葬不許用叔父之所惡者曰晉文既請用王禮而葬布囊盛身

芝及弟昶字文舒並善草書至

今稱傳之初奐為武威太守其妻懷孕夢

帶奐印綬登樓而歌訊之占者曰必將生

男復臨茲邦命終此樓既而生子猛以建

安中為武威太守殺刺史邯鄲商州兵圍
之急猛恥見擒乃登樓自燒而死卒如占
云

論曰鄙鄉之封中官世盛〔官者鄭眾侯也〕鄉鄉侯也封暴
恣數十年間四海之內莫不切齒憤盈願
下名士有識所共聞也而張與見欺賢子
投兵以〔奧被曹節等矯制使率五管士圍殺陳蕃實武等〕
揚戈以斷忠烈
毒在心辭爵謝咎詩云嘒其泣矣何嗟及

矣詩國風也啜泣〔貌也音知劣反〕

段熲字紀明武威姑臧人也其先出鄭共〔宗字子‥天水上邽〕
叔段西域都護會宗之從曾孫也
熲少便習弓馬尚遊〔城郭諸國為敦煌立祠〕
俠輕財賄長乃折節好古學初舉孝廉為
憲陵園丞陽陵令〔憲陵順帝陵陽陵景帝陵漢官儀曰丞秩三百石秩六〕
所在能政遷遼東屬國都尉時鮮卑〔百石〕也
犯塞熲即率所領馳赴之既而恐賊驚去
乃使驛騎齎璽書詔熲熲於道偽退潛

旅還路設伏虜以為信然乃入追熲因
大縱兵悉斬獲之坐詐齎璽書伏重刑以有
功論司寇刑竟徵拜郎時太山琅邪賊公
東郭竇公孫舉等聚眾三萬人破壞郡縣〔漢官儀曰公〕
遣兵討之連年不克永壽二年桓帝詔公
卿選將有文武者司徒尹訟薦熲〔訟字公孫〕
乃拜為中郎將擊實舉等大破斬之〔也〕
獲首萬餘級餘黨降散封熲為列侯賜錢
五十萬除一子為郎中延熹二年遷護羌
校尉會燒當燒何當煎勒姐等八種羌〔音姐〕
寇隴西金城塞熲將兵及湟中義從〔紫且反〕
羌萬二千騎出湟谷擊破之追討南渡河
使軍吏田晏夏育先登懸索相引復戰
於羅亭大破之斬其酋豪以下二千級獲
生口萬餘人虜皆奔走明年春餘羌復與
燒何大豪寇張掖攻沒鉅鹿塢殺屬國吏
民又招同種千餘落井兵晨奔熲軍下
馬大戰至日中刀折矢盡虜亦引退熲遷

之且鬪且行晝夜相攻割肉食雪四十餘
日遂至河首積石山出塞二千餘里斬燒
何大帥溺死者千六百人燒當種九十餘口
斬首虜五十餘人又分兵擊石城羌
熲復降又雜種羌屯聚白石（白石山在今蘭州狄道縣東）
詣熲降
熲復進擊首虜三千餘人冬勒零吾種
圍允街（音階 音鍇）殺略吏民熲排營救之斬獲
數百人四年冬上郡沈氏隴西牢姐烏吾種
諸種羌共寇并涼二州熲將湟中義從討

之涼州刺史郭閎貪共其功稽固熲軍使
不得進（稽固猶留也）義從役久戀鄉舊皆悉反叛
郭閎歸罪於熲熲坐徵下獄輸作左校羌
遂陸梁覆沒營塢轉相招結唐突諸郡於
是吏人守闕訟熲以千數朝廷知熲為郭
閎所誣詔問其狀熲但謝罪不敢言枉京
師稱為長者起於徒中復拜議郎遷并州
刺史時滇那等諸種羌五六千人寇武威
張掖酒泉燒人廬舍六年寇鈔轉盛涼州

幾亡冬復以熲為護羌校尉乘驛之職明
年春羌封僇良多滇那等（僇音良逯反又力救反）
三百五十五人率三千落詣熲降當煎勒（酋豪）
姐種猶自屯結冬熲將萬餘人擊破之斬
其酋豪首虜四千餘人八年春熲復擊勒
姐種斬首虜四百餘級降者二千餘人夏進
軍擊當煎種於湟中熲兵敗被圍三日用
隱士樊志張策潛師夜出鳴鼓還戰大破
之首虜數千人熲遂窮追展轉山谷間月

春及秋無日不戰虜遂飢困敗散北略武
威閒熲凡破西羌斬首二萬三千級獲生
口數萬人馬牛羊八百萬頭降者萬餘落
封熲都鄉侯邑五百戶永康元年當煎諸
種復反合四千餘人欲攻武威熲復追擊
於鸞鳥大破之（鸞鳥音若縣名屬武威郡故城在今涼州昌松縣北也）殺其
渠帥斬首三千餘級西羌於此弭定而東
羌先零等自覆沒征西將軍馬賢後朝廷
不能討遂數寇擾三輔其後度遼將軍皇

甫規中郎將張奐招之連年旣降又叛桷
帝詔問頹曰先零東羌造惡反逆而皇甫
規張奐各擁強眾不時輯定欲頹移兵東
討未識其宜可參思術略頹因上言曰臣
伏見先零東羌雖數叛逆而降於皇甫規
者已二萬許落善惡旣分餘寇無幾今張
奐且自冬踐春屯結不散人畜疲羸自亡
之埶徒更招降坐制強敵耳臣以為狼子
野心難以恩納　左傳晉叔向母曰狼子野心也　埶窮雖服兵
去復動唯當長予挾脅白刃加頸耳計東
種所餘三萬餘落居近塞內路無險折非
有燕齊秦趙從橫之埶而久亂并涼累侵
三輔西河上郡已各內徙安定此地復至
單危自雲中五原西至漢陽二千餘里匈
奴種羌並擅其地是為癰疽伏疾留滯脅
下如不加誅轉就滋大令若以騎五千步
萬人車三千兩三冬二夏足以破定無慮

〔後漢列傳五十五〕　王三　陳莁

用費為錢五十四億　凡也　無慮都計如此則可令羣
羌破盡匈奴長服內徙郡縣得反本土伏
計永初中諸羌反叛十有四年用二百四
十億永和之末復經七年用八十餘億費
耗若此猶不誅盡餘孽復起于茲作害令
不暫疲人則永寧無期臣庶竭駑劣待
節度帝許之悉聽如所上建寧元年春頹
將兵萬餘人齎十五日糧從彭陽直指高
彭陽高平並縣名屬安定郡彭陽縣即今原州彭原縣也高平縣今原州也
平　今原州也　諸種戰於逢義山虜兵盛頹眾恐頹乃令
軍中張鏃利刃長予三重挾以強弩列輕
騎為左右翼激怒兵將曰今去家數千里
進則事成走必盡死努力共功名因大呼
眾皆應聲騰赴頹馳騎於傍突而擊之虜
眾大潰斬首八千餘級獲牛馬羊二十八
萬頭時實太后臨朝下詔曰先零東羌歷
載為患頹前陳狀欲必埽滅涉履霜雪兼
行晨夜身當矢石感厲吏士曾未浹日凶

〔後漢列傳五十五〕　王石

醒奔破洓而也洓音子諜南反謂币十二辰也

連尸積傷掠獲無筭東觀記

洗雪百年之逋負以慰忠將之亡魂詔云此以慰种光功用顯著朕甚嘉之須東馬賢等亡魂也曰太后

羌盡定當并錄功勤今且賜頴錢二十萬以家一人為郎中勅中藏府調金錢綵物東觀記段頴曰

增助軍費拜頴破羌將軍夏頴復追羌出橋門至走馬水上傳出橋門谷也尋聞虜在

奮延澤即上郡奢延縣界也乃將輕兵兼行一日一夜

二百餘里晨及賊擊破之餘虜走向落川林慮逵

《後漢列傳五十五》　二十五

復相屯結頴乃分遣騎司馬田晏將五千人出其東假司馬夏育將二千人繞其西

羌分六七千人攻圍晏等與戰羌潰令

走頴急進與晏等共追之於令鮮水上鮮令

衆推方奮其水水名在今甘州張掖縣界一名羌谷水也頴復散走輿

相連綴且鬭且引及於靈武谷靈武縣名有名臷水名靈武谷在今靈州虜士卒飢渴遂勒

頴乃被甲先登士卒無敢後者羌遂懷遠縣名西北

大敗弃兵而走追之三日三夜士皆重繭

于曰申包胥蒲葍重瓱也蒲葍下傷起形如蒲也淮南

既到涇陽縣名屬安定郡餘

寇四千落悉散入漢陽山谷閒時張奐上言東羌雖破餘種難盡頴性輕果慮負敗難常宜且以恩降可無後悔詔書下頴頴復上言臣本知東羌雖衆而輕弱易制所以比陳愚思為永寧之筭而中郎將張奐說虜強難破宜用招降聖朝明監信納賢言故臣謀得行奐計不用事勢相反遂

《後漢列傳五十五》　二十六　李彪

懷猜恨信叛羌之訴飾潤辭意去臣兵累見折衂傷敗曰衂音女六反又言羌一氣所生不可誅盡言羌亦東天之一氣山谷廣大不可空靜血流汙野傷和致災念周秦之際戎狄為害中興以來羌寇最盛誅之不盡雖降復叛今先零雜種累以反覆攻沒縣邑剿略人物發冢露尸禍及生死上天震怒假手行誅慨惜也尚書曰皇天降災假手于我有命也

衞國代之師興而雨也昔邪為無道山川不言寶莊子曰昔周

臣動兵涉夏連飢克勃而雨年豐今邪方無道天從之師興而雨也

獲甘肅歲時轉穀羸人無疵疫上占天心不
為炎傷也占候下察人事衆和師克克勝也左
自橋門以西落川以東故宮縣邑更
相通屬非為深險絕域之地車騎軍安行無
應折衂案與為漢吏身當武職駐軍二年
不能平寇虜欲修文戰戈招降獷敵
誕辭空說偶而無徵何以言之昔先零
當亂邊馬援遷之三輔
作寇趙充國徙令居內也
終叛至今為鯁
以為深憂今傍郡戶口單少數為羌所創
毒而欲今降徙與之雜居是猶種積棘於
良田養虺蛇於室內也故臣奉大漢之威
建長久之策欲絕其本根不使能殖
五十四億今適蚤年所耗未半而餘寇殘
爐將向殄滅今
內御
願卒斯言一以

任臣臨時量宜不失權便二年詔遣謁者
馮禪說降漢陽散羌頗以春農百姓布野
羌雖暫降而縣官無廩必當復為盜賊不
如乘虛放兵襲必殄滅夏頗自進營去羌
所屯凡亭山四五十里遣田晏夏育將五
千人據其山上羌悉衆攻之厲聲問曰田
晏夏育在此不遑中義從羌悉在何面今
日欲決死生軍中恐晏等勸激兵士殊死
大戰遂破之羌衆潰東奔復聚射虎谷分
兵守諸谷上下門頗規一舉滅之不欲復
令散走乃遣千人於西縣結木為柵廣二
十步長四十里遮之
遣晏育等將七千人銜枚夜上西山結營
穿塹去虜一里許又遣司馬張愷等將三
千人上東山虜乃覺之遂攻晏等分遮汲
水道頗自率步騎進擊水上羌却走因與
愷等挾東西山縱兵擊破之羌復敗散頗
追至谷上下門窮山深谷之中虜處破之

斬其渠帥以下萬九千級獲牛馬驢驟氂
裘廬帳什物不可勝數馮緄等所招降四
千人分置安定漢陽隴西三郡於是東羌
悉平凡百八十戰斬三萬八千六百餘級
獲牛馬羊驟驢駞四十二萬七千五百
餘頭費用四十四億軍士死者四百餘人
更封新豐縣侯邑萬戶頎行軍仁愛士卒
疾病者親自瞻省手為裹創在邊十餘年
未嘗一日蓐寢

郭璞曰蓐席也　言身不自安　與將士同苦

後漢列傳五十五　二十九

故皆樂為死戰三年春徵還京師將秦胡
步騎五萬餘人及汗血千里馬生口萬餘
人詔遣大鴻臚持節慰勞於鎬

鎬水名在今長安縣西

軍至拜侍中轉執金吾河南尹有盜發馮
貴人家坐左轉諫議大夫再遷司隸校尉
頎曲意官官故得保其富貴遂黨中常侍
王甫枉誅中常侍鄭颯董騰等增封四千
戶并前萬四千戶明年代李咸為太尉其
冬病罷復為司隸校尉數歲轉潁川太守

徵拜太中大夫光和二年復代橋玄為太
尉在位月餘會日食自劾有司舉奏詔收
印綬詣廷尉時司隸校尉陽球奏誅王甫
并及頎就獄中詰責之遂飲鴆死家屬徙
邊後中常侍呂強上疏追訟頎功靈帝詔
頎妻子還本郡初頎與皇甫威明張然明
並知名顯達京師稱為涼州三明云
贊曰山西多猛三明儷蹤

儷偶也前書疾風曰儷僂泰漢以來山東出相

戎驂糾結塵斤河

山西出將若白起王翦若李廣辛慶忌之流皆山西人也

後漢列傳五十五　三十

潼曰潼水即潼關也
規英審策亞過罸凶文會
志比更相爲容叚追兩狄束馬尉鋒紛紜
騰突谷靜山空

後漢書列傳卷第五十五

陳蕃　王允

唐章懷太子賢注

陳蕃字仲舉汝南平輿人也祖河東太守
蕃年十五嘗閒處一室而庭宇蕪穢父友
同郡薛勤來候之謂蕃曰孺子何不洒埽
以待賓客蕃曰大丈夫處世當埽除天下
安事一室平勤知其有清世志甚奇之初
仕郡舉孝廉除郎中遭母憂棄官行喪服

〔後漢列傳五十六　一乙〕

關刺史周景辟別駕從事〔續漢志曰別駕從事〕
校尉行部奉引〔續漢志曰樂安〕
投弃也傳謂為衆事
也音丁戀反〔本名千乘和帝〕
以諫爭不合投傳而去〔投弃也〕
後公府辟舉方正皆不就太尉李固表薦
徵拜議郎再遷為樂安太守
時李膺為青州刺史名有威政屬城
聞風皆自引去蕃獨以清績留郡人周璆〔璆音〕
高絜之士〔優〕
蕃能致焉字而不名特為置一榻去則縣
之璆字孟玉臨濟人有美名民有趙宣葬

親而不閉埏隧〔埏隧今人墓道也隧道七杜預注　左傳玄攝地通路曰隧因居〕
其中行服二十餘年鄉邑稱孝州郡數禮
請之郡內以薦蕃與相見問及妻子而
宣者俯就中所生蕃大怒曰聖人制禮
賢者俯就不肖者企及〔母之恩也賢者俯而就之〕
不肖者企及〔禮記曰三年之喪〕
且祭不欲數數則煩煩則不敬〔禮記曰況乃寢宿冢藏而孕育其中〕
誑時惑衆誣汙鬼神乎遂致其罪大將軍
梁冀威震天下時遣書詣蕃有所請託不
得通使者詐求謁蕃怒笞殺之坐左轉脩
武令稍遷拜尚書時零陵桂陽山賊為害
公卿議遣討之又詔下州郡一切皆得舉
孝廉茂才蕃上疏駁之曰昔高祖創業萬
邦息肩有撫養百姓同之赤子〔尚書曰若保赤子唯人其康乂〕
今二郡之民亦陛下赤子也致令赤子為
害豈非所在貪虐使其然乎宜嚴勑三府
隱覈牧守令長其有在政失和侵暴百姓
者即便舉奏更選清賢奉公之人能班宣

法令情在愛惠者可不勞王師而羣賊弭
息矣又三署郎吏二千餘人三府掾屬過
限未除但當擇善而授之簡惡而去之豈
煩一切之詔以長請屬之路乎以此忤左
右故出為豫章太守性方峻不接賓客士
（蕃嘗妻鄉人畢至唯許子辭不肯子辭不往徵日仲舉性峻峻則少通故不遠也）
民亦畏其高
爲尚書令送者不出郭門遷大鴻臚會白
馬令李雲抗疏諫桓帝怒當伏誅蕃上書
救雲坐免歸田里復徵拜議郎數日遷光

【後漢列傳五十六】（三）　林芳

祿勳時封賞踰制內寵猥盛蕃乃上疏諫
曰臣聞有事社稷者是為有事人君
者容悅是為今臣掌恩聖朝備位九列見
非不諫則容悅也夫諸矦上象四七垂燿
（上象四七謂二十八宿各主諸矦之分野）
在天下應分土藩屏上國
故曰下應分土上言　高祖之約非功臣不矦而
（昔以歸王室也）
聞追錄河南尹鄧萬世父遵之微功更爵
尚書令黃儁聞先人之絕封近習以非義授
邑左右以無功傳賞授位不料其任裂土

莫紀其功至乃一門之內矦者數人故緯
象失度陰陽謬序稼用不成民用不康臣
知封事己行言之無及誠欲陛下從是而
止又比年收斂十傷五六萬人飢寒不聊
生活而采女數千食肉衣綺脂油粉黛不
可勝計也
（貲量）
鄙諺言盜不過五女門以女
貧家也今後宮之女豈不貧國乎是以
宮嫁而天下化
（帝王紀曰對作傾宮多采美女以虎之武王伐紂乃歸傾宮之女於諸矦也）
女於諸矦也
楚女悲而西宮災
（公羊傳曰西宮災何休注云時僖公為齊媵楚女為嫡楚女廢居西宮而不見愍悲怨所生）
生憂悲之感以致并隔水旱之困夫必
禁止姦違官以稱才理物若法虧於平官
失其人則王道有缺而令天下之論皆謂
獄由怨起爵以賄成夫不有臭穢則蒼蠅
不飛陛下宜採求失得擇從忠善則佞邪
擧委尚書三公
（尺一謂板長尺一以寫詔書也）
使讒責誅賞
各有所歸豈不幸甚帝頗納其言爲出宮
女五百餘人但賜儁爵關內矦而萬世南

【後漢列傳五十六】（四）

延熹六年車駕幸廣城校獵（廣城苑名在今汝州梁縣西北也）蕃上疏諫曰臣聞人君有事於苑囿唯仲秋西郊順時講武殺禽助祭以敬孝敬如或違此則為肆縱故皐陶戒舜無教逸遊無教逸欲有邦（尚書咎繇謨曰無教逸欲有邦周公戒成王無槃于遊田篇之言）虞舜成王猶有此戒況德不及二主者乎夫安平之時尚宜有節況當今之世有三空之戹哉田野空朝廷空倉庫空是謂三空加兵戎四方離散是陛

《後漢列傳五十六》五　皇天

下焦心毀顏坐以待旦之時也豈宜揚旗曜武騁心輿馬之觀乎又前秋多雨民始種麥今失其勸種之時而令給驅除路之役非賢聖恤民之意也齊景公欲於海放平琅邪晏子為陳百姓惡聞旌旗輿馬之音舉首顰眉之感景公為之不行周穆王欲肆車轍馬跡祭公謀父為誦祈招之詩以止其心誠惡逸遊之害人也（祭公謀父周卿士諫父名也祈招逸詩也左傳曰昔周穆王欲肆其心周行天下將皆必有車轍馬跡祭公謀父）

心書奏不納自蕃為光祿勳與五官中郎將黃琬共選舉不偏權富而為執家郎所諧訴坐免歸頃之徵為尚書僕射轉太中大夫八年代楊秉為太尉蕃讓曰不悊不忘率由舊章（詩大雅也言成王今德不遺失循用舊典文章謂周公之禮法也）臣不如太常胡廣齊七政訓五典不如議郎王暢聰明亮達文武兼姿臣不如弛刑徒李膺帝不許中常侍蘇康管霸

《後漢列傳五十六》六　陳仲

等復被任用遂排陷忠良共相阿媚大司農劉祐廷尉馮緄（音古恨反）河南尹李膺皆以忤旨為之抵罪蕃因朝會固理膺等請加原宥之（爵任言及反覆誠懇切）帝不聽因流涕而起時小黃門趙津南陽大猾張汜等奉事中官乘埶犯法二郡太守劉瓆成瑨考案其罪雖經赦令而並竟考殺之官官怨恚有司承旨遂奏瓆瑨罪當弃市又山陽太守翟超沒入中常侍侯覽財

產東海相黃浮誅殺下邳令徐宣超浮並坐髡鉗輸作左校蕃與司徒劉矩司空劉茂共諫請瓚超浮等帝不悅有司劾奏之矩茂不敢復言蕃乃獨上疏曰臣聞齊

今斬軍而春秋於魯小惡必書（國語曰相公問管仲曰安國可乎對曰可管仲曰若何對曰公及諸侯若作內政則可何對曰作內政若何……公羊傳莊公四年公子慶父帥師伐於部）南門藏其奢也故曰小惡必書也

《後漢列傳五十六

七

宜先自整正物

後以及人今寇賊在外四支之疾內政不理心腹之患也臣寢不能寐食不能飽實憂左右日親忠言以踈內患漸積外難方深

陛下超從列侯繼承天位（言桓帝以蠡吾侯即位）況畜產百萬之資子孫尚恥愧失其先業況乃產兼天下受之先帝而欲懈怠以自輕忽乎誠不愛己不當念先帝得之勤苦邪

小家

本寬

前梁氏五族毒徧海內（五族謂愷讜涼忠戟五人與冀同時誅事見異傳也） 天啟聖意收而戮之天下之議豈當小平明鑒未遠覆車如昨而近習之權復

相扇結小黃門趙津大猾張氾等肆行貪虐姦媚左右前太原太守劉瓆南陽太守成瓆糾而戮之雖言赦後不當誅殺原其誠心在乎去惡至於陛下有何悁悁（說文曰悁悁忿也）為之而小人道長營營惑聖聽遂使天威為之發怒如加刑謫已為過甚況乃重罰令伏

《後漢列傳五十六

八

歐刀乎又前山陽太守翟超東海相黃浮奉公不橈疾惡如讎超沒侯覽財物浮誅徐宣之罪並蒙刑坐不逢赦恕覽之從橫沒財已幸宣犯釁過死有餘辜昔丞相申屠嘉召責鄧通洛陽令董宣折辱公主而文帝從而請之光武加以重賞（文帝時太中大夫鄧通愛幸居上旁有怠嫚禮召通上殿令丞相申屠嘉……通小臣戲殿上大不敬當斬……帝賜宣錢三十萬語見董宣傳）未聞二臣有專命之誅而今左右群豎惡傷黨類妄相交搆致此刑譴聞臣是言當復嚇訴陛下深宜割塞近習豫政之源引納尚書朝

林寬

省之事公卿大官五日壹朝〔宣帝五日一朝事自丞相已下〕各歛要〔其言〕簡練清高斥黜佞邪如是天和於上地洽於下休禎符瑞豈遠乎哉陛下雖厭毒臣言凡人主有自勉強敢以死陳之官得奏愈怒竟無所納朝廷衆莫不怨之官官由此疾蕃彌甚選舉輒以中詔譴卻長吏已下多至抵罪猶以蕃名臣不敢加害瑨字文理高唐人〔高唐縣名今博州縣也〕

〔後漢列傳五十六 九 李賢〕

平陝人並有經術稱處位敢直言多所搏擊知名當時皆死於獄中九年李膺等以黨事下獄考實蕃因上疏極諫曰臣聞賢明之君委心輔佐伊呂桀紂迷惑亡在失湯武雖聖而興於伊呂桀紂迷惑亡國之人〔關龍逢比干是也〕由此言之君為元首臣為股肱同體相須共成美惡者也〔君為元首臣為股肱明其一體相須而成也〕伏見前司隸校尉李膺太僕杜密太尉掾范滂等正身無私死心社稷以忠忤旨橫加考案或禁錮閉隔或

死徙非所杜塞天下之口聾盲一世之人〔秦始皇時丞相李斯上言曰天下有敢藏詩書百家語者悉詣守尉雜燒之事見史記〕與秦焚書坑儒何以為異斯〔史記秦始皇既定天下斯請燒詩書百家語惡聞其事見史記也〕昔武王克殷表閭封墓〔武王克殷命畢公表商容之閭封比干之墓事見史記〕今陛下臨政先誅忠賢遇善何薄待惡何優夫讒人似實巧言如簧〔詩小雅曰巧言如簧顏之厚矣讒笙簧也言讒人之口以喻笙簧也〕使聽之者惑視之者昏夫吉凶之效存乎識善成敗之機在於察言言人君者攝天地之政東西四海之雄在舉動不可以違聖法進退不可以離道規謬言出口則亂及八方何況髡無罪於獄殺無辜於市〔昔禹出見罪人下車泣而問之左右曰夫罪人不順故使殺之為君王何為痛之〕下車而哭之曰萬方有罪在予一人故其興也勃焉〔說苑曰禹見罪人下車泣而問之曰堯舜之人皆以堯舜之心為心今寡人為君百姓各自以其心是以痛之書曰百姓有之至此也為曰竟舜之人皆以君心為心百姓各自以其心是以痛之書曰百姓有〕

03-984

罪在于一人左傳曰禹湯罪己其興也勃焉
桀紂罪人其亡也忽焉為杜預注曰勃盛也
徐炎旱五穀損傷民物流遷亟救不足　又青
而宦女積於房披國用盡於羅紈外　雅廣
戚私門貪財受略所謂祿去公室政在大
夫之論語孔子昔春秋之末周德衰微數十
示憂以悟陛下除妖去尊實不敢尸祿惜生坐觀成
聞無復災眚者天所弃也
食也天不天之於漢恨恨無已
遂告也

敗如棠樹君使司牧之必須良佐以固
恨也
列台司責深重不敢尸祿惜生坐觀成
帝諱其言切訐以蕃辟召非其
人遂策之永康元年帝崩竇后臨朝詔
曰夫民生樹君使之必須良佐以固
王業　前書谷永曰臣聞天生蒸人不能
相統攝爲立王者以統理之故也
陳蕃忠清直亮其以蕃爲太傅錄尚書事
時新遭大喪國嗣未立諸尚書畏懼權官
託病不朝蕃以書責之曰古人立節事亡

今帝祚未立政事日慼諸君奈何委茶蓼
之苦息僵在牀　詩頌國風曰誰謂荼苦其甘如薺同
於義不足焉得仁乎　諸尚書惶怖皆起視
事靈帝即位竇太后復優詔蕃曰蓋褒功
以勤善表義以厲俗無德不報大雅所歎
年 ……太傅陳蕃輔弼先帝出內累
之操華首彌固
封蕃高陽鄉侯食邑三百戶蕃上疏讓曰
使者即臣廬授高陽鄉印綬臣誠
悼心不知所裁臣聞讓身之文德之昭也
然不敢盜以爲名竊惟割地之封功德是
爲臣孰自思省前後歷職無它異能合亦
食祿不合亦食祿臣雖無素絜之行竊慕
君子不以其道得之不居也　論語孔子之所
欲不以其道不與也　若受爵不讓掩面就之
以相讓故招禍及之也　使皇天振怒災流下

氏旅臣之身亦何所寄顧惟陛下哀臣拊

然戒之在得（論語孔子曰及其老也血氣既衰戒之在得注云得貪也）寶太

后不許番復固請章前後十上竟不受封田

初桓帝欲立所幸田貴人為皇后番以

氏卑微寶族良家爭之甚固帝不得已乃

立寶后及后臨朝故委用於番番與后父

大將軍寶武同心盡力徵用名賢共參政

事天下之士莫不延頸想望太平而帝乳

母趙嬈（嬈音乃了反）旦夕在太后側（乃）中常侍曹

〔後漢列傳五十六〕　十三　陳從

節王甫等與共交構諂諛太后太后信之

以數出詔命有所封拜及其支類多行貪虐

蕃常疾之志誅中官會寶武亦有謀番自

乃先從人望而德於太后必謂其志可申

以上疏曰臣聞言不直而行不正則為

欺乎天而負乎人危言極意則羣凶側目

禍不旋踵鈞此二者臣寧得禍不敢欺天

也今京師囂囂道路諠言衆覽曹節公

乘昕王甫鄭颯等與趙夫人諸女尚書並

亂天下（趙夫人即趙嬈也）附從者外進奸逆

者中傷（前書劉向上書論王鳳曰稱方今一朝登進忤恨者誅傷也）方今一朝

羣臣如河中木耳汎汎東西耽祿畏害陛

下前始攝位順天行誅蘇康管霸並伏其

辜左右元惡大姦莫此之甚今不急誅必

生變亂傾危社稷其禍難量願出臣章宣

示左右并令天下諸姦知臣疾之太后不

納朝廷聞者莫不震恐番因與寶武謀之

〔後漢列傳五十六〕　十四　陳復

語在武傳及事泄曹節等矯詔誅武等番

時年七十餘聞難作將官屬諸生八十餘

人並拔刃突入承明門攘臂呼曰大將軍

忠以衞國黃門反逆何云寶氏不道邪王

甫時出與番相逢（近猶適也遇也）適聞其言而讓番

曰先帝新弃天下山陵未成寶氏何功兄

弟父子一門三侯又多取掖庭宮人作樂

飲讌旬月之間貲財億計大臣若此是為

道邪公為棟梁柱橋阿黨復焉求賊遂令

收番蕃拔鋼叱甫兵不敢近乃益人圍
之數十重遂執番送黃門北寺獄黃門從
官騶蹋蹋蹹蹯蕃曰死老魅復能損我曹
貞數奪我曹稟假不即日害之徒其家屬
於比景宗族故吏皆斥免禁鋼蕃友
人陳留朱震時為銍令（鋊鉼縣屬沛郡）聞而棄官
哭之收葬蕃尸匿其子逸於甘陵界中事
覺繫獄合門桎梏震受考掠人乃追還逸
逸得免後黃巾賊起大赦黨人乃追還逸

官至魯相震字伯厚初為州從事奏濟陰
太守單匡臧罪并連匡兄中常侍車騎將
軍超桓帝收匡下廷尉以譴超超詣獄謝
三府諺曰車如雞栖馬如狗疾惡如風朱
伯厚

論曰桓靈之世若陳蕃之徒咸能樹立風
聲抗論惛俗而驅馳嶮院之中與刑人腐
夫同朝爭衡終取滅亡之禍者彼非不能絜情志違埃霧也（避建）

慜夫世士以離俗為高而人倫莫相恤
也以遯世為非義故屢退而不去以仁心
為己任雖道遠而彌屬（論語曰仁以為己任不亦重乎死而後已不亦遠乎）
及遭際會協策竇武自謂萬世一遇也
然其信義足以攜持民心漢世亂而不亡
百餘年閒數公之力也
懷懷乎伊望之業矣功雖不終

王允字子師同郡郭林宗嘗見允而奇之曰王（祁令并州郡縣名也）
為冠蓋
生一日千里王佐才也（史記曰田光謂燕太子丹曰臣聞騏驥盛壯之時一日而馳千里至其老也駑馬先之）
小黃門晉陽趙津貪橫放恣為一縣巨患
允討捕殺之而津兄弟詣事官官因緣譖
訴桓帝震怒徵太守劉瓆遂下獄死允送
喪還平原終畢三年然後歸家復還仕郡
人有路佛者少無名行而太守王球召以
補吏允犯顏固爭球怒收允欲殺之刺史
鄧盛聞而馳傳辟為別駕從事允由是知

名而路佛以之廢弃允少好大節有志於
立功常習誦經傳朝夕試馳射三公並辟
以司徒高弟爲侍御史中平元年黃巾賊
起特選拜豫州刺史荀爽孔融等爲從
事上除禁黨計擊黃巾別帥大破之與左
中郎將皇甫嵩右中郎將朱儁等受降數
十萬於賊中得中常侍張讓賓客書疏與
黃巾交通允具發其姦以狀聞靈帝責怒
讓讓叩頭陳謝竟不能罪之而讓懷恨忿

李膺

怨以事中允也〔中傷〕明年遂傳下獄也〔會〕
放還復刺史旬日間復以它罪被捕司徒
揚賜以允素高不欲使更楚辱〔楚苦痛也 更經也〕乃
遣客謝之曰君以張讓之事故一月再徵
凶愿難量辛爲深計〔深計謂 令自死〕又諸從事好
氣決者共流涕奉藥而進之允厲聲曰吾豈
爲人臣獲罪於君當伏大辟以謝天下豈
有乳藥求死乎投杯而起出就檻車旣至
廷尉左右皆促其事朝臣莫不歎息大將

軍何進太尉袁隗司徒楊賜共上疏請之
曰夫內視反聽則忠臣竭誠寬賢矜能則
義士厲節〔內視自視也 反聽自聽也 是以孝文〕
納馮唐之說〔言皆恕已不責於人也〕
〔中守上功首虜差六級勝 … 重寡人之過與之禮〕
命誅逆撫順冒未期月州境澄清方欲列

晉悼宥魏絳之罪〔… 允以特選受
其庸勳請加爵賞而以奉事不當當肆大
戮責輕罰重有虧衆望臣等備位宰相不
敢寢默誠以允宜蒙三槐之聽〔周禮朝士職三槐九棘公卿〕書奏得以減
之〔於下聽訟故曰三槐之聽〕
死論是冬大赦而允獨不在宥三公咸復
爲言至明年乃得解釋是時宦者橫暴睚
眦觸死〔睚音五懈反 眦音士懈反 眥眦於塵中觸死者甚多〕
不免乃變易名姓轉側河內陳留間〔轉側猶去來之〕
及帝崩乃奔喪京師時大將軍何進欲誅

尹獻帝即位拜大僕再遷守尚書令初平
元年代楊彪為司徒守尚書令如故及董
卓遷都關中允悉收斂蘭臺石室圖書秘
緯要者以從至長安皆分別條上又集
漢朝舊事所當施用者一皆奏之經籍具
存允有力焉時董卓尚留洛陽朝政大小
悉委之於允允矯情屈意每相承附卓亦
推心不生乖疑故得扶持王室於危亂之
中臣主內外莫不倚恃焉允見卓禍毒方 【後漢列傳五十六 十九】
深慕逆已兆密與司隸校尉黃琬尚書鄭
公業等謀共誅之乃上護羌校尉楊瓚行
左將軍事執金吾士孫瑞為南陽太守並
將兵出武關道以討袁術為名實欲分路
征卓而後拔天子還洛陽卓疑而留之允
乃引內瑞為僕射瓚為尚書二年卓還長
安錄入關之功封允為溫侯食邑五千戶
固謙不受士孫瑞說允曰夫執謙守約存

乎其時公與董太師並位俱封而獨崇高
節豈和光之道邪 （老子曰和其光同其塵）光同其塵乃
受二千戶三年春連兩六十餘日允與士
孫瑞楊瓚登臺請霽復結前謀 （瑞曰自歲末以來太陽不照霖雨）
雨止曰霽
積時月犯執法 （微南四星曰執法說文曰霽雨上也郭璞曰）
晝陰夜陽霧氣交侵此期應促盡內發者
勝幾不可後公其圖之允然其言乃潛結
卓將呂布使為內應會卓入賀呂布因刺
殺之語在卓傳 （帝時疾愈允初議赦卓部曲故入賀也） 【後漢列傳五十六 二十】
呂布亦數勸之既而疑曰此輩董無罪從其
主耳今若名為惡逆而特赦之適足使其
自疑非所以安之之道也呂布又欲以卓
財物班賜公卿將校允又不從而素輕布
以劍客遇之布亦負其功勞多自誇伐既
失意望漸不相平允性剛棱疾惡
初懼董卓豺狼故折節圖之卓既殲滅自
謂無復患難及在際會每乏溫潤之色杖

正持重不循權宜之計是以羣下不甚附
之董卓將校及在位者多涼州人允議罷
其軍或說允曰涼州人素憚袁氏而畏關
東今若一旦解兵則必人自危可
以皇甫義真為將軍就領其衆因使留陝
以安撫之而徐與關東通謀以觀其變允
曰不然關東舉義兵者皆吾徒耳今若距
險屯陝雖安涼州而疑關東之心甚不可
也時百姓訛言當悉誅涼州人遂轉相恐
動其在關中者皆擁兵自守更相謂曰丁
彥思蔡伯喈但以董公親厚並尚從坐今
既不赦我曹而欲解兵明日當
復為魚肉矣卓部曲將李催郭汜等先將
兵在關東因不自安遂合謀為亂攻圍長
安城陷呂布奔走駐馬青瑣門外前書音義
曰以青置戶邊招允曰公可以去乎允曰
蒙社稷之靈上安國家吾之願也如其不
獲則奉身以死之朝廷幼少恃我而已朝廷

謂天臨難苟免吾不忍也努力謝關東諸
子也
公勤以國家為念初九以同郡宋翼為左
馮翊王宏為右扶風是時三輔民庶熾盛
兵穀富實李催等欲即殺允懼二郡為患
乃先徵翼宏宏遣使謂翼曰郭汜李催以
我二人在外故未危王公今日就徵明日
俱族計將安出翼曰雖禍福難量然王命
所不得避也宏曰義兵鼎沸在於董卓況
其黨與乎舉兵共討君側惡人山東必
應之此轉禍為福之計也翼不從宏不能
獨立遂俱就徵下廷尉催乃收允及翼宏
并殺之允時年五十六長子侍中蓋次子
景定及宗族十餘人皆見誅害唯兄子晨
陵得脫歸鄉里天子感慟百姓喪氣莫敢
收允尸者唯故吏平陵令趙戩弃官營喪戩音翦
王宏字長文少有氣力不拘細行初
為弘農太守考案郡中有事官官買爵位
者雖位至二千石皆掠考收捕遂殺數十

人威動鄉界素與司隸校尉胡種有隙及
宏下獄種遂迫促殺之宏臨命詬曰〔詭罵也詭音火豆反〕
反宋翼賢儒不足議大計〔勞如僮賢者言賤胡種樂〕
人之禍禍及之種後眠輒見宏以杖擊
之因發病數日死後遷都於許帝思允忠
節使改殯葬之遣虎賁中郎將奉策弔祭
賜東園祕器贈以本官印綬送還本郡封
其孫黑爲安樂亭侯食邑三百戶士孫瑞
字君策扶風人頗有才謀瑞以允自專討
董卓之勞故歸功不侯所以獲免於難後
爲國三老光祿大夫每三公缺楊彪皇甫
嵩皆讓位於瑞興平二年從駕東歸爲亂
兵所殺趙戩字叔茂長陵人性質正多謀
初平中爲尚書典選舉董卓數欲有所私
授戩輒堅拒不聽言色強厲卓怒召將殺
之衆人悚慄而戩辭貌自若卓悔謝釋之
長安之亂客於荊州劉表厚禮焉及曹操
平荊州乃辟之執戩手曰恨相見晚卒相

國鍾縣長史〔鍾縣字元常魏太祖時爲相國〕

論曰士雖以正立亦以謀濟若王允之推
董卓而引其權而收其罪當此之
時天下縣解矣〔莊子曰斯所謂帝之縣解此喻安泰也〕
以猜忤爲釁者知其本於忠義之誠也故
推卓不爲釁正分權不爲苟冒伺閒不爲
狙詐及其謀濟意從天網人謀緝幽運
贊曰陳蕃燕室志清天綱人謀雖言〔綱合也易下繫曰人謀鬼謀〕
未嘗〔藩設謀雖合而冥運未符也〕
曷非去亡〔珍蕌也舜病也言國將珍舜宣不由覽也〕
子師圖難晦心傾節〔人之亡也平詩大雅曰人之亡也邦國殄瘁謂於董卓功全元醒〕
身殘餘孽時有隆夷事亦工拙〔誅卓爲工摧殺爲拙也〕

後漢書列傳卷第五十六

後漢列傳五十七

孔子曰：「性相近也，習相遠也。」言嗜惡之本同，而遷染之塗異也。

夫刻意則行不肄，牽物則其志流。

是以聖人導人理性，裁抑宕佚，慎其所與，節其所偏，雖情品萬區，質文異數，至於陶物振俗，其道一也。叔末澆訛，王道陵缺，而猶假仁以效己，憑義以濟功。舉中於理，則強梁褫氣；片言違正，則厮臺解情。蓋前哲之遺塵，有足求者。

霸德既衰，狙詐萌起。彊者以決勝為雄，弱者以詐劣受屈，至有畫半策而綰萬金，開一說而錫琛瑞。或起徒步而仕執珪，解草衣以升卿相。

卿相

史記曰變惠王書班爲越之鄰細人也今令仕

士之飾巧馳辯以要能釣利者不期而景

從矣於秦也賈誼過秦曰赢糧而景從也自是

愛尚相奪與時回變其風不可留其激不

能反及漢祖杖劍武夫敦與憲令寬除文

禮簡闊緒餘四豪之烈人懷陵上之心輕

謂信陵君魏公子無忌平原君趙勝春申君黃歇
孟嘗君田文薛書珱國曰游說以四豪爲稱首也

死重氣怨惠必儲令行私庭權移匹庶任

蕭書音義曰相與信爲任同是非爲俠所謂權行州域力

俠之方成其俗矣

【後漢列傳五十七】
三

折公侯

自武帝以後崇尚儒學懷經協術所

者也 在霧會至有石渠分爭之論黨同伐異之

武帝詔求賢良於是公孫弘董仲舒等出焉宣
帝時集諸儒於石渠閣講論六藝召五經名儒太子
太博蕭望之等大議殿中平公羊穀梁同異同己者
朋黨之異己者或伐之 劉向曰黨同門妒道真

說守文之徒盛於時矣

至王莽專僞終於簒

國志義之流恥見縷緋遂乃榮華丘壑甘

謂勝辭方郭欽蔣詡之類並隱居不應舉召雖中興在運

足枯槁

漢德重開而保身懷方彌相慕襲去就之

黨遂蘭景光周逮桓靈之間主

節重於時矣

荒政綬國命委於閽寺士子羞與爲伍故

匹夫抗憤處士橫議遂乃激揚名聲互相

題拂品覈公卿裁量執政直之風於斯

夫上好則下必甚矯枉故令

行矣 婢姆正也正枉必從箕
過其直見孟子
矣婢姆正也正青

必過其理然矣

若范滂張儉之徒清心忌惡

禮記曰上之事上不從其所令而從其所行矣
夫上好則下必甚矯枉故直

惡終陷黨議不其然乎初桓帝爲蠡吾侯

受學於甘陵周福及即帝位擢福爲尚書

時同郡河南尹房植有名當朝鄉人爲之

【後漢列傳五十七】
四

謠曰天下規矩房伯武因師獲印周仲進

遂各樹朋徒漸

二家賓客互相譏揣

此始矣後汝南太守宗資任功曹范滂南

陽太守成瑨亦委功曹岑旺賢二郡又爲

謠曰汝南太守范孟博南陽宗資主畫諾

南陽太守岑公孝弘農成瑨但坐嘯

少俗仁義篤孝以清名見稱郡中遷太
守郡得多豪強中官黃門牙境界瑨下車
以檢攝之是時桓帝乳母中官貴人外觀張子
特貴執不畏法網功曹岑旺勸侠搏子葉付宛獄苦

殺之拒帝輒謗下獄死宗資字叔都南陽安衆人也
家代爲漢將相名日祖父均在京師學
孟氏易歐陽尚書舉孝廉拜議郎補御史中丞汝南
太守署范滂爲功曹委任政事推功於滂不伐其美
於海內之名也

餘人郭林宗賈偉節爲其冠首也並與李
膺陳蕃王暢更相襃重學中語日天下模
楷李元禮不畏強禦陳仲舉天下俊秀王
叔茂又渤海公族進階（公族姓也名進階風俗通日晉成公立公族穆子爲公族大夫韓無忌號公族穆子見左氏傳）
論不隱豪強語孔子曰邦有道危言危行自公
卿以下莫不畏其貶議屢屢到門時河內（後漢列傳五十七 五）
張成善說風角推占當赦遂教子殺人李
膺爲河南尹督促收捕既而逢宥獲免膺
愈懷憤疾竟案殺之初成以方伎交通宦
官帝亦頗許其占成弟子牢脩因上書誣（誣妄言也說文日誣加也）
告膺等養太學遊士交結諸郡生徒更相
驅馳共爲部黨誹訕朝廷疑亂風俗（訕謗也說文日訕謗也）
於是天子震怒班下郡國逮捕黨
人布告天下使同忿疾遂收執膺等其辭

因此流言轉入太學諸生三萬

所連及陳寔之徒二百餘人或有逃遁不
獲皆懸金購募使者四出相望於道明年
尚書霍諝城門校尉竇武並表爲請帝意
稍解乃皆赦歸田里禁錮終身而黨人之
名猶書王府自是正直廢放邪枉熾結海
內希風之流遂共相摽榜（希望也摽榜與榜同古字）
指天下名士爲之稱號上曰三君次曰
八俊次曰八顧次曰八及次曰八廚猶古
之八元八凱也竇武劉淑陳蕃爲三君君
者言一世之所宗也李膺荀翌杜密王暢
劉祐魏朗趙典朱寓爲八俊俊者言人之
英也郭林宗宗慈巴肅夏馥范康檀敷翟
超爲八顧顧者言能以德行引人者也
張儉岑晊劉表陳翔孔昱苑康檀敷（苑姓也）
衍羊陟爲八及及者言其能導人追宗者也（宗仰者也宗謂所宗仰者）
度尚張邈王考劉儒胡母班秦周（導引也）
蕃嚮王章爲八廚（蕃音皮）廚者言能以財救
人者也又張儉鄉人朱並承望中常侍侯

覽竟曰上書告儉與同鄉二十四人別相
署號共爲部黨圖危社稷以儉及檀彬褚
鳳張肅薛蘭馮禧魏玄徐乾爲八俊田林爲
張隱劉表薛郁王訪劉祇宣靖公緒恭爲
八顧公緒姓也朱楷田槃踈薛敦宋布唐龍
嬴咨宣襃爲八及刻石立墠共爲部黨而
此諷有司奏捕削黨故司空虞放太僕杜
儉等[削刪不欲宣露並名故]大長秋曹節因
儉爲之魁[墠音幝魁大帥也]靈帝詔刊章捕
密長樂少府李膺司隸校尉朱寓潁川太
守巴蕭沛相荀昱河內太守魏朗山陽太
守翟超任城相劉儒太尉掾范滂等百餘
人皆死獄中餘或先歿不及或亡命獲免
自此諸爲怨隙者因相陷害睚眦之念濫
入黨中[睚音五懈反廣雅曰睚裂也眦音才賜反]
報必又州郡承旨或有未嘗交關亦離禍毒
其死徒廢禁者六七百人熹平五年永昌
太守曹鸞上書大訟黨人言甚切帝省

[後漢列傳五十七 七 李昇]

奏大怒即詔司隸益州檻車收斕送槐里
獄掠殺之於是又詔郡更考黨人門生
故吏父子兄弟其在位者免官禁錮爰及
五屬[謂斬縗齊縗大功小功緦麻也]上言禮從祖兄弟別居異財
恩義已輕服屬踈末而今黨人錮及五族
既乖典訓之文有謬經常之法[左氏傳曰子不從父罪]
及帝覽而悟之黨錮自從祖以下皆得解
釋中平元年黃巾賊起中常侍呂彊言於
帝曰黨錮久積人情多怨若久不赦宥輕
與張角合謀爲變滋大悔之無救帝懼其
言乃大赦黨人誅徙之家皆歸故郡其後
黃巾遂盛朝野崩離綱紀文章蕩然矣[大將軍]
[雅蕩篇序曰厲王無道天下蕩蕩無綱紀文章鄭玄注云蕩蕩法度廢壞之兒也]
始自甘陵汝南成於李膺張儉海內塗炭
二十餘年諸所蔓衍皆天下善士三君八
俊等三十五人其名迹存者並載乎篇陳
蕃竇武王暢劉表度尚郭林宗別有傳首

[後漢列傳五十七 八 陳磾]

璽附淑祖張邈附呂布傅胡母班附來
紹傳王考字文祖東平壽張人冀州刺史
秦周字平王陳留平丘人此海相暜喬字
嘉景魯國人郎中王璋字伯儀東萊曲城
人少府卿城縣故城在今萊州掖縣東北也位行並不顯羅
趙山陽太守事在陳蕃傳字及郡縣未詳
朱寓沛人與杜密等俱死獄中唯趙典名
見而已

《後漢列傳五十七》　九　章懷

劉淑字仲承河間樂成人也祖父稱司隸
校尉淑少學明五經遂隱居立精舍講授
諸生常數百人州郡禮請五府連辟並不
就永興二年司徒种暠舉淑賢良方正辭
以疾相帝聞淑高名切責州郡使輿病詣
京師淑不得已而赴洛陽對策為天下第
一拜議郎又陳時政得失災異之占事皆
效驗再遷尚書納忠建議多所補益又再
遷侍中虎賁中郎將上疏以為宜罷官官
辭甚切直帝雖不能用亦不罪焉以淑宗

室之賢特加敬異每有疑事常密諮問之
靈帝即位官官譖淑與竇武等通謀下獄
自殺

李膺字元禮潁川襄城人也祖父脩安帝
時為太尉脩字伯游父益趙國相膺性簡元
無所交接益高唯以同郡荀淑陳寔為師
友初舉孝廉為司徒胡廣所辟舉高第再
遷青州刺史守令畏威明多望風弃官復
徵再遷漁陽太守尋轉蜀郡太守以母老

《後漢列傳五十七》　十　李素

乞不之官漢官儀曰出補蜀郡太守轉護烏桓校尉鮮卑數
犯塞膺常蒙矢石每破走之虜甚憚懼
門益州紀其政化朝廷敬明法令威恩並行蜀之珍寶不入於
樊陵常千人故城今陽城縣故也南陽
還居綸氏教授常千人綸氏縣屬潁川郡南陽
官致位太尉為節者所羞陵字德雲
寘就謁膺因為其御既還喜曰今日乃得
御李君矣其見慕如此永壽二年鮮卑寇

云中相。帝聞膺能，乃復徵爲度遼將軍。先是羌虜及疏勒、龜茲數出攻鈔張掖、酒泉、云中諸郡，百姓屢被其害。自膺到邊，皆望風懼服，先所掠男女悉送還塞下。自是之後，聲振遠域。延熹二年，徵再遷河南尹。時宛陵大姓羊元羣罷北海郡，臧罪狼藉，郡舍涵軒有奇巧，乃載之以歸〔涵軒〕。膺表欲按其罪，行賂官豎，膺反坐輸作左校。

初，膺與廷尉馮緄、大司農劉祐等共同心志，糾罰姦倖。緄、祐時亦得罪，輸作司隸校尉。應奉上疏理膺等曰：昔秦人觀寶於楚，昭奚恤莅蒞以羣賢〔新序曰：秦欲代楚，使者往觀楚之寶器。楚王聞之，召昭奚恤問焉，對曰：此欲觀吾國之得失而圖之，國之寶器在於賢臣。……遂使昭奚恤應之。……爲西面之壇一，秦使者至，昭奚恤曰：君，客也，請就上位。太宰子方次之，葉公子高又次之，司馬子反次之，令尹子西次之。昭奚恤自居西面之壇，稱曰：客欲觀楚國之寶器，楚國之寶器在於賢臣。……顧司馬子反在此，……縞衣而去，使反言秦君曰：楚多賢臣，未可謀也。〕

梁惠王矜其照乘之珠，齊威王答以四〔史記曰：魏惠王問齊威王曰：王亦有寶乎？威王曰：無有。梁王曰：寡人之國雖小，尚有徑寸之珠，照車前後各十二乘者十枚，奈何以萬乘之國而無寶乎？威王曰：寡人之所以爲寶者與王異。吾臣有檀子者，使守南城，則楚人不敢爲寇東取，泗上十二諸侯皆來朝。吾臣有盼子者，使守高唐，則趙人不敢東漁於河。吾吏有黔夫者，使守徐州，則燕人祭北門，趙人祭西門，徙而從者七千餘家。吾臣有種首者，使備盜賊，則道不拾遺。此四者將以照千里，豈特十二乘哉！梁惠王慚，不懌而去。〕

武□國之心，竊見左校弛刑徒前廷尉馮緄、大司農劉祐、河南尹李膺等，執法不撓，誅舉邪臣，肆之以法〔陳衆〕，庶稱宜。昔季孫行父親逆君命，逐出莒僕於舜之功，二十之一〔紀太子僕殺紀公以其寶來奔，納諸宣公，公命與之邑，曰：今日必授。季文子使司寇出諸竟，曰：今日必達。……德，夫人則其孝敬忠信爲吉德，盜賊藏姦爲凶德。夫莒僕則其孝敬，則弒君父矣；其忠信，則竊寶玉矣。一人而有大凶德，舜舉十六相，去四凶，去一凶人，舜之功二十之一也。見左傳。〕罪。陛下既不聽察，而猥受譖訴，遂令忠臣同愆元惡，自春迄冬，不蒙降恕。退遍觀聽，爲之歎息。夫立政之要，記功忘失，是以武帝捨安國於徒中〔景帝時，韓安國爲梁大夫，坐法，後梁內史缺，起徒中……〕

為二千石拜為內史臣宣帝徵張敞於亡命

賢案此言武帝誤也　張

為京兆尹坐殺人亡命家

異州亂敗敞為冀州刺史　縆前討釐荊均吉

往伐蠻荊皆使來服於宣

詩以顧帝時討長沙武陵

鋧以伐蠻荊之此之多也

雨之功　詩小雅曰顯允方叔征伐玁狁荊蠻來威

鄭玄注云方叔征伐玁狁先與吉甫征伐玁狁今侍

陰為水水者雨之象威為動為雷

王瞬注云屯難盤結於是乎解也

十三

備不虞書奏乃悉免其刑再遷復拜司隸

校尉時張讓弟朔為野王令貪殘無道至

乃殺孕婦聞膺厲威嚴懼罪逃還京師因

匿兄讓弟舍藏於合柱中膺知其狀率將

吏卒破柱取朝付洛陽獄受辭畢即殺之

先請便加誅辟之意膺對曰昔晉文公執

讓訴冤於帝詔膺入殿御親臨軒詰以不

遺愛度遼今三垂蠢動王旅未振易稱雷

雨作解君子以赦過宥罪　易解卦象詞也封坎為

乞原膺等以　坎下震上解坎為

衛成公歸于京師春秋是焉　公羊傳曰晉人

執衛侯歸之于者執之也歸之于者決辭也禮云

公族有罪雖曰有司執憲不從　解見張

昔仲尼為魯司寇七日而誅少正卯今臣　酺傳

到官已積一旬以稽留為愆不意獲

速疾之罪誠自知釁責死不旋踵特乞留

五日剋殄元惡退就鼎鑊始生之願也帝

無復言顧謂讓曰此汝弟之罪司隸何愆

乃遣出之自此諸黃門常侍皆鞠躬屏氣

泣曰畏李校尉是時朝庭日亂綱紀積

休沐不敢復出宮省帝怪問其故並叩頭

膺獨持風裁以聲名自高代反

容接者名為登龍門　以魚為喻也龍門河水所

牟氏三秦記曰河津一名龍門水險不通魚鼈之

莫能上江海大魚薄集龍門下數千不得上上則為

龍也及遭黨事考實膺等辭經三府太尉

陳蕃卻之曰今所考案皆海內人譽憂國

忠公之臣此等猶將十世宥也　解見前

罪名不章而致收掠者乎不肯平署　平署猶平署也

帝愈怒遂下膺等於黃門北寺獄　獄名解見

膺等頗引宦官子弟宦官多懼請帝以天

十四

時宜赦於是大赦天下膺免歸鄉里居陽城山中天下士大夫皆高尚其道而汙穢朝廷（以朝廷為汙穢也）及陳蕃免太尉朝野屬意於膺荀爽恐其名高致禍欲令屈節以全亂世為書貽曰久廢過庭不聞善誘陟岵瞻望惟日為歲（論語曰鯉趨而過庭平未也又曰孔子恂恂然又曰一日不見如三歲兮又曰不知以為父子恂恂然也）知以直道不容於時悅山樂水家于陽城道近路夷當即聘問無狀嬰疾闕於所仰頃聞上帝震怒眛黜鼎臣（上帝謂天子鼎臣即陳蕃）以為夫子當貞觀二五利見大人（易曰天地之道貞觀也又曰利見大人也乾九二九五並曰利見大人也）不謂夷之初旦明而未融（夷傷也融明也謂夷其明未朗左傳考異）虹蜺揚輝弃和取同（以膺黜故喻之也易曰天地閉賢人隱虹蜺出則陰氣亂和弃而小人同而不和也）方今天地氣閉大人休否（易文言曰天地閉賢人隱易曰大人休否謂身以退也易曰君子以儉德避難）智者見險投以遠害（速害言見險難故投身以遠害也易曰君子以儉德避難）雖匱人望內合私願也（不以儉德避難榮以避祿雖匱乏想甚）

欣然不為恨也願怡神無事偃息衡門襄（詩注曰衡門橫木為門也）陳蕃為太傅與大將軍竇武共秉朝政連謀誅諸宦官官故引用天下名士乃以膺為長樂少府及陳竇之敗膺等復廢後張儉事起收捕鈎黨鄉人謂膺曰可去矣對曰事不辭難罪不逃刑臣之節也（左傳曰晉侯以為榮也揚干亂行於曲梁魏絳戮其僕晉侯怒謂羊舌赤曰合諸侯以為榮也揚干為戮何辱如之必殺魏絳無失也對曰絳無二志事君不避難有罪不逃刑其將來辭何辱命焉）吾年已六十死生有命去將安之乃詣詔獄考死妻子徙邊門生故吏及其父兄並被禁錮時侍御史蜀郡景毅子顧為膺門徒而未有錄牒故不及於譴毅乃慨然曰本謂膺賢遣子師之豈可以漏奪名籍苟安而已遂自表免歸時人義之 膺子瓚位至東平相（謝承書曰初曹操微時瓚異其才將沒謂諸子曰時將亂矣天下英雄無過曹操張孟卓與吾善袁本初汝外親雖爾勿依必歸曹氏典）

諸子從之並免於亂世

杜密字周甫潁川陽城人也為人沈質少
有屬俗志為司徒胡廣所辟稍遷代郡太
守徵三遷太山太守北海相其官官子弟
為令長有姦惡者輒捕案之行春到高密
縣見鄭玄為鄉佐即召署郡職
遂遣就學後密去官還家每謁守令多所
陳託同郡劉勝亦自蜀郡告歸鄉里閉門
埽軌無所干及（軌車迹也言絕人事）太守王昱謂密曰

《後漢列傳五十七》 十七 陳蕃

劉季陵清高士公卿多舉之者密知昱激
已對曰劉勝位為大夫見禮上賓而知善
不薦聞惡無言隱情惜己自同寒蟬此罪
（寒蟬謂寂哉 楚詞曰悲哉秋之為氣也蟬寂漠而無聲 今志義力行）
人也
之賢而密達之使明府賞刑得中
道失節之士而密納之
今問休揚不亦萬分之一乎昱慙服待之
彌厚後桓帝徵拜尚書令遷河南尹轉太
僕黨事既起免歸本郡與李膺俱坐而名

行相次故時人亦稱李杜焉（前有李固杜喬故言亦杜焉）後
太傅陳蕃輔政復為太僕明年坐黨事被
徵自殺

劉祐字伯祖中山安國人也（安國縣故城在今定州義豐縣東南也）
後別屬博陵祐初宗族...補尚書侍郎閒
練故事文札強辨每有奏議應對無滯
僚類所歸除任城令兗州舉為尤異遷揚
州刺史是時會稽太守梁旻大將軍冀之
從弟也祐舉奏其罪旻坐徵...遷祐河東
太守時屬縣令長率多中官子弟百姓患
之祐到黜其權強平理冤結政為三河表
又出為河南尹轉司隸校尉時權貴子弟
罷州郡還入京師者每至界首輒改易
（三河謂河東河內河南也表猶標準也）再遷延熹四年拜尚書令
服隱匿肝寶威行朝廷拜宗正三轉大司

《後漢列傳五十七》 十八 陳蕃

農時中常侍蘇康管霸用事於內遂固天
下良田美業山林湖澤民庶窮困州郡累
氣（累氣屏也）祐移書所在依科品沒入之桓
帝太怒論祐輸左校後得赦出復歷三卿
輒以疾辭乞骸骨歸田里詔拜中散大夫
以譖毀不用延篤貽之書曰昔太伯三讓
遂杜門絶迹每三公缺朝廷皆屬意於祐
人無德而稱焉（見和紀）延陵高揖華夏仰
風（博譔也左傳吳王壽夢卒子諸樊既除喪季札讓弃其室而耕乃舍之）吾子懷

▲後漢列傳五十七 十九 吳佐

邊氏之可卷（體甯子之如愚蓬瑗字伯玉那有道則仕邦無道則懷之又曰古之善爲道者微妙玄通深不可識也又曰道沖而用之）子名俞並衛大夫

玄通沖而不盈

葰三光之明未暇以天下爲事何其勁（不

與莊子曰舜讓天下於子州支伯子州支伯曰舜遍有幽憂之病方且理之未暇理天下也）靈

帝初陳蕃輔政以祐爲河南尹及蕃敗祐

黜歸卒于家明年大誅黨人幸不及禍

魏朗字少英會稽上虞人也（上虞縣故城在今越州餘姚縣）

在縣東有虞山 少爲縣吏兄爲鄉人所殺朗白日

操刃報讎於縣中遂亡命到陳國從博士
郤仲信學春秋圖緯（孔子作春秋又詣太學緯十二篇）
受五經京師長者李膺之徒爭從之初辟
司徒府再遷彭城令時中官子弟爲國相
多行非法朗與更相章奏幸臣忿疾欲中
之中傷 會九眞賊起乃共薦朗爲九眞都
尉到官募厲吏兵討破羣賊斬首二千級
相帝美其功徵拜議郎之遷尚書
便宜有所補益徵出爲河內大守政稱三河

▲後漢列傳五十七 二十 李芳

表尚書令陳蕃薦朗公忠亮直宜在機密
復徵爲尚書會被黨議免歸家朗性矜嚴
閉門整法度家人不見惰容後實武等誅
朗以黨被急徵行至牛渚自殺（牛渚山名在當塗縣北也）（牛渚坼在今宣州出江中潭爲）
夏馥字子治陳留圉人也少爲書生言行
質直同縣高氏蔡氏並皆富殖郡人畏而
事之唯馥比門不與交通（比門猶並門也）由是爲豪
姓所仇相帝初舉直言不就馥雖不交時

03-1001

官然以聲名爲中官所憚遂與范滂張儉
等俱被誣陷詔下州郡捕爲黨魁及儉等
亡命經歷之處皆被收考辭所連引布徧
天下馥乃頓足而歎曰孳孳自己作空汙良
善一人逃死禍及萬家何以生爲乃自翦
須變形入林慮山中（相州縣／林慮縣令）遇馥不識聞其言聲乃覺
陽市中（南陽郡／陽市縣屬）知者後馥弟靜乘車馬載縑帛積二三年人無
家備親突煙炭形貌毀瘁
所陷且念營苟全以庇性命弟柰何載物
夜中密呼靜曰吾以守道疾惡故爲權官
而拜之馥避不與語靜追隨至客舍共宿
相求是以禍見追也明旦別去黨禁未解
而卒

宗慈字孝初南陽安衆人也（安衆在今南陽縣西南仍有其名無復基趾也）
舉孝廉九辟公府有道徵不就後
爲脩武令時太守出自權豪多取貨賂慈
遂弃官去徵拜議郎未到道疾卒南陽羣

士皆重其義行
巴肅字恭祖勃海高城人也（高城縣故城在今滄州鹽山縣）
初察孝廉歷慎令貝丘長（慎縣屬汝南貝丘縣屬清河）郡皆以郡守非其人辭病去辟公府稍遷
拜議郎與竇武陳蕃等謀誅閹官武等遇
害肅亦坐黨禁錮中常侍曹節後聞其謀
收之肅自載詣縣縣令見肅入解印綬與
俱去肅曰爲人臣者有謀不敢隱有罪
不逃刑既不隱其謀矣又敢逃其刑乎遂
被害剌史賈琮刊石立銘以記之

范滂字孟博汝南征羌人也（征羌解見來歙傳謝承書曰汝南細陽人也）
少屬清節爲州里所服舉孝廉光
禄四行（漢官儀曰光禄舉敦厚質樸遜讓節儉此爲四行也）時冀州飢荒
盜賊羣起乃以滂爲清詔使案察之滂登
車攬轡慨然有澄清天下之志及至州境
守令自知臧汙望風解印綬去其所舉奏
莫不厭塞衆議遷光禄勲主事時陳蕃爲
光禄勲滂執公儀詣蕃蕃不止之滂懷恨

投版弃官而去也〔版笏也〕郭林宗聞而讓蕃曰若范孟博者豈宜以公禮格之也〔格正也今成〕其去就之名得無自取不優之議也蕃乃謝焉復為太尉黃瓊所辟後詔三府掾屬舉謠言〔漢官儀曰三公聽採長吏臧否人所疾苦云何吏郡會殿上主者大讀州郡行狀若者善善者同聲稱之不善者默爾銜枚〕滂奏刺史二千石權豪之黨二十餘人尚書責滂所劾猥多疑有私故滂對曰臣之所舉自非叨穢姦暴深為民害豈以汙簡札哉間以會日迫促故先舉所急其未審者方更參實臣聞農夫去草嘉穀必茂〔左傳曰為國家者見惡如農夫之務去草焉〕忠臣除姦王道以清若臣言有貳甘受顯戮吏不能詰滂覩時方艱知意不行因投劾去太守宗資先聞其名請署功曹委任政事滂在職嚴整疾惡其有行違孝悌不軌仁義者皆埽迹斥逐不與共朝顯薦異節抽拔幽陋滂外甥西平李頌公族子孫而為鄉曲所弃中常侍唐衡以頌請

資資用為吏滂以非其人寝而不召資遷怒捶書佐朱零零仰曰范滂清裁猶以利刃齒腐朽〔載音才反〕今日寧受筈死而滂不可違資乃止郡中中人以下莫不歸怨乃指滂之所用以為范黨後牢脩誣言鉤黨〔鉤引也〕滂坐繫黃門北寺獄獄吏謂曰凡坐繫皆祭皋陶滂曰皋陶賢者古之直臣知滂無罪將理之於帝〔帝謂天也〕如其有罪祭之何益衆人由此亦止獄吏將加掠考滂以同囚多嬰病乃請先就格遂與同郡袁忠爭受楚毒桓帝使中常侍王甫以次辨詰滂等皆三木囊頭暴於階下〔三木項及手足也囊頭蒙覆其頭也前書司馬遷曰衣赭關三木也〕餘人在前或對或否滂忠於後越次而進王甫詰曰君為人臣不惟忠國而共造部黨自相褒舉評論朝廷虛搆無端諸所謀結並欲何為皆以情對不得隱飾滂對曰臣聞仲尼之言見善如不及見惡如探湯〔探湯喻去疾也見論語〕欲使善

善同其清惡惡同其汙謂王政之所願聞
不悟更以爲黨甫曰鄉更相拔舉迭爲脣
齒有不合者見則排斥其意如何滂乃慷
慨仰天曰古之循善自求多福今之循善
身陷大戮身死之日願埋滂於首陽山側
上不負皇天下不愧夷齊
滂後事釋南歸始發京師
汝南南陽士大夫迎之者數千兩
三百同四鄉人殞陶黃穆亦免俱歸齊
侍於滂應對賓客滂顧謂陶等曰今子相
隨是重吾禍也遂遁還到京師往候謌而
尚書霍諝理之及得免滂還鄉里初滂等繫獄
不爲謝或有讓滂者對曰昔叔向嬰罪而
奚救之未聞羊舌有謝恩之辭祁老有自
代之色貢無所言
祁奚聞之見范宣子曰夫謀而鮮過惠訓不倦者叔向有焉
不亦惑乎宣子說而免之向不見叔向而歸叔向亦不告免焉而
朝孔安國注尚書曰自功向曰伐也

建寧二年遂大誅黨人詔下急捕滂等
郵吳導至縣抱詔書閉傳舍伏牀而泣
滂聞之曰必爲我也即自詣獄縣令
郭揖大驚出解印綬引與俱亡曰天下大
矣子何爲在此滂曰滂死則禍塞何敢以
罪累君又令老母流離乎其母就與之訣
滂白母曰仲博孝敬足以供養
龍舒君歸黃泉存亡各得
其所惟大人割不可忍之恩勿增感戚母
曰汝今得與李杜齊名死亦何恨既
有令名復求壽考可兼得乎滂跪受教再
拜而辭顧謂其子曰吾欲使汝爲惡則惡
不可爲使汝爲善則我不爲惡行路聞之
莫不流涕時年三十三
論曰李膺振拔汙險之中
蘊義生風以鼓動流俗
恥威權立廉尚以振貴執使天下之士奮
迅感慨波蕩而從之幽深牢破室族而不

顧至于子伏其死而母歡其義壯矣哉子
曰道之將廢也與命也〔論語之文〕
尹勳字伯元河南鞏人也家世衣冠伯父
睦為司徒兄頌為太尉宗族多居貴位者
而勳獨持清操不以地執有異迹後舉高第
察孝廉三遷邯鄲令政有異迹後舉高第
五遷尚書令及桓帝誅大將軍梁冀勳參
建大謀封都鄉侯遷汝南太守上書解釋
范滂袁忠等黨議禁錮尋徵拜將作大匠
轉大司農坐竇武等事下獄自殺
蔡衍字孟喜汝南項人也〔項今陳州項城縣也〕少明經
講授以禮讓化鄉里鄉里有爭訟者輒詣
衍決之其所平處皆曰無怨舉孝廉茂才
衍不受乃收齎書者案之又劾奏河閒相
翼州刺史中常侍具瑗託其弟恭舉茂才
曹鼎臧罪千萬鼎為書請之衍不荅鼎音坐
使大將軍梁冀為書請衍
輸作左校乃徵衍衍拜議郎符節令梁冀聞

衍賢請欲相見衍辭疾不往冀恨之時南
陽太守成瑨等以收糾官官考廷尉衍與
議郎劉瑜表救之言甚切廌坐免官還家
杜門不出靈帝即位徵拜議郎會病卒
羊陟字嗣祖太山梁父人也〔梁父故城在今兗州泗水縣北〕
家世冠族陟少清直有學行舉孝廉辟太
尉李固府舉高第再遷冀州刺
史奏案貪濁所在蕭然又再遷虎賁中郎
以故吏禁錮歷年復舉高第拜侍御史會
將城門校尉三遷尚書令時太尉張顥司
徒樊陵大鴻臚郭防太僕曹陵大司農馮
方並與官豎相姻私公行貨賂並奏罷黜
之不納以前太尉劉寵司隸校尉許冰幽
州刺史楊熙涼州刺史劉恭益州刺史龐
艾清亮在公薦舉外進帝嘉之拜陟河南
尹計日受奉常食乾飯茹菜禁錮豪右京
師憚之會黨事起免官禁錮卒於家
張儉字元節山陽高平人也趙王張耳之後

上欄

父成江夏太守（張耳大梁人也　高祖立為趙王）儉初舉茂才也刺史非其人謝病不起延熹八年太守翟超請為儉東部督郵時中常侍侯覽家在防東（縣名屬山陽郡故城在今兗州金鄉縣南）殘暴百姓所為不軌儉舉劾覽及其母罪惡請誅之覽遏絕章表並不得通由是結仇鄉人朱並素性佞邪為儉所棄並懷怨恚遂上書告儉與同郡二十四人為黨於是刊章討捕儉得亡命困迫遁走望門投止莫不重其名行

〈後漢列傳五十七〉　二十九　王素

破家相容後流轉東萊止李篤家外黃令毛欽操兵到門篤引欽謂曰張儉知名天下而云非其罪縱儉可得寧忍執之乎欽因起撫篤曰蘧伯玉恥獨為君子足下如何自專仁義篤曰篤雖好義明廷今載其半矣（明廷猶明府言不欽執儉得義之半也）欽歎息而去篤因緣送儉出塞以故得免其所經歷伏重誅者以十數宗親並皆殄滅郡縣為之殘破中平元年黨事解乃還鄉里大將軍三公

下欄

並辟又舉敦朴公車特徵起家拜少府皆不就獻帝初百姓飢荒而儉資計差溫乃傾竭財產與邑里共之賴其存者以百數建安初徵為衛尉不得已而起儉見曹氏世德已萌乃閉門縣車不豫政事歲餘卒于許下年八十四

論曰昔魏齊違死虞卿解印（虞卿趙相也范雎入秦昭王相魏齊齊雖入秦持其頭來之憂也虞卿不可說乃解其印與趙王乃圖與往信陵君所信陵君初聞之疑後乃出迎齊聞信陵初疑乃自刎趙王持其頭遺秦王羽）季布逃亡朱家甘罪（季布楚人為項籍將數窘漢勝羽敗漢購求布千金敢舍匿罪三族布匿濮陽周氏鬀鉗布置田中乃買置洛陽朱家所賣朱家知是布乃往見汝陰侯灌嬰說之言於高帝布乃赦之拜郎中也）

〈後漢列傳五十七〉　三十　郭博

其遂自刎趙王持其頭遺秦王也史記此魏齊之諸公子也魏齊違死避遁也河東守也後為河東之拜郎中也天下聞其風者莫不憐其壯志而爭為之主至乃捐城委爵破族屠身蓋數十百所豈不賢哉然儉以區區一掌而欲獨堙江（河區區以一簣障江河用沒其身）河多見其不知量也（論語曰人而不仁疾之已甚亂也又曰人雖欲自絕其何傷於日月乎）

03-1006

本旺字公孝南陽棘陽人也（棘音力）父像為
南郡太守以貪叨（方言曰叨殘也）誅死
知名往候同郡宗慈慈方以有道見徵賓
客滿門以旺非良家子不肯見旺留門下
數日晚乃引入慈與語大奇之遂將俱至
洛陽因詣太學受業旺有高干郭林宗朱
公叔等皆為友李膺稱其有幹國器
雖在閭里慨然有董正天下之志（兩雅曰董正也）

【後漢列傳五十七】

太守弘農成瑨下車欲振威嚴聞旺高名
請為功曹又以張牧為中賊曹吏瑨委心
旺牧褰善糾違肅清朝府宛有富賈張汎
者桓帝美人之外親善巧雕鏤玩好之物
用執縱橫旺與牧勸瑨收捕汎等既而遇
赦旺音誅之并收其宗族賓客殺二百餘
人後乃奏聞於是中常侍侯覽使汎妻上
書訟其冤帝大震怒徵瑨下獄死旺與牧
頗以賂遺中官以此並得顯位特其俊巧

亡匿齊魯之間會赦出後州郡察舉三府
交辟並不就及李杜之誅因復逃竄終于
江夏山中云

陳翔字子麟汝南邵陵人也祖父珍司隸
校尉翔少知名善交結察孝廉太尉周景
辟舉高第拜侍御史時正旦朝賀大將軍
梁冀威儀不整奏冀不敬請收案罪
時人奇之遷定襄太守徵拜議郎遷揚州
刺史舉奏豫章太守王永奏事中官吳郡
太守徐參在職貪穢並徵詣廷尉參中常
侍璜之弟也由此威名大振又徵拜議郎
補御史中丞坐黨事考黃門比寺獄以無
驗見原卒于家

孔昱字元世魯國魯人也七世祖霸成帝
時歷九卿封襃成侯（臣賢案前書孔霸字次孺孫世習尚書宣帝時）
時為太中大夫授太子經遷爵關內侯號襃成君薨謚曰烈君令范書及謝承書皆云成帝封襃成君霸事及相俱二千石故曰歷卿也
自霸至昱爵
位相係其卿相牧守五十三人列侯七人

【後漢列傳五十七】

顯少習家學（家學尚書）大將軍梁異辟不應太
尉舉方正對策不合乃辭病去後遭黨事
禁錮靈帝即位公車徵拜議郎補洛陽令
以師喪弃官卒於家
苑康字仲真勃海重合人也（重合縣故城在今滄州樂陵縣）
東少受業太學與郭林宗親善舉孝廉再
遷潁陰令有能迹遷太山太守郡內豪姓
多不法康至奮威怒施嚴令莫有千犯者
先所請奪人田宅皆遽還之是時山陽張

後漢列傳五十七　三十三

儉殺常侍侯覽母案其宗黨賓客或有迸
匿太山界者康既常疾閹官因此皆窮相
收掩無得遺（脫）覽大怨之誣康與兗州刺
史弟五種及都尉壺嘉詐上賊降徇康詣
廷尉獄減死罪一等徙日南潁陰人及太
山羊陟等詣闕為訟乃原還本郡卒於家（瑕丘今兗州縣）
檀敷字文有山陽瑕丘人也　少為諸
生家貧而志清不受鄉里施惠舉孝廉連
辟公府皆不就立精舍教授遠方至者常

數百人相帝時博士徵不就靈帝即位大
尉黃瓊舉方正對策合時宜再遷議郎補
蒙令（蒙縣屬梁國）以郡守非其人弃官去家無產（謝承書曰數子孫同）
業子孫同衣而出年八十卒於家　察孝廉（謝承書曰衣而行并日而食也）
劉儒字叔林東郡陽平人也（陽平故城今）郭
林宗常謂儒口訥心辯有珪璋之質（珪璋玉也半珪）終
舉高第三遷侍中桓帝時數有災異下策

後漢列傳五十七　三十四

博求直言儒上封事十條極言得失辭甚
忠切帝不能納出為任城相頃之徵拜議
郎會竇武事下獄自殺
賈彪字偉節潁川定陵人也少遊京師志
節慷慨與同郡荀爽齊名初仕州郡舉孝
廉補新息長（新息令豫州縣）小民困貧多不養子
嚴為其制與殺人同罪城南有盜劫害人
者此有婦人殺子者彪出案發（就發處）察驗之而掾
吏欲引南彪怒曰賊寇害人此則常理母

子相殘逆天違道遂驅車北行案驗其罪
城南賊聞之亦面縛自首數年間人養之
者千數斂曰賈女延熹九年黨事起太尉陳蕃
女名為賈女父所長生男名為賈子生
爭之不能得朝廷來心莫敢復言彪謂同
志曰吾不西行大禍不解乃入洛陽說城
門校尉竇武尚書霍諝武等訟之桓帝以
此大赦黨人李膺出曰吾黨事逃亡親友多匿焉
謀也先是岑旺以黨事逃亡親友多匿焉
彪獨閉門不納時人望之（望之也）
相時而動無累後人（相視之文也）
致釁自遺其咎吾以不能奮戈相待反可
容隱之乎於是咸照其裁正以黨禁錮卒
于家初彪兄弟三人並有高名而彪最優
故天下稱曰賈氏三虎偉節最怒
何顒字伯求南陽襄鄉人也（襄鄉故城在今隨州棗陽縣東也）
少遊學洛陽顒雖後進而郭林宗賈偉
節等與之相好顒名太學友人虞偉高有

三十五

父讎未報而篤疾將終顒往候之偉高泣
而訴顒感其義為復讎以頭醢其墓
及陳蕃李膺之敗顒以與蕃膺善遂
為宦官所陷乃變名姓亡匿汝南間所至
皆親其豪桀有聲荊豫之域來紹慕之私
與往來結為奔走之友
是時黨事起天下多離
其難顒常私入洛陽從紹計議其窮困閉
厄者為求援救以濟其患有被掩捕者則
廣設權計使得逃隱全免者甚眾及黨錮
解顒辟司空府每三府會議莫不推顒
長累遷及董卓秉政遍顒以為長史託疾
不就乃與司空荀爽司徒王允等共謀卓
會爽薨顒以它事為卓所繫憂憤而卒初
顒見曹操歎曰漢家將亡安天下者必此
人也操以是嘉之嘗稱潁川荀彧王佐之
器及或為尚書令遣人西迎叔父爽并致
顒屍而葬之爽之冢傍

三十六

貪曰渭以涇濁玉以礫貞物性既區嗜惡

從形
其礫音歷說文曰礫小石也言渭以涇濁乃顯
其貞區猶別也嗜愛也

從形謂形有善惡也以謝彼李
膺等與官豐不同故相惜疾

相傾
易曰小人道長君子道銷泰卦曰君子
道長小人道銷老子曰高下相傾也

蘭蕕無並銷長
前書蒯
勝

徒恨芳膏煎灼燈明
薰以香自燒膏以
明自銷
死有一老父入哭甚哀曰
子曰道長小人道銷泰卦曰君子